JN441398

손에 잡히는
성경 이야기 _ 신약

Unlocking the Bible Story Volume 3, 4

This book was first published in the United States by Moody Press with the title *Unlocking the Bible Story Volume 3, 4* by Colin Smith,

손에 잡히는 성경 이야기 _ 신약

UNLOCKING THE BIBLE STORY

콜린 스미스 지음 | 김재영 옮김

국제제자훈련원

하나님의 영광을 위해 기도로 함께해준

두 아들 앤드류와 데이비드 그리고

알링턴 하이츠의 오차드 복음자유교회 동역자들과

당회와 성도들에게 감사드립니다.

그분들을 섬기는 것은 저의 큰 기쁨이자 특권입니다.

들어가는 글

하나님께서 아브라함의 한 후손을 통해 세계의 모든 민족에게 복 주시겠다고 약속하신 지 2,000년 후, 마침내 예수 그리스도께서 태어나셨다.

우리는 하나님께서 어떻게 자기 백성을 악에서 건지실지, 어떻게 하나님과의 관계 가운데 우리를 이끌어 하나님의 임재와 하나님의 복을 알게 하실 것인지 발견하기 위해 기대감을 안고 신약성경을 펼친다. 이 책은 당신을 성경 이야기의 중심으로 데려다줄 것이다.

네 권의 복음서는 예수님의 가르침과 행하신 기적들과 그분의 죽으심과 부활을 기록함으로써 우리에게 예수님을 소개하고 있다. 마태, 마가, 누가 그리고 요한은 예수님께서 어떻게 우리를 예수 그리스도 안에서 죄를 용서받고, 하나님과 화목하게 살 수 있게 하셨는지 보여준다.

사복음서는 모두 예수님의 생애에 대한 목격자들의 진술을 바탕으로 나온 것이며, 모두 예수님의 삶과 죽으심 그리고 부활이라는 핵심적인 사실들에 대해 증거하고 있다. 그러나 복음서 각각은 그 이야기에 나름대로 독특한 기여를 하고 있다.

한 가지 색으로 인쇄된 사진을 생각해보자. 그다음에 두 가지 색으로 인쇄된 사진을 생각해보고, 그다음 세 가지 색, 그다음 네 가지 색으로 인쇄된 사진을 생각해보자. 각 색깔이 더해질 때, 사진의 이미지는 더욱 새롭고 풍요로워진다. 한 가지 색으로도 이미지를 전달하기에는 충분하겠지만, 네 가지 색으로 인쇄된 사진은 그 모습을 훨씬 더 멋지게 드러낸다. 네 권의 복음서를 통해 하나님께서는 예수 그리스도에 대한 총천연색 그림을 우리에게 보여주고 계신다.

마태, 마가복음을 통과하면서, 나는 예수님의 가르침 중 몇 가지 중심 주제들에 초점을 맞추었다. 우리는 어떻게 그리스도께서 하나님의 약속을 성취하고 계시며, 우리에게 회개를 촉구하시며, 우리가 천국에 들어갈 수 있도록 제안하시며, 예수 그리스도를 따르도록 우리를 안내하시며, 지옥의 위험에 대해 경고하시며, 그분의 전능하신 권능을 입증하고 계시는지 발견하게 될 것이다.

누가복음을 통과할 때에는, 예수님 생애의 중심 사건들인 예수님의 탄생, 시험받으신 일, 변화하신 일, 십자가에 달리신 일 그리고 부활과 승천에 초점을 맞출 것이다.

요한복음에서는 예수님의 재림에 대한 큰 약속을 다루고, 왜 복음서들이 기록되었는지 알아보고자 한다. 또한 하나님이 성부와 성자와 성령의 삼위일체라는 신비로운 사실에 관해 중심적으로 다룰 것이다. 이것은 기독교 신앙의 핵심적인 요소를 드러내는 진리이다. 그래서 나는 요한복음 14, 15, 16장에 있는 성부와 성자와 성령에 관한 예수님의 분명하고 놀라운 진술들에 초점을 맞추었다.

사도행전에서는, 오순절이 오늘날 우리에게 지니고 있는 의의를 발견하고 복음이 어떻게 유대인들로부터 나머지 다른 세계로 퍼져나가고 있는지에 대한 놀라운 이야기를 추적했다.

신약성경에 기록된 서신들(로마서에서부터 요한계시록까지)은 하나님께서 예수 그리스도를 통해 행하신 일의 중요한 의미를 그분이 우리에게 직접 말씀하시는, 일종의 가이드와 같은 것이다. 그 서신들은 단순히 성경 이야기에 덧붙여진 것이 아니라, 성경 이야기의 한없는 영광과 경이로움을 나타내고 있다.

이 책은 이제껏 펼쳐졌던 이야기들 가운데 가장 위대한 이야기를 들려줄 것이다. 이러한 발견의 여정에 당신을 초대하게 되어 더없이 기쁘다.

차례

UNLOCKING THE BIBLE STORY

1. 성취 Fulfillment ········ 13

2. 회개 Repentance ········ 31

3. 하나님 나라 Kingdom ········ 51

4. 제자 Disciples ········ 67

5. 주님 Lord ········ 85

6. 지옥 Hell ········ 103

7. 기적 Miracles ········ 121

8. 탄생 Born ········ 139

9. 시험 받으시다 Tempted ········ 155

10. 변화하시다 Transfigured ········ 175

11. 십자가에 못 박히시다 Crucified ········ 191

12. 부활 Risen ········ 207

13. 승천 Ascended ········ 223

14. 재림 Coming ········ 241

15. 성부 Father ········ 255

16. 성자 Son ········ 271

17. 성령 Spirit ········ 285

18. 그리스도 Christ ········ 301

19. 권능 Power ········ 319

20. 이방인들 Gentiles ········ 335

21. 진노 Wrath ········ 353

22. 속죄 Propitiation ········ 369

23.칭의 Justification ········ 387

24. 기쁨 Rejoicing ········ 405

25. 은혜 Grace ········ 423

26. 연합 Union ········ 441

27. 본성 Nature ········ 459

28. 상속자 Heirs ···································· 477
29. 약함 Weakness ································ 495
30. 교회 Church ·································· 513
31. 빛 Light ····································· 529
32. 전투 Battle ·································· 547
33. 이윤 Profit ·································· 565
34. 평안 Peace ··································· 583
35. 죽음 Death ··································· 603
36. 간구 Intercession ····························· 621
37. 행함 Works ··································· 639
38. 사귐 Fellowship ······························· 655
39. 어린양 Lamb ·································· 673
40. 도성 City ···································· 689

1

성취

Fulfillment

마태복음 1장

예수 그리스도는 누구시며,

그분이 오신 이유는 무엇인가?

묵상의 길잡이

☑ **발견하라**
하나님의 '해야 할 일 목록'과 그 일이 어떻게 이루어졌는지 발견하라.

☑ **배우라**
왜 예수 그리스도를 모세나 무함마드와 같은 존재로 여길 수 없는지 배우라.

☑ **경배하라**
예수님께서 구약성경에 제기된 물음들에 대해 어떻게 대답하고 계시는지 보면서 경배하라.

당신은 하루의 스케줄을 촘촘히 짜놓고서 그 스케줄에 따라 일을 하는가, 아니면 일들이 생기는 대로 따라가면서 살아가는가?

나는 하루를 시작하면서 거의 매일 '오늘 해야 할 일거리 목록'을 작성한다. 그 목록은 내게 방향을 정해주며 우선순위를 정하는 데 도움을 준다. 물론 나의 '해야 할 일거리 목록'에 써넣은 모든 일들이 그날 다 처리되는 것은 아니다. 계획한 일을 다 끝내지 못한 날에는 낙심이 되기도 한다.

해야 할 일거리들 중 몇 가지는 상당히 간단한 것들이다. 전화해주기, 편지 한 통 쓰기, 혹은 결정한 것에 대한 점검 등이 그렇다. 어떤 일들은 좀 더 시간이 걸린다. 에세이 한 편 쓰기, 혹은 사람들 앞에서 발표해야 할 자료 정리하기 등이 그런 일들이다. 해야 할 일거리들의 목록이 완성되면 이제는 일을 시작해야 한다.

이 목록에 대한 진짜 즐거움은 하루가 끝날 때 즈음 찾아온다. 잠자리에 들기 전에 당신은 그 목록 하나하나에 줄을 긋고, '처리되었다'고 표시한다. 당신이 하겠다고 계획했던 대로 모든 일이 완결되었음을 알았을 때 찾아오는 만족감은 어디에도 비할 데가 없을 것이다.

하나님의 '해야 할 일 목록'

『손에 잡히는 성경 이야기_구약』에서 우리는 하나님의 놀라운 약속들을 발견했다. 하나님께서는 선지자들에게 앞으로 하실 일에 대해 말씀하셨다.

하나님께서 하셔야 할 일의 목록은 하나님께 얹힌 책무에서 비롯되는 것이 아니다. 아무도 하나님께 어떤 일을 하라고 명령할 수 없다. 하나님께서 하실 일의 목록은 자발적 헌신으로부터 비롯되는 것이다. 하나님께서는 어떤 일들을 행하시겠다고 약속하셨다. 하나님은 말씀에 신실하신 분이시기 때문에 그 일들은 반드시 이루어진다. 구약성경 마지막 부분에 이르면, 그것은 상당히 긴 목록이 된다.

신약성경은 하나님께서 위대한 약속을 해주셨던 사람들을 우리에게 상기시키면서 시작한다. 마태는 각각 아브라함, 다윗 그리고 유배 기간으로 시작되는 14대에 걸친 사람들을 세 그룹으로 나눠 예수님의 족보를 정리했다. 이런 식으로 마태는 구약성경의 계보 가운데 하나님의 위대한 약속들이 이루어졌던 세 부분의 주요 시기들에 독자의 초점을 맞추어놓는다. 마태는 하나님께서 하시겠다고 약속하셨던 모든 일들의 성취가 바로 예수 그리스도의 오심이라는 사실을 우리가 알기를 원했다.

아브라함과 다윗의 자손 예수 그리스도의 계보라(마 1:1).

예수님은 '아브라함의 자손'이라고 소개된다. 예수님이 태어나시기 2,000년 전, 하나님께서는 아브라함을 통해 하나님의 복이 모든 민족에게 흘러 들어가게 될 것을 약속해주셨다. "내가…네게 복을 주어 네 이름을 창대하게 하리니 너는 복이 될지라…땅의 모든 족속이 너로 말미암아 복을 얻을 것이라"(창 12:2-3).

아브라함은 자신에게 자식이 하나도 없는데 어떻게 그 일이 이루어질 수 있는지 의아해했다. 그러나 하나님께서 개입하셔서, 아브라함과 사라가 노년에 자식을 가질 수 있게 하셨다. 이삭의 탄생은 하나의 기적이었다. 그러나 하나님의 복은 이삭을 통해 세상에 임하지 않았다. 따라서 아브라함에게 하셨던 그 약속은 하나님께서 하실 일의 목록에 아직 남아있었다.

예수님은 또한 '다윗의 자손'으로 소개되고 있다. 하나님께서는 다윗에게, 하나님의 이름을 위해 집을 세우게 될 한 자손에 대해 말씀하셨다. 하나님께서는 그 아들의 보좌와 나라를 영원히 확립하실 것을 약속하셨다. 그런 다음에 하나님께서는 이렇게 덧붙이셨다. "나는 그에게 아버지가 되고 그는 내게 아들이 되리니…"(삼하 7:14).

다윗의 아들 솔로몬은 하나님의 영광을 위해 훌륭한 성전을 건축했다. 그러나 솔로몬은 하나님의 약속을 성취하지 않았다. 솔로몬의 성전은 마침내 파괴되었으며, 그의 나라도 영원히 지속되지 않았던 것이다.

그래서 영원한 하나님의 전을 세우고 보좌를 확립하는 이 전체적인 역사役事는 하나님이 하실 일의 목록에 덧붙여졌다.

그 계보 가운데서 마태가 세 번째로 초점을 맞춘 부분은 유배 기간이다.

> 그런즉 모든 대 수가 아브라함부터 다윗까지 열네 대요 다윗부터 바벨론으로 사로잡혀 갈 때까지 열네 대요 바벨론으로 사로잡혀 간 후부터 그리스도까지 열네 대더라(마 1:17).

구약성경에 있는 하나님의 위대한 약속들 가운데 몇 가지는 바벨론에서의 유배 기간과 연결되어있다. 하나님의 백성이 가장 어두운 시기를 맞이하게 되었을 때, 하나님께서는 자신이 새로운 언약을 맺으시고, 자기 백성에게 새로운 마음을 주시겠다고 약속하셨다(렘 31장; 겔 36장). 하나님께서는 의무감에서가 아니라 내적인 욕구에서 우러나와 하나님의 법에 따라 살 사람들의 공동체를 창조하시겠다고 약속하셨다. 이 약속은 예수님께서 오시기 약 600년 전에 하셨다. 그리고 그 수백 년 동안 이 약속들은 하나님이 행하실 일의 목록에 들어있었다.

구약성경 이야기 내내 하나님께서 행하신 모든 일에도 불구하고, 하나님의 위대한 약속들은 여전히 성취되지 않고 있었다. 하나님께서 주시는 복은 아직도 만방의 민족들에게 찾아와야 했으며, 결코 멸망하지 않는 나라가 세워져야 할 이유는 여전했다. 또한, 사람들의 마음도 새로워져야 했다. 그렇기 때문에 구약성경 이야기의 끝에 이르러 이루어져야 할 일의 긴 목록이 생겨나게 되었다.

하나님의 '해야 할 일 목록'에 적힌 일들이 이루어지다

그런 다음에 마태는 예수 그리스도의 탄생이 어떻게 일어났는지 우리에게 전해준다(마 1:18). 마리아가 성령을 통해 아기를 잉태한 사실이 드러났다. 요셉은 이 일을 어떻게 처리해야 할지 몰랐다. 그러자 하나님께서 어느 날 밤 꿈을 통해 그에게 말씀하셨다. 요셉은 하나님께서 보내신 한 천사를 보았고, 그 천사는 요셉에게 두려워하지 말라고 말했다. 요셉은 마리아가 낳을 아기의 이름을 '예수'라고 지어야 했다. 이는 이 아기가 "자기 백성을 그들의 죄에서 구원할 자"(마 1:21)였기 때문이다. 그다음에 마태는 우리에게 이렇게 말한다.

> 이 모든 일이 된 것은 주께서 선지자로 하신 말씀을 이루려 하심이니(마 1:22).

다시 말해, 예수 그리스도께서 세상에 오셨을 때, 하나님께서 자신이 행하겠다고 말씀하셨던 일이 이루어졌다는 말이다.

당신은 복음서들을 읽어나가면서 공통적으로 지적하는 것을 거듭해서 발견하게 될 것이다. 그리고 헤롯이 그 아기를 죽이려고 찾았을 때, 요셉이 어떻게 마리아와 그 아기를 데리고 애굽으로 갔는지 알게 된다. 마태는 이 일에 대해 "이는 주께서 선지자를 통하여 말씀하신 바 애굽으로부터 내 아들을 불렀다 함을 이루려 하심이라"(마 2:15)고 설명하고 있다. 이것은 그 사건이 하나님께서 행하실 일들의 목록에 들어있다가 이제는 이루어지게 되었다고 말하는 것과 같다.

그런 다음에, 그 젊은 가족은 나사렛이라 불리는 동네로 이사 갔다. 마태는 이 일에 대해 "나사렛이란 동네에 가서 사니 이는 선지자로 하신 말씀에 나사렛 사람이라 칭하리라 하심을 이루려 함이러라"(마 2:23)

고 설명하고 있다. 즉, 하나님의 말씀이 이루어졌다는 것이다.

예수님은 공생애 사역을 시작하면서, 나사렛에서 가버나움으로 이사하셨다. 가버나움은 스불론과 납달리 지역에 속한 곳이었다. 마태는 이 일에 대해 "선지자 이사야를 통하여 하신 말씀을 이루려 하심이라"(마 4:14)고 우리에게 일깨워주고 있다. 역시 말씀이 이루어졌다는 것이다.

누가는 예수님의 공생애 사역 가운데서 첫 번째 공적인 사건에 대해 전해준다. 예수님께서는 회당에 들어가서 선지자 이사야의 글에서 한 부분을 읽으셨다. "주의 성령이 내게 임하셨으니 이는 가난한 자에게 복음을 전하게 하시려고 내게 기름을 부으시고 나를 보내사 포로 된 자에게 자유를, 눈먼 자에게 다시 보게 함을 전파하며 눌린 자를 자유롭게 하고 주의 은혜의 해를 전파하게 하려 하심이라 하였더라 책을 덮어 그 맡은 자에게 주시고 앉으시니 회당에 있는 자들이 다 주목하여 보더라 이에 예수께서 그들에게 말씀하시되 이 글이 오늘 너희 귀에 응하였느니라 하시니"(눅 4:18-21).

예수님께서는, "하나님께서 약속하셨던 일들이 이제 나를 통해서 이루어지고 있다!"고 선언하셨다. 그 사람들이 예수님의 가르침에 깜짝 놀랐다는 사실은 전혀 놀라운 일이 아니다.

하나님의 약속들이 성취되고 있다는 주제는 복음서 전체를 관통하고 있다. 그 상세함은 경이롭기까지 하다. 구약성경의 예언들이 성취되지 않았음을 보여주기 위해 온갖 관심을 기울이고 있었던 예수님의 대적들도 예수님께서 진정으로 그 약속들을 성취하셨다는 점을 입증하는 역할을 했다.

가룟 유다가 예수님을 배신했을 때, 대제사장들은 가룟 유다에게 은 30세겔을 주었고, 유다는 그 돈으로 밭을 구입했다. 마태는 이 일로 인해 하나님께서 예레미야 선지자에게 말씀하셨던 일이 성취되었음을 우리에게 일깨워준다(마 27:9).

예수님께서 십자가에 달리셨을 때, 군병들은 예수님의 옷을 취해 서로 나누어 가졌다. 그런데 예수님이 입고 계셨던 통으로 된 속옷 한 벌은 제비뽑기를 해서 이긴 자에게 주기로 결정했다. 요한은 이에 대해 "군인들이 서로 말하되 이것을 찢지 말고 누가 얻나 제비 뽑자 하니 이는 성경에 그들이 내 옷을 나누고 내 옷을 제비 뽑나이다 한 것을 응하게 하려 함이러라"(요 19:24)라고 썼다.

후에 그 군병들은 죽음을 재촉하기 위해 십자가에 달려있었던 세 사람의 다리를 꺾어야 했다. 그들은 예수님과 함께 십자가에 달린 두 도둑의 다리를 꺾었다. 그러나 그들이 예수님께 다가왔을 때, 그분은 이미 숨을 거두신 상태였다. 그래서 그들은 예수님의 다리를 꺾는 대신 옆구리를 창으로 찔렀다. 다시 요한은 이렇게 지적했다. "이 일이 일어난 것은 그 뼈가 하나도 꺾이지 아니하리라 한 성경을 응하게 하려 함이라 또 다른 성경에 그들이 그 찌른 자를 보리라 하였느니라"(요 19:36-37).

다른 벽에 걸린 초상화

성취된 이 약속에 대한 주제는 예수님이 과연 하나님께서 처음부터 약속하셨던 그 구원자인지를 묻는 자들에게 매우 중요하다. 예수님 자신은 그 점에 대해 조금도 의심하지 않았다. "내가 율법이나 선지자를 폐하러 온 줄로 생각하지 말라 폐하러 온 것이 아니요 완전하게 하려 함이라"(마 5:17).

만일 당신이 예수님이 누구인지 알고자 한다면, 예수님이 구약성경의 선지자들, 혹은 이제껏 살았던 다른 어떤 종교 지도자와는 진정으로 다르다는 점을 이해할 필요가 있다.

내 친구 한 명은 최근에 참석한 종교 교육 세미나에서 유대교는 모세에게서 멈추고, 기독교는 예수에게서 멈추며, 이슬람은 무함마드에게서 멈춘다는 말을 들었다. 그 말은 모세와 예수님과 무함마드가 마치 한 벽에 함께 걸려있는 그림처럼, 서로 비교할 수 있다는 가정에서 출발한다.

많은 사람이 예수님을 종교의 역사 가운데 또 하나의 위대한 인물로 여긴다. 그들은 아브라함, 이삭, 야곱, 다윗, 예수님, 바울 그리고 오늘날에까지 이르는 위대한 인물들을 훌륭한 종교 교사들의 '군'群에 속하는 것으로 보고 있다. 사람들은 이 갤러리를 관람하면서, 누가 가장 위대한지에 대한 서로 다른 개인적인 결론들을 이끌어낸다.

그러나 예수님은 그 선지자들이나 종교 교사들 가운데 놓일 수 없다. 그 선지자들은 하나님의 약속들을 사람들에게 공언했다. 선지자들이 말할 때마다, 하나님께서 하셔야 할 일의 목록은 더 길어졌다. 만일 예수님이 또 한 사람의 선지자였다고 한다면, 예수님은 하나님께서 앞으로 언젠가 더 하실 일들을 선포하는 데 그쳤을 것이다. 또한 예수님께서 오신 것은 그 목록에 있는 하나님의 일들이 이루어지는 데 아무런 기여를 하지 못했을 것이다.

물론 예수님을 선지자들 가운데 한 사람으로 생각했던 사람들은 언제나 있었다(마 16:14). 그러나 예수님께서는 우리가 예수님을 그런 식으로 알아서는 안 된다고 명확하게 밝히시며 "나는 그 예언들을 성취하기 위해 왔다"고 말씀하셨다. 예수님은 하나님께서 하실 일들의 목록을 더 길게 만들기 위해 오지 않으셨다. 예수님은 하나님께서 하실 일들의 목록이 처리되도록 하기 위해 오신 것이다.

기독교를 적대하는 사람들은 기독교가 그저 2,000년 전에 살았던 예수라는 사람이 창안한 새로운 종교일 뿐이라고 주장하기를 좋아한다. 그러나 성경 이야기는 태초로 거슬러 올라간다. 성경은 우리에게 하나님께서 앞으로 무슨 일을 하시겠다고 말씀하셨는지 전해주고 있으며, 하나님께서 예수 그리스도를 통해 자신의 약속들을 성취하셨다고 말해주고 있다.

이것이 바로 예수 그리스도가 유일무이한 존재라는 증거이다. 선지자들은 만방의 모든 족속을 위한 축복과 결코 멸망하지 않을 한 나라와 하나님의 백성에게 주어질 새로운 마음에 대한 하나님의 약속들을 선포했다. 그러나 오직 예수 그리스도만이 그 약속들을 성취하실 수 있다. 예수님의 초상화는 다른 벽에 따로 걸려야 마땅하다.

우리가 해야 할 일이 이루어지다

일단 우리가 예수님의 독특성을 이해하게 된다면, 우리는 예수님께서 하신 일을 좀 더 명확하게 파악할 수 있을 것이다. 예수님께서 자신의 공생애 사역을 통해 무슨 일이 성취될 것인지 선포하셨을 때, 예수님은 자신이 선지자들만이 아니라 율법도 성취하기 위해 오셨다고 명확히 밝히셨다.

> 내가 율법이나 선지자를 폐하러 온 줄로 생각하지 말라 폐하러 온 것이 아니요 완전하게 하려 함이라 진실로 너희에게 이르노니 천지가 없어지기 전에는 율법의 일점일획도 결코 없어지지 아니하고 다 이루리라(마 5:17-18).

만일 선지자들이 한 예언들이 하나님께서 하실 일들의 목록을 대표한다면, 십계명을 포함해서 모세에게 주어진 모든 계명들, 즉 율법은 우리가 해야 할 일들의 목록을 대표한다. 하나님께서는 우리에게 요구하시는 바를 율법으로 말씀하고 계신다. 예수님께서는 자신이 율법을 폐지하기 위해 온 것이 아님을 명확히 밝히신다. 하나님의 율법은 천지가 없어지기 전까지 그대로 있을 것이다.

따라서 하나님은 구약성경에서 율법과 의로움에 대해 지대한 관심을 기울이셨지만, 신약성경에서는 그 초점을 은혜와 용서로 바꾸셨다고 단정하는 것은 심히 잘못된 생각이다. 성경 전체는 하나의 이야기이다. 하나님께서는 언제나 은혜롭고 용서하시는 분이셨으며, 하나님의 율법은 영원히 서 있다.

하나님의 율법은 여전히 우리가 지켜야 할 일이다. 그러나 예수님은 자신이 "율법을 완전케 하려고 오셨다"고 말씀하신다. 다시 말해서, 예수님께서는 해야 할 일들의 목록을 이루어진 일들의 목록으로 옮기기 위해 오셨다. 예수님께서는 이 일을 세 가지 면, 즉 그분의 삶, 죽음 그리고 자기 백성을 통해 이루신다.

율법을 삶으로 가져오기

율법은 임의적인 도덕 규칙들의 모음이 아니라, 하나님의 성품과 영광에 대한 글이다.

우리가 거짓말을 하지 말아야 하는 이유는 하나님께서 바로 진리이시기 때문이다. 우리가 간음을 하지 말아야 하는 이유는 하나님께서 신실한 분이시기 때문이다. 우리가 살인해서는 안 되는 이유는 생명이 하나님의 선물이기 때문이다.

율법은 하나님께서 어떠한 분이신지 우리에게 말하고 있으며, 우리의 삶에 대한 하나님의 부르심을 기술하고 있다. 예수 그리스도는 하나님께서 이르신 것, 즉 '해야 할 일 목록'에 적힌 대로 살기 위해 오셨다. 예수님은 하나님의 율법을 지면紙面으로부터 살려내시고, 자신의 완전하신 삶 가운데서 그 율법의 말씀을 온전하게 표현하셨다. 바로 그 때문에 예수님께서 "나를 본 자는 아버지를 보았거늘"이라고 말씀하실 수 있었을 것이다(요 14:9).

"이는 하나님의 영광의 광채시요 그 본체의 형상이시라"고 성경은 말한다. 바로 이러한 이유 때문에 바울은 우리가 "예수 그리스도의 얼굴에 있는 하나님의 영광을 아는 빛을 우리 마음에 비추셨느니라"고 쓴 것이다(히 1:3; 고후 4:6).

율법 가운데, 하나님께서는 우리가 이 세상에서 어떻게 살아가야 하는지 말씀하셨다. 하나님의 말씀은 본질적으로, "이것이 너희가 해야 할 일들의 목록이다"라는 말씀이다. 마태가 복음서를 시작하면서 사람들의 이름을 길게 써놓은 것에 대해 생각해보기 바란다. 그 사람들 가운데 어느 한 사람도 하나님의 율법을 성취하지 못했다. 그러나 예수님께서 오셨을 때, 그 율법—우리가 해야 할 일들—은 이루어졌다.

묵은 빚 몇 가지를 갚다

율법은 우리에게 하나님께서 요구하시는 삶에 대해 말해주는 일 그 이상을 하고 있다. 율법은 죄의 결과들에 대해서도 선포하고 있으므로 성경은 율법의 저주들에 대해 언급한다. 죄를 지은 영혼은 죽을 것이다.

구약성경 이야기 내내, 하나님께서는 거듭해서 이 정죄를 뒤로 미루셨다. 아담이 에덴동산에서 불순종했을 때 하나님께서 아담에게 은혜를 베푸셔서 비록 낙원에서는 추방당했지만, 그의 목숨은 보존되었다.

아브라함은 자기 아내에 대해 거짓말을 했지만, 그는 계속해서 하나님의 벗으로 남았다. 다윗은 간음을 했지만, 이스라엘의 왕좌를 계속해서 지켰다. 이사야는 자기가 입술이 더러운 사람이라고 고백했지만, 여전히 선지자로 쓰임을 받았다. 그들 가운데서 아무도 율법에 선포되어있는 하나님의 정죄 아래 놓였던 사람은 없었다. 그들의 죄가 아무런 문제가 되지 않았기 때문일까? 그렇지 않다. 율법의 핵심은 바로 그들의 죄가 문제가 된다는 것이다. "범죄하는 그 영혼은 죽으리라"(겔 18:4). 또한 그리스도께서는 하늘과 땅이 사라진다 해도, 하나님의 율법은 없어지지 않을 것이라고 말씀하신다(마 24:35).

그런데 하나님께서는 구약성경 내내, 율법에 대한 정죄를 집행하지 않으시고 뒤로 미루셨다. 하나님께서는 심판 날을 연기하시고, 인간의 죄악의 결과들을 다루시는 전체적인 문제를 하나님께서 하실 일들의 목록에 적어놓으셨다.

백화점의 진열창은 정기적으로 구매의 충동을 불러일으키는 광고들로 가득 찬다. 거기에는 종종 "내년 1월까지 돈을 낼 필요가 없습니다"라고 쓰여있다. 참 멋지게 들린다. 그 말은 '지금은 사실상 공짜'라는 뜻이기 때문이다. 내년 1월이 되어 물건값을 지불해야 할 때가 왔다는 고지서가 날아들기 전까지는 공짜이다. 지불해야 할 돈은 면제되지 않았다. 다만 연기되었을 뿐이다. 때가 되면, 그 고지서에 따라서 돈을 갚아야 하는 것이다.

구약성경에서 드린 희생제사들은 앞으로 값을 치러야 할 때가 올 것임을 하나님의 백성에게 일깨워주었다. 죄의 결과는 어느 날 갚아야 할 빚처럼 여전히 남아있었다.

그러다가 예수님께서 오셨다. 예수님께서는 "내가 율법을 성취하기 위해 왔다"고 말씀하셨다. 그 말은 예수님께서 율법이 요구하는 모든 것을 삶 가운데서 성취하실 뿐만 아니라 죽음으로 율법의 정죄를 감당하실 것임을 의미했다.

바로 이러한 이유로, 예수님께서는 십자가를 지셔야 했다. 죄의 결과들을 다루셔야 할 하나님의 때가 임한 것이다. 예수님께서는 십자가 위에서 자신의 몸으로 인간이 지은 죄의 결과들을 감당하셨다(벧전 2:24).

하나님의 율법 안에 기술되어있는 심판과 정죄가 예수 그리스도께 퍼부어졌다. 그리고 예수님은 그 모든 일을 받아들이시고 큰 소리로, "다 이루었다"라고 외치셨다. 그 순간에 죄 문제를 해결하는 일은 하나님이 행하실 일의 목록에서 제외됐다. 하나님의 모든 백성을 위해 그 일이 해결되었기 때문이다.

우리가 지금 희생제사를 드리지 않는 이유는 바로 이 때문이다. 성찬예식은 우리의 죄가 여전히 해결되어야 할 필요가 있어서 행해지는 새로운 희생제사가 아니라, 예수 그리스도를 통해 그 일이 해결되었음을 일깨워주는 예식이다. 때문에 지금은 우리에게 제사를 드려야 할 성전이 필요하지 않다. 우리는 예수 그리스도에 대한 믿음을 통해 성령으로 말미암아 하나님께 직접 나아갈 수 있게 되었다. 그 일이 해결된 것이다!

구약 시대 내내 '해야 할 일들' 가운데 남아있었던 모든 것이 마침내 예수 그리스도에 의해 완전히 성취되었다. 조나단 에드워즈의 말을 들어보자.

> 비록 수백만 번의 희생제사가 드려졌지만, 그리스도의 성육신하심 이전에는 구속救贖을 얻기 위해 이루어진 일이 아무것도 없었습니다…그러나 그리스도께서 성육신하자마자, 곧 그 구속이 시작되었습니다. 그분이 죽은 자들 가운데서 부활하셨던 그날 새벽까지, 그리스도께서 수모를 당하

시던 그 모든 시간이 구속함을 얻는 데 포함됐습니다. 그리하여 우리를 향한 예수 그리스도의 구속하심이 완전히 이루어졌습니다. 그리스도의 성육신 이전에는 아무 일도 이루어지지 않았듯이, 그분의 부활 이후에도 사람들을 구속하시기 위한 어떠한 일도 행하여지지 않았습니다. 아니, 이 일보다 더 큰 일은 영영토록 없을 것입니다.[1]

새로운 욕구와 새로운 방향

성경 이야기를 따라가면서, 우리는 예수님께서 율법을 성취하시는 또 다른 방식을 발견하게 될 것이다. 사도 바울은 이렇게 썼다.

율법이 육신으로 말미암아 연약하여 할 수 없는 그것을 하나님은 하시나니 곧 죄로 말미암아 자기 아들을 죄 있는 육신의 모양으로 보내어 육신에 죄를 정하사 육신을 따르지 않고 그 영을 따라 행하는 우리에게 율법의 요구가 이루어지게 하려 하심이니라(롬 8:3-4).

예수님께서는 하나님의 율법이 성취될 새로운 삶 가운데로 당신을 데려다 놓으셨다. 예수님께서는 당신을 죄의 심판으로부터 이끌고 나오셨으며, 당신을 의로운 삶으로 이끌어주신다.

몇 년에 걸쳐서 나는 내가 해야 할 일거리들을 적으면서, 그 목록에서 가장 나중으로 미루어두는 것들에는 어떤 패턴이 있음을 알게 되었다. 그 일들은 내가 싫어하는 일들과 내가 할 수 없다고 느끼는 일들이다. 그것이 바로 정확히 하나님의 율법과 관련해서 우리가 가지고 있는 문제점이다. 본성적으로 우리는 하나님의 율법을 싫어하며, 그 율법을 행할 수가 없다. 따라서 우리에게 우선적으로 나오는 본능은, 다른 날을 위해 그것을 선한 의지의 목록으로 따로 남겨두겠다는 것이다.

예수님께서는 그러한 일에서부터 우리를 구하기 위해 오셨다. 예수님께서는 당신을 하나님께서 항상 의도하고 계셨던 바로 그런 사람으로 만들기 위해 오셨다. 또한 당신에게 의로움에 대한 굶주림과 갈급함을 주시고, 그러한 새로운 욕구와 더불어 성령의 권능을 주심으로써, 당신의 삶이 하나님의 율법에 가까이 갈 수 있도록 해주실 것이다.

내가 열네 살 때, 우리 가족은 영국 서남부에 위치한 토키Torquay로 휴가를 떠났다. 숙박 시설은 형편없었으며, 해변은 사람들로 붐볐다. 별로 기억하고 싶지 않은 휴가였다. 집으로 돌아오면서 나는 "아빠, 이제 다시는 그 마을에 가지 않겠어요"라고 말했다.

어머니는, 그런 말은 언젠가는 후회하게 될 말이라고 지적해주셨다. 어머니의 말씀이 옳았다. 6년 후, 나는 그 마을 출신의 처녀를 만나 사랑에 빠져 결혼까지 했다. 그 뒤로는 그 마을에 즐겁게 가고 있다.

성령이 당신의 삶 속에서 역사하기 시작할 때, 당신은 의로움에 대한 새로운 허기와 갈증을 느끼게 될 것이다. 당신은 자신이 해야 할 일들의 목록에 하나님의 법을 넣기 시작할 것이다. 당신이 그 일을 감당하는 데 오랜 시간이 걸릴 수는 있겠지만, 당신에게는 하나님의 법 안에서 성장하고자 하는 새로운 소욕이 있음을 발견하게 될 것이다. 예수님께서는, "의에 주리고 목마른 자는 복이 있나니"(마 5:6)라고 말씀하셨다. 그 사람들은 하나님께서 그들에게 원하시는 것을 원하게 될 것이며, 그들의 소원은 이루어질 것이다.

예수님은 우리를 율법의 정죄로부터 구하기 위해 죽으셨다. 예수님은 성령의 권능으로 말미암아 우리가 율법을 성취하는 새로운 삶을 살도록 우리를 이끌어가기 위해 존재하신다. 예수 그리스도께서는 우리를 지금 있는 그대로 받아주신다. 그러나 그분은 우리를 결코 있는 그

대로 두지 않으신다. 우리를 의롭게 하셔서, 우리가 하나님의 법을 성취하는 삶 속에서 하나님의 영광을 드러내도록 하는 것이 하나님의 목적이다.

만일 당신이 성경 이야기를 끝까지 읽어간다면, 당신은 마지막 날에 그리스도께서 성부 하나님 앞에 서서 "볼지어다 나와 및 하나님께서 내게 주신 자녀라"(히 2:13)고 말씀하시는 것을 듣게 될 것이다. 우리가 그리스도를 보게 될 뿐만 아니라 예수 그리스도를 닮게 될 것이다. 하나님께서 당신을 하나님의 하실 일들 목록에서 빼실 그날이 올 것이다 그리고 하나님께서 당신을 바라보시면서, "다 이루어졌다! 다 됐다!"라고 말씀하실 것이다.

드러난 사실 UNLOCKED

구약의 선지자들이나 다른 종교의 예언자들은 예수님과 비교될 수 없는 사람들이다. 선지자들은 하나님께서 요구하신 바가 무엇이며, 하나님께서 행하실 일이 무엇인지를 선포했다. 예수님께서는 하나님께서 요구하시는 일을 성취하시고, 하나님께서 말씀하셨던 일을 이루시기 위해 오셨다. 예수님은 율법과 선지자들을 통해 하나님께서 약속하신 바를 이루심으로써, 율법과 예언을 성취하신다. 하나님께서 '해야 할 일 목록'에 두셨던 모든 일이 예수 그리스도를 통해 이루어졌다.

그리스도께서는 세 가지 면에서 율법을 성취하신다. (1) 하나님의 율법 가운데 하나님께서 우리에게 요구하고 계시는 모든 것을 완벽하게 반영한 삶을 사심으로써 성취하신다. (2) 십자가 위에서 죽으심을 통해, 우리의 죄에 대한 율법의 정죄를 다 받아들이심으로써 성취하신다. (3) 우리가 성령의 권능으로 말미암아 하나님의 율법에 따라서 새로운 삶을 살 수 있게 하심으로써 성취하신다. 예수 그리스도께서는 우리에게 율법을 보여주려고 오셨다. 예수 그리스도께서는 우리를 위해 율법을 성취하시려고 죽으셨다. 그리고 지금 우리 안에서 그 율법이 성취되도록 하기 위해 함께하신다.

기도 PAUSE FOR PRAYER

전능하신 아버지 하나님!

예수 그리스도 안에서 하나님의 모든 약속이 이루어지게 하심을 감사드립니다.

예수 그리스도의 삶을 통해 하나님의 약속을 이루어주시고, 그 삶을 본받아 살게 하여주심을 감사드립니다. 저의 모든 죗값을 완전히 해결하시기 위해 십자가에서 죽으신 예수 그리스도의 사랑에 무한 감사드립니다.

성령의 권능으로 제가 하나님께서 주시는 새로운 삶 속에서 성장할 수 있도록 도와주시옵소서. 제 안에서 주님의 소원이 이루어질 그날을 바라보면서 주님의 법을 따라, 주님의 영광을 위해 살아갈 수 있도록 항상 도와주시옵소서. 예수 그리스도의 이름으로 기도드립니다. 아멘.

Note

1. jonathan Edwards, *A History of the Work of Redemption*, vol. 1 of *The Works of Jonathan Edwards* (Edinburgh, Scotland: Banner of Treth, 1974), 572.

2

회개

Repentance

마태복음 3장

회개한다는 것은 무슨 뜻인가?

묵상의 길잡이

☑ **발견하라**

실질적이고 지속적인 변화의 비밀을 발견하라.

☑ **배우라**

그리스도인으로 살아가면서 왜 회개가 계속되어야 하는지 배우라.

☑ **경배하라**

예수님께서 하나님 나라를 열어놓으신 것을 감사하며 경배하라.

1978년 3월 16일, 아모코 카디스Amoco Cadiz라는 이름의 초대형 유조선이 프랑스의 브리타니Brittany 해변에서 좌초하여, 25만 톤에 달하는 원유를 대서양에 쏟아냈다. 원유는 130개 이상의 해변을 다 휩쓸어버렸으며, 그 해변들 상당수는 30센티미터 이상의 원유로 뒤덮였다.

그 피해는 이루 말할 수 없었다. 3만 마리 이상의 바닷새들이 죽었으며, 바닷게와 바닷가재 등 23만 톤의 어류가 폐사했다. 이 사건으로 인해 수많은 굴과 해초 양식장들이 황폐해졌으며, 지역 사회의 어업 경제에 큰 손실을 입혔다.[1]

이와 같은 재난이 발생하면 다양한 문제가 생긴다. 그 뒤 몇 달 동안 법적 소송들이 진행되었다. 지불해야 할 대가가 있었던 것이다. 이 소송에서 시카고의 한 판사는 피해를 입은 프랑스의 모든 마을에 8,520만 달러를 배상하도록 판결했다. 그러나 수많은 해변이 오염되었다는 문제를 피해갈 수는 없었다. 심각한 피해를 입은 환경을 회복시키기 위해 '청소 작전'이 시작되어야 했다.

아모코 카디스호의 이야기는 '죄'라는 참담한 재난이 몰고 오는 다양한 영향과, 성경에서 구원이라고 일컫는 하나님의 청소 작전을 이해하는 데 도움을 준다. 대부분의 그리스도인들은 죗값을 치르기 위해 지불해야 할 형벌이 있다는 사실과 함께, 예수님이 십자가에서 죽으심으로써 이 형벌을 우리 대신 치러주셨다는 사실을 이해하고 있다. 그러나 구원은 우리의 삶 속에서 죄 때문에 발생한 피해를 해결해야 할 청소 작전을 포함한다.

모래사장이 연출하는 아름다운 선을 생각해보라. 물고기와 나무와 새들의 생명을 원조해주는 수정처럼 맑은 물을 생각해보라. 그리고 이제 찌그러진 배에서 시커먼 원유가 쏟아져나오고 있는 광경을 상상해보라. 그것이 바로 죄가 저지르고 있는 일이다. 죄는 생명을 오염시키고 파괴한다.

예수 그리스도께서 우리를 구원하시기 위해 오셨을 때, 십자가에서 죽으심으로써 우리의 죄악들에 대한 형벌을 치르셔야 했다. 그러나 그것으로 충분하지 않다. 그리스도께서는 또한 우리 가운데 남아있는 죄의 영향들을 해결하셔야 한다. 구원은 죄에 의해 황폐해진 아름다움을 회복시키는 일을 수반한다.

바로 여기에서 우리는 첫 장을 끝냈다. 예수님은 우리에게 율법을 증명하시기 위해 오셨으며, 우리를 대신해 율법의 저주를 짊어지시기 위해 오셨다. 그러나 종종 잊히는 세 번째 차원이 있다. 그것은 예수 그리스도가 우리 가운데서 율법이 성취되도록 하시기 위해 오셨다는 사실이다. 만일 하나님의 율법이 우리의 삶 속에서 성취된다면, 그것은 아주 커다란 삶의 변화를 가져올 것이다.

변화의 때

천사가 예수님의 탄생을 선포했을 때, 그 천사는 "너는 그의 이름을 예수라 하라 이는 그가 자기 백성의 죄악들에 대해 그들을 용서할 것이기 때문이다"라고 말하지 않고 "너는 그의 이름을 예수라 하라 이는 그가 자기 백성을 그들의 죄에서 구원할 자이심이라"(마 1:21)고 말했다.

사람들을 죄악으로부터 '구해낸다'는 것은 그들을 죄악 가운데서 끄집어낸다는 뜻이다. 그 말은 재앙의 모든 차원에서부터 그들을 구해낸다는 뜻이다. 만일 예수 그리스도께서 우리를 삶 가운데 있는 죄의 권세로부터 해방시켜주시는 일이 없이 우리를 죄의 심판으로부터 구해주셨다고 한다면, 그것은 아모코 카디스 사건에 대한 벌금만을 물고, 해변을 청소하기 위해서는 아무런 일도 하지 않는 것과 같다. 그것은 터무니없는 일이다. 구원이라는 것이 변화 없는 용서라고 생각하는 사람은 완전히 오해하고 있는 것이다. 구원은 용서나 천국으로 가는 무료 티켓 이상의 것이다. 예수 그리스도께서는 당신을 하나님께서 원하시는 사람으로 만들기 위해 오셨다.

그리스도인들이 범하고 있는 최대의 오류 중 하나는, 성경을 하나님께서 율법을 공포하시고 우리에게 거룩한 삶을 살라고 요구하시는 내용을 담은 책 한 권과, 하나님께서 우리에게 천국에 이르는 무료 티켓을 발행해주시는 내용을 담은 또 다른 한 권의 책으로 나누는 것이다.

그것은 성경에 대해 전적으로 잘못 알고 있는 것이다. 하나님의 목적은 언제나 자기 백성을 죄에서 건져내실 뿐만 아니라 동시에 우리를 거룩한 삶으로 인도하시는 것이었다. 성경 전체는 하나의 이야기이다. 구약성경 전체에 하나님의 은혜가 기록되어있으며, 신약성경 전체에 거룩하게 살라는 하나님의 부르심이 기록되어있다. 그 부르심이 세례 요한과 예수님께서 전하신 메시지의 중심이었다.

군중을 끌어모으는 기이한 설교자

어떠한 기준으로 보아도 세례 요한은 특이한 설교자였음에 틀림없다. 그의 생활 방식은 상당히 이상했다. "이 요한은 낙타털 옷을 입고 허리에 가죽 띠를 띠고 음식은 메뚜기와 석청이었더라"(마 3:4).

세례 요한이 선택한 길은 좀 기이했다. 그는 광야에 나가서 설교하고 있었다. 물론 그렇게 한다면, 주일 아침마다 벌어지는 상당한 주차 문제는 해결할 수 있었을 것이라고 본다. 그렇지만 그렇게 황량한 곳에 많은 회중이 있으리라고는 기대할 수 없을 것이다.

놀라운 일은 사람들이 세례 요한의 메시지를 들으려고 광야로 나왔다는 사실이다. "이때에 예루살렘과 온 유대와 요단강 사방에서 다 그에게 나아와"(마 3:5).

세례 요한이 활동한 기간 동안에 틀림없이 어떠한 영적 각성이 일어났을 것이다. 그래서 사람들은 그 영적 각성 운동의 일부가 되기 위해 기꺼이 그곳에까지 나왔다. 그들은 그 시대의 다른 설교자들로부터 들었던 조용한 말씀에 신물이 나 있었다. 그들은 진리를 갈급해했다. 그들은 세례 요한이 전하는 메시지를 들으면서, 자신들이 바로 하나님의 말씀을 듣고 있음을 알았다.

예수님은 백성이 세례 요한의 말을 들으러 광야에 가는 것은 그가 선지자이기 때문이라고 말씀하셨다(마 11:7-9). 세례 요한에게는 강렬한 매력을 주는 용기와 청렴함이 있었다. 그는 결코 두려움이 없었다. 그는 광야에서 백성에게 했던 것과 똑같이 왕에게도 동일한 메시지를 전했다. 세례 요한은 헤롯에게 회개해야 한다고 말했으나, 헤롯은 그 메시지를 좋아하지 않았다. 그리하여 세례 요한을 가두고 나중에는 그 목을 베도록 명령했다. 예수님은 세례 요한을 선지자들 가운데서 가장 큰 자라고 칭찬하셨다.

세례 요한의 메시지는 매우 간단했다. "회개하라 천국이 가까이 왔느니라"(마 3:2). 태초부터 하나님께서 약속하셨던 일이 바야흐로 이루어질 것이라는 메시지였다.

예수님이 설교하시기 시작했을 때의 메시지도 세례 요한의 메시지와 일치했다. "회개하라 천국이 가까이 왔느니라"(마 4:17). 베드로도 오순절에 동일한 메시지로 설교했다. "너희가 회개하여 각각 예수 그리스도의 이름으로 세례를 받고 죄 사함을 받으라 그리하면 성령의 선물을 받으리니"(행 2:38). 사도 바울 역시 동일한 진리를 선포했다. "유대인과 헬라인들에게 하나님께 대한 회개와 우리 주 예수 그리스도께 대한 믿음을 증언한 것이라"(행 20:21).

회개는 예수님께서 첫 번째로 말씀하신 것이며, 복음의 근본이다. 그러므로 만일 우리가 이 사실을 이해하지 못한다면, 우리는 다른 어떤 것도 이해할 수 없을 것이다.

기회의 열린 문

회개하라 천국이 가까이 왔느니라(마 3:2).

세례 요한과 예수님의 메시지는 우리에게 회개에 대한 매우 놀라운 동기를 제공한다. 인간의 역사 내내 천국은 사람에게 닫혀있었다. 그룹들과 화염검이 에덴동산으로 들어가는 길을 막고 있었다.

천국에 들어가는 길은 아브라함에게도, 이삭에게도, 야곱에게도, 다윗에게도, 선지자들에게도 단절되어있었다. 그러나 자비하신 하나님께서는 그들에게 중요한 약속을 해주셨다. 그들이 죽음을 맞이했을 때, 하나님의 약속이 성취되기를 기다리는 사람들의 긴 행렬에 동참하게 되었다.

마침내 하나님께서는 예수 그리스도를 보내셔서 천국에 들어갈 수 있는 문을 열고자 하셨다. 실제로 세례 요한은 다음과 같이 말했을 것이다. "역사 내내 사람들이 애타게 기다리고 있었던 약속이 이제 막 성취되려 하고 있습니다. 이것은 황금과 같은 기회입니다. 만일 여러분이 이 기회를 잡기 원한다면, 여러분은 변해야 할 것입니다. 천국이 다가오고 있으니 회개하십시오."

새로운 왕국에서의 삶

세례 요한이 천국을 하나의 왕국으로 묘사하고 있다는 점에 주목하기 바란다. 하나의 왕국은 한 왕의 통치 아래 놓여있다. 만일 당신이 하늘의 왕국에 속하기를 원한다면, 당신은 하늘의 크신 왕의 통치 앞에 무릎을 꿇어야 한다.

나는 영국에 사는 38년 동안 미합중국의 법률에 복종할 필요가 없었다. 나는 미국 법률의 사정권 밖에 있었으며, 따라서 미국에서 누릴 수 있는 축복에 있어서도 해당 사항이 없었다.

그러다가 1996년에 미국으로 들어와서 일리노이주에 있는 오차드 복음자유교회Orchard Evangelical Free Church(여기에서 '자유교회'라는 말은 국가 교회가 아닌 독립된 교회라는 뜻임—역자 주)의 담임목사로 청빙을 받았다. 내가 미국으로 오자, 즉시 그동안 영국에서 내게 적용되던 이전의 법률로부터 벗어나 완전히 새로운 미국의 법률을 적용받게 되었다.

나는 뻥 뚫려있는 고속도로에서 상상할 수 없을 정도의 느린 속도로 운전하는 일과 같은 몇 가지 새로운 법률에 적응하기 힘들었다. 그러나 내가 만일 교통경찰에게 정지 명령을 받았을 때, 영국 여왕의 법률에 준해서 운전하고 있다고 말한다고 해도 그것은 교통경찰에게 통하지 않을 것이다. 그는 만일 내가 다른 법률에 따라서 행동하기를 원한다면, 그러한 법률이 통하는 곳으로 되돌아가는 것이 나을 것이라고 엄밀하게 지적해줄 것이다.

많은 그리스도인이 이 점에 대해 혼동하고 있다. 그들은 자신이 예수 그리스도에 관한 어떠한 사실들을 믿고 있는 한 모든 것이 만사형통하리라는 생각을 가지고 있다. 야고보는 이러한 오류에 대해 분명히 짚고 넘어갔다. 그는 귀신들조차도 하나님을 믿고 있으며, 하나님에 대해 생각하면서 떤다(약 2:19)고 말함으로써 사람들이 오해하고 있는 바를 정확히 지적했다.

하늘나라로 들어오는 길은 동서남북에서 오게 될 모든 사람에게 열려있다. 그러나 만일 당신이 그리스도께서 다스리고 계시는 그 나라 안으로 들어오기를 원한다면, 당신은 그리스도의 권위 아래 무릎을 꿇어야 할 것이다. 세례 요한은 이렇게 말했다. "그 말은 여러분이 변해야 할 것이라는 뜻입니다. 회개하십시오. 천국이 가까이 왔습니다. 만일 여러분이 그 나라의 크신 왕께 절하지 않는다면, 그 나라의 혜택들을 받지 못할 것입니다."

방향의 변화

'회개하라'는 말은 '변화하라'는 뜻이다. 회개는 행위의 변화를 낳는 마음의 변화이다. 예수님께서는 두 아들을 가진 한 아버지에 대한 이야기를 하시면서 회개의 의미를 설명해주셨다(마 21:28-32). 그 아버지는 첫째 아들에게 밭에 나가 일을 하라고 말했다. 그 아들은 그렇게 하기를 거절했다. 그러나 나중에 마음을 바꾸어 밭에 일하러 나갔다. 그 아버지는 둘째 아들에게도 밭에 나가 일하라고 말했다. 둘째 아들은 그렇게 하겠다고 말했지만, 마음을 바꾸어 그대로 집에 머물러있었다. 두 아들 모두 자신의 마음과 행동을 바꾸었다(물론 첫째 아들만 좋게 바꾸었지만 말이다).

세례 요한이 설교했을 때 이런 일이 일어나고 있었다고 예수님께서 설명해주셨다. 하나님의 율법을 거절했던 백성이 마음을 바꾸어 이전에 자신들이 행하기를 거부했던 일을 행하였다. 하나님의 율법에 대한 그들의 대답에 근본적인 변화가 일어났던 것이다.

고백의 힘

이 변화가 한 사람의 마음속에 개인적인 문제로 남아있지 않았다는 점에 주목하는 것이 중요하다. "자기들의 죄를 자복하고 요단강에서 그에게 세례를 받더니"(마 3:6).

이 말은 백성이 자신들의 모든 죄악을 공개적으로 고백했다는 뜻이 아니다. 그렇게 하는 것은 분명 부적절한 일일 것이다. 좋은 해법은 죄에 대한 고백을 어떤 범죄에 의해 영향을 받는 사람에게만 해야 한다는 것이다. 만일 내가 생각으로 죄를 지었다면, 나는 내 생각을 아시는 하나님께만 고백해야 한다. 그런데 어떤 한 사람에 대해 말이나 행동으로 죄를 범했다면, 그 사람에게도 고백해야 한다. 마찬가지로 내 행동이 많은 사람에게 영향을 끼쳤다면, 그 많은 사람이 나의 회개에 대해 알아야 한다.

이 사람들은 자신의 죄를 부인해왔던 태도를 바꾸고 있었다. 어떤 경우는 여러 해 동안 부인해왔던 일도 있었다. 세례 요한의 사역은 그들이 기꺼이 "저는 용서받아야 할 사람입니다"라고 말할 수 있는, 변화가 시작되는 장소로 그들을 이끄는 것이었다.

바리새인들과 사두개인들이 이 영적 부흥 가운데서 일어나고 있는 사건을 살피려고 나왔으나 그들은 정작 자신들이 용서받거나 세례 받을 필요가 있음을 느끼지 못했다. 그들은 회개해야 할 필요성을 찾지 못했기 때문에 변화되지 못한 채 되돌아갔다.

이 사실은 분명히 세례 요한에게 큰 슬픔을 가져다주었을 것이다. 세례 요한은 그들의 자만심과 자기만족이 넘치는 태도를 질타했다. "속으로 아브라함이 우리 조상이라고 생각하지 말라"(마 3:9). 당신이 회개하기를 거부하면서 자신의 유산에 의지하는 것은 영적인 재난을 불러오는 확실한 공식이다.

자신이 선한 생활을 하기 위해 얼마나 애를 써왔는지 이야기하는 사람을 보면 나는 심히 걱정이 된다. 그 사람이 그런 노력을 하고 있지 않다고 생각한다는 뜻이 아니다. 분명히 그런 노력을 기울이고 있을 것이다. 내가 걱정하는 것은 그러한 말과 행위들은 흔히 예수 그리스도가 왜 필요한지 전혀 깨닫지 못하고 있는 상태에서 나오기 때문이다.

회개는 자신의 죄를 부인하는 상태에서 벗어나, "저는 용서를 받아야 할 사람입니다. 저는 예수 그리스도와 십자가의 보혈로 죄 사함을 받아야 할 사람입니다"라고 말할 때 비로소 시작된다. 교회에 수년 동안 출석하고 있는 많은 사람이 그 말을 하는 것을 가장 어렵게 느낀다는 사실이 참으로 신기하기만 하다.

지금 당장 당신이 할 수 있는 일

회개는 우리의 생각과 말들을 넘어서, 우리의 행동에 변화를 가져온다. 세례 요한은 이 점을 명확히 밝혔다.

그러므로 회개에 합당한 열매를 맺고(마 3:8).

열매는 눈에 보이는 것이다. 그래서 회개는 당신의 행동 가운데서 눈에 띄는 변화로 나타나게 될 것이다. 누가는 세례 요한의 설교에 대한 반응과 관련해 몇 가지 정보를 더 제공하고 있다. 군중이 세례 요한의 메시지를 들었을 때, 그들은 분명히 들은 말씀에 감동을 받아서 자신들이 무엇을 해야 하는지 알기를 원했다(눅 3:10).

그들은 세례 요한이 자신들이 집으로 돌아가서 바꿀 수 있는 것들을 이야기해줄 것이라고 생각했을 것이다. 그러나 세례 요한은 즉각적인 행동을 촉구함으로써 그들을 움찔하게 만들었다. 군중은 광야에 나와 있었다. 그들 가운데 어떤 이들은 헐벗었을 것이며, 어떤 이들은 배가 고팠을 것이다. 세례 요한은 사람들에게 자신의 옷과 음식을 헐벗고 배고픈 사람들에게 나누어 주라고 촉구했다(눅 3:11). "지금 당장 여러분이 할 수 있는 일은 이것입니다. 여기까지 나온 사람들 중에 옷을 두 벌 가지고 있는 사람은 겉옷 없이 나온 사람을 찾아서 그 두 벌 중에 한 벌을 그 사람에게 주십시오. 큰 점심 광주리를 가지고 나온 사람들은 음식이 전혀 없는 사람을 찾아서 그 사람들과 여러분의 음식을 나누어 드시기 바랍니다."

또한 회개는 개인마다 특수하다. 세리들은 자기들이 무엇을 해야 하는지를 세례 요한에게 물었다. 그러자 세례 요한이 이렇게 대답했다. "부과된 것 외에는 거두지 말라"(눅 3:13). 군인들도 세례 요한에게 자신들이 무슨 일을 해야 하는지 물었다. 그러자 세례 요한은 그들에게 이렇게 말했다. "사람에게서 강탈하지 말며 거짓으로 고발하지 말고 받는 급료를 족한 줄로 알라"(눅 3:12-14).

각각의 특수한 사례들에 대한 적용은 달랐지만, 그 원칙은 동일했다. 그것은 당신이 하나님의 계명에 맞는 삶을 살기 위해 당연히 해야 할 일을 하라는 것이었다. 그것이 회개이다. 하나님께 대한 회개는 무엇보다 마음의 변화로부터 온다. 그리고 여러 가지 행위를 통해 역사한다.

변화하기를 그치지 말라

회개는 결코 한 차례만 있는 사건이 아니어야 한다. 많은 그리스도인이 회개를 인생에서 한 번뿐인 사건으로 여긴다. 그래서 우리가 한 번 통과해서 지나오면 뒤에 남겨지는 일종의 문처럼, 그리스도인의 생활을 시작할 때 회개가 완결된다고 생각하는 것이다. 회개하라는 하나님의 부르심은 직접적이며 구체적이다. 그러나 또한 회개는 지속적인 것이다.

많은 그리스도인은 마르틴 루터Martin Luther가 독일의 비텐베르그 성당 문에 95개조 반박문을 붙였던 사실을 알고 있다. 그러나 이 95개조 반박문이 무엇인지 알고 있는 사람은 그리 많지 않다. 95개조 반박문의 첫 번째 항목은 회개에 대해 지적하고 있다. 예수 그리스도께서 우리가 회개해야 한다고 말씀하셨을 때, 평생에 걸쳐 회개하도록 우리에게 명하셨다.

신학자이며 성경 주석가인 제임스 패커James Packer는 다음과 같은 글로써 우리가 이 점을 이해할 수 있도록 도와주고 있다.

> 회개는 당신이 당신의 하나님에 대해 알고 있는 만큼, 당신이 당신 자신에 대해 알고 있는 만큼, 당신이 자신의 죄에 대해 알고 있는 만큼 돌아서는 것을 의미한다…이 세 가지 점들에 대해 우리의 지식이 성장해나감에 따라서, 회개의 실천은 확장되어가야 한다.[2]

그리스도인다운 삶 가운데서 성장하라. 그러면 당신 안에서 이전에는 결코 보지 못했던 것들을 보게 될 것이다. 하나님은 은혜로우시다. 그래서 우리의 죄악들을 우리에게 천천히 보여주실 것이다. 만일 하나님께서 당장 그 모든 죄악들을 한꺼번에 보여주신다면, 우리는 망연자실하게 되고 말 것이다.

그리스도인의 삶은 신대륙을 발견하는 여행과 같다. 우리가 하나님에 대해 더 많이 알게 될 때, 우리는 우리 자신에 대해 더 많은 것을 발견하게 될 것이며, 우리의 회개는 더욱 깊어져서, 이전에 우리에게 감추어졌던 영역들을 하나둘 건드리게 될 것이다.

중매사역

세례 요한의 메시지는 사람들이 변화해야 할 필요성을 보고 변화를 원하는 지점까지 그들을 인도했다. 그러나 세례 요한은 그들이 계속해서 그 일을 해내기 위한 힘을 제공해줄 수 없었다. 세례 요한이 변화의 필요성을 깨달았던 한 무리의 청중들과 마주 대하게 되었을 때, 그는 그 사람들에게 그리스도께로 나아가야 한다고 말해주었다.

> 나는 너희로 회개하게 하기 위하여 물로 세례를 베풀거니와 내 뒤에 오시는 이는 나보다 능력이 많으시니 나는 그의 신을 들기도 감당하지 못하겠노라(마 3:11).

세례 요한은 자신이 펼칠 사역의 한계를 알고 있었기 때문에 위대한 지도자였다. "나는 여러분에게 물로 세례를 베풀어줄 수 있습니다. 그리고 여러분이 새로운 다른 삶을 살겠다는 소망을 표현하도록 도와줄 수 있습니다. 나는 여러분에게 충고해줄 수 있고, 여러분을 격려할 수 있습니다. 그러나 여러분에게 변화에 필요한 힘을 줄 수는 없습니다. 내가 여러분에게 말할 수 있는 사실은 내 뒤에 누군가가 오고 계시며, 그분은 여러분에게 그 힘을 제공해줄 것이라는 사실입니다."

예수님께서 설교하기 시작하셨을 때, 세례 요한은 예수님을 "세상 죄를 지고 가는 하나님의 어린양"(요 1:29)이라고 확인시켜주었다. 그리고 세례 요한이 예수님의 신분을 그렇게 확인시켜주자, 세례 요한을 따르던 사람들이 바로 예수님을 따르는 제자가 되었다. 세례 요한은 그 사람들이 바로 그렇게 행하기를 원했다. 그래서 이 위대한 설교자의 뒤를 따르는 사람은 아무도 없었다. 그의 사역은 많은 사람이 그리스도를 따르도록 만드는 수단이었다. 세례 요한은 하나님께서 자기에게 하라고 명하신 일을 행하였으며, 그런 다음에 무대에서 벗어났다. 그는 사람들을 자신에게로 이끌지 않았다. 그는 사람들에게 예수님을 따르라고 말했다.

아내 캐어런과 나에게는 영국인 친구가 있다. 그들 부부는 20여 년 동안 행복한 결혼생활을 하고 있으며, 귀여운 세 자녀를 두고 있다. 그들은 우리 부부의 성공적인 중매를 증거하는 대표적인 표징이다. 중매는 나에게 청소년 리더 컨퍼런스에서 설교할 기회가 생겼을 때 이루어졌다. 그때 우리 부부는 주말에 함께 지내자고 그 두 사람을 설득했다.

여자가 남자를 마음에 두고 있었지만, 자신이 없었던 남자는 그 말을 잘 믿으려고 하지 않았다. 그러던 중 우리는 그 두 사람을 맺어줄 기회를 잡았다. 여자는 캐어런에게 "나는 정말 그 사람을 좋아하지만, 그 사람은 내게 관심을 가지고 있는 것 같지 않아요"라고 말했으며, 남자는 내게 "나는 진짜 그녀를 좋아하고 있지만, 내게 기회가 오리라고 생각지는 않아요"라고 말했던 것이다.

나는 자신 있게 그녀에게 데이트를 청해보라고 말했다. "자네가 느끼고 있는 대로 그녀에게 말해보게나. 만일 자네가 그렇게 한다면 그녀에게 긍정적인 대답을 얻을 것이라고 나는 자신 있게 말할 수 있다네."

마침내 그 일이 일어났다. 남자가 여자에게 무슨 말을 어떻게 했는지 모르지만, 긍정적인 반응을 얻어냈음은 분명했다. 솔직히 말해서, 그가 했던 말들은 그렇게 중요하지 않았다. 중요한 것은 그가 자신의 삶 속에서 그녀와 함께하기를 원한다고 분명히 밝혔다는 점이다. 그리고 그 점이 바로 여자가 남자에 대해 느끼고 있었던 감정이었다.

그 후에 우리는 그 그림에서 서서히 사라졌다. 그것이 바로 세례 요한의 사역이었다. 그는 새로운 삶에 이르는 유일한 길은 각자 직접 그리스도께 나아가서 예수 그리스도께 새로운 생명을 구하는 것임을 알고 있었다.

나는 예수 그리스도께 다가가고자 하는 사람들, 즉 구혼할 때의 내 친구와 같은 상태에 있는 사람들에게 중요한 것이 무엇인지 말했다. 그들은 기도하면서 예수 그리스도께 무슨 말을 해야 할지 모르겠다고 말한다.

당신이 사용하는 말의 정확성이 중요한 것이 아니다. 해야 할 말에 어떤 공식이 있는 것도 아니다. 당신이 죄인이라고 예수 그리스도께 말하라. 당신의 죄가 무엇인지 예수 그리스도께 말하라. 당신이 용서를 받아야 할 사람이라고 예수 그리스도께 말하라. 만일 당신이 변해야 한다면, 예수 그리스도의 힘이 필요하다고 말하라. 그리고 애인을 따라가듯이 그리스도를 좇으라.

나는 예수 그리스도께서 당신을 환영하실 것이라고 아주 자신 있게 말할 수 있다. 예수 그리스도께서는 "내게 오는 자는 내가 결코 내쫓지 아니하리라"(요 6:37; 마 11:28)고 약속하셨다. 그분은 또한 "구하라 그리하면 너희에게 주실 것이요 찾으라 그리하면 찾아낼 것이요 문을 두드리라 그리하면 너희에게 열릴 것이니"(마 7:7)라고 말씀하셨다. 하나님께서는 당신을 만나실 것이다.

목사나 상담자나 그리스도인 친구가 예수 그리스도를 대신할 수는 없다. 그 사람들은 당신을 격려할 수도 있고, 당신의 질문에 대답해줄 수도 있고, 만일 당신이 그리스도께로 간다면 무슨 일이 일어날지에 대해서도 말해줄 수 있다. 그러나 결국에는 당신 스스로가 예수 그리스도께로 나아가야 한다. 다른 어느 누구도 당신을 위해 그 일을 대신 해줄 수 없다.

하나님의 생명에 흠뻑 젖다

세례 요한은 만일 사람들이 그리스도께로 나아온다면, 그들에게 무슨 일이 일어날 것인지에 대해 말했다.

> 그는 성령과 불로 너희에게 세례를 베푸실 것이요(마 3:11).

'세례주다'라는 단어는 '적시다', '집어넣다', '물에 잠기다'라는 뜻이다. 물론 성령은 하나님의 영이시다. 그래서 세례 요한이 한 말, “그가 성령으로 너희에게 세례를 주실 것이다”는 예수님께서 여러분을 하나님의 생명에 담글 것이라고 말한 것과 같다.

만일 당신이 그리스도께로 나아온다면, 하나님께서 당신의 삶에 개입하실 것이다. 성령이 당신 안에 충만할 것이다. 마치 물이 스며들듯이, 성령께서는 가시지 못할 곳이 없을 것이다.

또한 세례 요한은 이 세례가 불과 같을 것이라고 묘사했다. 불은 두 가지 기능을 가지고 있다. 정화시키며, 또한 파괴시킨다. 성령의 불은 소멸시키는 불이다. 그래서 예수님께서 성령을 부어주실 때, 우리의 삶 속에 있는 쓰레기는 불타버릴 것이다.

세례 요한과 예수님을 따르는 사람들이 약간의 거리를 두고서 그들 곁에 서 있는 그림을 각각 머릿속에 그려보라. 세례 요한은 물로 세례를 주고 있다. 예수님은 성령으로 세례를 주신다. 세례 요한은 사람들이 새로운 생명에 대한 욕구를 표현하도록 도와줄 수 있다. 예수님은 그 사람들에게 새로운 생명으로 살아갈 수 있는 힘을 주신다. 세례 요한은 성령을 줄 수 없다. 그러나 예수님은 성령을 주실 수 있다.

이제 다음 간증문을 읽어보기 바란다. 이 간증은 교회에서 꽤 자주 들을 수 있는 내용일 것이다. 유의해서 읽고 난 후, 이 사람이 예수 그리스도께서 주시는 것을 받아들였음을 시사하는 부분이 어디인지 생각해보기 바란다.

나는 기독교 가정에서 자랐으며, 아주 어릴 때부터 교회에 출석했습니다. 내가 열여섯 살이 되었을 때, 친구들 몇몇이 교회 수련회에 가려고 했습니다. 그래서 저도 따라가서 무슨 일이 벌어지는지 보기로 결심했습니다. 강사는 대단히 훌륭했습니다. 나는 그 강사가 말하는 것을 들으면서 제 삶이 상당히 잘못되었다는 것을 깨닫기 시작했습니다. 나는 진정으로 변하고 싶었습니다. 그래서 하나님께 헌신하겠다는 기도를 드렸습니다. 그 이후로 삶이 달라졌습니다. 그 일이 항상 쉽지만은 않았습니다. 그러나 오늘 저는 제가 하나님을 기쁘게 하는 삶을 살기 원하며, 천국에서 하나님과 함께 있기를 원한다는 것을 보여주기 위해 세례를 받습니다.

이 간증에는 뚜렷하게 기독교적인 것이 아무것도 없다. 이 사람은 그리스도에 대해서나 성령에 대해 아무것도 말하지 않았다.

"기독교 가정에서 자라났다!"(종교적 배경).
"수련회에 가서 훌륭한 설교를 들었다"(마치 광야에서 세례 요한의 설교를 들었다는 것 같은 이야기).
"내 생활이 상당히 잘못되었다는 것을 깨닫고 바꾸기를 원했다"(세례 요한의 청중들과 똑같다).
"오늘 저는 제가 하나님을 기쁘게 하는 삶을 살기 원한다는 것을 보여주기 위해 세례를 받는다"(세례 요한에게 세례 받았던 사람들이 했을 법한 말이다).

이 사람은 세례 요한과 함께 서 있다. 그는 세례 요한이 제공해주는 것 이상은 아무것도 경험하지 못했다. 그는 변화가 필요하며 변화하기를 원한다고 고백하고 있다. 그러나 그 이상은 아니다.

오늘날 교회에 이와 같은 사람이 많다. 그들은 종교적인 배경을 가지고 있으며, 어떠한 헌신을 하고 있다. 그러나 자신들에게 예수 그리스도가 필요하다는 사실을 깨닫지 못하고 있다. 그래서 그리스도께 나아가지 않는다. 그 결과, 그들은 하나님의 생명이 그들의 영혼 가운데 들어오는 경험을 하지 못하고 있다. 그들은 자신들이 성경이 말하고 있는 것을 소유했다고 생각한다. 그러나 그들은 성경의 핵심을 놓치고 있다. 그들은 구약성경 세계에서 살아가고 있다. 그래서 예수님께서는 그 세계에서 우리를 건져주시기 위해 오셨다. 요한은 그들에게 이렇게 말했을 것이다. "예수 그리스도께 가시오. 그러면 그분이 성령으로 여러분에게 세례를 주실 것입니다."

드러난 사실 UNLOCKED

회개는 행동의 변화를 초래하는 마음의 변화이다. 회개는 하나님께서 하늘의 지경을 열어 하나님의 축복과 다스림 속에서 살기 원하는 모든 사람을 공개적으로 초대하셨다는 사실에 자극을 받아 일어난다. 천국은 하나님 나라이다. 그래서 천국에 들어간다는 것은 천국에 계신 크신 왕의 법률에 복종하겠다는 의미이다.

성령은 우리의 삶 속에 있는 죄의 권세를 깨뜨릴 수 있으며, 우리의 삶을 하나님께서 기뻐하시는 새로운 방향으로 인도해가실 수 있다. 하나님께서는 우리가 회개와 믿음을 가지고 예수 그리스도께로 나아갈 때 성령을 우리에게 부어주신다.

기도 PAUSE FOR PRAYER

은혜로우신 하나님 아버지!

저의 가장 큰 소원은 하나님 나라의 시민으로서 하나님의 권세 아래서 살아가는 것입니다.

성령의 크신 권세로 제가 새로운 생명을 얻을 수 있도록 도와주시옵소서. 지금까지 제가 보지 못했던 저의 감추어진 죄악들을 보여주시옵소서. 제 자신에 대한 진실을 보지 못하게 막고 있는 눈먼 저를 건져내주시옵소서. 제게 하나님 아버지의 영광을 보여주셔서 주님을 더욱 경배하며 섬길 수 있게 도와주시옵소서. 예수 그리스도의 이름으로 기도드립니다. 아멘.

Notes

1. "Historic Environmental Events: *Amoco Cadiz* Oil Spill Disaster," 인터넷 www. lexisnexis.com/academic/3cis/cist/history.htm. 2002년 3월 10일에 접속했음.
2. J. I. Packer, *Keep in Step with the Spirit* (Old Tappan, N.J.: Revell, 1984), 104.

3

하나님 나라

Kingdom

마태복음 13장

만일 그리스도의 왕국이 임했다면, 아직도 세상 가운데 악이 횡행하고 있는 이유는 무엇인가?

묵상의 길잡이

☑ **발견하라**

하나님 나라의 비밀을 발견하라.

☑ **배우라**

예수 그리스도를 섬기는 데 있어서 인내의 비밀을 배우라.

☑ **경배하라**

하나님께서 예수 그리스도 안에서 당신을 위해 행하신 일의 충만한 가치가 아직 모두 나타나지 않았음을 감사하며 경배하라.

세례 요한은 진행되고 있는 일에 대해 자신이 잘 이해하지 못했을 때 잠시 멈추어 정직한 질문들을 했다.

세례 요한이 하나님 나라가 다가왔다고 선포한 사실을 기억하기 바란다. 그는 청중에게 예수 그리스도께서 성령과 불로 세례를 주실 것이라고 말했다. 그는 예수님의 오심에 대해 대단히 큰 기대를 가지고 있었다. 예수님께서 사역을 시작하셨을 때, 세례 요한은 예수님을 "세상 죄를 지고 가는 하나님의 어린양"이라고 확인해주었다.

세례 요한은 매일 하나님께서 과거에 해주셨던 모든 약속이 바야흐로 성취되려는 시기에 자신이 살아가고 있는 특권을 생각하면서 잠자리에 들었을 것이다. 많은 약속들이 그의 뇌리를 스쳐 지나갔을 것이다. 그 약속들 가운데는 "우리가 그들의 칼을 쳐서 보습을 만들고 그들의 창을 쳐서 낫을 만들 것"과 "사람들이 다시는 전쟁을 연습하지 아니할 것이며…", "슬픔과 탄식이 달아날 것"이며, "대저 물이 바다를 덮음같이 여호와의 영광을 인정하는 것이 세상에 가득하리라"(사 2:4; 51:11; 합 2:14)와 같은 것들이 있었을 것이다. 세례 요한은 아침에 무슨 소식이 들릴 것인지 궁금했을 것임에 틀림없다.

믿음은 믿음의 질문을 가지고 있다

그러나 그때 세례 요한은 감옥에 갇혔다. 그토록 큰 믿음을 가지고 설교했던 세례 요한은 많은 의심과 의문들에 둘러싸이게 되었다.

만약 예수님께서 그리스도시라면, 왜 내게 이러한 일이 일어나는 것일까? 세례 요한은 감옥에서 시달리면서, 자신이 그 모든 일을 잘못 알고 있었던 것이 아닌지 의구심이 들기 시작했다.

그래서 세례 요한은 심부름꾼들을 보내 예수님께 이러한 질문을 드렸다. "오실 그이가 당신이오니이까 우리가 다른 이를 기다리오리이까"(마 11:3).

당신은 세례 요한이 한 질문의 요점을 알 수 있을 것이다. 만일 하나님께서 예수님의 오심을 통해 자신의 약속을 성취하고 계신다면, 하나님께서 상당히 기이하게 그 약속을 성취하고 계신 것으로 보였던 것이다.

오늘날 우리도 유사한 질문들을 가지고 있다. 만일 하나님의 약속들이 참이라면, 세상에 가득 차 있는 전쟁과 폭력과 부패와 탐욕에 대해 우리가 어떻게 이해해야 한다는 말인가? 우리가 교회를 바라볼 때, 이처럼 널리 퍼져있는 타협과 죄악과 혼란과 자기만족에 대해 어떻게 이해해야 한다는 말인가? 내 자신의 삶을 볼 때, 내 속에 살고 있는 죄악과의 지속적인 싸움과, 경건한 삶을 살고자 하는 갈등에 대해 내가 어떻게 이해해야 한다는 말인가?

만일 하나님께서 예수님의 오심을 통해 약속하셨던 모든 일을 행하고 계신다면, 하나님은 분명 상당히 기이하게 그 일을 행하고 계신 것처럼 보인다. 하나님 나라에는 어떤 비밀이 있다.

우리는 이 비밀을 이해할 필요가 있다. 그렇지 않으면 우리는 혼란과 실망과 절망 가운데 빠지게 될 것이다. 다행히 우리는 그 비밀을 이해할 수 있다. 예수님께서 천국의 비밀을 아는 것이 우리에게는 허락되었다고 선언하셨기 때문이다(마 13:11).

씨 뿌리는 자의 비유와 폭격수의 비유

> 예수께서 비유로 여러 가지를 저희에게 말씀하여 가라사대 씨를 뿌리는 자가 뿌리러 나가서(마 13:3).

예수님께서는 여러 다른 종류의 땅에 씨를 뿌렸던 한 농부에 대한 이야기를 하셨다. 그 이야기는 아주 익숙한 이야기이기 때문에, 핵심을 놓칠 위험이 전혀 없다. 다음에 나오는(내가 지어낸) 비유는 예수님께서 말씀하신 이야기의 효력을 좀 더 명확하게 깨달을 수 있도록 도와준다. 이 이야기를 '폭격수의 비유'라고 부르고자 한다.

한 폭격수가 포탄을 떨어뜨리기 위해 나섰다. 그는 많은 건물이 들어서 있는 한 악한 성읍으로 갔다. 그 건물들 중 어떤 것들은 무엇으로도 흔들 수 없을 것처럼 튼튼하게 보였다. 그러나 포탄들이 그 위에 떨어졌을 때, 그 건물들은 가루가 되어 무너졌다. 포탄들이 떨어지는 곳마다 완전히 파괴되어버렸다.

포탄들이 떨어진 자리들은 마치 분화구처럼 보였다. 파편들이 사방에 흩어져있었으며, 그 폭격수의 사명은 완수되었다.

그 후에 제자들이 물었다. "이 폭격수의 비유는 무슨 뜻입니까?"

그러자 주님께서 그들에게 말씀하셨다. "포탄들은 하나님 말씀의 사역을 가리킨다. 건물들은 세상의 악들과 육체와 마귀이다. 어떤 악들은 깊이 뿌리박고 있으며, 매우 강력하다. 그러나 어느 곳이든지 하나님의 말씀이 가는 곳에는 악이 자취를 감추어버린다."

나는 때때로 예수님께서 폭격수의 비유를 우리에게 해주셨더라면 좋았을 것이라는 생각을 한다. 그러나 예수님은 그런 비유를 들지 않으셨다. 예수님은 씨 뿌리는 자의 비유를 주셨다. 하나님께서는 포탄을 떨어뜨리지 않고 씨를 뿌리시면서 일하시기 때문이다.

예수 그리스도께서는 하나님의 뜻이 땅을 흔드는 폭발에 의해서가 아니라 하나님 말씀의 조용한 가르침에 의해 이루어진다고 우리에게 말씀하고 계신다. 그 씨앗은 아무 곳에서나 자라는 것이 아니라, 그 씨를 받아들이는 곳에서 풍성한 결실을 맺게 될 것이다.

인내의 힘

내게는 이 사실이 때때로 당황스럽게 느껴진다. 나는 미전도 지역에 선교사들을 보내면서, 하나님의 말씀이 전파되면 문화가 변하고, 흑암이 쫓겨나고, 부패가 종식되고, 그리스도에 대한 믿음이 생겨나, 그 지역 전체가 예수님을 경배하는 사회가 될 것임을 그들이 확신하기를 원한다. 그러나 하나님께서는 포탄을 투하하듯 일하지 않으시고, 씨앗을 뿌리듯이 일을 하신다.

나는 미국에 대해 생각할 때, 이 문화가 변혁되기를 소망한다. 나는 낙태가 필요 없고 낙태를 원치 않는 사회가 되기를 바란다. 나는 이혼이 없고, 가정들이 행복하고 안정되기를 바란다. 나는 그저 개인의 마음속에 떠오르는 생각은 무엇이든지 진리인 것처럼 여기는 포스트모더니즘적인 망상으로부터 벗어날 수 있게 되길 바란다. 나는 우리가 살아계시며 참되신 하나님을 알게 되고 그 앞에 엎드려 경배하게 되길 바란다. 그러나 하나님께서는 포탄을 떨어뜨림으로써가 아니라 씨앗을 뿌리심으로써 일하신다.

씨앗을 뿌리는 일이 지니고 있는 문제점은 바로 인내가 필요하다는 것이다. 씨앗을 뿌리는 일은 대단한 볼거리를 제공해주지 않는다. 당신이 씨앗을 뿌리기 시작했을 때나 마쳤을 때나 별반 차이가 없다. 그저 똑같이 경작되어있는 밭 그대로이다. 포탄을 떨어뜨린 병사는 자기가 한 일의 효과를 즉각적으로 볼 수 있지만, 씨를 뿌린 사람은 그렇게 할 수가 없다.

비록 당신이 주일 아침 한 시간 동안 주일학교에서 아이들을 가르치거나, 집에서 당신의 자녀들과 기도하거나, 이웃을 격려한다 할지라도 때때로 당신이 하는 그러한 일들이 도대체 어떤 변화를 일구어내고 있는지 궁금할 때가 있을 것이다. 그럴 때는 당신이 씨앗을 뿌리고 있다는 사실을 기억하기 바란다.

예수님께서는 씨앗의 상당 부분에 결실이 없다는 점을 분명하게 밝히셨다. 어떤 씨앗들은 길 위에나, 가시밭 사이에나, 자갈밭에 떨어져 가치 있는 열매를 전혀 맺지 못한다. 하지만 하나님의 말씀은 살아있는 씨앗이다. 그 말씀은 그 안에 생명을 가지고 있다. 그래서 그 말씀이 뿌리를 내리면, 뿌리를 내린 그곳에서는 결실이 생길 것이다. 그래서 진리의 씨를 계속 뿌려야 하는 것이다.

추수의 때가 오고 있다

세례 요한은 감옥에서 쇠약해지면서, 틀림없이 왜 하나님께서 추수하지 않고 계실까 궁금해했을 것이다. 분명히 세례 요한은 알곡을 쭉정이로부터 분리시키는 키질에 대해 생각하고 있었을 것이다(마 3:12). 그리고 예수 그리스도께서 낫을 휘두르신 후, 자기를 헤롯왕에게서 빼내주시기를 바랐을 것이다.

정의의 그날은 반드시 임할 것이지만, 하나님께서 추수를 하시기에 앞서, 씨를 뿌리는 일이 선행되어야 한다. 예수님께서는 이 일이 제자들의 사역임을 명확히 밝히신다. 씨앗이 자라나면, 하나님께서 거둘 때를 선포하실 것이며, 그러면 예수 그리스도께서 알곡을 쭉정이로부터 분리해, 알곡은 자신의 곳간에 모아들이고 쭉정이는 불에 던져 사르실 것이다.

그러므로 힘을 내기 바란다. 계속해서 믿음으로 순종함으로 하나님의 말씀을 받으라. 계속해서 하나님의 말씀을 믿고 그 말씀을 당신의 마음속에 간직하라. 하나님께서 하시는 말씀을 행할 수 있는 힘을 달라고 계속해서 간구하라. 하나님께서 당신을 변화시키시고, 당신은 성장할 것이다.

때때로 당신은 하나님의 일을 감당하다가 낙심되고, 포기하고 싶을 때가 있을 것이다. 당신은 어떤 영향을 불러일으키겠다는 꿈을 꾸었으나, 그 일은 훨씬 더 힘들었고, 당신이 생각했던 것보다 일이 진척되지 못했을 수 있다. 그러나 계속해서 하나님의 말씀을 뿌리라. 그리고 계속해서 그 씨앗에 기도로 물을 주라. 그 씨앗이 그곳에서 싹이 트도록 하라. 그리하면 언젠가 하나님께서 거두실 때가 있을 것이다.

최근에 나는 영국에 있는 한 친구와 이야기를 나누었다. 그는 자기 아들을 위해 계속해서 기도하는 중이었다. 그의 아들은 15년째 주님을 따르지 않고 있었다. 나도 그 청년을 위해 여러 번 기도했기 때문에 무슨 변화가 있는지 알고 싶었다. 나는 "자네 아들은 요즘 어떻게 지내나?"라고 물었다.

그는 지난주에 아들과 나눈 이야기를 들려주며 난감해했다. 아들이 "제발 시간을 좀 달라"고 했다는 것이다. 시간이라니! 벌써 15년이나 지났는데! 나는 실망을 감출 길이 없었다. 그런데 그때 그의 어머니가 말했다. "나는 계속해서 하나님을 믿고 있으며, 하나님께서 무슨 일을 하실 것인지 바라보고 있어요."

이 여인은 포탄을 떨어뜨리는 것이 아니라 씨앗을 뿌린다는 것이 무슨 뜻인지 이해하고 있었다. 그것이 바로 이 세상에서 펼치는 사역의 모습이다.

나는 세상을 변화시킬 수 없다. 오직 하나님만이 그렇게 하실 수 있다. 하나님께서는 씨앗을 심으라고 우리를 부르셨다. 씨앗을 뿌리는 일에는 겸손과 충성이 요구된다. 그것은 우리가 하나님의 도우심을 받아서 할 수 있는 일이다. 우리는 미국 혹은 다른 문화권에서 복음에 대한 거대한 역류가 일어나는 것을 보고 있다. 이때 우리는 종종 압도되는 느낌을 받는다. 그렇기 때문에 하나님께서 우리를 부르시되, 하나님의 말씀이 살아있는 씨를 심도록 부르셨으며, 하나님께서 그 씨앗을 자라게 하실 것이라는 사실을 아는 것이 중요하다.

훼방을 놓는 원수

천국은 좋은 씨를 제 밭에 뿌린 사람과 같으니 사람들이 잘 때에 그 원수가 와서 곡식 가운데 가라지를 덧뿌리고 갔더니(마 13:24, 25).

예수님께서는 우리가 하나님 나라의 비밀을 이해하는 데 도움을 주시기 위해 두 번째 이야기를 하셨다. 이 이야기에서 뿌려진 씨앗은 사람들이며, 밭은 세상이다(마 13:38). 예수님께서는 우리에게 하나님께서 세상 가운데 자기 사람들을 심으신다고 말씀하고 계신다.

그러나 그리스도께서는 또 다른 자가 밤에 밭에 들어와서 씨를 뿌린다고 말씀하신다. 그 자는 밭을 가꾸는 농부의 일을 훼방하려는 원수이다. 그래서 농부의 밭에 가라지를 뿌린다.

다음 날 아침이 되었을 때, 무슨 일이 있었는지 아무도 모른다. 실제로 밀(좋은 씨)을 가라지(잡초)와 구별하려면 오랜 시간을 기다려야 한다. 그러나 좋은 씨앗인 밀이 싹을 내고 이삭이 형성되기 시작하면, 원수가 그 밭에서 일을 꾸몄다는 사실이 명백해진다. 그때 농부의 종들이 가라지들을 뽑아버리고자 한다. 그러나 그 농부는 내버려두라고 한다. "둘 다 추수 때까지 함께 자라게 두라"(마 13:30). 그때에 가서, 그 밭 전체가 베어질 것이고, 그때에는 알곡을 가진 밀과 잡초가 나누어질 것이다.

만일 당신이 하나님 나라의 비밀을 확실하게 파악하기를 원한다면, 당신은 씨 뿌리는 자가 둘 있다는 사실과 그 둘이 서로 다른 종류의 씨앗을 뿌리고 있다는 사실을 알 필요가 있다. 하나님께서는 세상에 자기 백성을 뿌려서 큰 수확을 거두고 계시지만, 하나님의 대적 또한 활동하면서 자기의 잡초들을 뿌리고 있다. 그리고 예수님께서는 "추수 때까지 그 둘이 함께 자라도록 내버려두라"고 말씀하고 계신다.

우리는 두 종류의 씨앗이 자라나고 있는 세상을 긴장감 속에서 살아가고 있다. 씨앗을 뿌리는 두 사람의 역사는 명백히 드러난다. 예수 그리스도께서 오셨으며, 하나님께서는 자신이 약속하셨던 일을 행하고 계신다. 그러나 대적도 아직 활동하고 있으며, 대적의 잡초들 역시 자라나고 있다. 하나님께서는 추수 때까지 이런 식으로 진행되도록 내버려두시겠다고 결정을 내리셨다.

당신은 왜 하나님께서 당장 그 잡초들을 뽑아내지 않고 계신지 의문을 가져본 적이 있는가? 때때로 우리는 하나님께서 잡초를 뽑아내시기를 바라며 왜 그렇게 하지 않으시는지 궁금해한다. 결국 따지고 보면, 하나님께서는 그 원수의 활동을 당장 중단시킬 수 있으며, 원수의 잡초를 뿌리는 활동을 아무것도 아닌 것으로 만드실 수 있다. 그런데 왜 지금 당장 그렇게 하시지 않는 것일까?

예수님의 비유는 우리에게 가라지들조차도 하나님의 목적 가운데서 맡은 몫을 감당하고 있음을 깨닫게 해준다. 만일 사랑해야 할 원수들이 전혀 없다면 어떻게 당신이 자신의 원수들을 사랑할 수 있겠는가? 만일 서로 조화를 이루고 화목해야 할 이유가 전혀 없다면, 어떻게 우리의 차이점으로 조화를 이룰 수 있겠는가? 만일 우리가 극복해야 할 두려움이 전혀 없다면, 우리가 어떻게 우리의 두려움을 극복할 수 있겠는가? 만일 우리가 결코 눈물을 흘리지 않는다면, 어떻게 우리가 하나님의 위로를 알 수 있겠는가?

우리의 삶에 닥치는 가장 큰 싸움들은 예수 그리스도께서 우리를 당신께서 원하시는 사람들로 만들어나가시는 데 필요한 싸움들이다. 예수 그리스도께서는 세상과 육체와 마귀가 그리스도께 쓸모가 있기 때문에 그것들을 눈감아주고 계신다. 그것들은 우리 속에서 하나님 나라의 성품이 아주 고통스럽게 다듬어져 나오도록 하는 도구들이다. 그것들은 정금이 제련되어 나오는 용광로의 열기이며, 우리가 기어 올라가서 넘어서야 하는 장애물이며, 우리가 진정으로 그리스도를 사랑하고 있음을 증명하도록 만드는 압력이다.

감추인 보화

천국은 마치 밭에 감추인 보화와 같으니 사람이 이를 발견한 후 숨겨 두고 기뻐하며 돌아가서 자기의 소유를 다 팔아 그 밭을 사느니라 또 천국은 마치 좋은 진주를 구하는 장사와 같으니 극히 값진 진주 하나를 발견하매 가서 자기의 소유를 다 팔아 그 진주를 사느니라(마 13:44-46).

예수님께서는 하나님 나라의 비밀을 우리가 이해할 수 있도록 도와주시기 위해 세 번째 그림을 사용하셨다. 하나님께서 행하고 계신 일은 어떤 밭에 묻힌 보화와 같다. 하나님의 나라는 모든 사람이 들어와서 감탄하도록 런던에 전시되어있는 왕관의 보석들과 같지 않다. 하나님의 나라는 어떤 밭에 감추어진 보물과 같은 것이다. 그리고 그 말은 많은 사람이 그 보물 곁에 지나가면서도 자신이 지금 무한한 가치를 지닌 보물을 놓치고 있다는 사실을 모른다는 뜻이다.

예수님께서는 이 보물을 발견하는 한 사람에 관해 말씀하셨다. 아마도 그 사람은 그 밭을 경작하도록 고용되었을 것이다. 그런데 갑자기 그의 쟁기가 무엇인가 단단한 것에 부딪혀 넘어질 뻔했다. 그래서 고개를 숙이고 허리를 굽혀서 그 속에 무엇이 있는지 궁금해하며 주변의 흙을 파본다. 그러다 그 사람은 방금 자신이 밭에 파묻혀 있었던 보물에 걸려 넘어질 뻔했음을 깨닫는다.

그 사람은 무엇을 해야 하는가? 예수님께서는 그 사람이 보물을 다시 덮어두고, 가서 자기가 가진 모든 것을 팔아 그 밭을 살 것이라고 말씀하셨다.

예수 그리스도께서 그 사람이 기뻐하며 그렇게 할 것이라고 말씀하셨다는 사실에 주목하라.

대개 자신이 가진 모든 것을 파는 사람은 파산했기 때문에 그렇게 하는 것이다. 자신의 소유 전부를 파는 것은 참으로 비참한 일이다. 그래서 시장에 있던 사람들은 틀림없이 이 사람이 왜 그토록 싱글벙글하고 있는지 의아하게 여겼을 것이다. 그 사람은 웃음을 멈출 수가 없었을 것이다. 왜냐하면 그에게 평생에 한 번 올까 말까 한 좋은 기회가 찾아왔기 때문이다.

놀라운 일은 그 사람이 그 밭을 사겠다고 문서에 서명을 한 이후에도 자기가 발견했던 보물의 가치가 얼마나 되는 것인지 여전히 몰랐다는 사실이다. 그러나 그는 그 보물이 자신이 가진 그 어떤 것보다 훨씬 더 가치가 있음을 알고 있었다.

하나님 나라의 매우 귀중한 보화가 바로 우리의 것이다. 그러나 그 보화의 참된 가치가 완전히 드러나게 될 날은 아직 오지 않았다. 예수 그리스도 안에서 우리가 소유하고 있는 보물의 충만한 영광이 지금 당장은 우리의 눈에 감추어져있다. 그러나 예수 그리스도께서 다시 오실 때, 그 보석함은 열릴 것이다. 그러면 우리는 처음으로 예수 그리스도께서 우리를 위해 해주신 일의 충만한 가치를 알게 될 것이다.

감추인 보화에 대한 비유는 비록 하나님 나라가 이미 임했지만, 아직은 그 나라가 미래에 있다는 사실을 우리에게 일깨워준다. 그 사실은 일종의 긴장감을 형성한다. 그 긴장감을 이해하는 것은 그리스도인으로서 살아가는 데 있어서 필요한 주요 열쇠들 중 하나이다.

긴장과 균형

하나님 나라에 대한 예수님의 말씀들 가운데 많은 내용에 그 긴장감이 흐르고 있다. 예수 그리스도께서는 귀신들을 쫓아내시면서, 이 일이 "하나님의 나라가 이미 너희에게 임하였"다는 증거라고 선언하셨다(마 12:28). 그러나 예수님께서는 최후의 만찬 자리에서 자신이 하나님 나라에서 그 잔을 마시기 전까지 다시는 그 잔을 마시지 않으실 것이라고 말씀하셨다.

누가는, 사람들이 하나님 나라가 당장에 나타날 것이라고 생각했기 때문에 예수님께서 달란트 비유를 말씀하셨다고 설명한다(눅 19:11). 예수님께서는 비유에서 주인이 종들에게 달란트를 준 때와, 주인이 그 달란트를 그들에 대한 보상으로 줄 때 사이에 긴 시간적 간격이 있음을 명확히 밝히셨다.

하나님 나라는 예수님의 오심을 통해 임한 현재의 진실이며, 동시에 예수님의 재림을 대망하는 미래의 소망이다. 하나님 나라는 이미 임했으나, 우리는 그 나라가 임하기를 기도해야 한다.

그래서 우리는 하나님을 알면서도 많은 비밀과 더불어 씨름한다. 죄와 더불어 씨름하면서 신실함 속에서 성장한다. 고난 속에서 살아가면서 치유를 위해 기도한다. 교회의 성장을 즐거워하면서도 교회의 부족과 단점들에 대해 슬퍼한다. 말씀에 있는 하나님의 은혜에 대해 감사하면서도 그리스도께서 오시고 죄가 없어질 그날을 고대하고 있다. 우리는 이러한 긴장감 속에서 살아간다.

우리가 갈등하는 많은 의문들은 이 긴장감 속에서 살아가는 어려움들로 귀결된다. 왜 하나님께서는 내 친구의 암을 고쳐주지 않으셨을까? 어떻게 그런 추문이 교회에서 발생했을까? 그리스도인으로서 살아간다는 것이 왜 이다지도 힘든 것일까?

이러한 의문들은 모두 "세상을 살아가기가 이처럼 힘든데 하나님의 나라가 임했다고 우리가 어떻게 믿을 수 있겠는가?"라고 묻고 있다. 이 질문은 세례 요한이 예수님께 자신의 심부름꾼을 보내어 물었던, 바로 그 질문이다. 세례 요한은 자신이 예수님을 그리스도라고 확신했던 일이 과연 옳았는지 재확인할 필요가 있었다. 만일 하나님의 나라가 임했다고 한다면, 왜 자신이 여전히 감옥에 있어야 한단 말인가?

예수님께서는 이 전갈을 전해주도록 그 심부름꾼을 돌려보냈다. "너희가 가서 듣고 보는 것을 요한에게 알리되 맹인이 보며 못 걷는 사람이 걸으며 나병환자가 깨끗함을 받으며 못 듣는 자가 들으며 죽은 자가 살아나며 가난한 자에게 복음이 전파된다 하라 누구든지 나로 말미암아 실족하지 아니하는 자는 복이 있도다 하시니라"(마 11:4-6).

예수님께서 주신 말씀은 이러했다. "요한아, 하나님께서는 지금도 일하고 계신다. 물론 잡초들도 여전히 자라나고 있다. 그렇지만 그런 일 때문에 네가 넘어져서는 안 된다. 하나님께서는 그 오래된 잡초 헤롯을 뽑아내지 않으셨지만, 그 때문에 너의 믿음을 잃어서는 안 된다. 잡초들은 추수 때까지 밀과 함께 자라날 것이다. 그때에 예수 그리스도께서 잡초들을 불태워버릴 것이고, 알곡은 모아서 곳간에 들일 것이다." 이것이 바로 하나님께서 하나님 나라를 세우기 위해 선택하신 방법이다. 그래서 예수님께서는 이렇게 말씀하셨다. "누구든지 나로 말미암아 실족하지 아니하는 자는 복이 있도다."

하나님께서 행하신 일과, 그리스도의 재림 때에 행하실 일 사이의 긴장 속에서 살아간다는 것은 쉬운 일이 아니다. 바로 여기에서 많은 사람이 넘어진다. 지금 우리가 예수 그리스도 안에서 소유하고 있는 것은, 우리 가운데 어떤 사람도 충분히 파악할 수 없을 정도로 훨씬 더 값지고 귀중한 것이다. 그러나 지금 맛보고 있는 것은 장차 임할 것을 미리 조금 맛보는 것에 불과할 뿐이다.

예수 그리스도께서 영광 중에 오실 때에, 죄는 더 이상 존재하지 않을 것이며, 질병도 사라질 것이며, 교회는 예수 그리스도께서 원하시는 모습이 될 것이다. 그때까지 하나님께서는 원수가 가라지들을 뿌리고 있는 그 밭 가운데서라도 씨앗이 자라나게 하실 것이다. 그러므로 하나님께서는 진리의 씨앗을 계속 뿌리라고 우리에게 명하신다.

하나님의 나라는 이미 임했다. 그 나라는 전진하고 있다. 예수 그리스도께 속한 자들은 많은 난관에 직면하게 될 것이다. 그리고 대답 없는 의문들을 가진 채로 살게 될 것이다. 그러나 하나님 나라에 속한다는 것은 마치 보화가 묻힌 밭을 소유하는 것과 같다. 그래서 앞으로 어느 날엔가 우리는 그 보화의 충만한 값어치를 발견하게 될 것이다.

드러난 사실 UNLOCKED

하나님께서는 사람들의 삶 가운데 살아있는 말씀의 씨앗을 심으심으로써, 하나님의 나라가 서서히 자라나도록 하셨다. 하나님께서는 인내를 가지고 꾸준히 씨앗을 뿌리라고 우리에게 명하고 계시며, 비록 그 씨앗이 모든 곳에서 자라나지는 않겠지만, 풍성한 수확이 있을 것이라고 약속하신다.

예수 그리스도께서는 원수가 함께 활동하면서, 하나님의 밭에 잡초들을 심고 있음을 우리에게 일깨워주신다. 하나님께서는 예수 그리스도의 재림 때까지 그 잡초들을 내버려두시기로 하셨다. 우리는 하나님의 나라가 이미 임했음을 알고 있지만 여전히 그 나라가 임하기를 고대하는 소망 가운데 살아가고 있다.

지금 우리가 소유하고 있는 것은 단지 장차 임할 것을 미리 맛보는 것일 뿐이다. 감추어진 보화를 소유하게 된 사람과 같이, 우리는 예수 그리스도 안에서 부자이지만, 그 보화의 충만한 가치는 그리스도께서 다시 오실 때 발견하게 될 것이다.

기도 PAUSE FOR PRAYER

은혜로우신 아버지 하나님!

주님께서 저의 삶 가운데서, 교회 가운데서, 세상 가운데서 역사하고 계심을 볼 수 있도록 도와주시고, 제가 주님께서 행하시는 모든 일을 보면서 그 일로 인하여 기뻐하게 해주시옵소서. 제가 주님의 오심을 기다리면서 죄와 질병과 악의 영향 때문에 신음할 때, 제게 인내를 허락하여주시옵소서. 제가 신실하게 주님의 말씀의 씨앗을 뿌리게 하여주시고, 이 세상에서 죄가 사라질 그날을 위해 생명을 걸고 복음을 전할 수 있도록 함께해주시옵소서.

주님께서 저를 심으신 그곳에서 제가 주님의 영광을 위해 살 수 있도록 도와주시옵소서. 이 모든 것을 예수 그리스도의 이름으로 기도드립니다. 아멘.

4

제자

Disciples

마태복음 28장

어떻게 우리가 제자를 삼을 수 있는가?

묵상의 길잡이

☑ **발견하라**

첫 제자들이 왜 예수님을 즉시 따랐는지 그 이유를 발견하라.

☑ **배우라**

세상이 왜 예수 그리스도와 그를 따르는 자들을 미워하는지 그 이유를 배우라.

☑ **경배하라**

예수 그리스도의 영광을 보면서 경배하라.

교회마다 제자 됨에 대한 새로운 관심이 일고 있다. 많은 사람들이 생활 속에서 열매를 맺지 못하면서도 "예수님을 믿는다"고 하는 얄팍한 결심들에 대해 싫증을 내고 있다. 예수님이 우리를 '결심하라고 부르신 것이 아니라 제자 삼으라고 부르셨다'는 새로운 각성이 일고 있다.

복음을 예수를 믿는 저비용으로 영원한 재난들에 대비하여 보호책을 제공해주는 저가 보험 정책처럼 들리도록 비성경적으로 제시하기란 아주 쉬운 일이다. 이를테면 이런 식이다. "여러분이 해야 할 일은, 따라서 기도하고 밑줄 위에 서명하는 것입니다. 그러면 천국은 여러분의 것이 됩니다."

복음은 매우 자주 모노폴리Monopoly 게임에서의 '감방 탈출'Get out of jail 카드와 같은 것으로 전락해버린다. 모노폴리 게임을 빌어서 말하자면, 이 게임에 참여하는 자가 만일 교회 마당에 도달하여 그 지시에 따른다면, 그 참여자는 '지옥 탈출' 카드를 받게 된다는 것이다. 그 결과, 세상과는 별 차이가 없고, 왕에 대한 충성은 전혀 보이지 않으면서, 영생에 대해서는 위험스러울 정도로 확신하고 있는 그리스도인들이 갈수록 증가한다.

예수님께서는 그와 같은 안일한 자만심을 비판하신다. 예수님께서 선포하신 첫 번째 말씀은 "회개하라"(마 4:17)였다. 예수님의 그 말씀은 "미안하다고 말하라"는 뜻이 아니다. "돌아서서 다른 방향으로 움직이라"는 뜻이 담겨 있다.

산상수훈에서, 예수님께서는 "나더러 주여 주여 하는 자마다 다 천국에 들어갈 것이 아니요 다만 하늘에 계신 내 아버지의 뜻대로 행하는 자라야 들어가리라"(마 7:21)고 말씀하셨다. 그다음에 예수님께서는 얕은 흙 속에 떨어져서 빨리 싹을 틔웠으나 압력을 받았을 때 버티지 못하고 죽어버리는 씨앗과, 가시덤불 사이에 떨어져 근심과 풍요 때문에 질식해버린 씨앗에 대해 말씀하셨다(마 13:20-22).

참된 믿음은 순종의 열매를 맺는 나무와 같다. 그것이 바로 사도 바울이 믿음으로부터 나오는 순종에 대해 쓴 이유이다(롬 1:5). 믿음은 예수 그리스도의 생명이 우리 안으로 흘러 들어오기 시작하여 우리를 통해 열매를 맺을 수 있도록 하는, 즉 우리의 생명이 예수 그리스도와 연합하도록 하는 수단이다. 순종의 열매가 없는 곳에는 영적인 생명이 전혀 없다.

우리가 복음을 진지하게 듣는다면, 예수님께서 새 생명으로 새로운 삶을 살아가라고 외치시는 것을 명백히 들을 수 있다. 복음의 첫 번째 요구는 예수 그리스도를 믿으라는 것이 아니라 예수 그리스도를 따르라는 것이다. 만일 우리가 이보다 못한 상태에 머문다면, 우리는 진정한 기독교 신앙을 놓치고 있는 것이다. 따라서 우리는 한 사람의 제자가 된다는 것이 무엇을 의미하는지 발견해야 한다.

병실 돌기

'제자'라는 말은 예수님 시대에 흔히 쓰이던 말이었다. 이것은 말 그대로 '누군가와 함께 어디엔가 가다!'[1]라는 뜻이 있다. 당시의 제자들은 병원에서 회진하는 전문의를 따라 병실을 도는 수련의와 비슷했다. 수련의들은 전문의가 진찰하는 것을 유심히 지켜보고 관찰하면서 회진에 참여한다.

예수님께서 첫 제자들을 부르셨을 때, "나를 따라오라"(마 4:19)고 말씀하셨다. 예수님께서는 제자들에게 그들의 삶을 예수님께 의지하도록 충성을 요구하셨다. 예수 그리스도께서 열두 제자를 임명하셨을 때, 예수님의 최우선순위는 자기와 함께 있게 하시는 것이었다(막 3:14). 예수님의 제자는 우선적으로 예수 그리스도에 대한 특별한 충성을 가진 사람이다. 그런데 왜 우리가 예수 그리스도를 따라야 하는가?

2층에서 일하는 비서

당신이 도심에 자리 잡고 있는 거대한 다국적 기업 빌딩의 2층에서 일하는 비서라고 상상해보라. 당신 앞에는 해야 할 일들이 쌓여있다. 그리고 당신은 몇 가지 업무에 대한 마감 시간에 쫓기고 있다.

당신이 컴퓨터 키보드를 두드리고 있을 때, 한 낯선 사람이 사무실 안으로 들어온다. 당신이 전에 한 번도 본 적이 없는 사람이다. 그는 마치 자신이 회사의 소유주인 양 책상 주위를 돌아다닌다. 이때 당신의 동료들은 조금씩 신경을 쓰기 시작한다. 이윽고 그 사람이 당신의 책상에 이른다. 그는 당신 책상 앞에 멈추어 서서 당신이 컴퓨터 화면에서 눈을 들기를 기다린다. 당신이 얼굴을 들자 "나를 따라오시오!" 하고 말한다.

나는 당신이 일어나서 사무실을 뒤로하고 그 사람을 따라갈 가능성이 거의 없다고 생각한다. 실제로 당신이 취할 수 있는 행동은 바로 경비를 부르는 일일 것이다. 그리고 당신은 "실례합니다만, 당신이 뭔데 이래라저래라 하는 겁니까?"라고 말할 것이다.

그러나 한 가지 정보를 덧붙여서 그 장면을 다시 돌려보자. 그 낯선 사람이 사무실 안으로 걸어온다. 그 사람은 당신이 전혀 본 적이 없는 사람이다. 그러나 그 사람이 들어서자 한 직원이 종이 위에 무언가를 써서 재빨리 옆 사람에게 전달하고 그 종이는 마침내 당신에게 전달된다. 거기에는 "회장님입니다"라고 쓰여있다. 이전에 회장은 2층을 방문한 적이 없었다. 실제로 회장이 그 건물 안에 들어온 것도 처음이다. 그 회사는 다국적 기업이기 때문이다.

이제 그 사람이 회사를 소유한 사람인 것처럼 돌아다녀도 그것이 당신에게 거슬리지 않는다. 그 사람이 회사의 소유주라는 사실을 당신이 알고 있기 때문이다. 그리고 그가 당신의 책상 앞에 멈추어 서서, "나를 따라오시오"라고 말한다면 당신은 벌떡 일어나서 그 사람을 따라갈 것이다. 당신은 그의 권위를 인정하며, 그가 당신에게 무엇을 하라고 하든지 간에, 그 일은 당신이 이전에 하고 있었던 어떤 일보다 더 우선순위에 놓이기 때문이다.

사람의 마음을 끄는 예수 그리스도

예수 그리스도의 첫 제자들의 경우도 그와 같았을 것이다. 세례 요한은 예수님이 바로 세상 죄를 지고 가는 어린양이라고 확신했다. 그리고 예수 그리스도께서 첫 제자들에게 오셨을 때, 그들은 예수 그리스도의 권위를 인정했다. 그들은 예수 그리스도께서 사람의 마음을 끄는, 어떤 저항할 수 없는 힘을 지니고 계심을 발견했다. 그래서 그들은 예수 그리스도께서 "나를 따르라"고 말씀하셨을 때 그대로 따랐다.

사도 요한은 복음서의 시작 부분에서 제자 됨의 열쇠를 우리에게 알려준다. "우리가 그의 영광을 보니 아버지의 독생자의 영광이요 은혜와 진리가 충만하더라"(요 1:14).

그들은 예수 그리스도를 따르면서 더욱 큰 영광을 보게 되었다. 예수 그리스도께서는 폭풍우를 잠재우셨으며, 병자를 치료하셨으며, 귀신들을 쫓아내셨으며, 장정 5,000명을 먹이셨으며, 죽은 자를 살리셨다. 신기한 것은, 다른 사람들도 예수님께서 하시는 일을 똑같이 보았지만, 그들은 예수 그리스도의 영광을 보지 못했다는 사실이다. 그 사람들이 보았던 것은 전부 설명할 수 없는 기이한 사건들을 엮어놓은 책에나 실릴만한, 놀라운 일을 행하는 사람이 부리는 신기한 술수일 뿐이었다.

예수 그리스도께서 태어나셨을 때, 동방 박사들과 목자들은 그분의 영광을 보았다. 그러나 예수께서 태어나신 여관의 주인은 복잡한 세상 가운데 아기 한 명이 더 태어나는 것만을 보았을 뿐, 그 영광은 보지 못했다.

예수님께서 한 젊은이에게 자신을 따르라고 요청하신 적이 있다(마 19:16-22). 그러나 그 청년은 요청에 따르지 않았다. 직접적인 문제점은 그에게 돈이 많았다는 것이며, 그 돈을 포기하기를 원치 않았다는 것이다. 그는 하나님의 아들과 동행할 수 있는 기회를 부여받았지만, 그리스도의 영광을 보지 못했기 때문에 무엇이든지 다 주고도 남을 만큼 더없이 귀중한 기회를 놓쳐버리고 말았다. 그래서 그의 삶은 예전과 똑같을 수밖에 없었다.

이와 같은 일이 주일마다 교회에서 벌어진다. 군중은 예배를 드리기 위해 모이는데, 그중에 어떤 사람들은 그리스도의 영광을 본다. 그러나 어떤 사람들은 똑같은 찬양을 부르고 똑같은 성경을 읽고, 똑같은 설교를 듣고서도 단지 하나의 종교적인 의무를 다하는 것 이외에는 아무런 변화 없이 그대로 집으로 돌아간다.

성경은 그 이유에 대해 우리에게 이렇게 말하고 있다. "그중에 이 세상의 신이 믿지 아니하는 자들의 마음을 혼미하게 하여 그리스도의 영광의 복음의 광채가 비치지 못하게 함이니"(고후 4:4). 사탄은 사람들이 그리스도의 영광을 보지 못하도록 막고 있다. 영광의 광채를 흐리게 하는 것이 사탄이 하는 일이다.

앞서 들었던 사무실의 비유를 사용하자면, 사탄은 2층 사무실에 있는 직원들이 회사를 소유한 회장이 존재한다는 사실을 믿고는 있지만, 그 회장을 만나지 않고, 따르지 않는 모습을 보며 아주 흡족해할 것이다.

100만 달러 이상

나는 종종 영적인 면에서 좌절을 느낀다는 사람들과 대화를 나눌 기회가 있다. 그 대화는 대개 이런 식으로 이루어진다.

"그렇다면 문제가 무엇인지 말해주세요."

"글쎄요. 제 영적인 생활이 죽었거나 혹은 무미건조하다고 할까요. 아무런 활동도 없는 것 같습니다. 다른 사람들은 무엇인가 움직임이 있는 것 같은데, 내게는 그런 일이 일어나고 있는 것 같지 않습니다."

"그렇다면 예수 그리스도에 대해 내게 한번 얘기해보세요."

"무슨 뜻이지요?"

"예수 그리스도가 당신에게 무엇을 의미하는지 내게 얘기해보세요. 그리스도께서 당신을 위해 무슨 일을 해주셨지요?"

"나는 예수 그리스도께서 십자가 위에서 돌아가신 일을 알고 있습니다."

"잠깐만요. 당신은 지금 이 세상에서 가장 놀라운 일을 마치 '차 한잔 하자'는 말처럼 흔한 일인 양 넘어가고 있군요! 한번 생각해보세요. 당신에게 100만 달러를 남기고 돌아가신 할아버지가 있다고 가정해봅시다. 만일 내가 당신에게 그 할아버지에 대해 말해보라고 한다면, 당신은 내 앞에 바짝 다가와 앉으면서, '아, 그분은 대단히 크신 인물이었지요'라고 말했을 겁니다. 당신은 그 할아버지가 하신 일과 어떻게 그 재산을 모았는지를 내게 전해주고, 아마도 미소를 지으면서, '그리고 돌아가실 때, 내게 100만 달러를 남겨주셨지요. 그렇게 해주셔서 나의 인생이 바뀌었습니다. 그 선물로 대출금을 다 갚았고 사업을 시작할 수 있었으며, 은퇴를 준비할 수 있었지요. 내가 오늘날 누리고 있는 모든 영화는 할아버지께서 나를 위해 해주신 일에서 비롯된 것이죠'라고 말했을 것입니다."

이 사실을 명심하라. 100만 달러는 예수 그리스도께서 당신을 위해 해주신 일과 비교도 할 수 없을 만큼 보잘것없다. 예수 그리스도께서는 당신의 빚을 갚으셨으며, 당신에게 새로운 삶의 목적을 주셨다. 뿐만 아니라 당신의 영원한 미래를 보증해주셨다.

예수 그리스도께서는 당신의 죄책을 담당하셨다. 예수 그리스도께서는 당신의 이름으로 부과된 모든 죄목을 해결하셨다. 당신의 죄가 몇 장의 종이 위에 기록되고, 당신의 이름이 표시된 파일 속에 보관되어있다고 생각해보라. 하나님께서는 당신을 고발하는 모든 죄목을 꺼내셔서, '그리스도'라는 이름 아래 그 죄목들을 다시 정리해 넣으셨다. 예수님께서는 십자가 위에서 인류의 죄를 위해 죽으셨을 뿐만 아니라 구체적으로 당신의 죄를 위해 죽으신 것이다. 우리를 고발하는 긴 죄목들을 예수 그리스도께서 제하여 버리사 십자가에 못 박으셨다(골 2:14).

내가 예수 그리스도께 갔을 때, 하나님께서는 나의 파일 속에 있는 모든 정죄의 기록들을 지우고, 그것을 예수 그리스도의 이름이 표시되어있는 파일로 옮겨놓으셨다. 마지막 날에 하나님께서 나의 죄목에 대한 파일을 여실 때, 그 파일은 비어있을 것이다. 그것은 내가 지은 죄가 하나도 없기 때문이 아니라, 그 기록들이 모두 지워졌기 때문이다.

시내산에서 율법을 주셨던 하나님께서는 인간의 육체를 취하시고 율법 아래 태어나셨다. 하나님과 평화하기 위해서는 피의 희생제물이 필요하다고 말씀하셨던 그분이, 육체를 취하시고 피를 흘리셨다. 그런 다음에 그분은 사흘 만에 부활하셨고 승천하셨다. 이제 예수 그리스도께서는 당신에게 자신을 따르라고 요구하신다. 그 말씀에 순종할 때 예수 그리스도께서는 당신의 영혼에 성령을 부어주실 것이다. 그러면 하나님의 생명이 당신과 함께하여 새로운 삶의 방향을 잡아주고, 당신의 영혼에 힘을 불어넣어주실 것이다.

당신은 이 영광을 보고 있는가?

"나에게 주님의 영광을 보여주옵소서"

어느 날 예수님께서 제자들에게 "너희는 나를 누구라 하느냐"라고 물으셨다. 베드로가 "주는 그리스도시요 살아계신 하나님의 아들이니이다"라고 대답했다. 그러자 예수님께서는 아주 의미심장한 말씀을 하셨다. "바요나 시몬아 네가 복이 있도다 이를 네게 알게 한 이는 혈육이 아니요 하늘에 계신 내 아버지시니라"(마 16:15-17).

이 말은 베드로가 혼자서 생각해낸 말이 아니었다. 물론 그는 예수님의 말씀과 자신이 목격했던 기적들에 대해 생각하고 있었다. 그러나 예수님은 판단과 추론의 과정을 넘어선 특별한 것이 있음을 명확히 밝히셨다. 하나님께서 베드로의 눈을 열어주셨던 것이다. 성부 하나님께서는 베드로가 예수님의 영광을 볼 수 있는 영안을 열어주셨다.

영적인 안목은 하나님의 선물이다. 만일 당신이 그 안목을 가지고 있지 못하다면, 영안을 열어달라고 하나님께 간구하기 바란다. 많은 사람이 아직 하나님의 영광을 보지 못했다. 여기에는 교회에 출석하는 일부 사람들도 포함된다. 그 사람들에게 있어서 성경을 배우는 일은 학교에서 프랑스 혁명 역사를 배우는 것과 다를 바 없다. (나는 그 역사를 배우는 것이 정말 재미없었다!) 기도 또한 선이 연결되지 않은 전화기에 음성 녹음을 남기는 것처럼 여겨진다. (나는 그러한 일이 가능하지 않다고 생각하지만, 당신은 내 말이 무슨 뜻인지 알 것이다.) 그 결과, 순종이라는 것이 가능한 한 뒤로 미루어두고 싶은 재미없는 잡일거리처럼 여겨지는 것이다.

만일 당신이 지금 이러한 상태에 놓여있다면, 당신의 영안이 열려 예수님의 영광을 볼 수 있게 해달라고 기도하라. 그것이 바로 모세가 위기에 처했을 때 했던 일이다. 모세는 자신이 하나님의 임재를 알지 못하고는 사역할 수 없다는 사실을 알았다. 그래서 그는 "원하건대 주의 영광을 내게 보이소서"(출 33:18)라고 기도했다. 모세는 "나는 주님께서 그 일을 해주시지 않는 한, 움직일 수 없습니다"라고 기도했고, 하나님께서는 그렇게 해주셨다.

하나님께서 당신 마음의 눈을 열어주셔서, 예수 그리스도의 영광을 보여주시기 전까지는 마음을 놓지 말라. 그분의 영광을 보게 될 때, 당신은 바로 그분을 따르고자 할 것이다.

제자 삼는 법

그러므로 너희는 가서 모든 민족을 제자로 삼아(마 28:19).

나는 제자 됨에 대한 많은 책들을 읽고 가치 있는 사실들을 배우게 되었다. 제자 됨에 대한 책들은 흔히 소그룹과 영적인 훈련 그리고 책임의 중요성을 강조하고 있다. 나는 이 주제들이 모두 중요하다는 점을 믿어 의심치 않는다. 그러나 그 모든 것들 배후에 그리고 그것들을 넘어서서, 예수 그리스도의 영광을 보는 전체적인 문제가 있다. 당신이 소그룹 안에서 지내며, 영적인 훈련을 실시하고, 서로 책임을 다하도록 격려하면서도 여전히 주님의 영광은 보지 못하고 지내는 수가 있다.

만일 교회가 제자 삼는 일을 사명으로 삼고 있다면, 우리의 첫 번째 우선순위는 예수 그리스도의 영광을 선포하는 일이 되어야 한다. 우리가 하나님에 대한 일반적인 믿음을 키우거나, 성경의 도덕적 가치들을 선포하는 것으로는 충분하지 않다. 교회의 사명은 성령의 권능으로 예수 그리스도께 사로잡힌 사람들의 공동체가 존재하도록 주 예수 그리스도를 선포하는 일이다. 제자 됨은 바로 거기에서부터 시작된다.

사역에 대한 우리의 모델

예수님께서 첫 제자들을 불러내셨을 때, "내가 너희를 사람을 낚는 어부가 되게 하리라"(마 4:19)고 말씀하셨다. 예수님의 말씀은 "너희들의 삶을 나의 손에 두라. 그러면 내가 그 삶으로부터 특별한 것, 즉 영원한 가치가 있는 것을 만들어낼 것이다"라는 뜻이었다. 어떤 사람들은 자신을 예수님께 바치기 전에 자신의 삶에서 무엇인가 특별한 것을 만들어내야 한다는 생각을 가지고 있다. 그러나 예수 그리스도께서는 우리를 있는 그대로 받으시며, 도리어 우리에게서 특별한 것을 만들어내시겠다고 약속하신다.

제자들은 예수님의 사역에 활발하게 참여하는 사람들이다. 우리는 '하나님의 동역자들'(고후 6:1)이다. 나는 예수 그리스도께서 고기를 잡는 비유를 사용하심으로써 그 사역에 전혀 새로운 차원을 부여하신 방식을 좋아한다. 제자들은 '사람을 낚는 어부'가 될 것이다. 예수 그리스도께서는 당신이 할 수 있는 일을 취하셔서, 그리스도의 왕국을 위해 전혀 새롭게 사용하신다.

예수님께서는 유치원 교사가 어린아이들에게 쓰는 방식을 보여줌으로써 쓰기를 가르치는 것처럼, 첫 제자들을 훈련시키셨다. 유치원 교사는 공책에 그어진 선 위에 싱싱한 열매들처럼 먹음직스러운 모음을 그린다. 그러면 아이들은 그 글자들이 이루어지는 모양을 바라보고 나서, 그 밑에 있는 줄에 글자들을 흉내 내어 그리는 것이다.

예수님께서는 제자들에게 그렇게 행하셨다. 예수 그리스도께서는 목자 없는 양 떼와 같이 방향을 잃은 채 방황하고 있던 사람들을 측은히 여기셨다. 예수 그리스도께서는 우리 각 사람에게 그리스도의 모범을 따르라고 요구하고 계신다. 성령이 당신 속으로 들어오실 때, 당신은 상실의 세계에 대한 동정심을 느끼기 시작할 것이다. 주변 세계로부터 고립된 당신은 자유로워질 것이며, 상실감에 젖어있는 사람들을 향한 하나님의 심정을 느끼기 시작할 것이다.

많은 사람이 정죄하고자 했던 한 여인을 만나셨을 때, 예수님께서는 그 여인에게 사랑으로 손을 내미셨고, 그녀에게 전혀 새로운 삶의 길을 보여주셨다. 예수님께서는 우리에게 자신을 따르라고 요구하신다. 그리고 그분의 성령이 우리 안에 흘러 들어올 때, 우리는 똑같은 종류의 은혜를 다른 사람에게 보여주는 법을 배우게 될 것이다.

반면, 예수님께서 만나신 한 부자 청년은 자기중심적인 생활 방식에 영원한 안정을 덧붙이기 원했다. 그때 예수님께서는 말씀에 도전하는 그 청년과 타협하지 않으셨다. 그러므로 성령이 우리 속에 거하실 때, 우리는 개인이 느끼고 있는 욕구와 필요에 예수 그리스도의 메시지를 맞추려고 해서는 안 된다.

예수 그리스도를 따르는 사람들은 세상을 변화시켰다. 어떤 제자들은 그리스도께서 병자를 고치신 일에 주목했다. 그들은 그리스도께서 "나를 따르라"고 하시는 말씀을 듣고 그리스도의 이름으로 병원을 세웠다.

어떤 사람들은 그리스도께서 굶주린 사람들을 먹이신 일에 주목했다. 그들은 "나를 따르라"는 그리스도의 말씀을 듣고 그리스도의 이름으로 기근을 구제하기 위한 여러 프로그램들을 기획하고 농업 프로젝트를 추진했다. 또 어떤 사람들은 아이들이 그리스도께로 나왔을 때, 아이들을 그냥 돌려보내지 않으셨던 일에 집중했다. 그들은 "나를 따르라"는 그리스도의 음성을 듣고 그리스도의 이름으로 고아원과 학교를 세웠다.

우리는 세상에 그리스도를 드러내야 하는 사람들이다. 많은 사람이 우리의 사역 너머에 있는 것을 전혀 보지 못할 것이다. 그러나 어떤 사람들은 영안이 열려서 예수님의 영광을 보게 될 것이다.

제자 됨의 대가

예수님을 따르는 일에는 대가가 따른다. 성경에서 이 주제를 피할 길은 없다. 예수님은 자신이 고난을 당하기 위해 예루살렘으로 올라갈 것이라고 선포하시고 나서, 제자들에게 자신을 따르라고 명하셨다. 제자들은 그 말씀을 듣고 매우 주저했다. 베드로는 희생이 적은 계획을 추진하시라고 예수님을 설득하려고 했다. 그러나 예수님께서는 베드로에게 문제점이 무엇인지 말씀하셨다. "네가 하나님의 일을 생각하지 아니하고 도리어 사람의 일을 생각하는도다"(마 16:23).

예수님께서는 자신의 초청장에서 예수님을 따르는 일이 지니고 있는 희생과 대가를 감추지 않으셨다. "누구든지 나를 따라오려거든 자기를 부인하고 자기 십자가를 지고 나를 따를 것이니라"(마 16:24). 예수님께서는 자신이 제자들을 파송하는 것이 늑대의 무리 가운데 양을 보내는 것과 같다고 분명하게 말씀하셨다(마 10:16). 그리고 "세상이 너희를 미워하면 너희보다 먼저 나를 미워한 줄을 알라"(요 15:18)고 말씀하셨다.

세상은 결코 예수 그리스도의 독보적인 주장들을 받아들이지 못할 것이다.

예수 그리스도께서는 우리가 그리스도 없이는 하나님을 알 수 없다고 주장하셨다(마 11:27). 그리고 그 주장은 우리의 자존심을 상하게 만든다. 그리스도께서는 자신이 우리를 이끌어주지 않는다면, 우리가 하나님께 나아갈 수 없다고 주장하셨다(요 14:6). 그 주장은 우리의 힘을 빼놓는다. 그리스도께서는 자신이 우리에게 무엇이 옳고 무엇이 그른가를 말할 권한을 가지고 있다고 주장하셨다(요 5:27). 그 말씀은 우리의 자유를 제한한다.

사람들이 그리스도를 십자가에 못 박았던 이유가 바로 그것이다. 그리고 오늘날 우리의 문화는 그분을 다시 십자가에 못 박는다. 우리는 십자가 대신 토크쇼에서 그분을 못 박고 있다. 당신은 토크쇼 진행자 가운데 어느 누가 예수님께서 "내가 길이요 진리요 생명이다"라고 말씀하시도록 하리라고 상상이나 할 수 있겠는가? 누가 그 자리에서 재치있게 예수 그리스도를 전할 수 있겠는가? 세상은 그리스도를 싫어한다. 세상에는 그리스도의 독보적인 주장들이 들어설 여지가 전혀 없다. 그리고 그리스도의 제자들에 대해서도 곱지 않은 시선을 보낼 것이다.

만일 당신이 그리스도를 따른다면, 당신은 십자가를 짊어져야 할 것이다. 그리스도는 세상과 육체와 마귀와 부딪히는 길을 가고 있다. 그러므로 당신이 그리스도를 따른다면, 당신은 이 세 가지 모두와 부딪히게 될 것이다. 만일 당신이 그리스도를 따른다면, 당신은 우리 문화의 보편적인 생각에서 벗어나 있는 자신을 발견하게 될 것이다. 오직 그리스도의 영광을 목격한 사람들만이 이 대가를 지불할 각오를 한다.

서구 세계에서, 우리는 오랫동안 기독교 신앙에 대해 관용하는 문화로 인해 덕을 보았다. 그러나 그 관용적인 태도는 급속하게 쇠퇴하고 있다. 그래서 우리는 그리스도를 따르는 일이 치르게 될 비용을 계산해야 한다. 점차적으로 우리 문화는 세상과 구별되는 그리스도의 말씀을 버리는 쪽 혹은 그 말씀을 완고한 편견들로 취급하는 쪽으로 선택해나갈 것이기 때문이다.

만일 우리가 하나님에 대한 일반적인 진술들에 안주한다면, 세상과 우리 사이에는 전혀 아무런 문제도 없을 것이다. 그러나 그것은 우리가 할 수 없는 일이다. 왜냐하면 그리스도께서는 "나를 따르라"고 말씀하셨기 때문이다. 우리는 십자가에 달리신 분을 따르는 사람들이다. 놀라운 사실은 비록 예수 그리스도께서 십자가에 못 박히셨지만, 어떤 사람들은 그분의 영광을 보았다는 것이다.

끝까지 따르다

십자가는 예수님의 최종 종착지가 아니었다. 만일 그랬다면 그리스도를 따르라는 부르심은 불가능했을 것이다. 예수님께서 십자가에 직면하시면서 힘을 얻으셨던 길은 십자가 너머를 바라보신 일이었다. 그리스도는 "자기 앞에 있는 기쁨을 위하여"(히 12:2) 십자가를 견디셨다. 예수 그리스도는 십자가를 바라보지 않았고 십자가 너머를 바라보셨다.

문자적 의미로 '제자'라는 말은 '누군가와 함께 어디론가 간다'는 뜻임을 기억하기 바란다. 그리고 그리스도께서는 자신이 어디로 가고 계시는지를 우리에게 말씀하고 계신다. 예수 그리스도의 죽으심과 부활 후에 예수님께서는 성부 하나님의 우편에 있는 자신의 자리로 올라가셨다. 그리고 제자들에게 이렇게 말씀하셨다. "나 있는 곳에 나를 섬기는 자도 거기 있으리니"(요 12:26).

성경의 마지막 부분에서, 사도 요한은 그 약속이 성취될 날에 대한 비전을 보았다. 그리스도를 따르는 사람들은 그리스도와 더불어 모일 것이다. 요한은 이렇게 말한다. "어린양이 어디로 인도하든지 따라가는 자며"(계 14:4). 마지막 날, 당신이 예수님을 보게 될 때, 어떠한 대가에도 아랑곳하지 않고 그리스도를 따랐다는 사실을 기뻐하게 될 것이다.

드러난 사실 UNLOCKED

사람들이 예수 그리스도를 끝까지 따를 수 있도록 충분한 용기를 주는 유일한 동기가 있다. 그것은 예수 그리스도의 영광을 보는 것이다.

예수 그리스도를 따르라는 도전은 매우 중대한 것이며, 그 일을 위해 치러야 할 대가는 비싸다. 만일 우리가 그리스도의 제자가 되고자 한다면, 우리는 그리스도를 높이 받들어야 한다. 예수님의 첫 제자들이 모든 것을 버리고 예수님을 따를 수 있도록 만든 것은 바로 예수 그리스도의 위대하심과 영광에 대한 저항할 수 없는 비전이었다. 그 비전의 권능은 오늘날에도 우리로 하여금 결코 저항할 수 없게 만든다.

기도 PAUSE FOR PRAYER

은혜로우신 하나님 아버지!

주님을 따르라고 저를 불러주시고, 저의 삶 속에서 예수 그리스도의 영원한 가치를 나타내시겠다고 약속해주신 주님께 감사드립니다. 제 영안을 열어 주님의 영광을 보여주셔서 아무리 힘들고 고된 대가를 치른다 할지라도, 믿음으로 주님을 따를 수 있도록 하여주시옵소서.

주님께서 다시 오시는 날까지 저를 주님 앞으로 이끌어주실 것을 믿습니다. 제 평생에 주님의 은혜를 부어주시고, 제 삶을 통해 그리스도가 증거 되는 축복된 삶을 살 수 있도록 역사하여주시옵소서. 예수 그리스도의 이름으로 기도드립니다. 아멘.

Note

1. Colin Brown, gen. ed., *The New International Dictionary of New Testament Theology*, vol. 1 (Grand Rapids: Zondervan, 1975), s.v. "disciple."

5

주님

Lord

마가복음 4-5장

예수님을 주인으로 인정하지 않으면서,

구세주로 영접할 수 있는가?

묵상의 길잡이

☑ **발견하라**

예수 그리스도를 주님으로 영접하는 것이 왜 복음의 중심인지 발견하라.

☑ **배우라**

왜 예수 그리스도께서 다스리고 계실 뿐만 아니라 기다리고 계시는지 배우라.

☑ **경배하라**

예수 그리스도의 모든 대적이 그분의 발아래 놓이므로 주님을 경배하라.

당신은 쇼핑과 결혼의 차이점에 대해 생각해본 적이 있는가?

쇼핑을 할 때는 원하는 물건을 사고 그렇지 않은 것들은 그대로 남겨둔다. 당신이 선택한 물건에 대해 별다른 책임이 따르지 않는다.

그러나 결혼은 다르다. 결혼을 앞둔 젊은 남녀 한 쌍에 대해 생각해보자. 남자는 여자의 눈은 맘에 들지만, 머릿결은 별로라고 말한다. 그는 화요일과 목요일에는 아내와 시간을 보낼 수 있지만, 월요일과 금요일에는 그러지 못할 것 같다고 말한다. 여기에는 심각한 문제가 있다. 결혼은 싫든 좋든 간에, 부요하든지 가난하든지 간에, 병들었든지 건강하든지 간에 한 사람을 있는 그대로 받아들이는 것이다. 결혼은 무슨 일이 일어나더라도 사랑하겠다는 서약이다.

어떤 사람들은 그리스도인으로서의 생활을 상점에 물건을 사러 들어가는 것처럼 생각한다. 그 사람들은 성경책을 열어서 자신에게 가장 필요한 것을 찾아 이리저리 진열대를 기웃거리듯 책장을 넘긴다. 그들은 '용서! 평화! 기쁨! 천국!'과 같이 자신들이 좋아하는 것을 찾는다.

다른 진열대들은 그다지 매력적으로 보이지 않는다. 한 진열대에는 "그리스도 안에서 하나님이 당신을 용서하신 것처럼 다른 사람들을 용서하라"고 쓰여있는 큰 표지가 있다. 다른 진열대에서는 "하나님께서 거룩하시니 너희도 거룩하라"고 말하고 있다. 종교 구매자는 이러한 것들에 대한 필요성을 느끼지 않기 때문에 지나쳐버린다.

성경은 절대로 그리스도인의 생활을 마치 물건을 사려고 상점에 들어가는 것처럼 묘사하고 있지 않다. 성경은 그리스도인의 생활을 서로가 서로에게 있는 그대로 헌신하는 '결혼'과 같은 것이라고 묘사하고 있다.

예수 그리스도께서는 당신을 있는 그대로 받아주실 것이다. 그리고 당신은 그리스도를 있는 그대로 받아들여야 한다. 예수 그리스도는 구주이시며 동시에 주님이시다. 바로 그렇게 당신은 예수 그리스도를 받아들여야 한다. 당신은 그분을 둘로 나눌 수 없다.

나는 종종 사람들이 "나는 그리스도를 구주로는 영접했지만, 주님으로는 영접하지 않았다"고 말하는 것을 들었다. 그 전제는 우리가 어떤 식으로든 구주를 주님으로부터 분리시킬 수 있다는 것이며, 회개 없이 믿음을, 명령 없이 축복을, 거룩함의 추구 없이 죄의 용서를 소유할 수 있다는 것이다.

그것은 복음에 대해 근본적으로 잘못 이해하고 있는 것이다. 우리는 예수 그리스도께서 명하시는 것을 거부하는 동시에 그분이 제공해주시는 것을 받을 수 없다. 예수 그리스도는 성경 전체를 통해 그분이 우리의 주님이자 구주이심을 드러내신다. 우리는 결코 하나를 다른 하나로부터 분리시킬 수 없다. 우리는 앞으로 예수 그리스도가 우리의 구세주인 것은, 바로 예수 그리스도가 우리의 주님이시기 때문이라는 사실을 알게 될 것이다.

고물상에서의 전쟁

내가 다섯 살쯤 되었을 때 아버지께서는 나를 에든버러 교외에 있는 한 고물상에 여러 번 데리고 가셨다. 그곳은 폐차들로 가득 차 있었으며, 어린애가 온갖 상상을 하면서 뛰어놀기에 아주 좋은 장소였다.

아버지는 우리 차에 필요한 부품들을 찾으려고 그곳에 가시곤 했다. 그 고물상의 운영 시스템은 간단했다. 폐차 더미에서 필요한 부분들을 뜯어와, 고물상 입구에서 그 값을 지불하면 되는 것이었다. 그런데 문제는, 어떤 사람들이 울타리 너머로 부품들을 던져놓고는 값을 지불하지 않고 나가 미리 던져놓은 물건을 가지고 가버린다는 것이었다.

그래서 고물상 주인은 울타리 안쪽 둘레에 '접근 금지 구역'을 마련해놓고 그 경계선을 따라 지면에서 1미터 정도 되는 난간을 세워놓았다. 그리고 덩치 큰 셰퍼드를 여러 마리 풀어 그 주변을 돌면서 지키도록 했다. 누구든 그 울타리의 몇 미터 안쪽으로 들어가지 않는 한 안전할 것이다.

나는 아버지와 함께 그 고물상에 가는 것을 즐겼다. 어느 날, 아버지는 부서진 차 속에서 속도계를 뜯어내고 계셨다. 아버지가 작업을 하고 있을 때, 나는 트럭 한 대를 발견하고는 그 차 안으로 기어 들어가 트럭을 운전하는 상상 속에 빠져있었다.

그때 갑자기 셰퍼드 한 마리가 줄을 끊고 나를 향해 달려왔다. 내 생에 그처럼 무서웠던 적은 없었던 것 같다. 나는 그 사나운 개에게 물어뜯기는 줄 알고 마구 비명을 질렀다. 그때, 아버지께서 쏜살같이 달려오시는 것을 보았다. 아버지는 막대기를 하나 쥐고서, 한참 씨름을 한 다음에, 그 개를 제압하셨다.

그 개를 묶음으로써, 아버지는 나를 구해내셨다. 아버지가 그 개를 제압할 수 있다는 사실은 곧 아버지가 나를 그 개의 위협으로부터 구해낼 수 있음을 의미했다.

예수 그리스도께서는 분명히 우리의 대적에게 권위를 행사하고 그 대적들을 제압할 수 있기 때문에, 우리를 구해내실 수 있는 것이다. 예수 그리스도께서 주님이라는 사실은 그분에게 구세주로서 행하실 수 있는 자격을 준다. 그래서 성경은 "누구든지 주의 이름을 부르는 자는 구원을 받으리라"(롬 10:13)고 말하는 것이다.

예수님께서 만일 주님이 아니셨다면, 구세주가 되실 수 없다. 예수님께서 무엇에 대해 주인이 되시며, 우리를 무엇으로부터 구원해주시는지 살펴보도록 하자.

흑암 속에 처한 인간이 만나는 사나운 맹견들

지금 우리가 살아가고 있는 세상에서는 하루가 멀다 하고 지진, 산사태, 화산 분출 등 끔찍한 자연재해가 일어나고 있다. 성경에서 마치 온 땅이 일종의 해산의 고통 가운데 있는 것처럼 신음하고 있다고 말하는 것이 전혀 놀랍지 않다(롬 8:21-22).

인간이 저지르고 있는 죄악의 목록 또한 그 수를 헤아리기가 고통스럽다. 학교에서의 총격전, 흉악한 범죄를 일삼는 악한 자들, 자신들의 생명뿐만 아니라 다른 사람들의 생명까지도 경시하는 뒤틀어진 생각을 가지고 있는 폭력적인 사람들을 생각하면 이 세상을 살아가기가 끔찍하기만 하다. 그러한 일이 일어날 때마다 우리는 "어떻게 하면 그런 일을 중단시킬 수 있을까? 어떻게 다시는 그런 일이 일어나지 않도록 할 수 있을까?" 하고 묻는다.

질병들의 목록도 못지않게 충격적이다. 의학의 경이로운 발전에도 우리는 치료할 수 없는 상처, 돌이킬 수 없는 상태, 치명적인 질병을 안고 살아가고 있다. 수천만 달러를 들여 연구를 해도 여전히 우리는 수십 가지의 암, 심장 질환, 에이즈 등에 대한 치료법을 찾지 못하고 있다. 병원의 업무는 넘쳐나는 환자들로 항상 분주하다. 이러한 병원에서 사람들에게 전하는 가장 끔찍한 말은 "미안합니다. 당신을 위해 제가 더 해드릴 일이 없군요"라는 말이다.

이는 흑암 속에 처한 인간을 비참한 죽음으로 이끈다. 성경은 죽음을 최후의 원수라고 말하고 있다. 그리고 누구든지 사랑했던 사람을 잃게 되어 죽음 가까이 가보았던 사람들은 죽음이 얼마나 무서운 원수인지 잘 알고 있다.

국제 뉴스를 살펴보며 이번 주에 어떤 일들이 벌어졌는지 알아보라. 당신은 거기에서 온갖 재난들, 미친 사람들이 저지른 끔찍한 만행들, 각종 질병의 영향들 그리고 죽음이라는 흑암의 네 요인들에 의해 세상이 지배당하고 있음을 발견할 수 있을 것이다.

이러한 것들은 암흑 속에서 인간이 만나는 사나운 맹견들이다. 그 맹견들은 우리를 향해 으르렁거리며, 가까이 다가와서 우리의 삶을 위협한다. 그것들은 인종, 종교, 성性, 혹은 부의 영역을 불문하고 우리를 좇아다닌다.

이 세상에서 누릴 수 있는 온갖 기쁨들에도 불구하고 우리는 계속해서 "누가 우리를 구원해줄 것인가?" "누가 그러한 암흑을 가져오는 파괴의 권세들을 진압할 권위를 가지고 있는가?" 하는 질문을 하게 된다.

이 흑암의 각 차원에 대한 대답은 동일하다. 바로 예수 그리스도이시다. 그분이 주님이다.

자연재해를 다스리시는 주님

마가는 일찍이 그의 복음서에서 인간이 처한 암흑의 맹견들에 대한 예수님의 권위를 보여주는 네 가지 이야기를 기록했다. 마가는 예수님이 주님이심을 우리에게 보여주고 있다. 그리고 바로 이 때문에 우리는 예수님을 구주로 섬길 수 있는 것이다. 제자들은 여러 사건을 통해 이 사실을 배웠다. 그들은 예수님께서 가지신 권위의 새로운 국면을 볼 때마다, 예수님께서 베푸시는 구원의 새로운 영역을 발견했다.

그 모든 것은 하룻저녁에 시작되었다. 그 저녁에 예수님께서는 제자들에게 호수 반대편으로 배를 저어 건너가라고 말씀하셨다. 그들은 예수님께서 명령하신 대로 했다. 그리고 호수 중간쯤 왔을 때 그들은 갑자기 일어난 돌풍을 만났다.

그 지역에서 이러한 종류의 돌풍은 흔한 일이었다. 그리고 제자들은 오랜 시간 호수와 함께 살아왔기 때문에, 돌풍을 몇 차례 경험했을 것이다. 그러나 이번 돌풍에는 완전히 겁에 질려 이렇게 외쳤다. "선생님이여, 우리의 죽게 된 것을 돌아보지 아니하시나이까?"

제자들은 생명을 위협하는 자연재해에 직면해있었다. 그러나 그들은 그다음에 일어난 일 때문에 더 소스라치게 놀랐을 것이다.

예수께서 깨어 바람을 꾸짖으시며 바다더러 이르시되 잠잠하라 고요하라 하시니 바람이 그치고 아주 잔잔하여지더라 이에 제자들에게 이르시되 어찌하여 이렇게 무서워하느냐 너희가 어찌 믿음이 없느냐 하시니 그들이 심히 두려워하여 서로 말하되 그가 누구이기에 바람과 바다도 순종하는가 하였더라(막 4:39-41).

만일 그분이 폭풍을 잔잔하게 하실 수 있다면, 화산이나 산사태, 회오리바람, 태풍은 어떻게 하실 수 있겠는가? 만일 그분이 자연을 지배하시는 주님이시라면, 주님께서는 자연의 파괴적인 권세로부터 우리를 구해내실 수 있는 분이다.

귀신들을 지배하시는 주님

배에서 나오시매 곧 더러운 귀신 들린 사람이 무덤 사이에서 나와 예수를 만나니라(막 5:2).

제자들이 호수 건너편에 도착했을 때, 그들은 곧 정신이 나간 한 남자와 대면하게 된다. 그 남자는 무덤 주위에서 살고 있었으며, 밤마다 울부짖으면서 돌로 자신의 몸을 상하게 하고 있었다(막 5:5).

그 지역에 살고 있었던 사람들은 그 남자 때문에 밤중에 집 문을 철저히 잠가놓았을 것이다. 그 남자가 동네를 돌아다니면, 당신은 자녀들이 공원에서 혼자 놀도록 하지 않을 것이다. 그만큼 아주 위험한 사람이었다.

그 지역 당국에서는 남자의 문제를 해결할 수 있는 일은 다 시도해보았다. 그 사람의 손과 발을 여러 번 고랑과 쇠사슬로 묶어보았지만, 그를 감옥에 넣었을 때, 그는 쇠사슬을 끊고 고랑을 깨뜨렸다. 아무도 그를 제어할 수 없었다(막 5:4). 온 마을 사람이 폭력의 어두운 그림자 속에서 살아야 했다. 누구도 그 일에 대해서는 속수무책이었다.

매번 또 다른 폭력 사건이 터질 때마다, 사람들은 자신이 생각하는 해결책들을 제시했을 것이다. "더 강한 쇠사슬로 채워 감옥에 집어넣어야 합니다." 오늘날의 경우라면 "총기 단속법을 더 강화하거나 감옥에서의 형기를 더 늘릴 필요가 있습니다"라고 말했을 것이다. 이렇게 마을 사람들은 할 수 있는 모든 것을 시도해보았지만, 아무것도 먹혀들지 않았다. 그 미친 남자의 위협은 여전했다. 매일 밤 그 지역 사람들은 그 남자가 언덕 위에서 울부짖는 소리를 들었을 것이다. 그러니 잠도 편하게 잘 수 없었을 것이다.

그 남자에게는 가족이 있었다(막 5:19). 그 남자의 아내와 자식들은 그의 자기 파괴적인 행위가 심해질수록, 괴로움을 겪었을 것이다. 그 남자가 가족의 안전까지 위협하는 상황에 처했을 때, 가족은 절망의 나락으로 떨어졌을 것이다.

성경은 이러한 끔찍한 폭력을 분출하는 배후에 악한 영들, 즉 귀신이 있었다고 분명히 밝히고 있다. 폭력을 행사하는 모든 사람에게 적용되는 것은 아니지만, 이 남자의 경우는 그러했다. 예수님은 마귀가 "도둑질하고 죽이고 멸망시키려" 찾아온다고 묘사하셨다. 따라서 도둑질하고, 죽이고, 멸망시키는 일이 만연한 곳에서는 마귀의 활동을 직접 확인할 수 있다.

예수님은 이러한 흑암의 그림자가 드리워진 마을에 오셨다. 예수님께서는 악한 귀신들에게 그 사람을 떠나 돼지 떼에게로 들어가라고 명령하셨다. 마을 사람들은 그 소식을 듣자마자, 무슨 일이 벌어졌는지 보려고 몰려들었다. 그리고 그들은 귀신들에 사로잡혔던 그 사람이 옷을 입고 정신이 온전하여 앉은 것을 보았다(막 5:15).

만일 예수 그리스도께서 마을 사람들에게 두려움을 안겨주었던 그 남자를 안정시킬 수 있다면, 정신 나간 총잡이나 자살 폭탄 테러를 감행하는 자들에게는 어떻겠는가? 만일 그러한 사람들이 모두 제정신을 찾는다면, 어떻게 될 것인지 상상해보라. 만일 예수 그리스도께서 귀신들을 다스리시는 주님이라면, 그분은 우리를 귀신들의 파괴적인 힘으로부터 건져내실 수 있을 것이다.

질병을 다스리시는 주님

이에 그와 함께 가실새 큰 무리가 따라가며 에워싸 밀더라 열두 해를 혈루증으로 앓아온 한 여자가 있어(막 5:24-25).

예수님께서 호수 건너편으로 되돌아오셨을 때, 수많은 군중이 기다리고 있었다. 그 사람들 중에는 12년 동안이나 만성적인 질병을 앓아 불구로 살아가던 한 여인이 있었다. 그 여인은 수많은 의사에게 진찰을 받으면서 자신이 가진 모든 것을 허비했지만, 상태는 전혀 호전되지 않았다. 그녀의 상태는 그 시대 의학 기술의 한계를 넘어서는 것이었다. 그녀는 치료할 수 없는 불치병을 앓고 있었다.

그녀는 예수님에 대한 소문을 듣고서 예수님을 따르던 무리에 합류했다. 몸 상태로 볼 때 그녀는 신속하게 움직일 수 없는 처지였을 것이다. 다행히도 군중이 천천히 움직였기 때문에 그녀는 앞으로 나아가 예수님 바로 뒤까지 접근할 수 있었다. 그녀는 자신이 예수님에게 손을 대면 병이 낫게 될 것이라고 생각했다. 마침내 그녀가 예수님에게 손을 댈 수 있을 정도로 가까이 다가갔을 때, 그녀는 즉시 자기 몸에 변화가 일어났음을 느낄 수 있었다. 마가는 이렇게 기술하고 있다. "이에 그의 혈루 근원이 곧 마르매 병이 나은 줄을 몸에 깨달으니라"(막 5:29).

만일 예수님께서 의학의 한계선을 넘는 질병들을 치료하실 수 있다면, 암이나 에이즈는 어떻겠는가? 만일 예수님께서 질병을 다스리시는 주님이라면, 예수님은 질병의 파괴적인 힘으로부터 우리를 건져내실 수 있을 것이다.

죽음을 다스리시는 주님

아직 예수께서 말씀하실 때에 회당장의 집에서 사람들이 와서 회당장에게 이르되 당신의 딸이 죽었나이다 어찌하여 선생을 더 괴롭게 하나이까 예수께서 그 하는 말을 곁에서 들으시고 회당장에게 이르시되 두려워하지 말고 믿기만 하라 하시고(막 5:35-36).

회당장 야이로의 딸은 열두 살이었다. 그 소녀의 아버지는 예수님께 와주실 것을 청하도록 사람을 보냈다. 그러나 큰 무리가 예수님을 둘러싸고 있었으며, 여인을 치료하는 데 시간을 보냈기 때문에 예수님의 도착이 지연되어, 예수님께서 그 집에 다다랐을 무렵에는 이미 장례식을 준비하고 있었다.

예수님께서는 곡하는 사람들을 그 집에서 모두 내보내셨다. 오직 죽은 소녀와 그 부모 그리고 베드로와 야고보, 요한만이 예수님과 함께 집 안에 남아있었다. 예수님께서는 소녀의 손을 잡아 일으키시면서 "달리다굼"이라고 말씀하셨다. "달리다굼 하시니 번역하면 곧 내가 네게 말하노니 소녀야 일어나라 하심이라 소녀가 곧 일어나서 걸으니(막 5:41-42).

소녀의 부모는 너무 놀라 멍하니 그 광경을 바라보면서 자리에 우뚝 서 있었다. 그러자 예수님께서는 부모에게 "소녀에게 먹을 것을 주라" 고 말씀하셨다.

왜 주님께서 그 일을 하지 않으실까?

예수 그리스도는 인간이 처한 모든 흑암을 다스리는 주님이시다. 예수 그리스도는 재난과 귀신과 질병과 심지어 죽음의 맹견들까지도 제압하실 수 있다. 예수 그리스도는 인류의 이러한 대적들을 다스리는 주님이시다. 그렇기 때문에 예수 그리스도께서는 그 대적들의 파괴적인 힘으로부터 우리를 구하실 수 있는 것이다.

그런데 왜 주님께서 지금은 그 일을 하지 않고 계시는 것인가?

만일 예수 그리스도께서 이러한 치명적인 대적들로부터 우리를 구해낼 수 있는 힘을 가지고 계시다면, 왜 예수 그리스도께서는 지금 그 권위를 행사하시지 않는 것인가? 많은 그리스도인들은 치유의 역사와 위험으로부터의 구조 혹은 귀신을 쫓아낸 놀라운 이야기들을 전해줄 수 있을 것이다. 그렇지만 신문을 펼쳐 들고 있는 사람이라면 누구나 이 세상이 아직도 여러 자연재해와 질병, 죽음과 폭력으로 인해 고통당하고 있음을 알고 있다.

그 이유는 무엇인가?

마가는 그 대답을 귀신 들렸던 사람의 이야기를 통해 우리에게 들려준다.

이에 귀신 들렸던 자가 당한 것과 돼지의 일을 본 자들이 그들에게 알리매 그들이 예수께 그 지방에서 떠나시기를 간구하더라(막 5:16-17).

예수 그리스도께서 공공의 적으로부터 마을 사람들을 구해주셨을 때, 우리는 그들이 예수님께 "제발 머물러 주십시오!"라고 간청했을 것이라고 생각하기 쉽다. 예수 그리스도께서 그 지역에 있는 다른 문제들을 해결하시기 위해 어떤 일을 해주실 수 있을지 생각해보라. 그러나 그 마을 사람들은 예수님께 그만 가달라고 요청했다.

이 사실을 제대로 파악하는 것이 중요하다. 그 마을 사람들은 예수님께 마을에서 떠나가달라고 사정하고 있었다. "제발, 이 지역을 떠나주십시오. 당신이 한 일을 우리가 목격했습니다. 그러나 우리는 당신이 여기에 있는 것을 원치 않습니다. 이곳은 당신이 있을 곳이 아닙니다. 그러니 제발 가주십시오."

예수님께서 다른 기회에 그에 대한 해명을 하셨다. "그 정죄는 이것이니 곧 빛이 세상에 왔으되 사람들이 자기 행위가 악하므로 빛보다 어둠을 더 사랑한 것이니라"(요 3:19).

상황은 변하지 않았다. 우리의 문화는 점차적으로 주변에 예수님이 계시는 것을 원치 않는 방향으로 돌아서고 있다.

예수님의 이름은 대안이 될 수 있는 다른 사람들의 이름들과 더불어 그중 한 자리를 차지하지 않는 한, 대중의 환영을 받지 못한다. 예수님이 주님이시라는 주장은 예수님이 모든 사람에 대해 최고의 권위를 가지셨다는 뜻을 함축하는 것이기 때문에 사람들은 그러한 주장을 받아들일 수 없다고 말하는 것이다. 여기 이 나라, 이 땅에서는 그럴 수 없다는 것이다.

그래서 예수님께서 거라사 지방을 떠나셨다. 다른 무엇을 기대할 수 있겠는가? 예수님은 자신을 원치 않는 공동체에 자신을 강요하지 않으신다. 그러나 만일 맹견을 제압할 수 있는 자가 그 고물상의 마당을 떠난다면, 그 소년에게는 어떤 일이 벌어지겠는가?

당신이 신문을 보면서 그 속에 일어난 사건들을 이해할 수 있는 유일한 방법이 있다. 그것은 이 말씀과 함께 신문을 읽어나가는 것이다. "자기 땅에 오매 자기 백성이 영접하지 아니하였으나"(요 1:11).

그 맹견들이 풀려나는 날

복음서의 이야기를 따라가보면, 예수님께서 자신의 권능을 펼쳐 보이신 후 십자가 사건으로 이어질 때까지 특정 패턴이 있음을 알 수 있을 것이다. 십자가는 인간 사회가 예수님으로 하여금 "떠나라"고 말하는 최후의 표현이었다.

예수 그리스도께서 십자가에 못 박히셨을 때, 인간의 흑암 속에 있는 모든 맹견이 풀려나왔다. 자연은 진동했다. "땅이 진동하며 바위가 터지고"(마 27:51) 지옥의 마귀들이 전례 없이 풀려나왔다. 예수님께서는 그 일을 "이제는 너희 때요 어둠의 권세로다"라고 말씀하셨다(눅 22:53). 예수 그리스도께서 친히 그 육체로 당하신 일은 이루 말할 수 없을 정도로 끔찍한 고난이었다. 그러나 그 고난은 선지자들에 의해 부분적으로 예언되어있었다. "나는 물 같이 쏟아졌으며 내 모든 뼈는 어그러졌으며…내 혀가 입천장에 붙었나이다…개들이 나를 에워쌌으며 악한 무리가 나를 둘러 내 수족을 찔렀나이다"(시 22:14-16).

그런 다음에 예수 그리스도께서 죽으셨다.

다스리심과 기다리심

그러나 이것이 성경 이야기의 끝은 아니다. 사흘 만에 그분은 죽은 자들 가운데서 부활하셨다. 그리고 승천하셨다. 성부 하나님께서는 그 분께 이렇게 말씀하셨다. "내가 네 원수로 네 발등상이 되게 하기까지 너는 내 우편에 앉아있으라"(히 1:13).

바로 지금도 예수 그리스도께서 다스리고 계신다. 그분은 자신에게 주어진 모든 권력과 권위를 가지고 보좌에 앉아계신다. 또한 그분은 성부 하나님께서 모든 대적을 자신의 발아래 꿇게 하실 때까지 기다리고 계신다. 그때가 아직 오지 않은 것뿐이다. 다스리고 기다리는 일은 서로 충돌을 일으키지 않는다. "그가 모든 원수를 그 발아래에 둘 때까지 반드시 왕 노릇 하시리니 맨 나중에 멸망 받을 원수는 사망이니라"(고전 15:25-26).

모든 권세는 예수 그리스도께 주어졌다. 모든 대적을 다스리는 권력을 가지고 계시지만, 예수 그리스도께서는 그 힘을 모든 대적을 자기 발아래 꿇게 하기 위해 사용하지는 않으셨다.

그래서 우리는 수많은 자연재해, 귀신, 질병, 죽음이 주는 저주에 고통당하고 있는 위험의 속에서 계속 살아가고 있는 것이다. 그러나 우리는 이 모든 대적의 주님이 되시는 예수 그리스도의 나라에 속해있다. 그리고 우리는 예수 그리스도께서 이 모든 대적들을 자신의 발아래 꿇게 하실 그날을 함께 기다리고 있다.

하나님께서는 우리를 위한 하나의 비전을 사도 요한의 기록을 통해 보여주셨다. 사도 요한은 바다가 유리 같았음을 보았다(계 4:6)고 기록하고 있다. 하나님께서는 요한에게 자연의 파괴적인 맹위가 진압될 것임을 보여주고 계셨던 것이다.

그런 다음에 사도 요한은 마귀와 그의 사자들이 불연못에 던져지는 것을 보았다. 하나님께서는 요한에게 모든 마귀의 활동이 그치게 될 것임을 보여주고 계셨다. 요한은 죽은 자가 생명으로 부활하는 것을 보았다. 그들은 형언할 수 없는 기쁨으로 충만하여 하나님의 도성에 들어갔다. 그리고 사도 요한은 이러한 목소리를 들었다. "다시는 사망이 없고 애통하는 것이나 곡하는 것이나 아픈 것이 다시 있지 아니하리니 처음 것들이 다 지나갔음이러라"(계 21:4).

사도 요한은 이렇게 말하고 있다. "여러분은 이 세상에서 사는 동안 많은 폭풍우를 맞이하게 될 것입니다. 여러분은 길길이 날뛰는 대적을 만나게 될 것이며, 질병과 죽음 때문에 많은 눈물을 흘릴 것입니다. 그러나 예수 그리스도는 인간이 손쓸 수 없는 이 모든 맹견의 주님이십니다. 따라서 예수님께서는 그 맹견들을 제압하실 것입니다. 그 사나운 개들이 더 이상 존재하지 않을 날이 임하고 있습니다."

그날까지 우리는 예수님의 뜻을 받들어야 한다. 예수님께서 거라사 지방을 떠나실 때, 악한 귀신들의 권세에서 해방된 사람이 배에 올라 예수님과 함께하기를 원했다. 그러나 예수님께서는 거절하셨다. 그리고 이렇게 말씀하셨다. "집으로 돌아가 주께서 네게 어떻게 큰 일을 행하사 너를 불쌍히 여기신 것을 네 가족에게 알리라"(막 5:19).

예수 그리스도께서는 예수님을 원치 않았던 문화 속에서 빛이 되라고 그를 되돌려보내셨다. 그 사람은 가족들에게 돌아가, 호숫가에 자리잡고 있던 열 개 마을 사람들에게 예수님께서 자기를 위해 행하셨던 일에 대해 전했다.

그것이 바로 우리의 소명이다. 예수 그리스도께서는 우리 문화 속에서 자신을 강요하지 않으실 것이다. 그러나 예수 그리스도께서는 흑암을 밝히는 빛으로서 우리를 파송하신다. 우리가 이 땅에서 살아가고 있는 한, 우리는 인류의 큰 대적들의 지속적인 활동으로 인해 발생하는 슬픔에 동참하게 될 것이다. 그러나 우리는 이 대적들을 진압하실 왕에게 속해있다. 그리고 우리는 예수님께서 자신의 권력과 통치권을 갖게 될 그날을 예수님과 함께 기다리고 있다.

그때 인간이 처한 흑암의 맹견들은 영원히 진압될 것이다. 주 예수여, 속히 오시옵소서!

드러난 사실 UNLOCKED

복된 소식은, 예수 그리스도가 구세주이실 뿐만 아니라 또한 주님이시라는 사실이다. 실제로 예수 그리스도께서 우리를 인류의 대적들로부터 구하실 수 있는 것은 바로 예수 그리스도께서 그 대적들의 주님이기 때문이다.

복음으로의 고귀한 초대는 예수 그리스도의 주권에 대한 저항을 그치고, 그분의 구원을 받아들이라는 것이다. "누구든지 주의 이름을 부르는 자는 구원을 받으리라"(롬 10:13). 우리의 구주이신 주님께서 우리를 초대하고 계신다.

기도 PAUSE FOR PRAYER

은혜로우신 하나님 아버지!

제가 때로 주님의 뜻을 어기면서도, 주님께서 하신 약속들은 지켜달라고 요구했던 사실을 고백합니다. 저의 오만함을 용서해주시고, 제가 평생을 주님의 주권 아래 살 수 있도록 도와주시옵소서.

예수 그리스도께서 저를 위해 행하신 일에 동참할 수 있게 도와주셔서, 다른 사람들이 예수 그리스도를 주님으로 영접하고, 그리스도의 구원에 들어갈 수 있도록 역사하여주옵소서. 저는 모든 흑암의 세력이 주님의 발아래 꿇게 될 날이 다가옴을 믿습니다. 나의 구원자이신 예수 그리스도의 권능으로 그 영광의 날에 제가 그리스도의 백성 가운데 설 수 있도록 도와주시고 저의 삶을 통해 그리스도가 증거될 수 있도록 항상 함께하여주시옵소서. 주 예수 그리스도의 이름으로 기도드립니다. 아멘.

6

지옥

Hell

마가복음 9장

지옥이란 무엇이며,

나는 어떻게 지옥을 피할 수 있는가?

묵상의 길잡이

☑ **발견하라**

지옥에 대한 예수님의 교훈을 발견하라.

☑ **배우라**

벌레와 불의 의미에 대해 배우라.

☑ **경배하라**

당신이 지옥에 대해 알지 못하게 하시기 위해 지옥을 겪으신 예수 그리스도를 경배하라.

내가 열네 살이었을 때, 학교에서 특별한 일이 벌어졌다. 나는 한 친구에게 예수 그리스도에 대해 말하며 그를 전도 집회에 초정했다. 그 집회에서 내 친구는 복음을 들었다. 모임이 끝난 후, 그 친구는 그리스도께 헌신하게 되었다.

그 일은 반 친구들이 관심을 끌었으며 불과 몇 달 동안에 다른 두 친구도 믿음을 고백했다. 우리는 기독교 슬로건이 인쇄된 빨간색 스티커를 붙이고 다녔는데(당시에는 그것이 멋진 일처럼 느껴졌다), 빨간색 스티커들이 늘어나면서 복음은 토론의 주제가 되었다. 그 시절은 정말 흥분되는 나날의 연속이었다.

그 시절 한 친구와 나누었던 대화가 기억에 생생하다. 그 친구와 복음에 대해 이야기를 나누면서 나는 천국에서의 영생에 대한 약속을 강조했다. 그러자 그 친구는 이렇게 말했다. "나는 천국에 있는 거룩한 무리와 함께하는 데는 관심이 없고, 차라리 지옥에서의 파티를 즐기겠다." 그 뒤로도 여러 차례 그러한 답변을 들었다. 그래서 나는 지옥이라는 주제에 대해 성경이 무엇이라고 말하는지 더 깊게 생각하게 되었다.

지옥에 대해 말하거나 글을 쓰는 것은 결코 쉬운 일이 아니다. 그 주제를 전적으로 피하고 싶은 마음도 있다. 그러나 성경은, 모든 사람이 예수 그리스도를 보게 될 것이며, 친히 천국이나 지옥을 경험하게 될 것이라고 명확하게 밝히고 있다. 우리는 그 성경을 올바로 읽는 일에 전념해야 한다.

만화가들과 지옥 전도자들

천국과 지옥의 실체는 이 세상을 살아가는 우리가 파악할 수 있는 범위를 넘어서는 것이다. 그래서 우리는 상상 속에서 천국과 지옥을 진부한 것으로 만들거나 그것들의 두려운 실체를 무시해버린다. 이것은 매우 위험한 태도이다.

만화가들은 지옥을 진부한 것으로 만드는 데 크게 기여했다. 다양한 상상력을 통해 붉은 옷을 입고 삼지창을 들고서 불을 때고 있는 마귀들이 탄생했다. 몇몇 진지한 그리스도인들도 그와 같은 방향으로 상상했으며, 성도들에게 심리적 압박을 가하는 식의 설교를 하는 설교자들도 생겨났다.

많은 사람이 이러한 추측에 대해 반발했으며, 그 결과 오늘날 지옥이라는 주제는 전적으로 묵살되고 있다. 이것은 큰 실수이다. 하나님께서는 말씀 가운데 우리가 알아야 할 모든 것을 계시해놓으셨다. 거기에는 믿어야 할 약속들과 주의해야 할 경고들이 포함되어있다. 우리에게는 둘 다 필요하다.

많은 사람이 하나님께서 지옥에 대해 말씀하시는 것을 간단히 무시함으로써 하나님의 경고를 놓치고 있다. 만일 교회가 공개적으로 솔직하게 인간의 영원한 목적지에 대해 말하지 않는다면, 교회가 주는 메시지의 초점은 곧 교묘하게 변할 것이다. 그 메시지는 좀 더 성취감 있는 삶이나 만족스러운 삶을 살기 위해 그리스도께로 나아가는 것을 강조하게 될 것이다.

그러나 이것은 복음의 핵심이 아니다. 예수 그리스도는 우리를 죽음으로부터 생명으로 옮기시기 위해 세상에 오셨다. 예수 그리스도께서는 지옥에서 우리를 건져내시기 위해 죽으셨으며, 우리가 영생을 누리며 살 수 있도록 십자가에 달리셨다. 하나님의 구원은 삶에 대한 당신의 경험 이상의 것이다. 그것은 당신이 어디에서 영원토록 살 것인가에 대한 것이다.

나는 예수 그리스도께서 지옥에 대해 명확하게 가르치셨기 때문에 지옥을 믿는다. 나는 예수님이 사람들의 생각과 감정을 조종하는 사람이었다고 믿지 않는다. 나는 잠시라도 예수님이 천국의 기쁨을 윤색했다거나 지옥의 고통에 대해 과장했다고 믿지 않는다. 나는 예수님이 하나님의 아들이라고 믿으며, 따라서 예수님이 하신 말씀마다 동일한 중요성을 가지고 받아들여야 한다고 믿는다. 만일 당신이 한 사람의 그리스도인이 되고자 한다면, 당신도 그렇게 믿어야 할 것이다. 그것이 바로 예수 그리스도를 따르는 일의 일부분이다.

폭풍의 구름 아래서

하나님의 사랑에 대해 예수님보다 더 명확하고 더 강력하게 말했던 사람은 아무도 없었다. 그러나 예수님께서는 또한 악을 향한 하나님의 무자비한 적개심에 대해 아주 명확하게 말씀하셨다. "아들에게 순종하지 아니하는 자는 영생을 보지 못하고 도리어 하나님의 진노가 그 위에 머물러있느니라"(요 3:36).

예수님께서 마지막 날에 하나님의 진노가 갑자기 임할 것이라고 말씀하시지 않고 하나님의 진노가 "머물러있다"고 말씀하셨다는 점에 주목하기 바란다. 죄를 향한 하나님의 진노는 마치 우리 위에서 맴돌고 있는 거대한 폭풍우와 같다. 만일 진노가 제거되지 않는다면, 그것은 제거될 때까지 계속해서 머물러있을 것이다.

예수님께서는 우리에게서 이 심판을 옮겨주시기 위해 세상에 오셨다. 예수님은 믿음으로 그리스도께 나아갈 모든 사람을 위해 이 일을 행하셨다. 그러나 예수님이 거부되는 곳에는 하나님의 진노가 가득한 폭풍의 구름이 머물러있을 것이다.

성경 이야기의 나머지 부분은 모든 악을 향한 하나님의 가차 없는 적개심을 증거하고 있다. 하나님께서는 악을 멸하시기로 결정하셨다. 그래서 아담과 하와가 에덴동산에서 죄를 범했던 그날, 하나님께서는 뱀을 저주하셨다. 뱀(사탄)이 인류 가운데 끌어들인 악은 더 이상 견디지 못할 것이다.

성경 이야기 내내, 우리는 죄가 성장해나가고, 하나님께서 그 죄를 멸하시는 것을 보았다. 이 이야기의 끝 부분에서 하나님께서는 죄를 완전히 멸하실 것이다. 사도 요한은 장차 있을 하나님의 심판의 일면을 보았는데, 그때 그는 하나님의 대적들이 하나님의 진노의 포도주를 마시게 되는 것을 보았다(계 14:10).

형벌의 장소

예수님께서는 지옥을 형벌의 장소라고 말씀하셨다. 예수님은 지옥에 간 사람을 묘사하시면서, "그가 고통 중에 있었다"고 말씀하셨다(눅 16:23). 요한계시록도 같은 단어를 사용해서 하나님의 대적들이 "거룩한 천사들 앞과 어린양 앞에서 불과 유황으로 고난을 받을 것"이라고 말하고 있다(계 14:10). 사도 요한은 이렇게 덧붙이고 있다. "그 고난의 연기가 세세토록 올라가리로다…누구든지 밤낮 쉼을 얻지 못하리라"(계 14:11). 이는 참으로 무서운 말이다. 그러나 그것은 하나님의 말씀이다. 그러므로 우리는 그 말씀을 진지하게 받아들여야 하며, 그 말씀이 의미하는 바에 대해 생각해야 한다.

지옥은 형벌의 장소이다. 그곳은 하나님의 정의가 온전하게 알려지는 곳이다. 이 세상은 모든 영역에서 불의로 얽혀있다. 형언할 수 없이 끔찍한 죄악들로 인해 그 책임이 있는 사람들은 자기들이 저지른 죄악과 대면하는 일이 결코 없었다. 히틀러가 한 예가 될 수 있을 것이다. 그로 인해 많은 사람이 죽음을 맞이했기 때문에 이 세상의 정의가 미치지 못하는 곳으로 가버렸다. 말로 다 할 수 없는 만행을 저지른 전범들 중 아직 살아있는 사람들에 대해서조차도 국제 사회는 어떻게 정의를 시행할 것인지를 놓고 계속해서 싸움을 벌이고 있다.

그러나 하나님께서는 심판 날을 정해놓으셨다. 언젠가는 모든 비밀이 밝혀질 것이며 아무도 심판을 피할 수 없을 것이다. 죽은 자들이 일어날 것이며, 악인들은 하나님의 심판대 앞에 서서 자신들이 저지른 죄악에 직면하게 될 것이다.

이것은 두려운 일이기도 하지만 또한 우리가 감사해야 할 일이다. 바로 이 일 때문에 하나님께서는 우리에게 복수하는 일을 하나님의 손에 맡기라고 권하시는 것이다. 하나님께서 모든 숙원을 풀어주실 것이다.

"내 사랑하는 자들아 너희가 친히 원수를 갚지 말고 하나님의 진노하심에 맡기라 기록되었으되 원수 갚는 것이 내게 있으니 내가 갚으리라고 주께서 말씀하시니라"(롬 12:19). 하나님께서는 총체적인 지식을 가지고 완벽한 정의를 집행하실 것이다. 하나님께서는 모든 악을 빛 가운데 드러내실 것이다.

형벌의 정도

하나님의 정의는 완전하다. 그러므로 아무도 자기가 저지르지 않은 죄로 처벌받지 않을 것이다. 하나님의 아들을 배격한 사람이 지옥에서 겪을 형벌은 그가 지은 특정한 죄악을 직접적으로 반영할 것이다.

천국에서의 보상 정도가 다르듯이, 지옥에서의 형벌 정도 역시 다를 것이다. 예수님께서는 최소한 세 차례 이 점에 대해 언급하셨다. 예수님은 복음을 받아들이지 않은 성읍에 대해 언급하시면서 "심판 날에 소돔과 고모라 땅이 그 성보다 견디기 쉬우리라"(마 10:15)고 말씀하셨다. 복음은 새로운 수준의 책임과 의무를 가져다주었다.

마찬가지로, 예수님께서는 벳세다와 고라신과 가버나움 사람들에 대해 말씀하셨다(마 11:20-24). 예수님께서 행하셨던 기적들의 대부분은 그곳에서 일어났지만, 그 마을 사람들은 예수님을 배척했다. 예수님께서는 그 사람들이 목격했던 일에 비추어 그들이 가지는 책임에 대해 말씀하셨다. 그리고 "심판 날에 소돔 땅이 너보다 견디기 쉬우리라"(마 11:24)고 말씀하셨다.

예수님께서는 주인이 시켰던 일을 잘 알고 있었던 종과 그 일에 대해 몰랐던 종을 구별하시며 이렇게 말씀하셨다. "주인의 뜻을 알고도 준비하지 아니하고 그 뜻대로 행하지 아니한 종은 많이 맞을 것이요 알지 못하고 맞을 일을 행한 종은 적게 맞으리라…"(눅 12:47-48). 우리가 하나님으로부터 받은 광명이 크면 클수록, 그에 대해 순종으로 응답해야 할 책임이 더 크다는 점을 명백하게 밝히셨다.

성경의 다른 곳에서도 지옥의 형벌 정도에 차이가 있다고 지적하고 있다. 히브리서는 하나님의 아들을 알면서 짓밟은 자들에 대해 더 중한 벌이 있을 것이라고 말한다(히 10:29). 그리고 바울 사도는 "…그날에 임할 진노를 네게 쌓는도다"(롬 2:5)라고 말하고 있다.

형벌이 범죄에 부합하다

아마도 어떤 독자들은 "모든 죄악이 지옥의 형벌에 해당할 정도로 그렇게 심각한가?" 하고 물을 것이다. 이것은 하나님의 정의의 핵심을 찌르는 중요한 질문이다.

우리가 죄에 대한 적절한 형벌이 무엇인가를 생각할 때, 우리는 죄의 성격만이 아니라 그 죄가 누구를 향해 저질러진 것인지, 그 대상에 대해서도 고려해야 한다. 죄를 저지른 대상이 크면 클수록, 그 범죄에 대한 형벌은 더욱 가혹해질 것이다.

나의 동료인 데이브 그러터슨Dave Gruthusen은 이 진리를 10대 초반의 학생들에게 설명하기 위해 매우 유익한 비유를 사용했다.[1] 한 중학생이 자기 반에 있는 한 학생의 코를 주먹으로 쳤다고 가정해보라. 그 사건은 담임교사에게 알려지고, 그 학생은 방과 후에 다른 방에 혼자 남겨지는 벌을 받게 된다. 그러나 벌을 받는 그 학생이 교사의 코를 주먹으로 쳤다고 가정해보라. 그 학생은 정학을 받게 될 것이다.

이제 집으로 돌아오는 길에, 그 학생의 아버지가 운전하며 집으로 오다가 과속으로 경찰에게 잡혀 벌금을 내게 되었다고 가정해보라. 그 학생은 경찰에게 화를 내면서 경찰의 코를 주먹으로 가격한다. 그 학생은 구치소에 들어가게 된다. 몇 년 후에 그 학생은 미국의 대통령을 보기 위한 군중들 사이에 있다가 대통령이 지나갈 때, 대통령의 코를 가격하려고 뛰어나간다. 그 학생은 경호원의 총에 맞아 사망한다.

각 경우에서 저지른 범행은 동일하다. 그러나 그에 대한 처벌은 각각 다르다. 범죄를 저지른 대상이 크면 클수록, 그 범죄에 대한 처벌은 더욱 심해진다.

이웃들에게 범죄를 저지르거나, 이 나라의 법률을 어기는 죄도 심각한 일이지만, 하나님께 저지르는 범죄는 훨씬 더 심각한 것이다. 우리의 죄악들은 전능하신 하나님을 거스르고 저지르는 범죄들이다. 바로 이러한 이유 때문에 그 범죄들이 심각한 것이고, 그에 해당하는 심각한 결과들을 초래하게 되는 것이다.

예수님께서는 '구더기'와 '불'에 대해 말씀하심으로써, 죄가 초래하는 결과에 대해 두 가지로 묘사하셨다.

구더기

> 만일 네 눈이 너를 범죄하게 하거든 빼버리라 한 눈으로 하나님의 나라에 들어가는 것이 두 눈을 가지고 지옥에 던져지는 것보다 나으니라 거기에서는 구더기도 죽지 않고 불도 꺼지지 아니하느니라(막 9:47-48).

몇 해 전에, 심한 폭풍우로 우리 집 마당에 서 있던 아름다운 나무 세 그루가 쓰러져버렸다. 그 나무들 가운데 한 그루는 병들어있었는데, 쓰러지면서 병의 심각성이 드러났다. 벌레들이 나무줄기의 많은 부분을 파먹어버린 것이다.

예수님께서는 지옥에서 결코 죽지 않는 구더기에 대해 말씀하셨다. 이 벌레가 지옥에 있는 사람들에게 속해있다는 사실을 주목하라. 예수님은 인칭 대명사를 사용하고 계신다. 그것은 그냥 '구더기'가 아니라 '그들의 구더기'이다. 예수님께서는 지옥의 모든 사람에게 있는 개인적이며 내면적인 그 무언가에 대해 말씀하시는 것이다.

나무의 속을 먹어치우는 벌레의 속성을 볼 때, 예수님께서는 지옥에 있는 개인의 내면에서 그 속을 먹어치우는 어떤 것에 대해 말씀하고 계셨던 것이 분명하다. 예수님은 양심에 대해 말씀하시는 것이다. 지칠 줄 모르고 끊임없이 괴롭히는 더러운 양심보다 사람을 더 힘들게 하는 것은 없다. 예수님께서는 지옥에서 죄인의 구더기가 결코 죽지 않을 것이라고 말씀하셨다.

30여 년 동안 경찰로 살아오신 아버지는 끔찍한 일을 저지른 사람들이 감옥에서 오랜 시간을 지내면서도 자신들이 저지른 잘못에 대해 제대로 깨닫지 못한다는 사실이 가장 충격적이었다고 말씀하셨다.

양심은 무감각해지거나 질식해버릴 수가 있다. 그래서 너무도 큰 죄를 저지른 사람들이 자신들이 저지른 잘못에 대해 무감각한 상황이 벌어지는 것이다. 분명히 죄악 된 길을 선택했으면서도 자기들이 선택한 것이기 때문에 평안을 느낀다고 말했던 사람들에게 나는 이렇게 이야기한다.

"항상 그렇게 평안하지는 않을 것입니다. 양심은 오히려 지옥에서 활발하게 제 기능을 할 것입니다. 지옥에 있는 모든 죄인에게는 양심이 존재하기 때문에 그들은 자신의 삶을 보게 될 것입니다. 죄인들은 양심이 자신의 죄악과 책임에 대해 인식하는 것을 막을 수 없을 것입니다.

이것이 하나님께서 행하실 정의의 일부입니다."

시편 51편에서 다윗은 "무릇 나는 내 죄과를 아오니 내 죄가 항상 내 앞에 있나이다"(시 51:3)라고 썼다. 다윗은 한동안 자신의 죄를 부인하면서 살았다. 그러나 하나님께서는 그가 행한 일에 대면하도록 만드셨다. 하나님께서는 우리가 이 세상을 사는 동안에 회개하도록 하시든지, 아니면 지옥에서 죄의 끔찍한 실상을 보여주실 것이다.

예수 그리스도를 믿지 않는 사람들의 죄악은 지옥에서 언제나 그 사람 앞에 있을 것이다. 그 사람은 지옥에 있으며 지옥 또한 그 사람 속에 있을 것이다. 죄를 사랑했던 사람들은 그 실상이 무엇이었는지 맛보게 될 것이다. 그리고 하나님께서 그 죄를 끔찍이도 싫어하셨듯이, 자신들도 그 죄를 끔찍이 싫어하게 될 것이다. 이것이 하나님의 최후 승리와 변호의 일부분이 될 것이다.

불

불도 꺼지지 아니하느니라(막 9:48).

꺼지지 않는 이 불의 의미에 대해서는 상당히 많은 논란이 있었다. 흔히 성경의 한 부분에서 명확하게 짚어지지 않은 것들은 성경의 다른 부분에서 다시 조명된다. 요한계시록에서 요한은 '악한 자들이 거룩한 천사들과 어린양 앞에서 고난을 받게 될 것'이라는 말을 들었다(계 14:10). 악한 자들이 처벌을 받을 때, 하나님의 아들이 그 자리에 함께하신다.

예수님께서 꺼지지 않는 불에 대해 말씀하셨을 때, 그것은 바로 하나님의 임재에 대한 것이었다. 때로 설교자들은 지옥은 하나님으로부터의 영원한 분리라고 묘사한다. 그러나 오히려 하나님의 영원한 임재의 위험에 대해 경고하는 것이 훨씬 더 성경적일 것이다. 아무도 성경의 하나님을 피할 수 없다.

시편 기자가 다음과 같이 말했을 때, 피할 수 없는 하나님의 임재의 무서운 진실에 직면했다. "내가 주의 영을 떠나 어디로 가며 주의 앞에서 어디로 피하리이까 내가 하늘에 올라갈지라도 거기 계시며 스올에 내 자리를 펼지라도 거기 계시니이다"(시 139:7-8).

많은 사람이 하나님의 소유권 주장에 저항하고, 가능한 한 자신들과 주님 사이를 멀리 떨어뜨려놓으려고 애를 쓰면서 평생을 허비하고 있다. 그러한 개인들에게 그들이 영원토록 하나님의 임재 밖에서 자신의 날을 보내게 될 것이라고 말해주는 것은 아무런 가치가 없다. 결국은 그것이 그들의 선택이 될 것이기 때문이다. 그런 사람들은 마치 지옥에서 악인들과 무리를 지어서 지내는 것이 하나님의 임재 가운데서 영원히 지내는 것보다 훨씬 더 매력적이라고 생각했던 나의 어린 시절 친구와 같은 사람들이다.

그러나 누구도 하나님을 피할 수 없다. 사도 바울이 악인은 주의 얼굴을 떠나게 될 것(살후 1:9)이라고 썼을 때, 그 말은 악인들이 새 예루살렘에서 하나님의 임재를 누릴 수 없을 것이라는 뜻이었다.

모든 눈이 하나님을 보게 될 것이다. 의로운 사람들은 아름다움 가운데 계신 하나님을 보게 될 것이며, 악한 사람들은 진노 중에 계신 하나님을 보게 될 것이다. 이 진지한 주제에 대해 미국의 유명한 설교자 조나단 에드워즈는 하나님이 어떤 사람에게는 지옥이 될 것이며 또 어떤 사람에게는 천국이 될 것이라고 말했다.

예수님께서 꺼지지 않는 불에 대해 말씀하셨을 때, 그분이 가리키셨던 것은 바로 하나님의 임재였다. 하나님께서는 불을 통해 모세와 엘리야에게 자신의 임재를 계시하셨다. 말라기는 하나님이 제련소의 불과 같다고 말했다. 그리고 히브리서 기자는 하나님을 격렬히 타오르는 불로 묘사했다. 그러므로 하나님의 손 가운데로 떨어지는 것이 무서운 일이 되는 것이다.

지옥에서 죄인들은 자신들과 하나님에 대한 온전한 지식을 갖게 될 것이다. 죄인들은 자신의 죄에 대해 분명하게 보게 될 것이며, 하나님에 대해서도 분명하게 보게 될 것이다. 아마도 지옥에서의 가장 큰 고통은 사랑의 하나님이 계심을 알면서도 그 하나님을 누릴 수 있는 기회가 영원히 사라져버렸음을 아는 것이 될 것이다.

그때에는 어리석은 자에게도 죄는 죄로 비쳐질 것이다. 하나님은 그분의 거룩하신 아름다움 가운데서 알려지게 될 것이며, 아무도 하나님의 실재를 부인하지 않을 것이다. 심지어 하나님의 대적들조차도 하나님 앞에 엎드릴 것이다.

십자가 위에서 지옥으로

지옥에 대한 성경의 가르침은 메시지의 핵심으로 우리를 인도한다. 예수 그리스도는 당신이 결코 지옥이 어떤 곳인지 알지 못하게 하시기 위해 세상에 오셨다. 예수 그리스도께서는 친히 십자가 위에서 직접 지옥에 들어가심으로써 우리에게 피할 길을 내놓으셨다.

예수님은 그날 제삼시에 십자가에 못 박히셨다(막 15:25). 그리고 세 시간 동안 그분은 자신을 멸시했던 사람들에게 조롱을 당하셨다. 그런 다음에 전혀 예상치 못한 일이 일어났다. "제육시가 되매 온 땅에 어둠이 임하여 제 구시까지 계속하더니"(막 15:33).

이 암흑의 시간 동안에, 예수 그리스도께서는 우리의 죄를 감당하셨다. 하나님께서는 우리 무리의 죄악을 그에게 담당시키셨다(사 53:6). 마르틴 루터는 다음과 같이 말함으로써 그 점을 명확하게 밝혔다.

> 우리가 억압당하고, 율법의 저주로부터 압도당하는 것을 보시고, 그 율법의 저주 아래 매여 우리가 결코 우리 자신의 힘으로는 그 저주로부터 건짐을 받을 수 없음을 보신 우리의 가장 자비로운 아버지께서 자신의 독생자를 세상에 보내사 그에게 인간들의 모든 죄악들을 지우시고 이렇게 말씀하셨습니다. 너는 부인한 자 베드로가 되어라, 너는 박해자, 신성모독자 그리고 잔인한 압제자 바울이 되어라, 너는 간음한 자 다윗이 되어라…간단히 말해서 너는 모든 인간의 죄악들을 저지른 자가 되어라. 그러므로 너는 그들을 위해 죗값을 치르고 만족시키도록 하여라.[2]

예수 그리스도께서는 아버지의 눈으로 볼 때, 죄책을 짊어진 자가 되었다. 그분은 아무런 죄도 짓지 않았지만, 십자가 위에서 세상 모든 죄악의 책임을 감당하셨다. 또한 죄에 대한 아버지 하나님의 심판의 완전한 권세가 자신에게 퍼부어지는 일을 경험하기 시작하셨다. 우리 위에 맴돌고 있던 폭풍의 구름이 그분께 쏟아져 내렸다.

이 암흑의 시간 동안에, 예수 그리스도께서는 고난의 깊은 곳으로 들어가셨다. 아버지 하나님의 사랑 가득한 위로는 예수 그리스도로부터 거두어졌다. 예수 그리스도께서는 언제나 하나님 아버지와 함께하던 관계가 닫혀버린다는 것이 무엇인지 알게 되었다. 그래서 큰 소리로 외치셨다. "나의 하나님, 나의 하나님, 어찌하여 나를 버리셨나이까"(마 27:46). 루터의 말을 빌자면, 하나님께서 하나님을 저버리셨다.

예수 그리스도께서는 암흑 가운데서 지옥의 모든 면면들 속으로 들어가셨다. 우리의 모든 죄악을 짊어지신 그리스도께서는 구더기를 경험하셨으며, 하나님의 심판을 감당하시면서 불을 경험하셨다.

> 이제 우리가 알 수는 있겠지만, 그가 얼마나 큰 고통들을 견뎌야 했는지 말할 수 없네. 그러나 우리는 그가 우리를 위해 달리셨고 고통당하셨음을 믿네.[3]

예수님께서는 십자가 위에서 지옥으로 들어가심으로써, 당신으로 하여금 지옥이 어떠한 곳인지 결코 알지 못하도록 하셨다. 하나님께서는 정의로우시므로 동일한 죄에 대해 두 번 처벌하지 않으실 것이다. 만일 예수 그리스도께서 당신의 죄를 옮겨버리셨다면, 하나님께서는 그 죄 때문에 당신을 처벌하시지도 않을 것이며, 하실 수조차 없으실 것이다. 바로 그러한 이유로 그리스도 예수 안에 있는 사람들에게는 결코 정죄함이 없는 것이다. 한때 우리 머리 위를 맴돌던 심판의 구름은 예수 그리스도 위에 쏟아져 내렸다. 예수 그리스도께서 나 대신 지옥에 들어가신 것이다.

예수 그리스도께서는 바로 당신을 위해 이 일을 행하셨다. 그리고 그 분은 당신의 응답을 기다리시며, 믿음과 회개로 자기를 향해 나아오라고 당신을 부르고 계신다. 예수 그리스도를 구주로 영접하고, 예수 그리스도를 주님으로 섬기는 삶을 살라고 지금 이 순간도 당신을 부르고 계신다.

드러난 사실 UNLOCKED

예수님의 가르침은 지옥에서 죄인들이 자신의 죄악을 온전히 알게 될 것이며 그 지식을 가지고 영원히 살게 될 것임을 명백하게 밝혀주고 있다. 또한 죄인들은 하나님을 알게 될 것이나, 그분의 임재를 누릴 수는 없을 것이다.

하나님께서는 당신으로 하여금 지옥이 어떤 곳인지 결코 경험하지 않게 하시려고 자기 아들을 세상에 보내셨다. 예수 그리스도께서는 십자가 위에서 우리의 죄악들을 감당하시고 성부 하나님의 임재와 그분의 위로로부터 차단되시면서 지옥을 경험하셨다.

예수 그리스도께서는 우리의 죄가 무엇이든지 간에 그리스도 앞에 나아오라고 당신을 초대하시며, 정죄로부터 관용과 용서와 해방을 맛보게 해주신다. 믿음과 회개로 그분께 나아오라.

기도 PAUSE FOR PRAYER

만일 당신이 예수 그리스도를 믿고 영접하는 단계를 밟지 않았다면, 지금 그분께 나아가기 위해 이렇게 기도하라.

주 예수님, 저의 죄와 그로 인한 형벌을 제거하시기 위해 예수님께서 저를 대신해 죽으셨음을 믿습니다. 저를 지옥으로부터 건지시기 위해 그 고난을 감당하신 주님께 참으로 감사를 드립니다. 주님의 죽음으로 저의 모든 죄악을 깨끗이 씻어주시고, 저를 지옥으로부터 구원하셔서, 천국에서의 영원한 생명으로 인도해주시기를 간구합니다.

예수 그리스도를 저의 구세주로 영접하며 주님 앞에 무릎 꿇고 엎드립니다. 주님을 믿고 섬길 때 주님의 권능이 저와 함께하도록 항상 인도하고, 보호하여주시옵소서. 저의 죄악들의 면면을 보여주시고, 제가 그 죄악들로부터 떠나 하나님의 임재를 누리는 기쁨 가운데 들어가는 날까지 주 예수 그리스도의 영광을 위해 살도록 도와주시옵소서. 나의 구주 예수 그리스도의 이름으로 기도드립니다. 아멘.

Notes

1. 데이브는 오차드 복음자유교회의 중학생 담당 교역자이다. 나는 그의 통찰력 있는 비유에 대해 그리고 이 비유를 사용할 수 있도록 허락해 준 데 대해서 감사한다.
2. Martin Luther, *Epistle to the Galatians*, 272; 다음 책에서 재인용함. John Stott, The Cross of Christ (Leicester, England: InterVarsity, 1986), 345.
3. Cecil Francis Alexander, "There is a Green Hill Far Away," 2절.

7

기적

Miracles

마가복음 12장

어떻게 기적들을 믿을 수 있는가?

묵상의 길잡이

☑ **발견하라**
당신의 세계관이 당신이 믿는 바를 어떻게 투과시키는지 발견하라.

☑ **배우라**
부활에 대한 예수님의 가르침을 배우라.

☑ **경배하라**
오늘도 세상 속에서 역사하고 계시는 살아계신 하나님께 경배하라.

어렸을 때 나는, 크리스마스이브에 산타클로스가 굴뚝을 타고 내려와 선물을 주고 간다고 굳게 믿었다. 내 믿음에 대한 증거를 발견하는 일은 그리 어려운 일이 아니었다. 크리스마스이브에 우리는 양말들을 걸어놓고 두 개의 접시를 꺼내놓았는데, 접시 하나에는 산타클로스를 위한 과자 몇 개를 얹어놓았고, 또 다른 접시에는 사슴을 위한 당근을 몇 개 올려놓았다. 다음 날 아침이면 그 양말들은 선물로 가득 차 있었으며, 당근은 사라져버렸고, 접시 위에는 과자 부스러기들만 남아있었다. 이것은 산타클로스가 다른 아이들의 집을 방문하기에 앞서 우리가 꺼내놓은 과자를 먹었다는 명백한 증거였다.

산타에 대한 나의 가정들에 근거해볼 때, 그 증거는 모두 한 가지 방향을 가리키고 있었다. 그러나 결국 나는 또 다른 새로운 사실들을 발견하게 되었고, 그다음부터는 선물들로 채워진 양말들과 사라진 당근 그리고 전략적으로 과자 부스러기를 남겨놓은 일들에 대해 달리 생각하게 되었다.

세계관은 우리가 알고 있는 정보들을 걸러내 체계적으로 파악하는 견해이다. 그것은 마치 우리의 생각 속에서 돌아가고 있는 소프트웨어와 같은 것이다. 세계관은 우리가 참으로 받아들이는 것과 거짓이라고 거부하는 것을 분류하도록 도와준다. 물론 어떤 세계관은 산타클로스에 대한 나의 어린 시절의 확신과 같이 잘못된 것일 수 있다. 거짓된 세계관은 진리에 대해 당신의 눈을 가릴 수 있다.

이미 당신에게 형성된 세계관을 바꾸는 것은 쉬운 일이 아니다. 일단 굳게 확신하게 되면, 그와 반대되는 것은 어떤 것이라도 들으려고 하지 않게 된다. 한 때 사람들은 지구가 평평하며, 태양이 지구 주위를 돌고 있다고 믿었다. 지구가 태양 주위를 돌고 있다는 사실을 발견한 사람이, 예전부터 믿고 있던 가정들을 없애기란 매우 어려운 일이었다.

슬픈 세계관

사두개인들은 예수님께서 직접 그들에게 말씀하셨음에도 불구하고, 예수님의 말씀을 듣기 어렵게 만드는 세계관에 사로잡혀있었다. 사두개인들의 마음속 깊은 곳에는 근본적인 확신 하나가 깊이 뿌리박혀있었다. 마가는 이렇게 전하고 있다.

부활이 없다 하는 사두개인들…(막 12:18).

사두개인들은 부활을 믿지 않았기 때문에 슬픈 사람들이었다(그 이유는 앞으로 보게 될 것이다).

이러한 점 때문에 그들은 바리새인들과 논쟁을 벌였다. 바리새인들은 장차 부활이 있을 것이라고 믿었던 사람들이다. 또한 바리새인들은 천국과 지옥에 대해서도 믿었다. 그러나 사두개인들은 다른 종교를 가지고 있었다. 그들은 육체가 죽을 때 영혼도 죽는다고 믿었다.[1] 사도행전은 우리에게 이렇게 말하고 있다. "이는 사두개인은 부활도 없고 천사도 없고 영도 없다 하고 바리새인은 다 있다 함이라"(행 23:8).

사두개인들은 초자연적인 것이면 무엇이든지 거부했다. 성경은 천사들을 봉사하고 있는 영들이라고 말하지만(히 1:14), 사두개인들은 그러한 사실을 전혀 받아들이지 않았다. 그들에게 있어 유일한 힘은 자신의 내면에 있는 힘이다.

만일 당신이 사두개인에게 조언을 얻고자 한다면, 그는 이렇게 말했을 것이다. "오늘을 위해 살아라. 그대는 인생의 내리막길을 달려가고 있을 뿐이다. 만일 여기에서 그대에게 일어나지 않는 일이 있다면, 그 일은 다른 어디에서도 일어나지 않을 것이다. 도움을 받기 위해 천사들이나 영들을 찾아가지 말라. 그런 것은 연약한 사람들이 기대고자 하는 감정적인 받침대에 지나지 않는다. 인생은 그대가 만들어가는 것이다."

이것이 사두개인들의 세계관이었다. 만일 당신이 한 사두개인의 의관을 벗기고 그에게 고급 브랜드 양복을 입히고, 그의 손에 두루마리 대신 핸드폰을 쥐여주고, 그를 성전에서 나오게 한 다음에 도시에 일자리를 준다면, 당신은 21세기 사두개인의 모습을 볼 수 있을 것이다.

그의 세계관은 명백하다. "무덤 너머를 바라보지 마시라. 왜냐하면 그 너머는 알 수 없는 것이기 때문이다. 그리고 도움을 구하려고 하늘을 바라보지 마시라. 모든 것은 그대에게 달려있기 때문이다."

과거에는 성전에서 1세기의 사두개인들을 찾을 수 있었듯이, 오늘날에는 교회에서 이러한 사두개인들을 발견할 수 있을 것이다. 오늘날의 사두개인들은 선량하고, 올바르며, 예리한 지성을 가지고 성공했지만, 소경의 눈을 가지고 있다.

"스카티! 내게 광선을 발사해"

하루는 한 무리의 사두개인이 부활에 관한 질문을 가지고 예수님을 찾아왔다. 그들은 바리새인들과 이 쟁점을 놓고 수차례 논쟁을 벌였으므로, 자신들의 주장에 가장 유리하게 작용하는 질문들이 무엇인지 잘 알고 있었다. 그래서 그들은 그 질문들 가운데 하나를 가지고 예수님을 시험하기로 결정했다.

그들은 예수님께 계대繼代 결혼(형이 죽으면 동생이 그 형수를 취하게 하는 결혼법)에 대한 구약의 율법에 대해 말하면서 질문하기 시작했다. 이 법은 만일 한 남자가 자식 없이 죽게 된다면, 그의 남동생이 형수를 돌보고 그 형의 이름으로 자식들을 낳아 책임을 져야 한다고 말하고 있었다. 물론 그 율법의 요점은 이스라엘의 혈통을 유지하려는 것이었다.

사두개인들은 일곱 형제들에 대해 이야기했다. 첫째가 자식이 없이 죽어서, 둘째 형이 그 형수에 대한 책임을 졌다. 그런데 그 둘째 형도 죽어 셋째가 그 책임을 맡게 되었고, 마침내 그 책임이 일곱째에게 임했다. 일곱째 역시 다른 모든 형제들이 간 길을 따라갔다. 그리고 마지막으로 이 대단한 여인도 죽었다.

사두개인들은 여기에서 질문을 꺼냈다.

부활 때 곧 그들이 살아날 때에 그중의 누구의 아내가 되리이까(막

12:23).

이것은 부활에 대한 '스타 트렉'Star Trek(미국 우주 공상 과학 드라마)식 견해이다. 선장 커크가 "스카티, 내게 광선을 발사해!"라고 말한다. 그런 다음에 커크는 시야에서 사라져버린다. 그리고 곧바로 다른 장소에서 똑같은 모습으로 다시 나타난다.

바로 그것이 장래의 부활에 대해 사두개인들이 생각했던 방식이었다. 이 때문에 그들이 장래의 부활을 받아들이지 않았던 것이다. 만일 천국에서의 삶이 단지 다른 장소에서 인생을 지속하는 것이라고 한다면, 그 삶은 엄청나게 복잡할 것이다.

예수 그리스도께서는 이렇게 말씀하심으로써 그 점에 대해 명백히 하셨다.

사람이 죽은 자 가운데서 살아날 때에는 장가도 아니 가고 시집도 아니 가고 하늘에 있는 천사들과 같으니라(막 12:25).

천국에서 우리의 인간관계는 더 이상 배타적이지 않을 것이다. 죽음도 없을 것이며, 따라서 출산할 필요도 없을 것이다. 물론 행복한 결혼생활을 하고 있는 사람들에게 이 이야기는 좋지 않은 소식처럼 들릴 것이다. 행복한 결혼생활과 자녀라는 좋은 선물은 하나님께서 이 땅에서의 삶 가운데 주신 가장 큰 기쁨들 가운데 속하는 것이며, 그러한 기쁨이 없는 삶을 상상한다는 것은 매우 힘든 일이기 때문이다.

그러나 바로 그런 이유로 하나님께서 "하나님이 자기를 사랑하는 자들을 위하여 예비하신 모든 것은…사람의 마음으로 생각하지도 못하였다"고 말씀하신다(고전 2:9). 결혼과 가족은 이 타락한 세상 속에서 하나님이 주신 가장 큰 선물들에 속한다. 구속받은 세상을 위해 하나님께서 예비해놓으신 것을 보기까지 기다리라. 그것은 마치 "너희들은 아직 아무것도 보지 못했다"라고 우리에게 말씀하시는 것과 같다.

당신이 천국에 들어갈 때

천국에 들어갈 때 당신은 자신이 그곳에 들어가 있음을 알게 될 것이다. 당신이 이 책을 읽으면서 어떤 날, 어떤 특정한 장소에 당신 자신이 있음을 의식하듯이, 하나님의 임재 안에 자신이 있음을 의식하게 되는 때가 임할 것이다. 그때 당신은 "내가 여기에 있구나"라고 말할 수 있게 될 것이다.

당신은 하나님께서 당신을 아시듯이 하나님을 알게 될 것이다. 당신 자신이 그곳에 있음을 알게 되듯이, 당신이 사랑하는 다른 사람들 역시 그곳에 있음을 알게 될 것이다. 그러나 천국의 삶은 지금 우리가 여기에서 살고 있는 삶의 연속은 아닐 것이다.

당신이 땅속에 알뿌리를 심으면, 지면으로 솟아올라오는 것은 커다란 알뿌리가 아니라 한 송이의 꽃이듯, 당신이 천국에 들어가게 될 때, 당신은 이전과 같지 않을 것이다. 당신은 예수 그리스도를 계신 그대로 보고 그리스도처럼 될 것이다(요일 3:2).

사두개인들은 이 점을 이해하지 못했기 때문에 부활을 거부했다. 그들은 풍자만화를 그려놓고서, 그 그림이 우스꽝스럽다고 선언했던 것이다. 그들이 가지고 있었던 첫 번째 문제점은 그들이 성경을 모르고 있었다는 것이다(막 12:24).

하나님의 권능을 과소평가하지 말라

너희가 성경도 하나님의 능력도 알지 못하므로 오해함이 아니냐(막 12:24).

사두개인들에 대한 예수님의 말씀은 이보다 더 직접적일 수 없을 것이다. 예수님이 하셨던 실제적인 말씀은 이러했다. "너희들이 인생을 설계하고 있는 근본적인 가정은 잘못되었다. 그렇기 때문에 너희들은 성경의 하나님을 모르고 있는 것이다."

자, 사두개인들은 단지 신을 믿었다. 예수님의 지적은 그들이 믿었던 신은 성경의 하나님이 아니기 때문에 그들이 부활을 믿기가 어려웠다는 것이다. 그들이 믿었던 신은 그러한 일을 하려고도 하지 않을 것이며, 할 수도 없는 신일 것이다.

C. S. 루이스C. S. Lewis는 이것이야말로 정확히 오늘날 많은 사람이 가지고 있는 문제점이라고 지적하고 있다.

> 우리 시대의 대중적인 '종교'가 생각하는 신은 확실하게 아무런 기적도 행하지 않을 것이다…진선미에 대한 언급이나 혹은 단순히 이 세 가지의 내재적인 원리가 되는 하나님에 대한 언급은 이 모든 것들에 스며들어있는 어떤 위대한 영적인 힘에 대해 말한다. 그 하나님은 우리 모두의 각 부분을 이루고 있는 어떤 공통된 정신이며, 일반화된 이해관계를 명할 수 있는 일반적인 영성의 저수지이다.[2]

당신은 이러한 종류의 말이 일상에서 흔히 접하는 텔레비전 토크쇼에서 흘러나오고 있음을 인식하고 있는가? 우리 모두가 박자를 맞출 수 있는 일반적인 영성은 매우 인기가 있다.

> 그러나 당신이 목적을 가지고서 어떤 특정한 일은 행하지만 그 외의 일은 행치 않으시는 하나님, 단호한 성격을 가지고 구체적인 선택을 하시며, 명령하시고 금지하시는 하나님을 언급하자마자 분위기는 가라앉는다. 사람들은 당황하거나 화를 낸다…대중 종교는 기적들을 배제시킨다. 왜냐하면 그 종교는 기독교의 '살아계신 하나님'을 배제시키고 그 대신에 분명하게 기적을 행치 아니하는 종류의 신을 믿고 있기 때문이다.[3]

이것이 바로 오늘날 수천 명의 사람들이 가지고 있는 입장이다. 그들은 하나님을 믿고 있지만, 결코 자신들의 삶에서 무슨 일인가를 행하는 하나님을 기대하지는 않는다고 말할 것이다. 그러한 신에게 기도하는 것은 어린아이가 산타클로스에게 편지를 쓰는 것과 같을 것이다. 그러한 기도는 단지 바라는 바를 표현하는 한 가지 방법일 것이다. 아무도 무슨 일이 일어나리라고 기대하지 않을 것이며, 그처럼 왜소한 신은 우리의 열망에 대한 하나의 상징에 불과하다. 우리가 그 왜소한 신을 온유한 속삭임이나, 우리 존재의 기반이나, 혹은 내면의 음성이라고 묘사할 수는 있겠지만, 결코 성경의 하나님은 아니다.

예수님께서는 사두개인들의 문제점이 그들의 세계관에서 기인하고 있음을 보여주셨다. 그들이 부활을 믿지 않았던 이유는, 우선 그들이 성경의 가르침을 이해하지 못하고 있었기 때문이며, 또한 그들이 성경의 하나님을 알지 못하고 있었기 때문이다.

아브라함과 이삭과 야곱의 하나님

그래서 사두개인들을 향한 예수님의 첫 발걸음은 살아계신 하나님을 그들에게 소개하는 것이었다.

> 하나님께서 모세에게 이르시되 나는 아브라함의 하나님이요 이삭의 하나님이요 야곱의 하나님이로라 하신 말씀을 읽어보지 못하였느냐 (막 12:26).

만일 당신이 하나님을 알고자 한다면, 하나님께서 자신에 관해 계시하신 것을 알 필요가 있다. 바로 이 때문에 우리가 성경 이야기를 배우는 데 열심을 내는 것이다. 하나님께서는 특정한 개인들에게 자신을 알리셨으며, 그 계시는 성경에 기록되어있다. 하나님께서 자신을 아브라함과 이삭과 야곱의 하나님으로 묘사하실 때, 우리에게 이렇게 말씀하고 계신 것이다. "만일 너희가 내가 어떠한 존재인지 알고자 한다면, 이 사람들의 삶 가운데서 내가 어떻게 역사했는지 살펴보라. 내가 무엇을 행하였는지 살펴보라. 그러면 너희는 내가 누구인지 알게 될 것이다."

아브라함의 생애 가운데서 하나님께서 무슨 일을 행하셨는지를 살펴보기 바란다. 아브라함은 우상을 섬기면서 성장했다. 그러나 하나님께서 하늘로부터 내려오셔서, 자신을 아브라함에게 보여주셨다. 하나님께서는 아브라함에게 "네 고향과 친척을 떠나 내가 네게 보일 땅으로 가라"(행 7:3)고 말씀하셨다. 그러므로 아브라함의 하나님이라는 말은 하나님께서 인간의 삶 가운데 개입하셔서 자신을 따르도록 부르시는 하나님이라는 뜻이다.

하나님께서 이삭의 생애 속에서 행하신 일이 무엇인지 살펴보라. 젊은 이삭은 아버지 아브라함이 자기를 묶어 모리아산에 있는 제단에 바치는 것을 지켜보았다. 이삭이 어떤 생각을 하고 있었는지 상상할 수 있겠는가? 하나님께서 아브라함에게 친히 말씀하셨을 때, 이삭은 곧 희생제물이 될 판국이었다. "그 아이에게 손대지 말라." 하나님께서 제물로 바칠 다른 희생제물을 제공해주심으로써 이삭을 구해주셨다. 이삭은 풀려났으며, 이삭의 자리에 동물 한 마리가 묶여 제물로 바쳐졌다. 그 동물은 죽었으나, 이삭의 목숨은 보존되었다. 그러므로 이삭의 하나님이라는 말은 그분이 자기 백성을 구원하시기 위해 개입하시는 하나님이라는 뜻이다.

야곱에 대한 하나님의 응답을 보면, 하나님께서는 결코 자기 백성을 포기하지 않는 분이심을 알 수 있다. 야곱은 거짓말과 속임수로 뒤틀어진 인생을 살았으며, 가족과 하나님으로부터 도주했다. 어느 날 밤, 여호와의 사자가 야곱에게 나타나 그와 씨름했다. 하나님께서는 험난한 인생길을 통해 야곱을 추적하셨다. 그리고 이제 하나님께서 야곱 앞에 나타나셔서 그와 씨름을 하게 된 것이었다. 그 씨름이 야곱을 변화시켰다. 처음에 야곱은 하나님께 지지 않으려고 버텼지만, 씨름이 계속되자 엉덩이뼈가 탈골되어버렸다. 야곱은 더 이상 버티며 서 있을 수가 없었다. 결국 야곱은 여호와께 매달리게 되었다.

그러므로 야곱의 하나님이라는 말은 하나님이 자기 백성을 위해 싸우시는 분이라는 뜻이다. 하나님은 우주에서 고고하게 멀리 서 계시는 모호한 영이 아니시다. 부드러운 산들바람은 사람과 씨름을 하지 못하며, 그의 엉덩이뼈가 어긋나도록 만들지 못한다. 그분은 살아계신 하나님이며, 아브라함과 이삭과 야곱의 하나님이며, 우리를 주님 앞으로 불러내시고, 구원해주시며, 싸우시는 하나님이시다. 그분은 사태를 바꾸기 위해 개입하시는 하나님이시다.

일단 당신이 성경의 하나님을 알게 되면, 기적들은 그렇게 낯설게 느

꺼지지 않을 것이다.

21세기의 사두개인들

오늘날 우리 주변에는 사두개인들과 같은 사람이 수없이 많다. 그들은 철저히 종교적이다. 그들은 자신들이 하나님을 믿는다고 말한다. 그러나 그들이 믿고 있는 하나님은 조용한 바람이며, 작은 음성이며, 결혼식과 장례식에서 최선의 위로를 해주는 어떤 감정이며, 대통령 취임사에 필요한 유용한 참조 사항이며, 1달러짜리 지폐 뒷면에서 언급될 만한 가치가 있는 하나의 상징이다.

그 당시나 지금의 사두개인들은 성경의 살아계신 하나님보다 이 조용한 신을 선택하는 자기들 나름대로의 이유를 가지고 있다. 때때로 우리가 진정 살아계신 하나님을 원하는 것인지 분명치 않을 때가 있다.

C. S. 루이스C. S. Lewis는 이렇게 썼다.

> 선하고 좋으신 비인격적인 어떤 하나님. 우리 자신의 머릿속에서 더욱더 고고한 진선미를 추구하는 주관적인 신. 우리 속에서 용솟음치는 형체 없는 어떤 생명력. 우리가 가장 잘 적응할 수 있는 광대한 힘. 그러나 그 줄의 반대편에서 줄을 당기면서 무제한의 속력으로 다가오고 있는 사냥꾼, 왕, 남편이 되시는 살아계신 하나님—그것은 전혀 다른 문제이다.[4]

'밤도둑 놀이'를 하고 있는 한 무리의 어린 아이들에 대해 생각해보기 바란다. 게임을 하고 있는 도중에, 그 아이들은 갑자기 어떤 소리를 듣고 진짜로 밤도둑이 그곳에 와있음을 깨닫는다. 우리는 하나님을 찾는 자신에 대해 흥겹게 이야기를 한다. 그러나 루이스가 지적했다시피,

"그러다가 우리가 진짜로 하나님을 찾았다고 가정해보라. 설상가상으로 하나님이 우리를 발견하셨다고 가정해보라!" 이 하나님과 더불어 우리는 무엇이든지 할 각오가 되어있어야 한다. 비록 하나님께서 인류 역사 내내 기적을 일으켜, 정상적인 일상을 깨뜨리심으로써 자신을 나타내신다 할지라도, 우리는 분명 놀라지 않을 것이다.[5]

일단 당신이 성경의 하나님이 누구신지 안다면, 기적은 그리 놀라운 일이 아닐 것이다. 아브라함과 이삭과 야곱의 하나님은 자신이 선택한 일은 무엇이든지 자유롭게 행하실 수 있으신 분이시다. 예수 그리스도께서는 당시의 사두개인들과 현대판 사두개인들인 우리를 주님 앞으로 불러내시고, 구원하시고, 우리를 위해 싸우시며, 죽은 자들을 부활시키시는 살아계신 하나님을 알 수 있는 기회를 갖도록 하기 위해 오셨다.

기차가 아닌 자동차를 택하라

시카고로 통근하는 방법이 단 한 가지만 있는 것은 아니다. 자동차를 운전해서 다닐 수도 있고, 기차를 탈 수도 있다. 두 가지 교통수단을 이용하여 수천 명의 사람들이 매일 오가고 있다. 언제나 똑같은 지루한 일상이다. 기차는 노선에 따라 당신을 데리고 가면서 매일 똑같은 역에 어김없이 멈춘다. 당신은 자동차를 이용해 고속도로를 달리면서 언제나 똑같은 표지판들을 지나친다. 모든 것이 완전히 예상 가능한 일이다.

하나님께서는 바로 그런 식으로 세상을 정리하셨다. 행성들이 정기적인 코스대로 운행되도록 하시며, 태양이 일정한 시간에 뜨도록 만드시며, 만물이 꾸준한 패턴으로 성장하도록 만드신다. 이러한 패턴들은 과학적으로 관찰할 수 있다. 마치 매일 아침 통근하는 사람들처럼 규칙적이다.

그러나 기차를 타는 것과 자동차를 몰고 가는 것 사이에는 한 가지 중요한 차이점이 있다. 당신이 기차 승객이며, 어느 날 아침에 다른 노선을 따라가기로 결정했다고 가정해보자. 그러나 당신이 정해진 노선을 마음대로 바꿀 수 있는 방법은 전혀 없다. 왜냐하면 당신은 한 사람의 승객에 불과하기 때문이다.

그러나 만일 당신이 자동차를 운전해 가고 있는 중이라면, 25년 동안 똑같은 길로만 다녔어도, 오늘은 당신이 원하는 다른 길로 갈 수 있다. 당신이 운전자이기 때문에 그렇게 할 수 있는 절대적인 자유가 있는 것이다.

그렇다면 하나님은 기차에 타고 있는 승객과 같은가, 아니면 차를 운전하고 있는 운전자와 같은가? 하나님은 그저 자연법의 궤도들을 따라가야만 하는, 폐쇄적인 우주체계에 갇혀계신 분이신가, 아니면 여러 행위들의 규칙성에도 불구하고 만일 선택하신다면 완전히 다르게 어떤 일을 하실 수 있는 자유를 가지신 분인가?

사두개인들은 하나님이 기차를 타고 계시다고 여겼다. 하지만 예수님은 하나님께서 차를 운전하시는 분이라고 말한다.

만일 하나님께서 어떤 일을 완전히 다르게 행하시고자 선택하신다면, 하나님께서는 그렇게 하실 수 있는 완전한 자유를 가지고 계신다.

일단 우리가 성경의 하나님을 안다면, 그분이 행하신 기적들이 그렇게 기이하게 여겨지지 않을 것이다.

하나님께서 개입하신 세 가지 큰 사건

하나님께서는 인간 역사에 걸쳐서 고르게 기적을 행하시지는 않으신다. 성경 이야기들 가운데서 기적들은 세상에 대한 하나님의 구원 계획

중 핵심 사건들을 중심으로 모여있다. 인간 역사가 끝나고 하나님께서 행하신 모든 일을 우리가 되돌아보게 될 때, 세 가지 큰 기적들이 나머지 모든 기적들보다 두드러질 것이다.

첫째는 하나님의 아들이 사람의 육체를 취하시고 인간으로 이 땅에 오신 일이다. 하나님께서는 한 남자와 한 여자의 연합을 통해 정상적으로 생명을 주신다. 그러나 이 경우에는 하나님께서 개입하셔서 한 처녀가 잉태하게 하셨다. 아브라함과 이삭과 야곱의 하나님은 그런 일을 하실 수 있는 분이시다. 성육신 이야기는 그 자체가 미스터리이다. 그러나 그 이야기는 신약성경에 나타난 모든 것을 이해할 수 있게 해준다.

만약 하나님의 아들이 세상에 오셨다면, 그분이 평범한 사람들의 일상 속에서 물을 포도주로 바꾸시고, 보리떡 다섯 개와 물고기 두 마리로 5,000명을 먹이심으로써 자신의 영광을 드러내신다는 것이 정말 그렇게 기이한 일이겠는가?

그리고 만약 살아계신 하나님께서 우리 인간의 육체를 취하시고, 자신의 생명을 내려놓고 죽음을 맞으셔야 한다면, 그분이 죽은 자 가운데서 부활해야 한다는 사실이 그렇게 기이한 일이겠는가? 당신이 성경의 하나님을 안다면, 부활은 그렇게 기이한 일이 아니다.

하나님이 개입하신 두 번째 사건은 흔히 회개라고 일컫는 것이다. 이것은 하나님께서 보통 사람의 삶 가운데 들어오셔서 그 사람으로 하여금 회개하고 예수 그리스도를 믿도록 만드시는 일을 말한다.

하나님께서 우리를 예수 그리스도 안에서 살려주시기까지 우리는 영적으로 죽어있는 자이다. 진정한 기독교는 개과천선이나 잠재 능력을 실현시키는 것과는 무관하다. 진정한 기독교는 부활 신앙이며, 하나님께서 당신의 영혼에 생명을 부어주셔서 당신이 그리스도와 더불어 살아가도록 하시는 것이다. 또한 진정한 기독교는 하나님께서 사태를 바꾸시기 위해 개입하시는 일에 관한 것이다.

사두개인들은 자기 자신이 아닌 다른 것에서 도움이나 힘을 구한다는 것은 전혀 의미 없는 일이라고 확실하게 믿고 있었다. 그러나 하나님께서는 우리가 하나님을 기쁘게 하는 삶을 살 수 있는 유일한 방법은 우리 안에서 역사하시는 성령의 권능에 의존하는 것이라고 말씀하고 있다.

마지막으로 또 하나의 위대한 사건은 예수 그리스도께서 권능과 영광 가운데서 재림하실 때 일어날 것이다. 죽은 자들이 부활할 것이며, 악한 자들은 심판을 받게 될 것이다. 그리고 하나님은 의로움의 고향인 새 하늘과 새 땅을 창조하실 것이다.

드러난 사실 UNLOCKED

만일 당신이 기적을 믿고자 한다면, 두 가지 사실을 알 필요가 있다. 첫째는 성경이며, 둘째는 하나님의 권능이다. 성경의 하나님은 주도권을 발휘하시고 간섭하신다. 성경의 하나님은 세상을 창조하셨으며, 이 땅에 내려오셔서 자신을 알리셨다. 이 살아계신 하나님은 전지전능하시다. 그리고 그분에게는 불가능한 일이 없다.

성경 가운데서 우리에게 자신을 알리시는 하나님을 알게 될 때, 우리는 도전적인 문제들에 직면하게 된다. 만일 당신이 이렇게 우리를 하나님 앞에 불러내시고, 구원하시며, 싸우시며, 명령하시는 하나님에 대해 궁극적인 책임을 져야 한다면, 당신은 어떻게 변화해야 하겠는가? 만일 하나님께서 당신의 영혼에 생명을 부어주시고, 그의 이름을 부르짖는 자들에게 힘을 불어넣어주실 수 있는 분이시라면, 당신은 그렇게 해달라고 예수 그리스도께 간구하겠는가?

기도 PAUSE FOR PRAYER

전능하신 아버지 하나님!

제가 살아계신 하나님을 경배하고, 사모하고, 찬양하며 주님 앞에 엎드립니다. 아버지께서는 아브라함과 이삭과 야곱의 하나님이시며, 우리 주 예수 그리스도의 하나님이자, 아버지이십니다.

하나님께서 예수 그리스도를 통해 저의 창조주 되시며 동시에 저의 구주가 되어주신 것에 참으로 감사드립니다. 또한 제게 새로운 생명과 힘을 불어넣어주셔서 그리스도 안에서 새로운 피조물로 만들어주신 주님께 감사드립니다.

이 세상 사람들의 눈을 열어서 주님의 영광을 보게 하여주시고, 우리 자신이 만들어놓은 연약한 우상들로부터 우리를 건져주시옵소서.

저의 주인 되시는 하나님 아버지, 저의 모든 일을 간섭하시고 주관하시기 위해 하나님의 아들 예수 그리스도를 다시 보내실 날을 이미 정해 놓으신 은혜에 감사드립니다. 주님의 은혜로 말미암아 제가 그날 하나님의 백성 가운데 서게 될 것을 믿습니다. 저의 생각과 마음과 모든 것을 주님께서 주관하여주시옵소서. 나의 주 예수 그리스도의 이름으로 기도드립니다. 아멘.

Notes

1. 유대 역사가 요세푸스는 이렇게 써놓았다. "바리새인들은 영혼이 그 속에 불멸의 활력을 가지고 있다고 믿고 있는 반면에, 사두개인들은 불멸의 영혼에 대한 믿음을 버렸다. 사두개인들은 육체가 죽을 때, 영혼도 죽는다고 믿었다." 다음에서 재인용함" John Stott, *Christ the Controversialistt* (Downers Grove, Ill.: InterVarsity Press, 1974), 50.
2. C. S, Lewis, *Miracles* (Glasgow:Collins, 1947), 85.
3. 앞의 책, 앞쪽.
4. 앞의 책, 98.
5. 앞의 책, 앞쪽.

8

탄생

Born

누가복음 1장

왜 예수님은 이제껏 살아온 다른 사람들과 다르신가?

묵상의 길잡이

☑ **발견하라**

하나님의 놀라운 여행을 발견하라.

☑ **배우라**

왜 예수님의 탄생이 성경에 나오는 다른 기적적인 출생들과 다른지 배우라.

☑ **경배하라**

예수 그리스도 안에서 우리에게 오신 하나님께 경배하라.

당신이 크고 아름다운 한 섬에서 살고 있으며, 당신의 집 가까이에는 수백 킬로미터의 멋진 해변이 펼쳐져있다고 상상해보자.[1] 당신은 그 섬에서 더할 나위 없이 행복하게 잘 지내고 있다.

가끔 당신은 그 섬을 탐험하기도 한다. 그래서 다양한 문화를 가지고 살아가는 많은 사람들을 발견하는 일에 매료되었다. 그 섬의 모든 주민은 바다에 둘러싸여 살아가고 있었다. 그리고 수년 동안 그들은 수평선 너머에 무엇이 있을지에 대해 많은 토론을 벌여왔다. 그러나 누구도 그 섬을 떠나본 적이 없었으므로 수평선 너머의 세상을 아는 사람은 아무도 없었다. 그에 대한 토론은 어떠한 결론에도 도달하지 못했다. 그러나 대부분의 사람은 매우 바쁘고 풍족한 생활을 하고 있었으므로, 그 문제에 대해 그리 관심을 기울이지 않았다.

그 섬은 숨이 막힐 정도로 아름다웠으며, 어떤 주민들은 야생동물과 식물, 기상 변화, 암석의 형성 등을 연구하면서 많은 시간을 보냈다. 또한 그들은 가정생활을 풍족하게 하기 위해 많은 노력을 기울였다. 어떻게 하면 섬 안에서 건강한 결혼생활을 누리며, 자녀들을 양육할 것인지에 대한 세미나를 자주 열었다. 그 섬에는 사람들의 몸과 마음과 정신이 발전하고 풍요를 누릴 수 있도록 도울 수 있는 온갖 종류의 자원이 풍성했다.

당신을 비롯한 섬 주민들은 모두 상당히 오래전에 발생했던 큰 재난으로 인해 그 섬으로 표류해 들어왔던 사람들의 후손이었다.

그 재난은 아주 오래전에 일어났기 때문에, 많은 주민들은 그 일에 대해 거의 모르고 살아가고 있다. 최근 들어서는 배가 난파되었던 일을 부인하는 주민들이 점점 늘어나고 있는 추세이다. 그들은 자신들이 표류되었던 사람들의 자손들이라는 사실을 그리 달갑게 여기지 않고 있으며, 자신들은 그곳에서 계속 살고 있었던 '원주민'이라는 생각을 가지고 있었다.

섬의 중앙에는 꼭대기에 분화구처럼 보이는 구덩이가 깊게 패인 높은 산이 우뚝 서 있다. 어떤 사람들은 그게 화산일지 모른다고 염려했다. 이따금씩 그 산은 재 같은 것을 뿜어내는 듯 보였다. 그리고 어떤 사람들은 그 산에 가까이 다가갔다가 불에 타 죽었다는 이야기도 나돌았다. 그러나 몇몇 사람들이 예견했던 끔찍한 멸망의 시나리오는 발생하지 않았다. 그리고 대부분의 사람들은 그러한 일은 결코 일어나지 않을 것이라는 결론에 도달했다.

병 속에 든 메시지

이른 아침 당신은 해변의 모래 가운데서 반짝이는 물체를 보았다. 가까이 가서 보니 녹색 유리병 하나가 해변으로 밀려와있었다. 그 병 속에는 "도움이 곧 임할 것이오"라는 메시지가 들어있었다.

"도움이라니? 이 섬에 도대체 어떤 도움이 필요하단 말인가?" 당신은 의아해한다.

몇 주 후에 당신은 또 다른 병 하나를 발견하게 된다. 거기에 이런 메시지가 들어있다. "도움이 곧 도착할 것이오." 당신은 참 이상한 일이라며 고개를 갸웃거릴 것이다. '두 개의 유리병 속에 똑같은 메시지가 담겨있다니. 이 유리병들이 어디에서 왔지?'

당신은 호기심이 발동해 유리병을 더 찾으려고 해변을 거닐기 시작한다. 당신은 다른 유리병들을 계속 발견하게 되는데, 모두 비슷한 메시지를 담고 있다. "도움이 임하고 있다", "도움이 곧 여러분에게 임할 것이다", "내가 도움을 보내고 있다".

당신이 발견한 유리병 속의 내용들은 이상하게도 힘이 빠지는 말들이다. 당신은 평화로운 섬에서 살면서 매우 충만하고 만족스런 생활을 즐기고 있지 않은가? 그러나 그 병들 속에 있는 메시지들은 어떤 종류의 문제가 있음을 계속해서 암시하고 있다. 당신은 그 문제가 무엇인지 상상조차 할 수 없다.

당신은 그 병들에 대해서 이웃사촌 빌에게 말하기로 결심한다. 빌도 매일 해변을 따라 거닐고 있기 때문에 유리병을 몇 개 발견했을 것이라고 생각했기 때문이다.

"빌, 해변에서 어떤 유리병을 보았나?"

"아니요. 왜요?"

"몇 주 전에, 내가 유리병을 하나 발견했는데, 그 안에 간단한 메시지가 들어있었다네. 그 내용에 대해 크게 생각지 않았지만, 그 후에도 계속 다른 유리병들을 발견했지. 이상한 것은 그 유리병 속에 들어있는 메시지가 모두 일관성이 있다는 거야. 나는 수평선 너머에 누군가가 있다고 생각하기 시작했어. 그리고 그 유리병들이 우리에게 무엇인가를 전하려 하고 있다고 생각하기 시작했지. 그가 누구이고, 무엇이든지 간에, 그 병들 속에 들어있는 메시지는 우리가 지금 여기에서 어떤 위험 가운데 빠져있다고 말하고 있어. 그리고 분명 그 위험에 대해 무슨 일인가를 행하려는 계획을 세우고 있는 것 같아."

"마치 공상 소설처럼 들리는군요." 빌이 말했다. "그 얘기는 이 섬을 돌아다니는 아이들이 장난으로 써놓은 메시지들인 것 같아요. 만일 아이들이 그 유리병들을 바다에 던졌다면, 그 병들이 파도에 쓸려 다시 돌아왔을 것입니다. 그렇게 걱정할 필요는 없을 것 같습니다."

그러나 어찌된 것인지, 당신은 그 유리병들과 그 속에 들어있는 메시지들을 잊을 수가 없다. "도움이 임할 것이다."[1]

섬 주민들의 문제

섬 주민들에 대한 이야기는 당신이 성경 이야기에 대한 큰 그림을 파악할 수 있도록 도와줄 수 있다. 표류된 사람들의 후손인 섬 주민들과 같이 당신은 지금 의도하지 않았던 곳에 불가피하게 와있다. 하나님께서는 당신이 하나님을 알고, 하나님의 은혜를 누리며, 하나님의 임재 안에서 살아가도록 창조하셨다. 그러나 큰 재난이 있었다. 죄가 하나님과 사람 사이의 관계를 깨뜨려버린 것이다. 그래서 우리의 첫 부모들은 낙원에서 쫓겨나게 되었다. 그들은 죄를 범한 후에 자신들이 타락한 세상 가운데 있음을 알게 되었다. 그 세상은 아름다움에도 불구하고 한 가지 저주가 맴돌고 있었다.

그러나 처음부터 하나님께서는 그 저주로부터 구원하실 것을 약속하셨다. 수백 년에 걸쳐서, 구약의 선지자들을 통해 똑같은 메시지를 반복해서 보내주셨다. "절망하지 말라. 내가 도움을 보내고 있다. 누군가가 너희들을 위험에서 구하기 위해 찾아올 것이다. 지금은 너희들이 그 위험에 대해 충분히 깨닫지 못하고 있다."

우리의 문제는 그 섬에서 어떤 성취감을 발견하는 것이 아니다. 문제는 그 섬이 멸망할 것이라는 사실이다. 당신이 태어난 그 섬은 당신이 궁극적으로 속한 곳도 아니며, 영원히 머물 수 있는 곳도 아니다. 당신은 이전에 결코 본 적이 없는 본토를 위해 태어났다. 그러나 당신이 그곳에 도달할 수 있는 유일한 길은 당신을 구원하기 위해 그 본토로부터 누군가가 당신을 찾아오는 것이다.

그렇기 때문에 예수 그리스도께서 세상에 오셨다. 예수 그리스도께서는 하늘의 본토에서 이 세상이라는 섬으로 오신 것이다. 예수 그리스도는 성경 이야기의 첫 부분에서 하나님께서 약속하신 그 도움이다. 예수 그리스도는 어느 날 이 세상에 임하게 될 멸망으로부터 당신을 구하고, 당신을 '본토'에서의 영원한 삶으로 이끌어가기 위해 오셨다.

하나님께서 주도적으로 먼저 일하시다

여섯째 달에 천사 가브리엘이 하나님의 보내심을 받아 갈릴리 나사렛이란 동네에 가서 다윗의 자손 요셉이라 하는 사람과 약혼한 처녀에게 이르니 그 처녀의 이름은 마리아라(눅 1:26-27).

예수님의 탄생은 전적으로 하나님께서 주도적으로 행하신 일이었다. 마리아는 요셉이라는 남자와 결혼하기로 되어있던 젊은 처녀였다. 하나님께서는 예수 그리스도를 세상에 임하게 할 자로서 마리아를 선택하셨다. 그리고 천사 가브리엘을 보내서 이 사실을 그에게 선포하게 하셨다. "천사가 이르되 마리아여 무서워하지 말라 네가 하나님께 은혜를 입었느니라 보라 네가 잉태하여 아들을 낳으리니 그 이름을 예수라 하라"(눅 1:30-31).

마리아는 처녀인 자신이 어떻게 아기를 가질 수 있다는 것인지 의문이 들었다. 천사의 대답은 성경에서 가장 크며, 가장 놀라운 신비의 중심으로 우리를 이끌어준다.

> 성령이 네게 임하시고 지극히 높으신 이의 능력이 너를 덮으시리니 이러므로 나실 바 거룩한 이는 하나님의 아들이라 일컬어지리라(눅 1:35).

마리아의 아기는 하나님의 직접적이며, 주도적인 역사의 결과로 태어나게 될 것이며, 요셉은 그 아기의 출생과 아무런 관계가 없었다. 요셉은 그 기적 사건에 있어서 주변 인물이었으며, 수동적인 관찰자였다. 만일 하나님께서 무슨 일이 벌어지고 있었는지 그에게 말씀해주시지 않았다면, 요셉은 그 일에 대해 조금도 몰랐을 것이다.

성경은 기적적인 출생들에 대한 여러 이야기들을 담고 있다. 아브라함과 사라는 자식을 원했지만, 두 사람 모두 자식을 낳을 수 있는 나이를 훨씬 넘긴 상태였다. 때문에 이삭의 출생은 하나의 기적이었다. 엘가나와 한나(임신을 하지 못하고 있었다)에게 사무엘이 태어난 일과 스가랴와 엘리사벳(임신할 수 있는 나이를 훨씬 넘겼다)에게 세례 요한이 태어난 일도 마찬가지로 기적이었다.

이들의 자녀들은 각각 하나님의 특별하신 개입의 결과로 태어났다. 위의 경우에 하나님께서는 한 사람의 아버지와 한 사람의 어머니의 결합을 통해 일을 행하셨다. 그러나 마리아는 처녀였다. 요셉은 마리아가 잉태한 아기와 아무런 관계가 없었다. 아기가 잉태되기 전에 요셉은 마리아와 결혼한 상태가 아니었다(마 1:25).

마리아의 자궁 속에 있는 생명은 하나님의 창조의 기적을 통해 그 자리에 존재하게 되었다. 그 기적은 천사가 마리아에게 해준 말 가운데 아름답게 묘사되어있다. "성령이 네게 임하시고 지극히 높으신 이의 능력이 너를 덮으시리니."

천사가 마리아에게 무엇인가를 행하라고 말하지 않았다는 점이 의미심장하다. 마리아가 들었던 말은 모두 하나님께서 어떤 특별한 일을 행하실 것이라는 말이었다. 하나님께서 행동하시고 마리아는 전적으로 수동적이다. 하나님의 가장 큰 기적이 그녀의 몸 안에서 일어날 것이라는 사실은 마리아가 가진 특권이었다.

하나님께서는 성경 이야기 전체를 통해 주도적으로 먼저 일을 시작하신다. 하나님께서는 우리를 구원하시기 위해 우리를 기다리지 않으신다. 인간의 역사는 혁혁한 공을 세운 지도자들을 많이 배출했으며 구약성경은 그러한 지도자들로 기득 차 있다. 그러나 하나님께서는 인류 가운데서 한 구원자가 등장하기를 기다리지 않으시고 자신의 아들을 인류에게 보내셨다. 성자 하나님은 그렇게 동정녀 마리아로부터 몸을 취하사, 사람이 되셨다.

하나님의 믿을 수 없는 여행

신약성경은 예수님의 정체성에 대해 세 가지의 근본적인 진리들을 가르치고 있다. (1) 그분은 하나님이시다. (2) 그분은 사람이시다. (3) 그분은 거룩하시다.

천사는 마리아에게 그녀의 아기가 "지극히 높으신 이의 아들"이 될 것이며, "하나님의 아들"이라고 선포했다(눅 1:32, 35). 마태복음에서 그 아기는 "우리와 함께하시는 하나님"이라고 묘사되었다(마 1:23). 사도 바울은 예수 그리스도께서 근본 하나님의 본체시나 하나님과 동등됨을 취할 것으로 여기지 아니하시고 오히려 자기를 비워 종의 형체를 가지사 사람들과 같이 되셨다(빌 2:6-7)고 설명했다.

예수님의 출생에 대해 말하면서 바울은 "부요하신 이로서 너희를 위하여 가난하게 되심은 그의 가난함으로 말미암아 너희를 부요하게 하려 하심이라"(고후 8:9)고 말했다. 동정녀 마리아에게서 태어나시기 전에, 성자 하나님은 이미 가장 경이로운 삶을 누리고 계셨다. 이 사실은 당신이 다른 어떠한 인격자에게서 전혀 찾을 수 없는 특별한 것이다.

당신의 생명은 모체의 태 속에 잉태되면서 시작되었다. 그 이전에 당신은 존재하지 않았다. 하나님께서는 당신의 아버지와 어머니의 연합을 통해 당신이 존재하도록 만드셨다. 그러한 연합이 없었다면 당신은 지금도 존재하지 않을 것이다.

그러나 예수 그리스도의 경우는 다르다. 그리스도의 생명은 동정녀 마리아의 태에서 시작되지 않았다. 구유에 태어나시기 전에, 그분은 하나님의 생명을 공유하고 계셨다. 즉, 그리스도는 태초에 이미 계셨다. "태초에 말씀이 계시니라 이 말씀이 하나님과 함께 계셨으니 이 말씀은 곧 하나님이시니라"(요 1:1). 이 '말씀'은 사람의 몸을 취하시고, 동정녀 마리아에게서 태어나신 하나님의 아들이다. 항상 아버지의 영광을 공유하고 계셨던 그분이 우리에게 오신 것이다. 그분은 한 아버지와 한 어머니의 연합에 의해 인류 가운데 태어나지 않고 인류에게 하나의 선물로 임하셨다.

이것은 대단히 중요한 사실이다. 왜냐하면 오직 하나님만이 사람을 하나님과 화목하게 하실 수 있기 때문이다. 구약성경은 선지자들과 제사장들과 왕들로 가득 차 있었다. 그들은 그저 우리와 똑같은 사람들이었다. 그들은 모두 섬에 속해있는 자들이었다. 그들 가운데 누구도 본토에 도달할 수 있는 수단을 가지고 있지 않았다. 섬 주민들이 구조를 받을 수 있는 유일한 길은 본토로부터 누군가 임하는 것이었다.

해공海空 협동 구출 작전에 대해 생각해보라. 당신이 물 위에 떠 있는 작은 돛단배에 타고 있고, 구출을 받아야 할 형편에 놓여있다고 가정해보자. 그 돛단배에 밧줄이 있다. 그렇지만 당신은 헬리콥터로 올라가는데 그 밧줄을 사용할 수 없다. 구원은 위에서부터 아래로 내려와야 하는 것이다. 안전이 확보되어있는 사람이 위에서 줄을 매고 내려올 때, 당신이 그 사람을 끌어안고 그 사람이 있었던 안전한 위치로 다시 끌어올려져야 비로소 구출이 되는 것이다. 이처럼 구원은 위에서부터 내려와야 하는 것이다.

예수 그리스도께서 본토에서 우리를 찾아오셨다. 그분은 하늘로부터 땅으로 믿기 어려운 여행을 하셨다. 그리고 하나님께서는 예수 그리스도 안에서 모든 사람에게 손을 내밀고 계신다.

다른 모든 것을 이해할 수 있게 해주는 신비

일단 우리가 예수님이 하나님이심을 파악했다면, 예수님이 사람이시라는 사실을 파악하는 것 또한 중요하다. 예수님은 사람이시다. 그분은 우리들 가운데 한 사람으로 태어나셨고, 우리의 인생 가운데 들어오셨으며, 우리의 삶을 공유하셨다. 즉, 우리를 위해 섬 주민이 되신 것이다. 이 사실은 다른 모든 것을 이해할 수 있도록 해주는 신비이다.

예수님이 사람이라는 사실은 그분이 하나님이라는 사실만큼이나 우리의 구원에 있어서 매우 중요하다. 성자 하나님께서는 오직 자신만이 사람을 하나님과 화목하게 하실 수 있기 때문에 하늘로부터 내려오셨다. 그러나 성자 하나님은 사람이 되셨다. 오직 사람만이 사람의 죄에 대한 형벌을 짊어질 수 있기 때문이다.

이러한 일은 그 이전에도 혹은 그 이후에도 전혀 일어나지 않았다. 구약성경을 보면, 하나님께서 친히 모습을 드러내신 경우는 여러 차례 있었다. 이러한 출현을 신현神顯이라 부른다. 태초부터 하나님께서는 사람들이 하나님을 알 수 있도록 손을 뻗으셨다. 에덴동산에서 하나님께서는 실제로 아담과 하와와 함께 거니셨다. 후에 여호와께서는 아브라함에게 나타나셨으며, 그와 더불어 식사를 하셨다. 그러나 이러한 출현은 단지 일시적이었을 뿐이었다.

신현은 무대 의상을 입고 있는, 혹은 분장을 하고 있는 한 사람의 배우와 비교할 수 있을 것이다. 쇼가 끝나면 그 배우는 자신의 의상을 벗어버리고 극장을 떠난다. 그러나 예수님의 출생은 전적으로 다르다. 여기에서 하나님의 아들은 친히 사람의 몸을 취하셨다. 하나님의 아들은 하나님이시기를 그치지 않으면서도 한 사람이 되셨다.

신학자 제임스 패커James Packer는 이 놀라운 사실을 이렇게 표현했다.

> 말씀이 육신이 되셨다. 하나님께서 사람이 되셨다. 하나님의 아들이 한 사람의 유대인이 되셨다. 전능자께서는 다른 여느 아기처럼 그저 누여지고, 몸을 흔들고, 소리를 내고, 제때 먹여주어야 하고, 기저귀를 갈아주어

> 야 하고, 말하는 법을 가르쳐 주어야 하는 어쩔 수 없는 아기로 지상에 출현하셨다. 이 점에 있어서 어떠한 환상이나 속임수도 없었다. 하나님의 아들이 겪은 유아 시절은 실재였다. 당신이 그 점에 대해 생각하면 생각할수록, 그 사실은 더욱 깜짝 놀랄 일이 된다….

성육신은 그 자체가 깊이를 가늠할 수 없는 신비이다. 그러나 성육신은 또한 신약성경이 포함하고 있는 다른 모든 것을 이해할 수 있도록 해주는 사실이다.[2]

C. S. 루이스C. S. Lewis의 말을 빌자면, "우리는 우리가 해를 똑바로 볼 수 있기 때문이 아니라 (실제로는 똑바로 볼 수가 없다) 다른 모든 것들을 볼 수 있기 때문에, 여름 한낮에 해가 하늘에 떠 있다고 믿는다."[3]

당신은 어떻게 하나님이 사람이 될 수 있는지에 대해 그 깊이를 결코 측정할 수 없겠지만, 일단 당신이 하나님께서 그렇게 하셨다는 사실을 믿을 때, 하나님의 주장들과 기적들과 부활을 이해하는 것이 어렵지 않음을 깨닫게 될 것이다. 신약성경 안에서 다른 모든 것은 이 한 가지 기적을 중심으로 돌아가고 있다. 만일 하나님께서 예수 그리스도 안에서 사람이 되셨다면, 그 모든 것이 맞아떨어지기 시작하는 것이다.

만일 예수님이 '우리와 함께하시는 하나님'이시라면, 자신이 하나님께로 이르는 길이라는 그분의 주장이나, "나 이외에 다른 길은 전혀 없다"는 그분의 말씀이 전혀 놀랍지 않을 것이다. 만일 그분이 하늘로부터 내려오셨다면, 우리는 그분이 대적들로 하여금 자신을 십자가에 못 박도록 허락하셨다는 사실에는 놀랄 수 있겠지만, 그분이 죽은 자들로부터 부활하셨다는 사실은 놀랍지 않을 것이다.

만일 예수 그리스도가 하나님께서 태초부터 약속하셨던 그 도움이라고 한다면, 당신은 그분이 당신의 삶 가운데서 다른 사람이나 가르침이 결코 할 수 없는 일을 행하실 수 있음을 확신할 것이다.

거룩하신 자: 새로운 인류

성령이 네게 임하시고 지극히 높으신 이의 능력이 너를 덮으시리니 이러므로 나실 바 거룩한 이는 하나님의 아들이라 일컬어지리라(눅 1:35).

예수 그리스도는 한 가지 측면을 빼놓고는, 모든 면에서 우리와 똑같다. 그분은 거룩하시다. 이 말은 단 하나의 죄도 범한 적이 없다는 뜻이다. 예수 그리스도는 생각에 있어서나, 의도에 있어서나, 성품에 있어서나 모든 면에서 거룩하셨다. 그분은 죄에 이끌리지 않으셨으며 죄를 향한 내적 성향을 전혀 지니고 있지 않았다. 인류 역사상 이렇게 언급되는 대상은 없었다.

사도 바울은 철저하게 거룩한 삶을 살기를 원했던 훌륭한 사람이었다. 그는 특권층에서 태어났으며 좋은 학교에서 교육을 받았다. 그의 부모는 그가 원할만한 모든 것을 해주었다. 그러나 그들은 바울에게 거룩함을 줄 수는 없었다. 그는 자신의 내면적인 갈등으로 인해 자신이 부모로부터 물려받은 본성이 거룩함과는 거리가 멀다는 사실을 깨달았다.

바울이 거룩한 삶을 추구했을 때, 물살을 거꾸로 타고 올라가려고 애를 쓰고 있는 자신을 발견했다. 그의 내면에서는 싸움이 계속되고 있었다. 그리고 오랫동안 그는 어떻게 하면 그 싸움으로부터 해방될 수 있을지 알지 못했다.

아담이 죄를 범했을 때, 그 사건은 그의 본성을 바꾸어버렸고, 그는 다른 종류의 인간이 되었다. 그는 자신의 바뀐 본성을 자손들에게 물려주게 되었다. 부모들은 자녀들에게 좋은 것들을 많이 물려주지만, 그 좋은 것들에 거룩은 포함되지 않는다.

예수 그리스도께서 이 세상에 오시기 전까지 어떤 거룩함도 존재하지 않았다. 예수 그리스도께서 세상에 태어나셨을 때에야 비로소 아담 이래 처음으로 세상에 거룩한 자가 존재하게 되었다.

우리는 너무도 타락한 인간성에 익숙해져서, 죄와 죽음에 얽매이지 않는 인간을 상상하기가 매우 어렵다. 본토를 보지 못했던 섬 주민들처럼, 우리는 우리의 조건에 너무나 익숙해 있어서, 다른 어떤 것을 상상한다는 것이 거의 불가능하다.

그러나 예수님은 새로운 인류의 개척자이시다. 그분의 거룩하심은 우리에게 전적으로 새로운 소망의 세계를 열어주셨다. 그분이 세상 가운데 들어오신 목적은 많은 아들들을 이끌어 영광에 들어가게 하시기 위한 것(히 2:10)이었다. 우리는 그분에게서 영광을 본다. 그분이 죽음에 들어가신 것은 스스로 선택하신 것이다. 그래서 죽음은 그분을 지배할 수 있는 아무런 권세도 가지지 못했다.

예수님께서는 거룩하시며, 죄로부터 자유로우시며, 따라서 더 이상 죽음에 종속되지 않을 새로운 인류를 위한 길을 여셨다. 이것이 언제나 하나님의 목적이었다. 예수 그리스도께서는 자기 백성의 종말로부터 시작하셨다. 예수 그리스도는 이 세상에 태어나심으로써 자기 백성이 들어가게 될 죽음 속으로 들어가셨다. 이것이 바로 예수 그리스도께서 당신에게 주신 생명이다. 예수 그리스도께서 재림하실 때, 당신이 그분을 보게 되면 당신은 그분과 같이 거룩하게 될 것이며, 하나님께서 구속함을 받은 백성을 위해 예비해놓으신 모든 것 가운데 들어가면서 하나님의 임재를 즐거워하게 될 것이다.

바울은 자신의 죄악 된 본성을 가지고 씨름하면서 물었다. "누가 나를 건져내랴?" 감사하게도 그 물음에는 한 가지 답이 있다. 그 답은 우리 주 예수 그리스도이시다(롬 7:24-25). 당신이 그분께 나아갈 때 그분이 당신을 구하실 것이다. 예수 그리스도께서는 성령의 권능으로 당신을 거룩하게 만드실 것이다. 그리고 당신이 하나님의 임재 안에 있게 될 때, 그분께서 시작하신 그 일이 완성될 것이다.

드러난 사실 UNLOCKED

예수 그리스도를 제외하고는, 이 세상의 모든 아기들은 모두 한 아버지와 한 어머니의 결합으로 인류 가운데 태어났다. 그러나 예수 그리스도는 인류에 대한 성부 하나님의 선물이시다. 그분은 육체 가운데 계신 '우리와 함께하시는 하나님'이시다. 그분은 태초부터 하나님께서 약속하셨던 그 도움이시다.

뒤로 물러서서, 하나님께서 펼치시는 구원 사역의 장관을 살펴보라. 성자 하나님께서 믿기 어려운 여행에 임하셨다. 스스로 사람의 몸을 취하셨으며, 한 처녀에게서 태어나셨다. 이 땅에 내려오셔서 우리 가운데서 생활하셨으며, 우리의 죄를 짊어지시기 위해 십자가를 지셨다. 하나님으로서 그분은 인간을 하나님과 화목하게 하셨으며, 사람으로서 인간을 위해 하나님의 심판을 감당하셨다. 하나님의 아들은 사람의 아들이 되사, 사람의 아들과 딸이 하나님의 아들과 딸이 되게 하셨다.

기도 PAUSE FOR PRAYER

전능하신 하나님 아버지!

주님의 아들이 저의 구주가 되시기 위해 육체를 취하셨다는 이 놀라운 역사를 생각하면서 주님 앞에 무릎 꿇고 경배합니다. 그 아들 안에서 용서와 화해와 영원한 생명이 우리 모두의 것이 된다는 사실에 감사드립니다. 또한 우리의 육체를 취하셔서 예수 그리스도께서 영원히 우리의 구주가 되신다는 사실에 감사드립니다.

제가 주님의 영광을 위해 살도록 항상 지켜주시고 도와주실 줄 믿습니다. 모든 것에 감사하오며 예수 그리스도의 이름으로 기도드립니다. 아멘.

Notes

1. 애초에 이 생각은 유진 피터슨의 *Working the Angels* (Grand Rapids: Eerdmans,1987), 139 이하에 있는 한 부분에서 차용한 것이다. 피터슨은 그 생각을 워커 펄시의(Walker Percy), *The Message in a Bottle* (New York: Farrar, Straus, & Giroux, 1975)의 한 에세이/비유담에서 채택한 것이다.
2. J. I. Packer, *Knowing God* (London: Hodder and Stoughton, 1973), 53, 54.
3. C. S. Lewis, *Miracles* (Glasgow: Collins, 1947), 14.

9

시험 받으시다

Tempted

누가복음 4장

예수님은 정말 시험을 받으셨는가?

묵상의 길잡이

☑ **발견하라**

왜 예수님께서는 우리가 받을 시험보다 훨씬 더 심한 시험에 직면하셨는지 그 이유를 발견하라.

☑ **배우라**

아담의 죄가 우리에게 어떻게 영향을 주고 있으며, 왜 우리가 감사해야 하는지 배우라.

☑ **경배하라**

사탄의 권세를 깨뜨리신 주 예수 그리스도께 경배하라.

시애틀, 수폴스, 샌안토니오 등지의 도심과 미국 전역 수십 개의 도시들에 연고를 두고 있는 주요 다국적 기업들은 대개가 인상적인 고층 빌딩을 사옥으로 가지고 있기 때문에 눈에 띄며, 각 빌딩은 거대한 사무실군을 이루고 있다. 우뚝 솟은 각 빌딩마다, 수천 개의 컴퓨터가 하나의 네트워크를 이루며 서로 연결되어있다.

한 스파이가 이들 기업 중 한 기업의 경영을 마비시키기로 결심했다고 상상해보자. 그는 간단히 치명적인 컴퓨터 바이러스를 하나 만들어낼 것이다. 일단 그 바이러스가 컴퓨터 서버에 침투하기만 하면, 네트워크에 연결되어있는 모든 컴퓨터에 옮겨질 것이다. 바이러스는 각 컴퓨터에 있는 프로그램들을 서서히 오염시켜, 이전처럼 원활하게 작동하지 못하도록 만들 것이다.

자, 이번에는 이 사태를 막기 위해 여러 명의 컴퓨터 전문가가 동원되었지만, 아무도 그 바이러스에 대한 백신을 찾아내지 못했다고 가정해보자. 중요한 파일이 손실되고, 이제까지의 기록들은 찾아볼 수가 없다. 바이러스를 치료하지 않은 채 내버려둔다면, 전체 시스템은 곧 파괴되고 말 것이다.

모든 기계가 네트워크로 서로 연결되어있기 때문에 하나의 바이러스가 모든 단말기를 오염시킬 수 있는 것이다. 스파이가 건물에 있는 단말기를 일일이 찾아다닐 필요가 없다. 네트워크를 통해 바이러스가 저절로 퍼지기 때문이다. 그렇게 해서 그의 목적은 손쉽게 달성된다.

그러나 한 대의 컴퓨터만은 네트워크에 연결되어있지 않다고 가정해보자. 그 사무실의 다른 모든 컴퓨터는 오염되었지만, 따로 놓인 그 컴퓨터만은 바이러스의 파괴적인 힘으로부터 벗어나 자유로웠다.

만일 스파이가 그 컴퓨터를 부수고자 한다면, 컴퓨터가 있는 곳으로 들어와, 충격을 가해야 할 것이다. 그는 네트워크를 통해서는 이 컴퓨터에 접근할 수 없기 때문에 야구방망이 같은 것으로 때려 부수는 등좀 더 원시적인 파괴 방법을 선택할 것이다.

바이러스가 전혀 없다

네트워크에 연결되어있지 않은 그 컴퓨터는 예수님께서 어떻게 온전한 사람이면서도, 세상 모든 사람에게 영향을 미치고 있는 죄의 권세로부터 자유로울 수 있는지를 우리가 이해할 수 있도록 돕는다.

지난 장에서, 우리는 성자 하나님께서 사람의 몸을 취하셨으며 동정녀 마리아에게서 태어나셨음을 살펴보았다. 예수님은 하나님이시면서, 사람이시다. 그리고 예수님은 거룩하시다. 예수님은 죄가 없으시다는 사실을 제외하고는 모든 면에서 우리와 똑같다. 죄는 예수님과 아무런 연결점을 가지고 있지 않았다. 그분은 본성상 죄를 향한 성향을 전혀 가지고 계시지 않았다.

성경은 인간의 마음이 절망적일 만큼 사악하다고 말한다(렘 17:9). 그러나 예수 그리스도의 마음은 달랐다. 그분에게는 속이는 것이나 사악함이 전혀 없었다. 성경은 또한 우리가 시험을 받을 때, 우리 자신의 악한 욕심 때문에 유혹을 받는 것이라고 말한다(약 1:14). 그러나 예수 그리스도께서는 악한 욕심들을 가지고 있지 않았다. 예수 그리스도는 거룩하시다. 이 점을 분명하게 이해하는 것이 중요하다. 만일 예수 그리스도께서 거룩하지 않으시다면, 예수 그리스도는 하나님도 아닐 것이며, 자기의 생명을 죄를 위한 희생제물로 바칠 위치에 서지 못할 것이기 때문이다.

예수 그리스도는 사람의 몸을 취하시고 한 사람이 되셨다. 그러나 예수 그리스도는 타락한 인간의 몸을 취하지는 않으셨다. 그분이 취하신 인간성은 아담과 하와가 처음 지음 받았을 때 가지고 있던 것이었다.

이 점은 예수님이 받으신 시험들이 사실적이었는지에 대해 문제를 제기한다. 우리는 인간의 본성 가운데 있는 죄와 갈등하고 있다. 그러므로 만일 예수 그리스도께서 죄악 된 본성을 가지고 있지 않았다면, 어떻게 예수 그리스도가 우리의 갈등을 알 수 있겠는가?

그 질문에 대한 답변은 성경 이야기 서두에서 발견된다. 아담과 하와가 에덴동산에 있었을 때, 그들은 하나님과 동행하면서 하나님의 임재를 누렸다. 그들은 거룩했다. 그러면서도 동시에 그들은 시험을 받았다.

동산에서의 시험은 그들 내면에서부터 온 것이 아니라, 대적의 직접적인 공격을 통해 외부로부터 그들에게 임했다. 예수님이 받으셨던 시험도 바로 그렇게 왔다.

그것은 바이러스가 모든 단말기에 퍼지도록 해 컴퓨터 네트워크를 엉망으로 만들어버리는 것과, 네트워크에 연결되어있지 않기 때문에 바이러스에 감염되지 않은 컴퓨터를 직접 공격하는 것 사이의 차이와 같다.

첫 부부가 죄에 빠진 이후에, 우리의 대적 사탄은 하나님의 작업을 파괴하느라 자신의 에너지를 허비하지 않았다. 원죄의 '바이러스'는 마귀가 그의 목적들을 달성하는 데 필요한 전부였다.

사탄은 야곱이나 모세나 다윗에게 직접 나타나지 않았고 그저 네트워크에 의존하기만 했다. 죄의 바이러스는 이미 그들 가운데 존재하고 있었다. 야곱은 자신의 야망을 성취하기 위해 거짓말을 했으며, 모세는 자신의 분을 참지 못하고 한 애굽인을 살해하고 말았다. 다윗은 다른 남자의 아내에게 매료되어 간음을 저질렀다.

직접적인 공격을 감행하다

성경은 사탄이 직접적인 공격을 감행했던 두 경우를 우리에게 전해주고 있다. 한 번은 에덴동산에서 아담과 하와에게, 다른 한 번은 광야에서 예수 그리스도에게였다. 먼저 동산에서 가한 사탄의 공격을 살펴보자.

사탄은 남자와 여자에게 거룩함과 함께, 자유롭게 하나님을 사랑할 수 있는 능력을 주신 하나님의 창조적 천재성을 관찰했다. 그 사실만으로도 사탄의 배가 아프기에 충분했다. 사탄은 천국에서 내쫓긴 이래로, 하나님에 대한 증오심으로 힘을 얻었으며, 하나님의 역사를 파괴하겠다는 타오르는 욕망에 사로잡혀있었다. 사탄은 하나님의 영광을 증오했다. 그런데 이제 그 영광이 하나님의 형상으로 지음을 받은 사람들 가운데 반영되어있었던 것이다. 그리고 하나님은 그들에게 자녀를 갖게 하셨다. "생육하고 번성하라"고 하나님께서 말씀하셨다. 만일 그들의 자손이 하나님의 영광을 반영한다면, 머지않아 온 땅은 하나님의 영광으로 기득 차게 될 것임에 틀림없었다.

그래서 사탄은 우리의 첫 조상에게 가서 교묘하게도 그들의 거룩함에 대해 위장된 공격을 감행했다. 이 책의 구약 편에서 살펴보았다시피, 사탄은 세 가지 주요한 전략을 사용했다.

첫째, 그 대적은 한 가지 질문을 가지고 하와에게 다가갔다. "하나님이 참으로 너희더러 동산 모든 나무의 열매를 먹지 말라 하시더냐"(창 3:1). 사탄의 목적은 하나님의 말씀에 관하여 그녀의 마음을 혼란하게 하려는 것이었다.

그런 다음에, 대적은 한 가지 약속을 하였다. "너희가 결코 죽지 아니하리라"(창 3:4). 이제 대적은 하나님께서 말씀하셨던 그 심판이 실제로는 일어나지 않을 것이라고 하와에게 확신을 줌으로써, 무엄한 억측을 부추기려고 시도했다.

마지막으로 대적은 하와의 야심에 호소했다. "너희가…하나님과 같이 되어"(창 3:5). 사탄이 한 말은 "너희가 무엇이 될 수 있는지 생각해 보라"는 것이었다. "만일 너희들이 하나님을 의지하지 않고 너희 자신에게 무엇이 좋을지를 결정할 수 있다면 삶은 훨씬 더 흥미로워질 것이다. 너희는 하나님과 동등하게 되고 싶지 않은가?" 이 모든 시험은 외부로부터 온 것이었다. 그 시절에 아담과 하와는 죄를 지을 수도 있었고, 짓지 않을 수도 있었다. 그러나 그들은 죄를 지었다. 그들은 하나님의 단 하나의 계명에 불순종했으며, 그리하여 거룩하기를 그쳤다.

바이러스가 퍼지다

만일 이것이 그저 옛날이야기에 불과하다면, 우리의 관심거리가 될 가치가 없을 것이다. 그러나 에덴동산에서 일어났던 일은 오늘 당신과 나의 삶에 직접적인 영향을 끼치고 있다. 사도 바울은 다음과 같이 썼다.

> 한 사람이 순종하지 아니함으로 많은 사람이 죄인 된 것 같이…(롬 5:19).

인류는 해변에 놓인 돌멩이들과 같이 따로따로 떨어져있지 않다. 우리는 마치 한 나무에 달려있는 잎사귀들과 같은 처지이다. 우리는 서로 연관성이 없는 단위들이 아니다. 우리는 한 가족이며, 한 선조로부터 내려왔다.

아담이 죄를 범했을 때, 그는 인류의 머리로서 죄를 지은 것이다. 그래서 그의 죄는 모든 사람에게 죽음을 가져왔다. 비유를 바꾸자면, 아담의 죄를 통해 하나의 바이러스가 인간의 네트워크 가운데 들어왔으며, 그 네트워크에 덧붙여지는 단말기(각 세대)마다 바이러스를 감염시켰다. 그리고 그것을 막을 길은 아무것도 없다.

네트워크에 침투한 바이러스는 모든 것을 변화시켰다. 아담과 하와는 더 이상 거룩하지 않았다. 그들의 자손들은 거룩한 것이 무엇인지 알지 못했다. 그들은 죄가 인간 본성과 따로 떨어져있는 것이 아니라 인간 내면의 성향이 되었음을 발견했다. 그것은 그들의 본성에 뿌리를 박고 있는 욕망이 되었다. 역사가 흘러가면서, 그들은 하나님께서 아담에게 이르신, 죄가 죽음으로 이끌어갈 것이라고 하신 말씀의 뜻이 무엇인지 깨닫게 되었다.

죄가 세상에 들어왔을 때, 하나님께서는 사탄에게 두 가지 선언을 하셨다. 첫째, 끊임없는 싸움이 있을 것이라고 선언하셨다. 하나님께서는 "내가 너로 여자와 원수가 되게 하고 네 후손도 여자의 후손과 원수가 되게 하리니"(창 3:15)라고 말씀하셨다. 각 세대마다 사람들은 악의 권세를 물리치고 일어서려고 애를 쓰게 될 것이다. 사람들은 그 권세와 싸워 약간의 승리도 거둘 것이다. 그러나 그들은 결코 그 권세로부터 전적으로 자유하지는 못할 것이다.

바로 그러한 이유 때문에, 구약 시대 내내 희생제사가 드려졌다. 해마다 대제사장이 자신과 백성의 죄악을 위해 희생제물을 드리는 일이 필요하다는 것을 인식하면서 지성소로 들어갔다.

아담 안에서 모든 사람이 죽었고, 인류는 하나님의 정죄 아래 있었다.

그러나 계속 진행되는 싸움이 그 이야기의 끝은 아닐 것이다. 하나님께서는 두 번째 선언을 하셨다. 이 선언은 사실 하나의 약속이었다. 한 구원자가 어느 날 그 대적의 머리를 깨부수기 위해 나타날 것이다. 어느 날 아담이 실패했던 바로 그 자리에서 다른 한 사람이 승리를 하게 될 것이다.

작전 지령실에서의 공포

만일 아담을 창조한 일이 지옥에 비상벨이 울리도록 만들었다면, 예수 그리스도께서 성육신하신 사건은 어떠했겠는가? 나는 인류 역사 수천 년이 지난 후에 하나님의 '위협'이 성취된 것으로밖에 볼 수 없는 일이 일어났을 때, 지옥에서 일어났을 공포를 생각하면 즐겁다.

마귀가 모든 것을 알지 못한다는 사실을 기억하기 바란다. 마귀는 전지전능하지 않다. 지옥의 작전 지령실에 엄습한 공포를 상상해보자.

"사령관님, 아직 확인되지 않은 생명체 하나가 세상에 태어났다는 보고가 올라오고 있습니다."

"그에 대해 우리가 아는 사실이 무엇이지? 그는 인간인가?"

"예, 그렇습니다. 그는 분명 인간입니다."

"좋아, 그렇다면, 그의 본성 가운데 작용하고 있는 경로들을 이용하도록 해."

"불가능합니다! 일상적인 경로들이 그의 본성 속에서는 작용하고 있지 않습니다. 그는 거룩합니다!"

"뭐라고? 어떻게 해서 그 아기는 나머지 인간들이 모두 가지고 있는 본성을 물려받지 않게 되었지?"

"그자는 한 처녀에게서 태어났습니다. 그는 인류 네트워크의 일부분이 아닙니다. 그는 모든 점에서 나머지 인간들과 똑같지만, 그들의 악을 지니고 있지 않은 것 같습니다."

"조사 팀을 보내라. 지상에서 무슨 일이 벌어지고 있는지 알아보아야 되겠다."

몇 분 뒤에 사탄 하나가 발견한 사실들을 보고하기 위해 돌아왔다.

"조사 팀의 보고에 의하면, 지상에서는 소위 '원수의 위협에 대한 책'에 너무도 딱 들어맞는 일이 벌어지고 있습니다. 우리가 두려워해왔던 바로 그 선제공격을 당한 것입니다. 사령관님! 어떻게 해야 할까요?"

"우리의 최선의 희망은 그를 제거하는 것이다. 헤롯 왕에게 말을 전하도록 한 사람을 보내라. 만일 그가 실패한다면, 내가 직접 그자와 대결해야 할 것이다. 에덴동산에서 우리가 사용했던 것과 똑같은 전략들을 택할 것이다. 그 전략들은 이미 검증되었다시피 매우 효과적이다.

그 전략들은 죄악 된 본성을 가지고 있는 주체에게 의존하는 전략이 아니지. 작전실은 최고의 경계 태세를 유지하라."

헤롯은 그 작전을 수행하는 데 효과적이지 못했음이 입증되었다. 대적은 아무런 대안이 없자, 에덴동산에서 사용했던 그 전략을 사용할 수밖에 없었다. 그것은 직접적이고 또한 개인적인 공격이었다. 에덴동산 이래 처음으로, 그 대적과 죄 없는 인간 본성을 가진 한 인간 사이에 대결이 이루어졌다.

대적을 추적하신 예수 그리스도

예수께서 성령의 충만함을 입어 요단강에서 돌아오사 광야에서 사십 일 동안 성령에게 이끌리시며 마귀에게 시험을 받으시더라 이 모든 날에 아무것도 잡수시지 아니하시니 날 수가 다하매 주리신지라(눅 4:1-2).

언제 어디서나 어떤 식으로든 주도적으로 일하시는 하나님을 주목하라. 예수 그리스도께서 사탄을 추적하셨다. 성령께서 예수 그리스도를 광야로 인도하셨다. 예수 그리스도는 사탄과 대결하여 사탄의 일을 파괴하기 위해 광야로 가셨다. 예수님의 공적 사역의 첫 단계는 그 대적과 대결해서 아담이 실패했던 그 자리에서 승리하시는 일이었다. 그래서 예수 그리스도께서 사탄을 찾아가셨던 것이다.

사탄은 첫 번째 사람과 예수 그리스도 둘 다에게 직접적인 공격을 했음에도 불구하고, 아담이 실패했던 상황과 예수 그리스도께서 승리하셨던 상황은 뚜렷한 대조를 이루고 있다. 아담과 하와는 한 동산에서 시험을 받았으나, 예수 그리스도는 광야에서 시험을 받으셨다. 아담과 하와는 그 동산에서 충분히 배를 채울 수 있었으나, 예수 그리스도께서는 40일 동안 금식하셨다. 아담은 그의 아내 하와를 동반하고 있었으나, 예수 그리스도는 혼자셨다.

광야에서 취한 사탄의 전략들은 에덴동산에서 취했던 전략들과 동일하게, 혼란과 억측과 야망으로 가득 찼다.

혼란케 하려는 시도

> 마귀가 이르되 네가 만일 하나님의 아들이어든 이 돌들에게 명하여 떡이 되게 하라 예수께서 대답하시되 기록된 바 사람이 떡으로만 살 것이 아니라 하였느니라(눅 4:3-4).

사탄의 첫 번째 전략은 예수님이 자신의 정체성에 대해 내면에서부터 혼란을 빚게 만들려는 시도였다. "네가 만일 하나님의 아들이어든" 이라고 사탄은 시작했다.

"만일 하나님이 네 아버지라면, 그 하나님은 너를 잘 돌봐주지 않는 것 같구나. 네 손으로 직접 일을 처리해라. 이 돌들로 떡이 되게 하라."

억측을 하게 하려는 시도

> 또 이끌고 예루살렘으로 가서 성전 꼭대기에 세우고 이르되 네가 만일 하나님의 아들이어든 여기서 뛰어내리라(눅 4:9).

이제 사탄은 전략을 바꿔서, 양자택일하라고 부추겼다. 예수 그리스도의 정체성에 대해 의문을 제기하는 대신에, 이제 사탄은 그의 정체성을 인정해주고 예수 그리스도가 하나님의 아들임을 보증하는 사실을 두 번째 시험의 도구로 사용하고자 시도했다.

사탄의 주장은 이와 같이 진행되었다. "자, 네가 하나님의 아들이라는 것을 인정하기로 하자. 하나님이 너의 아버지이므로, 너는 그가 모든 상황에서 너를 돌봐주실 것이라고 절대적으로 자신할 수 있겠지. 그렇다면 네가 원하는 것을 무엇이든지 할 수 있을 것이다. 너는 다른 사람들이 꿈도 꿀 수 없는 일들을 할 수 있을 것이다. 네가 높은 건물에서 몸을 던진다면, 하나님의 천사들이 너를 떠받쳐서 바닥에 떨어지지 않게 해줄 것이다. 자 어서 해봐…몸을 던져!"

야망에 대한 유혹

마귀가 또 예수를 이끌고 올라가서 순식간에 천하 만국을 보이며 이르되 이 모든 권위와 그 영광을 내가 네게 주리라 이것은 내게 넘겨준 것이므로 내가 원하는 자에게 주노라 그러므로 네가 만일 내게 절하면 다 네 것이 되리라(눅 4:5-7).

하나님의 뜻에 순종하는 일은 예수님으로 하여금 말할 수 없는 대가를 치르도록 만들 것이다. 그래서 사탄은 이것을 세 번째 시험에 사용했다. "아버지에 대한 순종으로 네가 치러야 할 대가에 대해 생각해봐라. 그것은 너 자신의 목숨을 잃는 일이야! 그보다 훨씬 더 쉬운 길이 틀림없이 있어."

사탄은 예수 그리스도가 자기의 머리를 깨부수기 위해 임하셨다는 사실을 에덴동산에서 하신 하나님의 말씀을 통해 알고 있었다. 그래서 사탄은 휴전을 제의했다. 사탄은 아버지 하나님에 대한 완전한 순종을 제외하고는 예수 그리스도가 선택하는 어떠한 계획이라도 기꺼이 지원해줄 것이라고 말했다.

사탄은 바리새인들과 사두개인들이 예수님을 전폭적으로 지원해주는 일을 보며 즐거워했을 것이다. 가룟 유다를 예수님의 추종자로 만드는 데 일조했을 것이다. 예수 그리스도가 사탄의 머리를 부술 것이라는 하나님의 계획이 그대로 진행되지 않는 한, 그리하여 자기가 이처럼 오랫동안 노예로 삼아왔던 사람들이 궁극적인 희생제사를 통해 자유하게 되지 않는 한, 온 세상이 예수를 가르치도록 만들었을 것이다.

그러나 예수님은 협상에 응하지 않았다. 에덴동산에서 그처럼 잘 통했던 그 작전이 광야에서는 완전히 실패하고 말았다. 아담이 패배하여 무너져버린 곳에서, 예수 그리스도는 승리하며 일어나셨다.

시험에 맞서다

마귀가 모든 시험을 다 한 후에 얼마 동안 떠나니라(눅 4:13).

그 대적은 예수 그리스도를 공격하기 위해 할 수 있는 모든 일을 시도했으나, 그분을 격파할 수 없었다. 모든 전략을 사용한 후에도 대안이 없자, 대적은 후퇴했다.

예수 그리스도는 모든 시험에 직면하셔야 했다. 비록 예수 그리스도께서 죄 없는 본성을 가지고 계셨지만, 그분이 직면했던 시험은 우리가 상상하는 것보다 훨씬 더 큰 것이었다.

전쟁 동안 적지의 상공을 비행했던 세 사람의 조종사를 상상해보자. 그들의 비행기는 격추되어 생포되었고, 적군에게 끌려가서 고문을 당하게 되었다. 그들은 차례로 어두운 방에 끌려 들어갔다.

그들은 첫 번째 조종사에게 부대의 위치에 대해 물었다. 그는 자신이 그 정보를 알려주어서는 안 된다는 사실을 알고 있었다. 그렇지만 입을 다물면 적국의 손에 죽게 될 것이다. 왜 그 모든 불행을 자신이 당해야 하나? 그는 자기가 알고 있는 사실을 적군에게 이야기했다.

두 번째 조종사가 그 방으로 끌려 들어왔다. 그는 아군의 정보를 발설하지 않겠다고 굳게 마음먹었다. 그러자 잔학한 일이 벌어졌다. 그의 결심은 무너졌고, 곧 알고 있는 것을 그들에게 이야기했다.

그다음에 세 번째 조종사가 그 방으로 끌려 들어와 "너희는 나를 꺾을 수 없을 것이다"라고 말했다.

"우리는 너의 입을 열 것이다. 우리는 이 방에 들어온 모든 자들을 꺾었다. 너를 꺾는 일은 시간문제일 뿐이다. 무슨 말인지 곧 알게 될 것이다"라고 적군이 말했다.

끔찍한 고문이 시작되었다. 그러나 그 조종사는 꺾이지 않았다. 고문은 더 잔혹해졌다. 조종사는 더 이상 참을 수 없을 지경에까지 이르렀지만 여전히 꺾이지 않았다.

"이자는 이전의 포로들과 다르군. 우리는 이자를 꺾을 수가 없어."

그 조종사들 가운데 누가 적군의 극악무도한 기세를 경험했겠는가? 적군의 본성을 알고 있는 유일한 사람은 꺾이지 않은 그 사람이다. 그러므로 예수 그리스도가 받으신 시험들이 당신이 받았던 시험들보다 약했다고 생각하지 말라. 오직 예수 그리스도만이 그 시험의 모든 것을 알고 계신다. 그분만이 총력을 다한 대적의 공격에서 승리하셨기 때문이다.

아담은 일찍 항복해버렸다. 구약성경에 나오는 믿음의 영웅들 가운데 몇 사람은 선한 싸움을 싸웠다. 그러나 어떤 지점에 이르러 그들은 모두 무너져버렸다. 예수 그리스도께서 대적을 맞아 싸우셨을 때, 사탄은 자기가 알고 있는 모든 방법을 시도했다. 그러나 결국 예수 그리스도께서 승리하셨으며, 대적은 미래에 또 좋은 기회가 있기를 바라면서 떠나는 수밖에 없었다.

마침내 사탄은 이렇게 결론을 내렸다. "우리는 그를 무너뜨릴 수 없다. 그를 죽여야 할 것 같다."

네트워크와 연결되기

앞서 우리는 아담의 실패가 이제껏 살아온 모든 사람에게 영향을 미쳤음을 살펴보았다. 아담의 죄는 마치 인간 네트워크 전체에 흐르고 있는 하나의 바이러스와 같이 되었다. 그러나 신약성경은 우리가 모두 아담과 네트워크로 연결되었듯이, 믿음으로 '그리스도께 네트워크되는 것', 즉 성경이 이르는 대로 '그리스도와 연합되는 것'이 가능하다고 명확히 밝히고 있다.

아담이 시험에 직면해 이기지 못하고 실패한 결과가 아담과의 연합을 통해 우리에게 흘러오고 있듯이, 시험에서 이기신 예수 그리스도의 승리가 예수 그리스도와 우리의 연합을 통해 우리에게로 흘러들어올 것이다. 바울은 로마서 5장 19절에서 그 병행점을 다음과 같이 이끌어 내고 있다. "한 사람이 순종하지 아니함으로 많은 사람이 죄인 된 것 같이 한 사람이 순종하심으로 많은 사람이 의인이 되리라."

바울은 예수 그리스도를 "둘째 사람"(고전 15:47) 그리고 "마지막 아담"(고전 15:45)이라고 불렀다. 첫 번째 사람은 에덴동산에서 죄를 지었다. 그리고 그 결과는 인류 전체의 정죄였다. 구약성경에 기록되어있는 인간 역사의 수많은 해악들은 아담의 후손들 가운데 어느 한 사람도 죄의 권세를 극복할 수 없었음을 결정적으로 보여주었다.

그러나 하나님께서는 우리를 그 자리에 그대로 두지 않으셨다. 하나님의 아들이 사람의 몸을 취하시고 다른 아담이 되셨다. 이 두 번째 아담이 우리의 대적과 대결을 벌이셨다. 그리하여 첫 번째 아담의 실패가 그의 온 후손에게 죽음을 선포해주었듯이, 마지막 아담의 승리는 그의 온 후손에게 생명을 선포해주었다.

네트워크 원리의 힘

> 아담 안에서 모든 사람이 죽은 것같이 그리스도 안에서 모든 사람이 삶을 얻으리라(고전 15:22).

인류의 전체 역사는 두 사람, 즉 아담과 예수 그리스도를 중심으로 돌고 있다. 전 인류는 아담에게 네트워크로 연결되어있다. 그래서 우리 모두는 '죄'라는 질병으로 인해 고통당하고 있다. 죄는 우리를 죽음으로 이끈다. 만일 하나님께서 우리를 그 자리에 내버려두셨다면, 우리에게는 아무런 소망도 없었을 것이다. 아담 안에서 우리 모두는 죽게 되었을 것이다.

그러나 하나님께서는 다른 네트워크를 형성하기로 결정하셨다. 그 네트워크는 예수 그리스도와 연합되어있는 사람들의 네트워크이다. 그들은 육체적인 출생에 의해서가 아니라 성령을 통한 거듭남으로 말미암아 그리스도와 연합한다.

아담이 지은 죄의 결과가 그의 네트워크 전체에 흐르면서, 모든 후손을 감염시키고 죽음에 이르게 했듯이, 예수님께서 이루신 의로움의 결과들 역시 네트워크 전체에 흐르면서 그분께 연합되어있는 모든 사람의 운명을 완전히 바꾸고 있다.

만일 당신이 컴퓨터에 대해 잘 모른다면, 비유를 바꿔보자. 하나님께서는 다른 나무를 심기로 결심하셨다. 당신은 믿음으로 그 나무에 접붙여질 수 있어서, 마치 포도나무의 생명이 그 가지들에 흘러 들어가듯이, 예수의 생명이 당신 속으로 흘러 들어가도록 할 수 있다. 혹은 가축 떼와 그 가운데 병든 소의 비유를 생각해보라. 하나님께서는 아담으로부터 내려온 가축 떼를 괴롭히는 질병으로부터 벗어난 다른 가축 떼를 모으기로 결심하셨다.

하나님의 '네트워크 원리'는 아담의 죄를 생각할 때는 끔찍한 것이지만, 예수님의 의로움에 대해 생각할 때는 놀라운 것이다. 하나님의 네트워크 원리는 한 사람의 승리가 많은 사람을 위한 영생의 문을 열어놓을 수 있음을 의미한다. 사람들이 승리를 얻은 그 사람에게 연합한다는 단 하나의 조건 가운데서 말이다.

당신과 나는 둘 다 본성상 아담 안에 있다. 당신은 믿음으로 '그리스도 안에' 있는가?

우리가 믿음과 회개로써 예수님께 나아갈 때, 성령께서 우리를 예수 그리스도께 연합시켜주신다. 물론 우리는 아직 아담 안에 있다. 즉, 여전히 죄악 된 본성을 가지고 있으며, 타락한 이 세상 가운데서 살고 있으며, 어느 날 죽게 될 것이다. 그러나 당신이 예수님께 나아갈 때 가장 중요한 사실은 당신이 '그리스도 안에' 있다는 사실이다. 그것은 당신이 그리스도의 승리에 참여하게 될 것이라는 뜻이다.

물론 우리 안에서 행해지는 것들에 대한 상당한 수리 작업이 필요하다. 그러나 당신이 그리스도 안에 있을 때, 하나님께서는 당신을 회복시키는 작업을 시작하신다.

앞으로 어느 날엔가 그 작업이 끝날 것이다. 그때에는 오염되고 부패한 모든 것이 사라져버릴 것이다. 당신의 몸까지도 영생하는 삶에 맞게 바뀔 것이다.

스스로 자신이 얼마나 형편없는 실패작인가 생각하면서 인생을 살지 말라. 만일 당신이 그리스도 안에 있다면, 고개를 들라. 당신은 하나님의 자녀이다. 성령께서 당신 속에 계신다. 그리스도의 의가 당신을 하나님 앞에서 의롭게 만드신다. 그리고 당신이 그리스도를 뵙게 될 때, 당신은 그분과 같이 될 것이다.

> 오! 우리 하나님의 사랑의 지혜여, 모든 것이 죄와 수치심으로 가득했을 때, 둘째 아담이 싸워 구출하기 위해 오셨네.
>
> 오! 가장 지혜로운 사랑이여, 아담 가운데서 실패했던 피와 살이, 대적을 향해 다시 맞서 싸워야 하네, 싸워서 이겨야 하네.
>
> – 존 헨리 뉴먼John Henry Newman 「높은 곳에 계신 지극히 거룩하신 이에게 찬양」

드러난 사실 UNLOCKED

성경은 예수 그리스도께서 "모든 일에 우리와 똑같이 시험을 받으신 이로되 죄는 없으시니라"(히 4:15)라고 명확히 밝히고 있다. 예수님이 맞서신 시험과 우리가 당하는 시험의 차이점은, 우리는 우리 자신의 악한 욕심에 의해 시험을 받고 있다는 점이다(약 1:14). 죄는 이미 우리 속에 자리 잡고 있다. 그러나 예수님은 그렇지 않다. 예수님께서 당하신 시험의 경우는, 광야에서 대결했던 사탄에게서 직접적으로 온 것이다.

예수 그리스도는 그 대적이 그리스도께 시도할 수 있었던 모든 것들과 맞서 싸우셨다. 그리고 예수 그리스도께서 승리하신 것이다.

기도 PAUSE FOR PRAYER

전능하신 아버지 하나님!

사탄의 모든 권세로부터 승리하신 주 예수 그리스도께 감사드립니다. 죄와 사망의 권세가 무너지고 모든 속박으로부터 해방시켜주신 주 예수 그리스도께 진실로 감사드립니다.

저의 삶 속에서 기승을 부리는 죄악으로부터 성령의 권능으로 승리를 얻을 수 있도록 도와주시옵소서. 완전한 승리를 얻게 될 그날까지 저를 인도하고 보호하여주시옵소서. 예수 그리스도의 이름으로 기도드립니다. 아멘.

10

변화하시다

Transfigured

누가복음 9장

내가 어떻게 그리스도인으로서의 삶이

요구하는 대가를 감수할 수 있는가?

묵상의 길잡이

☑ **발견하라**

예수 그리스도께서 제자들과 일치하지 않는 주요한 문제들을 어떻게 해결하셨는지 발견하라.

☑ **배우라**

모든 그리스도인 앞에 놓인 놀라운 미래에 대해 배우라.

☑ **경배하라**

영광의 예수 그리스도께 경배하라.

제자들은 거의 3년을 예수님과 더불어 지냈다. 그들은 예수님의 기적들을 보았고, 예수님의 가르침을 들었다. 그리하여 예수님께서는 이제 앞으로 무슨 일이 있을 것인지 제자들에게 이야기해줄 때가 이르렀음을 아셨다.

예수님은 그들의 문화에 대해 한 가지 질문을 던지시면서 말씀을 시작하셨다. "무리가 나를 누구라고 하느냐"(눅 9:18). 예수님께서 그들에게 이 질문을 던지신 까닭은 어떤 정보가 필요해서가 아니었다. 그 질문의 요점은 과연 제자들이 자신들의 문화를 이해하고 있는가 하는 것이었다.

그러자 제자들은 일어나서 예수님에 관한 세 가지 대중적인 견해를 설명했다. "세례 요한이라 하고 더러는 엘리야라, 더러는 옛 선지자 중의 한 사람이 살아났다 하나이다"(눅 9:19). 세례 요한은 위대한 윤리 교사였다. 엘리야는 기적을 행하는 사람이었으며, 선지자는 하나님을 직접 대하며 백성에게 하나님의 말씀을 전하는 사람이었다.

오늘날 우리가 속한 문화 가운데서도 많은 사람이 예수님을 이 세 가지 범주 중 하나에 집어넣고 있다. 예수님에 대한 세상의 견해는 여전히 변하지 않았다. 그래서 오늘날 예수님의 제자들은 여전히 예수님을 한 사람의 위대한 윤리 교사로, 초자연적인 권능을 가지고 있는 사람으로 혹은 하나님의 말씀을 직접 받는 한 사람의 선지자로 보고 있는 문화적 배경 속에서 자신들의 믿음을 고백하고 있다.

그러자 예수님께서는 두 번째 질문을 던지셨다. "너희는 나를 누구라 하느냐?" 세상 문화가 가지고 있는 주도적인 견해를 확정지으신 다음에, 예수님께서는 과연 제자들이 자신을 이 세 범주 가운데서 어디에 속한다고 생각하는지 알고자 하셨다.

베드로가 한 걸음 나와서 그가 살아가고 있었던 세상 문화가 아직 받아들일 준비가 되어있지 않았던 한 가지 사실을 말했다. "하나님의 그리스도시니이다"(눅 9:20). 베드로는 예수님이 구약성경 전체가 가리키고 있었던 그분이라고 확신했다. 그는 예수님을 지켜보고, 예수님이 하시는 말씀을 들으면서, 예수님이 윤리 교사나 기적 행하는 자나 선지자가 아니라는 확신을 가지게 되었다. 선지자들은 모두 장차 오실 누군가에 대해 말했다. 그러나 예수님은 어떤 누구도 언급하지 않으셨다. 예수님은 선지자들이 가리키고 있었던 바로 그분이셨다.

이것은 베드로의 깨달음에 있어서 위대한 각성이었다. 예수님께서 이렇게 말씀하셨다. "바요나 시몬아 네가 복이 있도다 이를 네게 알게 한 이는 혈육이 아니요 하늘에 계신 내 아버지시니라"(마 16:17). 그런 다음에 예수님은 앞으로 벌어질 일에 대해 그들에게 계속해서 말씀하셨다.

예수님과의 말다툼

예수님께서 이렇게 말씀하셨다. "인자가 많은 고난을 받고 장로들과 대제사장들과 서기관들에게 버린 바 되어 죽임을 당하고 제삼일에 살아나야 하리라"(눅 9:22).

이 말씀에 베드로가 화를 냈다. 예수님이 누구신지를 파악한 다음에 베드로는 예수님의 고난과 죽음은 도저히 상상조차 할 수 없는 일이라고 보았다. 그는 예수님을 옆으로 데리고 가서 나무랐다. "주여 그리 마옵소서 이 일이 결코 주께 미치지 아니하리이다"(마 16:22). 베드로는 격렬하게 대꾸했다. 다른 제자들은 다음에 도대체 무슨 일이 벌어질 것인지 의아해하면서 그 자리에 얼어붙은 듯 서 있었을 것이다.

"예수께서 돌이키시며 베드로에게 이르시되 사탄아 내 뒤로 물러가라 너는 나를 넘어지게 하는 자로다 네가 하나님의 일을 생각하지 아니하고 도리어 사람의 일을 생각하는도다 하시고"(마 16:23).

베드로가 위대한 믿음의 고백을 함과 동시에 논쟁이 뒤따랐다. 그 논쟁에서 베드로는 예수님의 제자가 아니라 예수님의 대적처럼 행동했다. 베드로는 예수님께 걸림돌이 되었다. 그래서 그리스도께서는 그 걸림돌을 자신의 뒤로 치워버려야 했다.

서로에 대한 이 강력한 대응이 해결되었다는 암시는 어디에도 존재하지 않는다. 예수님은 계속해서 제자들에게 말씀하시기를, 만일 자신을 따르는 문제에 대해 고려하고 있다면, 그들 역시 그들 몫의 고난을 감당해야 할 것이라고 분명하게 말씀하셨다. "누구든지 나를 따라오려거든 자기를 부인하고 자기 십자가를 지고 나를 따를 것이니라"(마 16:24). 그러나 베드로는 예수님의 고난과 죽음에 대해 여전히 전적으로 반대하고 있었다.

8일 동안의 침묵

의견의 격차가 좁혀지지 않는 관계에서는 서로에 대한 긴장감이 맴돌기 마련이다. 베드로가 예수님께 대든 이후에 예수님과 제자들 사이에도 일주일 내내 그런 긴장감이 감돌았던 것으로 보인다.

누가는 예수님의 생애에서 8일을 생략하고 넘어가고 있다. 다른 복음서 기자들도 마찬가지이다.[1] 마태와 마가는 그 기간을 엿새인 것으로 간주하고 있다. 누가는 첫날과 마지막 날도 계산에 넣었고 다른 복음서 기자들은 넣지 않은 것이다. 복음서 기자들 중 세 사람이 이 침묵의 기간을 기록하고 있다는 사실은 그 기간이 의미심장했음을 시사한다.

이 기간 내내, 예수님과 제자들 사이에 지속적으로 거리감이 있었다고 생각할 수 있을 것이다. 이 며칠 동안은 예수님의 생애 중에서 가장 슬펐던 날들이었을 것이다. 한 주간 내내 침묵했다. 단 한 마디도 기록되어있지 않다. 일이 제자들이 원치 않았던 방향으로 진행되면서, 예수님과 제자들 사이에 긴장과 소외감이 감돌았던 것이다. 예수님은 십자가를 향해 가기로 결심하셨다. 그러나 제자들은 그렇게 되어서는 안 된다고 생각했다.

성경 강해자인 캠벨 모건G. Campbell Morgan은 "그 황량한 며칠 동안 그리스도께서는 제자들이 그리스도와 더불어 고난 중에도 함께 교제를 나눈다는 것이 당장은 불가능하다는 사실을 깨달았다. 그는 엄청난 고

독 가운데 십자가를 향해 나아가고 있던 것이다."[2]

그 침묵의 일주일 동안, 제자들은 앞으로 어떤 일이 일어날지 궁금했을 것이다. 그 제자들처럼 우리 또한 그리스도인으로 살아가면서 흔쾌히 그리스도를 따르지 않을 때가 있다. 예수 그리스도께서 인도하시는 방향이 우리에게는 그다지 내키지 않기 때문이다. 그러므로 예수님께서 그 문제를 어떻게 처리하셨는지 알아보는 것은 우리에게 있어서 중요한 일이다.

미래의 일견

8일 후에, 예수님께서 그 침묵을 깨셨다. 예수님은 베드로와 야고보와 요한을 데리고 기도하러 한적한 곳으로 가셨다. 그들은 함께 산에 올랐다. 그들이 산꼭대기에 올랐을 때, 예수님은 겁에 질려 낙심하고 있던 세 제자들에게 미래의 한 면을 보여주셨다.

> 기도하실 때에 용모가 변화되고 그 옷이 희어져 광채가 나더라(눅 9:29).

예수님께서 기도하실 때에, 외모가 변하여 제자들은 예수님이 장차 나타나시게 될 때의 그 모습을 보게 되었다. 그분의 얼굴은 빛났으며, 옷은 눈부셨다(마 17:2; 막 9:2). 우리는 이 사건을 '변화산 사건'이라고 부른다. 예수님께서는 제자들에게 죽음과 부활 이후에 그분이 들어가게 될 영광을 보여주고 계셨다. 그리스도에게서 찬란한 광채가 발산되었다. 베드로와 야고보와 요한은 그리스도께서 어떻게 보였는지 형용할 적절한 어휘를 찾지 못했을 것이다. 마가는 베드로의 회상을 기록하면서 예수님의 옷들이 "광채가 나며 세상에서 빨래하는 자가 그렇게 희게 할 수 없을 만큼 매우 희어졌더라"(막 9:3)고 말하고 있다.

예수님께서 변용變容되셨을 때 제자들이 보았던 광채와 영광은, 사도 요한이 환상 속에서 부활하신 그리스도의 영광을 보았을 때의 묘사와 너무도 흡사하다. 사도 요한은 그리스도의 얼굴이 마치 "해가 힘있게 비치는 것 같더라"(계 1:16)고 했다. 사도 요한은 예수님께서 변용되셨을 때 산 정상에서 요한에게 보여주셨던 것과 똑같은 영광을 보았다.

세 제자는 이 영광을 볼 필요가 있었다. 며칠 안에, 그들은 예수님께서 얼굴을 맞아 상처 나고 채찍질 당하는 광경을 보게 될 것이다. 예수님의 얼굴은 알아볼 수 없을 정도로 심하게 부어 일그러지게 될 것이다. 가시 면류관은 그분의 머릿속을 파고들 것이며, 여섯 시간 동안 십자가에 달린 후에, 얼굴빛은 사라지게 될 것이며, 눈은 죽음을 맞아 컴컴해질 것이다. 제자들은 이것이 끝이 아님을 알 필요가 있었다. 그래서 예수님이 그들에게 미래의 한 모습을 보여주셨던 것이다.

변화산 사건은 중요한 의미를 지니고 있다. 베드로는 예수님께서 십자가에 대해 하시는 말씀은 이해했지만, 부활에 대해 하시는 말씀은 이해하지 못했다. 베드로는 예수님의 죽음이 목적 없이 고난을 당하는 것일 뿐이라고 생각했던 것이다.

변화산 사건은 십자가 너머에 놓인 영광을 보여주었다. 예루살렘에서는 고통과 수난이 있을 것이다. 그러나 예수님은 제자들에게 그 이야기가 어디에서 끝나게 될지를 보여주고자 하셨다. 그들은 예수님께서 배척당하시는 모습을 보게 될 것이다. 예수님은 처참하게 죽음을 맞으실 것이다. 그러나 이것이 이야기의 끝이 아니다. 때문에 그들은 십자가 너머에 놓인 영광을 볼 필요가 있었다.

미래의 이 모습은 예수 그리스도께서 우리를 고통의 길 위에서 인도해 나가실 때 매우 중요하다. 당신은 이 이야기가 어디에서 끝나는지 알 필요가 있다. 예수 그리스도의 나라는 실패로 끝나버리지 않을 것이다. 당신은 결코 망하지 않을 나라의 한 부분이다. 예수 그리스도께서 당신을 이끌어가시는 그 길은 고통스러울 수 있다. 그러나 그 길은 결국에는 당신을 영광으로 이끌어줄 것이다.

우리는 세상 속에서 세속주의와 다원주의의 물결을 멈추게 할 수 없는 연약하거나 병든 그리스도를 섬기지 않는다. 우리는 자신의 영광이 나타나게 될 그 정점을 향해 역사를 주관적으로 움직여나가시는 부활하신 영광의 주님을 섬기고 있다.

그러므로 당신이 예수님께서 배척당하시는 것을 보게 될 때, 그것이 결코 끝이라고 생각하지 않기를 바란다. 당신이 보기에 예수님의 역사가 후퇴하는 것처럼 보이고, 당신이 그 일을 이해하지 못한다 할지라도, 그런 때에 십자가 너머에 놓인 영광을 기억하기 바란다.

역사는 예수 그리스도께서 영광 중에 나타나시게 될 그날을 향해 움직이고 있다. 그리고 하나님께서는 이 세상의 모든 고난과 암흑을 통해 아들이 세상에 임하고, 모든 사람이 그 아들의 영광을 보게 될 그 순간을 향해 움직여나가고 계신다.

당신 역시 변용될 것이다

문득 두 사람이 예수와 함께 말하니 이는 모세와 엘리야라 영광 중에 나타나서 장차 예수께서 예루살렘에서 별세하실 것을 말할새(눅 9:30-31).

여기에 진짜 감격스럽고 특별한 장면이 있다. 두 사람이 영광스런 광채를 입고 나타난 것이다. 그들은 예수님으로부터 발산되고 있던 그 영광을 공유하고 있었다. 이것은 우리에게 놀라운 의미를 지니는 아주 중요한 사실이다.

예수님께서 제자들에게 장차 있을 일의 한 모습을 보여주셨을 때, 그들은 영광 중에 높임 받으실 예수님을 보았으며, 다른 사람들도 그 영광에 동참하게 될 것임을 보았던 것이다.

이 사실은 제자들에게 대단히 중요했을 것이다. 그들은 예수님이 행하셨던 기적들 가운데 예수 그리스도의 영광에 대한 일면을 보았다. 그러나 그와 같은 보통 사람들이 영광스럽게 변화될 수 있을 것이라고 상상이나 해보았겠는가?

모세와 엘리야는 둘 다 위대한 사람이었다. 그러나 두 사람 모두 실수가 있었다. 모세는 살인을 저지른 이력이 있으며, 그의 생애 후반기에 저지른 또 다른 실수 때문에 약속의 땅에 들어갈 수 없었다. 엘리야는 구약성경에서 가장 위대한 기적들 가운데 하나(갈멜산에서 불이 내린 일)를 보았으나, 한순간 그는 자신의 사역이 실패했다고 생각했고, 하나님의 궁극적인 승리에 대한 믿음을 잃은 적이 있다.

그렇지만 이 두 사람이 죽은 지 수백 년 후, 예수 그리스도의 영광에 동참하면서 나타났다. 이 사건은 우리의 장래에 대해서도 중요한 사실을 전해준다.

당신의 정체는 죽음으로 끝나지 않을 것이다

하나님께서는 영원을 위해 당신을 창조하셨다. 당신의 존재는 결코 이 세상에서의 삶으로 그치지 않을 것이다.

제자들은 모세와 엘리야를 즉시 알아보았다. 하나님께서는 제자들이 한 번도 만난 적이 없었던 수백 년 전의 사람들의 정체를 알 수 있도록 해주셨다.

때로 사람들은 우리가 천국에 가서 서로 알아보게 될 것인지 궁금해 한다. 물론이다! 우리는 다른 사람을 알아보게 될 것이다. 우리의 정체성은 천국에서도 연속적으로 이어질 것이며, 하나님의 궁극적인 목적은 자기 백성이 한데 모여서 하나님의 임재 안에 있는 기쁨을 공유하도록 하는 데 있기 때문이다.

천국의 가장 큰 기쁨 가운데 하나는 서로에게 반영되어있는 하나님의 영광을 보는 일일 것이다.

십자가에 대한 대화

장차 예수께서 예루살렘에서 별세하실 것을 말할새(눅 9:31).

모세와 엘리야가 예수님과 대화를 나눌 때, 대화의 주제가 예수 그리스도의 죽음이었다는 사실이 흥미롭다. 그들은 그리스도의 고난을 통해 예수님의 영광에 영원히 동참하게 될 것임을 알고 있었다. 실로 모든 믿는 자들이 예수 그리스도의 영광에 동참하게 되는, 믿기 어려운 특권을 부여받게 되는 것은 바로 예수님의 죽으심과 부활을 통해서이다.

베드로는 이 사실을 전혀 이해하지 못하고 있었다. 그는 예수님께서 예루살렘으로 올라가서 목숨을 내놓는다는 계획에 반대했다. 그러나 모세와 엘리야는 이것이 바로 하나님의 약속이 성취되는 길이었음을 알고 있었다. 그들은 그리스도의 영광에 그들이 동참하게 되는 일이,

그리스도께서 예루살렘으로 올라가 십자가에 달려 죽으심에 좌우된다는 사실을 알고 있었다. 때문에 그들이 그 일에 대해 예수님과 대화를 나누었던 것이다.

이 대화가 예수님께는 큰 위로와 격려가 되었을 것이다. 더구나 그 때는 제자들이 예수님의 계획에 계속해서 저항했던, 긴장감 속에서 침묵의 8일을 지낸 후였다. 이제 모세와 엘리야는 예수님께서 행하시려는 일을 긍정하면서 예수님께 힘을 북돋아주었다. 그들이 예수님의 죽음에 대해 이야기를 나누었을 때, 그들은 그 죽음 이후에 놓여 있는 그리고 그 죽음을 통해 오게 될 영광에 대해 예수님과 함께 즐거워했음에 틀림없다.

이것은 모든 그리스도인의 미래이다. 바울은 하나님께서 복음을 통해 자기 백성으로 하여금 우리 주 예수 그리스도의 영광을 얻게 하려고(살후 2:14) 그들을 어떻게 불러내셨는지 말하고 있다. 요한이 몇 년 뒤에 "…그가 나타나시면 우리가 그와 같을 줄을 아는 것은 그의 참모습 그대로 볼 것이기 때문이니"(요일 3:2)라고 말했을 때, 아마도 요한은 모세와 엘리야가 어떻게 해서 예수님의 영광에 동참하게 되었는지 생각하고 있었을 것이다.

구름이 뒤덮다

이 말 할 즈음에 구름이 와서 그들을 덮는지라 구름 속으로 들어갈 때에 그들이 무서워하더니(눅 9:34).

구름은 매우 중요한 의미를 지닌다. 구름은 전능하신 하나님의 임재를 표시하기 때문이다. 구약성경에서 구름 기둥은 자기 백성과 함께하시는 하나님의 임재를 나타냈다. 제자들은 그 사실에 익숙했을 것이다. 이제 이 이야기의 정점에서 하나님께서는 친히 그 장면에 등장하신다.

당신이 산꼭대기에 있을 때, 무시무시한 천둥과 함께 구름이 다가와 당신을 감싸는 모습을 상상할 수 있겠는가? 예수님의 제자들이 '구름 속으로 들어갈 때' 두려움에 떨었던 것은 전혀 놀라운 일이 아니다.

하나님께서 모세를 만나기 위해 시내산으로 내려오셨을 때, 하나님께서는 모세에게 직접 말씀하셨다. 그때와 마찬가지로 하나님의 생생한 그 음성이 다시금 들려왔다.

> 구름 속에서 소리가 나서 이르되 이는 나의 아들 곧 택함을 받은 자니 너희는 그의 말을 들으라 하고(눅 9:35).

구름 속에 자신의 임재를 감추고 계신, 보이지 않는 하나님은 우리에게 직접적으로 알려질 수 없다. 그러나 하나님께서는 우리에게 자신을 알리고자 그분의 아들이 전하는 말을 들음으로써 하나님을 알 수 있도록 하라고 말씀하신다.

이 사실은 우리를 성경 이야기의 핵심으로 이끈다. 아버지께서는 아이들을 통해 자신을 알리셨다. "본래 하나님을 본 사람이 없으되 아버지 품속에 있는 독생하신 하나님이 나타내셨느니라"(요 1:18).

만일 우리가 하나님을 직접적으로 이해하려고 한다면, 하나님은 언제나 우리에게 신비로 남아계실 것이다. 나는 하나님을 이해할 수 없다고 말하는 사람들을 종종 만난다. 그 사람들의 말은 당연한 것이다. 어쩌면 당신도 하나님을 이해하지 못할 수 있다. 그러나 하나님께서 예수 그리스도를 통해 당신에게 하시는 말씀을 듣는다면, 하나님을 알게 될 것이다. 하나님께서는 바로 이렇게 자신을 알리셨다.

이것이 바로 제자들의 문제였다. 그들은 십자가에 대한 예수님의 말씀을 듣고, 청종하기를 거절했다. 베드로는 자기가 하나님의 방법들에 대해 더 잘 알고 있다고 생각했다. 그래서 8일간의 침묵 기간 동안 하나님께서 예수님의 말씀을 통해 자신에게 알려주셨던 사실들을 거부했다. 그러나 이제 그는 전능하신 하나님의 임재의 구름에 에워싸여, "이는 내 아들이다. 그의 말을 들을지어다"라고 하시는 말씀을 들었다.

베드로는 십자가에 대한 예수님의 말씀에 저항했으며, 예수님의 가시는 길을 막으려고 했다. 베드로의 저항은, 먼저 모세와 엘리야가 예루살렘으로 가시려는 예수님의 계획에 수긍하고, 하나님께서 베드로에게 친히 하나님의 아들이 하시는 말씀을 듣기 시작하라고 말씀해주실 때 비로소 꺾였다.

아마도 당신은 인생을 살면서 하나님께서 허락하시는 일들이 좀처럼 이해되지 않아 하나님의 목적하시는 바에 여러 번 저항했을 것이다. 당신이 가지고 있는 모든 의문과 의심과 두려움 가운데, 하나님께서는 당신에게 예수 그리스도를 가르쳐주시면서, "이는 내 아들이다. 너는 그의 말을 들으라"고 말씀하실 것이다.

하나님의 임재 가운데 서기

구름이 산 위에 머무르면서 제자들을 에워쌀 때, 그들은 두려움에 떨었다. 마태는 그들이 서 있을 수조차 없었다고 기록했다. 그들은 땅에 얼굴을 대고 엎드려서, 하나님의 임재가 그들 위를 지나갈 때 공포에 떨면서 풀을 움켜쥐었다(마 17:6).

나는 종종 자기가 하나님을 만나게 되면 몇 가지 드릴 말씀이 있다고, 하나님을 향해 한을 품고 말하는 사람들을 봤다. 그러나 그들이 하나님을 만나게 될 때, 절대로 그렇게 할 수 없을 것이다. 베드로는 얼굴을 땅에 대고 엎드렸다. 아마 당신도 그와 똑같이 하게 될 것이다.

제자들이 무서워서 땅에 엎드렸을 때, 놀라운 일이 일어났다. "예수께서 나아와 그들에게 손을 대시며 이르시되 일어나라 두려워하지 말라 하시니"(마 17:7). 이것은 사도 요한이 하늘에 계신, 부활하신 그리스도의 영광을 보았을 때 일어났던 일과 매우 흡사하다. 사도 요한은 마치 죽은 듯이 주님의 발 앞에 엎드렸다. 그러자 예수 그리스도께서 그에게 손을 얹으시며, "두려워 말라"(계 1:17)고 말씀하셨다.

제자들은 하나님의 임재의 구름 가운데 들어가 있었을 때 예수님께서 그들과 함께 계셨다는 사실에 깊이 감사했을 것이다. 앞으로 언젠가 당신도 하나님의 임재 가운데 들어가게 될 것이다. 만일 예수님께서 당신과 함께 계신다면, 당신은 전혀 두려워하지 않으면서 하나님의 임재 가운데 설 수 있게 될 것이다.

이 사실은 성경 말씀의 핵심으로 우리를 이끌어준다. 보이지 않으며 경외심을 불러일으키는, 때때로 무서운 하나님께서 당신이 예수 그리스도를 통해 하나님의 임재 가운데 설 수 있도록 당신에게 그분의 아들을 가르쳐주신다.

미래는 하나님의 손에 달려있다. 그리고 다음의 세 가지는 절대적으로 확실하다. 그리스도께서 영화롭게 되실 것이다. 그리스도께서 자기 백성과 그분의 영광을 나누실 것이다. 그리고 그리스도를 통해 우리는 하나님의 임재 가운데 설 수 있을 것이다.

산에서 내려오다

소리가 그치매 오직 예수만 보이더라(눅 9:36).

그런 다음에 구름이 걷혔다. 모세와 엘리야는 시야에서 사라졌다. 그리고 그들은 이전 모습 그대로 예수님을 보게 되었다. 베드로와 야고보와 요한은 나머지 제자들에게 돌아와서, 보는 것에 의해서가 아니라 믿음으로 생활했다.

산에서 내려오면서 그들은 자신들 앞에 놓인 난관에 대해 이전과는 다른 태도를 갖게 되었을 것이다. 예수님의 제자 중 한 사람이 된다는 것은 어떠한 대가를 지불한다 할지라도 인생에서 경험할 수 있는 가장 큰 특권인 것처럼 보였을 것이다. 앞에 놓인 길은 험해 보일 수 있지만, 그들은 십자가 너머에 놓인 영광의 일면을 보았던 것이다.

드러난 사실 UNLOCKED

변화산 사건은 성경 이야기의 끝이 어디인지를 우리에게 일깨워주고 있다. 변화는 미래의 한 모습이다. 예수님께서는 죽으신 후에, 영광 중에 높임을 받으실 것이다. 그리스도를 따르는 사람들은 그와 더불어 영광을 함께 누리게 될 것이다. 우리가 그리스도를 따르는 일의 대가를 감당할 때, 앞으로의 영광을 생각하면서 고통이 끝날 날을 내다본다면, 이는 그 무엇과도 비교할 수 없는 큰 힘이 될 것이다.

제자의 길은 희생이 따를 수 있다. 그러나 그 길은 우리를 영광으로 인도해준다.

기도 PAUSE FOR PRAYER

하늘에 계신 아버지 하나님!

예수님의 영광을 보여주셔서 제가 그 영광에 동참하게 될 것이라는 사실을 알게 해주심을 감사드립니다.

저의 십자가를 지고 주님의 길을 따라간다는 것이 쉽지 않음을 압니다. 베드로처럼, 주님의 길이 고달프고, 큰 대가가 따를 것같이 보일 때 제가 주님을 거역했음을 고백합니다. 제 앞에 펼쳐진 주님의 영광을 바라보면서 힘과 용기를 얻을 수 있도록 도와주시옵소서. 그 영광에 비추어 살아가게 해주시고, 어떠한 대가를 지불하면서라도 주님을 따르며 기쁨을 얻게 하여주시옵소서.

제가 두려움 없이 예수 그리스도와 함께 큰 기쁨으로 주님 앞에 설 수 있게 해주심을 감사드리며 예수 그리스도의 이름으로 기도드립니다. 아멘.

Notes

1. 다음을 보라. 눅 9:28; 마 17:1; 막 9:2.
2. G. Campbell Morgan, *The Crises of the Christ* (Old Tappan, N.J.: Revell, 1936), 217.

11

십자가에 못 박히시다

Crucified

누가복음 23장

예수님의 죽음이 어떤 일을 이루었는가?

묵상의 길잡이

☑ **발견하라**

예수님의 죽음이 어떻게 성경 이야기 전체의 중심을 이루는지 발견하라.

☑ **배우라**

십자가 위에서 예수님께서 하신 말씀의 의미를 배우라.

☑ **경배하라**

죽으심으로 지옥의 권세를 깨뜨리신 예수 그리스도께 경배하라.

몇 해 전에 나는 태국 북부 지역의 한 원시 부족을 위해 사역하고 있는 한 선교사와 함께 지냈다. 그 선교사는 예수 그리스도의 복음을 전하기 위해 그곳에 가 있었다. 그는 그 부족에게 받아들여진 후에 그 마을에서 자기 집을 짓고 부족의 언어를 배우기 시작했다.

당신이 그 선교사의 입장이라고 생각해보자. 당신은 자기 조상들의 혼령을 숭배하고 있는 사람들에게 복음을 전하기 위해 노력하고 있다. 어느 날 밤, 당신은 그 부족의 추장과 함께 모닥불 가까이 앉게 되었다. 그때 추장이 당신에게 "당신이 왜 여기에 왔는지 우리에게 말해주시오." 라고 권한다.

당신이 기다려왔던 기회가 온 것이다. 당신은 가능한 한, 가장 명확하게 그 메시지를 전하고 싶다. 그래서 심호흡을 한 다음, 이렇게 말한다. "저는 '하나님이 세상을 이처럼 사랑하사 독생자를 주셨으니, 누구든지 그를 믿으면 멸망하지 않고 영생을 얻는다'는 사실을 전하려고 왔습니다."

당신은 요한복음 3장 16절을 인용했다. 그리고 당신은 복음의 핵심을 정확하게 설명했다. 그러나 당신의 전달력에는 약간의 문제가 있다.

그 추장은 하나님이 누구인지 모르고 있다. 그는 자기 조상들을 숭배하고 있었다. 그래서 당신이 "하나님"을 말할 때, 추장은 자기의 할머니를 생각하고 있었다. 자신의 할머니도 세상을 사랑했던 것이다. 실제로 추장은 자신의 할머니보다 생명을 더 사랑했던 사람을 아무도 떠올릴 수 없었다. 그래서 당신이 "하나님이 자기 아들을 주셨다"고 말했을 때, 추장은 자기 할머니가 아버지를 낳아서 수년 동안 그 부족 가운데 생명이 유지되어왔다고 이해했다. 즉, 한 세대가 다음 세대를 낳는 것이다. 그리고 당신이 "영생"에 대해 말할 때, 추장은 자기 할머니가 여전히 살아있고, 영의 세계 속에서 잘 지내고 있다고 확신하고 있었다. 그래서 실제로 할머니에게 절을 하면서, 할머니가 자신을 보호해줄 것이라고 기대하고 있었던 것이다.

그렇기 때문에 추장은 미소를 띠면서, "당신이 찾아와준 것에 대해 감사한다"며 이렇게 말한다. "그러나 우리는 이미 이 모든 사실을 알고 있습니다."

나는 그 선교사 친구에게 어떻게 그 사람들이 이해할 수 있도록 그리스도에 대한 메시지를 설명했느냐고 물었다. 그는 성경 이야기를 들려주었다고 대답했다.

그는 하나님이 누구시며, 어떻게 세상을 만드셨으며, 그분이 어떻게 세상과 우리를 포함해서 그 안에 있는 모든 것을 소유하고 계신지 설명함으로써 메시지를 전하기 시작했다. 어떻게 첫 남자와 여자가 하나님의 명령을 어겼는지 설명했으며, 그 결과 어떻게 그들이 하나님의 임재에서 쫓겨나게 되었는지 설명해주었다. 그런 다음에 구약성경 이야기 전체를 들려주면서, 하나님께서 우리에게 명하신 삶을 설명해주고, 우리가 하나님의 법을 지키지 못하고 있기 때문에 희생제물과 도움을 보내주시겠다고 하신 하나님의 큰 약속들을 설명해주었다.

또한 어떻게 하나님께서 세상에 친히 오셔서 사람의 몸을 취하시고, 우리의 죗값을 치르기 위해 십자가에서 죽으셨는지 전해주었다.

"그 사람들이 메시지를 이해할 수 있게 하려면, 그 전에 그들이 이해할 수 있는 틀을 설명해주어야 해요"라고 그 친구는 말했다.

모든 면에서 최첨단을 달리는 미국의 경우는 태국의 정글과 매우 다르다. 하지만 복음을 전함에 있어서 미국 역시 몇 가지 똑같은 문제점이 있을 수 있다. 한때 미국에서는 교육을 받은 사람이라면 누구나 성경의 주요 이야기들에 대한 지식을 가지고 있다고 분명하게 말할 수 있었다. 그러나 이제는 더 이상 그렇지가 않다. 복음을 전하는 일에 따르는 요구 사항이 예전과는 달라졌다.

영적인 면에서 두 세대의 차이점

만일 교회에 출석하지 않는 사람들이 예수 그리스도가 십자가에서 죽으신 의의를 깨닫기를 원한다면, 우리는 성경 이야기를 해주어야 한다. 한 가지 예를 들어 보도록 하자. 키스Keith의 부모님은 어렸을 때부터 그를 주일학교에 데리고 다녔다. 그는 에덴동산에서 무슨 일이 있었는지 알게 되었고, 모세에 대해 배웠으며, 특히 갈멜산에서의 엘리야

이야기를 좋아했다.

열여덟 살이 되었을 때, 그는 성경의 하나님에 대해 알고 있었으며, 십계명과 산상수훈에 대해서도 알고 있었다. 물론 그렇다고 해서 그가 그리스도인이 되었던 것은 아니었다. 그는 열여덟 살에 교회를 떠났으며, 부모님에게 더 이상 자신은 하나님을 믿지 않는다고 말했다.

그는 하나님의 법들을 알고 있었지만, 다른 길을 선택했다.

그러나 그의 마음에서 하나님에 대한 지식까지 지워버릴 수는 없었다. 그가 하나님을 믿지 않는다고 말했을 때, 그가 믿지 않았던 것은 성경의 하나님이었다. 심지어 그의 불신앙도 그의 마음속에 새겨져있었던 하나님에 대한 지식에 의해 규정되었다.

25년 뒤에, 키스는 데이브Dave를 친구로 사귀었다. 데이브는 키스와 같은 직장에서 일하는 동료로서 그리스도인이었다. 데이브는 그를 한 모임에 초대했는데, 그는 그 모임에서 십자가에 대한 이야기를 들었다. 그리스도를 경멸했던 사람들에게 전해진 그리스도의 사랑에 대한 메시지는 키스 안에 있는 무엇인가를 움직였다. 하나님에 대한 기억들이 되살아났다. 그리고 그는 이상하게도 자신이 거부했던 그 하나님께로 되돌아가려는 끌림을 느끼기 시작했다.

키스에게는 대학생 딸이 있었다. 그의 딸 리사는 교회에 몇 번 가보지 않아 성경에 대해 거의 아는 것이 없었다. 그녀는 명상에 빠져있으며, 명상이 그녀가 자기 자신을 만나게 하는 데 도움을 준다고 말한다.

어느 날 리사는 학교 친구로부터 그리스도인 모임에 가자는 제안을 받는다. 그녀의 아버지가 그랬듯이, 그곳에서 요한복음 3장 16절의 메시지를 듣는다. “하나님이 세상을 이처럼 사랑하사 독생자를 주셨으니 이는 그를 믿는 자마다 멸망하지 않고 영생을 얻게 하려 하심이라.”

그러나 그녀는 하나님이 누구신지 모르고 있다. 왜 누군가가 멸망해야 하는지 상상할 수 없기 때문에 그 메시지를 이해하기가 매우 어렵다. 그녀는 그 메시지가 하나의 상징이라며, 하나님께서 우리 모두를 사랑하셔서, 우리가 놀라운 삶을 살기를 원하신다고 말하는 한 가지 방식이라고 단정한다. 그녀는 그날 저녁 모임이 매우 흡족했다고 말한다. 복음을 들었지만, 부족의 추장처럼 복음을 이해하지 못한 것이다.

성경의 이야기를 알지 못하면, 십자가는 이해되지 않을 것이다.

십자가는 성경 이야기 안에 나타난 그 문제에 대한 하나님의 대답이다. 그래서 만일 우리가 그 문제의 규모를 알지 못한다면, 그 해결책의 위대함 또한 파악할 수 없을 것이다. 그렇기 때문에 성경 이야기를 펼쳐서 풀어가는 것이 중요한 것이다.

십자가에 대한 이야기

복음서들은 대단히 조심스럽게 십자가에 대한 이야기를 기록하고 있다.

> 해골이라 하는 곳에 이르러 거기서 예수를 십자가에 못 박고 두 행악자도 그렇게 하니 하나는 우편에, 하나는 좌편에 있더라(눅 23:33).

갈보리는 에덴동산의 반대이다. 그 동산에서는 하나님께서 사람에게 유죄를 선고하셨다. 십자가에서는 사람이 하나님(하나님이신 예수 그리스도를 말함—역자 주)께 유죄를 선고했다. 하나님께서 사람을 하나님의 에덴동산에서 내쫓으셨으며, 여기서는 사람이 하나님을 하나님의 성읍에서 내쫓고 있다.

십자가는 극에 달한 인간의 죄악을 보여준다. 죄는 에덴동산에서 시작되었으나, 거기에서 끝나지 않았다. 우리 인간의 본성 가운데는 하나님을 향한 뿌리 깊은 저항이 자리 잡고 있다. 하나님을 증오하는 것이 우리의 본성이다. 십자가 사건에서 이 증오는 최고조로 표출되고 있다.

예수님은 대략 여섯 시간 동안 십자가에 달려 계셨다. 그들이 예수님을 십자가에 못 박았을 때가 세 시(오전 아홉 시)였다(막 15:25). 그리고 암흑이 여섯 시에서부터 아홉 시까지 그 땅을 뒤덮었다(눅 23:44). 이 여섯 시간은 처절하게 고문하는 고통의 시간들이었다. 모든 복음서 기자들은 그 여섯 시간 동안 무슨 일이 일어났었는지에 우리의 시선을 집중시키고 있다. 누가는 그 이야기의 핵심으로 우리를 이끌어주는 세 가지 사건을 기록하고 있다.

용서해주다

> 이에 예수께서 이르시되 아버지 저들을 사하여 주옵소서 자기들이 하는 것을 알지 못함이니이다 하시더라…(눅 23:34).

첫 죄악에 대해 하나님께서 형벌을 선고하셨을 때, 아담은 하나님의 심판이 틀림없이 자기에게 직접 떨어질 것이라고 생각했을 것이다. 그러나 하나님께서는 그 저주를 틀어서 땅에 떨어지게 하셨다.

그 원리는 명확하다. 죄는 언제나 우리를 하나님의 심판으로 이끌고 간다. 그러나 하나님께서는 큰 자비하심으로 그 심판이 다른 어떤 곳에 떨어지게 만드셔서 화목의 여지를 만드신다.

우리는 모세의 이야기에서 똑같은 원리를 보았다. 하나님께서 시내산 꼭대기에서 십계명을 주고 계셨을 때, 하나님의 백성은 아래 평지에서 금송아지 주변을 돌며 그 계명들을 어기기에 바빴다. 그 백성의 죄악은 그들로부터 하나님의 임재가 떠나시도록 만들었다. 그래서 모세는 그 산 위로 올라가 백성이 하나님의 용서를 얻기 위해 자신이 무엇을 할 수 있을지를 알아보았다.

모세는 백성이 지은 죄악의 결과들을 자신에게 떨어지게 하실 수 있는지 하나님께 물었다. "…이제 그들의 죄를 사하시옵소서 그렇지 아니하시오면 원하건대 주께서 기록하신 책에서 내 이름을 지워버려 주옵소서"(출 32:32).

그것은 대단한 제의였지만 하나님께서는 받아들이실 수 없었다. 모세는 죄를 지니고 있는 사람이었다. 그래서 그는 다른 사람들의 죄악을 감당할 자격이 없었다. 그 대신에 하나님께서는 어린양 한 마리를 희생제물로 삼도록 허락하셨다. 그러면 당분간 하나님의 심판은 내리지 않게 될 것이었다. 사형선고는 그 제물에게로 갔다. 이런 식으로 하나님께서는 백성에게 자비를 베푸셨다. 백성의 죄악에 대한 정죄는 다른 날로 연기될 것이며, 그동안 하나님의 임재는 백성에게 임하게 될 것이었다.

똑같은 원리를 엘리야의 이야기에서 볼 수 있다. 바알의 제사장들은 많은 사람이 하나님께 순종하지 못하도록 이끌었다. 그리하여 하나님께서 무시무시한 권능을 드러내실 때가 이르렀다. 거대한 무리가 갈멜산에 있는 한 제단을 둘러싸고 있었다. 엘리야가 기도했을 때, 하나님의 불이 하늘로부터 떨어졌다. 불이 떨어질 때, 하늘 아래 있던 사람들은 자신의 최후의 순간이 이르렀다고 믿었을 것이다.

그러나 하나님께서는 그 불을 내려보내시면서 제단 위에 있는 희생제물에 정확히 떨어지도록 하셨다. 아무도 불에 타지 않았다. 불과 몇 걸음밖에 떨어져있지 않았던 사람도 멀쩡했다(왕상 18:20-39).

하나님께서는 성경 전체를 통해 이 원리를 가르쳐주고 계셨다. 죄가 있으면, 반드시 하나님의 심판이 떨어져야 한다. 그러나 하나님은 자비로우셔서 심판이 다른 곳—땅, 희생제물, 제단—에 떨어지게 하신다. 그렇게 해서 심판의 불에 타버렸을 사람들이 구원을 받게 되는 것이다. 하나님께서는 자기 백성의 마음속에 이 모든 사실이 차곡차곡 쌓이도록 하여, 십자가에서 무슨 일이 벌어지고 있는지 우리가 깨달아 알 수 있도록 하셨던 것이다.

인간의 죄는 갈보리에서 최대의 공포와 극악무도한 표현으로 표출됐다. 우리는 하나님의 계명들에 불순종했을 뿐만 아니라 하나님의 이름을 더럽혔다. 그리고 이제 하나님의 아들을 십자가에 못 박고 있었던 것이다.

만일 인간의 역사상 하나님의 진노가 떨어져야 했을 때가 있었다면, 바로 이때였다. 그러나 예수님께서는 "아버지, 저들을 사하여 주옵소서. 자기들이 하는 것을 알지 못함이니이다"라고 외치셨다.

예수 그리스도께서는 하나님의 심판 아래 홀로 계셨다. 그분은 하나님께 "그 심판이 저들에게 떨어지게 마시고, 오직 제게만 떨어지게 하여주옵소서. 제가 저들의 죄에 대한 심판의 피뢰침이 되게 하여주옵소서. 저를 희생제물로 태워주옵시고, 아버지의 심판이 그들에게 떨어지지 않게 하옵소서"라고 외치셨다.

하나님께서는 저주가 땅에 떨어지게 하심으로써, 아담을 보호해주셨듯이 그리고 불이 정확히 희생제물에 떨어지게 하심으로써, 갈멜산에 모여든 군중을 아끼셨듯이, 사람들의 죄에 대한 하나님의 심판이 예수님께 떨어지게 하심으로써, 십자가 주변에 서 있었던 사람들의 목숨을 건져주셨다.

이것이 복음의 핵심이다. 예수님께서는 인류가 하나님을 거역하여 저지른 죄악들에 대한 하나님의 심판 아래 홀로 서 계신다. 그 범죄의 대가인 형벌을 자신이 다 감당하신다. 바로 그렇게 해서 인류의 죄가 용서된 것이다.

인간이 지은 죄에 대한 하나님의 심판이 예수님께 퍼부어지고 있다. 예수님은 십자가 위에서 그 심판을 감당하신다. 그리고 그동안 하나님의 아들을 십자가에 못 박았던 사람들은 그 심판에 영향을 받지 않고 암흑 가운데 서 있다.

예수 그리스도께서 "아버지여, 저들을 용서하여 주옵소서"라고 기도하셨을 때, 그 기도에는 자신을 정죄했던 제사장들, 조롱했던 군중, 십자가에 못 박았던 군인들 그리고 자신을 저버린 제자들이 포함되어있었다. 그 기도는 더 많은 사람에게 확대되어 그분을 기다렸던 구약의 백성과 그분께 나아오게 될 각 세대의 사람 모두를 포함하고 있었다.

예수님께서 홀로 하나님의 심판을 다 감당하셨을 때, 그분의 기도는 그분께 나아오게 될 사람의 모든 죄를 감당하기에 충분했다. 하나님의 아들은 당신의 죄악들에 대한 형벌을 홀로 가져가 감당하셨다. 그렇게 해서 하나님의 심판은 당신을 벗어나 그분께로 가게 되는 것이다.

열린 낙원

달린 행악자 중 하나는 비방하여 이르되 네가 그리스도가 아니냐 너와 우리를 구원하라 하되 하나는 그 사람을 꾸짖어 이르되 네가 동일한 정죄를 받고서도 하나님을 두려워하지 아니하느냐 우리는 우리가 행한 일에 상당한 보응을 받는 것이니 이에 당연하거니와 이 사람이 행한 것은 옳지 않은 것이 없느니라 하고 이르되 예수여 당신의 나라에 임하실 때에 나를 기억하소서 하니 예수께서 이르시되 내가 진실로 네게 이르노니 오늘 네가 나와 함께 낙원에 있으리라 하시니라(눅 23:39-43).

죄는 우리 인간의 첫 조상이 낙원에서 쫓겨나도록 만들었다. 아담과 하와는 하나님과 더불어 놀라운 관계를 누리면서 살고 있었다. 서늘한 어느 날 저녁, 여호와 하나님께서는 그들과 함께 에덴동산을 거닐기도 하셨다(창 3:8). 아무런 의심이 없는 그곳에는 오직 신뢰가 있었고, 아무런 두려움 없는 그곳에는 다만 사랑이 있었으며, 아무런 고통는 그곳에는 오직 기쁨이 있었을 뿐이다.

그러나 그들이 죄악을 선택했을 때, 그들은 더 이상 낙원에 있을 수 없었다. 그들은 에덴동산에서 쫓겨났으며, 다시 돌아갈 수 없었다. 그 입구는 그룹들과 화염검이 지키고 있었다.

구약성경 이야기는 이 추방을 강조하고 있다. 장막과 성전 한가운데 지성소가 세워졌을 때, 무거운 휘장이 지성소 전면에 드리워졌다. 하나님께서는 자신이 구름 가운데서 그곳에 나타나시겠다고 말씀하셨으며, 보통 사람들은 결코 들어올 수 없다고 말씀하셨다.

구약성경 이야기는 한 가지 근본적인 물음을 제기하고 있다. 어떻게 사람이 아담이 잃어버린 그 낙원에 다시 돌아갈 수 있단 말인가?

구약성경은 그 물음에 대한 명백한 해답을 전혀 제공해주지 않는다. 다만 하나님께서 낙원을 회복하실 한 가지 길을 찾으실 것이라는 약속만이 주어져있다. 구약 시대 믿음의 사람들은 하나님께서 무슨 일인가 행하실 것이라고 믿었다. 그러나 그들은 하나님께서 그 일을 행하시기 이전에 살았던 사람들이었기 때문에, 그들이 할 수 있는 일이란 하나님의 약속을 믿고 의지하는 것뿐이었다. 그들은 하나님의 약속이 성취될 날을 고대하면서, 믿음 가운데 죽어갔다. 그들은 예수 그리스도께서 오실 때까지 일종의 대기실로 갔다.

그런데 예수 그리스도께서 좋은 소식을 가지고 세상 속에 들어오셨다. 예수님은 "하나님 나라가 가까이 왔다"고 말씀하셨다. 그리고 "하나님께서 자신의 나라에 접근할 수 있는 통로를 여실 것이다. 하나님 앞에 나아오는 모든 자에게 시민권이 곧 주어질 것이다"라고 말씀하셨다.

예수 그리스도께서는 3년이 지난 후에 삶을 허비했던 두 사람과 함께 십자가에 달리게 되셨다. 그들은 죄의 대가를 지불하고 있었다.

그 범죄자들은 하나님을 전혀 두려워하지 않았다. 심지어 그들은 죽어가면서도 군중과 함께 예수님을 능욕했다. 그러다가 범죄자 중 한 사람의 영혼에 어떤 변화가 일어났다. 그는 죽음이 가까이 오고 있음을 알고, 잠시 후면 자신이 하나님 앞에 서게 될 것을 깨달은 것으로 보인다.

"너는 하나님이 두렵지 않느냐?" 그 범죄자가 함께 못 박힌 자에게 물었다. 그런 다음에 그리스도께 말했다. "예수여 당신이 당신의 나라에 들어가게 될 때에 나를 기억하소서." 예수님께서 고통스럽게 고개를 돌려 그를 보면서 이렇게 말씀하셨다. "내가 진실로 네게 이르노니 오늘 네가 나와 함께 낙원에 있으리라"(눅 23:43).

그 사람의 인생은 재앙을 불러일으키는 선택들로 점철되어있었지만, 예수님께서는 그 범죄자를 죽음으로부터 영생으로 즉시 옮겨주실 것을 약속하셨다.

그 범죄자가 당하고 있었던 끔찍한 고난은 곧 끝나게 될 것이다. 그런 다음에 그는 영원 가운데 들어가게 될 것이다. 그리고 그는 하나님의 정죄를 맞닥뜨리지 않게 될 것이다. 예수님께서 그를 위해 그 일을 감당하고 계셨기 때문이다. 그날이 끝나기 전에 예수님께서는 그 사람을 하나님의 임재 안으로 데리고 들어갈 것이다. 그 사람은, 예수님 때문에 한 사람이 경험할 수 있는 가장 큰 기쁨 가운데 들어가게 된 것이다.

예수님께서 죽으셨을 때, 하나님께서는 하나님의 임재와 그분의 축복 가운데로 돌아올 수 있는 길이 열렸다는 징조를 하나 더 보여주셨다. "성소의 휘장이 한가운데가 찢어지더라"(눅 23:45). 마태는 그 휘장이 위에서부터 아래로 찢어졌다고 덧붙이고 있다. 이것은 마치 하나님께서 친히 내려오셔서 그 휘장을 몸소 찢으셨다는 것처럼 보인다.

그 휘장은 인간이 하나님의 임재로부터의 추방된 사실에 대한 큰 상징이었다. 그룹들이 그 휘장에 수놓아져있었다. 그것은 아담과 하와가 내쫓긴 후에 낙원에 다시 돌아갈 길을 막았던 그 그룹들을 상기시켜주는 것이었다. 이제 그 휘장이 너풀거리면서 찢겨져 바닥에 떨어졌다. 예수님께서 죽으셨을 때, 천국은 모든 사람에게 열렸다.

> 때가 제육시쯤 되어 해가 빛을 잃고 온 땅에 어둠이 임하여 제구시까지 계속하며(눅 23:44).

이제 예수님은 하나님의 심판 가운데 들어가셨을 것이다. 예수님께서 고난의 중심에 들어가셨을 때, 하나님께서는 태양이 빛을 내지 못하도록 막으셨다.

예수 그리스도께서는 십자가에 달려 계시면서 지옥의 모든 면면 속으로 들어가셨다. 암흑의 시간들 속에서, 예수 그리스도는 우리의 죄책을 감당하셨으며, 하나님의 진노를 견디셨으며, 악의 조롱을 당하셨다. 예수 그리스도는 이 모든 일을 홀로 감당하셨다. 성부 하나님의 위로도 없었다. 그래서 마지막으로 이렇게 외치셨다. "나의 하나님, 나의 하나님, 어찌하여 나를 버리셨나이까"(마 27:46).

그다음에 암흑은 지나갔다. 폭풍우는 끝났다. 예수 그리스도께 떨어졌던 심판은 다 사라져버렸다. 암흑의 세 시간이 지나면서, 예수님께서는 "다 이루었도다"라고 외치셨다.

죽음이 정복되다

> 예수께서 큰 소리로 불러 이르시되 아버지 내 영혼을 아버지 손에 부탁하나이다 하고 이 말씀을 하신 후 숨지시니라(눅 23:46).

세 시간이 지난 후에 어두움이 걷혔다. 죄는 모두 처리되었다. 하나님의 정의는 성취되었으며, 예수 그리스도께서는 자신의 모든 백성을 위해 죽음의 골짜기에서 원수들을 결박하셨다.

마침내 전쟁은 끝났다. 그리스도께서 승리하신 것이다.

예수님께서는 기진맥진한 목소리로 최후의 말씀을 하지 않으시고 터져 나오는 큰 소리로 말씀하셨다. 그 말씀에는 승리의 어조가 담겨있었다. 예수 그리스도는 모든 사람을 위해 용서를 베푸셨으며, 찾아올 모든 사람을 위해 낙원을 열어놓으셨으며, 죽음의 가시를 빼버리셨으며, 그 골짜기에서 어슬렁거리고 있는 원수들을 결박하셨다. 예수 그리스도는 아버지께서 하라고 맡겨주신 모든 일을 완수하셨다. 그리고 다 이루어졌다.

사흘째 되던 날, 예수 그리스도는 죽은 자 가운데서 부활하셨다. 몇 주 후, 오순절에 베드로는 예수 그리스도의 메시지를 전파하기 시작한다. "너희가 십자가에 못 박은 이 예수를 하나님이 주와 그리스도가 되게 하셨느니라"(행 2:36).

예수 그리스도는 당신에게 하나님의 구원을 가져다주시는 분이시다. 그분은 죽음의 골짜기에서 대적들을 모두 결박시켜 버리셨다. 그분은 낙원을 열어놓으셨다. 그분은 우리의 죄악들을 위해 죽음의 선고를 감당하셨으며, 회개와 믿음으로 예수 그리스도께 나아올 모든 사람에게 용서를 베푸셨다.

그분을 거부하지 말라. 그분께 나아와서 그분이 당신을 위해 주시는 것들을 모두 받아들이라. 믿음으로 하나님의 선물을 받아서 그것을 당신 자신의 것으로 삼으라. 이 말씀의 힘과 약속을 깨달으라.

하나님이 세상을 이처럼 사랑하사 독생자를 주셨으니 이는 그를 믿는 자마다 멸망하지 않고 영생을 얻게 하려 하심이라(요 3:16).

드러난 사실 UNLOCKED

하나님께서 태초부터 행하시겠다고 약속하셨던 모든 일이 십자가에 달리신 주 예수 그리스도의 죽음을 통해 성취되었다. 성경 이야기 전체는 그분이 죽으신 의미와 의의를 우리가 이해할 수 있도록 도와주는 것이다.

예수님께서 십자가에 달려 죽으셨을 때, 예수님은 자신을 우리의 죄악을 위한 희생제물로 바치신 것이다. 우리가 받을 형벌이 그분께 옮겨졌다. 그분은 우리의 자리에서 우리가 받을 심판을 홀로 감당하셨다. 이렇게 해서 예수 그리스도께서는 낙원으로 복귀할 수 있는 길을 열어놓으셨다. 우리의 죄를 짊어지심으로써, 그분은 우리가 하나님 앞에 의롭게 될 수 있는 길을 열어놓으셨다. 아버지께 버림을 받으시면서, 하나님과 우리가 화목할 수 있는 길을 열어놓으신 것이다. 예수 그리스도께서는 우리가 들어가야 할 지옥에 대신 들어가심으로써, 그분 앞에 나아올 모든 자를 위해 천국에 들어갈 길을 열어주셨다.

기도 PAUSE FOR PRAYER

은혜로우신 하나님 아버지!

저를 위해 십자가에서 고난을 당하시고 죽으신 예수 그리스도께 감사드립니다. 예수님께서 저에게 내릴 모든 심판을 감당하시고, 십자가에 달려 죽으심으로써, 하나님을 만날 수 있는 길을 열어주심을 진실로 감사드립니다. 저의 죄를 대신 지시고 홀로 흑암 가운데 계셨던 주님의 무한하신 사랑에 항상 감사드립니다.

제가 죄인이었음을 고백합니다. 그러나 지금은 주님께서 주시는 화평과 평안으로 예수 그리스도를 저의 구세주로 믿고 영접합니다. 주님께서 주시는 모든 축복의 선물들로 인해 영생을 누릴 수 있도록 하여 주시옵소서. 저의 찬양과 경배를 받으시옵소서. 예수 그리스도의 이름으로 기도드립니다. 아멘.

12

부활

Risen

누가복음 24장

나에게 예수님의 부활이 어떤 의미가 있는가?

묵상의 길잡이

☑ **발견하라**

무덤을 맨 처음에 찾아갔던 사람들이 예수님께서 부활하셨음을 어떻게 알게 되었는지 발견하라.

☑ **배우라**

왜 기독교의 메시지가 '예수님이 살아있다'는 것이 아니라 '예수님이 부활하셨다'인지 배우라.

☑ **경배하라**

죽은 자들 가운데서 부활하신 예수그리스도께 경배하라.

무덤을 향해 가는 세 여인이 지난 안식일(토요일)에 겪은 일은 정말 끔찍했다. 이제 그들은 한 주간의 첫날을 맞이해야 했다. 끔찍한 비극을 겪은 지 얼마 되지 않았지만, 다시 일상으로 돌아와 괴로운 삶을 시작해야 했다.

그들은 다른 일들을 시작하기에 앞서, 이틀 전에 죽으신 예수님에 대한 기억을 소중히 간직할 시간을 갖고자 이른 아침 무덤을 향해 출발했다. 이 여인들은 예수님 및 열두 제자들과 더불어 여행을 했던 사람들 중 일부였다(눅 8:1). 그들은 이스라엘 북부 지방의 갈릴리 출신이었으며, 예수 그리스도께 깊이 헌신했던 사람들이었다.

그중에 "일곱 귀신이 나간 자 막달라인이라 하는 마리아"가 있었다(눅 8:2). 여러 해 동안 그녀는 귀신에게 지배당했다. 스스로 통제할 수 없을 만큼 심한 발작을 일으키는 그 여인을 예수 그리스도께서 해방해 주셨다. 예수 그리스도는 그녀의 삶을 파괴하고 있었던 악한 세력들에게 권위를 행사하셨다. 그때 이후로 막달라 마리아는 예수님의 헌신적인 제자 중 한 사람이 되었다.

그다음에 "헤롯의 청지기 구사의 아내 요안나"가 있었다(눅 8:3). 흥미롭지 않은가? 구사는 왕실의 일을 관리하는 높은 지위에 있는 사람이었다. 그는 왕궁 생활에서 중요한 부분을 차지했기 때문에 세례 요한을 참수하는 데 명분을 제공한, 헤롯 왕을 위한 잔치를 준비한 인물이었을 것이다. 그리고 요안나는 그의 아내였다.

빌라도는 예수님을 헤롯 왕궁에 보냄으로써 책임을 회피하려고 했다. 그렇지만 예수님을 따랐던 제자들 중 핵심적 역할을 한 인물 중에는, 헤롯 궁전 관리인의 아내 요안나가 있었다. 그녀는 예수님을 갈릴리에서 알게 되었을 것이다. 그리고 예루살렘까지 예수님을 따라왔던 무리와 함께했다.

그 주간의 첫째 날에 야고보의 어머니 마리아와 함께 무덤에 왔던 여인들은 바로 막달라 마리아와 요안나였다(눅 24:1).

믿음이 없는 사랑

…갈릴리에 계실 때에 너희에게 어떻게 말씀하셨는지를 기억하라 이르시기를 인자가 죄인의 손에 넘겨져 십자가에 못 박히고 제삼일에

다시 살아나야 하리라 하셨느니라 한대 그들이 예수의 말씀을 기억하고(눅 24:6-8).

그 여인들은 예수 그리스도께서 제삼일에 무슨 일이 일어날 것인지 말씀하시는 것을 들었다. 예수 그리스도께서는 자신이 죽은 자 가운데서 살아날 것이라고 그들에게 구체적으로 말씀하셨다.

그들은 예수님의 말씀을 들었다. 그러나 그 주간의 첫 번째 날에 이르러, 그들은 예수님께서 말씀하신 일이 일어날 것이라고 전혀 기대하고 있지 않았다. 그들이 무덤을 향해 갔던 것은 예수님에 대한 사랑 때문이었지, 믿음 때문이 아니었다. 이전에 그들이 그리스도에 대해 어떤 믿음을 갖고 있었든지, 그 믿음은 갈보리의 암흑에 압도당해버렸다. 믿음은 사라져버렸고 남은 것은 사랑뿐이었다. 그래서 예수 그리스도의 죽으신 몸에 기름을 붓기 위해 향유를 가지고 무덤으로 갔던 것이다.

그리스도에 대한 사랑은 지극하면서도 믿음은 전혀 없을 수 있다. 이 여인들은 그리스도의 대의명분을 믿었다. 그들은 자신들의 돈을 들여 그리스도의 대의를 지지했고, 그리스도를 깊이 사랑했다. 그러나 바로 이틀 전에 그들이 목격했던 그리스도의 죽음이라는 끔찍한 현실 앞에서 충격을 받았다. 그래서 이제 그들은 죽음이 예수 그리스도께서 하셨던 약속보다 더 강하다고 느꼈다.

오늘날 많은 사람이 예수 그리스도에 대해 깊은 애정을 가지고 있다. 하지만 그들은 그리스도를 믿는 일이 어렵다는 것을 발견한다. 기독교 신앙에 대해 배우면서 그들은 그리스도에게 이끌렸고 그리스도를 따르기 시작했다. 그러나 믿음의 여정 가운데 개인적인 비극이나 큰 죄악으로 인해 엄청난 흑암을 겪었다. 그들은 그 흑암 어디에선가 그리스도를 믿는 것을 중단한 것이다.

이것은 전쟁터에서 조국을 위해 싸웠던 많은 사람이 겪는 갈등이다. 형언할 수 없는 전쟁의 잔학성과 고난을 본 충격으로 어떤 사람들은 깊은 슬픔에 잠겨 자기들이 더 이상 예수님을 믿을 수 없다고 말한다. 그 고통은 믿음의 가능성을 모조리 삼켜버린 것처럼 보인다.

그것이 바로 첫 번째 부활절 아침을 맞이한 그 여인들의 처지였다. 그리고 그것이 오늘날 많은 사람이 처한 입장이다. 당신도 그 여인들처럼 말할 수 없는 잔학성과 고난을 목도했을 수 있다. 그렇다면 흑암 가운데서 믿음은 소진되고, 사랑만 남을 것이다. 당신의 영혼 가운데 예수님에 대한 애정이 있기 때문에 여전히 교회에 출석하지만, 당신 안에는 슬픔과 의심이 가득할 것이다.

설명하지 못한 사건

돌이 무덤에서 굴려 옮겨진 것을 보고 들어가니 주 예수의 시체가 보이지 아니하더라 이로 인하여 근심할 때에…(눅 24:2-4).

여인들이 도착했을 때, 그들은 무덤 앞에 있었던 돌이 옮겨진 것을 발견했다. 그들이 무덤 안으로 들어갔을 때, 무덤이 비었음을 알게 되었다. 그 여인들은 어찌할 바를 몰라 발만 동동 구르며 빈 무덤 앞에서 근심할 뿐이었다.

그들이 빈 무덤을 보고 곧바로 예수님께서 죽은 자들로부터 부활하셨다는 결론에 도달하지 않았다는 사실이 중요하다.

시체가 없어졌음을 발견했을 때, 마리아는 "그리스도께서는 분명히 죽은 자들 가운데서 부활하셨을 거예요"라고 말하지 않았다. 요안나 역시 "그래, 나도 그런 느낌이 들어요. 당신 말이 틀림없을 거예요"라고 대답하지 않았다. 그런 생각은 그들에게 떠오르지도 않았다.

그렇다면 그들은 무슨 일이 일어났는지 어떻게 알게 되었는가? 하나님께서 그들에게 말씀해주셨다.

✦

하나님께서 설명해주시다

> 이로 인하여 근심할 때에 문득 찬란한 옷을 입은 두 사람이 곁에 섰는지라 여자들이 두려워 얼굴을 땅에 대니 두 사람이 이르되 어찌하여 살아 있는 자를 죽은 자 가운데서 찾느냐 여기 계시지 않고 살아나셨느니라…(눅 24:4-6).

하나님께서 두 천사를 불러 이렇게 말씀하셨다. "가서 저들에게 내가 행한 일이 무엇인지 전해주도록 해라. 그 여인들은 나의 아들을 사랑하고 있다. 그러나 무슨 일이 벌어졌는지 전혀 모르고 있다. 그들은 상상조차 하지 못할 것이다. 가서 저들에게 이야기해주어라."

여인들 곁에 '찬란한 옷을 입은 두 사람'이 찾아왔다. 다른 복음서 기자들은 그 두 사람이 천사임을 말해주고, 누가는 우리에게 그 모습을 그려준다. 그들은 사람처럼 보였다. 그러나 그들에게서 나는 광채를 볼 때, 그들은 분명 사람이 아니었다. 그 두 천사는 세상에서 들었던 소식 가운데 가장 위대한 뉴스를 선포하는 특권을 부여받았다. "그가 살아나셨느니라!"

그리스도인이란, 하나님의 행동에 대한 하나님의 설명을 믿는 사람이다. 기독교 신앙은 하나님께서 행하신 일이 무엇인지 우리에게 전해주시는 대로 파악하고 믿는 일에 전적으로 달려있다. 우리는 성경 이야기 전체를 통해 이 패턴을 확인해왔다.

아담이 처음 호흡을 하게 되고 자신이 살아있는 존재라고 의식하게 되었을 때, 그는 하나님께서 말씀해주실 때까지 자기가 누구인지 알 길이 전혀 없었다. 하나님께서는 어떤 일이 일어났었는지 그에게 설명해 주셨다. 아담은 하나님의 형상으로, 하나님의 영광을 위해 지음 받았던 것이다.

동정녀 마리아가 한 아기를 잉태하게 되었을 때에도 그녀는 자신에게 어떤 일이 일어나고 있는지 전혀 알 길이 없었다. 그래서 하나님께서는 천사를 보내어 어떤 일이 일어나게 될 것인지 설명해주도록 하셨다. 들판에 있었던 목자들과 동방 박사들의 경우도 그와 같았다. 어떻게 그 사람들이 구유 가운데 누워있던 그 아기가 인간의 몸을 취하신 하나님이라고 알 수 있었겠는가? 천사들과 별을 통한 하나님의 설명이 없었다면, 그 사람들은 결단코 어떤 일이 일어나고 있었는지 알 수 없었을 것이다.

예수님의 죽으심도 마찬가지였다. 많은 사람이 예수님이 죽는 것을 보았다. 그러나 아무도 십자가의 의미를 이해하지 못했다. 그러나 그리스도께서 희생제물이 되시고 십자가를 지심으로써 하나님의 정의가 성취되고 우리가 죄 사함을 얻을 수 있도록 우리의 죄를 감당하셨으며, 우리가 당할 형벌을 대신 견디신 것이라고 하나님께서 우리에게 말씀해주신다.

그 주간의 첫날에 무덤에 있었던 그 여인들의 경우도 마찬가지였다. 그들 스스로는 어떤 일이 일어났었는지 도저히 상상조차 할 수 없었을 것이다. 그러나 하나님께서 그들에게 말씀해주셨다. 기독교 신앙은 감정이나, 충동이나, 개인적인 통찰들에 의존하지 않는다. 기독교 신앙은 오직 성경을 통해 우리에게 주어져 있는 대로, 사건들에 대한 하나님의 설명을 믿는 것이다. "예수 그리스도는 살아나셨다! 예수 그리스도는 부활하셨다!"

'살아나셨다'는 것은 죽음이 패배했다는 뜻이다

'살아나셨다'는 말은 우리에게 먼저 죽음이 패배했음을 전해준다.

에덴동산에서 지은 첫 번째 죄부터 죽음은 가차 없이 임했다. 사도 바울은 사망이 왕 노릇 한다(롬 5:14, 17)고 했다. 사망은 마치 인류에 대해 공포정치를 실행하고 있는 독재자와 같다. 아무도 그것을 피할 수 없다. 모든 사람이 그 잔학성에 굴복하고 있다.

구약성경 이야기에는 많은 믿음의 위인이 등장한다. 아브라함, 이삭, 야곱, 모세 그리고 다윗은 모두 하나님의 약속을 믿었다. 그러나 그들에게도 죽음은 어김없이 찾아왔다.

그들이 죽었을 때 무슨 일이 일어났는가?

우리는 그들이 심판에 들어가지 않았다고 확신할 수 있다. 그들은 장차 임하실 구원자를 믿었으며, 앞으로 이루어지게 될 희생제사를 바라보았다. 그들은 그 구원자가 오시기 전에 죽었다. 그들은 이 세상에서의 생명으로부터는 분리되었지만, 하나님의 임재 안으로 들어갈 수 없는, 그림자 같은 실존성을 계속 유지했다. 죽음은 그들을 출구가 없고 한 가지 길밖에 없는 장소로 데리고 갔다. 그들은 오직 기다리는 일밖에 할 수 없는 일종의 '무인도'에 좌초되어있었다.

내가 유치원에 다니던 시절, 우리 반에서는 애완용 쥐를 기르고 있었다. 주말이면 우리는 한 사람씩 그 쥐를 집으로 가져갈 수 있었다. 마침내 내 차례가 왔다. 나는 화창한 토요일 오후, 그 쥐를 햇빛 가운데 가지고 나왔다.

나는 쥐가 더욱 흥미를 느낄 수 있도록 장난감 몇 개를 내왔다. 그 장난감들 중 하나는 빨간색 2층 버스로, 길이 25센티미터에 높이 15센티미터 정도 되었다.

그 쥐는 빨간색 버스가 좋았는지, 내가 알아채기도 전에 버스 안으로 기어 들어가 계단으로 올라갔고, 길을 따라 버스 지붕 쪽으로 가서, 작은 플라스틱 좌석들 위에 올라 앉아 창문 바깥으로 코를 내밀고 있었다. 그런데 한 가지 문제가 생겼다. 쥐가 그 자리에서 꼼짝도 하지 못하고 완전히 끼인 것이다.

물론 나는 버스 뒤에 치즈를 갖다 놓는 일을 비롯해 할 수 있는 모든 일을 시도했다. 그러나 불쌍한 쥐가 뒤로 돌 수 있는 틈이 전혀 없었다.

월요일 아침에 반 친구들에게 뭐라고 말할지 고민하면서 공포에 사로잡혔던 기억이 아직도 생생하다. "미안해. 그 쥐는 2층 버스에 갇혀버렸어. 하지만 창문을 통해서는 아직 먹이를 줄 수 있어."

그 광경을 보신 아버지께서 이렇게 말씀하셨다. "얘야, 딱 한 가지 할 수 있는 일이 있다. 그 버스를 부수는 거야!" 그리고 아버지는 곧바로 칼로 버스의 지붕을 잘랐다. 그렇게 해서 쥐는 자유를 되찾게 되었다.

그때 내가 느꼈던 안도감이란 이루 말할 수가 없다. 그러나 나의 2층 버스는 결코 예전과 같지 않았다. 지붕이 절반이나 날아가서 버스 모양이 정말 괴상해졌다. 그렇게 되자, 버스는 쥐에게 더욱 흥미로운 물건이 되었다. 이제 그 쥐는 문으로 들어가서 계단을 타고 올라가 지붕을 통해 밖으로 나올 수 있었다.

원래 그 버스는 쥐에게 마치 막다른 골목 같았다. 들어가는 길은 있었지만, 나오는 길은 전혀 없었기 때문이다. 그런데 이제 쥐는 나오는 길도 있음을 알고서 들어갈 수 있게 되었다. 이전과는 전혀 다른 세계가 된 것이다.

아담의 때로부터 그리스도의 때까지, 죽음으로 들어가는 길은 있지만, 나오는 길은 전혀 없었다. 사람들은 죽음으로 들어갔으나 죽음으로부터 나올 수는 없었다. 그러나 예수님께서 죽으셨을 때, 예수님은 죽음 자체에 구멍을 하나 만드셨다. 내가 죽음의 순간에 이를 때, 감옥이 아니라 하나님의 임재 속으로 들어가는 통로를 만드심으로, 죽음의 성격을 바꾸어놓으셨다. 이전과는 전혀 다른 세계가 된 것이다.

그리스도 이전 사람들은 죽음 속으로 들어갔다. 그러나 예수 그리스도께서는 죽음을 통과해 나오셨다. 죽음은 예수 그리스도를 붙잡아 둘 수 없었다. 그리스도는 부활하셨다. 그리고 부활 가운데서 죽음의 권세를 파괴하셨다. "부활하셨다"는 말, "다시 살아나셨다"는 말은 죽음이 패배했다는 뜻이다.

'부활하셨다'는 말은 모든 사람을 죄로부터 구하셨음을 의미한다

부활절의 메시지는 예수님께서 살아계신다는 것이 아니다. 물론 예수님은 실제로 살아계신다. 그러나 부활절은 우리에게 그 이상의 것을 말하고 있다. 부활절의 메시지는 예수님께서 살아나셨다는 것이다!

그 차이점에 대해서는 깊이 생각해볼만한 가치가 있다. 하나님의 아들은 사람의 몸을 취하시기 전에 하늘에 살아계셨다. "태초에 말씀이 계시니라 이 말씀이 하나님과 함께 계셨으니 이 말씀은 곧 하나님이시니라"(요 1:1). 그분은 과거에 살아계셨을 뿐만 아니라, 세계를 창조하고 유지하는 신성의 역사에 활발하게 가담하셨다. 하나님의 아들은 자신 안에 생명을 가지고 계신다. 그리고 아무도 그 생명을 빼앗아갈 수가 없다. 이 모든 사실은 하나님의 아들이 사람의 몸을 취하시기 전에 이미 그분께 해당되는 사실이었다.

그렇다면 왜 그분은 십자가에 못 박혔던 자신의 몸을 무덤에 그대로 남겨두지 않으셨는가? 결국 그것은 단지 살과 뼈일 뿐이었다. 그런데 왜 살과 뼈에 신경을 쓰셨단 말인가?

천사들이 어김없이 그 부활절 아침에 나타나, "자 보시오. 그분의 몸은 무덤에 있습니다. 하지만 여러분은 걱정할 필요가 없습니다. 비록 그분의 시신이 여기에 놓여있다할지라도, 그분의 영은 지금 하늘에 아버지와 함께 계십니다. 그분은 살아계십니다. 그리고 여러분의 기도를 다 듣고 계시지요."라고 이야기할 수 있었을 것이다.

이것은 한 사람의 그리스도인이 죽었을 때, 장례 예배에서 우리가 하는 말과 같지 않은가? 우리는 그 몸을 묻는다. 그리고 그 몸이 정확히 어디에 있는지 알고 무덤을 찾아간다. 그러나 우리는 이렇게 말한다. "비록 그 몸은 여기에 있지만, 그 사람의 영혼은 지금 하늘에서 아버지와 함께 있다."

부활절의 메시지는 지금 예수님이 하나님 우편에 살아계신다는 것이 아니라, 그리스도께서 부활하셨다는 것이다! 그 차이를 알겠는가? 하나님께서 당신의 모든 부분을 구속救觸하시기로 결정하셨다는 것이다. 당신의 영혼만이 아니라 몸 또한 구속하실 것이다.

하나님께서는 사람을 놀랍게 창조하셨다. 천사들을 육체가 없는 영혼들로 창조하셨고, 동물들을 영혼이 없는 육체로 만드셨다. 그러나 인간은 몸과 영혼이 특별하게 연합되도록 창조하셨다.

바로 그러한 이유로 죽음은 우리에게 무시무시한 대적이 되는 것이다. 죽음은 하나님께서 함께 붙여놓으신 영혼과 육체를 분리하는 것이다. 그것은 우리의 존재 자체를 파멸하는 것이다.

육체가 없는 영혼의 존속은 우리의 일부분만이 구원받는다는 것을 의미한다. 그리고 그것은 죽음에 대한 승리가 되지 못한다. 죽음은 영혼과 육체를 분리하는 것이기 때문에, 죽음에게 패배하지 않는 유일한 방법은 새로운 생명의 힘 가운데 영혼과 육체가 재결합하는 것이다.

이 말을 할 때에 예수께서 친히 그들 가운데 서서 이르시되 너희에게 평강이 있을지어다 하시니 그들이 놀라고 무서워하여 그 보는 것을 영으로 생각하는지라 예수께서 이르시되 어찌하여 두려워하며 어찌하여 마음에 의심이 일어나느냐 내 손과 발을 보고 나인 줄 알라 또 나를 만져보라 영은 살과 뼈가 없으되 너희 보는 바와 같이 나는 있느니라(눅 24:36-39).

성경은 부활의 육체적 성격을 크게 강조하고 있다. 예수 그리스도께서 제자들에게 나타나셨을 때, 그들은 자신들이 유령을 보고 있다고 생각했다. 그래서 예수님께서는 제자들에게 자신을 만져보라고 말씀하셨다. "유령은 살과 뼈를 가지고 있지 않지만, 너희가 보고 있다시피 나는 그것을 가지고 있느니라"고 말씀하셨다.

예수님께서는 그들이 본 것이 그리스도의 영이 나타난 것 그 이상이었음을 알기 원하셨다. 무덤에 누워있던 그 몸이 부활하신 것이다. 예수님께서 "나인 줄 알라"(눅 24:39)고 하신 말씀은, 자신의 일부분만이 죽음을 극복하고 계속 살아있는 것이 아니라, 그분 전체가 죽음을 통과했으며, 죽음에서 승리했다는 의미였다.

예수 그리스도께서 영광 중에 재림하셔서 그리스도의 모든 백성을 그 앞에 불러 모으실 때, 모든 성도는 영혼뿐만이 아니라 육체를 입은 몸으로 그 자리에 설 것이다.

하나님께서는 당신의 영혼만이 아니라 당신의 전체를 구속하기로 결정하셨다. 그러므로 당신 자체가 천국에 가서 하나님의 임재를 즐거워하게 될 것이다. 만일 우리가 육체의 부활을 좀 더 명확하게 믿는다면, 우리는 천국에서의 삶을 훨씬 더 갈망하게 될 것이다.

'부활하셨다'는 말은 우리 모두가 변화 받을 것이라는 뜻이다

예수님의 육체가 부활하셨을 때, 그분의 육체는 영생에 적합하게 바뀌었다.

죽었던 사람에게 생명이 되돌아오는 다른 예들은 있었다. 야이로의 딸, 나인성 과부의 아들 그리고 나사로는 예수님의 권능으로 말미암아 모두 생명을 되찾게 되었다.

그러나 나사로는 무덤에 들어갔던 그대로 무덤에서 나왔다. 물론 몇 킬로그램 더 가벼워졌을 수는 있겠지만, 그는 본질적으로 똑같았다. 그리고 이 불쌍한 사람은 어떤 시점에서 다시 죽음에 이르는 모든 과정을 통과해야 했다. 야이로의 딸과 과부의 아들 역시 나이가 들어 늙었을 것이며, 마침내는 죽었을 것이다. 죽음이 지연되었지만 패배한 것은 아니었다.

그러나 그리스도께서 다시 살아나셨을 때, 그분의 육체는 더 이상 노화나 질병이나 죽음에 종속되지 않았다. 그리스도의 몸은 영원에 맞게 변화되고 영원에 적응되었다.

이것이 바로 모든 그리스도인이 기다리고 있는 영광스런 미래이다. 하나님께서는 당신의 육체와 영혼, 즉 당신의 전부를 구속하기 위해 예수 그리스도를 보내셨다. 그리고 하나님께서는 부활을 통해 당신의 영혼이 하나님의 임재 안에서 영생할 수 있도록 준비시키듯이, 당신의 육체도 그 삶에 맞게 만드실 것이다.

모든 사람이 준비될 때까지 기다리라

부활한 육체라는 선물은 대단히 경이로운 것으로서, 하나님께서는 하나님의 모든 자녀를 함께 모으실 그날까지 그 선물을 보류하고 계신다.

그 선물은 아마도 내가 어렸을 때 성탄절 아침에 받았던 선물과 같을 것이다. 성탄절 아침 일찍 깨어났을 때, 우리에게는 이미 선물이 주어져있었다. 아침이면 우리는 모두 거실로 뛰어가서 선물들을 열어보았다. 그러나 가족 모두가 거실 문 앞에 설 때까지는 거실에 들어가는 것이 허락되지 않았다. 모든 가족이 모여 준비가 되면, 함께 거실로 들어갔다.

나는 내가 사랑하지만, 지금은 죽은 그리스도인들에 대해 생각한다. 그들은 모두 하나님의 영광을 누리면서 예수님 앞에 가있다. 그들은 이 땅에서 지냈던 그 어떤 시간보다 훨씬 더 즐겁고 행복할 것이다. 그러나 하나님께서는 그들과 우리를 위해 또 다른 선물을 가지고 계신다. 하나님께서는 예수 그리스도께서 재림하셔서 그분의 온 가족을 모으실 그날을 위해 그 선물을 보존하고 계신다.

예수 그리스도께서 오실 때에 이미 그리스도 앞에 가있는 우리의 사랑하는 그리스도인들은 그리스도와 함께 임할 것이다(살전 4:14). 그다음에 그리스도 안에서 죽은 자들이 부활할 것이다(살전 4:16). 다시 말해서, 예수 그리스도와 지금 함께 있는 자들의 영혼이 영원한 생명에 맞게 변화된 부활의 육체들과 재결합하게 될 것이다.

동시에 아직 이 땅에서 살아있는 신자들은 그들과 함께 구름 속으로 끌어 올려 공중에서 주를 영접하게 하시므로 항상 주와 함께 있을 것이다(살전 4:17). 우리는 우리의 육체가 영원한 생명에 맞게 바뀌는 동일한 변화를 겪게 될 것이다. 그 선물은 온 가족에게 함께 주어질 것이다. 하나님께서 우리를 위해 예비해놓으신 축복 가운데 함께 들어가게 될 때,

모든 하나님의 자녀의 얼굴이 빛날 것이다.

드러난 사실 UNLOCKED

예수님의 부활은 모든 백성에게 있어서 죽음의 면모를 바꾸어준다. 죽음은 더 이상 어떤 감옥이 아니라, 하나님의 임재 안으로 즉시 들어가는 통로이다. 예수님께서는 "나는 부활이요 생명이니 나를 믿는 자는 죽어도 살겠고"(요 11:25)라고 말씀하셨다. 예수님께서 말씀하신 그 생명은 영적인 체험 이상의 것이다. 하나님께서는 당신의 육체를 포함해서 당신의 모든 것을 구속하실 것이다.

예수 그리스도께서 재림하실 때, 그분의 백성은 모두 예수님의 부활한 육체와 같은 새로운 육체를 갖게 될 것이다.

기도 PAUSE FOR PRAYER

전능하신 아버지 하나님!

하나님의 모든 백성을 위해 죽음을 영생으로 바꾸신 주님의 은혜에 정말 감사드립니다. 또한 예수 그리스도께서 사흘 만에 부활하신 사실과 저 역시도 예수 그리스도를 믿음으로 말미암아 영원한 생명을 얻게 될 것이라는 믿음을 주시니 진실로 감사드립니다. 죽음을 맞이하게 되더라도 그것이 바로 하나님의 임재 안으로 들어가는 통로가 된다는 것을 믿습니다.

주님께서 재림하실 날을 고대하며 기쁨으로 살아갈 수 있도록 도와주시옵소서. 나의 주 예수 그리스도의 이름으로 기도드립니다. 아멘.

13

승천

Ascended

누가복음 24장, 사도행전 1장

예수님께서 그들을 떠나가셨을 때,

제자들은 왜 기쁨으로 충만했는가?

묵상의 길잡이

☑ **발견하라**

부활 후에 나타난 일들의 의미를 발견하라.

☑ **배우라**

예수님께서 천국에서 당신의 죄상에 대해 어떻게 변호하시는지 배우라.

☑ **경배하라**

우리를 언제나 그리스도의 축복 가운데서 살게 해주신 예수 그리스도께 경배하라.

사람들은 여러 가지 방법으로 작별 인사를 한다. 나는 영국에서 한 친구와 작별 인사를 나눈 일이 특히 기억에 남는다. 우리는 자주 그랬듯이, 함께 한 과목을 가르치면서 하루를 보냈고, 그 후에 지난 10여 년 동안 우리가 함께했던 많은 일들을 추억하며 이야기를 나누었다.

드디어 떠날 시간이 되었다. 그는 심호흡을 한 번 한 후에, 손을 뻗어 악수를 하고 "콜린, 잘 가게나"라고 말했다. 그런 다음에 군대에서 하듯이 뒤돌아선 다음, 자기 차에 올라 그길로 곧장 달려갔다. 그것은 그 영국인이 이별을 하는 방식이었다.

글래스고 국제공항에서 가족과 작별할 때는 가슴이 좀 더 찡했다. 우리는 마음을 단단히 먹었고, 다른 가족들도 이사하는 것은 좋은 일이라고 격려해주었다. 그러나 우리는 이민을 떠나는 것이었기 때문에 마음은 함께하더라도 몸은 더 이상 그 자리에 함께 있지 못할 것이었다. 아무리 작별 인사를 잘 하겠다고 단단히 마음을 먹었어도, 막상 그 순간이 오니 헤어진다는 것이 결코 쉽지만은 않았다.

그렇기 때문에 나는 예수님이 승천하신 사건에 대한 기록을 읽으면서 놀라지 않을 수 없었다.

이별의 기쁨

예수께서 그들을 데리고 베다니 앞까지 나가사 손을 들어 그들에게 축복하시더니 축복하실 때에 그들을 떠나 하늘로 올려지시니 그들이 그에게 경배하고 큰 기쁨으로 예루살렘에 돌아가(눅 24:50-52).

나는 이 마지막 말들에 참으로 놀랐다. 만일 우리가 비행기에 올라타자마자 가족들과 친구들이 잔치를 벌였다는 이야기를 들었다면, 기분이 좋지 않았을 것이다. 그런데 예수님께서 떠나가셨을 때 제자들이 기뻐했다니, 도대체 그 기쁨을 우리가 어떻게 이해할 수 있단 말인가?

제자들의 기쁨은, 예수님께서 최후의 만찬 동안에 자신이 떠나가실 것에 대해 그들에게 말씀하셨음을 기억해볼 때, 더더욱 이상한 일이다. 그 당시 제자들은 예수님께서 떠나가신다는 사실에 겁을 먹었다. 그런데 그 일이 실제로 벌어졌는데, 그들은 기쁨으로 충만한 것이다.

그들이 한때 두려워했던 일을 기뻐하게 된 데에는 무엇인가 특별한 이유가 있었을 것이다. 이 장에서 우리는 그 이유가 무엇이었는지 알아보고자 한다.

상식적인 의심을 넘어서

> 그가 고난 받으신 후에 또한 그들에게 확실한 많은 증거로 친히 살아 계심을 나타내사 사십 일 동안 그들에게 보이시며 하나님 나라의 일을 말씀하시니라(행 1:3).

비록 요한복음이 가운데 끼어있기는 하지만, 누가복음과 사도행전은 한 권을 둘로 나누어놓은 것이다. 그래서 누가복음의 끝부분과 사도행전의 시작 부분은 자연스럽게 연결되어있다. 사도행전은 누가복음이 끝나는 곳, 즉 예수님의 승천에서 시작된다. 그러므로 이 두 기록을 함께 붙여놓음으로써, 우리는 무슨 일이 벌어지고 있었는지에 대해 좀 더 충분한 정보를 얻을 수 있게 된다.

이 두 책을 쓴 누가는 부활 후에 예수님께서 40일 동안 제자들에게 나타나셨다고 전해주고 있다. 예수님께서 제자들 앞에 출현하셨던 첫 번째 이유는 "저희에게 확실한 많은 증거로 친히 사심을 나타내기" 위한 것이었다. 예수님의 부활이 상식적인 의심을 넘어서 기정사실로 확립되어야 한다는 사실이 중요했다. 그래서 예수 그리스도께서는 한두 번이 아니라 거듭해서 제자들에게 나타나셨다.

복음서들과 고린도전서에 나타나 있는 기록들을 모두 합쳐보면, 예수 그리스도께서는 제자들에게(모두가 있는 자리 혹은 그들 가운데 한두 사람에게) 최소한 아홉 차례 나타나셨다. 한번은 그리스도께서 500명 이상의 무리 가운데 나타나셨는데, 그들 중 대부분은 바울이 그 사실에 대해 썼을 때까지도 살아있어서, 그 기록의 진실성을 증명해줄 수 있었다(고전 15:6).

그러나 승천 이후에 예수님의 출현은 멈추었다. 그렇게 사람들 앞에 나타나시는 일을 갑자기 끝내셨다는 것은 그 사건이 실제였다는 것을 증명하는 명백한 증거 가운데 하나이다. 그 사건들은 제자들이 환상 중에 본 것이 아니었던 것이다. 환각은 갑자기 멈추는 것이 아니라 점차적으로 사라진다. 예수님께서는 자기 백성이 예수 그리스도가 살아있음을 알기 원하셔서 부활하셨다.

그 나라의 일

친히 살아계심을 나타내사 사십 일 동안 그들에게 보이시며 하나님 나라의 일을 말씀하시니라(행 1:3).

부활 이후에 예수님께서 나타나신 사건들은 예수님께서 살아계신다는 확실한 증거를 제공해주고자 하는 것이었을 뿐만 아니라, 앞에 놓인 하나님 나라의 일에 대해 제자들을 준비시키고자 하는 것이었다.

40일 동안 예수님께서는 제자들을 가르치셔서, 그들의 이해력을 새로운 수준으로 끌어올려주셨다. 이전에 그들은 십자가 사건을 순전히 하나의 재난이라고 생각했다. 이제 그들은 이 모든 일이 정확히 하나님께서 계획해놓으신 대로 일어났음을 보았다.

예수 그리스도께서는 그 40일 동안 그들과 항상 함께 계시지는 않았다. 그리스도께서는 제자들에게 나타나 그들을 가르치시고 다시 사라지셨다. 그런 식으로 그리스도께서는 제자들이 예수님의 신체적 현존에 의존하는 것을 점차적으로 막으셨다. 3년 동안 그들은 예수님과 직접 얼굴을 맞대고 대화를 나누는 데 익숙해있었다. 그들은 예수님께서 행하신 기적들을 목격했으며, 그분이 하시는 말씀을 들었고, 그분께 자신들이 품고 있는 의문들을 질문하기도 했다.

그들의 믿음은 보는 것에 근거해 세워져 있었다. 그러나 이제 모든 것이 달라졌다. 그들은 눈으로 보지 않아도 믿음으로(고전 5:7) 나아가는 법을 배워야 했다. 그리하여 그들은 점차 예수님을 두 눈으로 보지 않아도 그분을 믿게 되었다. 이때부터 하나님의 일은 이런 식으로 이루어졌다.

더 이상 나타나지 않으시다

40일이 지난 후에, 예수님께서는 제자들을 예루살렘 밖으로 데리고 가셔서, 예루살렘 성읍을 굽어볼 수 있는 감람산 위로 올라가셨다. 그들은 종려 주일에 예수 그리스도께서 군중의 환호를 받으며 예루살렘으로 들어가시기 몇 주 전에 올라갔던 그 길을 다시 그대로 따라 올라갔다. 과거 예수님께서는 십자가형을 당하시기 위해 그 성읍으로 들어오셨다. 그러나 이제 그 모든 일은 지난 일이 되었다. 예수 그리스도는 그곳에서 해야 했던 모든 일을 성취하시고 예루살렘에서 걸어 나오셨다.

그런 다음에 예수님은 승천하셨다. 제자들은 예수님께서 하늘로 올라가시는 것을 보았다(행 1:9). 부활 후 예수님께서는 나타나신 그대로 사라져버리셨다. 그러나 이번 경우에는 제자들이 예수 그리스도께서 승천하시는 광경을 똑똑히 보았다. 이것으로 부활하신 이후에 제자들에게 나타나시는 일은 끝이 난 것이었다. 부활하셨다는 증거가 나타났다. 그리고 훈련은 완료되었다. 그래서 이제 예수님께서는 다시 아버지께로 돌아가셨다.

예수님의 승천

이 말씀을 마치시고 그들이 보는데 올려져 가시니 구름이 그를 가리어 보이지 않게 하더라(행 1:9).

비록 하나님은 보이지 않는 분이시지만 (지금껏 아무도 하나님을 본 사람은 없다) 하나님은 자신을 자기 백성에게 알리고자 하신다. 그래서 구약성경 내내 하나님께서는 자신의 현존에 대한 어떤 표시들을 보여주셨다. 백성이 광야에 있었을 때, 하나님께서는 그 표시로 불기둥과 구름 기둥을 그들에게 보여주셨다. 그 백성은 구름을 보고 하나님께서 자기들과 함께 계심을 알았다. 마찬가지로 솔로몬이 성전을 세웠을 때, 하나님께서는 자기 백성에게 자신의 임재에 대한 표시를 하나 보여주셨는데, 그것은 성전에 가득 찬 구름이었다. 솔로몬은 이 사실의 의미를 백성에게 설명해주었다. 하나님께서 그들 가운데 내려오셨다. 하나님께서 구름 가운데 임재하고 계셨던 것이다(레 16:2; 왕상 8:10-13).

의미심장하게도 그리스도께서 변용하시고 제자들이 그분의 영광을 보았을 때에도, 구름이 그곳으로 내려왔다. 제자들은 땅바닥에 얼굴을 대고 엎드렸다. 자신들이 전능하신 하나님의 직접적인 현존 가운데 있음을 알았기 때문이다.

이제 예수님께서 올라가시고, 또한 제자들이 그 광경을 바라보고 있다. 그들이 무엇을 보고 있는가? 바로 그 구름이다! 사도행전 1장 9절에서는 이렇게 묘사했다. "예수님이…하늘로 올리워 가시자 구름에 가

려 다시는 보이지 않았다."(현대인의 성경)

예수 그리스도께서 구름 가운데로 들어가셨다. 이보다 더 분명한 것이 있을 수 있겠는가? 아버지로부터 오셨던 예수 그리스도께서 자신의 할 일을 모두 마치시고, 구름으로 나타나신 아버지께로 돌아가신 것이다. 이것이 바로 제자들을 기쁨으로 충만하게 만들었다. 예수님은 단순히 하늘 가운데로 사라지신 것이 아니다. 구름 속으로 끌어 올려진 것이다.

성경은 특출한 지성을 모두 뛰어넘을 정도로 매우 심원한 책이다. 그러면서 동시에 어린아이조차도 이해할 수 있을 만큼 간단한 책이다. 당신은 이 광경 속에서 그 사실을 알 수 있을 것이다. 구름은 하나님의 임재를 표현하고 있다. 구름이 있는 곳에 하나님이 계신다.

예수님께서 그 구름 가운데로 '끌려'가셨다는 점에 주의하라. 하나님께서 내려오시면서 예수님을 끌어 올리셨다. 아버지 하나님께서 예수님을 죽은 자들로부터 다시 살려내셨듯이, 이제 그 아버지께서는 예수님을 자신의 현존 가운데로 받아들이신 것이다.

천국에 있는 한 사람

예수님께서 천국에 들어가신 의의에 대해 생각해보기 바란다. 아담이 에덴동산에서 쫓겨난 이래 처음으로, 하나님의 현존 안에 한 사람이 있게 되었다. 예수 그리스도는 이 땅에서 우리의 사람 됨을 취하셨을 뿐만 아니라, 하늘에서도 우리의 인성을 취하고 계신다.

예수 그리스도께서 천국에 들어가신 일에 대한 기쁨을 당신은 상상할 수 있겠는가? 천사들은 아담이 하나님의 임재로부터 쫓겨나는 것을 보았다. 이제 처음으로 하늘이 열리면서 한 사람이 하나님의 임재 가운데로 걸어 들어간다!

아담은 하나님의 임재로부터 쫓겨났다. 그 결과, 그의 모든 자손은 하나님을 떠나게 되었다. 반면에 예수 그리스도는 아버지의 임재 가운데로 들어가시면서 열렬한 환영을 받는다. 그 결과 그분의 모든 자손도 아버지께 뜨거운 환영을 받을 것이다. 첫 아담은 우리 모두를 동산 밖으로 인도했으나 마지막 아담은 우리 모두를 동산 안으로 이끌어준다. 그러므로 제자들이 기뻐하면서 예루살렘으로 되돌아왔다는 사실은 전혀 놀라운 일이 아니다.

훌륭한 변호사를 구하라

예수 그리스도께서 하늘로 올라가셨을 때, 제자들은 그들이 예수님을 꼭 필요로 하는 자리에 반드시 계신다는 사실을 알았다. 예수 그리스도께서 이 땅에서 우리와 함께 계시는 것보다 하늘에서 우리를 대변하시는 일이 훨씬 더 중요하다.

만일 당신이 고소를 당해서 사형선고를 받게 되었다고 가정해보라. 당신에게 필요한 것은, 당신을 구할 수 있는 훌륭한 변호사이다.

당신을 구해줄 그 변호사는 능력 있을 뿐만 아니라, 동정심도 많다. 그가 당신이 갇혀있는 감옥을 방문할 때, 당신은 그가 그 자리에 함께 있다는 사실만으로도 위로가 될 것이다. 당신은 그와 어떤 관계를 형성할 수 있고, 당신이 감방 안에서 얼마나 힘들게 살고 있는지 그에게 말할 수 있다.

그러나 당신이 가장 필요로 하는 것은 감방 안에서의 위로가 아니라 법정에서의 효과적인 변호이다. 한 사람의 죄인으로서 내게 가장 필요한 일은 이 땅에서의 위로가 아니라 천국에서의 변호이다. 나는 나를 위해 아버지 하나님께 대신 말을 해줄 대변인이 필요하다. 하늘에서 나의 죄를 변론할 변호사가 필요한 것이다. 그러므로 예수 그리스도께서 하늘로 올라가신 것은, 바로 내가 가장 필요로 하는 자리로 가신 것이다. 사도 요한은 이렇게 설명했다. "아버지 앞에서 우리에게 대언자가 있으니 곧 의로우신 예수 그리스도시라"(요일 2:1).

이 땅에서 성공적으로 행복하게 삶을 통과해나갈 수 있는 수많은 길이 있다. 그러나 만일 최후의 날에 전능하신 하나님께서 당신에게 불리한 송사를 하고, 당신이 전혀 효과적인 변호를 받을 수 없다면 그것이 무슨 소용이 있겠는가?

사도들은 자신이 천국에 들어갔을 때, 승천하신 그리스도께서 자신을 대신해 아버지께 대변해주실 수 있음을 깨달았기 때문에 기뻐했다.

사도 바울은 로마서 8장 34절에서 이 점에 대해 말하고 있다. "누가 정죄하리요 죽으실 뿐 아니라 다시 살아나신 이는 그리스도 예수시니 그는 하나님 우편에 계신 자요 우리를 위하여 간구하시는 자시니라."

법정에서

당신이 하늘 법정의 피고석에 서 있다고 상상해보라. 당신을 고소하는 검사인 사탄은 당신을 기소하기 위해 제시할 논거를 가지고 있다. 누군가가 당신이나 내가 하나님의 법대로 살지 못한 것에 대해 고소하기를 원한다면, 우리에게 불리한 논거를 세우는 일은 어렵지 않을 것이다.

그 법정은 천사들로 가득 차 있다. 그들은 하나님 아버지께서 재판장으로 자리에 앉으실 때 일제히 일어선다. 그런 다음에 검사인 사탄이 자기의 서류들을 꺼내 들고는 법정을 서성이면서 당신을 공격하는 논거를 제시한다. 그것을 종합해보자면, 당신은 유죄이며 따라서 형벌을 받아야 한다는 것이다.

그는 당신이 죄 가운데서 태어났으며, 당신의 본성이 악하다고 말함으로써 재판을 시작한다. 그런 다음에, 사탄은 당신이 어렸을 때 저지른 특정한 죄들에 대해 진술하기 시작한다. 그는 당신의 삶을 따라가면서, 연약하고 소심하고 태만하고 교만하고 시기하고 탐욕스러웠던 순간들을 모두 확인한다. 당신은 그 말을 들으면서 잔뜩 움츠러든다. 그리고 사탄이 당신을 고소할 수 있는 자료에 포함될 수 있는 다른 죄에 대해 생각하면서, 만일 사탄이 그 사실들을 밝힌다면 무슨 일이 일어날지 두려워하며 떨고 있다.

마지막으로, 사탄은 당신의 믿음이 연약했음을 말하면서 주장을 마친다. 그는 비록 당신이 그리스도를 믿는 성도라고 고백했다고는 하지만, 때때로 당신의 믿음은 연약했으며, 많은 의심을 품고 있었다고 지적한다. 그가 제시한 논거는 너무도 설득력이 있어서 당신의 몸은 떨리고, 이 상황에서 도대체 어떤 희망을 가질 수 있을까 염려한다.

그다음, 예수님께서 걸어 나오신다. 그분은 서류를 손에 들고서 당신을 위해 변론을 시작하신다. "나의 의뢰인은 검사의 모든 말이 참이라고 인정합니다. 우리는 그가 고소한 내용들 가운데 어느 것에 대해서도 이의를 제기하지 않습니다. 그리고 형량을 줄일만한 어떠한 주장도 펼치지 않습니다. 나의 의뢰인은 고소된 바대로 유죄임을 인정합니다."

그가 변론을 계속한다. "그러나, 나는 여기에 하나님께서 직접 서명 날인한 완전한 사면장을 가지고 있습니다. 그 사면장은 나의 피로 산 것입니다." 그런 다음에, 그분은 외투를 벗어 자신의 손과 옆구리를 보여주신다.

사탄은 그 점에 대해 아무런 대꾸도 하지 않는다. 당신에 대한 사탄의 논거 전체는 무너지고, 사탄은 법정 밖으로 내던져질 것이다. 우리를 위한 변호는 우리에게 죄가 없다는 것이 아니다. 예수 그리스도께서 우리의 죄악들을 위해 대신 죽으셨다는 것이다. 우리의 죄악들은 이미 십자가에서 결판났다. 그리고 일단 그 사건이 다루어졌기 때문에 일사부재리의 원칙에 의해 다시 심리될 수 없다.

우리가 실패할 때, 우리가 하나님과 바른 관계를 얻기 위해 무엇을 해야 할지, 어떤 희생을 치러야 할지, 어떤 제물을 드려야 할지 더 이상 질문하지 않아도 된다는 사실이 기쁘지 않은가?

찬송시 작사가인 밴크로프트C. L. Bancroft는 그 사실에 대해 다음과 같이 묘사하고 있다.

> 위에 있는 하나님의 보좌 앞에서, 나는 강하고 완전한 변호를 받고 있네,
> 위대하신 한 대제사장, 그의 이름은 사랑, 언제나 나를 위해 간구하시네.
> 나의 이름이 그의 손에 새겨져있고, 나의 이름이 그의 심장에 박혀있네.
> 내가 하늘에 설 때, 아무도 내게 떠나라고 말할 수 없음을 난 알고 있네.
> 사탄이 나를 절망케 하려고 시도할 때, 그래서 내 속의 죄책감에 대해 말할 때, 나는 눈을 들어 나의 모든 죄를 끝장내신 그분을 바라보네.
> 죄 없으신 구세주가 죽으셨기에, 죄 있는 나의 영혼이 자유함을 받았네.
> 의로우신 하나님은 그를 보시고 만족하시고 나를 용서하시네![1]

다함 없는 축복

예수께서 그들을 데리고 베다니 앞까지 나가사 손을 들어 그들에게 축복하시더니 축복하실 때에 그들을 떠나 하늘로 올려지시니(눅

24:50-51).

사랑하는 사람의 마지막 인상은 마음에 강하게 남는다. 예수님에 대해 제자들이 가지고 있었던 마지막 인상은 매우 의미심장했다.

누가는 예수님께서 자신의 두 손을 들어서 그 제자들을 축복하셨다고 기록했다. 당신은 이 모습이 어떠했을지 상상할 수 있겠는가? 예수 그리스도께서 두 손을 들고 당신의 삶에 하나님의 복을 내려주시라고 말씀하실 때, 그 아래 당신이 무릎을 꿇고 있는 모습을 상상해보라.

구약성경에서, 축복은 매우 중요한 개념이었다. 축복은 장래에 잘 되기를 바라며 표현하는 덕담 그 이상의 것이었다. 야곱은 자기 아버지의 축복을 얻기 위해 아버지를 속일 준비까지 했었다. 그 축복은 하나님께서 한 개인의 삶을 통해 무엇을 하실 것인지에 대한 예언적 선언이었기 때문이다. 이삭이 야곱을 축복했을 때, 그것은 돌이킬 수 없었다. 하나님의 축복은 야곱과 그의 자손들에게 갔다. 그들은 하나님의 목적들을 성취하기 위해 사용될 것이었다. 이것이 바로 야곱이 원했던 것이다.

이제 우리는 훨씬 더 큰 일이 이루어지는 것을 본다. 예수 그리스도께서 제자들 위에 자신의 두 손을 올려서 그들에게 자신의 축복을 나누어 주신 것이다. 하나님의 기름부음이 그들 위에 있을 것이며, 그리하여 그들이 하나님의 목적들을 성취하기 위해 쓰임을 받게 될 것이었다.

누가는 우리에게 "축복하실 때에 그들을 떠나 하늘로 올려지시니"(눅 24:51)라고 전한다. 예수님에 대해 제자들이 기억하는 마지막 모습은 예수님께서 자신의 두 손을 들어서 그들에게 축복하고 계신 모습이었다. 예수님은 축복하시는 일을 끝내지 않으셨다. 이 축복은 예수님의 미완성 작업이다. 예수님은 지금도 여전히 그 일을 하고 계신다. 만일 우리가 예수님께서 지금 자신의 백성을 위해 무슨 일을 하고 계시는지 묻는다면, 그에 대한 대답은, 예수님은 지금도 계속해서 제자들을 떠나실 때 하고 계셨던 그 일을 하고 계신다는 것이다. 그분은 지금도 여전히 자기 백성을 축복하고 계신다.

승천 사건은 예수 그리스도의 완성된 사역과 계속되고 있는 사역 모두를 우리가 깨닫게 해준다. 그분의 완성된 사역은 죄를 위해 희생제사를 드린 일이다. 예수님은 십자가에서 "다 이루었도다"라고 외치셨다. 그런 다음에, 아버지께로 올라가셨다. 그리고 성경은 "죄를 정결하게 하는 일을 하시고 높은 곳에 계신 지극히 크신 이의 우편에 앉으셨느니라"(히 1:3)라고 기록하고 있다.

구약성경에서 제사장들은 결코 자리에 앉지 않았다. 성막 안에는 탁자 하나와 등불 하나가 있었지만, 의자는 없었다. 의자가 없었다는 것은 제사장의 일이 결코 끝나지 않았다는 사실을 기억하게 해주는 분명한 상징이었다. 그들에게는 항상 또 다른 죄를 위해 드려야 할 희생제사가 있었으므로 매우 고단했을 것이다.

그러나 그리스도의 사역은 완수되었다. 더 이상의 희생제사도 없고, 이루어져야 할 속죄도 없으며, 하나님의 진노를 누그러뜨리고 백성에게 용서를 베풀어주기 위해 해야 할 일들이 아무것도 없다. 그 일은 이미 완성되었으므로 그리스도께서 자리에 앉으셨던 것이다.

그러나 계속해서 이루어지고 있는 일이 하나 있다. 그리스도의 미완성 사역은 자신의 백성을 축복하는 일이다. 그 일은 예수님이 재림하실 때까지 계속될 것이다. "그가 항상 살아계셔서 그들을 위하여 간구하심이라"(히 7:25). 그리스도께서는 아버지의 우편에 앉아계시면서, 아버지께서 자신을 구름 가운데로 데리고 들어가셨을 때 행하셨던 그 일을 계속 하고 계신다. 예수 그리스도는 백성의 삶 가운데 그리스도의 복을 부어주고 계신다.

예수 그리스도의 임재에 대한 약속

> 예루살렘을 떠나지 말고 내게서 들은 바 아버지께서 약속하신 것을 기다리라 요한은 물로 세례를 베풀었으나 너희는 몇 날이 못되어 성령으로 세례를 받으리라 하셨느니라(행 1:4-5).

예수 그리스도께서는 하늘로 올라가신 후에, 성령으로 말미암아 제자들과 더불어 계셨다. 예수님은 더 이상 제자들에게 보이지 않았을 것이다. 그러나 그분의 임재는 제자들이 그분을 볼 수 있었을 때처럼 아주 생생했을 것이다. 이 새로운 상황으로 인해 놀라운 일이 생겼다. 이제 예수님께서는 모든 곳에서 모든 제자와 동시에 함께하실 수 있게 되신 것이다. 이런 일은 예수 그리스도께서 땅 위에 계셨을 때에는 불가능했던 일이다.

승천하시기 전 3년 동안, 예수 그리스도께서 가장 가까운 제자들로부터 떠나 계셨을 때가 여러 번 있었다. 한번은 그들이 호수에서 폭풍을 만났는데, 그때 예수께서 그들과 함께 계셨다. 그리고 또 다른 날 그들이 호수에서 폭풍우를 만났을 때는 그들과 함께 계시지 않았다. 그리스도는 호숫가에 남아계셨다(마 8:23-27; 14:22-23).

예수님께서 베드로와 야고보와 요한을 산 위로 데리고 올라가시고, 그들이 변화산 사건을 목격했을 때, 다른 아홉 명의 제자는 산 밑에서, 귀신들에 사로잡혀있었던 한 소년을 도와주려고 애를 쓰고 있었다. 그리스도께서 그들과 함께 계시지 않았기 때문에 그들은 대단히 곤란한 상황에 처했다.

자, 이제 예수님께서는 제자들에게 그들이 "예루살렘과 온 유대와 사마리아와 땅 끝까지 이르러 내 증인이 되리라"고 말씀하신다(행 1:8). 그들이 사역을 감당하도록 파견되면서, 사방으로 흩어지게 될 것이다. 그러나 그리스도께서는 모든 곳에서 그들 각 사람과 함께 계실 것이다(마 28:19-20).

이것이 바로 "내가 떠나가는 것이 너희에게 유익이라 내가 떠나가지 아니하면 보혜사가 너희에게로 오시지 아니할 것이요 가면 내가 그를 너희에게로 보내리니"(요 16:7)라고 하신 말씀의 내용이었다. 예수님께서 승천하신 이후, 제자들은 예수님께서 그들과 친히 계시는 것을 눈으로는 볼 수 없게 되었다. 그러나 성령이 그들과 함께하셨다.

그러므로 예수 그리스도께서는 감옥에서나 법정에서나 어디에서나 우리와 함께 계신다. 주 예수 그리스도는 아버지 우편에 계시면서 동시에 예수 그리스도를 믿는 자의 마음 가운데 성령으로 거하신다. 하나님의 아들은 우리를 위해 아버지께 대변하고 있으며, 하나님의 성령은 우리에게 아버지와 그 아들을 대변하고 있다.

이것이 예수 그리스도의 모든 자녀에 대한 그분의 약속이다. 예수님은 성령으로 말미암아 당신과 함께하신다. 그리고 예수님은 결코 당신을 떠나지도 버리지도 않으실 것이다. 이제 당신은 예수님께서 승천하신 일이 왜 그와 같이 축하할 일이었는지 깨닫게 되었는가?

예수님의 재림에 대한 약속

갈릴리 사람들아 어찌하여 서서 하늘을 쳐다보느냐 너희 가운데서 하늘로 올려지신 이 예수는 하늘로 가심을 본 그대로 오시리라(행 1:11).

하나님의 약속은, 예수님께서 구름 속으로 들려 올라가셨듯이, 예수님께서 재림하실 때에 우리가 공중에서 그분을 마중하기 위해 들려 올라가게 되리라는 것이다. 승천하신 대로 교회가 들려 올라가야 한다. 예수님이 승천하셨을 때 일어났던 일이 그분이 영광 중에 오실 때 우리에게 일어날 것이다. 때문에 제자들은 큰 기쁨으로 예루살렘으로 돌아갔다. 그들은 엄청나게 큰 과업을 받았다. 그러나 그들은 예수 그리스도께서 자신들이 예수님을 필요로 하는 그 자리에—하나님 아버지의 우편에—가 계심을 알고 있었다. 그들은 무슨 일에 직면하든지, 자신이 하나님의 축복 아래서 살아가고 있음을 알고 있었다.

드러난 사실 UNLOCKED

예수님께서 그들을 떠나셨을 때, 제자들은 기쁨으로 충만했다. 예수님께서 아버지께로 되돌아가셨음을 알았기 때문이다. 이 사실은 인간 역사상 처음으로 천국에 한 사람이 존재하게 되었음을 의미했다. 제자들은 예수님께서 하나님 아버지 앞에서 자신들을 대변해주고, 그 자리에서 자신들의 훌륭한 변호사로서 행동하실 것을 알고 있었다.

예수님에 대해 그들이 보았던 최후의 모습은, 예수님께서 자신들을 축복하고 계셨던 모습이었다. 그래서 그들은 비록 더 이상 예수님을 눈으로 볼 수 없다고 할지라도, 자신들이 그분의 계속되는 축복 아래서 살아가게 될 것임을 믿으며 예루살렘으로 되돌아왔다.

그들은 또한 예수님이 하늘로 들려 올라가셨듯이, 언젠가는 예수 그리스도의 모든 백성이 하늘로 들려 올라가 공중에서 예수님을 만나게 될 날이 올 것임을 깨달았다.

기도 PAUSE FOR PRAYER

은혜로우신 아버지 하나님!

주 예수 그리스도께서 저의 구세주가 되시고 바로 지금 하나님 우편에 앉아계시며 동시에 성령으로 저와 함께하심을 진심으로 감사드립니다. 예수님께서 모든 심판으로부터 저를 변호하시며, 제가 예수 그리스도의 축복 아래 살아가게 하심도 감사드립니다.

예수님께서 다시 오실 그날이 올 때, 저도 주님이 그러셨던 것같이 주님 곁으로 들려 올라갈 수 있도록 도와주시옵소서.

주님께서 저의 죄를 다 사하시고 제가 죄 용서함 받았다는 확신을 가지고, 천국에서 주님을 다시 만날 날을 바라보면서 주님 말씀대로 살아갈 수 있도록 도와주시옵소서. 예수 그리스도의 이름으로 기도드립니다. 아멘.

Note

1. C. L. Bancroft, "Before the Throne of God Above." 개사되었음.

14

재림

Coming

요한복음 14장

예수님의 재림이 오늘날 나의 삶에서

어떤 실질적인 가치를 지니고 있는가?

묵상의 길잡이

☑ **발견하라**

우리가 망연자실한 일들을 처리해야 할 때 예수님께서 우리를 어떻게 도와주시는지 발견하라.

☑ **배우라**

예수 그리스도께서 모든 백성을 위해 예비해놓으신 본향에 대해 배우라.

☑ **경배하라**

장차 예수 그리스도와 함께 누릴 영광의 날을 기리며 경배하라.

성경 이야기는 역사에 대한 하나님의 장대한 계획을 우리에게 보여준다. 그 이야기는 에덴동산에서의 한 높은 지점에서부터 시작된다. 그때에 하나님께서는 모든 것을 선하게 만드셨다. 그러나 죄가 세상에 들어왔을 때, 큰 재난이 있었다. 그리고 우리는 하나님에 대한 인간의 반역이라는 하향 길을 따라 내려가 사람들이 하나님의 아들을 십자가에 못박는 최저 지점에까지 이르렀다.

갈보리의 흑암 가운데서, 하나님께서는 자신의 가장 위대한 일을 행하셨다. 십자가는 인간의 죄악 중 가장 극악한 표현일 뿐만 아니라, 하나님의 사랑과 은혜가 가장 크게 임하신 사건이기도 했다.

예수 그리스도께서는 죽은 자들로부터 부활하셔서, 하늘로 승천하셨다. 그분은 성령으로 임하시며, 그리스도의 교회를 세워나가신다. 그분은 영광 중에 나타나 다시 임하실 것이며, 그때 자기 백성을 새 하늘과 새 땅 가운데 있는 그들의 궁극적인 목적지로 인도하실 것이다.

성경 이야기를 많은 진주가 하나로 연결되어 아래로 떨어졌다 다시 올라오는 목걸이라고 생각해보자. 십자가의 위대한 진주는 우리의 죄 문제에 엮여있을 뿐만 아니라, 우리의 최종적인 운명을 향해서도 엮여 있다. 만일 누군가가 그 목걸이를 끊어버린다면, 진주들은 바닥에 흘러내릴 것이며, 당신은 몇 개의 진주들을 주워서 간수할 수 있을 것이다. 그러나 그것은 진주 목걸이를 지니고 있는 것과 같지 않다.

많은 그리스도인은 하나님의 진리의 진주 몇 개를 서로 연결하지 않은 채 수집해서 지니고 있다. 그들은 역사에 대한 하나님의 장대한 계획을 파악하지 못하고 있는 것이다. 그들은 십자가에 대해 알고 있으며, 그것이 하나님께서 우리의 죄악을 처리하시는 방법이라고 믿고 있을 수 있다. 그러나 그들은 예수님의 죽으심과 부활하심을 통해 하나님께서 자신의 모든 백성을 하나님의 임재와 영광 가운데로 이끌어주실 것임을 보지 못하고 있다.

하나님께서는 인류 전체의 역사를 통해 확실한 계획을 하나 이루어 나가고 계신다. 십자가는 그 핵심이다. 그러나 십자가가 하나님 계획의 최종 지점은 아니다. 성경 이야기는 하나님께서 자신을 존재하는 모든 것의 창조주로서 계시하시면서, 인간 역사의 무대에서 거닐었던 때에서부터 시작된다. 그리고 그 이야기는 하나님께서 예수 그리스도의 영광을 드러내시고, 자신의 모든 백성을 위한 본향이 될 새로운 창조 세계 안으로 인도하실 때 끝이 날 것이다.

모든 것이 어긋나는 것처럼 보였던 만찬

예수님께서는 자신의 재림에 대해 자주 말씀하셨다. 그러나 죽으시기 전날 밤보다 더 명확하게 말씀하셨던 적은 없다. 의미심장하게도, 예수님께서는 제자들이 일련의 사건들 때문에 깊은 충격을 받았을 때, 매우 직접적으로 자신의 재림에 대해 말씀하셨다. 그날 저녁에 있었던 이야기를 따라가보면, 우리가 오늘날 그리스도인으로 살아가고자 노력함에 있어서, 예수님의 재림이 얼마나 중요한지를 발견하게 될 것이다.

유월절은 유대의 최대 명절이었다. 그래서 예수님께서는 십자가로 가시기 전에 제자들과 마지막으로 시간을 함께 보내기를 원하셨다.

그날 저녁 일찍이, 예수님께서는 그 만찬 식탁에 와있는 누군가가 자기를 배신하게 될 것이라고 말하심으로써, 제자들에게 충격을 주셨다. 제자들은 돌아가면서 "주여, 내니이까?"라고 물었다.

아무도 "주여, 그자가 유다입니까?"라고 묻지 않았다. 유다는 신뢰받고 존경받는 사람이었음이 분명하다. 아무도 유다가 그런 짓을 저지르리라고는 상상도 하지 못했다. 그래서 유다에게 금전 문제를 담당하도록 맡기지 않았겠는가?

마침내 베드로가 예수님 곁에 앉아있는 요한을 쿡쿡 찔렀다. 베드로는 배신하는 사람이 누구인지 예수님께 여쭤보라고 요한에게 시켰다. 예수님께서 말씀하셨다. "내가 떡 한 조각을 적셔다 주는 자가 그니라"(요 13:26). 그런 다음에 접시에 있는 떡 한 조각을 찍어서 유다에게 주셨다. 그 순간을 상상이나 할 수 있겠는가? 제자들 모두 분명 유다를 바라보았을 것이다. 그가 어떻게 했을까?

유다는 이미 예수님을 배신할 계획을 세워놓고 있었다. 그는 자기가 도와주는 대가로 대제사장들에게 이미 돈을 받은 상태였다. 유다는 손을 내밀어서 그 떡 조각을 받았다. 마침내 결정을 내린 것이다.

요한은 유다가 그 조각을 받은 후 곧 사탄이 그 속에 들어갔다(요 13:27)고 우리에게 전해준다. 사건들의 순서에 주목하기 바란다. 사탄은 자기의 활동을 위해 완전히 열려있는 마음속으로 들어갔다. 그런 다음에, 유다가 밖으로 나갔다. 요한은 '그때가 밤이었다'고 말한다.

그리고 나쁜 소식이 더 있었다. 예수님께서 이렇게 말씀하셨다. "작은 자들아 내가 아직 잠시 너희와 함께 있겠노라"(요 13:33).

예수님께서 이 말씀을 하셨을 때, 식탁에 둘러 앉아있는 사람들이 어떤 표정들을 지었을지 상상할 수 있겠는가? 그 사람들은 그리스도를 따르기 위해 모든 것을 버렸다. 그들은 그리스도에게 모든 것을 걸었으며, 그리스도를 중심으로 그들의 삶을 세워나갔다. 지난 3년 동안은 그리스도로 인해 최고의 나날들이었다. 그런데 3년이 지난 후에, 그리스도께서는 자신이 아주 잠시 동안만 더 그들과 함께 있게 될 것이라고 말씀하신 것이다.

세상에서 당신에게 가장 중요한 사람이 아주 잠시 동안만 당신과 함께 있게 될 것이라고 하는 말을 듣는 것은, 살면서 겪었던 가장 아픈 경험 중 하나일 것이다. 이것이 바로 최후의 만찬에서 제자들이 맞닥뜨렸던 일이었다. 제자들은 예수님 없이 맞이하게 될 자신들의 미래가 어떠할지에 대해 분명히 근심했을 것이다.

실패의 언저리에 서서

베드로는 예수 그리스도와 헤어져야 한다는 생각에 견딜 수 없었다. 그는 예수님을 위해 자신의 목숨을 내놓겠다고 선언함으로써, 도저히 상상조차 할 수 없는 말씀을 하신 예수님께 대응했다. 그러나 예수님께서는 이렇게 대답하셨다. "네가 나를 위하여 네 목숨을 버리겠느냐 내가 진실로 진실로 네게 이르노니 닭 울기 전에 네가 세 번 나를 부인하리라"(요 13:38).

제자들에게 이 소식은 청천벽력과 같았다. 불과 몇 분의 시차를 두고, 그들은 신뢰를 받았던 한 사람의 지도자(가룟 유다)가 구세주를 배신할 것이라는 사실과, 예수님께서 체포되실 것이라는 사실과, 예수님의 뛰어난 제자가 동이 트기 전에 자신의 믿음을 전적으로 부인하게 될 것이라는 사실을 알게 된 것이다.

당신이 비참한 소식을 듣게 될 때

그다음으로 예수님께서 하신 말씀에 제자들은 정신을 차릴 수 없었을 것이다.

> 너희는 마음에 근심하지 말라(요 14:1).

방금 일어났던 모든 일들에 비추어볼 때, 어떻게 예수님께서 그런 말씀을 하실 수 있단 말인가? 제자들은 분명히 예수님의 말씀에 정신을 차릴 수 없었을 것이다. 아마 그들 가운데 몇몇은 이렇게 말했을 것이다. "예수님, 유다가 빠져나가고, 주님이 이제 떠나실 것이고, 베드로가 무너질 것이라고 말씀하시고서, 지금 우리에게 당황하지 말라고 하시는 것입니까?"

몇 가지 중요한 일로 모임을 갖는 성도들을 상상해보자. 회장의 기도로 그 회의를 시작한다. 그리고 세 가지 새로운 소식들을 전해주겠다고 말한다.

"먼저, 유감스럽게도 우리의 담임목사님이 며칠 안에 교회를 떠나게 되셨음을 알려드립니다. 둘째로, 교회의 회계 담당 장로님이 사임했고, 지금 우리는 그 장로님이 재정을 어떻게 관리했는지 알 수 없습니다. 셋째로, 우리의 원로 장로님이 자신의 믿음을 부인했으며, 더 이상 자신의 이름이 교회와 연결되지 않기를 원하고 있습니다."

성도들은 당혹스런 소식이 세 가지나 전해지자 동요하기 시작한다. 그러나 회장은 계속해서 광고를 한다. "여러분들 중에는 이 문제에 대해 질문하고 싶은 분이 있으리라 생각됩니다. 그러나 제가 먼저 말씀드리고 싶은 것은 '걱정하지 말라'는 것입니다."

당신이 살아가면서 비참한 뉴스를 접할 때가 있을 것이다. 만일 교회에 좋지 않은 사건들이 터지고 마치 유다가 그랬듯이 당신이 신뢰를 보내는 누군가가 당신을 배신한다면, 당신은 어떻게 하겠는가? 당신이 우러러보았던 존경받을만한 한 지도자가 베드로처럼 그저 진흙으로 된 발을 가졌음을 드러낸다면, 당신은 어떻게 하겠는가? 당신이 모델로 삼고 당신의 삶을 건설해나갔던 그 중심인물이 더 이상 당신과 함께 있지 않다면, 당신은 어떻게 대처하겠는가?

암흑 속에서 신뢰하다

예수님 당시에는 낮은 식탁 앞에서 비스듬히 옆으로 누워 식사를 하는 것이 관습이었다. 그러나 그날 저녁 그 순간에는 어느 한 사람도 비스듬하게 누워있었다고 상상하기 어렵다. 그 일이 벌어진 후에, 모든 사람이 꼿꼿하게 앉았을 것이다. 예수님께서는 그 방을 둘러보셨다. 그분의 꿰뚫어 보시는 눈길이 열한 제자 각 사람의 영혼을 깊이 들여다보았다. 그리고 이렇게 말씀하셨다.

"자, 지금 당장 너희들이 할 일은 이것이다. 하나님을 믿으라! 나를 믿으라!"

예수님께서는 그들에게 맹목적인 믿음의 도약을 요구하시지 않았다. 그들은 예수님께서 행하신 기적들을 목격했고, 그분이 하시는 말씀을 들었고, 예수님께 그들의 믿음을 고백했고, 3년 동안이나 예수님과 동행했다. 이제 그들은 모든 것을 예수님께 의지해야 했다. 이제는 그들이 믿는다고 고백했던 바에 깊이 의지해야 할 때였다. 이 흑암의 순간에, 예수 그리스도께서는 빛 가운데서 자신이 그들에게 가르쳤던 것을 믿으라고 말씀하셨다.

그런 다음에, 그들에게 믿음을 실천하라고 명령하시면서, 미래에 대해 말씀하시기 시작했다.

방이 많은 집

내 아버지 집에 거할 곳이 많도다(요 14:2).

예수님께서 아버지의 집에 대해 말씀하셨을 때, 제자들은 그것이 유다의 변절, 예수님의 떠나가심, 베드로의 부인과 어떤 관계가 있는지 궁금했을 것이다. 그러나 예수님께서는 그들에게 자신을 믿으라고 명령하셨기 때문에, 그들은 주의 깊게 예수님의 말씀을 경청했다.

예수님은 많은 방이 있는 집 한 채에 대해 말씀하셨다. 예수님께서 말씀하셨던 그림은 아버지의 집에 들려 올라가는 대가족의 모습이었다. 모든 사람에게 각각 건물의 한 쪽이 주어질 것이라는 말씀이 아니라, 하나님의 모든 가족이 아버지의 집에 함께 들어가게 될 것이라는 말씀이었다.

아버지의 집에 많은 방이 있다는 예수님의 말씀에는 특별한 풍자가 있다. 예수님께서 베들레헴에서 태어나셨을 때, 그곳에 그분을 위한 방이 하나도 없었다. 제자들에게 그 말씀을 하시면서 예수님의 얼굴에는 틀림없이 미소가 번졌을 것이라고 나는 생각한다. 예수님의 말씀은 실제로 이런 말씀이었을 것이다. "염려하지 말라. 너희들이 나의 집에 올 때는 내가 너희 집으로 왔을 때와 같지 않을 것이다! 내가 왔을 때의 베들레헴과 같이 사람들이 너무 많아서 방이 모자라는 일을 당하지는 않을 것이다. 내 아버지의 집에는 방이 많다!"

예수님께서는 그날 저녁에 이렇게 말씀하셨다. "사람이 나를 사랑하면 내 말을 지키리니 내 아버지께서 그를 사랑하실 것이요 우리가 그에게 가서 거처를 그와 함께 하리라"(요 14:23).

예수님께서 제자들에게 하신 말씀은 그분이 다시 오실 때까지 하나님께서 성령으로 말미암아 저들과 함께 '한 방에 계실 것'이라는 뜻이었다. 앞으로 언젠가 당신이 이사 와서 하나님과 함께 있게 될 때까지, 하나님께서 이사 오셔서 당신과 함께 계실 것이다.

예수님께서는 천국에서의 제자들의 미래가 절대적으로 확실하다고 강조하셨다. "내 아버지의 집에는 방이 많다. 만일 그렇지 않았다면, 내가 너희들에게 이야기하지 않았을 것이다." 그러나 그들 앞에는 대단한 숙명이 놓여있었다. 그럼에도 불구하고 그들은 근심할 필요가 없었으며, 그들 세계의 기반이 무너져내리는 것 같을 때도 그리스도를 신뢰해야 했다.

아버지의 집을 묘사하시면서, 예수님께서는 그들이 어떻게 그곳에 가게 될 것인지 계속해서 설명해주셨다.

아버지의 집으로 가는 길

내가 너희를 위하여 거처를 예비하러 가노니(요 14:2).

자신을 따르는 자들을 위해 장소를 마련하시겠다는 예수님의 약속은 우리가 도착할 때를 위해 장소를 마련하려고 그리스도께서 하늘로 가신다는 뜻이 아니다. 만일 하나님께서 무에서 우주를 창조하실 수 있다면 그리고 달과 별들을 그 코스대로 운행하도록 유지시킬 수 있으시다면, 명령 한 마디만으로도 믿는 자들을 위해 천국을 만드실 수 있다.

예수님께서 한 곳을 예비하시기 위해 간다고 말씀하신 것은, 예수님께서 가심으로써 그 처소가 마련될 것이라는 뜻이었다. 예수님은 이제 곧 십자가를 향해 가실 것이다. 예수님은 죽으시고, 부활하시고, 마침내 승천하실 것이다.

예수님을 따르는 모든 사람을 위해 그 처소가 마련되는 것은 그리스도의 죽음과 부활과 승천을 통한 것이다. 그분의 죽음과 부활이 바로 예수님을 믿는 사람들을 위한 그 처소가 준비되도록 한 사건이다. 그러므로 제자들은 예수님께서 자신들로부터 떠나신다는 사실에 근심해서는 안 되었다. 십자가로 가시는 길을 통해 예수님께서 설명하신 아버지의 집으로 들어가는 그 길이 자신들에게 열리게 될 것이기 때문이다.

"내가 다시 올 것이다"

가서 너희를 위하여 거처를 예비하면 내가 다시 와서 너희를 내게로 영접하여 나 있는 곳에 너희도 있게 하리라(요 14:3).

예수님은 곧 십자가에서 형언할 수 없는 고난을 당하셔야 했다. 그렇게 해서 그분의 모든 백성을 위해 아버지의 집이 예약될 것이다. 예수님께서 그 예약에 대한 값을 모두 지불하실 것이기 때문에, 제자들은 예수님께서 그들을 아버지의 집으로 데리고 들어가실 것이라고 확신할 수 있었다. 예수님께서 하신 말씀의 논리는 강한 설득력을 지니고 있다. "내가 가면, 내가 다시 와서 너희들을 데리고 가 나와 함께 있게 할 것이다."

만일 내가 값을 헤아릴 수 없는 비싼 반지를 사기 위해 평생 모은 돈을 다 지불했다면, 그 반지를 계산대에 그냥 두고 나올 리가 있겠는가? 값을 모두 지불했기 때문에 그 반지는 나의 귀중한 재산이 되었고, 나는 당연히 그 반지를 가지고 집으로 돌아올 것이다.

이것이 바로 예수님께서 제자들에게 근심하지 말고 오히려 그를 믿으라고 말씀하신 이유였다. 그들은 유다가 떠나는 것을 보았고, 베드로가 넘어질 것이라는 이야기를 들었다. 그리고 예수님께서 그들로부터 떠나실 것이라는 말을 들었다. 그들은 자신들의 세계가 무너져내리고 있다고 느꼈지만, 사실은 그렇지 않았다.

예수님은 그들을 위해 한 곳을 예비하러 가실 것이었다. 그리고 그들은 예수님께서 그들을 본향으로 데리고 가실 것이라고 절대적으로 확신할 수 있었다.

마지막 날, 하나님 나라의 시민은 역사를 마감하면서, 그 나라의 왕이 개선 행진을 준비할 때, 합류하도록 부름을 받을 것이다. 그때 모든 눈이 왕을 보게 될 것이다. "땅에 있는 자들과 땅 아래에 있는 자들로 모든 무릎을 예수의 이름에 꿇게 하시고 모든 입으로 예수 그리스도를 주라 시인하여 하나님 아버지께 영광을 돌리게 하셨느니라"(빌 2:10-11). 그 왕의 모든 백성이 영원토록 기뻐하면서 이 사실을 고백할 것이다. 반면에 대적들은 영원히 후회하면서 이 사실을 고백하게 될 것이다.

나는 예수 그리스도께서 오시기 전까지, 혹은 예수 그리스도께서 나를 본향으로 부르시기까지 내가 얼마나 오래 살지 알지 못한다. 그 사실은 제자들을 두렵게 하지 못했다. 오히려 그들에게 위로를 가져다주었다. 예수님께서 다시 오고 계시므로 우리는 걱정할 필요가 없다.

앞으로 언젠가 당신은 예수 그리스도의 얼굴을 바라보게 될 것이며, 당신은 영원히 그분의 영광을 비추게 될 것이다. 예수 그리스도께서는 당신을 위해 예비해놓으신 모든 것 가운데로 당신을 데리고 들어가시기 위해 다시 오실 것이다. 그것이 그분의 약속이다.

미완성 프로젝트

세상을 구속하시기 위한 하나님의 계획은 지금도 진행 중이다. 아직 끝나지 않았다. 살다 보면, 인생이 뒤엉킨 혼란의 도가니처럼 보이는 때가 있을 것이다 최후의 만찬 자리에 있었던 제자들에게 그 자리가 그랬을 것이다.

우리가 스스로 "어째서? 왜?" 하고 자문할 때 이 세상에서는 우리에게 그리 좋은 대답들이 주어지지 않는다. 그러나 예수님께서는 "너희 마음에 근심하지 말라"고 말씀하신다. 당신이 미완성 프로젝트를 바라보고 있다는 사실을 기억하라. 당신이 지금 보고 있는 모습은 앞으로의 모습이 아니다.

거울을 들여다볼 때, 나는 미완성 프로젝트를 하나 바라보고 있는 것이다. 하나님께서는 모든 믿는 사람에게 성령을 불어넣어주셨다. 새로운 생명은 이미 우리 안에서 시작되었다. 그러나 우리는 여전히 육체가 당기는 힘과 씨름하고 있다. 그리고 우리는 우리가 앞으로 이르게 될 그 상태에 아직 이르지 못했다. 베드로처럼, 우리는 성공만이 아니라 실패도 경험하며 살아가고 있다. 그러나 언제까지나 이렇게 있지는 않을 것이다. 예수 그리스도께서 오실 것이다. 그분이 나타나실 그날에, 당신은 하나님께서 당신으로 하여금 이루게 하실 그 모든 일을 이루게 될 것이다. 그러므로 근심하거나 낙심하지 않기를 바란다.

드러난 사실 UNLOCKED

예수님께서는 삶의 참혹한 위기 가운데 있는 우리에게 찾아오셔서 우리로 하여금 자신을 믿으라고 명령하신다. 예수 그리스도는 우리가 완성된 그림을 보고 있는 것이 아님을 일깨워주신다. 예수님께서는 자신의 죽음과 부활을 통해, 우리를 위한 한 처소를 마련하셨다. 예수 그리스도는 다시 오실 것이다. 그리고 그분이 다시 오실 때, 우리는 들려 올라가 그분을 만날 것이며, 영원토록 주님과 함께할 것이다.

예수님의 재림은 오늘날 우리가 그리스도인으로 살아가면서 꼭 알아야 하는 가장 중요한 실질적인 진리들 중 하나이다. 그리스도께서는 언제든지 오실 수 있으며, 우리가 살아있는 동안에 오실 수도 있다.

우리는 종종 참혹한 소식들을 접하며 세상을 살고 있다. 하나님께서 도대체 무엇을 하고 계신지, 미래가 어떻게 될지 궁금할 수 있다. 그러나 예수님께서는 우리가 마음에 걱정하지 말아야 한다고 말씀하신다. 예수님께서는 자신을 믿고 그리스도에 대해 계시해주신 것을 전적으로 의지하라고 우리에게 명령하신다. 우리 속에서 그리고 세상 속에서의 하나님의 계획은 아직 미완성 프로젝트이다. 그러나 그 프로젝트는 예수 그리스도께서 영광 중에 다시 오실 때 완성될 것이다.

전능하신 아버지 하나님!

영광 중에 예수 그리스도께서 재림하실 기쁨의 소망을 가지고 살아가게 하심을 감사드립니다. 예수 그리스도께서 다시 오실 때에 하나님의 모든 백성이 공중으로 들려 올라가 예수 그리스도를 맞이할 것이며, 그 순간에 그리스도와 같이 변하게 될 것임을 믿고 주님께 감사드립니다.

때로는 이해할 수 없는 일들이 벌어지고, 눈에 보이지 않는 것들에 시험당하는 일이 있을지라도, 언제나 주님을 믿고 의지할 수 있도록 항상 함께하여주시옵소서. 또한 제 인생에 끊임없이 고난이 따르고, 삶의 의욕이나 희망이 보이지 않을 때에도, 주님의 작업이 아직은 미완성 프로젝트임을 그리고 주님의 그 위대한 업적을 언젠가 완성하실 것이라는 사실을 날마다 깨닫게 하시고 믿음으로 행진하게 하옵소서. 이 모든 것을 주 예수 그리스도의 이름으로 기도드립니다. 아멘.

15

성부

Father

요한복음 14장

하나님을 아버지라고 생각한다는 것이 무슨 뜻인가?

묵상의 길잡이

☑ **발견하라**

삼위일체의 신비를 발견하라.

☑ **배우라**

우리가 왜 예수님을 통해서만 아버지 하나님께 갈 수 있는지 배우라.

☑ **경배하라**

하나님의 자녀가 되는 길을 열어주신 예수 그리스도께 경배하라.

나는 경외하는 마음가짐으로, 기독교 신앙 전체에서 가장 독특하며 또한 가장 어려운 교리—하나님은 한 분이시며, 그 하나님은 성부, 성자 성령이시다—에 관해 쓰고자 한다.

인간은 누구도 하나님의 본질을 이해할 수 없다. 물고기가 인간의 본성에 대해 지극히 제한된 이해를 하고 있는 것과 마찬가지로 하나님의 본질이 지닌 신비를 추측한다는 것은 인간의 한계를 넘어서는 일이다.

또한 전등이 높은 전압을 받아낼 수 없어 일정 볼트 이상의 전기를 연결할 수 없는 것과 마찬가지로 인간의 마음은 하나님의 본질을 파악할 능력을 가지고 있지 않다.

그러나 하나님께서는 우리에게 자신을 계시하셨다. 그래서 비록 우리가 하나님을 온전히 알 수는 없지만, 올바르게 알 수는 있다. 구약성경에서, 하나님께서는 자신이 유일한 존재이심을 계시하신다. 신약성경에서, 하나님께서는 자신이 성부와 성자와 성령의 삼위일체이심을 계시하신다.

삼위로 계시는 하나님

구약성경은, 신약성경에서 하나님이 자신을 더욱 충분하게 계시하기까지 해소되지 않는, 하나님의 본질에 대한 몇 가지 의문들을 제기하고 있다. 예를 들어서, 하나님께서는 사람을 창조하실 때 "우리가 우리의 형상대로 사람을 만들자"(창 1:26)라고 말씀하셨다. 하나님에 대해 사용되고 있는 히브리 단어들 가운데 하나는 복수 형태로 되어있다. 하나님께서 우리에게 "나는 유일하다"고 하시면서, 왜 문법상 복수의 의미를 지닌 이름을 사용하신 것일까?

성경은 "하나님은 사랑이시다"라고 우리에게 말하고 있다. 그러나 사랑은 대상을 필요로 한다. 창조 이전에 하나님께서는 누구를 사랑하셨는가? 아무것도 존재하지 않았을 때, 그 사랑은 성부와 성자와 성령으로 나누어졌다.

구약성경에서, 하나님은 "나는 나이다"라고 말씀하셨다. 그리고 신약성경에서는 "나는 성부이다, 나는 성자이다, 나는 성령이다"라고 말씀하셨다. 우리는 하나님을 성부, 성자, 성령으로 이해해야 한다. 만일 우리가 그렇게 하나님을 이해하지 못한다면, 우리는 하나님을 계신 그대로 아는 것이 아니다.

하나님의 생명에 흠뻑 젖다

이것은 단지 지식의 문제만은 아니다. 그것은 경험의 문제이기도 하다. 마태복음의 끝부분에서, 예수님께서는 제자들에게 "가서 모든 민족을 제자로 삼아 아버지와 아들과 성령의 이름으로 세례를 베풀고"(마 28:19)라고 말씀하신다.

'세례를 주다'라는 단어는 문자 그대로는 '담그다' 혹은 '물에 흠뻑 젖다'라는 뜻이다. 초대 교회에서 성도들은 강에 들어가 세례를 받았다. 그들은 물속에 빠지거나 머리 위에 물이 부어졌다. 어떤 식으로든지, 그들은 흠뻑 젖었다. 예수님은 세례가 '아버지와 아들과 성령의 이름으로' 주어져야 한다고 말씀하셨다. 기독교 신앙은 아버지 안에서 흠뻑 젖게 하고, 아들 안에 들어가고, 성령 가운데 흠뻑 잠기는 일에 대한 것이다. 그것이 바로 세례가 상징하고 있는 바이다.

성부, 성자, 성령은 성도의 삶의 모든 부분에 스며들어있다. 당신은 하나에서 다른 하나를 분리시킬 수 없다. 성령은 당신을 아들에게로 이끌어주며, 아들은 당신을 아버지께로 데려다주며, 당신의 마음속에 성령을 부어주신다. 당신은 아들을 떠나서는 아버지를 알 수가 없고, 성령을 떠나서는 아들을 알 수가 없다.

그래서 우리가 하나님의 본질을 이해할 수는 없을지 몰라도, 만일 우리가 하나님을 계신 그대로 알고자 한다면, 아버지와 아들과 성령에 대해 계시되어있는 바를 파악해야 한다.

확실한 것들

우리는 다음 세 가지 진술들로 하나님께서 우리에게 계시하신 바를 요약할 수 있을 것이다.

첫째, 한 분의 하나님이 계신다. 이 사실은 구약성경과 신약성경 둘 다에 명확하게 나와있다. 하나님께서는 "이스라엘아 들으라 우리 하나님 여호와는 오직 유일한 여호와이시니"(신 6:4)라고 말씀하신다. 그리고 "주도 한 분이시요 믿음도 하나요 세례도 하나요 하나님도 한 분이시니 곧 만유의 아버지"(엡 4:5, 6)이시다. 그리스도인들은 세 하나님을 믿지 않는다. 하나인 하나님이 계신다.

둘째, 하나님은 삼위이시다. '삼위'라는 말이 성경에 쓰이지 않았다는 점이 중요하다. 삼위일체라는 말도 마찬가지다. 성경 어디에도, '하나님은 삼위일체이시다'라고 말하는 곳이 없다. 그러나 인간의 언어의 제약성 안에서, '삼위'라는 말이 우리가 성부와 성자와 성령의 일체성을 묘사할 수 있는 최상의 표현이다.

성부와 성자와 성령의 구별된 정체성은 신약성경 전체에 기록되어있다. 아버지가 아들을 보내신다(갈 4:4). 아들은 아버지에게 기도한다(요 17:1). 성령은 아들을 영화롭게 한다(요 16:14). 그리고 아들이 성령을 보낸다(행 2:33).

셋째, 삼위는 각각 온전히 하나님이시다. 성부가 하나님이며, 성자가 하나님이며, 성령이 하나님이다. 예수 그리스도께서는 "나와 아버지는 하나이니라"(요 10:30)고 말씀하셨다. 그리고 그분은 창세전에 아버지와 함께 공유했던 영광에 대해 언급했다(요 17:5). 그리스도께서 성령을 보내시는 일에 대해 말씀하셨을 때, 그분이 언급하신 내용은 자신의 임재에 대한 어떤 대안이 아니었다. 즉, 그분은 비록 자신이 아버지께 되돌아가더라도 제자들과 항상 함께할 것이라고 약속하고 계신 것이다(요 14:16-18). 만일 성령이 그들과 함께 계신다면, 그리스도께서 그들과 함께 계신 것이었다. 그리고 그리스도께서 그들과 함께 계신다면, 아버지께서 그들과 함께 계신 것이었다(요 14:23).

유추의 문제점

수백 년 동안 사람들은 하나님의 본질을 설명하려고 노력하면서 다양한 유추를 시도해왔다. 나는 그러한 유추들 가운데 어느 것 하나도 그다지 정확하지 않다는 사실을 알게 되었다. 내가 볼 때, 만일 우리가 하나님의 본질을 파악하는 데 도움을 줄 수 있는 어떤 사실이 자연 세계 안에 존재한다면, 하나님께서는 그 사실을 성경에 포함시키셨을 것이다. 그러나 하나님께서 그렇게 하지 않으셨다는 사실이 중요하다.

그러므로 삼위일체에 대한 유추들에 대해 경계하기 바란다. 유추란, 대개 어떤 진리의 일부분을 볼 수 있도록 도움을 주지만 동시에 다른 부분을 왜곡하거나 흐린다. 어떤 사람은 한 사람이 세 가지 다른 역할을 한다는 유추를 시도한다. 예를 들어, 나는 남편이자, 아버지이자, 목회자이다. 그러나 이러한 유추는 이 세 가지 역할을 감당하는 사람이 단 한 사람뿐이기 때문에 근거가 부족하다. 하나님은 삼위로 존재하고 계신다. 성부는 성자가 아니며, 성자는 성령이 아니다.

어떤 사람들은 물이 얼음과 물과 수증기로 존재한다는 사실로 유추를 시도한다. 여기에서의 문제점은 물이 동시에 얼음과 물과 수증기일 수 없다는 것이다. 그러나 지금 성자는 성부의 우편에 앉아계시며, 성령은 성도들의 마음속에 거하신다. 이러한 일들은 동시에 진행되고 있다.

아마도 가장 잘 알려진 유추는 아일랜드의 성 패트릭이 시도했던 유추일 것이다. 그는 하나의 토끼풀에 달려있는 세 잎사귀에 대해 언급했다. 여기에서의 문제점은 각각의 잎사귀가 그 토끼풀의 일부분일 뿐, 전체는 아니라는 점이다. 삼위일체의 각 위는 '하나님의 일부분'이 아니다. 삼위는 각각 온전한 하나님이다. "그 안에는 신성의 모든 충만이 육체로 거하시고"(골 2:9). 예수 그리스도는 하나님의 일부분이 지상에 오시고, 남은 부분은 하늘에 남아 계신 분이 아니다. 바로 예수 그리스도가 우리와 함께하시는 하나님이시다!

신비에 어떻게 반응하나

하나님의 본질은 하나의 신비이지, 모순은 아니다. 만일 그리스도인들이 유일하신 하나님이 계신다고 믿고 동시에 세 분의 하나님이 계신다고 믿는다면, 그것은 모순일 것이다. 혹은 우리가 삼위가 존재한다고 믿으며, 또한 동시에 유일한 존재가 있다고 믿는다면, 그것도 모순일 것이다. 그러나 삼위로 존재하시는 유일하신 하나님이 계시다고 말하는 것은 모순이 아니다. 그것은 신비이다.

성경에는 우리가 신비라고 여길 수밖에 없는 일들이 여러 곳에 제시되어있다. 그래서 우리가 어떻게 반응해야 하고 어떻게 반응해서는 안되는지 아는 것이 중요하다.

첫째, 신비를 거부하지 말라. 어떤 사람들은 본능적으로 자신들이 이해할 수 없는 것은 어떤 것에서든지 손을 털고 돌아서 버린다. 마치 이해할 수 없는 것이라면 참일 가능성도 없다는 듯이 말이다. 그래서 그들은 하나님의 영광이 이루 헤아릴 수 없는 찬란한 것임을 놓치고 있다.

둘째, 신비를 설명하려고 시도하지 말라. 당신은 '하나님의 본질 이해하기'라는 항목을 자신이 해야 할 일 목록에 포함해두고는, 어느 날 한 출판사가 그것을 모두 설명해줄 책을 출판하면 당신이 해야 할 일 목록에서 그 일을 지워버리면서 "이제는 다 이해되는군. 내가 예전에 왜 이 책을 읽지 않았는지 모르겠군"이라고 말할 수 없다. 하나님께서는 당신이 그런 일을 저지르도록 내버려 두지 않으실 것이다. 왜냐하면 만일 당신이 그렇게 된다면, 하나님 경배하기를 그만 둘 것이기 때문이다.

하나님께서는 우리가 하나님을 올바르게 알 수 있도록 자신을 계시해주셨지만, 우리가 '하나님을 다 알아맞힐 수 있는' 그 경지에까지는 결코 다다르지 못할 것이다. 심지어 천국에서 당신이 하나님을 있는 그대로 보고 있을지라도, 당신은 하나님에 대한 경이와 사랑과 찬양에 빠질 것이다. 당신은 하나님의 얼굴을 보게 될 것이며, 이전보다 더욱더 깊은 경이로움으로 가득 찰 것이다. 그리고 당신은 하나님 영광의 신비에 사로잡혀 영원토록 살게 될 것이다.

신비에 반응하는 길은, 그 신비로 하여금 당신이 경배에 이르도록 만드는 것이다. 그것이 언제나 하나님 본질의 신비에 대한 우리의 반응이 되어야 할 것이다.

> 거룩, 거룩, 거룩, 전능하신 주 하나님이시여!
> 땅과 하늘과 바다에서 당신의 지으신 모든 것들이 당신의 이름을 찬양합니다.
> 거룩, 거룩, 거룩, 자비롭고 강하신 이여!
> 삼위로 계신 하나님, 복된 삼위일체이시로다![2]

성부 하나님께 나아가기

예수께서 이르시되 내가 곧 길이요 진리요 생명이니 나로 말미암지 않고는 아버지께로 올 자가 없느니라(요 14:6).

당신이 미국 대통령을 예방하고 싶다고 가정해보자. 그 일은 아마도 불가능할 것이다. 대통령은 쉽게 접근할 수 있는 인물이 아니기 때문이다. 그래도 당신이 시도를 해본다면, 가능한 여러 가지 방법이 있을 수도 있다.

예를 들면, 만일 당신이 영부인을 알고 있다면, 영부인이 당신을 대통령에게 데리고 갈 수 있을 것이다. 만일 당신이 대통령의 아버지나 어머니를 알고 있다면, 그 사람이 만남을 주선해줄 수도 있을 것이다. 혹은 만일 당신이 국무 장관이나 공보 담당 비서나, 비서실장을 알고 있다면, 그 사람이 당신에게 대통령을 만날 기회를 마련해줄 수 있을 것이다.

대통령에게 다가갈 수 있는 많은 방법이 있는 것은, 대통령 곁에 많은 사람이 있기 때문이다. 그러나 하나님 아버지 곁에는 누가 있는가?

예수 그리스도께서는, 아들 이외에는 아무도 아버지 곁에 없다고 명확히 밝히셨다. 아들은 아버지를 보았으며, 알고 있는 유일한 자이다(마 11:27; 요 6:46). 그래서 그 아들이 우리가 아버지께 나아갈 수 있게 해주는 유일한 자라는 사실이 밝혀진다. 요한은 이렇게 썼다. "본래 하나님을 본 사람이 없으되 아버지 품속에 있는 독생하신 하나님이 나타내셨느니라"(요 1:18). 오직 아버지 곁에 있는 그분만이 아버지께로 당신을 데려가줄 수 있다.

예수님의 아버지와 당신의 아버지

내 아버지 집에 거할 곳이 많도다(요 14:2).
너희가 나를 알았더라면 내 아버지도 알았으리로다(요 14:7).
그날에는 내가 아버지 안에, 너희가 내 안에, 내가 너희 안에 있는 것을 너희가 알리라(요 14:20).

예수님께서 아버지에 대해 언급하실 때, 일정하게 "내 아버지"라고 하셨다는 사실은 매우 중요하다.

예수님은 아버지와 자신과의 관계를 자신과 제자들과의 관계와 명확하게 구분하셨다. "…내가 내 아버지 곧 너희 아버지, 내 하나님 곧 너희 하나님께로 올라간다 하라"(요 20:17). 왜 예수님께서는 "우리 아버지"라고 말씀하지 않으셨을까?

예수님께서 하나님을 가리켜 "우리 아버지"라는 말을 사용하신 적이 딱 한 번 있었다. 그때는 예수님께서 제자들에게 그들이 어떻게 기도해야 할지 가르쳐주실 때였다.(마 6:9-13). 예수님께서는 제자들에게 그들이 "우리 아버지"라고 말해야 한다고 가르쳐주셨다. 예수 그리스도의 아버지 하나님에 대한 관계와 제자들의 아버지 하나님에 대한 관계를 똑같은 측면에서 언급했던 예는 결코 없다. 그 차이는 항상 유지되고 있다.

복된 소식은 하나님께서 모든 사람의 아버지라는 사실이 아니라 예수 그리스도가 하나님의 아들이시며, 바로 그러한 이유 때문에 예수 그리스도께서 우리를 하나님의 자녀가 되는 길로 인도하여주실 수 있다는 것이다.

우리가 하나님 자녀가 된다는 것은 복음이 가져다주는 최고의 특권이다. 하나님은 용서 이상의 것을 우리에게 주신다. 죄의 용서는 우리에게 가장 필요한 것이다. 그러나 용서가 최고의 특권은 아니다. 하나님께서는 재판을 주재하시면서 법정에서 우리에게 무죄를 선고하신다. 또한 하나님께서는 우리를 자녀 삼아주신다. "때가 차매 하나님이 그 아들을 보내사…하신 것은 율법 아래에 있는 자들을 속량하시고 우리로 아들의 명분을 얻게 하려 하심이라"(갈 4:4, 5).

예수 그리스도는 하나님의 유일한 아들이시다. 그러나 그분은 우리의 몸을 취하시고, 우리를 자신의 형제로 삼으셨다. 만일 우리가 그분을 영접한다면, 성부 하나님께서는 우리를 그분의 가족으로 맞아주셔서, 우리가 하나님의 자녀가 되게 하실 것이다.

이것은 단지 명분이나 신분만을 이르는 것이 아니다. 하나님께서는 성령을 우리의 마음속에 보내주셔서, 우리로 하여금 "아바 아버지"(롬 8:15)라고 부르짖게 하신다. 성령은 우리의 마음속에서 우리가 진정으로 하나님의 자녀임을 확증하게 해주셔서 우리가 그 사실을 누리면서 살아갈 수 있게 해주신다.

만일 아버지 하나님과의 관계가 어떤 것인지 알고자 한다면, 예수님께서 하나님을 자기 아버지라고 부르는 것이 어떤 의미가 있는지 살펴보는 것으로 시작해야 한다. 만일 우리가 예수님께서 하나님의 아들인 사실이 무엇을 의미하는지 파악할 수 있다면, 우리가 하나님의 자녀라는 것이 무엇을 의미하는지도 파악할 수 있게 될 것이다.

아버지의 권위에 대한 복종

예수 그리스도께서는 우리를 아버지의 권위에 종속되는 관계 속으로 부르신다. 당신은 예수님의 삶에서 이 점을 놓칠 수 없을 것이다. 예수님께서는 아버지의 권위 아래 자신을 두셨다. 예수 그리스도는 아버지께서 행하라고 명하신 일을 완수함으로써 아버지께 영광을 돌렸다(요 17:4). 예수님께서는 이렇게 말씀하였다. "나의 양식은 나를 보내신 이의 뜻을 행하며 그의 일을 온전히 이루는 이것이니라…내가 하늘에서 내려온 것은 내 뜻을 행하려 함이 아니요 나를 보내신 이의 뜻을 행하려 함이니라…"(요 4:34; 6:38, 39).

그분의 삶 전체는 아버지의 목적에 맞추어져 있었다. 겟세마네 동산에서보다 이 사실이 더 명확하게 드러난 예는 없을 것이다. 그곳에서 예수 그리스도께서는 이렇게 기도하셨다. "내 아버지여 만일 할만하시거든 이 잔을 내게서 지나가게 하옵소서. 그러나 나의 원대로 마시옵고 아버지의 원대로 하옵소서"(마 26:39). 만일 십자가의 끔찍한 고통 없이도 아버지의 목적이 성취될 수 있었다면, 십자가는 예수님의 선택이 되었을 것이다. 그러나 만일 아버지의 목적이 이 고통을 통과해야 성취된다면, 그분은 고통을 통과할 각오가 되어있으셨다.

만일 우리가 아버지께 나아간다면, 첫 번째 문제는 우리가 아버지의 권위에 복종할 준비가 되어있는가 하는 것이다. 그것이 바로 탕자가 직면한 큰 결정 사항이었다(눅 15:11-24). 탕자는 오랫동안 아버지의 권위에 저항했다. 집을 떠난 그는 아버지의 집이 그리워지기 시작했다. 그러나 집으로 돌아오기 전에, 그는 과연 자신이 아버지의 권위에 복종할 각오가 되어있는지에 대한 문제를 해결해야 했다.

많은 사람이 하나님 아버지의 사랑에 대해 거의 알지 못하는 이유는, 그들이 계속해서 하나님 아버지의 권위에 저항하고 있기 때문이다. 그런 식으로는 아무도 예수님께서 이끌어주시는 관계에 들어갈 수 없다.

당신이 "우리 아버지"라고 말할 때, 곧 이어서 당신은 "아버지의 뜻이 이루어지이다"라고 말하게 된다. 예수 그리스도는 겟세마네 동산에서 이 두 가지 사실을 하나로 만드셨다. 그분은 십자가의 형벌이 이루 말할 수 없을 정도로 고통스러웠을 때에도, 하나님 아버지의 뜻에 복종하셨다. 당신도 그렇게 할 각오가 되어있는가?

가장 친밀한 말인 "아바"Abba가 어떤 경배자의 입술에서가 아니라, 겟세마네 동산에서 고통 가운데 신음하는 예수 그리스도 음성에서 나왔다는 사실은 매우 의미심장하다(막 14:36).

하나님을 아버지로 섬긴다는 것은 그분의 권위에 복종한다는 뜻이다. 그리스도인의 삶은 자신이 천국에 가겠다고 결심하는 것에서 시작되는 것이 아니라 내가 "나의 뜻이 아니라 하나님의 뜻이 이루어지이다"라고 말하는 그 자리에 이를 때 시작되는 것이다.

아버지의 사랑 누리기

하나님 아버지의 권위에 복종하는 일은 때때로 고통스러울 수 있다. 그러나 그것이 아버지의 사랑을 경험하는 통로이다. 성부는 성자를 사랑한다. 그래서 예수님은 우리를 그 사랑 가운데로 이끌어주시겠다고 말씀하신다. 그분은 "아버지께서 나를 사랑하신 것 같이 나도 너희를 사랑하였으니"(요 15:9)라고 말씀하셨다. 성부 하나님께서 성자 예수님을 얼마나 사랑하시는지 생각해보라. 예수님은 세상이 시작되기 전에 그 사랑을 경험하고 계셨다(요 17:24).

예수님은 우리를 그 아버지의 사랑 가운데로 데리고 가신다. 그리고 우리가 사랑받고 있음을 알게 해주시는 것이 바로 성령의 특별한 역사이다. 성령은 우리 마음속에 하나님의 사랑을 부어주신다(롬 5:5). 사랑은 우리가 믿는 어떤 대상이 아니라, 우리가 체험하고 있는 어떤 것이다. 사랑은 누려야 할 특별한 선물이다.

이 문제가 어떤 사람에게는 매우 예민한 쟁점이 된다. 나는 행복한 가정에서 성장할 수 있는 특권을 누렸다. 그리고 사랑이 많은 아버지를 주신 하나님께 감사드린다. 내가 경험했던 그 평온함과 사랑 때문에, 나는 그 특권을 모르고 살았던 사람들의 고통에 민감하게 되었다.

때때로 고통스런 가정생활을 경험했던 사람들은 하나님을 아버지라고 부르는 것이 도움이 되지 않으며, 신앙의 갈피를 못 잡게 할 수 있다고 말한다. 만일 당신이 그런 식으로 느끼고 있다면, 나는 당신에게 던질 질문이 하나 있다. 당신이 아버지에 대한 거부감을 느끼고 있다는 사실을 어떻게 알게 되었는가?

하나님께서 당신의 마음속에 이미 아버지란 어떠해야 하는지에 대한 의식을 심어주셨기 때문에 당신이 알고 있는 것이다. 당신이 실망할 수 있다는 것은 바로 '반드시 어떠해야 할 것'에 대한 인식을 가지고 있다는 증거이다. 하나님께서 그 의식을 우리에게 넣어주신 것이다.

예수 그리스도께서는 당신이 하나님 아버지의 자녀가 되는 특권을 누리게 하시기 위해 이 땅에 오셨다. 예수 그리스도는 당신을 하나님의 집으로 인도하시고, 당신으로 하여금 하나님의 사랑을 받고, 환영받는 자녀가 되게 하실 것이다. 성령은 당신을 하나님 아버지께로 이끄실 것이며, 당신이 하나님의 사랑 안에서 안전하다는 것을 알게 해주실 것이다.

그리스도인이라고 해서 언제나 이러한 확신 가운데 있는 것은 아니다. 바울은 그리스도인들이 하나님의 사랑을 더 많이 경험하게 해달라고 정기적으로 기도했다(엡 3:18-19). 때때로 고통은 우리가 하나님의 따스한 사랑을 느끼지 못하도록 우리를 마비시키기도 한다. 그러나 이것은 하나님 아버지와의 관계의 일면이다. 그다지 중요하지 않은 것에 안주하지 말라. 하나님의 약속들을 믿으라. 당신의 마음속에 하나님 아버지의 사랑을 부어주시라고 성령께 간구하라. 계속해서 기도하라. 당신은 무한한 사랑을 받게 될 것이다.

아버지의 영광에 참여하기

예수님께서는 아버지께 "내게 주신 영광을 내가 저희에게 주었다"고 말씀하셨다(요 17:22). 하나님의 아들이 세상에 들어오시기 전에, 그분은 이미 아버지의 영광을 공유하고 있었다(요 17:5). 그리고 그분이 세상에 오셨을 때, 아버지의 영광이 드러났다(요 1:14). 예수 그리스도께서 우리로 하여금 아버지와 관계를 맺도록 인도해주실 때, 우리는 하나님의 영광 속으로 들어가게 된다.

이것은 하나님과 관계를 맺은 그리스도인이 누릴 수 있는 최고의 특권이다. 예수님은 우리를 아버지의 권위에 복종하고, 아버지의 사랑을 누리고, 아버지의 영광에 동참하는 관계 가운데로 이끌어주신다.

때때로 아버지의 권위에 복종하는 것은 값비싼 대가를 치러야 할 수도 있다. 그러나 바울은 우리에게 이것이 장차 우리에게 나타날 영광과 비교할 수 없다(롬 8:18)고 상기시킨다.

요한은 이 관계가 가지는 특권을 매우 즐거워한다. 그래서 그는 이렇게 선언하고 있다. "보라 아버지께서 어떠한 사랑을 우리에게 베푸사 하나님의 자녀라 일컬음을 받게 하셨는가." 그런 다음에 그는 이것이 무슨 뜻인지 우리에게 일깨워준다. "그가 나타나시면 우리가 그와 같을 줄을 아는 것은 그의 참모습 그대로 볼 것이기 때문이니"(요일 3:1, 2).

예수 그리스도께서는 우리를 자신의 형제라고 부르기를 전혀 부끄러워하지 않으신다(히 2:11). 그분은 우리를 아버지의 권위와 사랑 가운데로 이끌어주신다. 마침내, 예수 그리스도께서는 우리를 아버지의 임재 안으로 인도하실 것이다. 예수 그리스도께서는 우리와 더불어 아버지 앞에 서서, "여기에 내가 있고, 아버지께서 내게 주신 자녀들이 있습니다"라고 말씀하실 것이다.

드러난 사실 UNLOCKED

하나님을 아버지로 여긴다는 것은 우리에게 자연스러운 일이 아니다. 아담과 하와의 자손으로서 우리는 하나님을 떠난 상태에서 태어났으며, 하나님과 관계를 회복할 필요가 있다. 그렇기 때문에 예수 그리스도께서 세상에 오신 것이다. 그분은 아버지에 대해 알려주고 우리를 그 아버지께로 인도하시기 위해 아버지 곁에서 이 세상으로 오셨다.

예수님께서 하나님을 아버지라고 부르는 것은, 하나님 아버지의 권위에 복종하며, 아버지의 사랑을 누리며, 아버지의 영광에 동참하는 것을 의미한다. 예수님께서 자신을 통해 당신이 아버지께로 나아가도록 인도하실 때, 예수 그리스도는 하나님 앞에서 우리가 예수님과 동일한 관계가 되도록 인도하시는 것이다.

기도 PAUSE FOR PRAYER

전능하신 아버지 하나님!

제가 주님의 위대하심과 영광을 바라보면서, 두렵고 놀라운 마음으로 주님 앞에 엎드립니다.

하나님의 아들 예수 그리스도를 통해 저를 하나님의 자녀 되게 하시고, 주님의 복을 누릴 수 있는 권세를 주심에 감사드립니다. 저에게 부어주시는 하나님의 영원한 사랑을 항상 깨달아 알게 하시고, 그 사랑 안에서 감사하며 살 수 있도록 도와주시옵소서. 제 마음속에 하나님에 대한 사랑이 더욱 깊어지게 하시고, 제가 하나님의 영광을 보게 될 그 날까지, 하나님의 뜻에 순종하며 기쁘게 살아갈 수 있도록 항상 함께하여주시옵소서. 나의 주 예수 그리스도의 이름으로 기도드립니다. 아멘.

Notes

1. Martin Rinkart, "Now Thank We All Our God," 3절. Catherine Winkworth 번역.
2. Reginald Heber, "Holy, Holy, Holy," 4절.

16

성자

Son

요한복음 5장

예수님이 하나님이라는 사실이

왜 그렇게 중요한가?

묵상의 길잡이

☑ **발견하라**
예수님이 하나님의 아들이라는 사실이 어떤 의미인지 발견하라.

☑ **배우라**
당신이 자신의 구원을 어떻게 확신할 수 있는지 배우라.

☑ **경배하라**
성자 예수 그리스도를 통해 자신을 알리신 하나님께 경배하라.

1986년에 아들 앤드류가 태어나면서 나는 아버지가 되었다. 아들이 생기기 전에 나는 아버지라고 불릴 수 없었다. 한 남자가 아버지가 되고, 한 여자가 어머니가 되는 것은 자녀가 태어나면서부터이다.

하나님께서는 언제 아버지가 되셨는가? 그에 대한 대답은 "하나님은 항상 아버지셨다"는 것이다. 하나님은 영원한 아버지이시다. 그리고 그분의 본성은 결코 변하지 않는다.

예수 그리스도께서는 언제 아들이 되셨는가? 그에 대한 대답은 "예수 그리스도는 항상 아들이셨다"는 것이다. 그분은 영원한 아들이시다. 그리고 그분의 본성은 결코 변하지 않는다.

성부 하나님은 결코 성자 하나님 없이 존재하지 않았다. 그리고 성자 하나님도 결코 성부 하나님이 없이 존재하지 않았다. 하나님은 예수님이 태어나셨을 때 아들을 얻게 된 것이 아니었다. 그 아들은 이미 아버지 곁에, 아버지 품속에 있었다. 하나님께서는 아들이 동정녀 마리아에게서 태어나도록 이 세상으로 보내셨다. 예수 그리스도의 존재는 동정녀라는 모체 속에서 시작되지 않았다. 그분은 인간의 몸을 취하시기 전에, 아버지의 영광과, 아버지의 생명과, 아버지의 역사와, 아버지의 사랑을 공유하고 있었다.

그 아들은 언제나 그 아버지와 더불어 존재하고 있었으며, 언제나 그 아버지와 동등했다. 성부와 성자와 성령 사이에는 순서상으로나, 우선순위로나 중요성에 있어서 서열이 존재하지 않는다.

성경은 성자가 성부와 동등하다는 점을 명확히 밝히고 있다. 그분은 "근본 하나님의 본체"이시다. 그러나 그분은 "하나님과 동등됨을 취할 것으로" 여기지 않았다(빌 2:6). 그분은 자신을 아버지의 처분에 맡겼고, 종의 모양을 취하셨다. 우리의 구원을 목적으로, 그 아들은 아버지에게 자신을 종속시키고, 아버지께 순종하셨다. 이는 그분이 아버지보다 낮았기 때문이 아니라, 아버지와 아들이 그렇게 해야겠다고 결정하셨기 때문이다. 동등한 하나님이시면서, 아버지와 아들은 우리의 구원을 위해 서로 다른 역할을 하셨다.

어느 날, 예수님은 제자들에게 이렇게 말씀하셨다. "너희가 들었나니 나를 사랑하였더라면 내가 아버지께로 감을 기뻐하였으리라 아버지는 나보다 크심이라"(요 14:28).

이것은 아버지가 아들보다 더 신성하다는 말이 아니라, 아버지가 더 높은 위치를 가지고 있다는 뜻이다. 이때는 예수님께서 십자가를 향해 가심으로써 가장 낮은 지위를 취하시고자 하던 때였으므로, 그것은 분명한 사실이었다.

그러므로 예수 그리스도께서는 제자들에게 이렇게 말씀하셨다. "만일 너희가 나를 사랑했다면, 너희들은 내가 아버지께로 갈 것이라는 사실을 기뻐했을 것이다. 왜냐하면, 그 사실은 내가 아버지의 높은 지위에 동참하기 위해 되돌아가는 것을 뜻하기 때문이다."

하나의 이야기를 전해주고 있는 이름들

고대 세계에서, 각 사람들의 이름은 여러 가지 성격을 의미했다. 만일 한 사람이 아주 악하다면, 누군가가 그 사람을 "벨리알의 아들놈"이라고 불렀을 것이다. 그 이름은 어떤 사람이 마귀의 성격을 그대로 드러냈을 정도로 상당히 악한 심성을 보였다는 의미였다. 마치 마귀가 그의 아비인 것 같았다는 말이다.

사무엘상 2장 12절을 보면, "엘리의 아들들은 벨리알의 아들놈들"(참조. KJV, 개역개정은 '행실이 나빠'로 번역하고 있음)이라는 말이 나온다.[1] 아들이라는 단어가 한 구절에서 완전히 다른 의미로 사용되고 있음에 주목하기 바란다. 엘리의 아들들은 엘리에게 딸린 자식들이었다. 그러나 그들이 드러낸 성격은 엘리의 것이 아니라 사탄의 것이었다.

좀 더 긍정적인 기록을 보자면, 하나님께서는 이스라엘을 자신의 '아들'이라고 말씀하셨다. 하나님께서는 바로에게 이렇게 말씀하셨다. "내 아들을 보내 주어 나를 섬기게 하라"(출 4:23). 히브리 백성은 아브라함의 후손들이었다. 그러나 하나님께서는 그들이 세상에서 하나님의 거룩함을 반영하고 하나님의 성품을 표출하도록 불러내셨다. 그래서 하나님은 그들을 자신의 아들이라고 부르신 것이다.

똑같은 사실이 왕에게도 해당되었다. 시편 2편은 이스라엘에서 왕이 즉위하는 대관식에서 사용되었던 시詩다. 하나님께서는 이렇게 말씀하셨다. "너는 내 아들이라 오늘 내가 너를 낳았도다"(시 2:7). 이 말은 하나님께서 그 왕을 그날로부터 하나님의 존엄과 영광을 그 백성 가운데서 비추도록 부르신다는 뜻이다. 이스라엘과 유다의 왕들은 '하나님 같은' 하나님의 아들이 되도록 부름을 받았다. 그들 대부분은 그 일에 아주 소홀했다.

신약성경에서, 우리는 요셉이라는 사람을 만난다. 사도들은 그를 바나바라고 불렀다. 바나바라는 이름은 '권위자'(행 4:36)라는 뜻이다. 바나바는 별명이었다. 그들은 요셉이 다른 사람에게 상당한 용기를 북돋워주는 사람이라고 생각했다. 그래서 그들은 요셉을 '격려의 아들'이라고 불렀다. 그는 격려가 의인화된 사람, 즉 사람의 몸을 입은 격려 그 자체였다는 말이다.

예수님도 산상수훈에서 똑같은 방식으로 아들이라는 말을 사용하셨다. 예수님은 이렇게 말씀하셨다. "화평하게 하는 자는 복이 있나니 그들이 하나님의 아들이라 일컬음을 받을 것임이요"(마 5:9). 하나님께서는 위대한 평화 조성자이시다. 그러므로 평화를 이룩하는 사람들은 하나님의 성품과 역사를 반영하고 있는 것이다. 그들은 하나님께서 행하고 계시는 일을 하고 있다. 그러므로 그들은 '하나님의 아들들'이라 일컬어지는 것이다.

이렇듯 성경이 예수님을 '하나님의 아들'이라고 일컬을 때, 아들이라는 단어는 그가 하나님 아버지의 '딸린 친족'이라는 뜻이 아니라, 그가 정확히 그 아버지의 성격, 본질을 반영하고 있다는 뜻이다. 그는 육체 가운데서 하나님의 본성을 그대로 보여주는, 하나님의 모든 것이다.

예수님이 하나님의 아들이시라는 사실이 의미하는 충만한 영광이 요한복음 5장에 공개되어있다. 거기에서 예수님께서는 두 가지 놀라운 진술을 하신다.

아버지의 일을 행하시다

> 그러므로 예수께서 그들에게 이르시되 내가 진실로 진실로 너희에게 이르노니 아들이 아버지께서 하시는 일을 보지 않고는 아무것도 스스로 할 수 없나니 아버지께서 행하시는 그것을 아들도 그와 같이 행하느니라(요 5:19).

첫째로, 예수님께서는 자신의 활동이 그가 아버지께서 행하시는 것을 본 것에 제한되어있다고 우리에게 말씀하신다. "아들이 아버지의 하시는 일을 보지 않고는 아무것도 스스로 할 수 없나니"(요 5:19). 예수 그리스도께서는 자신이 아버지께서 행하실 일의 범위에서 벗어나는 일은 어떠한 일도 행하지 않는다고 말씀하신다.

나는 내가 행하는 모든 일이 하나님 역사의 반영이라고 말할 수 있으면 좋겠다는 바람을 갖는다. 그러나 물론 나는 그렇게 말할 수 없다. 그렇지만 예수 그리스도께서는 그렇게 말씀하고 계신다. "너희들은 나의 삶 가운데서 단 한 가지라도 하나님의 활동의 범위에서 벗어나는 것을 발견하지 못할 것이다." 이것이 예수 그리스도의 말씀이다.

그런 다음에 예수님께서는 더욱 놀라운 두 번째 진술을 하신다. "아들이 아버지의 하시는 일을 보지 않고는 아무것도 스스로 할 수 없나니 아버지께서 행하시는 그것을 아들도 그와 같이 행하느니라."

예수님의 모든 행하심이 하나님의 행하심의 반영일 뿐만 아니라, 하나님의 모든 활동 또한 예수님 안에서 반영된다.

다시 말해서 예수님의 말씀은, "내가 행하고 있는 모든 것은 아버지께서 행하고 계시는 바를 반영하고 있으며, 아버지께서 행하시는 모든 것은 내가 행하고 있는 일에 반영되어있다"는 말씀이다.

우리도 하나님이 행하고 계시는 일을 반영하는 어떤 일들을 행할 수는 있다. 사랑하거나 용서하거나 평화를 이루는 일들에서 제한적으로 아버지 하나님의 성품을 반영할 수가 있다. 그러나 하나님께서 행하시는 일 중에서 우리가 결코 반영할 수 없는 어떤 일들이 있다.

오직 하나님만이 우주를 만드셨고 생명을 주신다. 오직 하나님만이 죽은 자를 살려내실 수 있다. 오직 하나님만이 최종적인 심판을 내리실 수 있는 위치에 계시다. 이러한 것들은 하나님의 일들이다. 그리고 예수님께서는 자신이 그러한 일들을 행하신다고 우리에게 말씀하고 계신 것이다.

그 안에 생명을 가지고 계신 아들

> 아버지께서 자기 속에 생명이 있음같이 아들에게도 생명을 주어 그 속에 있게 하셨고(요 5:26).

하나님께서는 우리에게 생명이라는 놀라운 선물을 주셨다. 그러나 우리는 '우리 안에' 생명을 가지고 있지 않다. 우리의 생명은 부모님을 통해 우리에게 주어진 하나님의 선물이다. 부모님이 없었다면, 우리는 존재하지도 않았을 것이다.

오직 하나님만이 '자신 안에 생명'(자체적 생명)을 가지고 계신다. 오직 하나님만이 다른 어느 누구에게도 의존하지 않는 유일한 존재이시다.

그러나 예수님께서는 '아버지께서 자기 안에 생명을 가지고 계시며, 아들도 자기 안에 생명을 가지고 있다'고 말씀하시지 않았음에 주목하기 바란다. 그렇게 말하는 것은, 아버지와 아들이 생명을 가지고 있는 각각의 신이라는 의미와 같다. 그리고 '아버지께서 자기 안에 생명을 가지고 계시고, 아들에게 생명을 허락하셨다'고 말씀하시지도 않았다. 그렇게 말하는 것은, 아들이 그저 당신과 나처럼 창조된, 의존적인 존재였다는 뜻일 수 있다.

예수님께서는 이렇게 말씀하셨다. "아버지께서는 자기 안에 생명을 가지고 계시므로, 아들이 자기 안에 생명을 갖도록 허락하셨다." 아버지는 언제나 자기 안에 생명을 가지고 계셨다. 그리고 아들도 언제나 자기 안에 생명을 가지고 계셨다. 그러나 오직 하나의 생명만이 존재한다. 아버지와 아들은 하나님의 유일하고 영원한 생명을 공유하고 계신다.

이 모든 사실을 하나로 묶어보면, 당신은 우리 주 예수 그리스도의 영광이 보이기 시작할 것이다. 아들에 관한 모든 것은 아버지를 반영하고 있다. 그리고 아버지에 관한 모든 것은 아들에게 반영되어있다. 아들은 아버지가 행하고 계시는 모든 일을 행하신다. 아들은 그 안에 생명을 가지고 계시며, 자신에게 오는 모든 자에게 생명을 주실 수 있다. 아들은 앞으로 죽은 자들을 다시 살리실 것이며, 모든 사람에게 최후의 심판을 내리실 것이다.

신약성경은 예수님의 정체성에 대한 이 가르침을 크게 강조하고 있다. 예수 그리스도는 우리와 함께 계시는 하나님이시다. 앞으로 살펴보겠지만 이 진리는 세 가지 이유로 핵심적인 중요성을 지닌다. 만일 그 아들이 하나님이 아니라면, (1) 우리는 결코 하나님 아버지를 알 수 없을 것이며, (2) 십자가 사건은 잔인한 행위가 될 것이며, (3) 우리는 결코 구원에 대해 확신할 수 없을 것이다.

하나님에 대한 지식: 추측인가, 아니면 계시인가?

한번은 예수님의 제자 빌립이 하나님을 알고자 하는 깊은 열망을 표현했다. 그래서 그는 예수 그리스도께 이렇게 말씀드렸다. "주여 아버지를 우리에게 보여주옵소서 그리하면 족하겠나이다." 이에 예수 그리스도께서는 이렇게 대답해주셨다. "빌립아 내가 이렇게 오래 너희와 함께 있으되 네가 나를 알지 못하느냐 나를 본 자는 아버지를 보았거늘 어찌하여 아버지를 보이라 하느냐"(요 14:8, 9).

만일 아들이 하나님이 아니시라면, 우리는 아버지를 알 수 없을 것이다. 우리가 말할 수 있는 최선은, 아버지 하나님과 함께 있었으며 어떤 점들에서 아버지 하나님과 닮은 누군가가 아버지 하나님에 대해 우리에게 전해주고자 이 땅에 찾아왔다는 정도가 될 것이다.

만일 누군가가 당신에게 아들은 온전한 하나님이 아니라고 말한다면, 그 사람은 하나님을 알 수 있는 가능성을 배제시킨 것이다. 눈에 보이지 않는 하나님이 어떻게 우리에게 알려질 수 있겠는가?

만일 아들이 하나님에 가깝기는 하지만 하나님은 아니라고 한다면, 우리는 하나님이 어떤 모습일지 추측하는 수밖에 없다. 우리는 예수님이 어떤 면에서는 아버지 하나님과 같다고 받아들일 수 있을 것이다. 그러나 그것을 어떻게 알 수 있겠는가? 그리고 만일 아들이 하나님이 아니라면, 아들은 어떤 면에서는 하나님과 달라야 한다. 어떤 점에서 아들이 하나님과 다른 것인가? 만일 아들이 하나님이 아니라면, 우리는 아버지를 알지 못할 것이다.

그러나 복음의 중심적인 주장은 아들이 아버지와 '하나'라는 것이다. "본래 하나님을 본 사람이 없으되 아버지 품속에 있는 독생하신 하나님이 나타내셨느니라"(요 1:18).

예수님은 우리에게 하나님의 소식을 전해주는 하나님의 친구가 아니다. 예수님은 우리와 함께하시는 하나님이시다. 누구든지 예수님을 본 사람은 곧 아버지를 보았다. 사도 바울은 이렇게 기록했다. "하나님께서 예수 그리스도의 얼굴에 있는 하나님의 영광을 아는 빛을 우리 마음에 비취셨느니라"(고후 4:6). 눈에 보이지 않는 하나님이 어떻게 우리에게 알려질 수 있겠는가?

십자가: 잔인한 행위인가, 아니면 사랑의 선물인가?

성경은 아버지께서 우리의 죄악에 대한 형벌을 아들 위에 두셨다고 우리에게 말하고 있다. 그 점에 대해 생각해보자. 만일 아들이 하나님이 아니라면, 십자가는 일방적으로 하나님 편에서 가한 잔인한 행위였다고 말할 수 있다.

만일 아들이 하나님이 아니라면, 하나님께서 창조 세계 가운데 누군가 한 사람을 뽑아서 그 사람에게 다른 모든 사람이 마땅히 감당해야 할 책임을 쏟아부었다는 뜻이 된다. 그것이 도대체 어떤 식의 정의란 말인가?

만일 아들이 하나님이 아니라면, 그는 하나님 아버지에 의해 희생양이 된 것이다. 그가 범하지도 않은 범죄들 때문에 사형선고를 받은 것이다. 만일 아들이 하나님이 아니라면, 십자가는 역사상 최대의 잘못된 판결이 될 것이다. 그것도 본디오 빌라도에 의해서가 아니라, 전능하신 하나님에 의해 이루어진 근본적으로 잘못된 판결이 될 것이다. 만일 아들이 하나님이 아니라면, 우리는 로마서 5장 8절을 이렇게 다시 써야 할 것이다. "우리가 아직 죄인 되었을 때에 그리스도께서 우리를 위하여 죽으심으로 하나님께서 자기의 불의함을 보여주셨느니라."

하나님의 영원한 목적

하나님께서는 언제나 사람들을 죄악의 사슬로부터 구속해주시고자 계획하셨다. 성경은 하나님의 영원한 목적에 대해 말하고 있다(엡 3:11). 하나님께서 세상을 창조하시기 전부터, 하나님께서는 아담과 하와가 어떤 선택을 할지 알고 계셨으며, 그에 뒤따를 재앙을 알고 계셨다. 그러나 하나님께서는 이 타락한 세상에서 사람들을 구속해 내어 그들이 영원히 하나님의 찬란한 영광에 동참하도록 계획하셨다.

그 계획에는 커다란 대가가 포함되어있었다. 그것은 하나님께서 자신을 내주시는 것이다. 그렇게 자신을 내주신 것은 하나님 자신의 본성과 그 자신의 영광을 궁극적으로 보여주시는 것을 의미했다.

하나님께서 자신을 내주신 것은 삼위일체의 삼위 모두를 포함한 것이었다. 성부는 내주는 자가 될 것이며, 성자는 주어지는 선물이 될 것이며, 성령은 모든 사람에게 그 선물을 가져다주실 것이었다.

세상이 시작되기 전에, 아버지 하나님은 "나는 내주는 자가 될 것이다"라고 말씀하셨다. 아들은 "나는 주어지는 선물이 될 것이다"라고 말씀하셨다. 그리고 성령은 "나는 받게 될 모든 자에게 그 선물을 가져다 줄 것이다"라고 말씀하셨다. 아버지는 아들을 보낼 것이며, 아들은 와서 자신의 생명을 내줄 것이며, 성령은 도저히 그 값을 헤아릴 수 없는 선물을 전달하여 그 선물이 당신의 소유가 되게 하실 것이었다.

만일 당신이 아버지와 아들의 역할에 대한 어려움을 평가하고자 한다면, 모리아산으로 올라간 아브라함과 이삭에 대해 생각해보라. 그들 가운데 누가 더 하기 쉬운 역할을 맡았겠는가? 자기의 아들을 내줄 자겠는가? 아니면, 자기의 목숨을 내놓을 자겠는가? 그 질문에는 대답이 있을 수 없다. 아버지와 아들은 무한한 대가를 지불하면서 자기를 내주고 희생을 치르는 신비 가운데 서로 엮여있다.

여기에 굉장한 신비가 존재한다. 아버지께서 아들을 주셨고, 아들이 자기의 생명을 내려놓으시면서, 하나님께서는 그리스도 안에서 세상을 자신과 화목하게 하고 계셨던 것이다. 아버지께서 아들 위에 죄에 대한 심판을 쏟아부으셨을 때, 하나님께서는 하나님의 진노를 감당하고 계셨다.

바로 그러한 까닭에, 로마서 5장 8절은 이렇게 말하고 있다. "우리가 아직 죄인 되었을 때에 그리스도께서 우리를 위하여 죽으심으로 하나님께서 우리에 대한 자기의 사랑을 확증하셨느니라." 아버지는 아들을 내주심으로써, 자신의 사랑을 입증하고 계신다. 아들은 그 선물이 됨으로써, 자신의 사랑을 입증하고 계신다. 성령은 이 선물을 받아들이도록 우리의 미음을 열어주심으로써 자신의 사랑을 입증하고 계신다.

십자가는 잔인한 하나님의 보복이 아니었다. 십자가는 무한한 고통을 치르면서 자신의 원수들을 속량하기로 선택하신 하나님의 크나큰 사랑이었다. 그리고 아들이 곧 하나님이시기 때문에 우리를 그렇게 사랑하시는 것이다.

아들에 대한 응답

하나님의 아들이 어떠한 분이신지 알고 있는 당신이라면, 당연히 믿음을 가지게 될 것이다. 예수님께서 자신의 참된 정체성을 드러내셨을 때, 예수 그리스도는 사람들에게 그리스도 자신을 믿으라고 명령하셨다. 요한복음 5장에 나타난 그리스도의 말씀은 단호하다.

> 내가 진실로 진실로 너희에게 이르노니 내 말을 듣고 또 나 보내신 이를 믿는 자는 영생을 얻었고 심판에 이르지 아니하나니 사망에서 생

명으로 옮겼느니라(요 5:24).

당신은 주 예수 그리스도 안에서 믿음을 굳건히 할 수 있다. 예수 그리스도는 당신의 운명의 열쇠를 쥐고 계신다. 그분은 당신에게 영원한 생명을 제공하신다. 만일 당신이 그분의 말씀을 믿고 그분을 보내신 아버지를 믿는다면, 정죄당하지 않을 것이라고 약속하신다. 그것이 예수 그리스도의 약속이다. 그리고 그 약속은 결코 위로부터 취소당하지 않을 것이다. 당신은 예수 그리스도를 믿는가?

하나님의 아들이 누구신지 알게 될 때, 당신의 응답은 경배가 될 것이다. 예수님께서는 이렇게 말씀하셨다. "아버지께서…심판을 다 아들에게 맡기셨으니 이는 모든 사람으로 아버지를 공경하는 것같이 아들을 공경하게 하려 하심이라…"(요 5:22, 23).

아들을 믿는 자들은 "나를 사랑하사 나를 위하여 자기 자신을 버리신 하나님의 아들을 믿는 믿음 안에서"(갈 2:20) 새로운 삶을 시작하게 될 것이다.

드러난 사실 UNLOCKED

예수 그리스도는 하나님의 아들이시다. 그리스도는 아버지의 본질과 영광을 공유하고 있다. 그분은 보이지 않는 하나님의 형상이시며, "그 본체의 형상"이시다(히 1:3). 이 가르침은 신약성경 내내 주류를 이루고 있으며, 기독교 신앙 전체에 있어서 가장 근본적인 중요성을 지니고 있다.

예수님은 우리와 함께하시는 하나님이시므로 우리는 진실로 그리스도 예수 안에서 하나님을 알 수 있다. 십자가에서 그리스도의 죽으심은 우리에 대한 하나님 사랑의 궁극적인 확증이다. 십자가 위에서, 하나님께서 하나님의 진노를 감당하셨다. 하나님은 그리스도 안에서 세상을 자기와 화목하게 하셨다. 또한 주 예수 그리스도의 신성은 우리 구원의 확신에 대한 기초이다. 아버지는 모든 심판을 아들에게 맡기셨으므로 아들보다 더 높은 권위는 없다.

기도 PAUSE FOR PRAYER

하나님 아들의 영광을 묵상하기 위해 다음의 글을 이용하여 그분께 모든 영광을 돌리자.

> 예수 그리스도는 영원하신 말씀, 아버지의 유일하신 아들입니다. 육체로 오신 하나님, 이제는 보고 듣나이다. 당신은 천국의 가장 사랑받는 자입니다. 그러나 그리스도의 이름에 담긴 고귀한 신비를 천사들조차 모릅니다. 하나님 안에 있는 모든 것을, 우리와 더불어 사시는 그리스도 안에서 봅니다. 그리스도 안에서 우리는 하나님의 얼굴을 봅니다. 하나님의 본성은 감추어져있습니다. 그리스도는 아버지를 아십니다. 오직 주님만을 통해 아버지가 드러나십니다. 천국의 기쁨을 누리는 가운데, 그 중심은 하나님의 아들입니다. 영원무궁토록 우리는 그리스도의 행하신 일들을 찬양할 것입니다.
>
> 오, 하나님의 어린양이신 그리스도여, 주님께 모두 무릎 꿇고 엎드립니다.[2]

Notes

1. 신국제역(NIV)은 그 구절을 "Eli's sons were wicked men; they had no regard for the Lord"(엘리의 아들들은 악한 자들이었다. 그들은 여호와를 전혀 존중하지 않았다)로 번역하고 있다.
2. 찬송가 "Thou Art the Everlasting Word," Josiah Condor(1789-1855)에서 발췌.

17

성령

Spirit

요한복음 16장

성령은 누구시며, 어떤 일을 하시는가?

묵상의 길잡이

☑ **발견하라**

예수 그리스도께서 우리를 위해 구입하신 선물을 성령께서 우리에게 어떻게 전달해주시는지 발견하라.

☑ **배우라**

성령의 역시를 인식하는 방법을 배우라.

☑ **경배하라**

성령을 통해 이 세상에서 역사하시는 하나님께 경배하라.

성경은 그리스도의 죽음을 통해 우리가 놀라운 유산을 얻었다고 말한다. 그리스도의 죽음과 부활을 통해, 죄악 된 사람들이 하나님과 화목하게 되고 영원한 생명 가운데 들어갈 수 있는 길이 열렸다. 하나님의 뜻은 아버지께서 직접 서명하셨으며, 그리스도의 피로 날인되었다. 그러나 서명과 날인되어있는 뜻이 우리에게 전달되어야 한다는 문제가 남아있다.

선물을 주는 것과 그 선물을 받는 것은 별개의 문제이다. 그래서 예수님께서 행하신 모든 일은 그리스도께서 주시는 것을 우리가 받기 전까지는 우리에게 아무런 가치가 없다.

그러면 아버지께서 서명하시고, 그리스도의 피로 날인된 하나님의 뜻이 우리에게 어떻게 전달될 수 있는가? 바로 '성령에 의해서'이다.

성령은 예수님께서 십자가 위에서 성취하신 것을 우리에게 친히 적용시켜주신다. 성령은 그리스도께서 모든 사람을 위해 가능하게 만들어놓으신 것을 취하여 그것을 우리 각 사람에게 적용시켜준다.

만일 하나님의 아들이 오시지 않았다면, 당신은 구원받을 수 없었을 것이다. 만일 하나님의 성령이 오시지 않았다면, 당신은 구원받지 못했을 것이다. 하나님의 성령이 없다면, 구원은 단지 하나의 이론적인 가능성으로만 남게 되었을 것이다. 그리하여 구원은 결코 우리 중 어느 누구에게도 현실이 되지 못했을 것이다.

만일 성령이 없었다면, 아무도 천국에 도달하지 못하게 되었을 것이다. 또한 예수님께서 행하신 모든 일은 공개되지 않은 유언처럼, 알려지지 않은 유산처럼 묻혔을 것이다.

그래서 우리가 성령의 사역에 대해 말할 때, 우리는 기독교 신앙의 중심으로 가는 것이다. 우리를 그리스도께 인도하시는 분이 바로 성령이시며, 우리를 그리스도 안에서 지켜주시는 분이 바로 성령이시다.

예수님께서는 성령의 세 가지 독특한 활동들을 강조하셨다. 그 활동은 마음을 움직이고 조명해주며, 내주하시는 것이다.

하나님의 평안을 휘저어놓는 훼방꾼

그가 와서 죄에 대하여, 의에 대하여, 심판에 대하여 세상을 책망하시리라(요 16:8).

비지니스의 세계에 있는 사람들은 소비자들이 구입하기를 원하지 않는 제품은 팔 수 없음을 잘 알고 있다. 그것이 시장의 근본적인 원칙이다. 당신이 매우 쓸모 있는 부품을 가지고 있을 수 있다. 그러나 만일 사람들이 당신이 가지고 있는 부품의 필요성을 모른다면, 그 부품은 쓸모없는 물건이 될 것이다.

예수 그리스도께서는 우리의 죄를 용서하셨으며, 하늘로부터 오는 정의와 장차 올 심판으로부터 구원을 제공하고 계신다. 문제는 대부분의 사람들이 그리스도께서 제공하시는 것이 자신들에게 반드시 필요하다는 것을 느끼지 못한다는 사실이다.

이 문제는 전혀 새로운 사실이 아니다. 복음서들은 영생을 얻기 위해 자기가 해야 할 일이 무엇인지 알고자 성공한 사업가가 예수님께 접근했던 이야기를 우리에게 전해준다. 예수님께서 그에게 십계명에 대해 말씀하셨을 때, 그 사업가는 자신은 청년 시절 이후로 모든 계명을 다 지켰다고 말했다.

그 사업가는 매우 진지했다. "당신은 이해하지 못하고 있군요. 당신은 자신의 인생을 쓰레기처럼 허비한 저급한 사람과 이야기하고 있는 것이 아닙니다. 당신은 지금 지극히 성공적으로 신분 상승을 달성한 사람에게 말하고 있는 것입니다. 그리고 나는 내 청년 시절 이래로 이 계명들을 모두 지켜왔습니다."

그는 자신의 생활에서 어떠한 죄악도 의식하지 못하고 있었다. 그는 자신이 의로운 길을 걷고자 노력하며 칭찬받을만한 삶을 살고 있다고 생각하고 있었다. 그는 자신의 삶을 바라보았을 때, 하나님의 율법을 잘 지키며 살고 있다고 정직하게 말한 것이다. 그는 영생을 얻게 될 것이라 기대하고 있었다. 그는 단지 확신을 갖기를 원했던 것이다.

그리스도께서 이 사람에게 제일 먼저 하셨던 일이 그의 부족함을 드러내는 것이었다는 사실이 매우 흥미롭다. 그리스도께서는 이렇게 말씀하셨다. "네게 아직도 한 가지 부족한 것이 있으니 가서 네게 있는 것을 다 팔아 가난한 자들에게 주라 그리하면 하늘에서 보화가 네게 있으리라 그리고 와서 나를 따르라"(막 10:21).

한순간에, 그는 자신이 자기중심적인 사람이라는 것을 깨달았다. 자신이 하나님께서 요구하시는 것을 모두 채우고 있는 사람이라고 여겼던 그의 전체적인 견해가 산산조각이 나버렸다. 그리고 그 사람은 인생에서 처음으로 자신이 하나님의 사랑에 대해 아무것도 모르고 있다는 사실을 알게 되었다.

예수님께서는 이 사람이 자기에게 그리스도가 필요하다는 사실을 발견하기 전까지는 결코 믿음의 진전이 없을 것임을 아셨기 때문에, 그의 부족함을 드러내주셔야 했다.

페인트 통을 여는 일을 상상해보라. 당신은 아마도 드라이버나 지렛대를 사용해서 뚜껑을 열 것이다. 그 통의 가장자리를 빙 둘러서 테두리가 있는데, 그 테두리가 지렛대를 위한 받침대 역할을 한다. 만일 테두리가 없다면, 뚜껑을 열 수 없을 것이다. 지렛대를 끼워 넣을 수 있는 곳이 전혀 없기 때문이다. 지렛대를 받침대 위에서 눌러야만 뚜껑을 열 수가 있다.

복음은 하나의 지렛대와 같다. 그리고 죄에 대한 의식을 받침대로서 의지한다. 만일 어떤 사람이 죄에 대한 의식을 가지고 있지 않다면, 복음은 그 사람의 삶 속에서 손잡이를 찾지 못할 것이다. 복음은 죄에 대한 의식을 향해 전달되는 것이다. 그래서 죄의식이 존재하지 않는 곳에서 복음은 받침대가 없는 지렛대와 같이 되는 것이다.

성령이 우리 속에서 죄의식을 불러일으킬 경우에만, 복음은 우리의 삶 속에서 그 효과를 갖게 될 것이다. 이처럼 성령의 첫 번째 사역은 죄와 의와 심판에 대해 우리에게 확신을 줌으로써, 마음을 동요시키는 것이다.

만일 성령이 아니었다면, 우리는 결코 우리에게 예수님이 필요하다는 사실을 알지 못했을 것이다. 한 사람의 행위가 점점 더 악해지면서, 죄를 부인하는 기술이 함께 늘어나는 것을 지켜보는 것은 끔찍한 일이다. 한 사람이 죄악의 구렁텅이에 빠지면 빠질수록, 그 죄와 더불어 살아가기가 더 쉬워진다. 그리고 죄악 가운데 더 오래 있을수록, 사람들은 그들의 죄악 된 행위에 점점 더 무감각해진다.

거짓된 죄책감 그리고 참된 죄책감

오늘날 우리는 거짓된 죄책감에 대해 아주 많은 이야기를 듣고 있다. 거짓된 죄책감은 우리가 저지르지 않은 일과, 책임질 일이 없는 것에 대해 죄책감을 갖는 것이 부당하다고 느끼는 것이다. 거짓된 죄책감에는 유용한 것이 전혀 없다. 그것은 원수의 올무이며, 따라서 우리는 그러한 죄책감에서 벗어날 수 있도록 죄책감을 폭로할 필요가 있다.

그러나 참된 죄책감이라는 것이 있다. 참된 죄책감은 받아들일 필요가 있다. 참된 죄책감은 우리가 저지른 죄악들, 우리가 다하지 못한 정의 그리고 이러한 것들 때문에 마땅히 당하게 되는 심판과 연결되어있다. 참된 죄책감은 현실을 직시하고 책임지는 일에 대한 것이다. 자신의 참된 죄책감을 발견하지 못한 사람은 계속해서 죄의 나락으로 떨어질 것이며, 결코 하나님과 화목하게 되지 못할 것이다.

현재 우리의 상태와 하나님께서 우리에게 명령하고 계신 상태 사이의 격차는 아주 심하다. 성령께서 우리 자신을 명확하게 볼 수 있도록 하실 때, 정의는 우리의 손이 닿을 수 없는 저 너머에 있으며, 예수 그리스도 없이는 우리가 하나님의 심판을 받을 수밖에 없음을 즉시 깨닫게 될 것이다.

성령의 첫 번째 사역은 우리에게 무엇이 잘못되었는지 깨닫게 하셔서, 우리가 스스로 무엇이 부족한지를 보고, 복음을 진지하게 받아들일 준비를 하도록 하는 것이다. 이 일은 결코 편안한 일이 아니다. 잠을 자고 있을 때 누군가가 깨우는 것을 좋아하는 사람은 없다. 그러나 만일 당신의 집에 불이 났다면, 당신은 자신을 깨워준 사람에게 깊이 감사할 것이다. 처음에는 화를 내겠지만, 당신이 어떠한 위험에 처해있는지 알자마자, 곧 감사하게 될 것이다.

하나님이 울리시는 세 개의 자명종

나는 침실에 자명종을 세 개나 두고 있다. 첫 번째 시계는 음악 소리와 함께 조용하게 우리를 깨운다. 두 번째 시계는 몇 분 뒤에 좀 더 시끄러운 소리를 내도록 맞추어놓았다. 첫 번째 자명종 소리를 듣고도 계속 자게 될 경우를 대비해 맞추어놓았다. 세 번째 시계는 시간을 약간 더 늦게 맞추어놓았는데, 다른 두 시계가 우리를 깨우지 못할 경우에 대비한 마지막 수단이다. 그 세 번째 자명종은 끔찍한 소리를 낸다. 그래서 세 번째 자명종이 귀가 멍멍해질 정도로 울리기 전에 일어난 날은 훨씬 더 좋은 기분으로 하루를 시작하게 된다.

하나님께서는 한 사람의 인생에서 죄를 막는 세 가지 방법을 가지고 계신다. 당신은 그 세 가지 방법들을 세 개의 자명종으로 생각할 수 있을 것이다. 그 방법들에 대해 생각하면서, 당신의 경우에는 하나님께서 어떤 방법을 사용하시는 것이 좋겠는지 생각해보라.

첫 번째는 당신이 잘못된 일을 바꿀 수 있도록, 하나님의 성령이 양심을 움직여 당신의 마음에 잘못된 것이 무엇인지 밝혀주는 조용하고 부드러운 역사이다.

만일 당신이 그 소리를 듣지 못하고 그대로 잠을 잔다면, 성령은 좀 더 크고 직접적으로 말씀하실 것이다. 하나님께서는 다윗에게 바로 그렇게 하셨다. 다윗 왕은 성령이 양심을 자극하는 소리에 귀를 기울이지 않았다. 그래서 하나님께서는 선지자 나단을 통해 다윗의 은밀한 간음죄를 드러내셨다. 결국 다윗의 죄는 만방에 드러나게 되었다. 그리고 그 순간에 다윗은 회개하면서 하나님께로 돌아왔다. 만일 필요하다면, 하나님께서는 바로 그렇게 역사하실 것이다.

만일 그 사람이 하나님의 두 번째 자명종 소리도 무시한다면, 그 사람의 상황은 위험해진다. 그것이 바로에게 일어났던 상황이었다. 하나님께서는 모세를 바로에게 보내셨다. 그러나 바로는 하나님의 명령에 직접적으로 직면했음에도 불구하고 순종하기를 거절했다. 그는 계속해서 자신의 마음을 굳게 닫았다. 마침내 하나님께서 직접 조치를 취하셨다. 바로는 하나님의 심판 아래 들어가게 되었다.

이 세 개의 자명종에 대해 생각해보라. 하나는 양심을 여시는 성령의 조용한 역사이며, 다른 하나는 다른 사람에 의한 대면이며, 마지막은 전능하신 하나님의 직접적인 심판이다. 하나님께서 당신의 죄를 그치게 하는 데 이 세 가지 방법들 중 어느 것을 사용하시도록 하고 싶은가?

우리는 마음을 움직이시는 성령의 역사에 깊이 감사하고, 성령의 음성에 민감해져야겠다고 결심해야 한다. 자신의 죄악들에 직면하기를 거부하는 사람들은 마침내 하나님께서 다른 방식으로 말씀하실 수 있다는 사실을 깨닫게 될 것이다.

성령께서 당신의 죄에 대해 말씀해주실 때, 성령의 음성에 저항하는 것보다 더 어리석은 일은 없다. 하나님께서는 가장 온유한 방법으로 당신에게 손을 내밀고 계신 것이다. 이러한 성령의 역사는 하나님의 은혜에 대한 놀라운 표현이다.

조명 장치를 밝혀라

내가 아버지께로부터 너희에게 보낼 보혜사 곧 아버지께로부터 나오시는 진리의 성령이 오실 때에 그가 나를 증언하실 것이요(요 15:26). 그가 내 영광을 나타내리니 내 것을 가지고 너희에게 알리시겠음이라(요 16:14).

나는 어두운 밤, 조명 장치가 켜있을 때, 차를 타고 우리 교회 앞을 지나기를 좋아한다. 조명이 비추고 있는 교회당은 아주 멋지게 보인다. 그러나 만일 조명이 없다면, 그 아름다움은 암흑 속에 감추어질 것이다. 나는 친구들을 차에 태워 종종 조명을 받고 있는 교회당 앞을 지나는데, 그 조명 장치에 대해 말하는 사람은 한 명도 없다. 사람들은 언제나 그 건물에 대해 이야기한다.[1]

성령의 두 번째 구별되는 사역은 예수 그리스도를 비추는 것이다. 성령은 지난날 우리에게 불분명했던 진리를 조명해주신다. 성령은 우리의 이해를 열어서, 우리가 예수님의 영광을 보도록 해주신다. 빛을 비추는 조명처럼, 성령은 자신에게 시선을 집중시키지 않으신다. 성령은 우리의 초점이 예수 그리스도께 가도록 만드신다.

성부, 성자, 성령은 동등한 하나님이시다. 거기에 어떠한 질서나 계급이나 우선순위는 존재하지 않는다. 그러나 우리의 구원을 위해 성부,

성자, 성령이 서로 다른 역할을 감당하고 있다. 아버지는 주시는 자가 되기를 선택하셨고 아들은 주어지는 선물이 되기로 선택하셨고, 성령은 그 선물을 전달해주기로 선택하셨다. 아들은 아버지를 섬기는 자리에 자신을 두었으며, 성령은 아들을 섬기는 자리에 자신을 두셨다.

성령은 아름다운 사역을 하시고 있다. 성령은 내게 한 구원자가 필요함을 깨닫게 해주시며, 동시에 그리스도께서 바로 내가 필요로 하고 있는 분이심을 알려주신다. 그런 다음에 성령은 그 둘을 함께 만나게 해주신다.

성령은 하늘의 중매쟁이시다. 그분은 우리를 그리스도께로 데리고 가서, 그리스도와 만나게 해주심으로써, 예수님께서 십자가 위에서 성취하신 모든 것이 나의 것이 되도록 해주신다. 성령은 아버지께서 서명하고, 그리스도의 죽음으로 날인된 그 선물을 우리에게 전달해주신다.

성령은 삼위의 한 위격이시다

> 내가 아버지께 구하겠으니 그가 또 다른 보혜사를 너희에게 주사 영원토록 너희와 함께 있게 하리니(요 14:16).

미국의 유명한 목회자 도널드 그레이 반하우스Donald Grey Barnhouse는 영어에서 '다른'another이라는 단어가 '다르다'different나 '같은 것'the same을 의미할 수 있기 때문에 그 의미가 모호하다고 지적했다. 만일 내가 문방구에 들어가 펜을 하나 사서 집에 돌아와 보니, 만년필이라고 생각했던 것이 볼펜이었음을 발견한다면, 그것을 다시 문방구로 가져가서 '다른 것'another one을 달라고 요청할 수 있을 것이다. 이때 내가 의미하는 바는 종류가 다른 것이다. 그러나 만일 내가 그 펜을 잘 쓰고 있는데 잃어버린다면, 문방구에 다시 가서 '다른 것' another one을 달라고 말할 것이다. 이때 내가 의미하는 바는 종류가 똑같은 것이다.[2]

감사하게도, 신약성경에 쓰인 헬라어는 '다른' another이 가지고 있는 두 가지 용법을 구분해서 써놓았다. 그러므로 여기에서 성령이 '다른 보혜사'임을 설명하시기 위해 예수님께서 사용하신 단어는 '정확히 똑같은 것' exactly the same을 뜻하는 단어이다.

예수님의 말씀은 이러했다. "지난 3년 동안, 나는 너희들의 보혜사가 되었다. 그러나 성령이 오시면, 그가 너희들에게 내가 되어주었던 모든 것이 되어줄 것이다."

이 말씀은 성령에 대해 우리에게 매우 중요한 사실을 가르쳐준다. 성령이 그리스도께서 제자들에게 말씀하셨던 모든 것이 되신다면, 그 성령은 하나의 위격이시며, 또한 성령이 하나님이시라는 사실이 따라온다.

성령에 대해 말씀하실 때, 예수님은 "세상은 능히 그를 받지 못하나니 이는 그를 보지도 못하고 알지도 못함이라 그러나 너희는 그를 아나니 그는 너희와 함께 거하심이요 또 너희 속에 계시겠음이라"고 말씀하셨다(요 14:17).

성령은 성부와 성자가 그렇듯이 똑같이 하나의 위격이시다. 그래서 우리는 성령을 단지 하나의 힘이나 권능으로만 생각해서는 안 된다.

성경은 성령께 거짓말을 하는 것과 성령을 슬프게 하는 일에 대해 언급하고 있다(행 5:3; 엡 4:30).

성령은 하나의 위격이시다. 성령께서는 우리에게 말씀하시며, 우리와 더불어 역사하신다. 예수 그리스도께서 제자들과 더불어 계신 하나님이셨듯이, 성령은 당신과 함께 계시는 하나님이시다.

성령님은 하나님이시다

성령은 태초부터 일하고 계셨다. 창조 때에, 하나님의 성령은 수면 위에 운행하고 계셨다(창 1:2). 성령은 또한 구약 시대 내내 역사하고 계셨다. 특히 선지자들과 제사장들과 왕들을 통해 역사하고 계셨다. 다윗은 자신이 성령으로부터 도주하거나 성령의 임재로부터 피할 수 있을지를 물었다(시 139:7-10).

성부는 보이지 않는 하나님이시다. 성자는 육체가 되신 하나님이시다. 성령은 우리와 더불어 계시며, 우리 안에 거하시는 하나님이시다. 다시 한 번, 우리는 삼위일체—세 위격들로 계시는 유일하신 하나님—의 신비에 대해 경외심을 갖게 된다.

예수 그리스도께서 성부와 성자와 성령 사이의 하나 됨에 대해 어떻게 말씀하셨는지 주목해보기 바란다. 예수 그리스도는 성령을 '다른 보혜사'라고 말씀하셨다(요 14:16). 그러므로 성령은 성자와 혼동되어서는 안 된다. 그 둘은 서로 구별된 정체성을 가지고 있다. 그러나 그다음에 예수님은 이렇게 덧붙이셨다. "내가 너희를 고아와 같이 버려두지 아니하고 너희에게로 오리라"(요 14:18). 다시 말해서, 성령이 계시는 곳에 그리스도도 계신다는 것이다.

그런 다음에, 예수님께서는 더욱 놀라운 말씀을 하셨다. "사람이 나를 사랑하면 내 말을 지키리니 내 아버지께서 그를 사랑하실 것이요 우리가 그에게 가서 거처를 그와 함께 하리라"(요 14:23). 그러므로 이제 우리는 성령이 계신 곳에서, 아버지와 아들이 그들의 거처를 삼으실 것이라는 사실을 배우게 된다.

분명한 사실 한 가지는, 당신이 삼위일체 각각의 위격이 없이는, 삼위일체의 한 위격도 알 수가 없다는 점이다. 성자와 성부를 별개로 아는 일은 결코 있을 수 없다. 아버지께서 자신을 알려주신 것은 바로 아들을 통해서이다. 그리고 성령을 떠나서는 아무도 아들을 알 수가 없다. 우리의 눈을 열어서 예수님이 누구신지를 보게 해주시는 이가 바로 성령이시다. 그리고 우리가 회개하고 예수님을 믿도록 해주시는 이가 바로 성령이시다.

'안에' 그리고 '함께'

…그러나 너희는 그를 아나니 그는 너희와 함께 거하심이요 또 너희 속에 계시겠음이라(요 14:17).

성령과 우리가 맺은 관계를 설명하기 위해 예수님께서 사용하신 두 개의 단어에 주목하기 바란다. 성령은 나와 '함께'(또는 내 안에) 계신다. 그 사실은 '성령'이 계신 곳에 또한 '내'가 있다는 사실을 일깨워준다. 그러므로 결코 '성령'과 '나', 이 둘을 혼동해서는 안 된다.

이 둘을 혼동하는 사람은 자기들이 하는 말은 다 하나님이 말씀하시는 것이라고 단정한다. 그런 사람들은 자신과 성령을 구별하지 못한다. 그런 사람들과 이성적으로 이야기한다는 것은 거의 불가능하다. 이러한 오류는 광신주의에 빠져있는 사람들에게 깊이 뿌리내리고 있다. 그렇기 때문에 교회를 더럽히는 많은 재앙들이 생겨났던 것이다.

우리는 결코 우리가 생각하고 말하는 것을 성령의 생각인 것인 양 착각하고 혼동해서는 안 된다. 현명한 사람은, 자신이 하고 있는 말에 대해 다른 사람들이 점검해보도록 겸손한 마음으로 요구할 것이다. 성령은 나와 더불어 계신다. 성령께서는 자주 나를 바르게 잡아주실 필요가 있다.

성령은 우리 안에 있는 어떤 영적인 능력이 아니다. 만일 그렇다면, 우리는 혼자가 될 것이며, 우리 자신 이외에는 도움을 얻을 곳이 아무 곳도 없게 될 것이다.

예수 그리스도께서는 성령께서 제자들과 "함께, 더불어" 계신다고 말씀하심으로써, 하나님께서 친히 우리에게 오신다는 사실을 일깨워주고 계신다. 성령은 우리의 도움이시며 우리의 방패이시다. 하나님은 삶의 가장 힘든 때에도 당신과 함께 계신다.

그러나 예수 그리스도께서는 또한 성령이 제자들 "안에" 계실 것이라고 말씀하셨다. 성령의 세 번째 독특한 사역은 성도들 마음속에 내주內住하신다는 것이다. 성령은 우리가 해야 할 일을 보여주는 조언자 그 이상이시다. 우리에게는 충고 이상의 것이 필요하다. 우리에게는 변화할 수 있는 힘이 필요하다. 성령의 사역은 문제들을 밝혀주고 가능한 해결책들을 제시해줄 수 있는 상담자나, 목회자 혹은 친구의 역할 이상으로 진행된다. 성령은 우리 속에서 일하신다.

성령께서는 당신의 영혼 깊은 곳을 모두 어루만지시고, 당신의 생각을 새롭게 하시고, 마음의 방향을 바로 잡아주시고, 의지를 새롭게 다듬어 올바르게 형성해주시고, 상상력을 깨끗케 해주시며, 기억을 회복시켜주실 수 있다. 성령은 당신 속에 새로운 소원들이 생겨나게 만들어주셔서, 당신이 의무감에서가 아니라 의에 대한 목마름과 주림으로 그리스도를 따르도록 만들어주실 수 있다. 성령은 당신이 하나님의 영광을 위해 새로운 삶을 살아갈 수 있도록 권능을 주실 수 있다.

만일 당신이 예수 그리스도를 믿게 되었다면, 하나님의 성령이 당신과 더불어 그리고 당신 안에 거하실 것이다(고전 6:19; 12:13). 유일하신 하나님이 계시며, 그 유일하신 이는 성부, 성자, 성령이시다. 당신은 오직 아들을 통해서만 아버지께 나아올 수 있으며, 아들을 통해 아버지께

가는 자만이 성령과 함께할 수 있다. 실로, 우리를 아들에게 인도해주시고, 우리의 부족함을 우선적으로 보여주시는 분이 바로 성령이시다.

그러므로 당신은 결코 변할 수 없다고 말하지 말라. 당신의 원수가 당신의 패배를 언급하도록 만들지 말라. 그리스도 안에서, 성령으로 말미암아 하나님의 영광이 당신과 더불어 존재하고 있다. 당신 안에 거하시는 성령에 대해 생각하라. 성령께서는 지금 당신 안에서 역사하고 계시며, 지금부터 영원까지 당신이 대면하게 될 모든 것 가운데 당신과 함께 계신다.

드러난 사실 UNLOCKED

성령 하나님은 삼위일체의 세 번째 위격이시다. 그리고 성령의 사역은 우리의 구원에 있어서 핵심이다. 우리는 성자 하나님의 십자가 사역 없이 구원받을 수 없었을 것이며, 우리 마음속에서 일하시는 성령 하나님의 사역 없이 구원받지 못했을 것이다. 성부 하나님께서 서명하시고, 성자 하나님의 죽으심과 부활에 의해 확증된 그 약속들은 성령 하나님에 의해 우리의 삶 속으로 전달되고 비로소 효력을 발휘하게 된다.

성령은 우리를 뒤흔드셔서, 우리가 자신의 죄악을 보게 하시고, 우리에게 구원자가 필요함을 깨닫게 하신다. 또한 삶을 조명해주시고, 예수님이 우리에게 필요한 구원자이심을 정확히 볼 수 있도록 해주신다.

그런 다음에, 성령은 천국의 중매자로서, 우리의 마음속에 믿음과 회개가 일어나도록 하시면서, 성도와 그리스도 사이에 결속이 이루어지도록 하신다. 성령은 모든 믿는 자들과 더불어 계시며, 우리에게 하나님의 임재에 대한 지식과 하나님의 권능의 선물을 주신다.

기도 PAUSE FOR PRAYER

전능하신 아버지 하나님!

저희 마음속에 성령을 보내주셔서 제가 하나님을 믿고 예수 그리스도를 영접하게 하여주심을 감사드립니다.

저의 영혼의 어두운 곳에서 꿈틀거리는 은밀한 죄악들을 보여주셔서, 제가 저의 죄를 고백하고 회개할 수 있도록 도와주시옵소서. 주 예수 그리스도를 주인으로 제 마음 중심에 모시고, 전적으로 믿고 의지하는 가운데, 하나님 자녀 된 축복을 누리게 하시고, 기쁨과 감사로 충만한 찬양을 주님께 드리게 하여주시옵소서.

제 인생 가운데 기쁠 때나 슬플 때나 항상 성령께서 저와 함께 계실 줄로 믿습니다. 제 안에서 역사하시는 성령님의 권능을 힘입어 주님의 사랑을 세상에 전하게 하시고, 주님 뜻과 소원을 이루는 참된 제자가 될 수 있도록 힘을 주시옵소서. 이 모든 말씀 전능하신 주 예수 그리스도의 이름으로 기도드립니다. 아멘.

Notes

1. 이 조명에 대한 예화는 제임스 패커의 다음 책에서 참고했다. J. I. Packer, *keep in step with the Spirit* (Old Tappan, N.J.: Revell, 1984), 65 이하.
2. 펜에 대한 예화는 도널드 그레이 반히우스 목사의 다음 책에서 따 온 것이다. *Illustrating the Gospel of John* (Grand Rapids:Baker, 1973), 189-190.

18

그리스도

Christ

요한복음 20장

그리스도라는 이름은 무슨 뜻인가?

묵상의 길잡이

☑ **발견하라**

예수님이 그리스도라고 믿을만한 증거를 발견하라.

☑ **배우라**

왜 구원이 전적으로 예수님께 달려있는지 배우라.

☑ **경배하라**

예수 그리스도를 믿는 자들을 영화롭게 하시는 주님께 경배하라.

만약 당신이 큰 도시 안에 있는데, 목적지로 가는 길을 모른다면, 당신이 선택할 수 있는 방법에는 두 가지가 있다.

먼저 당신은 누군가에게 목적지로 가는 방향을 물어볼 수 있을 것이다. 누군가가 당신에게 29번 버스를 타고 오래된 시멘트 공장을 지나 두 번째 정류장에서 내린 후, 세 번째 거리에서 좌측으로 돌아 다리를 건너고, 공원을 가로지르면 나오는 교차로의 아래쪽 길을 통과할 수 있도록 우측 네 번째 블록으로 가라고 알려줄 수 있을 것이다.

두 번째 방법은 택시를 타는 것이다. 택시 운전사에게 당신의 목적지로 가는 방법을 알고 있는지 물은 다음, 그 운전사가 그곳으로 데려다 줄 것이라고 믿고 그 택시에 올라타는 것이다.

이제 첫 번째 경우에서 당신이 29번 버스를 탄 직후, 당신에게 목적지로 가는 방법을 가르쳐주었던 사람이 갑자기 심장마비를 일으켜 죽었다고 가정해보자. 이 불행한 사건은 당신의 여정에 아무런 문제를 일으키지 않을 것이다. 왜냐하면 당신은 이미 목적지로 가는 방법에 대한 설명을 들었기 때문이다. 당신의 여행에 있어서 중요한 것은 그가 죽기 전에 벌써 당신에게 그 정보를 알려주었다는 사실이다.

그러나 당신이 택시 안에 있다면, 오래된 시멘트 공장을 막 지나는데 택시 운전사가 심장마비를 일으켜 죽었을 경우, 당신은 그 자리에서 더 이상 움직이지 못하게 된다. 당신은 가야 할 길을 모르고 있다. 그리고 당신이 믿었던 그 운전사는 당신을 목적지로 데려다줄 수가 없다.

기독교의 핵심은 일정한 안내나 지침에 있는 것이 아니라, 우리를 천국에 데려다주실 수 있는 예수 그리스도의 능력에 있다. 당신을 구원해주는 것은 신약성경의 교훈이 아니다. 당신을 구원해주실 이는 예수 그리스도이시다. 바로 그러한 까닭에, 기독교는 자신이 약속했던 바를 이룰 수 있는 예수님의 능력과 더불어 서기도 하고 넘어지기도 하는 것이다. 모든 것은 예수 그리스도께서 약속된 목적지에 우리를 데려다주실 수 있는지의 여부에 달려있다.

다른 종교 지도자들은 영적인 훈련 프로그램을 제시하면서 "이것이 길이다"라고 말한다. 그러나 예수님께서는 "내가 길이다"라고 말씀하셨다. 다른 종교 지도자들은 어떤 가르침을 제시하면서, "이것이 진리다"라고 말한다. 그러나 예수님께서는 "내가 진리다"라고 말씀하셨다. 다른 종교 지도자들은 "이것을 행하라, 그리하면 너희가 생명을 갖게 될 것이다"라고 말한다. 그러나 예수님은 "내가…생명이니"(요 14:6)라고 말씀하셨다.

세상은 수많은 주장들로 가득 차 있다. 그렇기 때문에 진리와 오류를 정확히 구분한다는 것이 그리 쉽지 않다. 그렇다면 우리는 예수님의 주장들을 어떻게 평가해야 하는가? 예수님께서는 우리 곁에 오셔서 주님만이 우리를 아버지께 데려다줄 수 있다고 말씀하신다. 그러므로 마치 택시 운전사의 경우처럼, 예수님께서 우리에게 "타라"고 말씀하실 때, 우리는 결정을 내려야 한다. 예수 그리스도께 우리의 운명을 맡길 준비가 되어있는가?

이 결정에는 믿음의 행위가 포함된다. 여기에는 당신의 영원한 생명이 걸려있기 때문에, 당신은 쉽게 결정을 내릴 수 없을 것이다. 복음서들은 당신이 그 결정을 내리는 데 도움을 주기 위해 쓰였다.

내가 왜 믿어야 하는가?

오직 이것을 기록함은 너희로…믿게 하려 함이요(요 20:31).

수년 동안 나는 "내가 왜 믿어야 하는가?"라는 질문에 대해 부적절한 답변을 하는 사람을 많이 보았다. 어떤 사람들은 교회가 그렇게 말하고 있기 때문에 믿어야 한다고 교육을 받아왔다. 이러한 답변이 가지고 있는 문제점은, 믿음에 대한 정직한 질문을 할 수 있는 여지가 거의 없다는 데 있다.

그 결과 많은 사람이 믿음을 가지라는 권면을 멀리하거나, 어떤 믿음의 내용들을 자신의 것으로 삼지 않으면서 그것에 대해 대충 '서명'하는 것으로 끝내버린다. "나는 교회가 가르치고 있는 것을 믿습니다. 그 내용이 일리가 있는 것인지는 확신할 수 없지만, 내가 어찌 감히 교회에게 질문을 하겠습니까?" 이러한 대답은 당신을 예수님에 대한 인격

석이며 개인적인 믿음으로 이끌어주지 못할 것이다.

이와 같은 일은 부모가 기독교의 가르침을 자녀에게 무조건 주입하려는 가정에서도 일어날 수 있다. 그러한 가정의 자녀들은 믿음에 대한 정직한 의문들을 불신앙이나 반항의 징조로 느낀다. 주입식으로 무조건 믿으라는 압력을 받은 어린 아이들은 신앙이 무엇인가에 대해 대답해보라는 질문에 "신앙이란 당신이 알고 있는 것은 진실이 아니라고 믿는 것"이라고 대답할 수 있다.

주일 아침 예배 후, 한 목회자가 강대상 위에 자신의 설교 원고를 그대로 두고 내려왔다. 그 교회 성도 중 한 사람이 그 원고를 읽게 되었다. 원고는 일목요연하게 작성되어있었고 여백에는 설교할 때 유의해야 할 몇 가지 사항들이 적혀있었다. 특히 원고 중간쯤의 여백에는 새빨간 줄이 그어져있었으며, 그 곁에는 이런 말이 쓰여있었다. "여기에서 논증이 약함. 더 강하게 외칠 것."

이 점에 있어서 교회는 비난을 면할 수 없다. 신약 시대 사도들은 강대상의 권위에 기대어 무작정 "믿으시오. 믿으시오"라고 크게 외쳤던 권위주의적인 설교자들이 아니었다. 사도들은 동정심이 많은 목회자들로서, 예수 그리스도에 대해 자신들이 목격하고 들었던 바에 대한 증거를 제시하여, 사람들이 그 증거를 공정하게 살펴보고, 결정을 내릴 수 있도록 했다.

감정을 사로잡으려는 노력

과거의 교회가 권위주의의 위협적인 전략 위에서 신앙을 세우려고 하는 오류에 빠졌었다면, 오늘날의 교회는 감상주의라는 조작적인 전략 위에 신앙을 세우려는 훨씬 더 큰 위험에 봉착해있다. 현대 교회는 점차적으로 일시적인 감정을 유도하는 기술을 사용하도록 압력을 받고 있다.

사람들은, 예배를 드릴 때에는 따스한 느낌들을 경험하지만, 거대한 흑암에 직면하거나 그리스도를 영접하는 데 따르는 희생을 치르도록 도전을 받을 때는 그 따스한 느낌들은 사라지고, 신앙이 근거해야 할 반석을 보지 못한다.

그렇기 때문에 사도 바울이 "숨은 부끄러움의 일을 버리고", 즉 은밀하고 수치스러운 방법들을 버리고, 하나님의 말씀에 대한 속임수나 말씀을 왜곡하는 것은 어떠한 것이든 거절했다고 말한 것이다(고후 4:2).

하나님께서는 당신을 생각과 마음과 의지를 가진 존재로 창조하셨다. 그리고 하나님께서는 당신의 생각과 마음과 의지를 모두 소유하기를 원하신다. 하나님께서는 자기 백성과의 관계에 있어서, 한 사람이 생각으로 확신을 얻고 마음이 충만해지고 헌신하려는 의지가 있는, 온전한 관계를 맺기 원하신다. 그것은 마치 사랑에 빠지는 것과 같다. 당신이 어떤 한 사람과 사랑에 빠지고 싶을 때, 당신의 생각과, 마음과, 의지가 그 신호를 알린다. 순서는 다양할 수 있다. 그러나 당신의 세 가지 녹색 신호등은 모두 켜져야 한다. 만일 그 신호등 가운데 하나라도 빠지면, 대개 그 사랑에는 문제가 있는 것이다.

하나님께서는 바로 이러한 상태로 우리를 인도하시기를 원하신다. 어떤 사람들은 직관적이다. 그러한 사람들은 이성적 사고를 바탕으로 하나님을 믿기 전에 마음이 앞선다. 감정이 이성에 앞서는 것이다. 그러나 이해가 동반되기만 하면 그것은 아무 문제가 되지 않는다.

어떤 사람들은 더 이성적이다. 그런 사람들은 마음이 열리기에 앞서 확고한 신념이 있어야만 한다. 따라서 이성적으로 믿을 수 없는 것은 마음에 받아들이지 않는다. 또 어떤 사람들은 행동 중심적이다. 그런 사람들은 무엇인가 행하기를 원한다. 그래서 재빨리 발걸음을 내딛어 어떤 일에 관여한다. 그 순서는 중요하지 않다. 중요한 것은 모든 사람이 참여하게 되는 것이다.

바로 이러한 이유 때문에 하나님께서는 복음서에서 복음이 기초해있는 증거를 우리에게 보여주고 계신다. 복음서들은 그리스도에 대한 진상을 밝히고 있다. 복음서들은 판정을 요구하고 있는 증거인 것이다.

당신은 배심원이다

당신이 어떤 법정에 자리하고 있다고 상상해보라. 당신은 배심원 중 한 명이다. 그리고 사도 요한이 당신에게 어떤 증거를 제시한 후, 판결을 기다리면서 당신을 바라볼 것이다.

그는 당신을 압도하려고 으스대는 변호사와 같지 않다. 또는 당신의 동정을 얻기 위해 눈물에 호소하는 사람도 아니다. 그는 예수님과 함께 있었던 3년 동안의 일을 직접 목격했던 사람으로서 자신이 직접 보고 들은 것을 증거로 제시하고 있다. 그가 우리에게 요청하는 것은 편견 없이 그 증거들을 들어달라는 것이 전부였다.

그런데 바로 그것이 우리의 문제점이다. 배심원이 서약을 할 때의 핵심적인 논점은, 심리가 이루어질 특정 사건과 관련해 배심원이 편견을 가질 수 있는 가능성이 있느냐의 여부이다. 당신은 어떤 재판에서는 매우 훌륭한 배심원일 수 있지만, 또 다른 재판에서는 지극히 편견에 치우친 사람일 수 있는 것이다.

많은 사람들은 예수님에 대한 증거를 들음에 있어서 그러한 편견을 가지고 있다. 우리 문화는 어느 한 사람이 세상의 구원자가 될 수 있을 가능성에 대해 상당한 편견을 가지고 있다. 예수님께서 그리스도라는 판결이 난다면, 그 판결은 우리 삶에 커다란 영향을 끼칠 것임을 알고 있기 때문에, 우리의 마음에 편견이 자리 잡고 있는 것이다. 그래서 많은 사람이 배심원에서 빠지기를 원한다.

만일 최후의 날에 당신이 천국에 있지 않다면, 그것은 하나님께서 당신에게 증거나 기회를 주시지 못했기 때문이 아닐 것이다. 복음에 대한 사도 요한의 말을 되새겨보라. "오직 이것을 기록함은 너희로…믿게 하려 함이요."

예수는 그리스도이시다

> 오직 이것을 기록함은 너희로 예수께서 하나님의 아들 그리스도이심을 믿게 하려 함이요(요 20:31).

만일 복음의 핵심을 한마디로 요약해달라는 요청을 받는다면, 당신은 무엇이라고 말하겠는가? 사도 요한은 복음의 본질을 한 줄로 압축하고 있다. "예수는 그리스도이시다."

우리가 그리스도라는 이름이 뜻하는 바가 무엇인지 아는 것이 중요하다. 우리는 주님의 이름이 '예수'라는 사실을 알고 있는데, 왜 우리가 그분을 예수 그리스도라고 부르는 것인가?

그리스도라는 말의 어원은 헬라어 크리스토스*christos*이다. 그 말은 메시아 혹은 '기름부음 받은 자'라는 뜻이다. '그리스도'는 구약성경에서 하나님께 기름부음 받게 될 것이라고 약속된 분을 일컫는 직함이었다. 구약성경에서 기름부음을 받았던 사람들을 신속하게 재검토 해본다면 '그리스도'라는 말의 뜻을 이해하는 데 도움이 될 것이다.

성경 전체를 통해, 하나님께서는 세 가지 활동을 행하고 계신다. 하나님께서는 우리가 그분을 알 수 있도록 하기 위해 자신을 나타내시며, 우리가 그분께 나아갈 수 있도록 우리를 자신과 화목하게 하시며, 하나님의 목적을 성취하시기 위해 세계를 다스리고 계신다.

구약성경에서, 어떤 사람들은 이 세 가지 활동 중 한 가지에서 하나님의 쓰임을 받게 될 것이라는 표시로서 '기름부음을 받았다'. 그 사람들은 선지자와 제사장과 왕이었다.

선지자들은 하나님께서 자신을 계시하시는 활동을 위해 기름부음을 받았다. 하나님께서는 선지자들이 백성에게 하나님의 말씀을 말할 수 있도록 선지자들에게 직접 말씀하셨다. 선지자들은 이 과업을 위해 '기름부음' 받은 것이다. 엘리야는 생애 마지막에 그의 뒤를 이을 선지자인 "엘리사에게 기름을 부으라"는 명령을 받았다(왕상 19:16). 이사야는 가난한 자들에게 좋은 소식을 전파하도록 여호와의 성령이 그에게 "기름을 부었다"고 말했다(사 61:1).

제사장들은 하나님께서 우리와 화목하게 되시려는 화해의 역사를 위해 기름부음을 받았다. 선지자들은 하나님을 대신해 사람들에게 말했지만, 제사장들은 사람을 대신해 하나님께 말했다. 제사장들은 그 백성을 대신해 희생제사를 바치는 힘든 과업을 수행하고 있었다.

대제사장에게 기름을 붓는 의식이 출애굽기 29장에 기록되어있다. 아론이 대제사장의 제복을 입고 백성 앞에 나오면 모세는 기름이 아론의 수염 위에 흘러내릴 때까지 그의 머리 위에 기름을 부었다(시 133:2). 하나님께서 대제사장의 직무를 위해 이 사람을 선택하셔서 기름을 부으셨다는 사실을 아무도 의심할 수 없었을 것이다.

왕들은 다스리시는 하나님의 사역을 위해 기름부음을 받았다. 사무엘은 다윗의 머리에 기름을 부음으로써 다윗을 이스라엘의 왕으로 세웠다. 사무엘이 이 일을 행하였을 때, 다윗이 여호와의 신에게 크게 감동되었다(삼상 16:13).

구약성경에서, '하나님의 기름부음 받은 자'는 하나님의 말씀을 대언하는 선지자이거나, 희생제사를 바쳤던 제사장이거나, 대적들을 굴복시키는 왕이었다. 그러나 구약성경의 이야기가 진전되면서, 어느 날 하나님께서 세상 가운데 더욱 위대한 기름부음 받은 자를 보내주실 것이라는 기대가 점점 커지기 시작했다.

하나님의 기름부음을 받은 자가 선지자나 제사장이나 왕이었기 때문에, 오실 메시아 혹은 앞으로 오실 기름부음 받은 자와 관련한 서로 다른 기대들이 어떻게 발전되어왔는지 이해하기란 어렵지 않다. 어떤 사람들은 그 기름부음 받은 자가 선지자일 것이라고 생각했다. 그런 사람들은 하나님께서 새로운 의의 교사를 보내주실 것이라고 기대하고 있었다. 다른 사람들은 예배의 개혁을 가져올 한 선지자를 기대하고 있었다. 가룟 유다를 비롯한 또 다른 사람들은 그 메시아가 정치적인 봉기를 주도하여 로마 제국의 압제로부터 그 백성을 건져내줄 자유를 위한 투사일 것이라고 확신했다.

구약성경 이야기 내내, 하나님께서는 선지자들과 제사장들과 왕들을 일으키셨다. 언제나 새로운 진리가 계시되었으며, 죄 사함을 위한 새로운 희생제사들이 드려졌으며, 새로운 대적들과 맞서 싸웠다. 하나님의 백성은 기름부음 받은 자가 필요한 상황에 계속 놓여있었다. 그들은 점점 더 약속된 '기름부음 받은 자'를 고대했다.

그러다가 하나님께서는 너무도 놀랄만한 일을 행하셨다. 하나님께서는 자신의 아들에게 기름을 부으셨다. 그리고 구약성경의 선지자, 제사장, 왕 중 한 직분이 아니라 모든 직분을 다 이루도록 기름을 부으셨다. 아버지께서 아들에게 이렇게 말씀하셨다. "너는 가서 그들의 선지자가 되라. 너는 가서 그들의 대제사장이 되라. 너는 가서 그들의 왕이 되라."

예수 그리스도는 한층 더 위대한 하나님의 기름부음을 받은 자다. 그래서 사도 요한은 예수님께서 진실로 태초부터 하나님에 의해 약속되었던 그 구원자이시며, 진리를 나타내시며, 사람들을 하나님과 화목하게 하시며, 우리의 최대의 대적을 물리치실 분임을 증명하는 증거를 우리에게 보여주고 있다.

예수 그리스도께서는 우리에게 하나님에 대한 결정판을 제공해주셨다. 예수 그리스도는 우리와 함께 계시는 하나님이시다. 그리고 하나님 아버지께서는 그리스도 안에서 자신을 알리셨다. 예수 그리스도께서는 자신의 목숨을 내놓으심으로써, 자신에게 나아올 모든 자들의 죄를 사하여줄 최후의 희생제사를 드리셨다. 또한 예수 그리스도께서는 자신의 죽음과 부활을 통해 인류 최대의 대적을 이기시고, 인류의 목을 조이고 있는 권세를 깨뜨리셨다.

사도 요한은 사마리아 여인에 관한 감추어진 진실을 알고 계셨던 선지자이신 그리스도를 가리키며, 예수가 '그리스도'라는 증거를 보여주고 있다. 그 사마리아 여인은 예수님께 이렇게 말했다. "메시야 곧 그리스도라 하는 이가 오실 줄을 내가 아노니 그가 오시면 모든 것을 우리에게 알려주시리이다." 예수님께서 그 여자에게 말씀하셨다. "네게 말하는 내가 그라"(요 4:25, 26).

사도 요한은 또한 예수님의 죽음에 관해 우리에게 전해주고 있다. 복음서의 첫 부분에서, 세례 요한은 예수님을 '세상 죄를 지고 가는 하나님의 어린양'이라고 확증했다(요 1:29). 세례 요한이 이렇게 말했을 때, 안드레가 예수님을 따르기 시작했다. 그는 자기 형제 베드로에게 이렇게 말했다. "우리가 메시야를 만났다…(메시야는 번역하면 그리스도라)"(요 1:41).

사도 요한은 이어서 그리스도께서 어떻게 세상 죄악들을 해결하실 것인지 설명한다. 예수님은 자신의 생명을 버리시는 일에 대해 말씀하셨다. 그 말씀은 희생제물에 대한 것이다. 예수님께서 죽으셨을 때, 사도 요한은 예수님께서 “다 이루었다”(요 19:30)고 하신 승리의 말씀을 기록했다. 그것은 약속하셨던 희생제사가 완성되었으며, 인간이 하나님을 만날 수 있는 길이 열렸음을 시사하는 말이었다.

또한 사도 요한은 예수 그리스도께서 우리를 대적으로부터 구해주시는 왕이시라는 증거를 제시하고 있다. 하루는 예수님께서 나흘 전에 죽었던 한 사람의 무덤에 오셨다. 거기에서 예수님께서는 이렇게 말씀하셨다. “나는 부활이요 생명이다.” 그리고 죽은 자의 여동생인 마르다에게 자신의 말을 믿는지 물으셨다. 이에 그녀가 대답했다. “주여 그러하외다 주는 그리스도시요 세상에 오시는 하나님의 아들이신 줄 내가 믿나이다”(요 11:27).

예수님께서는 무덤 입구를 막고 있는 돌을 치우라고 말씀하시고 나서, 죽은 사람을 향해 밖으로 나오라고 외치심으로써 죽음에 대한 자신의 권위를 입증하셨다. 이 왕은 로마 군대보다 더 큰 대적들을 물리치시는 권세를 가지고 계신다. 그분은 죽음과 지옥의 압제로부터 인간을 건져내실 수 있다.

이 모든 것이 기록된 이유는 “너희로 예수께서 하나님의 아들 그리스도이심을 믿게 하려 함”이었다(요 20:31). 예수님께서는 하나님의 말씀을 하시는 선지자이며, 하나님께서 받으실 희생제사를 드리시는 제사장이며, 하나님의 대적들을 멸하시는 왕이시다. 그분은 하나님으로부터 기름부음을 받은 자이시다. 예수님은 그리스도이시다.

예수님이 누구신지 알 때, 우리는 예수님을 믿는다는 것이 무슨 뜻인지를 이해할 것이다. 예수 그리스도는 선지자, 제사장, 왕이시다. 그러므로 그리스도를 믿는다는 것은, 선지자이신 예수 그리스도의 말씀을 믿고, 그 말씀을 진리의 기준으로 삼는다는 뜻이다. 또한 그리스도를 믿는다는 것은, 하나님의 임재 안으로 우리를 인도해주시는 제사장이신 예수 그리스도를 믿는다는 뜻이다. 또한 그리스도를 믿는다는 것은, 우리가 그리스도의 권위와 다스림 아래 살아가면서 그분을 왕으로 받들어 섬긴다는 뜻이다.

믿음의 결과: 그분의 이름으로 얻는 생명

> 오직 이것을 기록함은 너희로 예수께서 하나님의 아들 그리스도이심을 믿게 하려 함이요 또 너희로 믿고 그 이름을 힘입어 생명을 얻게 하려 함이니라(요 20:31).

믿음은 그 자체가 목적이 아니다. 사도 요한은 우리에게, "믿고 그 이름을 힘입어 생명을 얻게 하려 함이니라"고 말하고 있다. 생명은 요한복음의 핵심 주제들 중 하나이다. 그러므로 우리는 요한이 무슨 이야기를 하고 있는지 반드시 이해해야 한다.

예수님께서는 자신이 줄 수 있는 다른 종류의 생명에 대해 사람들에게 말씀하셨다. 예수님께서는 자신이 사람들로 하여금 생명을 얻게 하고 더 풍성히 얻게 하려 왔다고 말씀하셨다(요 10:10). 대체 이 말은 무슨 뜻인가?

다시 한 번, 성경 이야기의 큰 그림이 우리가 이해할 수 있도록 도움을 줄 것이다. 예수님께서는 에덴동산에서 아담과 하와가 누리고 있었던 그 생명에 대해 말씀하신 것이다. 그곳에서 아담과 하와는 점점 늙어가는 좌절과 죽음의 공포에서 완전히 자유로운 생명을 누렸다. 그들은 무엇보다도 하나님의 임재와 동행을 누렸다. 하나님께서는 그들에게 친히 자신을 보여주셨으며, 그렇게 해서 그들은 하나님을 알 수 있었다. 그것이 바로 충만한 삶이었다. 그러나 그들은 죄악을 저지르고 재앙의 선택을 한 후, 그 모든 것을 상실했다.

그들은 에덴동산에서 쫓겨났으며, 그 후에 아담은 자기가 충만한 삶을 살고 있지 않다는 사실을 분명히 깨달았을 것이다. 그의 자녀들은 결코 자신의 아버지와 어머니가 알고 있었던 것을 경험하지 못했다. 그 자녀들이 알고 있었던 것은 전부 타락한 세상에서의 삶뿐이었다. 세상에는 질병과 위험과 재난과 죽음이 있었다. 아담은 그의 자녀들에게 자기가 알았던 그 삶에 대해 틀림없이 이야기해주었을 것이다. 그러나 그의 자녀들은 그 삶을 상상할 수조차 없었을 것이다.

내가 고등학교에 다닐 때, 시각 장애인 친구가 두 명 있었다. 한 친구는 나면서부터 맹인이었으며, 다른 한 친구는 사고로 눈이 멀게 되었다. 그들의 경험은 서로 매우 달랐다. 한 친구는 색깔이 무엇인지 알고 있었으며, 자신이 무엇을 상실했는지 알고 있었다. 그 친구에게는 사물들에 대해 좀 더 쉽게 설명할 수 있었다. 그러나 다른 친구는 색깔에 대한 개념이 전혀 없었다. 그 친구는 오직 자신의 상상력 가운데 무엇인가를 생각할 뿐이었다.

그것이 바로 아담과 우리 사이의 큰 차이점이다. 아담은 낙원에서 살아보았다. 그는 하나님과 더불어 걷는다는 것이 어떤 것인지 알고 있었으며, 죄악을 모르는 삶이 어떤 것인지도 알고 있었다. 그러나 동산에서 쫓겨난 그는 자신이 충만한 삶을 살고 있지 못함을 깨달았다.

문제는 아담이 보았던 것을 우리가 결코 보지 못했다는 것이다. 우리는 그가 누렸던 것을 결코 경험해보지 못했다. 우리는 죄악과 무관하다는 것과 하나님의 임재를 누린다는 것이 어떤 것인지 상상하기조차 어렵다.

그리스도께서는 당신에게 당신의 상상을 뛰어넘는 세계 속으로 들어갈 수 있는 기회를 주시기 위해 세상에 오셨다. 하나님께서는 아담이 알고 있다가 잃어버린 그 생명, 그의 후손들은 결코 보지도 알지도 못했던 그 생명을 당신이 누리기를 원하신다.

예수님께서는 당신을 이 영원한 생명으로 데려다주시겠다고 제의하신다. 하나님께서는 그 임무를 위해 예수 그리스도께 기름을 부으셨다. 예수는 그리스도다. 복음서들은 그에 대한 증거를 제시하고 있으며, 어떻게 예수 그리스도가 하나님의 기름부음 받은 선지자, 제사장, 왕의 역할을 성취하시는지 보여주고 있다. 하나님께서는 성경을 통해 당신이 믿음으로 판결하라고 말씀하신다. 그래서 사도 요한이 복음을 기록한 것이다. "오직 이것을 기록함은 너희로 예수께서 하나님의 아들 그리스도이심을 믿게 하려 함이요 또 너희로 믿고 그 이름을 힘입어 생명을 얻게 하려 함이니라"(요 20:31).

무엇인가 장엄한 것

당신은 이 사실의 영광을 보고 있는가?

몇 주 전에 캐어런과 나는 시카고 심포니 오케스트라와 바이올린 독주자인 프랭크 피터 짐머만Frank Peter Zimmerman이 협연하는 연주회에 갈 기회가 있었다. 그들이 연주한 차이코프스키는 매우 훌륭했다.

그 독주자는 마치 활로 바이올린에 불을 붙일 것같이 연주했다. 마지막에 청중이 일어나서 우레와 같은 박수갈채를 보냈다. 나도 도저히 가만히 있을 수가 없었다. 박수갈채는 연주자가 무대 위로 다시 나올 때까지 계속되었다. 시간이 지나도 박수갈채가 잦아들지 않자, 그는 자신의 바이올린을 들어 우리를 위해 앙코르 곡을 연주해주었다. 앙코르 곡 연주가 끝나자 공연장은 다시 박수갈채로 떠나갈 듯했다.

우리는 중간 휴식 시간에 밖으로 나왔다. 청중은 기쁨으로 들떠 서로 떠들고 있었다. 그중에서 나이 지긋한 한 남자가 젊은 여성에게 큰 소리로 말을 하고 있었다. 그 나이 든 사람은 매우 화난 목소리로 말했다. "내가 지난 30년 동안 오늘과 같은 일은 결코 본 적이 없어. 그게 무슨 짓이야? 내가 보기에는 앙코르를 연주할만한 실력이 안 돼!"

이 사람은 수백 명의 사람을 일으켜 세웠던, 굉장히 멋진 현장 가운데 함께 있었음에도 불구하고 진부한 것만 본 것이다. 참으로 아연실색할 노릇이었다.

도대체 무엇이 문제란 말인가?

복음서들을 읽어갈 때, 우리는 참으로 장엄한 현장 가운데 있는 것이다. 성경을 읽어가면서 우리는 하나님의 계획이 숨 막히도록 휘몰아치며 실행되는 것을 목격한다. 그 계획 가운데, 하나님의 아들이 우리 인간의 몸을 취하시고, 우리의 대적을 멸하시고, 희생제물로서 자신의 생명을 내려놓으시고 죽은 자들 가운데서 부활하시고 하늘로 승천하신 것이다. 그 모든 일은 우리가 그분의 이름을 믿음으로써 영원한 생명 가운데 들어갈 수 있도록 하기 위해 성취되었다.

누군가가 예수 그리스도께서 하신 말씀과 복음을 접할 때, 자신은 진부한 것 이외에 아무것도 들은 것이 없는 사람인 것처럼 그냥 지나쳐버리는 것보다 더 비극적인 일은 없다.

드러난 사실 UNLOCKED

그리스도라는 이름은 메시아 혹은 기름부음 받은 자를 의미한다. 구약성경에서 하나님께서는 선지자들과 제사장들과 왕들에게 기름을 부으셔서, 하나님의 목적이 세상 속에서 이루어지도록 하셨다. 선지자와 제사장과 왕은 그들이 단지 예시할 수밖에 없었던, 일을 성취하실 단 한 분을 가리켰다. 하나님께서는 한층 더 위대한 기름부음 받은 자를 보내주실 것을 약속하셨다. 그분은 하나님의 말씀을 하실 것이며, 하나님께서 받으실만한 희생제사를 드리실 것이며, 하나님의 대적을 멸하실 것이었다.

복음서들은 예수님이 그리스도라는 증거를 우리에게 보여주고 있으며, 어떻게 예수님께서 유일무이하게 선지자, 제사장, 왕의 옛 역할들을 성취하시는지 우리에게 보여주고 있다. 역사에 대한 하나님의 목적의 핵심은 하나님 자신이 친히 인간의 몸을 취하시고 예수라는 인물로서 세상에 오셨다는 것이다. 하나님의 모든 약속이 성취되는 것은 예수 그리스도를 통해서이다.

신약성경은 예수님이 그리스도이심을 선포하고 있으며, 이 주장에 대한 증거를 우리에게 제공하여 우리가 그분에 대한 믿음에 이를 수 있게 해준다.

기도 PAUSE FOR PRAYER

은혜로우신 아버지 하나님!

하나님 만나는 길을 열어주시고, 영원한 생명으로 가는 복음을 제가 알게 하시니 정말 감사드립니다. 예수가 그리스도라는 사실을 깨닫고, 그 믿음으로 주님께 나아가기 원합니다. 저의 모든 죄악과 부족함과 모순에도 불구하고 저를 주님의 자녀로 삼아주시고, 영생으로 인도해주신 주님을 찬양합니다. 저의 노력과 경험과 지식으로가 아니라 주님께서 은혜의 손길을 뻗어주셔서 저를 붙드시고 놓지 않으심에 참 평안을 누립니다.

마음을 높여 주님께 찬양하고 기도하는 가운데 나의 그리스도, 나의 구원자, 나의 주인이신 주님께서 기뻐 받아주실 줄 믿습니다. 주님의 안식과 평화와 기쁨을 영원토록 누릴 수 있도록 도와주시옵소서. 이 모든 것을 주 예수 그리스도의 이름으로 기도드립니다. 아멘.

19

권능

Power

사도행전 2장

무엇이 교회를 살아나게 하는가?

묵상의 길잡이

☑ **발견하라**
오늘날 오순절이 지니고 있는 의의를 발견하라.

☑ **배우라**
왜 제자들이 방언으로 말했는지 배우라.

☑ **경배하라**
하나님 나라의 사역을 위해 당신을 사용하시는 하나님께 경배하라.

사회자는 교회 성도의 출석이 120명에 그쳤다고 보고했다. 그들은 건물을 얻을 수가 없었다. 그래서 그들은 시내 2층 방에 세를 얻어 모임을 가지고 있었다. 공석이 되어버린 지도자의 자리를 어떻게 채워야 할지 많은 논의가 있었지만, 아무 일도 추진되지 않았다.

그들이 지역 사회에 어떤 영향력을 미친다는 것은 아득히 먼 일처럼 보였다. 자금도 거의 바닥을 보이고 있었으며, 사람도 몇 되지 않았다. 더구나 그들은 두려움에 휩싸여있었고, 교회 밖의 문화는 그들이 전하는 메시지가 들어갈 틈이 거의 없었다.

사도행전 처음에 존재했던 유일한 교회가 바로 이러한 형편에 있었다. 그리스도께서 승천하셨을 때, 예루살렘에는 성도가 120명밖에 없었다(행 1:15). 그들은 그리스도께서 자신들의 죄를 위해 죽으시고 다시 부활하셨다고 믿었다. 그러나 그들은 본질적으로 자기 자신과 조직 내부에만 초점을 맞추고 있었다. 그들 가운데 일어나고 있었던 어떤 일도 교회 밖의 세상에 변화를 불러일으킬만한 것이 없었다.

그러나 그리스도께서는 그 모든 것을 바꿀 수 있을 한 사건에 대해 말씀하셨다. 예수님께서 승천하신 뒤 며칠이 안 되어 그들이 '성령으로 세례를 받을 것'이라고 말씀하셨다(행 1:5). 그런 다음에 예수님께서는 이렇게 말씀하셨다. "오직 성령이 너희에게 임하시면 너희가 권능을 받고 예루살렘과 온 유대와 사마리아와 땅 끝까지 이르러 내 증인이 되리라"(행 1:8).

그들은 오래 기다릴 필요가 없었다. 예수님께서 승천하신 뒤 10일째 되던 날 그리고 부활하신 뒤 50일째 되던 날, 오순절이라는 절기가 있었다. 그 절기는 추수의 시작과, 하나님께서 시내산에 임하셔서 모세에게 율법을 주셨던 때를 기념하는 명절이었다. 예루살렘은 천하 각국에서 온 방문객들로 기득 찼다(행 2:5).

오순절에 초대 교회 성도들에게 성령이 임하셨다. 그 후에는 모든 것이 결코 예전과 같지 않았다.

바람 같은 소리

오순절 날이 이미 이르매 그들이 다같이 한곳에 모였더니 홀연히 하늘로부터 급하고 강한 바람 같은 소리가 있어 그들이 앉은 온 집에 가득하며(행 2:1-2).

고대의 말들 가운데, 바람이나 호흡이나 성령을 의미하는 하나의 단어가 있다.[1] 히브리어에서, 그 단어는 루아흐*ruach*이다. 만일 당신이 루아흐를 정확하게 발음한다면, 그 소리는 마치 바람이 급하게 몰아치는 소리처럼 들릴 것이다.

만일 그 점에 대해 생각해본다면, 바람 소리가 호흡 소리와 상당히 비슷하며, 다만 더 크고 더 길게 지속될 뿐이라는 것을 알 수 있다. 고대 세계에서, 사람들은 바람을 대규모의 호흡처럼 생각했다. 그래서 바람이나 호흡에 같은 단어를 사용한 것이다.

당신이 만일 "이전에 어느 부분에서 우리가 바람이나 숨소리를 지나친 적이 있었지?"라고 묻는다면, 두 개의 명확한 대답을 할 수 있다.

첫 번째 경우는 성경 이야기의 첫 부분이다. 거기에서 우리는 하나님께서 아담에게 생명을 불어넣으셨음을 읽는다. 하나님께서는 아담을 땅의 흙으로부터 생명 없는 몸체로 만드셨다. 그 몸체는 자리에 뉘어졌다. 그런 다음에, 하나님께서는 이 골격을 지닌 틀 가운데로 호흡을 불어넣으셨다. 하나님께서 아담에게 생명의 입맞춤을 해주셨다. 그리하여 그 첫 사람은 살아있는 존재가 되었다.

그리고 두 번째로, 예수님께서 부활하신 이후에, "그들을 향하사 숨을 내쉬며 이르시되 성령을 받으라"(요 20:22)고 하셨다. 예수님께서는 오순절 날에 무슨 일이 일어나게 될지를 설명하고 계셨다. 그것은 "내가 하늘에 올라가게 될 것이다. 그러나 내가 하늘에 올라갈 때, 나는 나의 생명을 위로부터 너희에게 불어넣어줄 것이다. 앞으로 이렇게 될 것이다"라는 뜻이었다. 그런 다음에 예수님께서는 심호흡을 하시고 그들을 향해 숨을 내뿜으셨다. 그 소리는 마치 바람이 휘몰아치는 것과 같았다.

그리하여 몇 주 후, 제자들이 휘몰아치는 바람 같은 소리를 들었을 때, 그 소리를 예수님께서 그들을 향해 숨을 내쉬었을 때의 소리와 연결시켰을 것이며, 이것이 바로 예수님께서 하셨던 바로 그 약속이 성취되는 것이라고 믿었을 것이다.

하나님께서 아담에게 생명을 불어넣으신 일과 그리스도께서 교회에 생명을 불어넣으신 일 사이에는 놀라운 유사점이 있다. 창세기 2장에서 하나님께서는 생명이 없는 몸에 숨을 불어넣으셨다. 그리하여 아담은 생명이 있는 존재가 되었다. 사도행전 2장에서는 교회가 그리스도의 몸이 되었다. 그러나 사도행전의 처음 부분에서, 교회라는 그 몸 또한 생명이 없는 몸이었다. 아담의 몸과 같이, 그 몸은 조직화되어있었지만, 죽은 몸이었다. 그 교회는 문을 걸어 잠그고 문 뒤에 숨어있었다. 그 교회는 주변 세계에 아무런 영향을 줄 수 없었다.

그러나 승천하신 그리스도께서 그들에게 그의 호흡, 그의 바람, 혹은 그의 성령(이 단어들이 다 똑같은 말이라는 사실을 기억하라)을 불어넣으셨다. 이것은 작은 숨이 아니었다. 광풍 같은 소리였다. 하나님께서 이 사람들에게 생명을 불어넣으신 것이다.

그 이후로 그들은 결코 예전과 같은 사람들이 아니었다.

물론, 하나님의 성령은 이전에도 제자들의 삶 가운데 역사하고 계셨다. 예수님께서는 그들에게 일을 맡겨 멀리 파견하기도 하셨다. 그들은 성령의 권능이 아니고서는 아무것도 할 수 없었을 것이다. 성령은 구약성경에서도 임하셨으며, 그들이 특별한 임무를 감당할 수 있도록 기름을 부으셨다. 그리고 오순절 이전의 그 제자들의 경험도 마찬가지였을 것이다. 그러나 이것은 전적으로 새로운 것이었다. 하나님의 성령이 그들과 더불어 계셨을 뿐만 아니라 그들 안에도 계셨던 것이다.

커다란 불덩어리들

불의 혀처럼 갈라지는 것들이 그들에게 보여 각 사람 위에 하나씩 임하여 있더니(행 2:3).

이 일이 일어났을 때, 당신이 이 120명의 성도들 가운데 있었다고 생각해보라. 처음에 당신이 본 광경은 분명히 당신을 공포에 빠뜨렸을 것이다. 커다란 불덩어리가 그들을 향해 내려오고 있었다. 그 불덩이는 점점 더 가까이 오면서 여러 개의 불길로 나뉘어, '불의 혀'같이 갈라져, 그 방에 있는 각 사람 위에 머물렀다. 놀라운 것은 그들 가운데 아무도 불에 타버리지 않았다는 사실이다.

이 사실을 이해하기 위한 최선의 방법은 성경에서 이와 비슷한 사건을 어느 부분에서 보았는지 생각해보는 것이다. 무엇엔가 불길이 머물렀지만 그것이 타지 않았던 사건은 어디서 일어났는가? 바로 모세와 불붙은 가시떨기나무에 대한 이야기에서였다. "여호와의 사자가 떨기나무 가운데로부터 나오는 불꽃 안에서 그에게 나타나시니라 그가 보니 떨기나무에 불이 붙었으나 그 떨기나무가 사라지지 아니하는지라"(출 3:2). 그런 다음에 하나님께서 모세에게 이렇게 말씀하셨다. "나는 스스로 있는 자니라." 그래서 모세는 자신이 하나님의 직접적인 임재 가운데 있음을 깨달았다.

앞서 지적했다시피 (구약편의 5장), 그 불은 연료가 다 타면 사라져버리는 불이 아니었다. 불꽃을 유지하기 위해 가시떨기나무에 의존하지 않았기 때문에 나무가 타지 않았던 것이다.

하나님께서 자신의 임재를 알리셨던 그 불은 스스로 유지되고 있었다. 하나님께서는 스스로 생명을 소유하고 계신다. 그리고 아무것에도 의존하지 않으시며, 아무것도 필요로 하지 않으신다. 하나님께서 자신을 모세에게 나타내셨을 때, 하나님께서는 가시떨기나무에 자리 잡고 계셨으나 그 나무를 태워버리지 않는 불을 통해 자신을 알리기로 선택하셨다. 자, 오순절에 하나님께서는 첫 제자들과 함께 자신이 직접 그 자리에 있다는 사실을 알리는 동일한 표시를 해주셨다. 그것은 참으로 놀라운 일이다.

하나님께서 모세에게 나타나셨을 때, 모세는 하나님을 믿는 사람이었지만, 그의 삶은 제자리걸음이었다. 그는 애굽에서 성공적인 인생을 살았다. 그러다가 곤란한 일을 당한 후에 그 나라를 떠나 광야에서 일종의 은퇴 생활을 했다. 그의 삶은 세상에서 하나님의 목적들을 전진시키는 일에 별다른 기여를 하지 못하고 있었다.

하나님께서는 불 가운데 그에게 오셔서, 새로운 임무를 맡기셨다. "모세야 네가 나를 위해 해야 할 일이 있다. 내가 고통 중에 있는 백성의 부르짖음을 들었다. 그래서 내가 너를 바로에게 보내고자 한다." 그렇게 하나님께서는 아무런 목적 없이 살고 있는 모세를 불러내어, 하나님의 영광을 드러내는 직무를 맡겨주셨다.

오순절 이전에, 교회는 광야에 있는 모세와 같았다. 교회는 기도 모임을 좋아하고, 어떻게 자신들의 지도자를 뽑을 것인지 토론하면서 많은 시간을 보내는 성도들로 구성되어있었다. 그러나 그들을 통해서는 세상에서 하나님의 목적이 성취되기 위한 일이 전혀 벌어지고 있지 않았다. 그때 하나님의 불이 그들에게 내려왔다.

함께 그 장면을 한번 상상해보자. 당신은 방 한가운데로 서서히 불이 내려와 당신 위에 머무는 것을 본다. 당신은 무슨 일이 벌어지고 있는지 깨닫는다. 하나님의 임재가 백성 가운데 임하고 있는 것이다. 당신은 경외감에 사로잡힌다. 모세에게 나타나셨던 그 하나님께서 다시금 자신의 임재를 나타내고 계시는데, 당신이 지금 그 방 한가운데 있는 것이다.

불이 모세에게 임했을 때, 모세가 하나님의 목적을 성취하도록 위임받았다는 사실이 기억난 당신은 그 불이 누구 위에 머물지 궁금해진다. 처음에 당신은 그 불이 베드로에게, 혹은 어쩌면 야고보와 요한에게 임할 것이라고, 아니면 그 세 사람 모두에게 임할 것이라고 생각한다.

당신은 불덩어리가 방 위에서 맴도는 것을 올려다본다. 불이 여러 개의 혓바닥처럼 갈라지고, 그 순간 셀 수 없을 정도의 많은 불꽃으로 나누어지는 광경에 당신은 깜짝 놀란다. 갈라진 불꽃들은 그 방 안에 있는 많은 사람을 향해 떨어져 내리는 것처럼 보인다. 당신이 경이로움 가운데 올려다보고 있는데, 그 불꽃들 가운데 하나가 당신을 향해 내려오고 있음을 깨닫는다. 그 방에 있는 다른 사람들을 둘러보니 모든 사람 위에 불꽃이 하나씩 머물러있다.

하나님께서는 세상에서 자신의 목적을 성취하시기 위해 모든 성도에게 사명을 맡기고 계신다. 전능하신 하나님의 임재와 권능이 당신 위에 머물러있다.

구약성경에서, 우리는 특별한 사명을 위해 하나님께 기름부음 받았던 선지자들, 제사장들, 왕들을 보았다. 그 특권은 특별한 지위를 가지고 있었던 소수의 사람들에게 있었다. 그러나 신약성경에서는 전적으로 다르다. 하나님의 불은 베드로와 야고보와 요한에게만이 아니라, 예수님을 사랑하고 그분을 따르기 원했던 이름 없는 성도들 위에도 내려와 임하셨다. 하나님의 성령은 그 사람들 위에 머물렀다. 그래서 모든 사람은 각각 세상에서 하나님의 목적을 성취해나가는 일에 사명을 부여받았다.

다른 방언들

그들이 다 성령의 충만함을 받고 성령이 말하게 하심을 따라 다른 언어들로 말하기를 시작하니라(행 2:4).

이 특별한 날에 세 번째 놀라운 사건이 이어졌다. 갑자기 120명의 성도가 각각 자신들이 배운 적이 없었던 언어들로 말할 수 있게 되었음을 알게 되었다.

이 사실을 이해할 수 있는 최선의 길은 역시 우리가 전에 어디에서 이와 같은 사건을 본 적이 있었는지 묻는 것이다. 성경의 어느 부분에서 한 무리의 사람들이 자신이 배운 적 없는 언어로 갑자기 말하게 된 일을 본 적이 있는가?

바로 바벨탑 사건에서 정확히 그런 일이 벌어졌다(창 11장, 구약편 4장). 성경 이야기의 초기에, 하나님에 대한 인간의 반역이 추진력을 얻게 됨에 따라서, 사람들은 시날이라는 지역에서 탑을 중심으로 한 도성을 건설하기로 결정을 내렸다. 그들은 하나님의 자리가 전혀 없는 도성 안에서 자신들의 안전을 보장하고, 자신들의 위대함을 선언하기를 원했다.

그 일은 인간이 하나님의 보좌를 찬탈하려는 또 다른 예였다. 인간은 하나님을 경배하거나 믿기를 원치 않고 오히려 자신을 경배하고 자신을 믿고자 했다.

그래서 하나님께서는 인류에게 처음으로 다양한 언어들로 인한 혼란을 불러일으켜 불경건한 왕국을 세우려는 인간의 추진력을 분쇄시켜버리셨다(창 11:1-9).

결국 그들은 동서남북 사방으로 흩어진다. 흩어진 작은 집단의 사람들은 서로의 말을 이해했지만, 다른 사람들은 이해할 수 없었다.

오순절은 정확히 그 반대였다. 하늘 아래 모든 민족과 나라에서 온 사람들이 예루살렘에 모여있었다(행 2:5). 그리고 하나님의 성령이 임하셨을 때, 사도들은 자신들이 배운 적이 없었던 언어들로 즉시 말함으로써, 모든 사람이 자신의 언어로 예수 그리스도의 복된 소식을 듣고 이해할 수 있음을 알게 되었다.

바벨탑 사건에서 방언은 사람들에게 혼란을 불러일으켜 흩어지게 만들었던 하나님의 심판이었다. 그러나 오순절의 방언은 사람들이 복음을 자신들의 언어로 이해할 수 있도록 만들어 그들이 함께 모일 수 있게 해주었던 하나님의 축복이었다.

바벨탑 사건에서 하나님께서는 인간의 불경건한 도성의 건축을 막기 위해 언어라는 저주를 사용하신 반면 오순절에는 그리스도의 나라의 전진을 가속화하기 위해 언어라는 선물을 사용하셨다.

모든 족속과 모든 나라에게

바벨탑 사건 직후, 하나님께서는 아브라함에게 놀라운 약속을 해주셨다. "내가…네게 복을 주어…땅의 모든 족속이 너로 말미암아 복을 얻을 것이라"(창 12:2-3). 바벨탑 사건에서 열방에게 임한 하나님의 심판은 하나님의 최후의 말씀이 아니었다. 하나님께서는 아브라함을 통해 흩어져있는 모든 백성과 세상의 다양한 언어 집단들에게 하나님의 복이 임하게 하시기로 결심하셨다.

오순절에, 하나님의 바람이 불고, 하나님의 불이 아브라함의 자손 120명에게 내렸다. 하나님께서는 이 사람들에게 새로운 생명을 채워주시고, 각자 감당할 사명을 위해 그들에게 기름을 부으셨다. 이 사람들은 자신들이 이전에 배운 적이 없는 언어로 말하고 있다는 사실을 알았다. 하나님의 목적은 땅 위의 모든 언어 집단에서 온 사람들에게 예수님에 대한 복된 소식을 전하는 것이었다.

같은 날, 하나님께서는 하늘 아래 있는 모든 민족과 각 나라에서 엄청난 군중을 모으셨다. 그 도시에 들어와 있던 군중은 바람 소리가 들렸을 때, 무슨 일이 벌어지고 있는지 보려고 소리가 난 방향으로 고개를 돌렸다. 그들이 그곳에 도착했을 때, 120명의 성도가 각각 다른 언어들로 하나님께서 행하셨던 위대한 일들을 선포하고 있었다.

만일 당신이 그날 예루살렘을 방문했던 방문객 중 한 사람이었다면, 당신은 당신의 언어로 말했던 누군가를 바라보았을 것이다. 작은 무리들이 그 성도들 중 한 사람씩을 둘러싸고 모여서 하나님께서 행하셨던 위대한 일들을 자신의 언어로 들었다.

하나님께서는 모든 나라와 모든 언어 집단에서 온 사람들이 예수 그리스도에 대한 복된 소식을 듣도록 하시겠다고 결정하셨다.

언어는 복음을 전하는 데 전혀 장애가 되지 않았다. 예수님께서는 성령이 오시면, 그 제자들이 예루살렘과 유대와 사마리아와 온 땅 끝에까지 이르러 그의 증인이 될 것이라고 말씀하셨다.

마침내 베드로가 군중에게 질서를 잡을 것을 요청했다. 어떤 사람들은 성도들이 술에 취했다고 말했다. 그때 베드로가 예수님에 대해 말했다. 예수님께서 7주 전에 어떻게 십자가에 못 박히셨는지 그 사람들에게 전한 것이다. 그리고 하나님께서 예수 그리스도를 죽은 자들로부터 부활시켰으며, 그리스도는 지금 아버지 하나님 우편에 앉아계시며, 이제 그리스도의 백성에게 성령을 주셨다고 말했다. 그것은 그 군중이 보고 듣고 있었던 일에 대한 설명이었다.

베드로가 전한 메시지의 핵심은 군중 가운데서 효력을 발휘했다. 만일 예수가 진실로 태초부터 하나님께서 약속하셨던 바로 그분이셨는데, 그 사람들이 그를 죽였다면, 그들은 어떻게 해야 할까?

그 자리에 모였던 사람들은 베드로가 예수님에 대해 말한 것을 분명하게 믿었다. 그래서 베드로는 군중에게 다음 단계를 이야기해주었다.

> 너희가 회개하여 각각 예수 그리스도의 이름으로 세례를 받고 죄 사함을 받으라 그리하면 성령의 선물을 받으리니 이 약속은 너희와 너희 자녀와 모든 먼 데 사람 곧 주 우리 하나님이 얼마든지 부르시는 자들에게 하신 것이라(행 2:38, 39).

베드로의 권유에 3,000명이 응답했다. 그들은 이 복된 소식이 모든 민족 출신의 사람들을 위한 것이었음을 처음부터 이해하고 있었다. 그 다음, 며칠 안에 이 아브라함의 자손들은 자기들의 고향으로 돌아가서 예수님에 대한 복된 소식을 자기 민족 사람들에게 전하게 될 것이었다.

120명의 성도들이 오순절에 주위에 모여들었던 여러 집단의 사람들에게 복된 소식을 전했듯이, 이제 그 3,000명은 자신들의 고향으로 되돌아가서 그 나라와 그 민족 사람들에게 예수님에 대한 복된 소식을 전하기 시작했다.

하나님께서는 생명 없는 주검과 같았던 교회를 다시 세우셔서, 그 교회 가운데 새로운 생명을 불어넣으셨다. 하나님께서 성령으로 임하셔서 모든 백성 위에 머무셨다. 그리고 하나님께서는 그들에게 세상 속에서 하나님의 목적을 성취시키라고 위임하셨다. 오순절 그날에 선교하는 교회가 탄생했다. 많은 문화권에서 온 사람들이 그리스도를 믿게 되었으며, 그다음에 각자 고향으로 돌아가서 복음을 전파했다. 그리하여 모든 언어와 문화로부터 온 사람들이 복음의 참된 빛을 발견하게 되었다.

이 모든 것이 우리와 무슨 관계가 있는가?

성경을 공부해오면서, 우리는 하나님의 임재가 눈에 보이는 방식으로 알려졌던 몇 차례의 경우들을 살펴보았다. 우리는 이 경우들을 신현神顯이라고 부른다. 이 신현 사건들은 언제나 커다란 중요성을 지니고 있다. 신현 사건에서, 하나님께서는 자신의 모든 백성을 위해 보이지 않게 행하고 계시는 일을 어떤 사람들을 통해 눈에 보이게 행하신다.

예를 들어, 하나님께서 하와를 아담에게 데리고 가셨을 때, 그분은 결혼을 통해 하나가 된 각각의 모든 부부를 위해 하시는 일을, 그 첫 부부를 통해 눈에 보이는 방식으로 행하고 계셨던 것이다. 캐어런과 내가 결혼했을 때, 우리 대학 교수님이 우리의 두 손을 맞잡아주시면서, 둘이 하나가 되었다고 선언하셨다. 하나님께서 우리를 하나로 맺어주시는 것을 눈으로 보지는 못했지만, 하나님께서는 결혼식마다 보이지 않게 은밀하게 행하고 계신 것을 우리가 보고, 이해할 수 있도록 과거 한 차례 아담과 하와를 통해 행하셨던 것이다.

나는 오순절에 일어났던 놀라운 사건들을 우리가 바로 이렇게 적용해야 한다고 생각한다. 하나님께서는 과거 한 차례 볼 수 있도록 행하셨던 일을 통해 언제나 하나님께서 자기 백성 가운데 보이지 않게 행하기를 원하고 계시다는 사실을 우리에게 가르치고 계신 것이다.

하나님께서는 자기 백성에게 새로운 생명을 불어넣으신다. 하나님께서는 교회가 단순히 인간적인 층위에서만 기능하거나, 내부만 바라보고 있는 조직체가 되지 않고, 하나님의 생명으로 가득 차 있는 살아있는 몸이 되기를 원하신다.

하나님께서는 단지 몇 사람의 지도자들만이 아니라 자신의 모든 백성이 사명을 감당하도록 각자에게 기름을 부으신다. 전능하신 하나님의 임재와 권능은 주 예수 그리스도를 믿는 모든 성도 위에 언제나 머물러 있다.

하나님의 위대한 목적은 하나님의 복이 그분의 백성을 통해 만방으로 퍼져나가게 하는 것이다. 모든 그리스도인과 교회는 그 목적에서 각각의 역할을 감당하고 있다. 어떤 사람들에게는 그 역할을 감당한다는 것이 예수님에 대한 기쁜 소식을 전하기 위해 다른 언어를 배워서 타문화권에 간다는 것을 의미한다. 또 어떤 사람들에게 있어서 하나님의 부르심은 하나님께서 이미 우리에게 주신 언어권 가운데서 우리의 목소리를 내는 일일 수 있다.

하나님께서는 모든 성도 주위에 여러 집단의 사람들을 두셔서, 그 성도가 그들의 언어로 예수님에 대한 복된 소식을 전달할 수 있도록 하신다. 아마도 당신은 고등학생이나 자녀들의 언어로 말할 수 있을 것이다. 하나님께서는 당신도 사람들에게 당신이 복음을 전달할 수 있도록 해주셨다. 복음을 들어야 할 사람이 직장 동료일 수도 당신의 자녀일 수도 있다. 그 사람들이 누구인지 발견하고, 그들 가운데 들어가 예수 그리스도에 대해 전하라.

오순절 사건을 바라보면서, 그 이야기의 주변을 겉돌지 않길 바란다. 사람들은 내가 예전에 해주었던 이야기를 자신들이 얼마나 재미있게 들었는지 내게 여러 차례 이야기해주었다. 대개 그들은 이렇게 말했다. "목사님이 이야기하시려는 요점을 제가 기억할 수는 없지만, 그 이야기는 정말 대단했습니다!" 그런 반응을 들으면 나는 낙담이 된다. 오순절에 일어났던 기적적인 사건도 이와 같은 위험 요소가 있다. 하나님께서 우리가 눈으로 볼 수 있는 증거들—바람, 불, 방언—을 통해 우리에게 가르치고 계신 핵심은 놓치고 있으면서도 그 증거들의 권능에 관심을 기울이기가 너무도 쉬운 것이다. 눈으로 볼 수 있는 증거들은 의사를 전달하기에는 더없이 좋은 방법이지만, 문제는 사람들이 너무도 쉽게 그 실제적인 예시에만 관심을 기울이게 되어, 요점은 잊어버린다는 점이다.

하나님께서는 오순절 사건을 통해 교회에 새로운 생명을 불어넣으시기를 원하신다. 하나님께서는 각각의 모든 성도에게 기름을 붓고, 사명을 위임해주시기를 원하신다. 그리고 교회를 동원해 땅 끝까지 예수 그리스도에 대한 복된 소식을 전달해 하나님의 복이 만방에 전해질 수 있기를 원하신다. 그것이 바로 오순절 사건의 모든 것이다.

드러난 사실 UNLOCKED

교회의 생명은 전적으로 성령님의 임재와 사역에 달려있다. 하나님께서 인간을 창조하셨을 때 아담의 생명 없는 몸에 숨을 불어넣으시자 살아있는 존재가 되었다. 마찬가지로, 교회에 영적인 생명을 가져다주시는 분은 바로 성령이시다.

성령께서는 모든 성도의 사명과 봉사를 위해 권능을 주신다. 구약성경에서 하나님께서는 특별한 직무들을 위해 몇몇 사람들에게만 은사를 주시고 그들을 사용하셨다. 그러나 신약성경에서 성령께서는 모든 성도 가운데 내주하시고, 그들을 통해 역사하신다.

교회는 만방에 예수 그리스도의 복음을 선포하도록 위임받았다. 성령께서는 문화와 언어적인 장벽들을 넘어 복음을 전할 수 있도록 성도들을 준비시켜놓으시고, 세계로 보내시어, 온 땅 위의 모든 족속과 나라와 민족으로부터 하나님의 백성을 불러 모으실 것이다.

기도 PAUSE FOR PRAYER

하늘에 계신 아버지 하나님!

하나님의 모든 자녀에게 성령을 선물로 주심을 진심으로 감사드립니다. 성령께서 제 안에 내주하셔서, 항상 성령으로 충만하게 하여주시옵소서!

하나님의 소원을 이루시기 위해 저를 사용하여주시고 제가 주님의 복음을 만천하에 전할 수 있도록 주님의 권능을 부어주시옵소서. 준비된 일꾼으로서 사명을 감당할 수 있도록 힘을 주시옵소서.

저의 영안을 열어주셔서 저에게 보내신 사람들에게 주님의 복음과 사랑을 전하게 하여주시옵소서.

하나님의 언약이 성취되는 일에 저를 사용하여주시고, 주님의 축복을 세상 사람들에게 올바로 전하는 일에 전심을 다할 수 있도록 은혜를 주시옵소서. 주님 뜻대로 사는 가운데 하나님의 축복을 누리게 하시고, 세상에서 빛과 소금이 되도록 하여주시옵소서.

또한 주님의 몸 되신 교회를 위해 기도합니다. 교회에 주님의 성령을 부어주셔서 세상에 예수님의 복된 소식을 전하는 데 제 사명을 확실히 감당할 수 있도록 도와주시옵소서. 예수 그리스도의 이름으로 기도드립니다. 아멘.

Note

1. Leon Morris, *Spirit of the Living God* (London:InterVarsity, 1960), 16. 모리스는 "고대어를 번역함에 있어서 많은 번역가들이 부딪히는 난점들 중 하나가 '영', '숨', '바람'에 해당하는 단어들이 동일하다는 사실이다"라고 지적하고 있다.

20

이방인들

Gentiles

사도행전 9장

하나님의 복이 어떻게 열방에 이르게 되었는가?

묵상의 길잡이

☑ **발견하라**

열방에 대한 하나님의 계획 가운데 유대 민족의 독특한 위치를 발견하라.

☑ **배우라**

'그리스도인'이라는 이름의 기원을 배우라.

☑ **경배하라**

모든 문화의 사람들로 하여금 예수 그리스도에 대한 믿음을 갖도록 이끄시는 하나님 아버지께 경배하라.

이제 우리가 이 책을 읽으면서 어디까지 왔는지 살펴보아야 할 때가 되었다. 죄가 세상에 들어온 후에, 하나님께서는 한 구원자를 보내주실 것이라고 약속하셨다. 좀 더 구체적으로, 하나님께서는 아브라함에게 나타나셔서, "내가 너로 큰 민족을 이루고 네게 복을 주어… 땅의 모든 족속이 너로 말미암아 복을 얻을 것이라"(창 12:2, 3)고 말씀하셨다.

하나님께서 아브라함에게 내리셨던 복은 그의 자손들에게 계속 이어져 내려왔다. 그리고 하나님께서는 하나님의 복이 아브라함의 후손들을 통해 땅 위의 모든 족속들에게 전해질 것이라고 약속하셨다.

구약편에서 우리는 아브라함 자손들의 이야기를 살펴보았다. 그것은 하나님께서 유대 민족 가운데 행하셨던 역사에 대한 이야기였다. 우리는 유대인들을 위한 법과 유대인들을 위한 땅과 유대인들을 위한 축복을 발견했다.

이제 신약편에서 우리는 복음서들의 이야기를 살펴보았다. 그리고 신약성경 역시 매우 '유대 민족'적인 책이라는 사실을 발견했다. 예수 그리스도께서는 유대인으로 태어나셨다. 하나님께서 한 유대 여인으로부터 인간의 몸을 취하신 것이다. 그리스도께서는 자신이 이스라엘의 잃어버린 양들을 구하러 오셨다고 말씀하셨다. 그리스도께서는 한 유대 회당에서 사역을 시작하셨으며, 그곳에서 구약성경을 읽으셨다. 그리스도께서는 이스라엘 밖으로 나가신 적이 거의 없으셨다.

그분의 죽으심과 부활 이후에, 그리스도께서는 열한 명의 제자에게 사역을 위임하셨다. 그들은 모두 유대인이었다. 예수님께서는 단 한 사람의 이방인도 선택하지 않으셨다.

오순절에 거대한 무리가 예루살렘에 모여들었다. 그들은 모두 유대인들이거나 유대교로 개종한 사람들이었다(행 2:5). 성령께서 임하셨을 때, 그 사람들 가운데 3,000명이 예수 그리스도를 믿게 되었다. 그 사람들이 고향으로 되돌아갔을 때, 그들은 예수님에 관한 이야기를 시작했다. 그리하여 또 다른 많은 사람이 그리스도를 믿게 되었고, 그들은 회당에 모여 교훈과 격려를 받으며 하나님께 예배를 드렸다.

이 지점까지, 성경 전체의 이야기는 이스라엘에 주시는 하나님의 축복에 대한 것이었다. 우리는 아브라함에게 하신 하나님의 약속이 성취되는 것을 보았다. 그러나 우리는 아브라함을 통해 만방에 복을 주시겠다는 하나님의 약속에 대해서는 많은 증거를 보지 못했다.

몇 가지 징조는 있었다. 모압 족속 룻이 다윗의 계보에 포함되었던 사실, 혹은 요나가 니느웨 백성에게 간 이야기, 혹은 예수님께서 사마리아 여인과 말씀을 나누신 일 등이 그것이다. 그러나 그것을 넘어서, 하나님의 축복이 유대 백성 이외에도 미쳤다는 증거는 거의 없다. 우리는 지금 성경 이야기의 90퍼센트를 지나왔다. 그리고 하나님이 주시는 은혜의 강물은 여전히 좁은 강둑 사이를 흘러내려가고 있다.

이제 우리는 성경 이야기에서 주요한 전환점에 도달했다. 사도행전은 어떻게 하나님의 축복의 강이 확장되어, 유대 민족을 넘어 만방에 복을 가져다주시겠다는 하나님의 놀라운 약속이 성취되고 있는지를 우리에게 전해주고 있다.

예루살렘에서 제자들의 수가 늘어나면서, 예수 그리스도를 믿는 유대인들이 온갖 박해를 당하게 되었다. 사도들은 채찍에 맞고 투옥되었다. 그런 가운데 한 젊은 지도자 스데반이 돌에 맞아 죽임을 당하였다.

이러한 만행이 자행되고 있었을 때, 한 사악한 사람이 돌을 던진 사람들의 뒤에 서 있었다. 그의 이름은 다소의 사울이었다. 그는 예수를 믿는 유대인 공동체들을 박멸하겠다고 결심했다. "사울이 교회를 잔멸할새 각 집에 들어가 남녀를 끌어다가 옥에 넘기니라"(행 8:3).

다메섹으로 가는 길

스데반의 죽음은 믿는 자들에 대한 박해의 물결에 불을 지폈다. 그리하여 믿는 자들이 사방으로 흩어지게 되었다. 그러나 사울은 믿음의 공동체가 깨졌다는 데 만족하지 않았다. 그는 다른 도시에 가서도 유대인 성도들을 체포하여 예루살렘으로 다시 데려올 수 있는 권한을 부여받았다. 그가 여러 도시를 돌면서 목표로 삼은 첫 번째 도시는 다메섹이었다. 부활하신 예수 그리스도께서 사울의 인생을 가로막으신 사건이 바로 다메섹 도상에서 일어났다.

사울이 길을 가다가 다메섹에 가까이 이르더니 홀연히 하늘로부터 빛이 그를 둘러 비추는지라 땅에 엎드러져 들으매 소리가 있어 이르시되 사울아 사울아 네가 어찌하여 나를 박해하느냐 하시거늘 대답하되 주여 누구시니이까 이르시되 나는 네가 박해하는 예수라 너는 일어나 시내로 들어가라 네가 행할 것을 네게 이를 자가 있느니라 하시니(행 9:3-6).

이 분노한 사람은 가던 길에서 완전히 멈춰버렸다. 이후로 삶의 방향이 완전히 뒤바뀌어버렸다. 교회를 핍박하던 원수가 그리스도의 복음을 전하는 최고의 전도자가 된 것이다. 우리는 그를 사도 바울로 더 잘 알고 있다.

강물이 강둑을 부수다

주께서 이르시되 가라 이 사람은 내 이름을 이방인과 임금들과 이스라엘 자손들에게 전하기 위하여 택한 나의 그릇이라(행 9:15).

그리스도께서는 바울에게 새로운 임무를 맡기셨다. 이 유대인 신자는 유대인과 이방인 모두에게 그리스도의 이름을 전해줄 자였다. 바울은 로마에 있는 성도들에게 보냈던 한 편지에서 이 임무에 대해 언급했다. 그는 이렇게 말했다. "내가 복음을 부끄러워하지 아니하노니 이 복음은 모든 믿는 자에게 구원을 주시는 하나님의 능력이 됨이라 먼저는 유대인에게요 그리고 헬라인에게로다"(롬 1:16).

사도행전의 나머지 부분은 확대된 하나님의 축복이라는 강물이 문화적인 장벽을 넘어 온 천하에 흘러간 일에 대해 우리에게 전해주고 있다. 먼저 박해 때문에 흩어졌던 성도들은 오직 유대인들에게만 예수님에 대한 메시지를 전했다. 그러나 그들 가운데 어떤 사람들은 안디옥에서 헬라인들에게도 그 복된 소식을 전하기 시작했다(행 11:19-20).

안디옥에 있던 교회는 복음을 가지고 문화적인 장벽을 뛰어넘음으로써 새로운 기반을 형성하고 있었다. 이 소식이 예루살렘에 있는 교회 지도자들에게 전해지자, 그들은 무슨 일이 벌어지고 있는지 알아보기 위해 바나바라는 사람을 그곳으로 파견했다.

바나바는 다시 사울(바울)을 선택했고, 그 두 사람은 안디옥에 머물면서 날로 그 수가 증가하고 있는 타 문화권 성도들의 교사가 되었다(행 11:22-26).

이름 안에 무엇이 있는가?

제자들이 처음으로 '그리스도인'Christian이라고 불린 것은 안디옥에서였다(행 11:26). 당시 그 이름은 별명일 뿐이었다.

특히 당신이 유대인이라면, '그리스도인'이라는 이름 때문에 귀를 막아버리지 않기를 바란다. 많은 유대인에게 있어서 그리고 실로 많은 무슬림 세계의 사람들에게 있어서, '그리스도인'이라는 단어는 서구의 획일적인 사회 구조를 대표한다. '그리스도인'이라는 단어를 당신이 예수 그리스도에 대한 복된 소식을 들음에 있어서나, 전함에 있어서 장애로 삼지 않기를 바란다.

사도행전에서 맨 처음에는 '그리스도인'이라는 이름이 알려지지 않았음을 기억하기 바란다. 예수님을 믿었던 유대인 성도들은 그들의 이방인 친구들에게 복된 소식을 전해주었다. 이방인 성도들은 예수님을 예배하게 되면서 그들의 유대인 친구들과 함께하게 되었다.

그런 다음에 안디옥에서 어떤 사람들이 그들에게 '그리스도인'이라는 별명을 붙여주었다. 그 이름은 단지 '그리스도를 추종하는 자들'이라는 뜻이다.

복음은 문화적인 장벽을 뛰어넘는다. 복음은 먼저 유대인들에게 속하며, 그다음에 그들을 통해 이방인들에게 전달되었다. 그것은 아브라함에게 복을 주신 다음에 그를 통해 온 땅의 민족들에게 복을 주시겠다는 하나님의 약속의 성취이다.

유대인들과 이방인들이 예수님을 믿게 되었을 때, 그들 사이의 옛 장벽들이 무너졌으며, 그들은 함께 예배를 드리면서 참으로 하나가 되었음을 발견했다.

안디옥에 있는 교회는 복음을 로마 제국 전역에 전달해주는 사역의 교두보 역할을 감당하게 되었다. 그 교회는 사울과 바나바—그들의 가장 유능한 지도자들—를 임명하여, 선교 여행을 떠나도록 했다. 그들은 널리 여행하면서, 유대인들과 이방인들에게 복된 소식을 전파했다. 그들은 가는 곳마다 회당을 찾아가 그곳에서 설교했다. 그때 하나님께서 역사하셨다. 그리하여 많은 유대인과 이방인이 예수님에 대한 믿음을 고백했다.

타 문화 공동체 안에서의 일치

마침내 문화적인 쟁점이 드러났다. 소수의 이방인들만이 예수님에 대한 믿음을 고백하는 한, 아무런 문제가 일어나지 않았다. 그러나 졸졸 흐르던 작은 시냇물은 거대한 물줄기가 되었다. 이는 예루살렘에 있었던 몇몇 지도자들에게 경각심을 불러일으켰다.

문제는 예수님에 대한 신앙을 고백했던 이방인들이 할례를 받지도, 유대교를 수용하지도 않았다는 것이었다. 그 이방인들은 단순히 예수님에 대한 믿음을 고백하고 세례를 받을 뿐이었다.

유대인 성도들은 이방인들을 받아들이는 데 있어서 아무런 문제점을 느끼지 못했다. 심지어 구약성경에서도 하나님의 백성은 이방인들을 향해 두 팔을 크게 벌려 열렬히 환영했다. 문제는 한 사람의 이방인이 유대교를 수용하지 않았는데도 예수님의 제자로 받아들일 수 있느냐 하는 것이었다. 어떤 사람들은 그리스도께 이르는 길은 누구에게나 열려있지만, 그리스도께 온 사람은 할례를 받아야 한다고 주장했다.

사도행전은 우리에게 이렇게 전한다. “어떤 사람들이 유대로부터 내려와서 형제들을 가르치되 너희가 모세의 법대로 할례를 받지 아니하면 능히 구원을 받지 못하리라 하니”(행 15:1).

이 방문객들은 안디옥의 젊은 그리스도인들에게, 그리스도를 믿는 것만으로는 구원받기에 충분하지 않다고 말하고 있었던 것이다. 그들은 다른 무엇인가가 덧붙여져야 한다고 주장했다. 그러나 이런 주장은 복음을 침해하는 것이다.

첫 성도들은 이제 갈림길에 놓였다. 그리하여 복음 자체가 위험에 처하게 되었다. 예수님께서는 자기에게 나아올 자들을 구원하는 데 필요한 모든 일을 행하셨는가, 아니면 또 다른 ‘통과 의례’가 필요한 것인가? 이방인 성도들은 그리스도께 나아오면서 유대교의 전통들을 수용하는 것이 필수적인가, 아니면 이방인들이 자신들의 다양한 문화를 그대로 가지고 직접 예수 그리스도께 나아오는 것이 가능한가?

그 문제는 대단히 중요했다. 첫 그리스도인들은 하나님께서 온 세상을 유대교로 이끌기 위해 복음을 주신 것인지, 아니면 유대인들이 세상에 복음을 전할 수 있도록 그들에게 복음을 주신 것인지의 여부를 판단해야 했다.

그것은 "적지 아니한 다툼과 변론"(행 15:2)을 불러일으켰다. 그러나 그들은 그 쟁점을 지혜롭게 처리했다. 안디옥교회 성도들은 바울과 바나바가 예루살렘으로 가서 그곳의 사도들과 장로들을 만나보도록 그들을 임명했다.

예루살렘에서 그 쟁점은 공정하게 공개적으로 논의되었으며, 그 결과는 명확하고 단호했다. 유대인 성도들은 그들의 구원자이신 예수 그리스도께서 모든 배경 출신의 사람들을 위해 하나님께 나아갈 길을 열어놓으셨다는 사실을 깨달았다. 그리하여 그들은 하나님께 나아가는 길에 아무 조건도 놓지 않기로 결정했다.

그것이 원칙이었다. 동시에, 그들은 두 가지 점을 지적하는 목회서신을 썼다. 첫째, 믿음의 사람으로 받아들여지기 원하는 사람은 죄악을 단호하게 꺾어야만 했다. 이방인들 사이에서 악명이 높았던 부도덕한 죄악들은 즉시 중단되어야 했다.

둘째, 믿음의 사람으로 받아들여지기 원하는 사람은 그리스도의 몸 안에 있는 다른 사람들을 배려해야 했다. 특히, 유대인 성도들이 있는 곳에서 이방인들은 유대인 형제자매들이 먹지 않는 음식을 삼갈 것을 요청받았다. 그것이 복음의 조건은 아니었다. 그러나 그것은 사랑의 표현이었다. 만일 유대인과 이방인이 함께 교제를 나누어야 한다면, 그들은 다른 사람들에 대한 사랑을 실천함에 있어서 자신들의 자유를 자제할 필요가 있었다.

예루살렘 공의회는 성경 이야기에서 하나의 결정적이며 놀라운 순간이었다. 그 공의회는 복음의 핵심을 확언했으며, 믿는 자들의 화합을 지켰으며, 바울에게 유대인과 이방인에 대한 선교의 문을 열어주었다.

유대 민족의 특권

바울이 받은 소명은 이방인들과 이스라엘 민족 앞에 예수의 이름을 전하는 것이었다(행 9:15). 이 유대인은 그리스도의 백성에게 복음을 전하도록 예수 그리스도로부터 위임을 받았다.

바울은 이 사실에 큰 의미를 두고 대단한 열정으로 사역에 임했다. 그는 사람들이 예수를 믿는 것이 자신의 깊은 바람이라고 썼다.

> 나에게 큰 근심이 있는 것과 마음에 그치지 않는 고통이 있는 것을 내 양심이 성령 안에서 나와 더불어 증언하노니 나의 형제 곧 골육의 친척을 위하여 내 자신이 저주를 받아 그리스도에게서 끊어질지라도 원하는 바로라(롬 9:1, 3).

바울은 하나님께서 유대 민족에게 주셨던 대단한 특권들을 열거했다. 그는 이렇게 썼다. "그들에게는 양자 됨과…"(롬 9:4). 구약성경에서, 하나님께서는 이스라엘을 자신의 '아들'이라고 부르셨다(출 4:23). 하나님께서는 다른 민족에게는 그런 특권을 주신 적이 없었다. 하나님께서는 많은 민족들을 축복하셨지만, 세상에 자신의 복을 주는 수단이 되도록 택하신 민족은 오직 하나, 바로 유대 민족이다.

바울은 계속해서 기록했다. "그들에게는…영광과 언약들과 율법을 세우신 것과 예배와 약속들이 있고"(롬 9:4). 어느 누가 낮에는 구름 기둥 가운데서, 밤에는 불기둥 가운데서 저들과 함께하시는 하나님의 임재를 알았는가? 어느 다른 민족에게 하나님의 영광의 구름이 내려왔는가?

그런 다음에 바울은 최고의 특권을 열거했다. "조상들도 그들의 것이요 육신으로 하면 그리스도가 그들에게서 나셨으니 그는 만물 위에 계셔서 세세에 찬양을 받으실 하나님이시니라 아멘"(롬 9:5).

하나님께서는 먼저 저들을 축복하시기로 택하시고, 그다음에 저들을 통해 이방인들을 축복하시기로 택하셨다. 하나님께서는 저들을 택하셔서, 저들 위에 사랑을 두셨다.

만일 당신이 유대인이라면, 나는 당신의 유산을 귀중하게 여길 것을 권한다. 하나님께서 당신을 축복하셨다. 성경 이야기는 모두 아브라함과 그의 자손에게 주신 하나님의 축복에 관한 것이다. 당신의 민족을 통해 예수 그리스도 안에 있는 하나님의 축복이 세상에 임하였다. 하나님께서 당신에게 주신 것을 귀하게 여기라. 당신은 귀중한 특권을 받았다.

특권을 받은 민족도 예수님이 필요하다

바울은 왜 자신의 골육에 대해 큰 슬픔과 마음에 그치지 않는 고통을 느끼고 있다고 말했는가? 대단한 특권을 누리는 자리에 있으면서도 하나님께서 당신에게 제공하고자 하시는 가장 위대한 것을 놓칠 수가 있다. 바울의 말에는 이런 뜻이 있다. "수년에 걸쳐서 하나님의 축복을 누릴 수 있는 그 모든 풍부한 유산을 가지고 있음에도 불구하고 나의 마음은 끊어질 듯합니다. 왜냐하면 내 혈육들이 예수님 안에 있는 하나님의 가장 큰 복을 놓치고 있기 때문입니다."

사도 바울은 자기 자신의 경험에서 우러나오는 말을 했다. 그는 모범적인 삶을 추구하기 위해 자신의 모든 것을 걸었다. 그는 우수한 교육을 받았으므로 저명한 교수 자리도 유지하고 높은 연봉을 받을 수도 있었다. 그러나 예수 그리스도께서 그의 길을 막으셨을 때, 자신이 추구했던 가치들이 예수 그리스도를 아는 지식과는 비교도 되지 않는다는 사실을 깨달았다(빌 3:8).

또한 그는 특권이라는 것이 아무도 구원해줄 수 없다는 사실을 발견했다. 그래서 그는 하나님께서 내려주신 풍성한 복을 받았던 자신의 혈육들이 예수님을 알게 되기를 소원했던 것이다.

비록 나는 유대인이 아니지만, 자신의 인생을 바라보면서 안정된 가정, 좋은 교육, 기회를 향한 문들이 열려있는 상당한 특권을 누렸음을 느낀다. 아마 당신도 같은 것을 느끼고 있을 것이다. 특권을 가지고 있는 사람들도 예수 그리스도가 필요하다는 사실을 기억하라.

절망적인 사람들도 예수님께 나아올 수 있다

또한 예수 그리스도께서는 바울에게 그리스도의 이름을 이방인들에게도 전해주라고 그를 위임하셨다. 바울은 이방인들의 절망적인 영적 상태에 관해 이렇게 썼다.

> 그러므로 생각하라 너희는 그때에 육체로는 이방인이요 손으로 육체에 행한 할례를 받은 무리라 칭하는 자들로부터 할례를 받지 않은 무리라 칭함을 받는 자들이라 그때에 너희는 그리스도 밖에 있었고 이스라엘 나라 밖의 사람이라 약속의 언약들에 대하여는 외인이요 세상에서 소망이 없고 하나님도 없는 자이더니(엡 2:11-12).

이 말은 당신이 하나님으로부터 가능한 한 멀리 떨어져있었음을 이르는 말이다.

이방인들의 절망적인 처지는 유대 성전이 세워졌던 방식에 잘 나타났다. 성전에는 각계각층의 사람들에 대한 분류에 따라 구획이 나뉘어 있었다. 성전 외곽에 있는 가장 먼 지역이 '이방인들의 뜰'이라고 불렀다. 그런 다음에, 여자들을 위해 분리된 뜰이 있었고, 제사장들을 위해 분리된 뜰이 있었다. 그 중심에는 지성소가 있었는데, 그곳에 하나님의 임재가 있었다. 그러나 오직 대제사장만이 1년에 단 한 차례 그곳에 들어갈 수 있었다.

이러한 구조 때문에 바울은 이방인 성도들에게 그들이 하나님으로부터 아주 멀리에 있다고 상기시켰다. 그들은 그 경계선의 바깥에 있었다. "이제는 전에 멀리 있던 너희가 그리스도 예수 안에서 그리스도의 피로 가까워졌느니라"(엡 2:13).

예수님께서 십자가 위에서 죽으셨을 때, 지성소 앞에 있던 휘장이 위에서 아래로 갈라졌다. 마치 하나님께서 하늘에서 내려오시면서 휘장을 둘로 찢어버리신 것처럼 말이다.

그것은 참으로 놀라운 일이었다. 그러나 만일 하나님께서 그 휘장을 찢는 일만으로 사역을 끝내셨다면, 이방인들은 여전히 바깥에 남아있게 되었을 것이다. 그러나 바울은 그리스도께서 휘장을 찢는 일보다 훨씬 더 많은 일을 하셨다고 이방인들에게 상기시켰다. "그는 우리의 화평이신지라 둘로 하나를 만드사 원수 된 것 곧 중간에 막힌 담을 자기 육체로 허시고"(엡 2:14).

예수 그리스도께서는 우리 사이를 나누고 있는 담을 무너뜨리심으로써, 유대인과 이방인을 하나로 만드셨다. 여기에서 바울은 이방인들의 뜰을 유대인들의 뜰로부터 분리시켰던 벽에 대해 말하고 있는 것이다. 그것은 이미 하나님의 임재 가까이에 가 있었던 유대인들이 지성소에 들어갈 수 있도록 휘장이 둘로 찢어진 것만을 의미하는 것이 아니었다. 바깥쪽에 있었던 벽들 역시 부서져, 더 멀리 떨어져있었던 사람들도 하나님의 임재 안으로 들어갈 수 있게 된 것이다.

예수 그리스도께서 십자가 위에서 죽으셨을 때, 그것은 마치 하나님께서 불도저를 가지고 모든 벽을 뚫고 지나가, 성전 한가운데 있는 지성소 안으로 직행해 들어갈 수 있는 직선 도로를 만드신 것과 같았다. 모든 벽이 무너져내렸다. 특권과 인종과 성의 모든 차별이 무너져내렸다. 그리하여 예수 그리스도를 통해 하나님께 똑같이 접근할 수 있는 길이 모든 사람들에게 열리게 된 것이다.

예수 그리스도 안에 있는 하나님의 축복을 누릴 수 있는 특권은 유대인들만이 아니라 절망을 경험하고 있던 이방인들에게도 포함되었다. 하나님으로부터 아무리 멀리 떨어져있는 사람도 하나님께 나아올 수 있다. 예수 그리스도께서 그 길을 열어놓으셨다.

위대한 초대

바울은 세상에서 대단한 특권을 지닌 사람들에게 그리스도의 이름을 가지고 가서 그들이 예수 그리스도께 나아와야 한다고 말해야 할 소명을 부여받았다. 유대인들도 예수님이 필요하다. 또한 세상에서 가장 절망적인 사람들에게 그리스도의 이름을 가지고 가서 그들이 예수 그리스도를 찾아올 수 있다고 말해야 할 소명도 부여받았다. 그 길은 예수님을 통해 하나님께 나아올 수 있도록 이방인들을 위해서도 열려있다.

어쩌면 당신은 자신이 어느 누구보다도 하나님으로부터 멀리 떨어져 있다고 느끼고 있을 것이다. 그래서 당신은 어떻게 하나님께서 당신 같은 사람에게 다시 관심을 보이실 수 있을지 의아해할 것이다.

불도저가 벽들을 하나씩 차례로 무너뜨리면서 당신과 하나님 사이에 길을 내고 있는 장면을 상상해보라. 넓게 열린 길 양쪽에 부스러기들이 쌓여있다. 그것이 바로 예수 그리스도께서 당신을 위해 행하신 일이다. 세상에서 가장 절망적인 사람을 위해서도 은혜와 용서가 존재한다.

바울은 고린도에 있는 초대 이방인 성도들 몇 사람의 배경을 설명해 주었다. 어떤 사람은 남창이었으며, 어떤 사람은 도둑이었으며, 어떤 사람은 주정뱅이였으며, 성적으로 부도덕한 사람들이었다. 그러나 그들이 예수 그리스도께 나아왔을 때, 죄 씻음을 받았으며, 믿는 자들의 교제 안으로 인도되었다.

바울은 유대인들과 이방인들 모두에게 그 복된 소식을 가져다줄 사명을 받았다. 그가 그 일을 감당했을 때, 하나님께 특권을 받은 사람들이 절망적인 사람들과 더불어 예배를 드렸으며, 예수 그리스도께서 열어놓으신 그 동일한 길을 걸으면서 하나가 되었음을 발견하는 성도들의 공동체가 일어났다. 그들은 "유대인이나 헬라인이나 종이나 자유인이나 남자나 여자나 다 그리스도 예수 안에서 하나"(갈 3:28)임을 발견했다.

하나님의 축복의 강물이 그 좁은 강둑을 무너뜨렸다. 아브라함의 자손에게 주신 하나님의 축복은 그들을 통해 모든 민족에게로 흘러들어가기 시작했다. 가장 많은 특권을 지닌 사람들과 가장 절망적인 사람들이 예수님 앞에서 하나가 되어 함께 예배를 드리게 되었다.

우리는 특권 있는 사람들에게 자만하지 말라고 이야기해야 하고, 절망에 빠진 사람들에게 절망하지 말라고 이야기해야 한다. 바울의 사명처럼, 우리의 사명은 예수 그리스도의 이름을 특권 있는 사람과 절망에 빠진 사람 모두에게 전해주고 그들로 하여금 예수 그리스도께 나아오라고 초대하는 것이다.

드러난 사실 UNLOCKED

하나님께서는 아브라함과 그의 후손들에게 하셨던 약속을 성취하고 계신다. 복음은 먼저 유대인들에게 왔으며, 그들을 통해 열방에 전파되었다. 사도행전은 넓어진 하나님의 축복의 물줄기에 대한 이야기를 추적하고 있으며, 어떻게 복음이 특권에 상관없이 모든 사람에게 임하였는지 우리에게 보여주고 있다.

예수님을 처음 믿었던 사람들은 모두 유대인이었다. 그 유대인 성도들은 하나님께서 자신들을 불러내어 이방인 이웃들과 벗들에게 복된 소식을 전하라고 말씀하셨음을 깨달았다. 유대인과 이방인이 예수님을 믿게 되면서 그들은 서로 화목하게 되었으며, 복음을 세상 땅 끝까지 전하라는 하나님의 대사명을 추구함에 있어서 함께 보조를 맞추었다.

기도 PAUSE FOR PRAYER

전능하신 하나님 아버지!

하나님께서 아브라함에게 하신 약속을 성취하시고, 예수 그리스도를 통해 하나님의 축복이 전 세계에 임하게 하심을 감사드립니다.

모든 민족과 인종과 나라와 문화가 서로 막힌 담을 허물고 예수 그리스도를 믿음으로 인해 하나님께로 나아올 수 있도록 허락하신 은혜를 감사드립니다.

유대 백성에게 특별히 내려주신 하나님의 복을 이 세대에도 동일하게 내려주신 주님을 경배합니다. 세상 끝에 있는 이 시대의 많은 유대인이 예수 그리스도를 그들의 구세주로 믿고 영접하게 하여주시옵소서. 하나님의 교회가 많은 문화적 장벽들을 넘어서 복음이 모든 민족에게 전해질 수 있도록 은혜를 내려주시옵소서. 하나님의 교회가 세상의 모든 장벽을 넘어서 온 세계가 예수 그리스도 안에서 하나가 되었음을 드러낼 수 있도록 역사하여주시옵소서. 예수 그리스도의 영광을 위해 이 모든 것이 이루어지기를 소망합니다. 예수 그리스도의 이름으로 기도드립니다. 아멘.

21

진노

Wrath

로마서 1장

하나님의 진노는 무엇이며,

내가 그 진노를 어떻게 피할 수 있는가?

묵상의 길잡이

☑ **발견하라**
하나님의 진노가 왜 하나님 사랑의 일부인지 발견하라.

☑ **배우라**
예수님께서 우리를 위해 하나님의 진노를 어떻게 받아들이셨는지 배우라.

☑ **경배하라**
예수 그리스도 안에 있는 사람들에게는 정죄함이 없도록 해주신 하나님께 경배하라.

나는 최근에 "인터넷이 당신에게 무엇이 되어주기를 바라십니까?"라고 묻는 한 광고에 매료되었다. 그 광고의 핵심은 인터넷이 어떠한 목적을 달성하는 데 충분히 이용될 수 있다는 것이었다. 당신은 물건을 팔고, 정보를 수집하고, 혹은 동호회 활동을 할 수 있는 기회를 찾기 위해 인터넷을 이용할 수 있다. 인터넷은 당신이 원하는 것을 이루어줄 수 있다. 유일한 제약은 인간의 창의력이다.

많은 사람이 하나님과 인터넷을 같은 맥락으로 생각하고 있다. 인터넷처럼, 하나님은 본질적으로 인간의 발명품이며, 하나님에 대한 기록들은 인간을 위해, 인간에 의해, 인간의 영적인 필요를 채워주기 위해 개발된 것이라고 단정한다.

그런 사람들에게 하나님에 관한 오래된 지식들은 50년이나 뒤진 과학 기술처럼 쓸모없고, 심지어 우스운 것일 뿐이다. 성경에는 어느 정도 유용한 통찰들이 담겨있기는 하지만, 오늘날 그들에게는 플라톤의 글이나 알렉산더 대왕에 대한 글들이 지니고 있는 권위 이상은 가지고 있지 않은, 그저 역사적인 관심거리에 불과한 책일 것이다.

만일 모든 종교가 인간에게서 기원한 것이라고 한다면, 하나님의 가르침을 '유일한 진리'라고 하거나 혹은 그것을 '거짓'이라고 주장할 수 있는 종교는 어디에도 없을 것이다.

이러한 현상들은 현재 우리 문화에 깊이 침투해있다. 그 결과 많은 사람에게 있어서 근본적인 물음은 더 이상 "하나님은 누구신가?"가 아니라, "하나님이 당신에게 무엇이 되어주기를 바라는가?"가 되었다.

물론, 이 점에는 매우 매력적인 사실이 숨어있다. 만일 하나님의 속성을 우리가 선택할 수 있다면, 우리는 자신이 추구하는 모든 것에 하나님이 찬성하시도록, 또한 반대하는 모든 것에 하나님이 반대하시도록 스스로 결정할 수 있을 것이기 때문이다. 그러한 신은 우리 자신을 비추는 거대한 투영 물체와 같을 것이다. 그 신은 우리가 우리의 형상을 따라 창조하는 신일 것이다.

성경 이야기를 따라오면서, 우리는 이러한 접근 자세에 한 가지 근본적인 문제가 자리 잡고 있음을 발견했다. 그 문제는 바로 하나님 자신이다!

마음대로 변형시킬 수 없는 하나님

모든 성경 이야기는 살아계신 하나님께서 우리에게 자신을 계시하신 일에 관한 것이다. 성경의 하나님은 모세나 이사야나 그 외의 선지자들의 종교적인 사상에서 비롯된 것이 아니다. 그들은 단지 그들에게 주어진 계시를 기록했을 뿐이다.

하나님께서는 그들의 삶 가운데 들어오셔서, 하나님 자신을 알리기 위해 그들에게 직접 말씀하셨다. 그래서 성경을 통해 우리가 하나님을 알 수 있게 되었다.

하나님께서는 성경에서 자신을 우리에게 소개하시면서, "나는 스스로 있는 자이니라"(출 3:14)라고 말씀하신다. 이것이 우리가 하나님에 대해 첫 번째로 알아야 하는 사실이다. 그분은 우리가 바라는 대로 되시는 분이 아니다. 우리가 하나님을 변형시킬 수 없다.

그러므로 중요한 것은 하나님께서 진정 어떠한 분이신지 있는 그대로 발견하는 것이다.

당신을 사랑하시는 하나님

성경 이야기를 따라오면서, 우리는 거듭 "하나님은 사랑이시다"라는 사실을 발견했다. 이것은 하나님께서 자신이 지으신 만물의 선을 추구하는 데 절대적으로 헌신적이시라는 사실을 의미한다.

성경은 또한 "하나님이 거룩하시다"라고 우리에게 말씀하고 있다. 이것은 하나님께서 사랑하시는 대상을 파괴하려는 모든 것에 대적하신다는 의미이다. 하나님의 거룩하심은 하나님 사랑의 한 차원이다. 한 사람을 사랑할 때, 그 사람을 파괴하고자 하는 것을 미워하지 않고서는 그 사람을 사랑할 수 없다.

나는 암으로 죽어가는 아들을 돌보던 한 가족과 보낸 시간을 결코 잊지 못한다. 어느 날 저녁, 그 소년의 어머니가 내게 이렇게 말했다. "나는 이 암을 증오합니다." 그녀의 말에는 원한이 가득 묻어있었다. 암은 그녀의 사랑하는 아들을 파괴하고 있었다. 그래서 그 어머니는 자신이 사랑하는 아들을 무너뜨리고 있는 암을 증오했던 것이다.

또한 한 부인은 몇 년에 걸쳐 알코올이 남편의 삶을 파괴하는 것을 보았고, 점차적으로 그들의 결혼생활이 무너지는 것을 경험했다. 그녀는 큰 희생을 치르면서도 남편에게 여전히 정성을 다했다. 어느 날 그 부인이 내게 이렇게 말했다. "나는 남편을 사랑하지만, 그를 이렇게 만든 것은 증오합니다." 자기 남편을 망가뜨렸던 것, 남편을 그렇게 만들어버린 것에 대한 그녀의 증오는 사랑의 한 요소이자 방편이었다. 남편을 그렇게 만든 것에 대한 증오를 그치는 순간, 그 부인은 남편에 대한 사랑을 그치게 될 것이다.

성경에서 종종 사랑과 증오는 자연스런 동반자로 함께 나온다. "사랑엔 거짓이 없나니 악을 미워하고 선에 속하라"(롬 12:9). 사랑과 증오는 동전의 양면과 같다. 만일 우리가 악한 것을 미워하지 않는다면, 사랑한다는 우리의 주장에는 아무런 신실성이 없는 것이다. 사랑의 반대는 증오가 아니라 무관심이다. 참된 사랑은 사랑하는 자를 파괴하는 모든 것을 증오한다.

당신을 파괴하는 것은 무엇이든지 증오하시는 하나님

하나님께서는 세상을 사랑하신다. 이 말의 의미는 하나님께서 세상을 파괴시키는 모든 것을 증오하신다는 뜻이다. 하나님께서는 자신이 사랑하는 대상들을 파괴하는 것은 절대적으로 반대하신다. 하나님께서는 우리를 사랑하시기 때문에 죄악을 증오하시는 것이다.

하나님께서는 세상을 현재 이 상태로 내버려두실 수 없다. 그냥 내버려둔다는 것은 사랑을 부인하는 것이나 마찬가지다. 하나님께서는 세상을 사랑하시기 때문에 줄기차게 모든 악에 반대하시는 것이다. 하나님께서는 악을 증오하시므로 악에 대해 무관심하실 수가 없다.

결코 좌절하지 않으시는 하나님

하나님께서 악을 반대하시는 것은 좋은 소식이다. 바로 하나님께서 악의 파괴적인 힘을 제압하실 수 있기 때문이다. 그래서 우리는 주권자이신 하나님께 감사한다. 하나님께서 주권자라는 사실은 하나님께서 절대적으로 모든 것들을 통제하고 계시다는 뜻이다. 하나님께서는 모르고 있는 것이 없으며, 존재하지 않는 곳이 없으며, 달성하지 못할 과제가 없으며, 허락을 받아야 할 일이 없으시다.

알코올 의존증 남편을 둔 부인의 문제점은 그녀가 자기 남편을 망가뜨리고 있는 것을 제압할 수 있는 힘을 가지고 있지 않다는 것이다. 그러므로 그녀의 사랑은 좌절하게 된다. 그녀는 남편을 망가뜨리고 있는 것으로부터 떨어뜨려 놓으려고 할 수 있는 모든 일을 시도했지만 그녀는 알코올로부터 남편을 구할 수가 없었다. 그러나 하나님께서는 모든 것을 하실 수 있다. 하나님께서는 죄로 인해 망가져버린 우리를 회복시키실 수 있다. 하나님의 사랑은 좌절되지 않을 것이다.

하나님은 사랑이시며, 하나님은 거룩하시며, 하나님은 주권자이시다.

이런 하나님은 사람들의 구미에 맞는 하나님이 아니다. 그러나 이 하나님이 바로 있는 그대로의 하나님이시다. 우리의 의사와 상관없이 사랑으로 존재하시는 하나님께 우리는 진실로 감사해야 한다. 우리를 사랑하지 않는 신神은 우리에게 어떠한 소망도 주지 못할 것이다. 악에 대해 단호하게 반대하지 않는 신은 우리와 아무런 상관이 없을 것이다.

악을 파괴하지 않는 신은 악한 권세의 저주 아래 고통 받고 있는 세상에 아무런 쓸모가 없을 것이다.

무엇이 하나님을 진노하게 만드는가?

> 하나님의 진노가 불의로 진리를 막는 사람들의 모든 경건하지 않음과 불의에 대하여 하늘로부터 나타나나니(롬 1:18).

하나님의 진노는 순간 타오르는 분노 같은 것이 아니다. 우리는 하나님을 생각할 때, 자기 통제를 잃어버리고, 무턱대고 당혹스런 행동을 하는 그런 하나님을 생각해서는 안 된다. 스튜어트 브리스코Stuart Briscoe는 하나님의 진노에 대해 "거룩하지 않은 자들에 대한 거룩한 반응이며, 불의한 자들에 대한 의로운 대처이며, 불순한 자들에 대한 순결한 배격"[1]이라고 말했다. 하나님의 진노는 모든 악한 것에 대한 하나님의 강력하고 확고한 저항이다.

진노가 하나님의 본성은 아니다. 하나님은 사랑이시므로 사랑이 하나님의 본성이다. 성경은 결코 '하나님은 진노'라고 말하지 않는다. 사실상 하나님께서는 노하기를 더디 하신다(시 103:8). 성경 이야기는 악한 세상에 대한 하나님의 크신 인내를 나타내고 있다. 그러나 하나님은 진노하실 수 있다. 바울은, 하나님의 진노는 경건하지 않음과 사악함 때문에 촉발된다고 했다.

경건하지 않은 사람은 하나님과의 어떠한 관계도 원하지 않으며, 사악한 사람은 하나님께 순종하기를 거부한다. 그러한 사람은 하나님께서 하나님 자신에 대해 계시해주신 진리를 계속 억눌러야만 한다. 반발력이 센 스프링을 누르고 있는 사람을 생각해보라. 그 사람이 스프링을 계속해서 눌러놓기 위해서는, 온 체중을 실어야 한다. 그렇게 하려면 그 상태를 유지할만한 힘이 있어야 한다. 잠시라도 방심하면 그 스프링은 다시 튀어 오를 것이다.

이것이 바로 바울이 보여주고 있는 그림이다. 하나님께 계속해서 저항하기 위해서는 힘이 필요하다. 하나님의 계시가 우리 주변의 모든 곳에 자리 잡고 있기 때문에, 하나님과의 어떠한 관계도 원하지 않는 사람들은 하나님을 피하기 위해 애를 써야 한다. 하나님께서 창조 세계의 장관 속에서 자신의 신성한 권능과 영광을 알리셨기 때문이다(롬 1:20).

하나님에 대해 알고 싶어 하지 않는 사람은 이 계시들을 보면서도 두 눈을 감고 세상의 아름다움과 질서가 우연의 소산이라고 믿는 척해야 한다. 오늘날 많은 사람이 이렇게 믿고 있다. 그 반대의 경우는 스스로 용납할 수 없기 때문이다. 그들은 창조주의 영광을 인정하지 않겠다고 결심했으며, 하나님께 순종하지 않겠다고 작정했다.

많은 사람이 성경의 하나님을 알지 못하는 이유는, 하나님께서 자신을 나타내시는 데 실패하셨기 때문이 아니라, 사람들이 불경건과 사악함 속에서 하나님에 대해 알지 않기로 선택해왔기 때문이다.

하나님께서는 그러한 불경건과 악함에 무관심하시지 않다. 세상을 사랑하시는 하나님께서 망해가는 세상을 보시고 모르는 척 넘어가실 수는 없기 때문이다.

그대로 내버려두시는 하나님

그러므로 하나님께서 그들을 마음의 정욕대로…내버려 두사(롬 1:24).

이 때문에 하나님께서 그들을 부끄러운 욕심에 내버려 두셨으니(롬 1:26).

하나님께서 그들을 그 상실한 마음대로 내버려 두사(롬 1:28).

어떤 사람들은 '하나님의 진노'를 생각할 때, 창을 들고서 악한 사람을 맞추거나, 반역적인 사회에 화산을 분출시키는 하나님을 연상할 것이다. 그러나 바울이 로마서에서 우리에게 전하는 말씀은 그렇지 않다. 우리는 때로 고문이나 학살 등의 만행을 저지른 범죄자들을 하나님께서 직접 처단하셨으면 하고 바란다. 어느 날엔가 하나님께서는 그런 자들을 직접 처단하실 것이다. 그러나 오늘날 하나님의 진노가 그런 식으로 작용하는 일은 매우 드물다.

"우리는 하나님을 원치도 않으며, 하나님께 순종하지도 않겠다"고 말하는 개인이나 사회에 대해 하나님께서는 그들이 선택한 대로 허용해 주심으로써 진노를 표현하신다. 하나님께서는 하나님을 원하지도 않고 하나님께 순종하지도 않겠다는 사람들로부터 물러나 그 사람들이 선택한 대로 살아가도록 내버려두신다(롬 1:24).

바로 그러한 일이 에덴동산에서 일어났다. 하나님께서는 우리의 첫 조상에게 온갖 좋은 선물들을 주셨지만, 그들은 자신들이 하나님의 자리를 차지하고, 하나님께는 순종하지 않겠다고 선택했다. 에덴동산에서의 첫 범죄는 불경건과 부도덕의 표출이었다. 우리의 첫 조상은 그렇게 진리를 억누르고 죄악을 선택했다. 그래서 하나님께서는 그들을 악의 손에 넘겨주셨다.

나는 처음 담임을 맡은 교회에서 설교하는 도중 강단에 놓인 투명한 크리스털 꽃병을 높이 들고서 "내가 이 꽃병을 놓으면 어떻게 되겠습니까?"라고 성도들에게 물은 적이 있다.

만일 내가 그 꽃병을 포기하고 놓아버렸다면 그 꽃병은 중력을 극복하지 못하고 떨어져 산산조각이 나고 말았을 것이다.

하나님께서 불경건한 자들과 악한 자들을 '포기하고 놓아버리실 때' 바로 그러한 일이 벌어진다. 하나님께서는 그들이 선택한 대로 그들을 포기하고 놓아버리신다. 그러면 그들은 자신보다 더 큰 힘을 가진 것의 손아귀에 놓이게 된다. 사도 바울은 이 힘을 '사악한 욕망', '추잡한 정욕' 그리고 '부패한 정신'이라고 확신하고 있다.

만일 우리 사회에 나타나고 있는 하나님의 진노의 증거가, 하나님을 원하지 않고, 순종하지 않으려는 사람들의 사악한 소원과 추잡한 정욕과 부패한 정신이라고 한다면, 나는 오늘날 하나님의 진노가 바로 우리 사회에 분명하게 나타나고 있다고 확신할 수 있다.

만일 하나님과 하나님의 계명들에 대한 저항과 거부가 우리 사회에서 증대하고 있다면, 우리는 점차적으로 사악한 욕망과 추잡한 정욕과 부패한 정신에서 비롯된 죄악에 사로잡힐 것이다. 하나님께서 사람들을 포기하고 내버려두실 때, 사회는 도덕적인 파멸을 향해 떨어지고 있는 일종의 자유 낙하 상태에 빠지게 될 것이다. 정확히 그러한 일이 과거 로마 제국에서 벌어졌다. 그리고 그것이 바로 역사 내내 하나님께서 하셨던 심판의 일관된 패턴이다.

지금 당신이 이 글을 읽고 있는 중에도, 사악한 욕망과 추잡한 정욕과 부패한 정신이 당신을 얼마나 끌어당기고 있는지 깨달을 수 있을 것이다. 하나님께서는 당신이 내린 선택에 당신을 넘기신다. 당신의 유일한 소망은 하나님께서 은혜를 베푸셔서 당신의 선택으로부터 당신을 건져주시는 것이다. 그 기회가 오늘 당신에게 열려있다. 그러나 만일 당신이 하나님께 "나는 당신을 원하지 않으며 당신에게 순종하지도 않겠습니다"라고 완강히 버틴다면, 당신을 움켜쥐고 있는 힘이 당신을 멸망으로 이끌어갈 것이다.

진노를 쌓다

> 혹 네가 하나님의 인자하심이 너를 인도하여 회개하게 하심을 알지 못하여 그의 인자하심과 용납하심과 길이 참으심의 풍성함을 멸시하느냐 다만 네 고집과 회개하지 아니한 마음을 따라 진노의 날 곧 하나님의 의로우신 심판이 나타나는 그 날에 임할 진노를 네게 쌓는도다 (롬 2:4-5).

하나님의 진노는 이미 나타나고 있다. 그러나 부분적으로만 나타나고 있다. 역사는 정의가 이루어지지 않는, 결코 드러나지 않는 죄악과 거짓말들 천지다. 어떤 범죄자들은 그들의 행악들을 통해 번영하는 것처럼 보인다. 그래서 우리는 왜 하나님께서 저렇게 그냥 내버려두실까 의아해하기도 한다.

바울은 회개하고 하나님께 돌아오기를 거부하는 사람들이 "진노를 쌓고 있다"고 말한다. 그러나 하나님께서는 우리를 향해 크신 인내와 은혜와 관용을 베푸시며, 우리를 우리의 죄악에 합당하게 대하시지 않는다. 이미 살펴보았다시피, 하나님은 노하기를 더디 하신다.

하나님의 인내와 은혜의 목적은, 회개를 통해 우리가 하나님께 나아올 수 있는 기회를 주시려는 것이다. 이것은 하나님을 향한 우리의 마음가짐이 바뀌는 것, 즉 하나님을 알고 하나님께 순종하고자 하는 자세를 의미한다. 그 초대를 거절하는 사람들은 하나님의 의로운 심판이 내리게 될 날에 스스로에게 불리하게 작용할 진노를 쌓는 것이다.

그날이 임할 때, 불경건한 자들과 악한 자들은 자기 머리 위로 바위가 떨어지기를 소원하게 될 것이다(계 6:16). 그들은 전능하신 하나님을 대면하기보다 오히려 산 채로 묻히기를 바랄 것이다. 그렇지만 그들이 하나님을 피할 길은 어디에도 없을 것이다.

하나님께서는 우리를 파괴하고 있는 모든 것들을 멸망시키실 것이다. 그리고 만일 우리가 우리를 파괴시키고 있는 것 가운데 그대로 남게 된다면, 우리도 함께 멸망하게 될 것이다. 유일한 소망은 어떤 식으로든지 나와 그 죄악 사이를 분리시키는 것이다. 그렇지 않으면, 그 죄악이 나를 멸망시킬 것이다.

오늘날 우리는 하나님의 진노가 부분적으로 나타나고 있는 것을 보고 있다. 그 진노는 회개하기를 거부하는 사람들을 향해 임하실 하나님의 의로우신 심판의 날을 위해 점점 쌓이고 있다. 그러나 성경은 하나님의 진노가 나타난 세 번째 경우에 대해 말하고 있다.

십자가에 퍼부어진 하나님의 진노

> 이 예수를 하나님이 그의 피로써 믿음으로 말미암는 화목제물로 세우셨으니…(롬 3:25).

하나님께서는 자신의 진노를 퍼부을 대상으로 예수님을 제시하셨다. 그것이 바로 '화목제물'이라는 말의 의미이다. 우리를 망하게 하는 모든 것에 대한 하나님의 진노가 십자가에서 죽으신 주 예수 그리스도께 퍼부어졌다.

어떤 사람들은 이럴 필요까지 있었는지 궁금해할 수도 있다. 겟세마네 동산에서 번민 가운데 기도하시던 예수님께서도 이렇게 말씀하셨다. "내 아버지여 만일 할 만하시거든 이 잔을 내게서 지나가게 하옵소서 그러나 나의 원대로 마옵시고 아버지의 원대로 하옵소서"(마 26:39). 예수님의 말씀은 이런 뜻이었다. "만일 아버지의 진노가 제게 퍼부어지는 것 외에 달리 사람들을 구원할 수 있는 길이 있다면, 그 방법을 선택해주세요. 그러나 만일 이것만이 유일한 길이라면, 아버지의 뜻이 이루어지도록 하옵소서."

그렇게 해서 하나님께서는 자기 아들을 아끼지 아니하시고 우리 모든 사람을 위하여 내어주셨다(롬 8:32). 하나님께서 '자기 아들을 내주셨다'는 말에 주목하기 바란다. 하나님께서는 자기 아들의 손을 놓아버리시고, 떨어지도록 내버려두셨다. 당신을 위해 예수 그리스도를 지옥에 떨어뜨리셨다. 그렇기 때문에 예수님께서 "나의 하나님, 나의 하나님, 어찌하여 나를 버리셨나이까"(마 27:46)라고 외치신 것이다.

예수님께서는 완전한 삶을 사셨다. 불경건하고 악한 자들과는 정반대였다. 하나님의 진노가 예수님께 퍼부어졌던 이유는 하나님이 죄를 알지도 못하신 자로 우리를 대신하여 죄를 삼으셨기(고후 5:21) 때문이었다. 하나님께서는 우리를 우리의 죄로부터 떨어뜨려 놓을 길을 찾으셨던 것이다. 하나님께서는 이 죄악들을 예수님께 올려놓으심으로써, 하나님께서 사랑하는 사람들로부터 죄악들을 분리시키셨다. 그렇게 해서 하나님께서는 우리를 파괴하고 있는 모든 것들에 대해 예수님이 책임지도록 하셨다. 하나님께서 우리의 사악함을 그분에게 지우셨기 때문에 예수 그리스도께서 우리가 받아야 할 형벌을 대신 감당하셨다.

그날 주일 아침, 나는 그 유리병을 떨어뜨렸다. 그때, 몇몇 사람이 놀라서 기겁했다. 그러나 그 병은 깨지지 않았다. 오른손으로 병을 떨어뜨리면서 왼손으로 다시 잡았기 때문이다. 나는 그 유리병을 중력에 넘겨주었다가 다시 붙잡음으로써 유리병을 깨뜨려버릴 힘으로부터 그것을 구해냈다.

예수 그리스도를 통해 하나님께서 행하신 일이 바로 이와 같다. 하나님께서는 멸망의 길로 가는 사람들을 구원하시겠다고 하셨다. 그 일을 위해 예수 그리스도께서 가장 밑바닥으로 내려가신 것이다. 당신은 생명이 없는 크리스털 꽃병과 같지 않다. 당신이 사악한 욕망과 추잡한 정욕과 부패한 정신의 권세를 의식하고 있다 할지라도, 하나님께 소리내어 외칠 수 있다. 하나님께 당신을 구원해달라고 간구할 수 있다.

당신에게는 죄의 권세로부터 스스로를 분리시킬 수 있는 힘이 전혀 없다. 그러나 예수 그리스도께서는 당신을 죄의 권세로부터 분리시키실 수 있다. 때문에 예수 그리스도께서 십자가에 달리신 것이다. 예수 그리스도께 나아오는 사람들은 예수 그리스도의 피를 통해 하나님과의 바른 관계를 회복할 수 있다. 그렇게 해서 우리가 하나님의 진노로부터 구원을 받는 것이다(롬 5:9).

"그러므로 이제 그리스도 예수 안에 있는 자에게는 결코 정죄함이 없나니"(롬 8:1). 우리의 죄는 예수 그리스도 안에서 정죄되었으며, 십자가에서 처리되었다. 아버지의 사랑하시는 대상, 즉 하나님의 아들 예수 그리스도는 하나님의 진노의 대상이 되셨다. 하나님의 진노의 대상, 즉 우리는 하나님께서 사랑하시는 대상이기도 하기 때문이다. 하나님의 진노의 폭풍은 예수님께 퍼부어졌다. 그 진노가 그쳤을 때, 불경건한 자들과 악한 자들이 하나님께로 돌아와, 그들이 구원을 받을 수 있는 길이 열리게 된 것이다.

드러난 사실 UNLOCKED

하나님의 진노는 악에 대한 하나님의 신성과 사랑의 응답이다. 진노는 하나님의 본성이 아니다. 그러나 하나님의 진노는 하나님께서 분명하게 드러내신 진리를 억누르고 있는 불경건하고 사악한 사람들에 의해 드러난다.

하나님께서는 그 진노로부터 우리를 건져내시기 위해 아들을 보내셨다. 예수 그리스도께서 갈보리에서 죽으셨을 때, 예수님께서는 우리를 위해 하나님의 진노를 감당하셨다. 그러한 이유로 예수 그리스도께서 그분 앞에 나오는 모든 자를 하나님의 진노로부터 구원하실 수 있는 것이다.

기도 PAUSE FOR PRAYER

전능하신 하나님 아버지!

주님께서 절대적인 권능으로 세상의 모든 죄악을 영원히 멸하실 것을 믿고 주님 앞에 경배합니다. 죄악 많은 세상을 버리지 않으시고, 저희를 사랑하사, 하나님의 진노와 심판으로부터 구원해주시기 위해 주 예수 그리스도를 이 땅에 보내주심을 진실로 감사드립니다.

이 세상에서 죄악이 완전히 사라지게 될 날이 속히 임하게 해주시고, 그날이 이르기까지 주님께서 주신 세계 복음화의 사명을 감당하고, 깨어 기도하며 주 안에서 살아 숨 쉬게 하여주시옵소서. 예수 그리스도의 이름으로 기도드립니다. 아멘.

Note

1. Stuart Briscoe, Romans, vol. 1 of *The Communicator's Commentary* (Dallas:Word, 1982), 40.

22

속죄

Propitiation

로마서 3장

왜 그리스도인은 구원이
오직 예수 그리스도를 통해서만 온다고 믿는가?

묵상의 길잡이

☑ **발견하라**
대부분의 사람들이 왜 죄에 대해 이해하지 못하는지 발견하라.

☑ **배우라**
왜 예수님께서 십자가에서 죽으셔야 했는지 배우라.

☑ **경배하라**
하나님께서 만족하시는 희생제사를 드리신 예수 그리스도께 경배하라.

20여 년 이상 목회를 하면서, 가장 많이 받았던 질문 가운데 하나는 "왜 복음주의 그리스도인들은 예수 그리스도가 유일한 길이라고 그렇게 고집스럽게 주장하는 것입니까?"이다.

사람들은 우리가 예수님을 믿는다는 사실을 이해하는 데 어려움을 느끼는 것이 아니라, 왜 우리가 다른 사람들에게 예수 그리스도를 믿으라고 설득하는지 이해하지 못한다. 다양한 문화 가운데서, 예수님이 '길이요 진리요 생명'이라고 하는 주장과 '예수 그리스도를 통하지 않고서는 아버지께로 올 수 있는 자가 아무도 없다'(요 14:6)는 주장은 오만하고, 편협하며, 공격적인 것처럼 보인다.

그리스도인들은 이러한 비난에 예민하게 대처할 필요가 있다. 왜냐하면 믿음이 없는 사람들의 눈에 거만해보일 수 있으며, 또한 진리를 제시할 때 받아들이는 사람 입장에서 불쾌하게 여길 수도 있기 때문이다. 하나님께서는 온유함과 존중하는 자세로 복음을 전하도록 우리에게 명령하고 계신다(벧전 3:15). 예수 그리스도의 메시지는 그리스도의 성령 안에서 전달되어야 하는 것이다.

무엇보다 우리는 불신자들의 물음에 대답할 준비를 하고 있어야 한다. 이것이 바로 이 장의 목적이다. 예수 그리스도만이 구원으로 가는 유일한 길이며, 다른 길로는 하나님과 화목할 수 없다고 믿을만한 충분한 이유들이 있다. 그리스도인인 우리가 다른 사람들보다 더 낫기 때문이 아니라, 이제까지 어느 누구도 행하지 않았으며, 행할 수도 없을 특별한 일을 예수 그리스도께서 행하셨기 때문에 우리가 예수 그리스도를 믿는 것이다.

죄 아래 있다

…유대인이나 헬라인이나 다 죄 아래 있다…(롬 3:9).

당신은 종일 녹초가 되도록 일을 하고서도, 날이 저물 때가 되었지만 해야 할 일들이 일을 시작했을 때보다 더 많이 쌓여있었던 날을 경험한 적이 있는가? 마치 어떤 압력이 당신에게 밀려와 당신 위에 쌓이고 또 쌓여 당신을 덮치고, 당신은 그 일에서 도저히 헤어나지 못할 것 같은 느낌을 받았을 것이다. 그리하여 당신은 점차 눌리기 시작하고, 마침내 그 압력 밑에 '깔리는' 느낌을 받았을 것이다.

그것이 바로 여기에서 바울이 말하고 있는 장면이다. 실제로 바울은

"당신이 유대인이든, 이방인이든 아무런 차이가 없습니다. 우리는 모두 마찬가지로 죄 아래 있습니다"라고 말하고 있다. 여기에서 '모두'라는 단어는 생각해볼 가치가 있다. 이 말은 문화적인 장벽들을 다 뛰어넘는다는 뜻이다. 스코틀랜드 사람이든, 스웨덴 사람이든, 노르웨이 사람이든, 폴란드 사람이든, 크로아티아 사람이든, 텍사스 사람이든, 모두 '죄 아래' 있다. 또한 그 말은 모든 세대를 뛰어넘는다. 베이비붐 세대든, 그 다음 세대든, 엑스 세대든, 아니면 심지어 제2차 세계 대전에서 봉사했던 세대든 그 나머지 세대든, 모두 마찬가지로 죄 아래 있다. 독신이나, 결혼한 사람이나, 이혼한 사람이나, 별거하는 사람이나, 과부가 된 사람들도 모두 포함된다. 가난한 농부에서부터 부유한 사업가들에 이르기까지 모든 경제 영역의 사람들도 예외 없이 포함된다. 거기에는 당신과 나도 포함된다.

> 우리가 알거니와 무릇 율법이 말하는 바는 율법 아래에 있는 자들에게 말하는 것이니…(롬 3:19).

우리는 모두 '죄 아래' 있다. 그뿐 아니라 바울은 '율법 아래' 있는 사람들에 대해서도 말했다. 죄는 하나님의 율법을 어긴 것이다. 이 세상은 하나님의 세계이다. 하나님께서는 우리의 창조주이시며 우리의 소유주이시다. 그리고 하나님께서는 율법을 만드셨다. 그러나 죄는 하나님께서 만드신 율법을 깨뜨리는 것이다.

중요한 것은, 비록 바울이 모든 사람이 '죄 아래' 있다고 말했을지라도, 대다수의 사람들은 이것이 자신에게 해당된다고 생각하지 않는다는 사실이다. 논리적으로 불가능한 일임에도 불구하고, 대부분은 자신이 평균 이상이라고 생각하고 있다.

누가 규칙들을 만드는가?

1990년 초에 미국인들의 개인적인 가치와 도덕에 관한 설문 결과가 발표되었다. 그 조사에서 오직 17퍼센트의 사람들만이 죄를 하나님의 뜻에 대한 위반이라고 정의했다.[1] 이는 설문 조사에 응했던 나머지 83퍼센트—그 조사에 응했던 사람들 5명 가운데 4명—의 사람들이 죄가 무엇인지조차 이해하지 못했다는 증거가 된다. 그들은 죄를 '무엇인가 잘못된 일을 행하고 있는 것'이라고 파악은 하고 있었지만, 죄가 하나님께서 규정하신 율법에 반하는 잘못된 일을 행하는 것이라는 점은 알지 못했다.

만일 우리 각자가 무엇이 옳고 그른지 우리 나름대로 자유롭게 정의할 수 있다면, 삶은 훨씬 더 쉬워질 것이다. 만일 죄를 정의하는 일이 내게 달려있다고 한다면, 나는 내가 가장 저지르기 쉬운 죄를 죄목에서 생략해버릴 것이다. 이러한 행위는 처음으로 과녁에 화살을 쏘았던 사람에 대한 이야기에 빗댈 수 있다. 그 사람은 자기가 쏠 때마다 명중했다고 주장했다.

"어떻게 했길래?" 그의 친구들이 물었다.

"아주 쉬워. 화살을 쏘고 난 후, 과녁에 꽂힌 화살을 중심으로 원을 그리는 거지!"

그 사람은 자신을 백발백중의 명사수라고 생각하며 흐뭇한 마음으로 집에 갈 것이다. 그러나 사실 그는 바보의 낙원에서 살아가고 있는 것이다.

우리는 율법 아래 존재하고 있다. 그 말은 하나님께서 과녁을 그리신다는 뜻이다. 하나님께서는 "이 과녁을 향해 쏘라"고 말씀하신다. "내 앞에 다른 신들을 두지 말라…남의 것을 탐내지 말라…거룩하라. 이는 내가 거룩하기 때문이다." 이러한 법을 제정하시는 분은 하나님이시다.

하나님께서 옳고 그름을 규정하신다. 우리는 하나님의 그 율법 아래 살고 있다. 그리고 죄는 하나님의 계명들을 어기는 것이다. 핵심은, 죄는 하나님께 저항하는 직접적인 범죄라는 사실이다.

율법의 은혜

어떤 사람들은 하나님의 율법에 대해 아주 부정적인 견해를 가지고 있어서, '율법'이라는 말이 언급되자마자 고개를 돌려버린다. 그러나 하나님의 율법은 선한 것이다. 또한 하나님께서 우리에게 율법을 주신 것은 은혜 그 자체이다.

화창한 날, 시골 길을 운전하고 있는 자신의 모습을 상상해보라. 길은 시원하게 뚫려있다. 그리고 스포츠카의 지붕을 열어놓고 시속 60킬로미터의 속도로 안전하게 운전하면서, 인생을 즐기고 있다.

그런데 갑자기 사이렌 소리가 들리고 번쩍이는 불빛이 나타난다. 당신은 차를 갓길로 댄다. 교통경찰 한 사람이 당신에게 다가와 속도를 위반했다고 말한다.

당신이 묻는다. "저는 훤히 뚫려있는 시골길에서 60킬로미터로 달리고 있었는걸요?"

경찰관이 말한다. "선생님은 속도 제한에서 20킬로미터를 초과하셨습니다. 여기에서는 시속 40킬로미터가 제한 속도입니다."

"참 어이가 없군요." 당신이 말한다. "아무것도 없는 시골길에서 어떻게 시속 40킬로미터가 제한 속도란 말입니까?"

경찰은 그 지역 교통 법규 목록을 꺼내 당신에게 보여준다. "보세요. 아주 분명히 기록되어있죠? 이 지역 당국자들은 도로 법규를 특별히 중요하게 여기고 있습니다. 그래서 시속 40킬로미터가 제한 속도입니다."

"그렇다면, 왜 속도 표지판이 없는 겁니까?" 당신은 씩씩대며 말한다. "저는 이 근처에서 살지도 않는데, 어떻게 제가 이 도로의 제한 속도를 알 수 있겠습니까?"

"아, 예, 우리는 우리 마을에 표지판을 세워두는 것을 그리 좋아하지 않습니다. 표지판들은 율법적으로 보이거든요. 그 외에도, 표지판들은 볼품없고, 고리타분하게 보입니다. 그래서 우리는 도로에 아무런 표지판도 세워두지 않고, 선생님과 같은 사람들이 시속 60킬로미터로 달릴 때, 단속하는 것이지요!"

율법은 하나님 은혜의 나침반이다. 왜냐하면 율법은 우리가 정확히 어디에 있는지 알려주기 때문이다. 율법은 우리가 '죄 아래' 있음을 알려준다. 그것이 좋은 소식은 아니지만, 최소한 율법은 우리 상태의 진상을 알 수 있게 해준다. 진상을 알 수 없다면, 소망도 없다.

물 밖으로 나온 물고기

우리가 알거니와 무릇 율법이 말하는 바는 율법 아래에 있는 자들에게 말하는 것이니 이는 모든 입을 막고 온 세상으로 하나님의 심판 아래 있게 하려 함이니라(롬 3:19).

율법은 우리가 죄인이라고 말해주고 있다. 그러나 우리는 "인간은 아무도 완전할 수 없으므로 실수하는 것이 인간적인 것이다. 용서하는 것은 신이 하는 일이다"라고 말한다. 만약 실수하는 것이 우리 인간에게 당연한 것이며, 용서하는 것이 하나님께 당연한 것이라면, 그리스도인들은 왜 이런 당연한 이치를 가지고 그토록 야단법석을 떠는 것인가? 하나님께서 우리의 죄악을 용서하신다는 사실이 명백하지 않다는 말인가?

그에 대한 대답은, 모든 것이 이해하기가 쉽지 않다는 것이다. 범죄의 당연한 결과는 용서가 아니라 형벌이다. 그리고 죄의 당연한 결과는 하나님께서 우리를 용서하셔야 하는 것이 아니라, 하나님께서 우리를 정죄하셔야 하는 것이다.

하나님께서는 죄를 혐오하시기 때문에 죄를 향해 끊임없이 적개심을 드러내신다. 하나님께서 창조하신 우주에서 죄악을 근절시키려는 것이 그분의 단호한 목적이다. 하나님께서는 죄를 영원히 멸망시키실 것이다. 따라서 여기에서 가장 큰 문제는 우리가 모두 '죄 아래' 있다는 사실이다.

우리가 하나님의 거룩하심을 이해한다는 것은 불가능하다. 우리가 거룩하지 않기 때문이다. 그것은 마치 물에서 사는 물고기에게 물 밖의 생활을 이해해보라고 요구하는 것과 같다. 물고기가 물 밖으로 나오면 오래 지나지 않아 죽는다. 그 물고기는 새로운 환경 속에서 생존할 수 없다.

아무리 훌륭한 사람이라 할지라도 자신이 지내고 있던 정상적인 환경 속에서 빠져나와 경외심을 일으키게 하는 하나님의 거룩하심에 직접 노출되었을 때, 바로 그런 상태가 될 것이다. 이사야는 아주 훌륭한 선지자였으며, 그 시대의 도덕적인 지도자였다. 하지만 그가 하나님의 거룩하심을 보았을 때, 그는 "내가 망하게 되었도다"(사 6:5)라고 말했다. 사도 요한은 예수님께서 사랑하셨던 제자로 알려졌다. 그는 최후의 만찬 당시에 예수님 곁에 몸을 기대고 있던 사람이었다. 그러한 요한도 주님의 거룩하심을 보았을 때 다음과 같은 반응을 보였다. "그 발 앞에 엎드러져 죽은 자 같이 되매"(계 1:17). 만일 이사야와 요한이 그런 식으로 반응했다면, 당신과 나는 어떠하겠는가?

죄인은 불같이 타오르는 하나님의 거룩하심 속에서 살 수가 없다. 우리가 하나님의 거룩하신 임재 가운데 서게 될 때, 우리는 침묵하게 될 것이다. 지금도 우리 입에서 그토록 쉽게 나오는 모든 변명들과 정당화가 그때는 말라붙어버릴 것이다.

이것이 하나님께서 성경을 통해 말씀하시는 문제점이다. 만일 우리가 그 문제를 깨닫지 못한다면, 해결책 또한 찾아내지 못할 것이다. 우리는 죄 아래 있으며, 죄에 대한 책임을 져야 한다. 인간의 보편적인 죄악과 하나님의 절대적인 거룩하심은, 용서가 아닌 정죄가 우리의 당연한 운명이라는 것을 의미한다. 바로 그러한 이유로, 하나님께서 일방적으로 우리에게 자비와 은혜를 베푸시는 것이다.

다 갚아야 할 때

계속 지불하다

이제는 율법 외에 하나님의 한 의가 나타났으니 율법과 선지자들에게 증거를 받은 것이라(롬 3:21).

하나님께서는 우리의 잘못된 자리를 바로잡으시기 위해 특별한 일을 행하고 계신다. '의' 혹은 '바르게 되는 길'을 율법과는 별개로 존재하도록 하신 것이다. 다시 말해, 하나님께서 "네 방법들을 수정하라, 행동을 바르게 하라, 너의 마음과 자세를 잘 다듬어 내 율법에 맞추도록 하라"

고 말씀하시지 않는다는 것이다. 그런 말씀은 우리에게 견딜 수 없는 짐이 될 것이다. 우리에게는 하나님의 율법에 순종할만한 능력이 없기 때문이다.

하나님과 올바른 관계를 맺는 이 길은 '율법과는 별개로' 존재하지만, 이 길 또한 율법에 의해 예견되었다는 사실에 주목하기 바란다. 율법과 선지자들은 '하나의 의'를 증거하고 있거나, 그것을 가리키고 있다. 예수 그리스도는 율법의 대안이 아니다. 예수 그리스도는 율법을 성취하셨다. 율법은 결코 하늘에 이르는 어떤 사다리로 의도된 것이 아니었다. 하나님께서 우리에게 율법을 주신 이유는, 우리에게 하늘로 이르는 어떤 사다리가 필요함을 보여주시기 위한 것이다.

> 곧 예수 그리스도를 믿음으로 말미암아 모든 믿는 자들에게 미치는 하나님의 의니 차별이 없느니라 모든 사람이 죄를 범하였으매 하나님의 영광에 이르지 못하더니 그리스도 예수 안에 있는 속량으로 말미암아 하나님의 은혜로 값없이 의롭다 하심을 얻은 자 되었느니라(롬 3:22-24).

'의롭다 하심'이라는 말에 대해서는 우리가 다음 장에서 살펴보겠지만, 우선은 이 놀라운 선물이 우리에게 제공되는 근거를 이해하는 것이 중요하다. 우리의 배경이 무엇이든지 간에—우리가 유대인이든, 이방인이든, 부자든, 가난하든, 젊든, 늙었든, 도덕적으로 고결하든, 전적으로 퇴폐적이든—우리는 모두 죄인이다. 그리고 죄인이 거룩하신 하나님과 올바른 관계를 맺을 수 있는 유일한 길은 그분의 구속救贖하심이다.

구속(혹은 속량)은 값을 지불하고 빚을 갚는 것을 의미한다. 흔히 고대 세계에서 노예들과 관련해 사용되었다. 만일 한 사람이 파산하면, 그 사람은 자신을 팔아 노예가 되어 주인을 섬김으로써 빚을 갚을 수 있었다. 그리고 만일 누군가가 그 사람이 진 빚을 대신 갚는다면, 그 노예는 '구속받을' 수 있었다.

토지나 재산에 대해서도 마찬가지였다. 한 가족이 파산하게 되었을 때, 그 가족은 토지나 집을 내놓으면서 어떤 친척이 그 토지나 집을 구입하여 자신들의 빚을 갚아주어, 그 재산이 가문에 그대로 남아있게 되기를 바랐다.

대신 계산하다

한 여성이 무거운 주택 융자금을 물고 있는데, 어느 날 실직하여 더 이상 융자를 갚을 수 없게 되었다고 가정해보자. 실제로 그녀의 수입은 융자의 이자도 갚기 힘들 정도다. 몇 달 후, 수개월 분의 납입금이 밀리게 되지만 그 빚을 갚을 길이 전혀 없다. 시간이 지나면서 빚은 늘어만 가고, 상황이 호전될 전망은 전혀 보이지 않는다. 그 여성은 빚에 짓눌리고 있다.

한 친구가 그 여성의 빚을 갚아주겠다고 제의한다고 가정해보자. 그 친구는 연체금을 다 갚고, 융자금을 다 갚을 때까지 매달 자기 계좌에서 납입금이 자동적으로 빠져나가도록 조처한다. 그 친구는 일종의 구속자인 것이다.

나는 바울이 우리가 '죄 아래' 있다고 말한 사실을 설명하고 있는 중이다. 우리는 하나님께 지고 있는 빚을 그때그때 갚지 못해 짓눌려가고 있다. 그러나 성경은 우리에게 주목할만한 한 친구에 대해 이야기하고 있다.

예수 그리스도께서 우리가 하나님께 진 빚을 갚기 위해 오셨다는 것이다. 예수 그리스도께서는 우리가 진 빚 전체를 갚아주시겠다고 제안하신다. 그분이 빚을 모두 갚으심으로써, 우리에게 놀라운 주의 은혜가 임하게 되었다. 죄의 삯은 사망(롬 6:23)이므로 죗값을 지불하시기 위해 예수 그리스도께서 우리의 죄 짐을 대신 짊어지시고 십자가에서 죽으신 것이다.

예수 그리스도께서는 빚을 자신이 떠맡으심으로써 우리의 빚을 없애 버리셨다. 그리고 우리를 대신한 죽음을 통해, 예수 그리스도께서는 모든 친구에게 의의 온전한 가치를 베푸셨다. 이렇게 해서, 우리는 도저히 갚을 수 없었던 하나님께 진 빚의 짐에서 풀려나게 된 것이다. 그리스도인들은 자신들이 죄가 없다고 주장하지 않는다. 그러나 구원자이며, 구속자이며, 친구인 예수 그리스도께서 우리의 죄를 갚아주신 사실로 인해 하나님께 감사드린다.

파티가 있던 밤

이 예수를 하나님이 그의 피로써 믿음으로 말미암는 화목제물로 세우셨으니(롬 3:25).

바울은 기독교 신앙의 핵심을 알려주는 두 번째 단어로 '화목제물'을 말하고 있다. '화목제물'은 피해를 입은 사람의 화를 달래기 위해 제공하는 선물이나 지불금을 의미한다.

이에 대해 설명할 수 있는 가장 좋은 방법은 예화를 드는 것이다. 그래서 닐Neil과 샐리Sally를 소개하고자 한다. 닐이 샐리와 데이트를 하기 시작했을 때는 20대 초반이었다. 샐리는 닐이 회사에서 만난 매력적인

아가씨였다.

어느 날 저녁, 닐은 샐리를 데리고 파티에 갔다. 그곳에서 일이 잘 풀리지 않자 닐은 술을 마시기 시작했으며, 집으로 돌아올 때 닐은 제대로 운전할 수 없는 상태였다. 그러나 닐은 게슴츠레한 눈으로 차를 몰았다. 그때 닐이 운전한 차가 가드레일을 치면서 걷잡을 수 없이 흔들렸다. 그 상태에서 차는 계속 질주했고, 결국 몇 차례 구르다 전복되고 말았다. 차가 멈추었을 때, 닐과 샐리는 둘 다 의식을 잃고 말았다.

몇 시간 후, 닐은 병원에서 의식을 되찾았다. 무슨 일이 벌어졌는지 기억하려고 애를 썼을 때, 그의 머리는 깨질 듯이 아팠고, 온몸은 통증으로 견딜 수가 없었다.

"샐리는 어떻게 되었습니까?" 닐이 물었다.

"좋지 않은 소식입니다." 담당 의사가 말했다. "샐리는 온몸이 마비되었어요. 앞으로 다시는 걷지 못할 것입니다."

"그녀를 볼 수 있을까요?"

"안 됩니다. 샐리가 당신과 얘기하지 않을 것입니다."

닐에게는 모든 것이 악몽과 같았다. 그는 샐리 가족의 변호사로부터 한 통의 편지를 받았다. 샐리는 자신의 영구적인 불구 상태에 대해 법적인 소송을 취하고 있었다.

샐리는 닐을 결코 다시 보고 싶지 않다고 말했다. 그리고 그녀의 아버지는 닐이 눈에 띄면 반드시 죽여버릴 것이라고 말했다.

닐은 병원에 누워서 어떻게 자기가 그런 바보짓을 했는지 그리고 어떻게 단 한 차례의 실수가 그처럼 절망적인 결과를 가져올 수 있는지 생각했다. 그 하룻밤은 모든 것을 바꾸어버렸다. 닐은 어떻게 자기 자신을 견디면서 살 수 있을 것인지 생각하면 괴로울 뿐이었다. 그리고 샐리에 대해서는 어떻게 하면 좋을지 아무런 생각도 떠오르지 않았다.

샐리를 만족시키기

이 상황에는 세 가지 요소가 있다.

1. 그 일에는 한 가지 위반 사항이 있다. 닐은 음주 후에 차를 몰고 가겠다고 하면서 무모하고 무책임하게 행동했다.
2. 그 일로 엄청난 피해를 입은 사람이 있다. 샐리는 화가 나 있으며, 소송하는 것은 당연한 일이다.
3. 그 일에는 사고를 저지른 위반자가 있다. 닐은 자기가 비난받아야 할 사람임을 알고 있다. 그는 자기가 저지른 일에 대해 깊이 후회하고 있다. 그러나 샐리가 장애인이 되었다는 사실, 혹은 그녀의 변호사들이 자기에 대해 법적인 소송을 준비하고 있다는 사실은 바뀌지 않을 것이다.

닐은 변호사를 고용한다. 그의 변호사는 샐리의 변호사와 그 사건을 어떻게 해결할 수 있을지 상의한다. 그들의 논의는 한 가지 쟁점에 집중된다. '무엇이 샐리를 만족시킬 수 있는가?'

그러나 닐이 생각하고 있는 것은 그 쟁점의 핵심과 동떨어져있을 수 있다. 닐은 샐리가 요구하고 있는 것이 불합리하다고 생각할 수 있다. 닐은 자신의 유감을 표명할 수도 있다. 그러나 변호사들이 논의하고 있는 핵심적인 문제는 닐과는 전혀 상관없는 것이다. 그것은 전부 샐리에 관한 것이다. 왜냐하면 샐리가 피해를 입은 당사자이기 때문이다.

닐은 샐리를 만족시킬 수 있는 방법을 찾아야 한다. 그렇지 않으면, 법정에서 판사 앞에 서게 될 것이다. 쟁점은 닐이 이 상황을 유감스럽게 느끼고 있는 것과는 아무 상관이 없다. 닐이 집중해야 할 단 하나의 문제는 '무엇이 샐리를 만족시켜줄 수 있느냐?' 하는 것이다.

변호사들이 샐리에게 합당한 보상금의 총액을 확인하고, 그 돈이 전부 샐리에게 지불된다고 가정해보자. 그 돈이 바로 일종의 '화목제물'이 될 것이다.

'화목제물'은 피해를 입은 측의 분노를 달래고 정의를 충족시켜서, 그 사건이 다시 법정에 제기되지 않을 수 있도록 하는 것이다.

하나님 만족시키기

우리가 살펴보았다시피, 우리의 죄는 하나님을 거슬러 저질러지는 범죄이다. 그러므로 '화목제물'이 무엇이 되어야 할지 결정하는 주체는 바로 하나님이시다. 우리는 무엇이 적절한지에 대해 온갖 생각을 해볼 수 있다. 그러나 그러한 생각들은 '화목제물'과는 전적으로 무관한 것이다. 핵심적인 쟁점은 우리의 회개와는 무관하다. 문제는 '무엇이 하나님을 만족하게 할 것이냐?'는 것이다. 모든 것은 이 물음에 달려있다.

성경에 제시된 해답은 우리를 당혹스럽게 한다. "이 예수를 하나님이 그의 피로써 믿음으로 말미암는 화목제물로 세우셨으니…"(롬 3:25).

성부 하나님께서 아들 예수 그리스도를 드러내신다. 하나님께서 예수님을 소개하시면서 그가 곧 그 '화목제물'이라고 말씀하신다. 십자가에서 죽으신 예수 그리스도의 희생제사는 하나님을 만족시켰으며, 우리의 죄를 향한 하나님의 진노를 진정시켰다.

성부 하나님께서 우리에게 예수님을 제시하고 계신다는 사실에 주목하기 바란다. 아버지와 아들 모두 우리의 죄를 처리하고, 해결하는 일에 가담하고 계신다. 아버지는 세상을 사랑하셨기 때문에, 자기 아들을 내주셨다. 예수님의 죽음은 우리에 대한 하나님 사랑의 증거이다. 우리는 가끔 무엇 때문에 예수님께서 십자가에서 자신의 목숨을 내놓으셨을까 생각한다. 무엇 때문에 하나님 아버지께서 자신의 유일한 아들을 우리를 위해 내주셨을까?

이 놀라운 신비와 관련된 적절한 유추는 어디에도 없다. 우리가 그 거룩하심을 상하게 만들었으며, 그 율법을 어겼으며, 그 세계를 더럽혔으며, 진노하게 만들었던 하나님께서 자신의 유일한 아들을 보내셨다. 하나님께서 친히 성육신하셔서 예수 그리스도가 되신 것이다. 그리고 직접 하나님의 진노를 감당하셨다. 하나님의 정의와 하나님의 사랑은, 하나님께서 요구하시는 그 값을 하나님께서 직접 지불하시면서 십자가에서 만난다. 예수님의 죽음을 통해 하나님의 진노는 진정되었으며, 하나님의 정의는 실현되었다. 거룩하신 하나님께서는 하나님의 절대 정의 안에서 죄인들을 붙잡으시기 위해 손을 뻗으셨다.

유일한 영광의 길

이 장을 시작하면서 던졌던 질문으로 돌아가보자. 왜 그리스도인들은 예수님만이 유일한 길이라고 주장하는 것인가?

그에 대한 답변은 하나님께서 예수 그리스도를 '화목제물'로 제시하셨기 때문이라는 것이다. 하나님께서 예수님의 죽음을 우리가 구속함을 받고 하나님과의 올바른 관계를 회복할 수 있는 기반으로 결정하셨다면, 다른 어떤 방법이 있을 수 있겠는가?

달리 누가 우리의 빚을 대신 갚아주고, 하나님께서 받으실만한 희생제물을 드릴 위치에 있을 수 있겠는가?

하나님께서는 모든 사람에게 이렇게 말씀하시면서 예수님을 우리에게 가르치고 계신다. "그가 나의 아들이다! 그가 나의 화목제물이다. 그의 피를 믿으라!"

죄의 값을 지불하기에 충분한 다른 것은 전혀 없네
그분만이 천국 문을 여시고 우리를 들여보낼 수 있네.[2]

그래서 당신이 예수 그리스도의 피를 믿을 때, 당신은 더 이상 정죄 아래 있지 않다. 예수 그리스도께서 당신의 화목제물이시며 하나님께서 그분의 희생제사를 받으셨다. 정의는 당신 대신 그분이 흘리신 피를 통해 이루어졌다. 당신은 결코 하나님의 진노를 겪지 않을 것이다. 당신은 하나님의 영광을 위한 새로운 삶을 살도록 예수 그리스도 안에서 해방되었다.

드러난 사실 UNLOCKED

하나님의 율법은 우리가 모두 죄인이며, 우리가 죄악들에 대해 하나님 앞에 책임을 져야 한다는 사실을 알려주고 있다. 이것은 우리가 거룩하신 하나님 앞에 서는 일이 불가능하다는 사실을 의미한다. 하나의 범죄가 어떤 한 개인에게 저질러졌을 때, 적당한 해결책을 결정해야 할 당사자는 피해를 입은 쪽이다. 죄는 하나님을 거슬러 저질러진 범죄이다. 그러므로 우리의 죄악들에 대한 화목제물을 결정하실 분은 바로 하나님이다.

예수 그리스도께서는 십자가에서 죽으심으로 우리를 구속하셨으며, 성부 하나님의 진노를 감당하셨다.

구속은 예수님의 죽음이 우리를 위해 무엇을 성취했는지 말해주고 있다. 화목제물은 예수 그리스도의 죽음으로 예수님께서 하나님과 관련해 무엇을 성취하셨는지 말해준다. 예수 그리스도께서 우리를 구속하실 수 있는 것은, 예수님께서 십자가에 달리심으로써 하나님의 진노를 감당하시고, 하나님 만나는 길을 분명히 열어주셨기 때문이다.

기도 PAUSE FOR PRAYER

은혜로우신 하나님 아버지!

저의 죄악을 사하시고, 저와 하나님과의 관계를 회복하시기 위해 예수 그리스도를 보내주신 은혜에 진심으로 감사드립니다. 예수 그리스도의 죽음을 통해 저의 죗값을 갚아주시고, 죄와 사망의 권세로부터 저를 해방시켜주신 은혜에 참으로 감사드립니다.

저를 위해 독생자 예수 그리스도를 보내주신 하나님의 그 크신 사랑에 주님을 찬양합니다. 주 예수 그리스도를 제 삶의 주인으로 믿고 영접합니다. 주님의 은혜에 항상 감사드리며 두 손 들어 경배합니다. 저의 모든 것 되시는 주 예수 그리스도의 이름으로 기도드립니다. 아멘.

Notes

1. James Patterson and Peter Kim, *The Day America Told the Truth* (New York:Prentice Hall, 1991), 205. 또한 11퍼센트는 죄를 십계명을 어기는 것이라고 정의했다. 그러나 이것은 조사 대상 가운데 겨우 13퍼센트만이 십계명을 믿는다는 충격적인 사실과 함께 다뤄야 한다. 미국 사람의 87퍼센트는 어느 계명을 믿어야 할지를 자기 자신이 선택하고 있다. 그것은 우리가 하나님의 계명들에 대해 순종하기보다는 우리가 우리 자신의 법규들을 작성하고 있음을 반증하는 또 다른 사실이다.
2. Cecil Frances Alexander, "There Is a Green Hill Far Away," 4절.

23

칭의

Justification

로마서 3장

내가 하나님과 올바른 관계에 있음을

어떻게 알 수 있는가?

묵상의 길잡이

☑ **발견하라**

잘못된 번역이 어떻게 1,000년 동안 혼란을 빚었는지, 그 놀라운 이야기를 발견하라.

☑ **배우라**

왜 하나님과의 올바른 관계가 당신이 그리스도인으로서 얼마나 바르게 살았는지에 의존하지 않는지 배우라.

☑ **경배하라**

하나님과 화목하게 하신 예수 그리스도께 경배하라.

화창한 여름 날 오후, 당신이 시카고의 역사적인 리글리 필드Wrigley Field, 시카고 컵스의 야구장에 있다고 상상해보라. 꽉 들어찬 관중은 야구 경기를 즐기고 있다. 당혹스럽게도, 투수는 연속으로 10개의 볼을 던졌다. 그래서 2명의 타자가 진루하게 되었다. 이제 그 투수는 완전히 낙심한 것처럼 보이기 시작한다.

심판이 포수의 뒤에 몸을 굽히고 서서, 투수의 팔에 자신의 시선을 고정하고 투수가 던지는 공을 살핀다. 심판이 또 다시 "볼!"을 선언하자, 관중은 실망한 듯 신음 소리를 낸다. 그러나 그때 심판이 마운드를 향해 걸어 나가자 사람들은 놀란다. 그 심판은 투수의 어깨에 자기 팔을 둘러 얹고서 이렇게 말한다. "이봐, 오늘 자네에게 운이 따르지 않는 것을 잘 알고 있네. 자네가 이렇게 계속해서 볼을 던지는 것을 내가 보고 있기가 힘들어. 그래서 나는 자네를 도와주겠다고 결심했네. 나는 자네의 투구 폼을 기꺼이 고쳐주겠어. 자, 이제 시작해보지."

물론 이 이야기는 아주 당치도 않다. 심판의 주 업무는 투수의 동작을 고쳐주는 일이 아니다. 그런 일은 투수 코치가 해야 할 일이다. 심판의 임무는 투수의 투구를 판정하는 것이다. 심판은 투수의 공이 볼인지, 스트라이크인지 판정한다. 이 일은 일관성 있고, 정확하고, 올바르게 판단되어야 한다. 만일 심판이 그렇게 하지 않는다면, 관중은 심판이 왜 그런 판정을 했는지 궁금해할 것이다.

심판이 코치처럼 행동하고 있는 그런 혼란은, 교회 역사상 복음에 관한 큰 오해들 중 하나를 예시해주고 있다. 자, 이제 그 이야기를 살펴보도록 하자.

지난 장에서, 우리는 예수님의 죽음이 아버지 하나님을 만족시키고, 우리를 구속하셨음을 배웠다. 예수 그리스도께서는 우리의 죄로 인한 하나님의 진노를 대신 감당하셨다. 그리고 하나님께 갚아야 할 우리의 빚을 모두 갚아주셨다.

바울은 이러한 근거 위에, 하나님께서 값없이, 또한 즐겁게 그리스도를 믿게 될 모든 사람을 의롭다 하신다고 설명한다.

> 모든 사람이 죄를 범하였으매 하나님의 영광에 이르지 못하더니 그리스도 예수 안에 있는 속량으로 말미암아 하나님의 은혜로 값없이 의롭다 하심을 얻은 자 되었느니라 이 예수를 하나님이 그의 피로써 믿음으로 말미암는 화목제물로 세우셨으니…(롬 3:23-25).

성경에서 세 번째로 중요한 단어인 '칭의'(의롭다고 인정해 주신다)는 성부와 성자와 우리 자신 사이의 삼각관계를 완성해준다.[1]

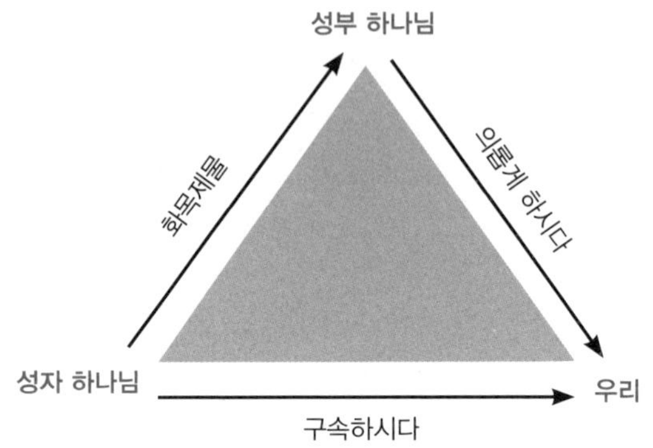

예수 그리스도께서는 아버지와 화목하게 하시며, 죄인들을 구속하신다. 그리고 이러한 기반 위에서 하나님께서는 예수 그리스도를 믿는 죄인들을 값없이, 사랑으로 그리고 정당하게 의롭다 하신다. 십자가에서 행하신 예수 그리스도의 구속과 화목의 사역은, 당신이 의롭다 칭함을 받을 수 있도록 하시기 위해 이루신 것이었다. 그러므로 의롭다 함을 이해하는 것은 아주 중요하다.

잘못된 번역의 위험들

기독교 교회 역사 초기에, 신약성경은 원래 기록되었던 헬라어에서 라틴어로 번역되었다. 라틴어 번역본은 불가타Vulgate ('공용어'라는 뜻임) 역이라 일컬어졌다. 그리고 이 번역본은 중세 시대 내내 교회의 표준 성경이 되었다. 1,000년 이상 신학 저서가 집필되었으며, 그 모든 저서는 불가타 역에 근거한 것이었다.

영어에서 '의롭게 되다'justified에 해당하는 단어는, 불가타 역에서 사용한 라틴어 '의롭게 되다'made righteous를 의미했다. 그래서 중세 신학자들이 로마서 3장 24절을 연구할 때, 그들은 "우리가 그의 은혜로 말미암아 값없이 의롭도록 만들어졌다"라고 읽었다. 마찬가지로, 로마서 5장 1절을 연구할 때도, 그들은 "우리가 믿음을 통해 의롭게 되었기 때문에, 우리가 하나님과 평화를 갖는다"라고 읽었다.

이렇게 읽음으로써, 그들은 하나님과 평화를 누릴 수 있는 유일한 길은 의로운 사람이 되는 것이라고 결론을 내렸으며, 그리하여 만일 사람이 더 이상 의롭지 않다면, 하나님과의 평화를 잃게 될 것이라고 생각했다. 만일 당신이 중세의 한 신학자에게 "제가 어떻게 하나님과 평화를 누릴 수 있습니까?"라고 묻는다면, 그 신학자는 아마도 "당신은 의로워져야만 합니다"라고 대답했을 것이다. 오늘날 많은 사람들이 여전히 그 대답을 믿고 있다.

신학자들에게 현실적인 질문을 하는 것은 언제나 도움이 된다. 만일 내가 어떤 중세 신학자에게 한 가지 질문을 할 수 있다면, "당신은 의롭습니까?"라고 질문하고 싶다. 그 신학자는 이 질문에 대답하기가 참 어려울 것이다. 예수님께서 우리 자신의 의로움을 확신하는 위험들에 대해 경고하셨기 때문에, "당신은 의롭습니까?"라는 질문에 "그렇다"고 대답하기란 매우 어려울 것이다. 그렇다고 해서 "아니!"라고 한다면, 하나님과 평화를 누릴 수 없을 것이다.

1,000년 이상 교회는 성경이 가르치는 대로, 하나님께서 악한 사람을 선하게 만드시는 방식이 '의롭게 되는 것'이라고 이해해왔다. 중세 신학자들은 "그리스도께서 당신에게 흠 없는 옷을 주신다. 그리고 하나님의 법에 따라 삶으로써 그 옷을 깨끗하게 유지하는 것이 당신의 책임"이라고 설명했다. 만일 당신이 그렇게 하지 못한다면, 당신은 죄를 고백하고 고행을 감당해야 한다. 그래야 그 옷의 순결이 회복될 수 있다

고 가르쳤다.

그러므로 핵심적인 문제는 "당신이 예수 그리스도에 의해 당신에게 주어진 그 의로움을 보존했느냐?" 하는 것이었다. 그 질문은 정직한 사람들로 하여금 자신의 모든 죄악을 고백하고 적절한 고행의 실천을 확실히 하기 위해 처절하게 자신의 기억을 헤집어보게끔 했다.

그 부담은 많은 사람을 짓눌렀다. 그 점에 대해 생각해보자. 만일 우리의 구원이 예수님께서 우리에게 제공해주시는 의로움을 보존하는 데 달려있다고 한다면, 우리들 가운데 가장 훌륭하고 가장 선한 사람조차도 자신의 구원을 장담할 수 없게 될 것이다. 우리가 천국에 들어가기를 소망한다고 말할 수는 있겠지만, 우리 가운데 누구도 자신이 천국에 들어갈 수 있다는 확신을 가질 수 없을 것이다.

캐어런과 나는 최근에 베르디의 오페라 〈레퀴엠〉을 감상했다. 그 공연은 정말 훌륭했다. 베르디는 죽은 이를 위한 미사의 가사를 자신이 생각한 음악에 맞추고, 미사에 참석한 이들의 심정을 반영했다. 공연이 진행되면서 작품의 주제가 드러났고, 다음과 같은 말로 결론을 맺었다. "음악은 공허 속에 맴돌다 끝난다."

젊은 수도사였던 마르틴 루터Martin Luther가 직면했던 문제가 바로 그것이었다. 루터는 헌신적인 그리스도인이었다. 그는 하나님 앞에서 올바로 서기 위해 최선을 다했다. 그래서 하나님의 법을 실행하는 데 혼신의 힘을 쏟았다. 그는 생각할 수 있는 모든 죄를 고백했으며, 주어진 고행을 모두 기꺼이 감내했다.

그러나 흠 없는 의로움을 유지하려는 시도는 자신이 짊어질 수 있는 어떠한 짐보다도 훨씬 더 무겁다는 사실을 깨달았다. 어느 날 그는, 하나님의 의라는 것이 자신이 결코 이룰 수 없는 기준과 같이 보이기 때문에, 자신은 하나님의 법을 증오한다고 말했다.

그는 자기가 어떤 점에서 그 흠 없는 옷을 더럽혔는지 생각하면서 일일이 고백하고, 고행을 했다. 그러나 고행 속에서조차 그는 자신의 생각과 행실과 말과 행동 속에서 각기 다른 식으로 죄를 지었음을 생각했다.

루터는 스타우피츠Staupitz라는 지혜로운 영적 멘토를 곁에 두고 있었다. 그는 루터에게 성경을 연구하라고 격려했다. 그때는 르네상스 시대여서 원어로 문헌을 연구하는 새로운 학문이 떠오르고 있었다. 그래서 루터는 신약성경을 원어인 헬라어로 연구하기 시작했다. 그러면서 놀라운 발견을 하게 되었다. 루터는 우리가 '의롭게 되다'justified라고 번역하고 있는 원래의 헬라어가 그가 가르침을 받아왔던 것처럼 '의롭도록 만들어주다'라는 뜻이 아니었음을 발견했다. 그 단어는 '의롭다고 선언하다'라는 뜻이었다.

혼동해서는 안 되는 코치와 심판의 역할

자, 여기에서 자신을 코치로 착각했던 심판에게로 돌아가보자. 코치의 역할은 투수의 실력을 향상시키는 것이다. 그러나 심판의 역할은 '볼'과 '스트라이크'를 구별해서 외치는 것이다. 그 둘은 전혀 다른 일이다.

만일 우리가 올바른 것을 선언하는 일(이것이 바로 심판의 일이다)과 올바르게 만들어주는 일(이것은 코치의 일이다) 사이의 차이점을 말할 수 없다면, 혼란에 빠지게 될 것이다. 그것이 바로 중세 신학자들의 문제점이었다. 중세 신학자들은 불가타 역 성경으로 작업을 하면서 심판과 코치를 혼동했던 것이다!

'칭의'는 하나님께서 우리를 의롭도록 만들어주시는 일과는 전혀 상관이 없다. '칭의'는 하나님께서 우리가 의로운지 그렇지 않은지 그 여부를 선언하시는 일에 관한 것이다. 이 두 가지는 전적으로 다르다.

물론 하나님께서는 우리의 '코치'로도, 또한 우리의 '심판'으로도 활동하신다. 그러나 우리는 이 둘을 결코 혼동해서는 안 된다. 우리의 경기 실력을 향상시켜서 우리가 효과적인 신앙생활을 하도록 이끌어주시는 것은 성령의 사역이다. 성경은 이 일을 성화聖化라고 일컫는다.

그러나 '칭의'에서 하나님께서는 심판으로 역사하신다. 하나님께서 우리를 관찰하시며 '무죄'나 '유죄' 중 하나로 판정을 내리시는 것이다. '칭의'는 우리의 처지에 대한 하나님의 선언인 것이다. 그러므로 '칭의'는 우리를 더 나은 사람으로 만드는 일과는 전혀 무관하다.

볼과 스트라이크 판정

만일 '칭의'가 하나님께서 나의 삶을 관찰하시면서, 내가 의로움의 스트라이크 존에 들어오는지 여부를 판정해서 선언하는 일이라면, 과연 내가 의롭게 될 소망이 있겠는가?

사도 바울은 그 물음에 대해 우리에게 놀라운 해답을 준다.

> 모든 사람이 죄를 범하였으매 하나님의 영광에 이르지 못하더니 그리스도 예수 안에 있는 속량으로 말미암아 하나님의 은혜로 값없이 의롭다 하심을 얻은 자 되었느니라(롬 3:23-24).

다시 말해서, 하나님께서 어떤 한 사람이 의롭다고 선언하시는 일은 그 사람의 선행을 기반으로 한 것이 아니라, 십자가에서 죽으신 예수 그리스도의 구속과 화해의 사역에 기초해서 이루어진다는 것이다.

하나님께서는 우리가 의로운 삶을 완벽하게 성취하거나 유지하는 것을 기반으로 하지 않으시고, 예수님의 완전한 의로움이 우리의 것이 되는 것을 기반으로 삼으시고 우리를 의롭다고 판정하시며, 우리와 예수님 사이에 생명의 끈이 연결될 때 그러한 판정을 내리신다. 이 결속은 믿음으로 이루어진다. 이러한 까닭에 바울은 하나님께서 "예수 믿는 자를 의롭다" 하신다고 말한 것이다(롬 3:26).

당신이 예수 그리스도를 믿게 될 때, 하나님께서는 당신이 예수 그리스도와 같이 의롭다고 인정해주신다. 만일 하나님께서 하나님의 법에 비추어 나의 삶을 판단하신다면, 오직 한 가지 판정을 내리실 수밖에 없다. 그것은 당연히 정죄일 것이다.

내가 예수 그리스도를 믿게 된 이후에도 나의 삶은 깨끗해지지 않을 것이다. 우리의 모든 의는 마치 더러운 누더기와 같은 것이다(사 64:6). 따라서 바울은 율법을 준수함으로써는 아무도 하나님 앞에서 의롭다고 인정받지 못한다는 사실을 명확히 밝히고 있다(롬 3:20).

지불할 필요가 없는 청구서

하나님께서는 예수님의 의를 우리의 것으로 인정해주신다.

캐어런과 내가 결혼했을 때, 부모님은 결혼 선물로 신혼여행을 보내주셨다. 아주 멋진 선물이었다. 우리는 영국의 레이크 디스트릭트Lake District에 있는 고급 호텔에서 한 주를 보냈다. 그곳은 그저 호텔 안으로 발을 들여놓기만 해도 청구서가 마구 날아들 것만 같은 느낌이 드는 곳이었다.

이 멋진 곳에서 한 주 동안 공짜로 지낼 수 있는 특권은, 우리를 사랑한 누군가에게 우리가 결코 지불할 수 없는 이 선물의 값이 청구되었기 때문에 누릴 수 있는 것이었다.

하나님께서는 우리의 죄악의 값을 예수님께 청구하심으로써 우리를 의의 자유 안에 머물게 하셨다. 그 자유의 선물은 2,000년 전에 예수님께서 십자가에서 죽으심으로 값을 지불하셨기 때문에 우리의 것이 된 것이다. 우리로 인해 청구된 비용들을 예수님께서 책임지고 지불하셨기 때문에, 하나님께서 우리를 의롭다 하시는 것이다. 예수님께서 그 청구서를 가져가셨기 때문에 구속 없이는 '칭의'란 절대 있을 수 없는 것이다.

체크아웃을 하는데, 호텔 직원이 "요금을 더 내지 않으셔도 됩니다"라고 말했을 때, 그 기분이란 이루 말할 수가 없었다. 하나님 앞에 서서 "더 내야 할 비용이 없다"라는 말씀을 듣는 것은 훨씬 더 기분 좋은 일일 것이다.

만일 예수 그리스도의 구속해주시는 역사가 없었다면, 당신이 의롭다 함을 받는 일도 있을 수 없을 것이다. 당신과 나와 같은 죄인들에게 하나님께서 "값을 치를 일이 없다"고 말씀하시려면, 그 비용들을 대신 지불하는 누군가가 있어야 한다. 바로 그 일을 예수님께서 십자가 위에서 죽음을 통해 행하신 것이다.

결코 얻을 수 없었던 포인트

몇 달 전에, 나는 영국에서 몇 년 동안 사용했던 신용카드를 해지하기로 결정했다. 영국에서 파운드로 대금을 지불해야 하는 카드는 내게 무용지물이었다. 그래서 나는 영국에 있는 카드 회사에 전화를 걸어, 우리가 미국으로 이사했으므로 그 신용카드를 해지해달라고 요청했다. 그런데 그 상담 직원이 깜짝 놀라는 것 같았다. "이 카드에 포인트가 2,000점이나 있다는 사실을 알고 계십니까?" 나는 몰랐던 일이었다.

그 직원이 언급했던 포인트는 항공 마일리지 혜택과 같은 시스템이었다. 몇 년 동안 나는 이 포인트를 차곡차곡 모았으며, 만일 내가 원한다면 이 포인트로 미국에서는 사용할 수 없는 영국산 전자 상품들을 사거나, 먼 거리에 있는 영국의 수많은 호텔들 중 한 곳에서 공짜로 하룻밤을 지낼 수 있었다.

나는 난처해하면서 직원에게 물었다. "이 포인트를 다른 사람에게 양도할 수는 없겠습니까?"

"물론 그렇게 하실 수 있습니다. 똑같은 카드를 가지고 있는 분이면, 그렇게 해드릴 수 있습니다. 우리에게 그분의 카드 번호를 주시기만 하면 됩니다."

내가 전화를 해서 아무런 설명도 없이 아버지의 신용카드 번호를 물었을 때, 아버지는 상당히 미심쩍으셨을 것이다. 그러나 그 후 몇 달 동안, 아버지는 자신이 얻지 않은 2,000점에 해당하는 혜택을 누릴 수 있었다.

당신이 예수 그리스도를 믿게 될 때, 하나님께서는 두 가지 일을 하신다. 첫째, 하나님께서는 당신의 죄를 예수 그리스도께 옮기신다. 둘째로, 예수님의 의를 당신에게 전가시키신다. 하나님께서는 그리스도인으로서 살아가는 당신의 행실 때문이 아니라, 하나님께서 그리스도의 의를 당신의 것으로 인정하시기 때문에 당신을 의롭다 인정하시는 것이다. 비록 내가 전혀 의롭지 않다 할지라도, 하나님께서는 나를 의롭다고 여기시며, 의롭다고 받아주신다. 왜냐하면 하나님께서 예수님의 의로움을 나에게 전가시키고 계시기 때문이다. 내 아버지가 자신이 얻지 않은 포인트의 혜택을 누렸듯이, 나는 마치 내 것인 양, 예수 그리스도의 의를 누린다. 나의 '칭의'는 그리스도인으로 살아가면서 이룬 업적에서 말미암는 것이 아니라, 십자가 위에서 죽으신 예수 그리스도로부터 말미암는 것이다.

믿음의 중요성

곧 예수 그리스도를 믿음으로 말미암아 모든 믿는 자에게 미치는 하나님의 의니 차별이 없느니라(롬 3:22).
이 예수를 하나님이 그의 피로써 믿음으로 말미암는 화목제물로 세우셨으니…(롬 3:25).
곧 이때에 자기의 의로우심을 나타내사 자기도 의로우시며 또한 예수 믿는 자를 의롭다 하려 하심이라(롬 3:26).
그러므로 사람이 의롭다 하심을 얻는 것은 율법의 행위에 있지 않고 믿음으로 되는 줄 우리가 인정하노라(롬 3:28).

'칭의'의 유일한 근본이 되는 것은 예수님의 죽음과 부활이기 때문에, 여기에는 하나님께서 예수 그리스도와 연결된 사람들을 의롭다 하실 것이라는 사실이 따른다. 이 연결은 믿음으로 형성된다.

당신이 예수 그리스도를 믿는 그 순간, 하나님께서는 예수님의 죽음과 부활의 모든 혜택을 당신에게 적용하실 것이다.

바로 이렇게 하나님께서 아브라함을 의롭다 하셨다. "아브라함이 하나님을 믿으매 그것이 그에게 의로 여겨진 바 되었느니라"(롬 4:3). 그 일은 예수님께서 태어나시기 2,000년 전에 있었던 일이었다. 그러나 아브라함은 하나님의 약속을 믿었으며, 하나님께서 한 구속자를 보내주실 것임을 믿었다(요 8:56). 아브라함이 믿음으로 예수님의 오심을 고대했을 때, 하나님께서 아브라함을 의롭다 하셨다. 마찬가지로, 하나님께서는 우리가 예수 그리스도를 바라보고 믿을 때 우리를 의롭다 하신다. 믿음은 당신과 예수 그리스도 사이에 증인證印을 찍는 것이다. 그 관계 속에서 예수 그리스도의 죽음과 부활이 주는 모든 혜택들이 당신의 생활 안으로 흘러들어온다.

한 젊은 부부를 상상해보자. 톰과 메리는 중매를 통해 처음 만났다. 서로 정중하게 대화를 나누면서 상당히 어색함을 느낀다.

"무슨 일을 하시죠?" 메리가 묻는다.

톰이 그녀에게 대답한다. 그런 다음에, 톰은 왜 자신에게 좀 더 독창적인 질문이 떠오르지 않는지 안타까워하면서 "당신은 무슨 일을 하시나요?"라고 되묻는다.

시간이 지나면서 그들은 서로에 대해 더 잘 알게 되고, 관계는 깊어진다. 그리고 그들은 서로의 관심사, 배경, 성격, 가치관, 소망 그리고 꿈을 알게 된다.

메리는 자신이 톰에게 끌리는 것을 느끼며, 톰 역시 메리에게 끌린다. 그들은 사랑에 빠진다. 어느 날 저녁, 톰이 메리에게 청혼을 한다. 그리고 몇 달 뒤에 메리는 음악에 맞춰 신부 입장을 하고 있다. 그 둘은 함께 목사님 앞에 선다. 주례 목사님은 톰에게 두 가지 중요한 질문을 한다. "톰, 그대는 메리를 아내로 맞이하겠습니까? 그대는 그녀를 사랑하고, 존경하며, 아플 때나 건강할 때나 그녀를 지켜주겠습니까?" 톰은 "예!"라고 대답한다.

그런 다음에 톰은 메리의 두 눈을 깊이 들여다보면서 이렇게 말한다. "나 톰은 당신 메리를 오늘 이후로 나의 아내로 맞이하여, 기쁠 때나 슬플 때나 아플 때나 건강할 때나 부할 때나 가난할 때나 당신과 함께하며, 당신을 지켜주겠습니다." 그런 다음에 메리가 자신의 헌신에 대한 말로 응답한다. "나 메리는 당신 톰을 나의 남편으로 맞이하겠습니다."

결혼 승인

믿음의 본질에 대한 이보다 더 좋은 예화는 없다고 생각한다. 믿음은 예수님을 알게 됨으로써 시작된다. 그분이 누구인지, 어디 출신인지, 무슨 일을 하는지 알게 됨으로써 시작된다. 또한 믿음은 그분이 하나님의 아들임과, 죄인들을 구속하기 위해 오셨음을 발견함으로써 시작된다.

그러나 믿음은 아는 것 이상이다. 마귀도 하나님의 아들에 대해 알고 있다. 그리고 어떤 사람은 예수님에 대해 배우게 되면서 예수님의 이름을 들어보지 못했던 때보다 전혀 나아지지 않을 수도 있다.

믿음은 예수 그리스도께서 나를 받아주시고, 내가 예수 그리스도를 영접하는, 즉 상호 약속을 수반한다. 루터는 믿음을 마치 결혼과 같다고 묘사한다.

> 믿음은 한 사람의 신부가 그녀의 신랑에게 연합되듯, 예수 그리스도께로 영혼을 연합시킵니다. 사도가 가르치고 있다시피, 이 신비로 말미암아 그리스도와 영혼은 한 몸이 됩니다. 그리고 만일 그 둘이 한 몸이고, 그리하여 그 둘 사이에 참된 결혼이 존재한다면…선이든지 악이든지 그들이 가지고 있는 모든 것을 서로 공유하게 됩니다. 따라서 믿는 영혼은 예수 그리스도께서 소유하고 계신 것을 무엇이든지 마치 자기의 것인 양 자랑하고 영광스럽게 여길 수 있으며, 영혼을 가지고 있는 것은 무엇이든지 예수 그리스도께서 자기의 것이라고 주장하시게 됩니다.[2]

성령은 이 결혼을 주관하신다. 실로 성령은 가장 먼저 우리를 예수 그리스도께로 이끌어주시는 분이다. 이 일은 2,000년 전에 하나님의 성령께서 예수 그리스도께 이렇게 말씀하심으로 시작되었다. "그대는 앞으로 20세기 중반에 어느 곳에선가 태어나게 될 콜린이라는 스코틀랜드 청년을 맞이하여, 콜린의 구주와 콜린의 주님이 되겠습니까? 그대는 콜린의 빚을 다 감당하겠습니까? 그대는 콜린의 죄악들에 대한 화목제물로 그대의 목숨을 내놓겠습니까?"

십자가 위에서 예수 그리스도께서는 "제가 그렇게 하겠습니다"라고 말씀하셨다.

그런 다음에, 1964년 5월의 어느 주일 아침, 스코틀랜드의 작은 침례교회에서 한 젊은 스코틀랜드 청년이 왜 모든 사람이 예수 그리스도를 믿어야 할 필요가 있는지에 대한 목사님의 설교를 들었을 때, 성령께서 나에게 물으셨다. 나는 기도를 드리며 이렇게 말했다. "나 콜린은 주 예수 그리스도를 나의 구주, 나의 주인으로 영접합니다."

결혼 예식에서 신랑·신부 당사자들에 의해 서약이 이루어졌을 때, 그 두 사람은 하나의 새로운 법적 실체가 된다. 그들의 개인적인 정체성들을 놓치지 않으면서, 하나님께서는 그 두 사람을 하나로 보신다. 문서에 부부로서 인정하는 서명을 하고, 한 사람에게 속한 모든 것은 상대방의 재산이 된다.

당신에게 연합된다는 것이 예수님께 어떤 의미였을지 생각해보라. 그것은 성령께서 당신의 죄를 마치 예수님의 죄인 것처럼 취급하셔야 했다는 뜻이다. 그러나 이제 예수님께 연합된다는 것이 당신에게 무슨 의미가 있는지 생각해보라. 그것은 당신이 예수 그리스도의 의를 마치 당신 자신의 것처럼 소유하게 된다는 뜻이다.

당신이 예수 그리스도를 믿게 될 때, 모든 사람에게 가능한 구속이 당신에게 실질적으로 적용된다. 화목제물이 당신에게도 유효하게 된다. 예수 그리스도께서 십자가 위에서 성취하신 모든 것이 당신 자신의 경험 속에서 빛을 발하게 된다. 그리고 그 순간 하나님께서 당신을 향해 "의롭게 되었다"고 선언하신다.

나는 때때로, 만일 신랑이 서약을 했는데, 신부 쪽에서 아무런 응답이 없을 때 무슨 일이 벌어질까 궁금해진다. 주례하는 목사에게 그런 일은 악몽과 같을 것이다.

한 가지 확실한 것이 있다. 그러한 결혼은 없을 것이라는 사실이다. 예수 그리스도께서는 당신의 구원자가 될 준비를 마치셨으며, 당신의 구세주가 될 것이라고 선언하셨다. 예수 그리스도께서 당신의 죄악을 감당할 준비를 끝내시고, 당신에게 예수 그리스도의 의를 제공하신다. 그러나 당신이 믿음으로 예수 그리스도를 구원자로 영접할 때까지, 그 거래는 이루어지지 않을 것이다. 예수 그리스도께 대한 헌신의 다짐이 있어서 우리의 삶을 바꾸는 것이다.

드러난 사실 UNLOCKED

당신은 예수 그리스도를 믿음으로써, 하나님의 바른 관계 속으로 들어갈 수 있다는 사실을 알 수 있다. 하나님께서는 예수님의 죽음으로 말미암아 성취된 화목제물과 구속을 기반으로 죄인들을 의롭다 하시며, 믿음으로 예수 그리스도께 나올 모든 사람을 의롭다고 인정해주신다. 믿음은 한 사람을 예수 그리스도께 연합시킨다. 그리하여 예수님께서는 우리가 진 빚을 갚아주시며, 우리는 예수님의 의를 마치 우리 자신의 의인 것처럼 인정받는다.

예수님께 있어서 우리와의 연합은 십자가를 지는 것을 의미했다. 우리에게 있어서 예수 그리스도와의 연합은 심판으로부터 해방되고, 하나님과의 '화목'이라는 새로운 관계를 누리는 것을 의미한다.

'칭의'는 그리스도인으로 살아가면서 당신이 행한 업적에 달려있지 않고, 하나님께서 예수님의 죽음과 부활로 인한 혜택을 당신의 삶에 적용시켜주시는 일에 달려있다. 하나님께서는 믿는 모든 사람에게 이렇게 역사하신다.

기도 PAUSE FOR PRAYER

전능하신 하나님 아버지!

제가 그리스도인으로서 살아가면서 행한 업적에 따라 천국에 들어가게 하지 않으시고, 예수 그리스도를 믿는 믿음으로 하나님의 축복을 누릴 수 있게 하여주심을 감사드립니다. 연약한 제가 물질이나 노력이나 경험으로 주님 앞에 나아가지 않게 하시고, 오직 예수 그리스도를 믿음으로 구원을 얻게 하여주심을 진심으로 감사드립니다.

주님의 깨끗하신 보혈로 저의 죄를 사함 받았으니 하나님 자녀로서 주 안에서 참된 평안과 참된 기쁨을 누릴 수 있게 하여주시옵소서. 예수 그리스도의 이름으로 기도드립니다. 아멘.

Notes

1. 이 삼각관계는 제임스 보이스의 다음 저서에 나와 있다. James M. Boice, *Justification by Faith* vol. 1 of Romans (Grand Rapids:Baker, 1991), 381. 도표는 그의 책에서 따온 것이다.
2. Martin Luther, "The Freedom of a Christian," in J. Dillenberg, *Martin Luther:Selections from His Writings* (New York:Doubleday, 1961), 60.

24

기쁨

Rejoicing

로마서 5장

어떻게 하면 하나님 안에서 기뻐할 수 있는가?

묵상의 길잡이

☑ **발견하라**
천국에서의 영원한 삶에 대해 확신할 수 있는지 발견하라.

☑ **배우라**
사탄이 주는 '기쁨을 앗아가버리는 의문'들에 대답하는 법을 배우라.

☑ **경배하라**
당신을 구원하시기 위해 죽으셨고 당신을 지키시기 위해 살아계신 예수 그리스도께 경배하라.

매일 사업 파트너에게 전화를 해서 여전히 동업하기를 원하는지 물어야만 하는 동업 관계에 대해 상상해보라. 혹은 당신의 배우자가 당신을 진심으로 사랑하는지 모르는 결혼생활에 대해 상상해보라. 한 가지는 확실하다. 그 두 관계가 계속 유지될 수 있을지는 몰라도, 그다지 즐겁지는 않을 것이라는 사실이다. 확신이 없는 관계는 즐거울 수 없다.

하나님께서는 당신이 하나님과의 관계를 누리기를 원하신다. 이것은 하나님께서 당신이 하나님과의 관계 속에서 든든히 서기를 원하신다는 뜻이다. 그러나 당신의 기쁨을 빼앗으려고 안달하는 적이 존재한다. 그 대적의 일차적인 전략은 당신이 하나님에 대한 확신을 저버리게 하는 일일 것이다.

우리의 대적은 종종 우리의 생각 가운데 '기쁨을 앗아가버리는 의문' 들을 심어놓음으로써 그렇게 하려고 시도하고 있다. 우리는 이러한 의문들에 대답하는 법을 배워야 한다. 그렇지 않으면 우리가 하나님을 기뻐하기가 매우 힘들어질 것이다.

로마서 5장에서 바울은 우리 영혼의 대적이 자주 그리스도인의 생각 속에서 제기하는 의문들에 대해 답하고 있다. 만일 당신이 그 의문들에 어떻게 대답해야 할지 모른다면, 그 의문들은 당신의 믿음을 빼앗아갈 것이며, 당신의 소망을 해칠 것이며, 당신의 기쁨을 앗아가버릴 것이다. 사탄은 당신의 생각 속에 의심의 씨앗을 뿌려놓기를 좋아한다. 당신이 기쁨을 상실하게 되면, 그리스도인으로 살아가면서 다른 모든 영역에서 갈등하게 될 것임을 사탄은 잘 알고 있기 때문이다.

그러므로 이제 사도 바울을 따라 이러한 의문들을 통과해 나가는 길을 찾아 나서며, 우리가 "우리 주 예수 그리스도로 말미암아 하나님 안에서 또한 즐거워하느니라"(롬 5:11)고 말할 수 있는 곳으로 가보자.

기쁨을 앗아가는 의문들에 대답하기

1. 하나님 앞에서 내가 어디에 서 있는가?

그러므로 우리가 믿음으로 의롭다 하심을 받았으니 우리 주 예수 그리스도로 말미암아 하나님과 화평을 누리자 또한 그로 말미암아 우리가 믿음으로 서 있는 이 은혜에 들어감을 얻었으며 하나님의 영광을 바라고 즐거워하느니라(롬 5:1-2).

첫 번째 의문은 "내가 하나님 앞에서 어디에 서 있는가?" 하는 것이다. 만일 당신이 하나님 앞에서 자신의 처지에 대해 확실하게 알지 못한다면, 하나님을 즐거워하기가 매우 어려워질 것이다.

바울은 첫 구절에서 그 의문에 이렇게 답변했다. "우리가…우리 주 예수 그리스도로 말미암아 하나님으로 더불어 화평을 누린다." 하나님과의 화평은 '평화롭게 느낀다'는 것을 뜻하지 않는다. 그것은 그리스도인으로 살아가면서 우리가 매우 힘든 일을 겪을 때 하나님께서 우리를 적대하지 않으신다는 뜻이다. 그 이유는, 십자가 위에서 모든 죄가 해결되었기 때문이다.

당신에게 불리한 송사는 종결되었다. 심문도 끝났고, 법정도 폐쇄되었다. 예수님의 죽음과 부활을 통해 하나님과의 평화와 은혜를 누릴 수 있는 권리와 영광이 예수 그리스도를 믿는 모든 사람에게 확실하게 임한 것이다.

그것이 바로 당신이 의롭다 함을 받을 때 생기는 변화이다. 그것은 하나님께서 베푸시는 은혜의 기적이다. 그리고 그것은 당신을 하나님과의 화평의 길로 인도해준다. 그것이 바로 당신의 위치이다. 그 위치는 확고하다. 그 위치는 매일 달라지지 않으며, 당신의 감정에 따라 흔들리지 않으며, 당신이 하나님을 실망시킨다고 해서 취소되지도 않는다.

많은 그리스도인이 자신의 삶이 용서에서 시작되며, 그 삶이 자신의 업적에 의해 유지된다는 생각을 가지고 있다. 그런 생각은 완전히 잘못된 것이다. 의롭다 함을 받을 때, 우리는 우리의 어떠함이 아니라, 하나님의 은혜 속에서 살게 된다. 그 관계는 확고하며, 그것이 바로 하나님 안에서 우리가 즐거워할 수 있는 기쁨의 토대이다.

2. 왜 이런 일이 내게 일어나는가?

다만 이뿐 아니라 우리가 환난 중에도 즐거워하나니 이는 환난은 인내를, 인내는 연단을, 연단은 소망을 이루는 줄 앎이로다(롬 5:3-4).

우리 삶 속에서 많은 일들이 잘못되어가는 것처럼 보일 때, 우리의 대적은 기쁨을 앗아가는 두 번째 의문을 심어놓는다. 왜 이런 일이 내게 일어나는 것일까? 그 일은 건강 문제, 가정 문제, 혹은 또 다른 절망적인 문제들일 수 있다. "하나님께서는 왜 이런 일들이 나에게 일어나도록 하시는 것일까?" 하는 의문이 생기도록 만드는 것이다.

하나님께서는 당신의 고난이 무의미하지 않다는 사실을 당신이 알기를 원하고 계신다. 당신이 당하는 고난은 인내와 연단과 소망을 낳을 것이다. 하나님께서는 무한한 가치가 있는 것을 이룩하시기 위해 당신의 삶 속에서 고난을 사용하실 것이다. 하나님께서는 삶의 가장 큰 고통의 순간들을 당신 안에 예수 그리스도를 닮은 놀라운 형상을 만들어내는 공간으로 삼으실 수 있다.

만일 당신이 인생 전체가 영원한 삶에 대한 준비임을 이해한다면, 결코 절망하지 않을 것이다. 하나님의 목적은 단순히 당신이 영광 가운데 들어가도록 하는 것이 아니라, 영광이 당신 안에 거하도록 하는 것이다. 그 사실을 깨닫는다면, 당신은 아무리 어려운 시절을 보낸다 할지라도 하나님 안에서 즐거워할 수 있을 것이다. 당신은 당신의 눈물을 통해 하나님을 바라보고 있을지 모르겠다. 그러나 당신은 이렇게 말할 수 있을 것이다. "이 고난이 끝이 아니라, 주님께서 저를 위해 준비하고 계시는 축복에 이르기 위한 과정이라는 사실을 믿고 주님께 감사드립니다."

3. 하나님께서 진실로 돌보고 계신가?

우리가 아직 죄인 되었을 때에 그리스도께서 우리를 위하여 죽음으로 하나님께서 우리에 대한 자기의 사랑을 확증하셨느니라(롬 5:8).

예수님의 죽음이 어떻게 하나님 사랑의 입증인지 분명하게 느끼지 못하는 사람이 많다. 따지고 보면, 하나님께서 우리에게 주실 수 있는 하나님의 사랑에 대한 좀 더 적절한 표현이 더 많이 있을 것 같기도 하다. 만일 성경이 "하나님께서 암에 대한 치유를 주신 것으로 우리에게 대한 자신의 사랑을 증명하신다"라고 말했다면, 우리는 의심하지 않고 그 메시지를 믿었을 것이다. 하나님께서 우리를 향한 자신의 사랑을 입증하실만한 다른 여러 가지 방법들에 대해 우리가 생각해볼 수 있지만, 예수님께서 십자가에 달려 죽으신 일은 우리가 생각할 수 있는 방법들 중 하나가 아니다.

한 쌍의 연인이 나이아가라 폭포 근처에서 차 안에 앉아 달빛을 즐기고 있다고 상상해보자. 남자가 자신의 팔을 여자의 어깨 위에 얹고서 그녀의 귀에 "나는 너를 사랑해"라고 속삭인다.

그녀가 의심스럽게 그를 올려다보면서 말한다. "정말이야? 하지만 때론 의심스러워."

"좋아, 그럼 내가 증명해 보이지." 남자가 말한다. 그런 다음에 남자는 차에서 내려 낭떠러지까지 달려가 자기 몸을 내던졌다. 그리고 남자는 그 어두컴컴한 계곡 아래로 떨어지면서 외쳤다. "사랑해…."

눈앞에서 벌어진 일로 어안이 벙벙했던 여자에게 그 일은 잊을 수 없는 경험일 것이다. 그러나 그런 행동은 전혀 사랑에 대한 증명이 아니다. 그것은 완전히 미친 짓이다. 남자의 죽음이 여자에게 아무런 가치가 없는 것이다.

마찬가지로, 만일 예수님의 죽음이 우리를 위해 특별한 어떤 것을 성취하지 않았다면, 그 죽음은 우리에게 아무런 가치도 없는 것이다. 바로 그것이 성경이 가르치고 있는 내용이다. 우리가 지난 두 장에서 살펴보았듯이, 예수님의 죽음을 통해 우리의 죗값은 모두 지불되었으며, 하나님의 진노는 진정되었다.

하나님께서 우리의 가장 부족한 부분에 최대의 선물을 주심으로써 우리를 향한 자신의 사랑을 입증하셨다. 고난은 많은 불가사의한 일들과 함께 대답할 수 없는 의문들을 가져다준다. 그러나 당신이 하나님께서 과연 진정으로 당신을 돌보고 계신지 의심하고 싶은 유혹이 들 때, 십자가를 바라보면서 예수님의 상처와 고난을 묵상하는 것보다 더 좋은 방법은 어디에도 없을 것이다. 예수 그리스도 안에서 당신에 대한 하나님의 사랑을 볼 때, 당신은 하나님 안에서 즐거워하게 될 것이다.

4. 어떻게 내가 천국까지 이를 것이라고 확신할 수 있는가?

그러면 이제 우리가 그의 피로 말미암아 의롭다 하심을 받았으니 더욱 그로 말미암아 진노하심에서 구원을 받을 것이니 곧 우리가 원수되었을 때에 그의 아들의 죽으심으로 말미암아 하나님과 화목하게 되었은즉 화목하게 된 자로서는 더욱 그의 살아나심으로 말미암아 구원을 받을 것이니라(롬 5:9-10).

기쁨을 앗아가는 네 번째 의문은 이 구절에 나타나 있다. '내가 천국에 가게 될 것이라고 어떻게 확신할 수 있는가?' 이것은 정말 대답하기 어려운 질문일 수도 있다.

당신이 해외여행을 계획했다고 상상해보자. 표를 구입했고, 여권도 확인했으며, 여행에 필요한 모든 예약을 마쳤다. 당신은 이제 떠나기만 하면 된다. 이제는 공항에 가서 비행기만 타면 되는 것이다.

그러나 그 여행에 차질을 빚을 수 있는 수천 가지의 일들이 틀림없이 존재한다. 떠나기 전날 밤에 아플 수도 있으며, 계단을 내려오다가 넘어져서 다리가 부러질 수도 있다. 폭풍이 불어서 집을 떠나지 못하게 될 수도 있다. 발생할 수 있는 끔찍한 시나리오들을 만들어내는 데 그다지 많은 상상이 필요하지 않을 것이다.

그렇게 지불해야 할 돈을 다 지불하고, 모든 예약을 해두고, 가방을 모두 싸놓았어도, 막판에 무엇인가 잘못되어 여행이 취소될 끔찍한 가능성은 여전히 존재한다.

여행에서라면, 우리는 이러한 작은 위험 부담들은 쉽게 해결할 수 있다. 그러나 영원한 구원의 문제에 있어서는 위험 부담이 훨씬 더 커지기 때문에, 아무리 작은 의심일지라도 우리에게서 기쁨을 앗아갈 수 있는 소지가 충분하다.

사탄은 그리스도인에게 닥친 길고 고된 인생 여정 속에 놓인 많은 위험들을 우리에게 일깨워주기를 즐긴다. "나라면, 아직 이 영광의 소망에 대해 지나치게 기대하지 않을 것이다. 아직도 가야 할 길이 멀기 때문이다. 너는 네가 그리스도인이 되었다고 말한다. 그러나 나는 네가 이 사실을 끝까지 지킬 수 있을지 확신할 수 없다. 너는 아마도 아주 강한 유혹을 만나게 될 것이다. 출발할 때와 끝날 때는 다른 것이다. 무엇이 너의 믿음을 날려버릴지 누가 알겠는가?"

이러한 의문들은 중요하다. 나는 과거에는 예수 그리스도에 대한 믿음을 고백했다가 나중에는 더 이상 그 믿음을 언급조차 하지 않는 여러 사람을 알고 있다. 나에게 어떤 일이 벌어질지 내가 어떻게 알겠는가?

우리는 이 기쁨을 앗아가는 네 번째 의문에 대해 어떻게 대답해야 할까? 만일 우리가 자신감을 가지고 천국을 바라볼 수 없다면, 우리는 하나님 안에서의 기쁨을 처절하게 잃어버리게 될지도 모른다.

> 그러면 이제 우리가 그의 피로 말미암아 의롭다 하심을 받았으니 더욱 그로 말미암아 진노하심에서 구원을 받을 것이니(롬 5:9).

우리가 의롭다고 인정받을 때, 우리는 하나님의 평화를 누리게 되었음을 깨닫는다. 그러나 이 평화가 하나님의 진노가 나타나게 될 최후의 심판 날까지 잘 유지될 것이라고 어떻게 확신할 수 있단 말인가?

그 물음에 대한 대답은 여기에 있다. "이제 우리가 그의 피로 말미암아 의롭다 하심을 받았으니"(롬 5:9). 만일 우리가 이 말씀의 의미를 파악할 수 있다면, 우리가 하나님 안에서 즐거워하는 데 도움을 받을 수 있을 것이다.

하나님께서는 예수 그리스도께서 십자가를 지심으로써 이루신 구속과 속죄 사역의 기초 위에서 우리를 의롭다 하신다. 하나님과의 평화는 내 안에 있는 어떤 것에 기초하지 않는다. 그 평화는 전적으로 나와는 아무 상관이 없는 특별한 것, 즉 예수 그리스도의 피에 근거해있다.

잘못된 확신으로 인한 혼란

당신에게 이 말은 너무도 명백하게 들릴지 모른다. 그러나 이 말을 이해하지 못한 그리스도인이 여전히 많다. 만일 당신이 최후의 날에 천국에 갈 것이라는 사실을 어떻게 아느냐는 질문을 받는다면, 어떻게 대답하겠는가? 여기에 그리스도인들이 가장 많이 하는 세 가지의 대답이 있다. 그러나 이 대답 중 어느 것도 사도 바울이 준 대답은 아니다.

질문: 당신이 최후의 날에 천국에 갈 것이라는 사실을 어떻게 아는가?

답변 1: 나는 예수 그리스도를 사랑한다.

참 좋은 대답이다. 나는 이 대답을 한 사람이 그리스도인이라는 점을 의심하지 않는다. 그러나 예수님을 사랑하는 것에 대한 테스트는 우리가 그분의 계명에 순종하는 것에 있다. 우리가 그분의 계명에 완벽하게 순종하고 있지 않다는 사실은 우리가 그분을 완전하게 사랑하고 있지 않다는 사실을 보여준다. 예수 그리스도에 대한 우리의 사랑은 진정한 것이다. 그러나 그 사랑은 우리 자신에 대한 사랑과 상당히 뒤섞여 있다. 그리고 예수 그리스도에 대한 우리의 사랑은 최상의 경우에 있어서도 우리를 향한 예수 그리스도의 사랑의 희미한 반영일 뿐이다. 내가 예수 그리스도를 사랑하고 있음은 사실이지만, 내가 최후의 날에 하나님의 임재 가운데 설 때, 그 사실이 구원의 확신에 대한 근거가 될 수는 없다.

답변 2: 나는 헌신했다.

이 또한 참 좋은 답이다. 그러나 만일 예수 그리스도를 섬기는 일에 대한 당신의 헌신이 약해지고 식는다면 어떻게 하겠는가? 그것은 당신이 천국에 들어가게 될 기회 역시 줄어든다는 뜻이 아니겠는가?

예수 그리스도에 대한 자신의 헌신과 업적과 열심의 수준이 천국에 들어가는 기반이라고 생각하는 사람들은, 자신이 적합하다고 여기는 그 수준에서 열심을 유지하기 위해 노력하지만, 이내 견디기 어려운 짐에 눌려 살아가고 있는 자신의 모습을 보게 될 것이다. 이런 사람들은 무슨 일을 하든지 간에, 언제나 '내가 더 열심히 헌신할 수 있었는데…'라고 후회할 것이다. 이런 생각을 잘 하는 성도들은 영적인 탈진의 길로 들어가고 있는 것이다.

답변 3: 나에게는 믿음이 있다.

역시 아주 훌륭한 대답이다. 그러나 당신의 믿음은 얼마나 강한가? 당신은 의심 때문에 갈등하는 때가 있지 않았는가? 많은 사람이 자신의 믿음을 믿는 오류에 빠져있다. 그러나 그들의 믿음은 의문과 불안과 의심과 두려움에서 결코 벗어나지 못하기 때문에, 자신의 믿음이 충분한 것인지 확신할 수 없다.

나는 지금 이런 식으로 대답할 많은 그리스도인의 위치에 대해 의문을 제기하는 것이 아니다. 문제는 많은 그리스도인이 구원에 대한 확신의 적절한 근거를 혼동하고 있기 때문에, 그들이 하나님 안에서 기뻐하고 즐거워하는 축복을 놓치고 있다는 것이다.

'나' 라는 말에 있는 문제점

위의 세 가지 대답에 한 가지 공통분모가 있음을 눈치챘는가? 그 대답들은 모두 '나'라는 치명적인 말로 시작된다. "나는 그리스도를 사랑한다.", "나는 헌신했다.", "나에게는 믿음이 있다." , 이처럼 '나'로 시작하는 모든 것이 지니고 있는 문제점은, 그것은 결코 완전하지 않다는 사실이다.

'나'는 회복되는 과정에 있는 한 죄인이다. 내 안에서 일어나는 하나님의 역사는 분명히 시작되었다. 그렇지만 완성된 것은 아니다. 그러므로 내가 그리스도를 사랑하고, 그리스도를 섬기는 일에 헌신하고, 그리스도에 대한 믿음을 가지고 있다는 사실은 모두 진실일지라도, 이러한 것들은 완벽하지 않으며, 앞으로도 완전에 이르지 못할 것이다. 그것들은 밭에 뿌려져 아직도 자라고 있는 살아있는 씨앗들처럼, 성장하는 과정 중에 있다.

오직 그리스도 안에 있는 확신

우리는 아직 성장하고 있는 과정 중에 있다. 그래서 우리는 결코 우리 자신 가운데 있는 어떤 것으로도 하나님 앞에서의 안전에 대한 확신을 발견할 수 없다. 확신에 대한 유일한 근거는 나와는 전혀 상관이 없는 예수 그리스도의 피다. 우리는 그 피로 의롭다 함을 받았다.

> 내 손의 모든 수고는 하나님의 율법이 이르는 것을 성취할 수 없습니다.
> 나의 열심은 그치지 않을 것입니다. 나의 눈물은 영원히 흘러내릴 것입니다.
> 나의 모든 죄는 속량 받지 못할 것입니다. 그리스도만이 구원하실 수 있습니다.
> 내가 빈손으로 와서, 오직 그리스도의 십자가에 매달립니다.
> 헐벗은 채 와서 그리스도의 옷을 구합니다. 달리 방법이 없어 그리스도께 은혜를 구합니다.
> 더러운 내가 샘가로 나아갑니다. 나를 씻기소서, 구주여, 아니면 나는 죽나이다.[1]

'믿음으로 말미암아 의롭다 하심을 얻는다'거나 '믿음을 통해 의롭다 하심을 받는다'는 말(롬 3:28; 5:1; 갈 2:16; 3:24)이 일종의 축약된 말임을 이해하는 것이 중요하다. 우리가 그리스도를 믿을 때, 우리의 믿음을 그리스도께 둘 때, 우리에게 적용되는 그리스도의 피를 통해 우리가 의롭다 함을 받게 되는 것이다. 나를 의롭게 하는 것은 오직 그리스도의 피다. 믿음은 단지 '칭의'가 내게 임하는 수단일 뿐이다. 하나님께서는 나의 믿음에 대한 믿음을 갖도록 나를 부르시는 것이 아니라, 예수 그리스도에 대한 믿음을 갖도록 부르시는 것이다.

마틴 로이드 존스Martyn Lloyd-Jones 목사의 말을 빌자면 다음과 같다.

> 우리를 구하는 것은 믿음이 아니다. 우리를 구하는 것은 주 예수 그리스도와 그분의 완벽한 역사이다. 우리를 구하는 것은 갈보리 십자가 위에서 죽으신 예수 그리스도이시다. 우리를 구하는 것은 예수 그리스도의 완벽한 삶이다. 우리를 구하는 것은 하나님의 임재 속에서 우리 대신 예수 그리스도께서 나타나시는 것이다. 우리를 구하는 것은 하나님께서 예수 그리스도의 의를 우리에게 적용하시는 것이다. 이것이 바로 구원이다. 믿음은 구원에 이르는 통로이며, 예수 그리스도의 의가 나의 것이 되는 도구이다…믿음은 단지 우리를 예수 그리스도와 그분의 의에 연결시켜주는 끈일 따름이다.[2]

그러므로 만일 당신이 하나님 안에서 확신과 기쁨을 누리고자 한다면, 당신이 해야 할 질문은 "나의 믿음이 얼마나 강한가?"이거나 "나의 마음이 얼마나 따뜻한가?"이거나 "나의 헌신이 얼마나 깊은가?"가 아니다. 당신은 이렇게 물어야 한다. "예수 그리스도의 피가 내가 하나님 앞에 서게 될 그날까지 나의 모든 죄를 씻어주고 모든 연약함과 실패와 부적절함을 덮어줄 만큼 충분히 풍요롭고 충분히 강력한가?"

그 질문에 대한 대답은, "절대적으로 그렇다!"는 것이다.

하나님 앞에서 우리의 위치는 우리 안에 있는 어떠한 것에 근거한 것이 아니라, 십자가에서 죽으신 예수 그리스도의 희생제사에 근거해 있기 때문에, 우리는 최후의 그날에 모든 것이 잘 될 것이라고 자신할 수 있다. 왜냐하면 우리의 구원은 지금이나 그때나 우리로 말미암은 것이 아니라 예수 그리스도로 말미암은 것이기 때문이다. "우리 주 예수 그리스도로 말미암아 하나님 안에서 또한 즐거워하느니라"(롬 5:11).

결코 당신을 떠나지 않으실 예수님

곧 우리가 원수 되었을 때에 그의 아들의 죽으심으로 말미암아 하나님과 화목하게 되었은즉 화목하게 된 자로서는 더욱 그의 살아나심으로 말미암아 구원을 받을 것이니라(롬 5:10).

이 말씀은 두 개의 핵심적인 사실을 포함하고 있다. 그것은 '그분의 죽음으로 말미암아 화목하게 되었다'는 것과 '그분의 사심을 통해 구원을 얻는다'는 말씀이다. 당신을 구하기 위해 죽으셨던 예수 그리스도께서 계속해서 당신을 보호하시기 위해 살아계신다. 그러므로 미래에 당신에게 어떤 일이 생길지 걱정할 필요가 없다는 것이다. 예수님께서 모든 상황 속에서 당신과 함께 계실 것이다.

어떤 사람들은, 하나님을 마치 경기 기록표를 쥐고는 경기 운영이 만족스럽지 않다면서 우리를 팀에서 제외시키겠다고 계속 위협하는 스포츠 코치들과 같다고 생각한다. 우리가 그리스도인으로서 남은 삶을 사는 내내 하나님께서 우리와 거리를 두고 있다고 오해하는 것이다.

이는 잘못된 생각이다. 하나님께서는 당신을 위하고 계시며, 당신과 더불어 계시며, 그분의 성령으로 말미암아 당신 안에 계신다. 예수 그리스도는 당신을 성부 하나님과 화목하게 하시기 위해 죽으셨으며, 지금 살아서 당신을 천국으로 이끌어가고 계신다. 만일 당신이 그분의 죽음으로 인해 하나님과 화목하게 되었다면, 그분의 부활을 통해 하나님께서 당신을 계속 보호하실 것이라는 생각이 들지 않는가? 그것이 바로 우리의 안전이다.

성경은 우리가 예수님께 헌신했던 그날을 우리로 하여금 계속 되돌아보게 만들지 않는다. 우리가 주목해야 할 것은 헌신이 아니다. 성경은 "믿음의 주요 또 온전하게 하시는 이인 예수"(히 12:2)께 우리의 시선을 계속 고정하고, 그분만 바라보게 함으로써 구원의 확신을 준다. 예수 그리스도께서는 우리를 구원하시기 위해 죽으셨다. 예수 그리스도께서는 당신을 계속 보호하시기 위해 살아계신다. 그리고 예수 그리스도께서 당신과 함께 계시기 때문에, 당신의 구원은 확고한 것이다.

신약성경 뒷부분에서, 사도 베드로는 구원의 확신에 대해 이렇게 썼다. "썩지 않고 더럽지 않고 쇠하지 아니하는 유업을 잇게 하시나니 곧 너희를 위하여 하늘에 간직하신 것이라 너희가 말세에 나타내기로 예비하신 구원을 얻기 위하여 믿음으로 말미암아 하나님의 능력으로 보호하심을 받았느니라"(벧전 1:4-5).

하나님께서는 우리를 위해 하늘에 한 유업을 간직하고 계신다. 그리고 우리가 그 유업을 받게 될 때까지 우리를 지키신다. 한 손에는 그 유업을 붙잡고 계시며, 다른 한 손에는 당신을 붙잡고 계신 예수 그리스도에 대해 생각해보라. 둘 다 예수 그리스도의 손에 있기 때문에 모두 안전하다. 마지막 날에는 예수 그리스도께서 그 둘을 만나게 하실 것이다.

드러난 사실 UNLOCKED

당신은 예수 그리스도를 통해 하나님과 평화를 누리고 있으며, 하나님의 은혜 가운데 살고 있으며, 앞으로 언젠가 그분의 영광이 충만한 빛을 발할 것이기 때문에 하나님 안에서 즐거워할 수 있다.

당신의 생명은 하나님 손에 달려있으므로, 살아가면서 가장 힘들 때에도 하나님께서 자신의 목적을 성취해나가실 것이라고 확신할 수 있다. 당신이 당하고 있는 고난은 우연도, 의미 없는 것도, 통제 불능의 것도 아니다. 그것은 하나님께서 당신 안에 그리스도의 형상을 빚어내실 자리이다.

하나님께서는 십자가에서 죽으신 예수 그리스도의 피를 통해 당신에 대한 하나님의 사랑을 입증하셨다. 그리고 그분의 사랑은 성령으로 말미암아 당신의 마음속에 퍼부어지고 있다. 하나님의 사랑은 결코 당신을 내버려두지 않을 것이다.

당신을 구원하시기 위해 죽으신 예수 그리스도께서 부활하시고 지금도 살아계셔서 당신을 계속 지켜주시기 때문에 당신은 자신 있게 미래를 바라볼 수 있다. 당신의 구원은 그리스도인으로 살아가면서 이루는 당신의 행실이나 업적에 있는 것이 아니다. 구원은 예수 그리스도의 보혈 덕분에 확보되었다. 이 사실을 아는 당신은 우리 주 예수 그리스도로 말미암아 하나님 안에서 즐거워할 수 있다.

기도 PAUSE FOR PRAYER

은혜로우신 하나님 아버지!

저를 구원하신 은혜에 감사드립니다. 하나님께서 예수 그리스도를 통해 제게 주신 놀라운 구원의 선물에 깊이 감사하면서 하나님 앞에 무릎 꿇고 찬양과 경배를 올립니다. 미래를 생각하며 한 치의 의심도 품지 않게 하시며, 주님 앞에 서게 될 그 기쁨 충만한 축복을 누릴 수 있도록 구원의 확신을 주신 주님께 진실로 감사드립니다.

하나님 자녀로서, 주님의 일꾼으로서 이 세상을 사는 가운데, 예수 그리스도를 더욱 닮게 하시고, 주님의 소원을 이루는 귀한 자녀가 되게 하여주시옵소서. 앞으로 닥칠지 모를 모든 시험과 환난 속에서 주님의 계획을 발견하게 하시고, 사탄에게 속지 않게 하시며, 예수 그리스도 안에서 승리할 수 있도록 하여주시옵소서.

예수 그리스도 안에서 참된 평안과 안식과 기쁨을 누릴 수 있도록 도와주시고, 저의 모든 형편과 모든 처지를 두루 살피시는 주님 안에서 찬송과 감사가 차고 넘칠 수 있도록 도와주시옵소서. 저의 온 시선이 예수 그리스도께 집중되게 하시고, 그리스도를 중심으로 하는 삶을 살 수 있도록 항상 지켜주시고, 보호하여주시옵소서. 저를 구원하신 주 예수 그리스도의 이름으로 기도드립니다. 아멘.

Notes

1. 다음에서 발췌한 것임. Augustus Montague Toplady, "Rock of Ages," 2절과 3절.
2. D. Martin Lloyd-Jones, Romans: *An Exposition of Chapters* 3:20-4:25 (Edinburgh, Scotland:Banner of Truth, 1970), 120.

25

은혜

Grace

로마서 5장

어떻게 내가 죄의 권세를 이길 수 있는가?

묵상의 길잡이

☑ **발견하라**
하나님의 은혜가 어떻게 변화를 일으킬 수 있는지 발견하라.

☑ **배우라**
용서와 도덕적인 교훈이 왜 우리를 구원하지 못하는지 배우라.

☑ **경배하라**
은혜로 다스리시는 예수 그리스도를 경배하라.

세계의 역사는 대제국들의 흥망성쇠에 좌우되어왔다. 성경 이야기의 초기에는 애굽(이집트)이 세계를 지배했다. 그 후에 앗수르(앗시리아), 바벨론(바빌로니아), 바사(페르시아), 헬라(그리스) 그리고 로마가 차례로 세상을 지배했다. 현대에 들어서 우리는 오스만 제국, 대영 제국, 소비에트 연방의 흥망성쇠를 목격했다.

그리고 우리는 냉전을 통해 서로 실권을 장악하려는 두 초강대국의 등장을 목격했다. 하지만 지금은 미국이 초강대국의 위치에 있다. 그다음은 누가 될 것인가? 유럽 연합일까? 떠오르고 있는 중국일까? 부활하고 있는 러시아일까? 혹은 인도일 수도 있을까?

이 장에서, 우리는 두 개의 막강한 세력에 대해 배울 것이다. 그 힘은 정치적인 세력이나 지정학적인 세력이 아니다. 그 힘은 영적인 힘이다. 이 두 개의 막강한 세력은 모든 문화, 모든 세대에 걸쳐서 작용하고 있다. 실제로, 지구상에 태어난 모든 사람은 이 두 제국 중 하나에 속해있다.

바울은 로마서 5장 21절에서 우리에게 이 두 세력, 즉 죄의 통치와 은혜의 통치를 소개하고 있다.

> 이는 죄가 사망 안에서 왕 노릇 한 것같이 은혜도 또한 의로 말미암아 왕 노릇 하여 우리 주 예수 그리스도로 말미암아 영생에 이르게 하려 함이라(롬 5:21).

하나의 선택과 하나의 힘

> 죄가…왕 노릇 한 것같이(롬 5:21).

그리스도인들과 그 외의 다른 많은 사람들은 대부분 죄가 하나의 선택이라는 사실을 의심 없이 받아들일 것이다. 우리는 매일 선택을 하고 있다는 사실에 위안을 삼으며, 그 선택들 대부분이 마땅히 옳은 선택일 것이라고 생각한다. 한편 우리는 자신이 때때로 옳지 않은 선택들을 한다는 사실을 겸손하게 인정한다. 그래서 우리가 옳지 않은 선택을 할 때는 그것을 기꺼이 죄라고 일컫는다.

그러나 성경은 죄라는 것이 우리가 저지르는 몇 가지 우매한 실수들보다 훨씬 더 큰 문제라는 점을 명확히 밝히고 있다. 죄는 하나의 선택 이상이다. 그것은 하나의 힘이다. 바로 그러한 이유로 바울은 죄가 '왕 노릇'한다고 말하고 있다. '왕 노릇'이라는 말은 권력을 행사한다는 말이다. 성경은 죄가 세상을 다스리고 있다고 우리에게 말하고 있다.

나는 이 메시지를 우리 교회 성도들에게 전하면서, 우리가 태평양의 한 섬으로 휴가를 떠나고 있다고 상상해보라고 했다. 자, 이제 당신도 우리와 함께 그 여행에 동참하기를 바란다. 우리는 공항에 모여서 비행기에 오른다. 물론 우리들 대부분은 이코노미 클래스의 좌석을 예약했다. 그러나 우리 중 몇몇 사람은 비즈니스 클래스의 좌석을 예약했다. 그리고 극소수의 사람들은 퍼스트 클래스에 호강스럽게 앉아있다.

여행은 순조로운 이륙과 더불어 시작된다. 우리는 비행기에서 나오는 기내식을 먹고 온갖 대접을 받는다. 그러다가 갑자기 경보가 울린다. 기내가 연기로 꽉 차고, 복면으로 얼굴을 가리고 총을 든 세 사람이 나타나 우리는 완전히 공포에 질린다. 비행기는 납치당했고, 우리는 모두 인질이 되었다.

우리들 대부분은 이코노미 클래스의 인질이다. 어떤 사람들은 비즈니스 클래스의 인질이다. 극소수의 사람들은 퍼스트 클래스의 인질이다. 어디에 앉아있든 우리는 모두 똑같은 처지에 있다. 납치범들이 우리를 통제하고 있는 것이다. 그들이 힘을 가지고 비행기의 운명을 좌우하고 있다. 이 상황에서 우리가 할 수 있는 일은 아무것도 없다.

이것이 바로 '왕 노릇'한다는 뜻이다. 성경이 '죄가 왕 노릇했다'고 말할 때, 그 말은 죄가 우리의 세계와 우리의 경험 속으로 침입해 들어왔다는 뜻이다. 죄가 우리의 궁극적인 결과와 운명을 지배하고, 우리는 그에 따른 결과를 감당하지 못하게 된다. 죄가 우리를 통제하고 있다.

죄가 사망 안에서 왕 노릇 한 것같이(롬 5:21).

성경에 있는 가장 끔찍한 말들 가운데 하나는 '죄가 죽음 가운데서 다스렸다'는 말이다. 인류를 다스리는 죄악의 전제 정치의 최종적인 결과는 죽음이다. 하나님께서는 죄라고 불리는 납치범이 나를 데리고 가는 종착지는 바로 죽음이라고 말씀하고 계신다.

죽음이 임할 때는, 당신이 앉아있는 곳이 퍼스트 클래스든, 비즈니스 클래스든, 이코노미 클래스든 아무런 차이가 없다. 죽음 앞에서 우리는 아무것도 할 수가 없다.

죽음 앞에서 한동안은 저항을 할 수 있을 것이다. 그러나 결국에 죽음은 우리 모두를 데리고 간다. 죽음의 전제 정치는 잔인하고 가차 없다.

죄의 통치에 대한 바울의 가르침은 우리가 신문 기사를 이해할 수 있도록 도와준다. 우리는 학교에서 벌어지는 총격, 군대의 침공, 막대한 마약 거래, 깨진 가정들, 각종 범죄에 대해 읽고 들으면서 이렇게 말한다. "이런 식으로 세상이 돌아가면 안 되는데…." 왜 이와 같은 세상이 존재하고 있는 것일까?

우리에게 주시는 하나님의 대답은 이것이다. "네 말이 맞다. 이런 식으로 세상이 돌아가면 안 된다. 세상이 이렇게 된 이유는 한 적군이 들어왔기 때문이다. 너희는 폭군의 지배 아래 살아가고 있다. 죄가 세상을 다스리고 있다."

쿠웨이트에서 소인국까지

이번에는 당신이 쿠웨이트에서 살고 있다고 가정해보자. 때는 1991년 가을이다. 당신이 어느 날 아침에 일어나 라디오를 켜자, 침공에 대한 보도가 흘러나온다. 창밖을 내다보자, 탱크들이 거리를 지나가고 있다. 당신은 끔찍한 공포에 사로잡힌다. 외국 군대가 쳐들어와 정권을 탈취해버린 것이다. 당신은 이제 전제 정치 아래서 살아가게 된다. 적군이 지배하고 있는 것이다.

세 번째 비유는 걸리버 여행기에 나오는 이야기이다. 걸리버는 '릴리풋'이라는 소인국 마을에 갔다. 그곳 사람들은 아주 작아서 걸리버는 그들에 비하면 엄청 키가 큰 거인이었다. 그가 소인국에서 잠이 들었을 때, 릴리풋 소인들은 작업을 하기 시작했다. 그들은 바위 위에 올라가는 개미처럼 그의 몸에 기어 올라가서 수천 개의 작은 실들로 걸리버를 묶어놓았다.

가는 실들 하나하나가 모이니 큰 힘을 발휘했다. 그래서 걸리버가 깨어났을 때, 그는 움직일 수 없었다. 소인국 사람들이 그를 포로로 잡아버린 것이다.

이 장면들은 성경에서 이르는 '죄가 왕 노릇 하였다'는 말이 무엇을 의미하는 것인지 우리가 이해할 수 있도록 도와준다. 죄는 단순한 하나의 선택이 아니다. 죄는 우리가 사는 세상 속에서 그리고 우리의 경험 속에서 통제력을 행사하고 있는 하나의 힘이다. 죄는 때때로 우리에게 아무런 영향을 주지 않는 것처럼 여겨질 수 있다. 그러나 죄의 실가닥들이 하나하나 모이면 너무도 강해 끊어버릴 수가 없다.

누구 탓인가?

한 사람이 순종하지 아니함으로 많은 사람이 죄인 된 것같이(롬 5:19).

죄의 공포 정치는 한 사람의 불순종에 의해 시작되었다. 우리는 하나님께서 아담과 하와를 에덴동산 가운데 두시고, 그들이 그곳에서 온갖 좋은 선물을 받고 축복을 누린 이야기를 살펴보았다. 아담은 하나님의 축복에 둘러싸여있었다. 그러나 그는 하나님께서 주셨던 단 하나의 계명에 불순종하기로 선택했다. 곧 그는 자신의 선택이 자기 안에서 어떤 힘이 되었음을 발견하게 되었다. 그는 죄에서 자신을 자유롭게 할 수 없었다. 그 죄가 아담 속에서 그의 기질, 또는 성향이 되어버렸기 때문이다.

아담은 더 이상 이전의 아담이 아니었다. 그에게 있어서 가장 끔찍한 일은 죄가 그의 자식들의 삶까지도 통제했다는 사실이었을 것이다.

아담은 자신이라면 결코 저지르지 않을 일들을 자기 자식들이 행하는 것을 목격하며 살았다. 아담의 첫 아들 가인은 동생 아벨을 죽였다. 아담은 분명히 그 영문을 몰랐을 것이다. "내가 무슨 일을 저질렀는가? 나는 죄가 단지 하나의 선택일 뿐이라고 생각했다. 그 일을 내가 잠시 시도해볼 수 있는 것이라고 생각했다. 그러나 죄는 하나의 권력이다. 그러므로 나는 물론이거니와 나의 아들도 죄에서 벗어날 수 없다. 나는 하나의 선택을 했고, 그 선택은 나의 통제를 넘어서는 파괴적인 힘을 세상에 풀어놓았다."

죄는 권력이다. 그것은 통치하는 제국이다. 죄가 이러한 권세를 휘두르는 지위를 갖게 된 이유는 한 사람의 활약 때문이다.

그렇다고 세상이 온갖 죄악을 양산하는 대로 나쁜 상태에 있지는 않다. 하나님께서는 죄의 가장 극악한 영향들 가운데 몇 가지를 억제하시는 은혜를 베풀어주셨다. 그러나 우리가 이 죄의 힘으로부터 벗어날 수 있는 것은 아니다. 우리는 모두 어떤 죄는 피할 수 있지만, 우리 가운데 누구도 모든 죄를 피할 수는 없다.

왜 내가 그 일을 저질렀지?

죄가 하나의 힘이라는 사실은 자기 자신을 이해할 수 있도록 도움을 주기도 한다. '디씨 토크'DC Talk의 노래에 나오는 가사에는 상당한 통찰이 담겨있다.

> 내 속에서 무슨 일이 진행되고 있는 걸까?
> 내 자신의 행위를 경멸하네.[1]

아마도 당신은 무슨 말인가를 하고 나서 곧바로 후회하면서, '도대체 내가 왜 그런 말을 했지?'라고 생각한 적이 있을 것이다.

때로 우리는 우리 자신에 대해 이해할 수 없는 미스터리를 안고 있다. 다윗 왕은 그런 일을 경험하고 나서 "자기 허물을 능히 깨달을 자 누구리요"(시 19:12)라고 물었다. 사도 바울은 로마서 7장에서 동일한 미스터리에 대해 말하고 있다. 거기에서 그는 선을 행하고자 했으나 행하지 못했고, 악을 피하고자 하나 악에 끌려 들어가 있는 자신을 보았던 한 사람의 좌절을 기록하고 있다. 이 미스터리에 대해서는 단 한 가지의 설명이 있을 뿐이다. 그것은 바로 죄가 하나의 힘, 즉 권력이라는 것이다.

용서 이상의 것

만일 죄가 하나의 선택이었다면, 우리가 하나님께 구해야 할 것은 용서와 율법이었을 것이다. 우리는 모두 어리석은 선택들을 했기 때문에 용서가 필요할 것이고, 장차 더 나은, 더 선한 선택들을 하도록 우리를 지도해줄 율법이 필요했을 것이다. 그러나 죄의 힘 아래서 신음하고 있는 사람에게 율법이 어떤 도움이 되겠는가?

율법은 마치 납치범이 총을 들고 출입문을 지키고 서 있을 때, 당신에게 비행기에서 내리라고 말하는 조종사와 같다. 만일 우리가 자유로운 상태에 있지 못하다면, 지시나 지침은 우리에게 아무런 가치가 없다. 마찬가지로, 만일 당신이 쿠웨이트에서 공격을 받고, 점령군의 폭정 아래 살아가고 있다면, 당신과 쿠웨이트 국민에게 자신의 자유를 행사해야 한다는 이야기를 하는 것이 무슨 소용이 있겠는가? 당신이 자유를 상실했기 때문에 자유를 행사할 수 없는 것이다. 마찬가지로 수천 개의 실 가닥에 묶여 누워있는 걸리버에게 움직여야 한다고 말하는 것은 아무런 소용이 없다. 걸리버는 묶여있기 때문이다.

바로 이런 이유로 바울이 율법의 한계를 강조한 것이다(롬 8:3). 율법은 우리를 구해줄 수 없다. 만일 하나님께서 우리의 죄악을 용서하신 다음에, 한 세트의 도덕규범들을 남겨주셨다면, 우리는 구원받지 못했을 것이다. 용서와 율법은 그 일을 하지 못한다.

이것이 바로 도덕적 교훈이 가지고 있는 큰 제약이다. 가정이나 학교에서 우리의 자녀들에게 도덕적인 교훈들을 주는 것은 좋은 일이다. 그러나 우리의 자녀들에게는 자신의 삶 가운데 있는 죄의 권세를 극복할 수 있는 힘이 없다는 문제점이 있다. 훌륭한 도덕 교육으로도 죄의 권세를 극복할 수 없다. 죄의 권세에 대한 유일한 대답은 은혜라는 초강력 권력이다.

은혜가 다스리다

…그러나 죄가 더한 곳에 은혜가 더욱 넘쳤나니 이는 죄가 사망 안에

서 왕 노릇한 것같이 은혜도 또한 의로 말미암아 왕 노릇 하여 우리 주 예수 그리스도로 말미암아 영생에 이르게 하려함이라(롬 5:20-21).

이 구절은 죄와 은혜라는 두 개의 초강력 권력들 사이에 평행선을 그리고 있다. 죄가 한 사람으로부터 흘러나와 죽음으로 인도하는 하나의 권력이듯이 은혜도 한 사람으로부터 흘러나와 영생으로 인도하는 하나의 권력이다.

바울은 여기에서 은혜를 묘사하면서, 친절한 태도에 대해 말하고 있는 것이 아니다. 그가 말하고 있는 것은 하나의 권력에 대한 것이다. 죄가 인간 경험의 세계 속에서 파괴적인 힘을 행사해왔듯이, 은혜는 이제 죄의 폭정으로부터 우리를 건져내기 위해 우리의 삶을 뚫고 들어온다.

만일 우리가 납치범에게 인질로 잡혀있다면, 경찰의 동정이 아니라 무력 진압을 원할 것이다. 만일 이라크가 쿠웨이트를 침공했을 때 우리가 쿠웨이트에서 살고 있었다면, 우리는 동맹국들로부터 도덕적인 지지를 바라지는 않았을 것이다. 우리가 동맹국들에게 요청할 일은 우리를 구할 수 있는 대규모 작전에 착수해달라는 일이었을 것이다. 만일 걸리버처럼 우리가 묶여있다면, 우리는 격려의 말보다, 칼을 들고 와서 묶여있는 끈을 잘라 우리를 풀어줄 누군가를 찾을 것이다.

바울은 이것이 바로 은혜가 작용하는 방식이라고 우리에게 전해준다. 은혜는 하나의 권력이다. 은혜는 용서해주는 것 이상이다. 복음은 은혜의 힘이 죄의 힘을 분쇄하는 것에 대한 것이다. 그것은 영적인 면에서 납치범을 압도하고, 침입자를 몰아내고, 갇힌 자를 해방시켜주는 것과 같은 것이다. 은혜가 통치권을 장악하는 것이며, 은혜가 우리를 붙잡아 전혀 다른 자리로 인도하는 것이다.

한 사람이 은혜를 베푸시다

> 한 사람의 순종하지 아니함으로 많은 사람이 죄인 된 것같이 한 사람이 순종하심으로 많은 사람이 의인이 되리라(롬 5:19).

성경 이야기 전체는 죄의 힘과 은혜의 힘 사이의 싸움에 대한 것이다. 그러나 결국에는 은혜가 처음과 마지막을 장식하며 주도권을 잡는다.

은혜는 에덴동산을 가꾸고, 이 축복의 장소에 아담과 하와를 둔다. 그런 다음에 죄가 뱀의 형상을 입고 그 동산에 침입한다.

은혜는 그 악한 자의 멸망을 약속하고, 죄는 구약성경의 첫 부분에 나오는 여러 세대를 통해 악과 폭력을 증대시키면서 반격한다.

은혜는 하나님께서 아브라함을 부르실 때 나타나고, 죄는 아브라함의 손자인 요셉을 구덩이에 빠뜨려 죽게 만들고자 한다.

은혜는 요셉을 구덩이에서 꺼내, 애굽의 권위 있는 자리에 앉히고, 그의 모든 가족을 구할 수 있게 만든다. 죄는 기회를 포착하여 그들을 애굽의 노예로 만든다.

은혜는 그들을 애굽으로부터 건져내고, 하나님과 백성 사이에 언약을 세운다. 죄는 다시 침투하여 죄악이 가득한 잔치 자리에서 그 백성이 금송아지 주변을 돌면서 춤추게 만든다.

구약성경 이야기는 마치 죄의 힘과 은혜의 힘 사이의 난투극과 같다. 그 싸움에서 어느 쪽도 결정적인 펀치를 날리지 못하고 있다. 그러나 그렇게 하면서 은혜는 세력을 확보해 나가고, 죄와 죄를 만들어낸 사탄에 대해 결정적인 공격을 퍼부을 계획을 세운다.

그 싸움은 예수 그리스도께서 세상에 들어오셨을 때, 가장 맹렬해졌다. 다시 한 번 은혜가 선도해나간다. 은혜가 사람의 몸을 취하고 예수 그리스도 안에서 우리에게 임한다. 그러자 죄가 즉시 공격하여, 헤롯이 그 아기를 죽이려고 시도한다. 다시 은혜는 그 거룩한 아기를 위해 안전한 장소를 찾는다. 사탄은 예수님이 죄를 저지르도록 유혹하면서, 공개적으로 자기를 드러낸다.

드디어 은혜가 승리하고 사탄이 물러나게 된다. 은혜는 전진한다. 은혜가 전진할 때, 소경이 앞을 보고, 앉은뱅이가 걸으며, 죽은 딸이 살아난다. 귀신들은 쫓겨나고, 주린 백성이 배불리 먹었으며, 극소수의 사람들이 예수 그리스도의 얼굴에 있는 하나님의 영광을 보는 특권을 누렸다.

그런 다음에 죄가 또 공격한다. 칼과 창으로 무장한 한 무리가 예수님을 체포하러 온 것이다. 죄가 군중을 부추기고, 군중은 "그를 십자가에 못 박으라!"고 외친다. 재판부는 무엇이 진실인지 모르겠다고 말하고, 그들이 예수 그리스도를 십자가에 못 박을 때, 예수님께서는 "이제는 너희의 때요 어둠의 권세로다"(눅 22:53)라고 말씀하신다.

여섯 시간 후에, 그들은 예수님을 십자가에서 끌어내려 시신을 무덤에 누인다. 그것은 마치 죄가 죽음 안에서 왕 노릇 하는 것처럼 보였다. 그러나 사흘째 되는 날에, 그 무덤은 텅 비었다. 죽음은 예수 그리스도를 붙잡아둘 수 없었다. 예수 그리스도께서는 죽은 자들로부터 부활하셨다. 은혜가 왕 노릇 하고 있는 것이다.

죄가 아무런 힘을 발휘하지 못하고, 죽음이 붙잡아두지 못하는 한 사람이 있다. 그는 죄에게 잡힌 인질이 아니므로 인질들을 석방시킬 수 있다. 그는 죄의 폭정 아래 있지 않으므로 죄의 압제로부터 우리를 해방시킬 수 있다. 그는 매이지 않았으므로 우리의 묶인 것을 풀어서 놓아줄 수 있다.

점령군을 몰아내다

예수 그리스도께서 당신을 구하실 때, 당신은 죄의 폭정으로부터 자유롭게 될 것이다. 은혜가 당신의 삶에 침투해 들어오고, 예수 그리스도께서 당신의 머리 위에 은혜의 깃발을 올린다. 당신은 아직도 죄와 많은 싸움을 벌이게 될 것이다. 그러나 죄는 당신의 주인이 될 수 없을 것이다(롬 6:14). 앞으로 어느 날엔가 당신은 죽음을 통과하게 될 것이다. 그러나 죽음이 당신을 붙잡아놓을 수는 없을 것이다. 그리스도인에게 있어서 죽음은 죄의 최종적인 승리가 아니라, 최종적인 해방이 될 것이다.

은혜는 당신을 전혀 다른 자리로 인도한다. 죄는 여전히 강력한 적이지만, 예수 그리스도께서 당신의 삶에 들어오실 때, 죄는 당신을 지배하지 못하게 된다. 당신은 예수 그리스도께 속할 것이며, 과거에 죄가 다스렸던 곳은 은혜가 다스릴 것이다. 죄와 은혜는 같은 땅에 함께 존재할 수 는 있지만, 동시에 다스릴 수는 없다. 은혜의 깃발이 펄럭이는 곳에서 죄는 더 이상 다스리지 못한다.

죄는 여전히 당신에게 위협을 가할 것이다. 그러나 당신은 더 이상 죄의 통치 아래 있지 않다. 위협하는 이웃을 두는 것과 점령군의 통치하에 지내는 것은 전적으로 다르다.

묶어놓는 줄들을 잘라내다

많은 그리스도인이 자기가 패배했다고 느낀다. 그들은 하나님께서 자신을 사랑하신다는 사실과 예수 그리스도께서 자신을 위해 죽으셨음을 이해하고 있다. 그러나 그들의 문제점은 수년간에 걸쳐서 그들 속에 새겨진 생각의 습관들과 행위의 패턴들이 굳게 자리 잡고 있다는 사실이다. 그들은 습관을 바꾸려고 시도하지만, 점점 용기를 잃어가고 있다.

그러한 그리스도인들은 은혜를 하나님께서 온화한 미소를 보내시는 것 정도로 생각한다.

우리는 경험을 통해 죄의 권세가 우리에게 무슨 일을 할 수 있는지 잘 알고 있다. 우리는 죄가 자신을 끌어당기는 힘을 느끼고 있으며, 죄에게 패배했다고 느낄 수 있다. 그러나 하나님께서는 우리에게 은혜의 권세에 대해 말씀하고 계신다. 이 권세는 죄의 권세보다 훨씬 더 크다. 그래서 하나님의 은혜가 죄인들을 해방시켜주시는 것이다.

수천 개의 작은 실 가닥들에 묶여 누워있는 걸리버를 생각해보라. 누군가가 그를 묶고 있는 실 가닥들을 모두 잘라준다면, 그는 자유를 얻게 될 것이다.

그것이 바로 우리의 삶 가운데서 하나님의 은혜가 작용하는 위대한 장면이다. 예수 그리스도께서는 우리의 죄악을 용서하시고, 우리의 삶에 은혜의 깃발을 꽂으시면서, 우리를 해방시키는 일에 착수하셨다.

은혜는 사람을 변화시킨다. 사도 바울은 자신의 삶 가운데서 그 변화를 경험했다. 그는 과거 한때 자신이 분노에 사로잡혔으며, 난폭한 신성 모독자였다고 우리에게 말하고 있다. 그러나 하나님의 은혜가 그의 삶에 들어갔을 때, 그는 완전히 바뀌었다.

나는 바울이 교회의 반대자였다가 나중에 사도로서 인생을 끝마치는 모습을 보며, 그가 자신의 삶을 아주 잘 극복했다고 생각하지 않는다. 바울은 그 사실에 대해 이렇게 말했다. "나는 사도 중에 가장 작은 자라 나는 하나님의 교회를 박해하였으므로 사도라 칭함 받기를 감당하지 못할 자니라 그러나 내가 나 된 것은 하나님의 은혜로 된 것이니 내게 주신 그의 은혜가 헛되지 아니하여…"(고전 15:9-10). 당신의 삶 속에 있는 하나님의 은혜 역시 헛되지 않을 것이다. 은혜는 언제나 소망을 가져다준다.

비행기의 운명

죄가 우리의 삶을 낚아채 우리를 죽음의 길로 이끌어가고 있었다. 그러나 예수 그리스도께서 당신의 삶이라는 비행기를 급습하실 때, 그 비행기와 통제실을 장악하고, 영생으로 이끌어주는 새로운 코스를 세워주신다. 이렇듯 은혜는 우리를 영생으로 데려다준다. 바울은 이렇게 지적했다.

> 이는 죄가 사망 안에서 왕 노릇 한 것 같이 은혜도 또한 의로 말미암아 왕 노릇 하여 우리 주 예수 그리스도로 말미암아 영생에 이르게 하려 함이라(롬 5:21).

이것이 모든 교회의 미래이다. 교회는 마치 예수 그리스도께 점령당한 그리스도인들이 타고 있는 비행기와 같다. 죄는 하나님 백성이 맞이할 최후의 운명을 결정하지 못할 것이다. 은혜가 그 일을 하게 될 것이다. 은혜가 왕 노릇 하면서 우리를 다스리고 있기 때문이다.

최후의 날에, 온 교회는 흠 없고, 오점 없게 될 것이다. 모든 것이 그리스도께서 명하시는 대로 될 것이다. 그리고 그날까지, 하나님의 은혜가 당신을 지켜줄 것이다.

> 많은 위험들과 수고들과 올무들을 통과해서
> 내가 이미 도착했네.
> 지금까지 나를 안전하게 데려다준 것은 은혜였네.

그리고 은혜가 나를 본향으로 인도해줄 것일세.[2]

드러난 사실 UNLOCKED

죄는 마치 인간의 삶을 장악하고 우리를 인질로 붙잡아두고 있는 납치범과 같다. 죄는 하나님의 우주에 침투해 들어온 강력한 침입자이다. 그래서 죄가 장악하고 있는 곳에서 죄는 인간을 죽음으로 이끌어간다. 아담과 하와는 이 악의 힘에게 문을 열어주었다. 그 이래로 인류는 죄의 폭정 아래 살아왔다. 우리는 죄의 권세로부터 해방되어야만 한다.

때문에 하나님의 은혜가 예수 그리스도를 통해 인간의 삶 속에 들어온다. 은혜는 하나님께서 우리를 죄로부터 해방시켜주시는 힘이다. 예수 그리스도께서 우리의 삶에서 통치력을 장악하실 때, 우리를 위해 영원한 생명으로 가는 새로운 운명을 결정해주신다. 또한 죄의 폭정을 깨뜨리시며, 우리를 해방시키는 사역을 시작하신다. 죄는 여전히 당신의 대적이다. 그러나 죄는 더 이상 당신의 주인이 아니다. 은혜가 우리 주 예수 그리스도를 통해 왕 노릇 하면서 우리를 다스리고 있다.

기도 PAUSE FOR PRAYER

전능하신 하나님 아버지!

예수 그리스도 안에서 저를 구원하신 은혜에 감사드립니다. 예수 그리스도의 은혜가 저의 삶 속에서 왕 노릇 하시기 때문에, 제가 영적인 전쟁에서 승리하고, 구원의 확신을 얻을 수 있습니다. 그 은혜와 사랑에 감사드립니다.

제가 더 이상 죄의 올무에 묶여있지 않게 하시고, 모든 영적인 싸움과 갈등 속에서 승리하게 하시며, 모든 악의 구렁텅이에 빠지지 않도록 저를 항상 지켜주시옵소서. 주 예수 그리스도의 은혜로 말미암아 저를 천국으로 인도해주실 것을 믿습니다.

저의 삶 가운데 예수 그리스도의 은혜의 깃발을 꽂아주심에 감사드립니다. 나의 주 예수 그리스도의 이름으로 기도드립니다. 아멘.

Notes

1. DC Talk, "In the Light," 다음에 수록되어있음. CD *Jesus Freak* (Virgin Records, 1995). "In the Light," by Charlie Peacock. copyright 1991 Sparrow Song/BMI. 모든 판권은 EMI Christian Music Publishing이 집행함. 허락을 받고 인용함.

2. John Newton, "Amazing Grace," 3절.

26

연합

Union

로마서 6장

그리스도인으로 살아가는 동기는 무엇인가?

묵상의 길잡이

☑ **발견하라**
'그리스도 안에' 있다는 것이 무슨 뜻인지 발견하라.

☑ **배우라**
당신의 새로운 위치의 권위를 배우라.

☑ **경배하라**
새로운 피조물로서 당신을 거듭나게 하신 예수 그리스도께 경배하라.

피터와 매리, 톰과 샌드라, 데이비드와 린다, 이 세 커플은 대학에서 만났다. 그들은 모두 좋은 친구 사이였다. 졸업 후, 그들 커플은 각각 전국 각지로 흩어져 정착했다. 헤어지기 전에 그들은 25년 뒤 다시 모이자는 데 뜻을 모았다. 그때 만나면 자신들의 인생에 대해 진실하게 털어놓자고 약속했다.

25년 후, 마침내 그날이 왔다. 그들은 각각 약속된 장소에 도착했다. 그들의 눈에 맨 먼저 띈 것은 서로의 희끗희끗한 머리카락과 불어난 체중이었다. 세 커플은 함께 모이게 된 것을 기뻐했다. 그리고 식사를 마친 후, 각자 살아온 삶에 대한 이야기를 듣기 위해 한자리에 모였다.

먼저 피터와 매리 커플이 말문을 열었다. 다른 커플들은 그들이 따로 도착하는 모습을 보고, 왜 그랬는지 궁금했다. "우리는 대학을 졸업한 후에도 함께했어." 피터가 말했다. "우리는 결혼이라는 제도 속에 묶이고 싶지 않았어. 그렇지만 그래도 함께 있기를 원했기 때문에, 일이 어떻게 진전될지 지켜보기로 결정했지. 그러는 동안 우리는 서로의 감정을 건드렸고, 결국 우리가 함께 살 수 없다고 결론을 내렸어. 그래서 각자 다른 길을 갔지."

그다음은 톰과 샌드라의 차례였다. 그들은 함께 오는 동안에 무슨 이야기를 할지 오랫동안 토론했다. "우리는 사실대로 얘기하기로 했어." 샌드라가 말했다.

샌드라는 자신과 톰이 대학을 졸업한 후에 어떻게 결혼했는지 이야기했다. 지금 그들은 아름다운 집과 세 명의 예쁜 자녀를 두고 있었다. 자녀들은 모두 대학을 졸업한 상태였다. "모든 것이 아주 잘 되어가는 것 같았어." 샌드라가 말했다. "그러나 사실은 그렇지가 않아. 우리는 정말 노력했어. 그러나 무엇인가가 빠져있는 듯한 느낌이야. 나는 내 결혼생활이 마치 텅 빈 껍데기 같다고 느끼고 있어." 그녀는 톰을 올려다보았고, 그들의 눈이 서로 마주쳤다. 톰은 샌드라가 이런 말을 하는 것을 한 번도 들어본 적이 없었다. 그런데 그녀가 그렇게 말을 하자, 톰은 이상하게도 안도감을 느꼈다. "그 말이 사실이야." 톰이 말했다.

데이비드와 린다의 차례가 되었다. "우리는 대학을 졸업한 후 곧장 결혼했지." 린다가 말했다. "그리고 우리는 힘들었어. 연달아 세 아이를 낳게 되었고, 살림은 빠듯했어. 때때로 우리 둘 다 미쳐버릴 것만 같았어."

"나는 화를 잘 내는 문제가 있어." 데이비드가 인정했다. "그 때문에 우리 관계가 아주 힘들어졌어. 그러나 우리는 몇 차례의 폭풍우를 견뎠고, 해를 거듭하면서 점점 가까워졌어. 사실 우리는 예전보다 지금 훨씬 더 가까워졌어."

이 세 가지 관계들 중 하나는 마치 열려있는 문과 같은 관계였으며, 다른 하나는 마치 텅 빈 껍데기와 같은 관계였으며, 나머지 하나는 성장하는 연합의 관계였다. 이 세 가지 관계 가운데 어느 관계가 하나님과 당신이 맺고 있는 관계의 모습인가?

열려있는 문들과 텅 빈 껍데기

어떤 사람들은 하나님과의 관계에서 자신이 나갈 문을 활짝 열어놓고 싶어 한다. 즉, 장기적인 헌신을 하지 않으면서 필요하다고 느낄 때만 하나님을 찾기 원하는 것이다. 그러나 하나님께서는 그런 식의 관계를 맺지 않으신다. 하나님께서는 언약을 맺으신다. 하나님께서는 "나는 너희 하나님이 될 것이며 너희는 나의 백성이 될 것이다"라고 말씀하신다. 하나님께서는 결코 자신이 맺은 언약을 저버리지 않으신다. 그러므로 하나님께서 당신에게 지쳐서 떠나버리시는 경우는 없을 것이다. 하나님께서는 결코 문을 열어놓고 있는 관계를 맺지 않으시며, 언제나 우리와 서로 구속력이 있는 약속을 맺으신다.

톰과 샌드라는 가정에 헌신하고 안정된 관계를 맺고 있었지만, 그것이 그들 관계의 전부였다. 그들의 관계는 두 사람이 원했던 수준에 미치지 못했다. 그들은 법적인 언약을 맺었으며, 그 언약을 존중했다. 그러나 그 관계는 두 사람 모두에게 마치 텅 빈 껍데기와 같이 심히 불만족스러웠다.

그것은 하나님께서 우리와 맺고자 하시는 종류의 관계가 아니다. 하나님께서는 그분의 사랑으로 우리의 삶 가운데 들어오시지 않고는 우리를 하나님과의 언약 관계 속으로 들어오게 하지 않으실 것이다. 하나님은 약속의 하나님이실 뿐만 아니라, 사랑을 약속하신 하나님이시다. 텅 빈 껍데기와 같은 관계는 예수 그리스도 안에서 우리를 향한 하나님의 목적을 성취하기에는 부족한 수준인 것이다.

하나님의 사랑은 하나님의 지속적인 헌신 속에서 표현된다. 즉, 우리를 향한 하나님의 끊임없는 헌신은 하나님께서 보여주시는 사랑의 표현이다. 이러한 이유로 성경은 예수 그리스도를 통해 하나님께서 자신의 백성과 맺으시는 관계를 묘사하면서, 갈수록 성장하는 건강한 결혼 생활에 대한 그림을 보여주고 계신 것이다.

건강한 결혼 상태는 법률이 인정하는 것이며 동시에 관계를 보여주는 것이다. 그것은 구속력 있는 약속이며 동시에 친밀한 연합이다. 결혼은, 한편으로는 삶의 안정을 장려하고, 다른 한편으로는 깊은 애정을 증대시키기 위해 하는 것이다.

피터와 메리는 전혀 안정되지 않았고, 톰과 샌드라는 애정이 전혀 없었다. 하나님께서는 자신이 우리를 결코 떠나지 않을 것이라는 사실을 우리가 알도록 하심으로써 안정을 누리게 하시고, 하나님의 삶에 동참하는 친밀함을 누리게 하셔서, 우리를 하나님께서 약속하신 사랑의 언약 관계 속으로 인도해주기를 원하신다.

앞의 두 장에서, 우리는 주님과 성도 사이의 안정된 관계에 대해 배웠다. 우리는 예수 그리스도의 피로 말미암아 의롭다 하심을 받았다. 그러므로 우리가 심판 날에 하나님의 진노로부터 벗어나게 되었음을 앎으로써 안정을 누릴 수 있다. 성도의 삶 속에서는 은혜가 왕 노릇 한다. 그리고 은혜가 우리의 최종적인 운명을 결정하게 될 것이다. 그것이 바로 우리의 안전이다. 우리를 이곳까지 안전하게 데려다주신 그 은혜가 또한 우리를 본향으로 인도해주실 것이다.

반드시 해야 하는 질문

은혜가 왕 노릇 하고 있음을 우리가 발견하면, 한 가지 의문이 마음속에 떠오를 것이다. 바울은 그 의문을 이렇게 써놓고 있다.

> 그런즉 우리가 무슨 말 하리요 은혜를 더하게 하려고 죄에 거하겠느냐(롬 6:1).

만일 예수 그리스도 안에서 하나님께서 나와 언약을 맺으셨으며, 그분의 은혜로 말미암아 나의 영원한 생명이 보장되어있다고 한다면, 나는 죄의 결과에 대해 아무런 책임을 지지 않으면서 죄를 지을 수 있게 되는 것이 아닌가?

어떤 사람들은 그 가르침이 성도들을 나태하게 만드는 결과를 가져올 수 있으므로, 예수 그리스도 안에서 보장된 우리의 구원을 가르치는 것이 위험하다고 생각하고 있다. 내가 이미 영생을 확신하고 있다면, 기도하고, 헌금하고, 봉사하는 주된 이유는 무엇이란 말인가?

이것은 지극히 중요한 질문이다. 그리고 우리는 이 질문을 두려워해서는 안 된다. 이것은 복음의 본질에서 비롯되는 질문이다. 로마서 5장의 가르침은 로마서 6장의 질문으로 이어진다. "그렇다면 은혜를 더욱 강화하기 위해 계속 죄를 지을 것인가?" 만일 이 문제가 우리 마음에 떠오르지 않는다면, 그것은 아마도 우리가 예수 그리스도 안에서 받은 하나님의 구원이라는 값없는 선물에 대해 이해하지 못했거나 최소한 깊이 묵상하지 않았다는 증거일 것이다. 당신이 로마서 5장의 가르침을 이해하게 될 때, 로마서 6장의 질문을 반드시 하게 될 것이다. 그래서 우리는 이 질문에 어떻게 대답해야 하는지 알 필요가 있다. 이 질문은 그리스도인으로 살아가는 우리 삶의 동기에 대한 핵심을 건드리고 있기 때문이다.

단순한 계약 이상의 것

당신은 아내가 절대적으로 자기에게 헌신적이라는 사실을 아는 남편이 스스로에게 "나의 결혼생활은 보장되어있으니까, 나는 아내를 돌보려고 신경 쓸 필요가 없어"라고 말하는 남자에 대해 어떤 생각이 드는가? 그러한 말과 태도는 상당히 비열하다. 그것은 결혼이라는 숭고한 소명을 우습게 만드는 것이다.

로마서 6장에서 바울이 가르친 핵심은 하나님께서 우리를 안전하고 친밀한 관계 속으로 초대하신다는 것이다. 그 관계는 하나님께서 우리와 언약을 맺으시고, 스스로 하신 말씀에 반하는 행동을 결코 하시지 않기 때문에 보장되어있는 것이다. 또한 예수 그리스도와의 '연합'이 포함되어있기 때문에 친밀한 것이다.

예수님께서는 "나는 포도나무요 너희는 가지라"(요 15:5)고 말씀하시면서, 이 연합에 대해 말씀하셨다. 수액이 포도나무에서 올라와 온 가지에 흘러 들어가듯이, 예수 그리스도의 생명이 그분에게서 흘러나와 그분의 백성에게 들어갈 것이다. 이것은 당신의 죄악이 용서를 받고, 천국에 들어가는 여권에 도장이 찍히는 법적인 수속 이상의 것이다. 이것은 하나님의 생명이 당신 속으로 들어가는 것이다.

운전 교육 학교에서의 하루

몇 달 전, 나는 부끄럽게도 도로교통법을 위반했다. 시골길을 달려 작은 마을을 지날 때 서행을 하지 않았기 때문이다.

나는 상당히 기분이 언짢았다. 특히 그 경찰관이 이번 위반이 나의 운전 기록에 올라가게 될 것이라고 설명했을 때, 기분이 더 나빠졌다. 그러나 그다음에 경찰관은 일리노이주 법은 이 점에 대해 조치를 취할 수 있는 방법을 마련해놓았다고 설명해주었다. "교통 안전에 대한 교육을 들을 수 있습니다. 선생님이 네 시간 동안 이에 대한 교육을 받으시면 이번 위반에 대한 기록은 삭제 될 것입니다." 나는 이번 위반 기록이 삭제되기를 바랐으므로 그 교육을 받아 운전 기록을 깨끗하게 유지할 수 있었다.

복음에 대해 이런 식으로 생각하는 성도들이 있다. 그들은 예수 그리스도께서 자기들의 죄를 위해 죽으셨으므로 예수님을 믿으면 죄악들에 대한 기록이 삭제된다고 이해하고 있다. 만일 이것이 당신이 이해하고 있는 사실의 전부라면, 당신은 결코 하나님을 만나지 못하며, 나의 교통 위반 사항을 말소시켰던 행정 담당자에게 내가 느낀 정도의 감정만을 느낄 수 있을 것이다.

만일 당신이 구원을 단순히 죄가 기록에서 삭제되고 여권에 천국행 도장이 찍히는 하나의 과정으로 생각하고 있다면, 그리고 그 일이 멀리 떨어진 곳에서 이루어지는 일이라고 생각한다면, 당신은 결코 예배를 이해하지 못할 것이며, 경배 가운데 들어가지도 못할 것이다. 비록 몸은 교회에 가 있을 수 있지만, 하나님과 당신의 관계는 마치 텅 빈 껍데기처럼 느껴질 것이다. 그리고 당신은 실망하게 될 것이다.

예수 그리스도께서는 당신을 그 이상의 관계로 인도하시기 위해 죽으셨다. 죄악의 용서와 천국에 들어가는 일은 복음의 절반에 해당할 뿐이다. 예수 그리스도께서는 당신이 지은 죄악의 기록을 삭제시키기 위해서만이 아니라 당신을 하나님과의 관계 속으로 인도하시기 위해 죽으셨다. 구원은 하늘에 있는 우리가 알지도 못하는 어떤 행정 담당자가

팔 하나 뻗어 처리하는 조처가 아니다. 그것은 당신이 하나님을 알고, 사랑하고, 섬기는 사랑의 관계이며, 당신과 하나님과의 친밀한 연합을 이루기 위해 하나님께서 손을 뻗으시는 것이다. 그렇기 때문에 '그리스도 안에' 있는 것에 대한 가르침이 중요한 것이다.

당신이 누구인지 발견하라!

> 무릇 그리스도 예수와 합하여 세례를 받은 우리는 그의 죽으심과 합하여 세례 받은 줄을 알지 못하느냐…만일 우리가 그의 죽으심과 같은 모양으로 연합한 자가 되었으면 또한 그의 부활과 같은 모양으로 연합한 자도 되리라(롬 6:3, 5).

'세례 받다'라는 말은 '물에 빠지다', '물에 잠기다', '흠뻑 적시다'라는 뜻이다. 바울은 성도들이 "그리스도 안으로 세례를 받았다"고 말한다. 한 사람이 예수 그리스도를 믿게 될 때, 성령께서는 2,000년 전 예수님의 죽음과 오늘날 당신의 삶 사이에 고리를 엮어주신다. 당신은 예수 그리스도 안으로 들어가고, 그분의 죽음과 부활로 인한 온갖 혜택이 당신의 삶 속으로 들어오게 된다.

많은 교회가 성도들에게 세례(혹은 침례)를 줌으로써 이 사실을 상징하고 있다. 그것은 우리가 예수 그리스도 안에 빠져버렸다는 사실에 대한 설득력 있는 그림이다. 성령께서는 성도들의 확실한 믿음을 통해 형성되는 예수 그리스도와의 심오한 영적 연합 속으로 성도들을 인도하신다. 성도들은 '그리스도 안에' 있다(롬 8:1; 고전 1:30; 고후 5:17).

예수 그리스도의 이름으로 세례를 받는 것은, 이전의 나로 존재하기를 그쳤다는 뜻이다. 예를 들어보자. 과거에 콜린 스미스라는 한 사람이 있었다. 그는 아담으로부터 내려온 자손이었기 때문에, 죄의 지배 아래 있었다. 그는 하나님으로부터 소외되어있었으며, 그 점에 대해 어떤 일을 하기에는 턱없이 무력한 존재였다. 만일 그가 그 상태에 계속 머물렀다면, 심판을 당했을 것이다. 그러나 지금 그 사람은 더 이상 존재하지 않는다. 그는 예수님과 함께 십자가에서 죽었다. 그것이 바로 '우리가 그리스도와 함께 죽었다'(롬 6:8)는 말씀의 의미이다.

이야기는 거기에서 끝나지 않는다. 바울은 또한 '그의 부활 가운데서 그리스도와 함께 연합'된 것에 대해 썼다. 성령께서 나를 그리스도 안으로 인도하셨을 때, 그리스도께서는 전적으로 새로운 사람이 존재하도록 만드셨다. 이 새로운 사람 또한 콜린 스미스라는 이름을 지니고 있는데, 이 사람은 은혜 아래 존재하고 있다. 그는 하나님 자녀이며, 영생을 얻었다. 성령께서 이 사람 안에 내주하신다. 그는 아버지 하나님의 영광을 위해 새로운 삶을 살도록 거듭났다(롬 6:4).

이 새 사람은 많은 면에서 여전히 실패한다. 그러나 그가 아무리 자주 실패한다 할지라도, 그는 예전의 그 사람으로 바뀔 수 없다. 예전의 그 사람은 죽었으며, 영원히 사라졌다. 그는 더 이상 존재하지 않는다. 이것이 바로 신약성경의 끊임없는 가르침이다. "그런즉 누구든지 그리스도 안에 있으면 새로운 피조물이라 이전 것은 지나갔으니 보라 새것이 되었도다"(고후 5:17). "이는 너희가 죽었고 너희 생명이 그리스도와 함께 하나님 안에 감추어졌음이라"(골 3:3). "내가 그리스도와 함께 십자가에 못 박혔나니 그런즉 이제는 내가 사는 것이 아니요 오직 내 안에 그리스도께서 사시는 것이라…"(갈 2:20).

이것은 새 옷을 갈아입는 것이나, 어떤 결단을 내리는 것 그 이상을 의미한다. 이것은 성령의 권능으로 말미암아 예수 그리스도의 생명이 성도 안으로 들어오는 새로운 창조이다.

양말과 바지

양말 한 켤레와 바지 한 벌의 차이점을 생각해보자. 당신은 양말을 빨려고 세탁기에 넣었을 때 종종 일어나는 일을 잘 알고 있을 것이다. 바로 양말 한 짝이 사라져버리는 것이다. 양말은 서로 묶어놓지 않는 이상 항상 따로 논다. 물론 문제는 한 쌍의 양말을 서로 묶어주는 장치가 전혀 없다는 것이다.

다행히도 바지는 다르다. 몇 년 동안 세탁기에 수많은 바지를 넣어 빨아보았지만, 한 번도 한쪽이 사라진 적이 없다. 바지의 양 갈래는 본래 한 벌로 서로 붙어있다.

어떤 사람들은 하나님의 복을 마치 양말 두 짝처럼 생각하고 있다. 그런 사람들은 하나님께서 용서나 영생과 같은 축복들을 천국과는 별개로 주시는 것처럼 생각한다. 그러나 하나님의 축복은 그렇게 우리에게 오는 것이 아니다. 하나님께서는 구원의 모든 축복을 하나로 묶으시기로 선택하셨다. 하나님께서는 우리에게 단 하나의 축복, 즉 예수 그리스도를 보내주셨다. 그렇기 때문에, 사도 바울은 하나님께서 그리스도 안에서 하늘에 속한 모든 신령한 복을 우리에게 주신다고 말하는 것이다(엡 1:3).

용서도 그리스도 예수 안에서 발견되며, 영원한 생명도 그리스도 예수 안에서 발견되며, 거룩함도 그리스도 예수 안에서 발견되며, 죄에 대한 승리도 그리스도 예수 안에서 발견된다. 이러한 선물들은 모두 예수 그리스도 안에서 서로 떼어놓을 수 없도록 함께 연결되어있다. 만일 당신이 그리스도 예수 안에 있다면, 이 모든 축복은 당신의 것이다. 만일 당신이 그리스도 예수 밖에 있다면, 그 축복들은 어느 것도 당신의 것이 아니다.

로마서 6장에서, 바울은 성도들에게 편지를 쓰고 있다. "여러분은 자신이 그리스도의 죽음과 부활로 세례 받게 되었음을 알지 못합니까? 여러분은 그리스도인이 된다는 것이, 믿음을 갖기로 결심하고 천국 가는 여권을 받는 것, 그 이상임을 아십니까?" 용서와 영생은 놀라운 선물이다. 그러나 그 선물들은 "그리스도 안에서" 우리에게 임하는 것이다. 그리고 "그리스도 안에" 있다는 것은 이전의 '나'라는 사람이 죽었다는 뜻이다. 하나님께서는 성령의 권능으로 말미암아 완전히 새로운 사람이 존재하게 하셨다. 이 새 사람의 삶의 목적은 하나님의 영광을 위해 살아가는 것이다.

복음에는 두 가지 차원이 있다. 하나는 법적 차원으로서, 하나님께서는 그 차원 속에서 우리의 죄악을 용서하시며 우리의 죄책을 없애주신다. 다른 하나는 관계를 형성하는 차원으로서, 그 차원 속에서 우리는 새로운 생명 안으로 인도함을 받는다. 이 두 가지 놀라운 선물은 서로 연결되어있으며, 결코 분리될 수 없다. 왜냐하면 두 선물은 모두 "그리스도 안에서" 발견되기 때문이다.

그리스도 안에서 자유를 누리라

죄가 너희를 주장하지 못하리니 이는 너희가 법 아래에 있지 아니하고 은혜 아래에 있음이라(롬 6:14).

어떤 사람들이 직면하게 되는 문제는, 비록 그들이 그리스도 안에 있다 할지라도 이 새로운 실재 속으로 들어갔다고 느끼는 데 상당한 시간이 걸린다는 것이다. 그것은 그리 놀라운 사실이 아니다. 우리의 옛 버릇들은 쉽게 죽지 않는다.

학대 받았던 한 아이를 생각해보자. 그 아이의 이름을 '토미'라고 부르도록 하겠다. 토미는 소년원에서 자랐다. 그곳은 아이들이 서로 말도 하지 못하도록 가혹하게 운영되고있었다. 경비들은 식당의 긴 식탁 사이를 왔다 갔다 하면서, 어떤 아이가 말을 하면 두꺼운 손으로 그 아이의 뒤통수를 심하게 내리쳤다. 곧 토미는 아주 조용히 식사하는 법을 배웠다.

어느 날 소년원에서의 학대 사실들이 알려지면서, 토미는 그를 가족으로 입양한 새로운 부모의 보살핌을 받게 된다. 토미가 그들의 식탁에 왔을 때, 그 아이는 머리를 숙이고 앉아서 한 마디도 하지 않는다.

새 부모는 토미가 과거에 어떻게 학대 받았는지 잘 알고 있었다. 그래서 토미와 함께 그 일에 대해 이야기한다. "토미야, 우리는 네가 식탁에서 이야기하지 않는 것을 보면 네가 얼마나 오랫동안 나쁜 일들을 겪어왔는지 알 수 있단다. 그러나 너는 지금 다른 곳에 와있어. 너는 우리와 함께 있다. 우리는 네가 말하는 것을 듣고 싶다, 토미야. 그리고 앞으로 네게 나쁜 일은 일어나지 않을 거야."

토미는 그 가족의 다른 자녀들이 식탁에서 이야기하는 것을 듣고 그들에게 아무 일도 일어나지 않는다는 사실을 알게 되었다. 그러던 어느 날 토미가 말한다. "소금 좀 이쪽으로 전해주실래요?" 그 아이는 그 말을 하면서 몸을 움츠린다. 그러나 나쁜 일은 전혀 일어나지 않는다. 이제 두려워할 필요가 없다. 그렇게 토미는 점차적으로 그 가족의 일원으로 적응하며, 이제는 자신이 새로운 지배 세력 아래 살고 있다는 사실을 깨닫는다. 옛 세력은 지나가버렸다. 점점 토미는 그 가족과의 관계가 편해지고, 마침내 식탁에서 즐겁게 이야기하게 된다. 토미는 자신이 소년원에서 나오게 된 그날, 옛 전제 정치로부터 자유롭게 되었다. 그러나 토미가 스스로 새로운 현실을 따라잡기까지는 시간이 걸렸다.

우리가 그리스도 안에서 우리의 실질적인 위치를 발견하게 될 때, 우리는 하나님과 우리의 관계를 누리기 시작할 것이다. 그리고 예배한다는 것이 무엇인지 발견하게 될 것이다.

새로운 위치에 적응하라

> 그러므로 너희는 죄가 너희 죽을 몸을 지배하지 못하게 하여 몸의 사욕에 순종하지 말고…오직 너희 자신을 죽은 자 가운데서 다시 살아난 자 같이 하나님께 드리며…(롬 6:12, 13).

바울은 유혹의 힘이 사라질 것이라고 말하고 있지 않다. 그리스도인들은 평생에 걸쳐 죄악과의 싸움에 직면한다. 옛 사람은 그 싸움에서 패배하도록 정해져있는 반면에, 당신은 이제 승리를 향해 자리를 잡고 있다. 당신의 새로운 정체성은 매우 놀라운 가능성들을 열어놓고 있다.

이것은 오늘날 많은 사람이 믿고 있는 내용과 반대되는 것이다. 심지어 어떤 성도들은 마치 생각과 마음이 우리가 전혀 통제할 수 없는 어떤 독립적인 힘에 의해 움직여지고 있다고 여기며, 우리 모두가 어떤 전파에 의한 지시를 받고 있다는 생각을 하고 있다. 그래서 마치 그 점에 대해 자신들이 할 수 있는 일은 아무것도 없다는 듯이 살고 있다.

그것이 바로 그리스도 없는 당신의 상태였다. 그러나 그 사람은 죽었다. 이제 당신은 그리스도와 함께 거듭났다. 하나님의 생명이 당신의 영혼에 들어왔으므로 당신은 힘을 가지고 있다. 죄가 더 이상 당신의 주인이 될 수 없을 것이다.

당신이 30년 동안 같은 상사 밑에서 일해왔다고 상상해보라. 매일 아침 출근해서 상사에게 자신이 출근했음을 알린다. 그리고 상사는 당신에게 여러 가지 업무를 지시한다. 당신은 그 상사와 충분히 잘 지낸다. 그러나 때때로 상사의 판단이 의심스럽기도 하다. 그래서 과연 그가 처리할 일을 제대로 이해하고 있는지 의아해한다. 만약 당신이 상사가 하는 말에 의문을 제기하면, 그는 화를 내면서 자기가 책임자라고 말한다. 당신은 그의 상사가 일하는 방식대로 일하는 법을 배웠다.

그러던 어느 날, 회장이 당신을 부른다. 그는 당신을 위해 큰 계획을 세웠다면서 당신을 회사의 새로운 지위에 앉히기를 원한다. 당신은 이제 새로운 자리에서 새로운 상사로부터 업무를 지시받게 될 것이다.

새로운 업무가 시작되는 날 아침에 당신이 회사에 도착한다. 그리고 엘리베이터를 타면서 불현듯 오늘부터 당신의 전 상사가 당신에게 업무 보고를 해야 할 의무가 있음을 깨닫는다.

다음 몇 주 동안, 두 가지 일이 일어날 것이다.

첫째, 전 상사는 지난 30년간 해왔듯이 당신에게 습관적으로 업무를 지시할 것이다. 전 상사는 더 이상 그렇지 않음에도 언제나 자신을 당신의 상사로 생각할 것이다.

둘째, 당신은 더 이상 전 상사 앞에서 당신의 책임을 감당해야 할 필요가 없음에도 불구하고 전 상사의 말을 경청하고, 습관적으로 그가 시키는 대로 행동하게 될 것이다. 그 습관을 깨기 전까지 당신은 전 상사를 여전히 당신의 상사인 것처럼 대할 것이다.

당신이 새로운 자리에 앉은 지 6주가 지났을 때, 회장이 당신을 만나러 사무실에 들어온다. "당신이 이 자리를 맡아주어서 매우 기쁘군요."

회장이 말한다. "그런데 문제점이 하나 있군요. 당신은 지나치게 전 상사의 말을 듣고 있어요. 만일 우리가 이 자리를 그 사람에게 맡기길 원했다면, 이 자리를 그에게 주었을 것입니다. 하지만 우리는 이 일을 당신에게 맡겼어요. 당신은 전 상사를 제자리에 앉히는 법을 배워야 합니다. 전 상사는 항상 당신에게 제안을 할 것입니다. 그러나 당신이 그 제안들에 따를 의무는 없습니다. 우리가 당신에게 권한을 주었으니, 그 권한을 당신이 사용해야 합니다. 이제부터는 당신이 지시하는 것을 그가 실행해야 합니다. 그 반대가 아닙니다."

그리스도 안에서 당신의 새로운 신분과 권한을 발견하는 것이 그리스도인으로서 살아가는 당신에게 가장 중요한 열쇠들 중 하나이다. 과거에는 죄가 당신의 주관자였다. 그러나 당신이 예수 그리스도 안에 있는 지금은 더 이상 그렇지 않다. 그러므로 죄가 당신을 주관하지 못하도록 하라. 유혹이 올 때, 당신에게 종속되어있는 누군가를 다루듯 그 유혹을 다루라. 그 싸움에서 승리하는 비결의 절반은 당신에게 그렇게 할 수 있는 권한이 있음을 아는 것이다.

드러난 사실 UNLOCKED

한 사람의 그리스도인은 예수 그리스도의 죽음과 부활로써 그리스도와 함께 연합된 사람이다. 이전의 사람은 더 이상 존재하지 않는다. 그리고 새 사람이 존재하게 되었다. 그 새 사람은 수많은 싸움을 한다. 그리고 많은 면에서 실패한다. 그러나 새로운 피조물로서 그는 예수 그리스도를 사랑하며, 하나님의 영광을 위해 살 것을 소원한다.

그리스도인으로서의 삶을 살아가는 동기는 어떤 법규나 책무에 있는 것이 아니라, 그리스도와 연합한 사실로부터 오는 내면의 소원에 있다.

기도 PAUSE FOR PRAYER

전능하신 하나님 아버지!

제가 예수 그리스도를 통해 하나님의 언약과 한없는 사랑을 알게 하심에 감사드립니다. 예수 그리스도 안에서 저를 새로운 피조물로 창조해주시고, 성령의 권능으로 말미암아 제 안에 예수 그리스도의 생명이 흐르고 있음을 알게 하시며, 그 권세를 누리는 특권을 주셔서 참으로 감사드립니다. 제가 하나님의 영광을 위해 복음을 전하며 새 삶을 살 수 있도록 항상 도와주시고, 성령으로 항상 충만하게 하여주시옵소서. 살아계신 예수 그리스도의 이름으로 기도드립니다. 아멘.

27

본성

Nature

로마서 7-8장

그리스도인으로서 살아가는

나는 어떤 힘을 가지고 있는가?

묵상의 길잡이

☑ **발견하라**

그리스도인으로서의 삶이 왜 승리할 수 있는 싸움인지 발견하라.

☑ **배우라**

예수 그리스도께서 어떻게 죄의 형벌을 치르시고, 죄의 권세를 깨뜨리시는지 배우라.

☑ **경배하라**

모든 백성에게 성령의 권능을 주신 하나님께 경배하라.

존이 어느 파티에서 마약을 처음 접한 이래로 몇 년이 흘렀다. 그는 마리화나로 인해 시련을 겪어 다시는 마약에 손대지 않겠다고 결심했다. 그러나 그는 또 마리화나에 손을 댔다. 그런 다음에 몇 주 동안 그는 더 강한 마약을 시도했다. 그는 자신이 마약에 코가 꿰어버렸다는 사실을 인정하지 못했다. 그러나 그의 친구들은 그 사실을 알고 있었다.

그러던 어느 날 존은 마약 소지 혐의로 체포되었다. 경찰은 존을 기소했고, 법정은 존에게 무거운 벌금형을 내렸다. 그러나 존에게는 돈이 없었다.

존의 어머니는 고심 끝에 그 벌금을 물어주었다. 그러나 그녀는 자신이 벌금을 대신 내주어서 아들이 그 버릇을 더욱 고치지 못할까봐 걱정했다.

그녀의 우려는 현실이 되었다. 존은 여전히 마약 중독이라는 문제에 직면해있었다. 마약은 그의 삶 속에서 강력한 힘을 행사하고 있었다. 그는 벌금을 내야 하는 의무에서는 구제되었지만, 마약의 힘을 산산이 깨뜨려야 하는 과제를 안고 있다.

아담과 하와가 첫 범죄를 저질렀을 때, 두 가지 장기적인 영향이 나타났다. 죄는 그들에 대한 형벌을 불러왔다. 그리고 그들 속에서 하나의 권력이 되었다. 그래서 하나님께서 우리를 예수 그리스도를 통해 구원해주실 때, 죄에 대한 형벌과 동시에 그 권력으로부터 구원하신다. 우리가 받은 구원의 이 두 가지 차원은 성경 이야기 전체를 통해 흐르고 있다.

시편 51편에서 다윗은 회개 기도를 드리면서 이렇게 말했다. "우슬초로 나를 정결하게 하소서 내가 정하리이다 나의 죄를 씻어 주소서 내가 눈보다 희리이다"(시 51:7). 다윗은 자신이 용서와 죄 씻음을 받아야 한다는 사실을 알고 있었다. 그런 그가 이어서 이렇게 기도드렸다. "하나님이여 내 속에 정한 마음을 창조하시고 내 안에 정직한 영을 새롭게 하소서"(시 51:10). 그는 자기 속에서 죄를 저지르도록 이끄는 하나의 힘이 존재한다는 사실과, 그 힘이 깨지지 않는 한, 자기가 다시 똑같은 전철을 밟게 될 것임을 깨달았다.

성경 이야기 전체를 통해, 하나님께서는 이 두 가지 쟁점을 모두 해결해주시겠다고 약속하셨다. 하나님께서 '맑은 물로 너희에게 뿌려서 너희로 정결하게 할 것'(겔 36:25)이라고 말씀하심으로써 용서를 약속해주셨으며, '또 새 영을 너희 속에 두고 새 마음을 너희에게 주되 너희 육신에서 굳은 마음을 제거하고 부드러운 마음을 줄 것이며 또 내 영을 너희 속에 두어 너희로 내 율례를 행하게 할 것'(겔 36:26-27)이라고 말씀하심으로써, 죄의 권세로부터 구원을 약속해주셨다.

당신이 알아야 할 세 가지 성격

로마서에서 사도 바울은 하나님께서 어떻게 그 일을 이루셨는지에 대해 좀 더 설명하고 있다. 바울의 가르침을 이해할 수 있도록 나는 세 가지 성격을 소개하고자 한다. 그 성격들의 이름은 적대감, 무력감, 희망이다. 당신이 어떤 성격과 가장 가까운지 확인해보라. 그런 다음에 하나님께서 그 성격들에 대해 우리에게 어떤 말씀을 하시는지 살펴보도록 하자.

적대감: 의욕도 없고 능력도 없다

육신의 생각은 하나님과 원수가 되나니 이는 하나님의 법에 굴복하지 아니할 뿐 아니라 할 수도 없음이라(롬 8:7).

바울은 생각과 본성이 하나님께 적대적인 한 사람에 대해 말하고 있다. 그 사람은 적대감으로 가득 차 있다.

우리는 이미 성경 이야기에서 적대적인 성격을 여러 차례 만났다. 첫 번째로 아담과 하와의 두 아들, 가인과 아벨의 이야기에서 적대감을 보았다.

가인은 자기 생각에 하나님을 기쁘시게 할 것이라고 여겼던 제물을 가지고 나왔다. 그러나 하나님께서는 그 제물을 받지 않으셨다. 그래서 가인은 분노했다. 그는 하나님을 향해 적대적이 되었고 그의 적개심은 하나님을 사랑했던 그의 동생에게로 향했다. 가인은 결국 자기 동생을 살해했으며, 여생을 그의 가족과 하나님으로부터 도피해 살게 되었다.

바로도 적대적인 사람이었다. 하나님께서는 "나의 백성을 가게 두라. 가서 그들이 나에게 예배를 드릴 수 있게 하라"고 말씀하셨다. 그러나 바로는 자기의 삶에 대한 하나님의 권위를 인정하지 않았고 하나님을 대적하게 되었다.

구약성경 이야기 후반부에서, 우리는 여호야김이라는 왕을 만난다. 그는 자기 궁전 화롯불 옆에 앉아서 신하에게 하나님의 말씀을 읽으라고 명령했다. 궁정의 관리들 가운데 한 사람이 두루마리 성경을 펴 하나님의 말씀을 읽어주었다. 그 관리가 한 부분을 다 읽으면, 여호야김은 그가 읽은 부분을 칼로 잘라내어 불에 던져 태워버렸다. 그런 다음에 성경이 모두 타 없어질 때까지 더 읽으라고 명령했다. 이 얼마나 적대적인 사람인가!

물론 적대적인 성격이 극에 달했던 날은 우리가 성금요일이라고 부르는 날로, 예수님을 군중 앞으로 끌고나와, 그를 어떻게 처형할 것인지 정하던 날이었다. 그날 군중은 "그를 십자가에 못 박으소서! 십자가에 못 박으소서!"라고 외쳤다. 그들은 모두 적개심으로 가득 차 있었다.

한때 바울도 적대적인 사람이었다. 초대 교회 시절에 바울은 그리스도인들에 대해 맹렬한 박해를 주도했다. 그는 첫 기독교 순교자인 스데반을 돌로 쳐서 처형하는 일을 주동했다. 그런 다음에 그는 교회를 멸하고자 하는 임무를 추진했다. 그는 주의 제자들을 대하여 여전히 위협과 살기가 등등했다(행 9:1).

그가 적대감을 안고 다메섹으로 가고 있었을 때, 부활하신 예수 그리스도께서 그에게 나타나 "네가 어찌하여 나를 박해하느냐"(행 9:3-6)라고 말씀하셨다. 그리스도인들에 대한 바울의 난폭한 분노는 실질적으로 예수 그리스도에 대한 더 깊은 분노의 반영이었던 것이다.

오늘날 우리 사회에서는 적대적인 사람을 만나기 위해 멀리 내다볼 필요도 없다. 적대적인 사람은 하나님에 대해 공개적으로 말이 나오면 매우 화를 낸다. 우리를 창조하셨으며, 궁극적으로 우리 모두가 하나님 아버지 한 분께 헌신해야 한다는 생각은 적대적인 사람에게 심한 불쾌감을 준다. 그런 사람에게는 모든 사람에게 적용되는 법들의 주인이신 유일하신 하나님께서 존재하신다는 진리가 분노를 일으킨다.

당신은 친절하고 존경받을만한 사람들 중 하나님에 대한 이야기만 나오면 적대적이 되는 사람이 있다는 사실을 알고 있을 것이다. 하나님의 이름이 등장하기 전까지 대화는 상당히 호의적일 수 있다. 그러다가 그 이름이 등장하면, 마치 방아쇠가 당겨진 것처럼 마음속에 있던 깊은 적대감이 터져나온다.

교회 안에 있는 몇몇 사람들도 하나님에 대해 적대적이다. 심리학자들은 수동적인 공격성을 가진 사람들에 대해 이야기한다. 내가 이해하는 바로는, 그런 사람들은 매우 화가 나 있지만, 동시에 그 화를 풀지 않고 그대로 가슴속에 담아두겠다고 결심한다. 그래서 그들은 마치 압력 밥솥처럼 살아가고 있다. 분노를 마음에 담아두고 꾹꾹 누르는 것이다. 그들 대개는 매우 유쾌하지만, 동시에 그 성격을 지극히 예견하기 힘들다. 당신도 하나님을 향해 그와 같이 될 수 있다. 어떤 사람들은 '영적인 면에서 수동적 공격성'을 지니고 있다. 그래서 하나님에 대한 깊은 앙금을 가슴에 담고 있으면서, 그것을 해결하지 않고 그대로 두고 있는 것이다.

적대감은 하나님의 법을 따르겠다는 의욕도 없고, 능력도 지니고 있지 않다.

무력감: 의욕은 있으되 능력은 없다

내가 행하는 것을 내가 알지 못하노니 곧 내가 원하는 것은 행하지 아니하고 도리어 미워하는 것을 행함이라(롬 7:15).

로마서 7장에서 우리는 또 다른 성격을 만나게 된다. 그 성격을 무력감이라고 부르겠다. 무력감과 적대감 사이의 큰 차이점은 적대감이 하나님의 법을 싫어하는 데 반해, 무력감은 그 법을 사랑한다는 사실이다. 무력감은 "내가 이로써 율법의 선한 것을 시인하노니"(롬 7:16)라고 말한다. 적대감에 가득 찬 사람은 결코 그런 말을 하지 않는다. 적대감은 하나님의 법을 싫어하기 때문에 그 법을 준행하지 않으려고 한다. 그러나 무력감은 하나님의 법을 사랑하므로 그 법을 지키고 싶어 한다.

내 속 사람으로는 하나님의 법을 즐거워하되…(롬 7:18).
내 속 곧 내 육신에 선한 것이 거하지 아니하는 줄을 아노니 원함은 내게 있으나…(롬 7:22).

무력감의 문제는 행하고 싶어 하는 것을 할 수 없다는 것이다. 무력감은 비록 하나님의 법을 즐거워하지만, "내 지체 속에서 한 다른 법이 내 마음의 법과 싸워 내 지체 속에 있는 죄의 법으로 나를 사로잡는 것을 보는도다"라고 인정한다(롬 7:23). 하나님의 법을 성취하고 싶지만, 그것이 능력 밖의 일이라는 것이다.

무력감은 그 자체가 하나의 미스터리이다. '내가 하고 있는 일을 내가 이해하지 못하겠다'고 무력감은 말한다(롬 7:15). 이 무력감은 감옥에 갇혀있는 죄수와 같다. 그래서 자기가 하고 싶어 하는 것을 하지 못하며, 결국 결코 하지 않겠다고 다짐한 일을 저지르고야 만다. 무력감은 스스로 어찌할 도리가 없다. 이러한 상태는 절대적인 무력감을 남겨놓는다. 그래서 바울이 "오호라 나는 곤고한 사람이로다 이 사망의 몸에서 누가 나를 건져내랴"라고 한 것이다(롬 7:24).

우리는 성경 이야기에서 무력감을 여러 차례 만났다. 모세가 이스라엘 백성에게 하나님의 율법을 선포했을 때, 그들은 모두 이렇게 말했다. "여호와께서 명하신 대로 우리가 다 행하리이다"(출 19:8). 훌륭한 말이다. 그러나 그들은 자기들의 멋진 의도대로 산다는 것이 생각보다 훨씬 어렵다는 사실을 알게 되었다.

그들이 가나안에 도착했을 때, 여호수아는 하나님 앞에서 그들의 약속을 갱신하기 위해 예배를 드리려고 백성을 소집했다(수 24장). 여호수아는 백성에게 누구를 섬길 것인지 선택하라고 종용했다. 그 백성은 "우리가 여호와를 섬기겠나이다"라고 대답했지만, 그런 의욕을 갖는 것과 그 의욕대로 행할 수 있는 능력은 별개의 것이었다.

무력감의 문제점은 하나님의 법에는 동의하면서도 그 법을 행할 수 있는 능력이 결핍되어있다는 것이다.

어떤 남자는 간음이 잘못이라는 사실에 동의하면서도, 그의 생각은 음란한 생각들로 가득 차 있다. 어떤 여자는 탐욕이 죄라는 사실에 동의하면서도, 자기가 원하는 것을 소유하고 있는 친구를 볼 때 문득 드는 생각들에 깜짝 놀라면서 그것을 부끄러워한다. 또 다른 한 사람은 믿음을 가진 사람은 걱정을 해서는 안 된다고 믿고 있지만, 그는 자신이 우려로 가득 차 있음을 발견한다. 그는 자신을 이해하지 못한다. 그래서 이렇게 말한다. "오호라, 나는 얼마나 가련한 사람인가! 누가 이런 것에서 나를 건져낼 것인가?"

로마서의 앞 장들에서, 사도 바울은 율법이 죄의 형벌을 해결할 수 없다고 주장했다. 이제 그는 율법이 또한 죄의 권세를 깨뜨릴 수도 없다고 설명하고 있다. 그는 율법이 '죄의 본성, 즉 육신으로 말미암아 약해졌기 때문에 무기력하게 되었다'고 우리에게 말한다(롬 8:3). 율법은 우리에게 무엇을 행하라고 말하고 있다. 그러나 우리에게 그대로 행할 수 있는 힘이 없기 때문에, 율법은 우리를 무력하게 버려둔다.

희망: 능력을 지니고 의욕에 불타다

…영을 따르는 자는 영의 일을 생각하나니(롬 8:5).

로마서 8장에서, 사도 바울은 우리에게 세 번째 성격에 대해 소개한다. 그 성격을 희망이라고 부르겠다. 무력감과 같이, 희망은 하나님을 기쁘시게 하는 방식대로 살기를 원한다. 그 둘 사이의 차이점은 능력의 영역에 있다.

바울은 희망에 찬 사람에게 "…몸의 행실을 죽이면 살리니"라고 말한다(롬 8:13). 바로 이것이 무력감이 할 수 없었던 일이다. 무력감은 "나는 갇혀 있는 수인이로구나!"라고 말하기 때문에 대적을 이겨낼 능력을 가지고 있지 않다.

그러나 희망에 찬 사람은 전적으로 다른 위치에 있다. 희망을 갖고 살아가면서 죄에 대항해서 싸울 의욕을 가지고 있다. 그리고 또한 이겨낼 능력도 있다. 하나님의 성령이 그 안에 함께하시기 때문이다.

희망과 무력감은 똑같은 갈등에 직면하고, 똑같은 유혹의 힘을 느낀다. 그 둘 사이의 차이점은 갈등과 싸운 결과에 있다. 무력감은 피할 수 없는 패배를 맞이하지만, 희망은 궁극적인 승리를 맞이한다.

진주만: 압도적인 군사력에 대한 희망

1941년 12월 7일 진주만이 폭격을 당했을 때, 윈스턴 처칠은 영국 수상의 시골 별장인 체커스Chequers에 가 있었다. 그는 폭격 뉴스를 듣고 프랭클린 루스벨트 대통령에게 전화를 걸었다. 루스벨트 대통령은 폭격이 일어났음을 확인해주었다.

루스벨트 대통령은 이렇게 말했다. "저들이 진주만에서 우리를 공격한 것은 분명한 사실입니다. 우리는 이제 모두 한 배를 탔습니다."

처칠은 그날 밤 침실에 들면서 그가 했던 생각들을 다음과 같이 기록해놓았다.

> 사람들이 미합중국을 영국 편에 두게 된 것이 나에게 최대의 행운이었다고 말한다 해도 나는 그 말을 오해하지 않을 것이다…그래서 우리는 결국 이겼다! 그렇다. 던커크Dunkirk 이후에, 프랑스 함락 이후에…고독하게 싸웠던 17개월과 무시무시한 스트레스 속에서 내가 책임을 맡았던 19개월 이후에, 드디어 미국이 합류하게 되었다. 우리는 그 전쟁을 이겼다. 잉글랜드는 살게 될 것이다. 대영제국은 살게 될 것이다!…전쟁이 얼마나 지속될지 혹은 어떤 식으로 끝날지 아무도 말할 수 없었다. 이 순간 나는 거기에 신경을 쓰지 않는다…많은 재난들과 측정할 수 없는 비용과 환난이 우리 앞에 놓여있다. 그러나 종국에 대해서는 더 이상 의심할 여지가 없다. 남은 것은 압도적인 군사력을 적절히 이용하는 일뿐이다…나는 침대에 들면서 안도감을 느꼈고 감사하는 마음으로 잠들었다![1]

그 전쟁은 또 다시 4년을 끌었고, 더욱 치열하고 쓰라린 싸움이 되었지만, 1941년 12월에 처칠은 "우리는 결국 이겼다"고 말할 수 있었다. 그 결과는 확실했다.

1940년 런던 공습 동안에, 처칠은 무력한 사람이었다. 그러나 이제 그는 희망적인 사람이 되었다. 그 차이점은 압도적인 군사력의 개입에 있었다. 그것이 무력감과 희망의 차이점이다. 무력감은 자기가 패배했음을 알고 있다. 희망은 자기에게 압도적인 힘이 있음을 알고 있다. 그들 사이의 차이점은 성령의 내주에 달려있다.

무력감의 문제점은 자신이 가진 능력의 범위가 제한되어있다는 것이다. 그렇기 때문에 무력감에 빠져있는 성도는 그리스도인으로서의 삶이 불가능하다고 보고 있다. 로마서 7장에서 무력감은 예수 그리스도나 성령에 대해 아무것도 말하지 않는다. 그는 다만 자신에 대해서와 자신의 제한된 능력들에 대해서만 말하고 있을 뿐이다. 자신과 자신의 제한된 능력들은 하나님의 법을 성취하기에는 불충분하다.

그러나 희망에 찬 사람은 성령이 자기 안에 함께 계심을 알고 있다. 이 성령은 '예수를 죽은 자 가운데서 일으키셨던 그의 성령'이다. 그것은 압도적인 힘이다! 그리고 이제 사도 바울은 바로 이 성령께서 당신 안에 함께하신다고 말하고 있다(롬 8:11).

당신은 자신의 삶 속에서 역사하시는 성령의 권능을 체험하는 일이 목회자들이나 성자들이나 순교자들에게 일어나는 특별한 일이라고 생각할지 모르겠다. 그러나 사도 바울은 이것이 정상적인 그리스도인의 생활이라고 명확히 밝히고 있다. 당신이 예수 그리스도께 나아올 때, 예수 그리스도께서는 당신에게 그분의 성령을 주신다. 그분은 당신의 위대한 동맹군이 되신다. 예수 그리스도 안에 있는 구원과, 성령을 선물로 주시는 일은 서로 분리될 수 없다. 당신에게 하나가 없다면 다른 하나도 가질 수 없다. "만일…누구든지 그리스도의 영이 없으면 그리스도의 사람이 아니라"(롬 8:9). 이것이 결론이다.

만일 당신이 예수 그리스도께 속한다면, 성령께서 당신과 더불어 계시며, 당신 안에 거하신다. 당신은 무력한 사람이 아니다. 자신이 마치 무력감에 빠져있는 것처럼 말하지 말라. 하나님께서는 당신을 전적으로 새로운 자리, 즉 '그리스도 안에' 두셨다. 당신은 이전과 같이 똑같은 전투에 직면하게 될 것이다. 그러나 다른 결과를 맞게 될 것이다. "죄가 너희를 주장하지 못하리니"(롬 6:14).

당신 안에서 역사하시는 성령의 권능으로 말미암아 당신은 능히 그리스도인으로서 살아갈 수 있다. 많은 전투가 아직도 우리 앞에 놓여있다. 그 전투들은 맹렬할 것이다. 그리고 몇몇 끔찍한 패배들도 발생할 수 있다. 처칠은 '많은 재난과 측정할 수 없는 비용과 환난'에 대해 언급했다. 그러나 최종적인 결과는 이미 확보되어있었다. 나머지 모든 것은 단지 압도적인 군사력을 적절하게 이용하는 일뿐이었다.

당신은 어떤 사람인가?

이상의 세 가지 성격 중에서 당신은 어떤 성격의 소유자인가? 적대적인가, 무력한가, 아니면 희망적인가?

이 질문에 정확하게 대답하는 것이 중요하다. 왜냐하면 당신이 지금 어디에 있는지 알기 전까지는 당신의 영적인 삶이 다음 단계로 전진할 수 없기 때문이다. 어느 종착지를 향해 가야 하는지는 당신의 출발점에 달려있다.

우리가 다른 사람들에게 영적인 도움을 제공할 기회가 올 때에도, 이 사실을 이해하는 것이 중요하다. 만일 당신이 누군가를 주님과 함께 한 단계 더 전진하도록 도와주고자 한다면, 당신이 먼저 알아야 할 것이 있다. 그 사람이 적대적인 상태인가, 무력한 상태인가 아니면 희망적인 상태인가 하는 것이다. 하나님께서는 이 세 가지 성격들 각각에 맞는 구체적인 지침들을 주셨다. 그 지침들은 서로 상당히 다르다. 적대적인 사람과 무력한 사람과 희망에 찬 사람은 전혀 다른 처지에 있기 때문이다. 그러므로 만일 우리가 잘못된 지침들을 제공한다면, 그 사람들에게 전혀 도움이 되지 않을 것이다.

적대적인 사람들에게 말씀하시는 하나님: "회개하라"

만일 당신이 적대적이라면, 하나님께서는 "내가 너를 사랑한다"고 말씀하신다. 사도 바울이 말했다시피, 우리가 아직 죄인 되었을 때에 그리스도께서 우리를 위하여 죽으심으로 하나님께서 우리에 대한 자기의 사랑을 확증하셨다(롬 5:8). 하나님께서는 당신이 하나님께 대항해 싸우고, 저항하고, 갈등하고 있는 동안 당신을 사랑하셨다. 당신이 적대적인 상태에 있음에도 불구하고 여전히 하나님께서는 당신을 사랑하신다. 하나님께서 적대적인 자에게 이렇게 말씀하신다. "너는 이길 수 없는 싸움을 벌이고 있다. 너는 너를 먹여주고 있는 손을 물고 있다."

하나님께서는 적대적인 자들을 사면하시고, 평화를 주신다. 하나님께서는 당신에게 무기를 버리라고 명령하시며 회개할 기회를 주신다. 회개는 하나님께 대한 당신의 저항을 포기하는 것이다. 하나님께서는 당신에게 하나님께 항복하라고 말씀하신다. 이제 당신의 무기를 내려놓아라! 와서 하나님과 화평을 이루라. 과거 하나님의 적이었던 사람들을 하나님의 벗이 될 수 있도록 하시기 위해 예수 그리스도께서 세상에 오셨고, 십자가를 지셨다.

무력감에 빠져있는 사람들에게 말씀하시는 하나님: "오라"

무력한 사람에 대한 하나님의 말씀은 다르다. 만일 무력감에 빠진 자가 나의 사무실에 들어왔을 때 내가 그에게 회개하라고 외친다면, 그에게 전혀 도움이 되지 않을 것이다. 그는 이미 옳은 것을 행하고 싶어 하고 있다. 그런 사람의 문제점은 그에게 그렇게 할 힘이 없다는 것이다.

로마서 7장에서 무력감에 빠져있는 사람은 이렇게 외치고 있다. "오호라 나는 곤고한 사람이로다 이 사망의 몸에서 누가 나를 건져내랴"(롬 7:24). 하나님께서는 그의 물음에 대한 해답을 갖고 계신다. 그 해답은 바로 예수 그리스도이다. "우리 주 예수 그리스도로 말미암아 하나님께 감사하리로다"(롬 7:25).

만일 당신이 무력한 사람에 속한다면, 하나님께서는 당신에게 이렇게 말씀하고 계신다. "예수 그리스도께서 너를 건져줄 것이다! 그리스도인으로서 살아가는 삶이란 네가 최선을 다해 내 율법을 지키는 일에 대한 것이 아니다. 그리스도인으로서 살아가는 삶이란 지금까지 너를 지배하고 있었던 힘을 깨뜨리기 위해 나의 힘이 너의 영혼 속으로 들어가는 일에 대한 것이다. 그리스도가 너를 건져내줄 것이다! 기억하라! '죄가 너를 주장하지 못할 것'이라는 사실을…"(롬 6:14).

믿음으로 예수 그리스도께 나아오라. 당신 자신의 힘으로는 이 삶을 헤쳐나갈 수 없음을 예수 그리스도께 고하라. 당신이 새로운 삶을 살 의욕과 능력을 소유하기 위해서는 성령의 권능이 당신에게 필요하다고 예수 그리스도께 고하라. 구하면 받게 되고 찾으면 찾게 될 것이다.

희망에 찬 사람에게 말씀하시는 하나님: "싸우라!"

희망에 찬 사람은 이미 예수 그리스도께 나아왔다. 하나님의 성령이 그 안에 살아계신다. 그리고 그 삶의 최종적인 결과는 이미 확보되어있다. 남은 것은 압도적인 힘을 적절히 적용하는 것이다. 그리고 그것은 희망에 찬 사람이 영적인 전쟁을 치러야 한다는 사실을 의미한다.

하나님께서는 희망에 찬 사람에게 성령의 권능으로 말미암아 육신의 그릇된 행위들을 죽이라고 말씀하신다(롬 8:13). "소망이여, 너의 속에 남아있는 죄악에 대해 의도적인 싸움을 시작하라. 싸우는 법을 배우라. 그리고 네가 무력하다고 말하지 말라. 너는 무력하지 않다! 하나님의 성령이 네 속에 거하고 계신다. 예수 그리스도께서 너에게 능히 승리할 수 있는 권능을 주셨다."

당신은 압도적인 힘을 적절하게 적용하고 있는가? 당신의 구체적인 죄악들을 확인할 수 있는가? 그 구체적인 죄악들을 놓고서 기도하고 있는가? 당신은 자신이 이 일을 감당할 수 있도록 성령의 권능이 주어졌음을 알고 변화의 전략을 짜놓았는가? 영혼이 전투를 벌일 수 있는 힘을 강화할 수 있도록 하나님의 말씀을 섭취하고 있는가? 힘과 격려를 얻기 위해 다른 그리스도인들과 친밀한 관계를 형성하고 있는가?

대적의 선전

우리의 대적은 특히 그리스도인이 넘어지거나 실패했을 때 "너는 끝났다. 너는 아무 짝에도 쓸모가 없다. 너는 결코 선한 자가 될 수 없다. 너는 패배자다. 너는 내 죄수다. 네가 빠져나갈 구멍은 전혀 없다"고 말한다.

그 대적이 당신의 신분에 대해 혼란을 가져오려고 시도할 것이라는 사실을 명심하기 바란다. 그 악한 자는 희망에 찬 사람에게 "너는 참으로 무력하고 절망적인 자"라고 말하기를 좋아한다. 그는 이러한 선동을 통해 최대의 성공을 거둔다. 그 대적의 거짓말에 대한 유일한 대답은 진리이다. 당신이 진리를 알 때, 진리가 당신을 자유케 할 것이다.

어떤 그리스도인들은 그 대적의 거짓말을 믿는다. 그들은 머리를 떨구고 패배감을 느낀다. 그들은 자기들이 아무것도 할 수 없다고 확신하며, 대적의 진지를 공격하기를 포기했다. 승리할 가망성이 없기 때문이다. 그들은 어떤 죄악들은 너무도 강력해서 자기들로서는 그것을 이겨낼 수 없다고 결론을 내린다.

그들은 "죄의 힘은 내게 너무도 강해, 나는 무력해."라고 말한다.

"자, 만일 당신이 무력하다면, 당신은 그리스도께로 나아와야 한다. 그분이 당신을 구해주실 것이다."

"하지만 나는 이미 그리스도께 나아왔다."

"그렇다면 이제는 하나님의 성령이 당신 안에 거하고 계신다. 당신은 무력하지 않다."

대적이 당신 주변을 맴돌면서 당신을 사냥하도록 허락하지 말라. 당신의 위치를 확인하라. 그런 다음에 하나님의 지시들을 따르라.

만일 당신이 적대적인 사람이라면, 회개하라! 하나님께서 당신에게 사랑의 손길을 뻗으신다.

만일 당신이 무력감에 빠져있는 사람이라면, 예수 그리스도께 나아오라! 예수 그리스도께서 당신을 건져주실 것이다.

만일 희망에 찬 사람이라면, 싸우라! 성령께서 안에 계신다. 앞으로 당신은 많은 전투를 치르게 될 것이다. 그러나 그 결과는 확실하다.

드러난 사실 UNLOCKED

당신이 소유하고 있는 힘은 전적으로 당신의 영적인 위치에 달려있다. 예수 그리스도 없이 그리스도인으로서 살아가는 삶은 당신의 능력 밖의 일이다. 그러나 당신이 믿음으로 예수 그리스도께 나아갈 때, 성령께서 당신 안에 거하실 것이다. 그 사실이 바로 당신의 영적 위치를 바꾼다.

당신은 많은 갈등과 싸움을 만나게 될 것이다. 그 싸움에서 승리도 거두고 패배도 경험하게 될 것이다. 그러나 당신은 혼자가 아니다. 하나님의 성령이 당신 안에 거하고 계신다. 그리고 이 사실이 바로 그리스도인으로서 살아가는 삶을 가능하도록 해준다. 그리스도인으로서의 삶은 단도직입적으로 말해서 압도적인 힘을 적절하게 이용하는 것이다. 하나님의 성령이 당신 안에 거하고 계신데, 당신이 어떻게 무력할 수 있겠는가?

기도 PAUSE FOR PRAYER

은혜로우신 하나님 아버지!

예수 그리스도를 통해 하나님을 만나는 길을 열어주시고, 하나님께 대적했던 자들이 주님의 자녀가 되게 하신 은혜에 감사드립니다. 저의 죄를 사하시기 위해 십자가에서 죽으시고, 사탄의 권세를 깨부수신 예수 그리스도께 감사드립니다. 성령께서 지금도 내주하셔서, 제가 하나님 자녀로, 주님의 일꾼으로 살 수 있도록 능력을 더하여주시옵소서.

제가 영적인 전쟁을 벌이는 가운데 성령의 권능으로 말미암아 승리할 수 있도록 도와주시옵소서. 예수 그리스도의 이름으로 기도드립니다. 아멘.

Note

1. Winston Churchill, *The Grand Alliance*, vol. 3 of The Second World War (London: The Reprint Society, 1954), 475-477.

28

상속자

Heirs

로마서 8장

성령의 인도하심을 받는다는 것이 무슨 뜻인가?

묵상의 길잡이

☑ **발견하라**

지구의 미래를 발견하라.

☑ **배우라**

자기 점검의 기술을 배우라.

☑ **경배하라**

예수 그리스도를 통해 당신을 상속자로 삼으신 하나님께 경배하라.

화랑에 걸려있는 귀한 미술품을 상상해보자. 이 작품은 값을 매길 수 없을 만큼 귀하다. 어느 날 밤, 침입자가 들어와 벽에 걸린 그 그림을 망쳐놓는다. 침입자는 그림 위에 낙서를 휘갈겨놓고, 빨강, 노랑, 청색 페인트를 덧칠한다. 색색의 페인트가 그림의 표면에서 흘러내리고 서로 섞여서 그 걸작을 볼 수 없도록 만들어버린다.

다음 날, 그 그림을 그린 화가가 자신의 가장 위대한 작품에 벌어진 일을 보고 마음이 찢어진다. 그 그림은 여전히 본래의 가치를 지니고 있다. 그러나 현재 상태로는 아무런 쓸모가 없다. 손상된 그림은 복원되어야만 한다. 복원의 과정은 몇 달, 어쩌면 몇 년이 걸릴지도 모르며, 그 비용도 엄청날 것이다. 그러나 그 화가는 투자를 하기로 한다. 그 그림이 자신의 유일한 걸작이기 때문이다.

인간은 하나님이 창조하신 걸작들이다. 우리는 하나님의 형상과 모양대로 지음 받았다. 그 걸작이 죄의 추악한 낙서 때문에 손상되었다. 그러나 하나님께서는 자신의 가장 위대한 작품을 복원시키기로 결심하셨다. 복원의 과정은 사람들과 더불어 시작되었다. 그리고 마침내 창조세계 전체가 회복될 것이다.

아들의 독특한 표시

너희가…영으로써 몸의 행실을 죽이면 살리니 무릇 하나님의 영으로 인도함을 받는 사람은 곧 하나님의 아들이라(롬 8:13-14).

지난 두 장에서 살펴보았듯이, 사도 바울은 성도의 위치를 설명해왔다. 당신이 '그리스도 안에' 있을 때, 당신은 무력한 자가 아니다. 하나님께서는 당신이 죄의 힘에 대항해 싸울 수 있는 위치에 당신을 데려다 놓으셨다. 우리는 우리와 더불어 계시며, 우리 속에 거하고 계시는 성령의 권능으로 육체의 잘못된 행실들을 죽일 수 있는 위치에 있다. 이 일은 많은 패전과 더불어 진행될 장기전이다. 그러나 이 전쟁은 결국 하나님의 백성 모두의 승리로 끝나게 될 것이다.

사도 바울은 왜 우리가 이 전쟁을 치르는 것이 중요한지 우리에게 전해준다. 로마서 8장 14절이 그 이유에 해당하는 말씀이다. 즉, "무릇 하나님의 영으로 인도함을 받는 사람은 곧 하나님의 아들"이기 때문이다. 바울은 당신이 몸의 행실을 죽여야 하는 이유에 대해 "하나님의 성령으로 인도함을 받는 사람들은 하나님의 아들"이기 때문이라고 말하고 있다. 다시 말해서, 하나님의 아들이라는 독특한 표시는, 그들이 성령의 인도하심을 따라 몸의 그릇된 행실들에 대해 전투를 벌인다는 것이다. 하나님의 아들은 그들의 육신에 잠복해있는 죄악들과 싸움을 벌인다. 이것이 바로 하나님 자녀임을 표시하는 특징이다.

아버지의 모습을 반영하는 아들

성경은 '아들'son이라는 단어를 사용해 관계를 규정하기도 하고, 성격을 묘사하기도 한다. 성경에서 이삭을 '아브라함의 아들'이라고 말하고, 예수님을 '다윗의 자손'이라고 말할 때, 그 '아들'이라는 단어는 서로가 맺고 있는 관계를 규정한다. 그러나 바나바가 '권위자'(행 4:36)로 묘사될 때, 아들이라는 단어는 그 성격을 묘사한다.

성경에서 아담을 '하나님의 아들'(눅 3:38)이라고 한 것은 바로 이렇게 이해해야 한다. 아담은 하나님의 형상과 모양대로 지음을 받았다. 아담은 하나님 영광의 어떤 면을 반영하고 있었다.

하나님께서는 이스라엘 백성을 하나님의 아들이 되도록 부르셨다. 하나님께서는 모세를 통해 바로에게 "이스라엘은 내 아들 내 장자라… 내 아들을 보내 주어 나를 섬기게 하라"(출 4:22, 23)고 말씀하셨다. 하나님께서 이스라엘을 하나님의 아들이라고 부르신 이유는 그들에게 하나님의 성품을 반영하라고 명령하셨기 때문이었다. 그러한 이유로 그들이 십계명을 받은 것이다. 십계명은 모두 하나님의 성품을 반영하고 있다. 하나님의 아들은 이 법들에 따라 살면서, 모든 나라와 모든 민족들 가운데 하나님의 영광이 드러나도록 해야 했다.

구약성경 이야기는 하나님의 백성이 어떻게 그 아버지와 매우 다른 아들로 판명되었는지 보여주고 있다. 그들은 아버지의 영광을 반영하지 않았다. 그래서 아버지께서는 아버지의 영광을 비출 특별한 분을 보내셨다. 하나님께서 친히 예수 그리스도 안에서 사람의 몸을 취하신 것이다. 예수 그리스도께서는 한층 더 뛰어난 하나님의 아들이시다. 그는 보이지 않는 하나님의 형상이며, 하나님의 존재 그 자체이시다. 예수님께서는 빌립에게 "나를 본 자는 아버지를 보았다"고 말씀하셨다(요 14:9).

이제 우리는 입이 다물어지지 않을 만큼 놀랍고 특별한 사실에 이르렀다. 만일 성경에 명확하게 진술되어있지 않았다면, 그러한 일이 가능하리라고 결코 생각하지 못했을 것이다. 사도 바울은 바로 그 단어를 취하여 우리가 '하나님의 아들'이 되는 것을 말하고 있다. 그 점에 대해 생각해보라! 하나님께서는 하나님의 성품과 모양이 당신의 삶 속에서 비쳐지기를 원하고 계신다.

그렇다면, 그 일은 어떻게 일어날 것인가?

괄호 채우기 게임

몇 년 동안 영국 텔레비전에서 '괄호 채우기 게임' 쇼가 인기를 끌었다. 그 게임은 참가한 사람들이 어떤 한 문장에서 빠진 단어들을 괄호 안에 넣어 맞춰야 했던, 상당히 시시한 게임이었다. 그렇지만 성경에서 친숙한 구절들을 가지고 이 게임을 해보면 상당히 재미있다. 자칫하면 우리가 놓칠 수 있는 위대한 진리들의 의미를 깨달을 수 있도록 도움을 주기 때문이다.

자, 그럼 로마서 8장 14절을 가지고 괄호 넣기 게임을 해보자. "무릇 (　　) 사람은 곧 하나님의 아들이라." 만일 당신이 전에 이 말씀을 본 적이 없다면, 빈 괄호 안에 뭐라고 쓰겠는가?

어쩌면 당신은 "그리스도를 영접하는 사람은 하나님의 아들이라"라고 말할지 모르겠다. 그리고 그 대답에 대한 훌륭한 성경적 근거도 있을 수 있다. 사도 요한이 "영접하는 자 곧 그 이름을 믿는 자들에게는 하나님의 자녀가 되는 권세를 주셨으니"(요 1:12)라고 말했기 때문이다. 그러나 그것은 여기에서 사도 바울이 쓰고 있는 말이 아니다.

로마서 8장에서의 그 질문은 "당신이 어떻게 하나님의 가족이 되느냐?"는 것이 아니라 "당신이 어떻게 하나님의 형상과 영광을 반영하는 사람이 되느냐?"는 것이다. 그것이 바로 하나님의 자녀가 되는 이유임을 기억하기 바란다. 그러한 일이 기도를 한다고 해서, 혹은 결단을 내린다고 해서 일어나는가? 아니다. 하나님의 영으로 인도함을 받는 사람이 곧 하나님의 아들이다(롬 8:14). 바로 그렇게 당신은 하나님의 형상과 모양을 반영하게 되는 것이다.

성령께서 당신의 삶 속에 들어가셔서, 당신이 숨어있는 죄악들에 대항해 싸우도록 이끄실 것이다. 그리고 성령의 압도적인 권능을 통해 당신은 죄악을 물리칠 수 있는 능력을 갖게 되었다.

사도 바울은 당신의 삶 속에서 일어날 수 있는 놀라운 가능성에 대해 말하고 있는 것이다. 하나님의 성령에 의해 인도함을 받아, 우리 가운데 숨어있는 죄악들에 대한 의지적인 처단을 내리는 사람들에게는 하나님의 형상이 그대로 드러나는 특징이 나타날 것이다. 그들은 하나님의 아들이 될 것이다.

당신은 그 일이 터무니없는 기대라고 생각하는가? 하나님께서는 아담을 자신의 형상과 모양대로 창조하셨다. 그러나 죄가 세상에 들어왔을 때, 그 모양은 손상되었으며, 뒤틀어졌다. 그러나 하나님께서는 자기 백성 가운데 그 닮은 모습을 복원시키기로 결정하셨다.

손상된 그림이 복원되는 것을 바라보고 있다고 상상해보라. 점차적으로 당신은 원래의 이미지가 나타나는 것을 본다. 그 그림이 원래 가지고 있었던 색채와 음영이 서서히 눈에 띄기 시작하고, 전에는 추하게 덧칠해져 있던 그림이 하나의 걸작으로 다시 보이기 시작한다. 이것이 바로 성령께서 하시는 일이다. 그리고 성령께서 바로 그 자리로 우리를 인도하고 계시는 것이다.

광야에서의 전쟁

만일 우리가 육신의 그릇된 행실들을 죽이지 않는다면, 세상은 결코 우리 가운데서 하나님의 모습을 보지 못할 것이다. 하나님께서는 여기에서 전쟁 용어를 사용하고 계신다. 그 점에 대해 생각하면서 광야의 전쟁터에 서 있는 자신의 모습을 상상해보자.

당신이 지키고 있는 초소에서 불과 몇 미터 앞에 적군이 숨어있다. 당신은 그 땅을 되찾아오라는 명령을 받았다. 그렇다면 당신이 첫 번째로 해야 할 일은 적군의 위치를 확인하는 것이다.

자기 점검의 기술

바로 이 때문에 그리스도인으로 살아감에 있어서, 자기 점검의 기술이 대단히 중요하다. 바울은 '사람이 자기를 살펴야 한다'고 말한다(고전 11:28; 고후 13:5). 우리는 우리의 영혼이 죄로 인해 점령당하고 있는 부분들을 확인해서 성령의 힘으로 이 부분들에 대한 공격을 감행해야 한다.

비유를 바꿔보자. 만일 당신이 심장을 검사하기 위해 의사를 찾아갔다면, 그 의사는 당신의 몸에 어떤 질병들이 있는지 알아내기 위해 여러 가지 정밀 검사를 할 것이다. 우리의 삶 속에 자리 잡고 있는 죄악들과의 전투를 위해 우리는 이와 같은 방법으로 구체적이고 정밀하게 접근해야 한다.

하나님께서는 우리가 자신을 점검할 때 무엇을 관찰해야 하는지에 대한 점검 목록을 우리에게 주셨다. 그 점검 목록은 십계명으로 알려져 있다. 다음은 당신이 출애굽기 20장에 있는 하나님의 계명들에 비추어 자신을 점검하면서, 당신의 삶 속에 있는 죄악들을 확인할 수 있는 몇 가지 질문들이다.

계명: 너는 너의 하나님 여호와의 이름을 망령되게 부르지 말라.
질문: 내가 하나님의 역사를 경솔히 여기거나 함부로 대하고 있는가?
나의 생활 속에서 하나님은 얼마나 중요한가?

계명: 안식일을 기억하여 거룩하게 지키라.
질문: 나는 나의 시간을 얼마나 하나님께 바치고 있는가?
지난 주중에 나는 얼마나 하나님께 집중했는가?
한 남자가 그러한 기반 위에서 자기 아내와 좋은 관계를 유지할 수 있는가?

계명: 살인하지 말라.
질문: 이번 주에 무엇이 나를 화나게 만들었는가? (예수님께서 이 계명을 분노라는 쟁점과 연결시키셨음을 기억하라.)
내가 어떻게 대처했는가?
용서를 베풀었는가, 아니면 그 분노가 쓰라린 원한이 되었는가?
지금은 누구에게 원한이 맺혀있는가?
화해를 추진하기 위해 내가 할 수 있는 일은 무엇인가?

자기 점검은 그리스도인의 삶에서 매우 중요한 부분이다. 이렇게 해서 당신은 죄악들이 자리 잡고 있는 곳을 확인하는 것이다. 당신이 아무리 그리스도인으로서 오래 살아왔다 할지라도, 대적은 언제나 당신의 생활 속에서 새로운 참호들을 파고, 새로운 자리를 확보하려고 시도할 것이다.

의지 있는 행동의 힘

어떤 특정한 죄가 자리 잡고 있는 위치를 확인하면, 의지를 갖고 공격을 감행하라. 그 대적의 교두보가 있는 구체적인 지점에 성령의 압도적인 힘을 가하라.

만일 당신의 영혼 속에서 '교만'을 확인했다면, 하나님의 도우심을 받아 당신의 생각과 말과 행동 속에서 자신을 낮추도록 결심하라. 만일 당신을 죄악으로 이끌 수 있는 관계를 확인했다면, 그 관계로부터 거리를 두라. 만일 탐욕이 당신의 마음속에 교두보를 확보하고 있다면, 탐욕의 힘이 꺾일 때까지 하나님의 도우심을 받아 사람들에게 베풀기 시작하라. 만일 두려움이 당신의 마음속에 뿌리를 내리고 있다면, 하나님의 약속들에 대한 구체적인 기도와 묵상을 통해 그 두려움에 대한 공격을 개시하라.

많은 그리스도인에게 있는 문제점은 그리스도인으로서의 삶에 대해 수동적인 접근을 해왔다는 것이다. 그들은 하나님께서 전쟁을 치르라고 명령하고 계심을 깨닫지 못하고, 하나님께서 자기들을 거룩하게 만들어주시기를 기다리고 있다. 하나님께서는 성령의 힘을 의지하여, 죄악이 자리 잡고 있는 곳에서 영적인 전쟁을 치를 수 있는 위치에 우리를 두셨다. 그러므로 목표물을 확인하고 공격 계획을 세우는 일에 있어서 스스로 의지를 다져야 한다.

하나님께서는 이 영적 전쟁에서 당신이 이길 것이며, 당신이 점차적으로 하나님의 형상과 모양을 더 많이 반영하게 될 것이라고 약속하셨다. "하나님의 성령에 의해 인도함을 받는 사람들이 하나님의 아들이다."

하나님의 상속자들

> 자녀이면 또한 상속자 곧 하나님의 상속자요 그리스도와 함께 한 상속자니 우리가 그와 함께 영광을 받기 위하여 고난도 함께 받아야 할 것이니라(롬 8:17).[1]

여기에 훨씬 더 놀라운 사실이 있다. 하나님의 목적은 각각의 모든 성도가 하나님의 형상과 모양을 반영하도록 한다는 것일 뿐만 아니라, 하나님의 자녀로서 우리가 하나님의 상속자가 되게 하시는 것이다.

'상속자'나 '유업'에 대해 말하면 우리는 대개 돈을 생각한다. 그러나 그 말은 신분과 책임에 연관되어 사용되기도 한다. 예를 들어서, '스미스 앤 선'Smith & Son이라는 한 회사를 상상해보자. 스미스라는 사람이 매우 유용한 부품을 개발하여 그 회사는 다국적 기업으로 성장하게 되었다. 앞으로 언젠가는 아들에게 회사 전체에 대한 책임을 맡기는 것이 스미스 씨의 계획이다. 그래서 일찍부터 스미스 씨는 아들을 후계자로 훈련시키고 앞으로 언젠가는 회사의 책임을 맡게 될 그에게 경영 수업을 받게 한다. 스미스 씨의 아들에게 이 일은 그리 쉬운 일은 아니다. 그러나 그는 막대한 특권과 책임을 져야 하는 그 자리를 맡도록 예정되어있다.

하나님께서는 하나님의 자녀들이 막대한 특권과 책임이 있는 지위를 맡을 수 있도록 준비시키고 계신다. 그러나 그 준비 과정이 그리 쉽지는 않다. 이것이 사도 바울이 "우리가 그와 함께 영광을 받기 위하여 고난도 함께 받아야 할 것이니라"(롬 8:17)라고 말한 이유다. 이 준비 기간이 아무리 어렵다 해도, 그 고난들은 장차 우리에게 나타날 영광과 족히 비교할 수 없다(롬 8:18). 그런 다음에 바울은 준비하고 있는 우리의 처지를 묘사한다.

큰 기대들

동물들과 대화하기

이미 살펴보았다시피, 하나님의 아들이란 하나님의 형상과 모습을 반영하고 있는 사람이다. 그리고 바울은 피조물들이 하나님의 아들들이 나타나기를 진정으로 고대하고 있다고 우리에게 말한다.

바울이 여기에서 말하고 있는 피조물은 천사나 사람을 일컫는 것이 아니다. 천사들은 허무한 데 굴복하여 좌절에 빠지지 않았다. 그리고 믿지 않는 사람들은 하나님의 아들이 나타나기를 바라지 않는다. 그는 생기 없는 피조물, 즉 들판과 나무와 강과 산과 새와 물고기와 화초와 모든 동물들에 대해 말하고 있는 것이다.

바울은 그것들이 모두 탄식하며 함께 고통을 겪고 있다고 말한다(롬 8:22). 이렇게 신음하고 탄식하는 이유는, 어느 날 피조물들이 '썩어짐의 종노릇 한 데서 해방되기를 바라면서 허무한 데 굴복했기 때문'이다(롬 8:20, 21). 이제 심지어 생기 없는 피조물들조차도 하나님의 아들들이 나타나게 될 때를 고대하고 있다.

생기 없는 피조물들에게 목소리를 주고, 그 피조물들이 무슨 말을 하는지 들어보도록 하자.

피조물의 대표들이 자기들의 이야기를 하기 위해 한 자리에 모였다. 그 모임에는 강과 밭과 나무 몇 그루와 모래사장과 코끼리 한 마리와 사자 한 마리와 물고기 두 마리와 새 몇 마리를 비롯한 각종 동물들과 한 떼의 곤충이 있었다.

그들은 모두 괴로운 신음을 내며 불평을 하고 있었기 때문에 그 모임은 질서는커녕 혼란스럽기 짝이 없었다. 강은 충분히 비가 오지 않았기 때문에 기분이 언짢았다. 모래사장은 바람이 바다를 자극해 화나게 만들었기 때문에 기분이 좋지 않았다. 몇 마리의 산양들은 사자들이 공포정치를 한다고 불평하고 있었다. 까마귀들은 모기들이 급성 뇌염을 옮긴다고 불평했으며, 모기들은 강물이 너무 느리게 흐른다고 불평했다. 행복한 피조물은 없었다.

그들이 진정하자, 우리는 그들에게 질서를 지켜달라고 요청했다.

"여러분은 언제나 이렇게 불행했습니까?" 우리가 물었다.

"아닙니다." 강물이 말했다. "하나님께서 나를 만드셨을 때, 나는 맑고 깨끗했습니다. 비가 내 몸을 채워주었으며, 결코 마르지 않았습니다."

"그렇습니다." 사자가 말했다. "그리고 하나님께서는 내게 식량을 채워주셨기 때문에 내가 다른 동물들을 잡아먹을 필요가 없었습니다."

다른 피조물들이 모두 동의했다. "맞아요, 하나님께서 우리를 만드셨을 때, 모든 것이 좋았습니다." 그들이 이구동성으로 말했다.

"그렇다면 뭐가 잘못된 것입니까?" 우리가 물었다.

"인간 때문이지요." 상당히 통명스러운 목소리로 들소가 말했다.

"왜지요?"

"하나님께서 아담에게 우리 모두에 대한 책임을 지도록 맡겨두셨지요." 밭이 말했다. "하나님께서는 그 남자와 그 여자에게 땅을 채우고, 정복하라고 말씀하셨어요."

"그렇습니다." 다른 동물들이 나서서 말했다. "그 시절, 우리는 그 사람에게 갔고, 그때 그가 우리에게 이름을 지어주었어요."

"그곳은 마치 낙원과 같았어요." 종달새가 말했다.

"그곳은 진짜 낙원이었어." 독수리가 말했다.

"그런데 무엇이 잘못되었지요?"

"아담과 그의 아내가 악에 대해 알고 싶어 했지요."

"맞습니다." 뱀이 말했다. "나를 나무랄지 모르지만, 나는 무슨 일이 벌어진지도 모르겠습니다. 마치 내가 그 동산 밖에서 들어온 큰 힘에 사로잡힌 것 같았어요. 그래서 내가 그들에게 말을 했지요. 나는 그 이후로 오늘까지 그렇게 되어본 적이 결코 없었어요!"

"그들이 악에 대해 알게 된 후에, 그들과 우리의 모든 것이 바뀌었어요." 들판이 말했다. "하나님께서 그들을 처리하실 때, 우리는 하나님께서 그들에게 저주를 내리시고 우리는 평안하게 두실 것이라고 기대했지요. 그러나 하나님께서 하신 일은 우리 삶에 가장 큰 충격을 가져다주었어요. 아담을 저주하는 대신에, 우리를 저주하셨지 뭐예요! 하나님께서 아담에게 '땅이 너 때문에 저주를 받았다'고 말씀하셨어요."

"그래서 우리가 '하나님! 우리가 무엇을 잘못했습니까? 우리가 저지른 일이 무엇입니까?'라고 물었지요. 그때부터 우리는 이 저주 아래서 고생하고 있는 것입니다."

"당신들은 그게 우리에게 어떤 고통을 안겨 주었는지 도무지 알 수 없을 것입니다." 코끼리가 덧붙였다. "우리 식구들은 상아 때문에 도살

당하고, 도륙 당했어요."

"사람들은 우리를 놓고서 자기들끼리 전쟁을 벌였어요." 모래사장이 말하자, 벌판이 동의했다. "사람들은 자기들의 피로 우리를 적셔놓았어요."

그런 다음에 그들은 인간의 모든 죄악과 더불어 인간의 다스림 아래 저주받으면서 산다는 것이 어떤 것인지 말하면서 신음하기 시작했다.

우리는 그들과 함께 절망하기 시작했다. 그러나 그때 독수리가 일어나 목소리를 높였다. 이에 다른 모든 것들이 안정을 찾으면서 경청하기 시작했다.

"그러나 이것이 이 이야기의 끝은 아닙니다. 하나님께서는 그 저주가 제거될 것이라고 약속하셨습니다." 독수리가 설명했다. "하나님께서는 죄의 권세로부터 사람들을 건져주실 것을 약속하셨습니다. 하나님께서 인간들로부터 죄를 완전하게 제거하실 때, 우리는 그다음 차례가 될 것입니다. 그래서 우리는 모두 하나님의 아들들이 나타나게 될 것을 진정으로 고대하고 있습니다."

피조물의 이야기

그 바라는 것은 피조물도 썩어짐의 종 노릇 한 데서 해방되어 하나님의 자녀들의 영광의 자유에 이르는 것이니라(롬 8:21).

이것이 피조물의 이야기이다. 하나님께서는 인간을 천사들보다 조금 못하게 만드시고 만물을 인간의 발아래 두셨다(시 8:5-6). 그러나 인간은 자기의 위치를 유지할 수 없었다. 우리는 지금 하나님께서 의도하신 바대로 만물이 인간에게 복종하는 세상을 보지 못하고 있다(히 2장). 세상을 다스리기에 인간은 아주 많이 부족하다. 인간의 다스림은 피조물을 신음하게 두었으며, 구조받기를 염원하고, 정권의 교체를 고대하게 만들었다.

온 피조물은 하나님의 아들들이 나타나게 될 그날을 기대하고 있다. 바로 그날, 저주는 제거될 것이며, 창조 세계는 하나님의 형상과 모양을 반영하고 있는 인간의 다스림 아래 놓이게 될 것이다.

그래서 예수님께서 세상에 오신 것이다. 온 피조물은 하나님의 형상을 가지고 하나님 안에서 자신들의 소망을 발견한다. 그분은 많은 아들들을 영광으로 이끌어주시기 위해 오셨다. 하나님을 떠난 인간이 하나님의 영광을 회복할 수 있도록 인도하시는 것이 하나님의 목적이기 때문이다.

그래서 하나님께서는 자신의 모든 백성에게 성령을 보내신다. 그리고 성령께서 우리를 이끌어주셔서 죄와 맞서 싸우게 하신다. 그렇게 해서 우리에게 하나님의 모양과 형상이 점차 드러나게 된다.

마지막 날에 그 일이 완성될 것이며, 예수님께서는 하나님 아버지 앞에 서서 "아버지께서 제게 주셨던 자녀들이 저와 함께 여기 있습니다"라고 말씀하실 것이다. 예수님은 하나님의 형상과 모양을 모두 반영하게 될 많은 형제들의 맏이가 되실 것이다.

온 피조물은 이날을 기다리고 있다. 왜냐하면 하나님의 아들들이 나타나게 될 때, '창조 세계 자체가 썩어짐에 대한 속박으로부터 해방되어 하나님의 아들들의 영광스런 자유 가운데 인도될 것'이기 때문이다.

하나님의 최종 목적이 달성될 때, 새 하늘과 새 땅이 나타날 것이다. 그리고 그 천지는 의가 머무는 집이 될 것이다(벧후 3:13). 구약성경의 선지자들은 그 저주가 제거될 때 모든 피조물의 기쁨을 예견했다. 이사야는 늑대와 어린 양이 어떻게 함께 지내며, 들판의 나무들이 손을 들어서 어떻게 손뼉을 칠 것인지 이야기했다(사 11:6; 55:12).

그리스도인의 궁극적인 운명은 하늘에서 모호한 영적인 존재로 절반의 생명을 누리는 그림자 같은 존재가 아니라, 낙원의 회복이다. 당신은 옛날에 동산에서 아담이 그랬던 것처럼 하나님과 더불어 걷게 될 것이며, 하나님의 새로운 창조의 기쁨을 누리게 될 것이다.

당신은 하나님의 자녀인가? 만일 당신에게 확신이 없다면, 하나님의 상속자가 되는 길은 예수 그리스도와 연합하여 공동 상속자가 되는 것임을 눈여겨보기 바란다. 당신이 하나님의 자녀가 되는 이 놀라운 관계 가운데 들어가게 되는 것은 예수 그리스도를 믿는 믿음으로 말미암는다. 예수 그리스도께서는 당신을 그 자리로 인도해주실 것이다. "영접하는 자 곧 그 이름을 믿는 자들에게는 하나님의 자녀가 되는 권세를 주셨으니"(요 1:12). 여기에서부터 당신은 시작한다.

만일 당신이 하나님의 자녀라면, 당신은 지금 하나님 자녀처럼 살아가고 있는가? 당신은 생활 속에서 죄가 장악하고 있는 자리들에 의지적으로 성령의 인도하심을 따라 공격을 감행하고 있는가? 그 증거는 무엇인가? 바로 그렇게 해서 반영되는 하나님의 영광이 점차적으로 당신 속에서 보이게 될 것이다. 때문에 온 피조물이 그 일이 완료될 그날을 기다리고 있는 것이다.

드러난 사실 UNLOCKED

모든 그리스도인의 삶 속에 나타나는 하나님의 궁극적인 목적은, 우리가 하나님의 영광을 드러내도록 하나님의 형상과 모양을 회복시키시는 것이다. 성령께서는 이 목적을 위해 각 성도에게 임하신다. 이러한 이유로 성령께서는 '몸의 그릇된 행실들'과 전투를 벌이도록 우리를 인도하시는 것이다. 죄와 유혹의 힘에 대항하여 싸우는 것은 하나님 자녀들의 특징이다.

하나님께서는 우리 가운데 자신의 모양을 점차적으로 회복해 가실 것이다. 그리고 이 일이 완성될 때, 하나님의 아들들이 나타날 것이다. 온 피조물은 다시금 새롭게 될 것이며, 새 하늘과 새 땅이 회복된 인류의 다스림 아래 놓일 것이다. 그리고 하나님께서는 영원히 영광을 받으실 것이다.

기도 PAUSE FOR PRAYER

은혜로우신 하나님 아버지!

예수 그리스도를 믿고 영접하는 가운데 하나님 자녀가 되게 하시고, 그로 인한 특권과 기쁨을 누리게 하시니 참으로 감사드립니다. 제 안에서 하나님의 모양과 형상을 회복하시기 위해 성령으로 역사하고 계심을 믿습니다. 하나님 자녀가 받을 유업에 동참할 수 있도록 저를 창세전부터 선택하신 것에 감사드립니다. 새 하늘과 새 땅을 주셔서 이곳에서 하나님의 의와 함께 머물게 하여주시옵소서.

감추어진 모든 죄악과 싸울 때 승리할 수 있도록 성령의 권능을 더하여주시고, 저의 영안을 열어주셔서, 제 안에 있는 모든 죄악된 것을 확실히 볼 수 있도록 도와주시옵소서. 하나님을 진노하게 하는 언행과 성령을 근심케 하는 모든 말과 행동과 생각들을 바로 볼 수 있도록 도와주시옵소서. 사탄이 저의 약한 부분을 공격할 때, 그 전쟁에서 능히 승리할 수 있도록 항상 깨어있게 하여주시고, 항상 성령 충만하게 하여주시옵소서.

제가 하나님 아버지를 기쁘시게 하는 복된 자녀가 되게 하시고, 하나님을 섬기는 가운데 세상의 복이 되게 하여주시옵소서. 주 예수 그리스도의 이름으로 기도드립니다. 아멘.

Note

1. 사도 바울이 14절에서는 '아들'son에 대해 언급하고 나서 17절에서는 '자녀'children에 대해 언급하는 사실이 매우 흥미롭다. 물론 그 차이점은 성숙이다. 바울이 로마서 8장 17절에서 '자녀'라는 말을 쓰는 이유는 그리스도인의 유업이 성숙에 근거하지 않기 때문일 수도 있다. 당신이 성령으로 말미암아 하나님 자녀로 다시 태어나자마자, 당신은 하나님의 상속자이며, 예수 그리스도와 동반 상속자가 된다.

29

약함

Weakness

고린도후서 12장

참된 영성은 어떤 모습인가?

묵상의 길잡이

☑ **발견하라**

안전지대 밖에서 살아가는 일이 지닌 도전을 발견하라.

☑ **배우라**

하나님께서 어떻게 고통스러운 상황들 가운데 비상한 기회들을 감추어 두시는지 배우라.

☑ **경배하라**

우리가 연약할 때 우리에게 권능을 주시는 예수 그리스도께 경배하라.

전 세계에서 모여든 기독교 지도자 대회에 당신이 참석하고 있다고 상상해보라. 단 하루 일정으로 모인 그날, 사도 바울이 기적적으로 2,000년이라는 세월을 뛰어넘어 그 대회에 동참하게 되었다.

그곳에 모인 사람들은 기도하고 찬양할 제목을 나누면서 대회를 시작했다. 첫 번째 연사는 한 목회자였다. "우리는 새로운 전도 프로그램을 도입한 이래로 교회가 급성장하는 것을 목격했습니다." 그가 보고했다. "우리는 이런 일을 결코 본 적이 없었습니다."

그다음 연사는 한 선교 단체의 대표였다. "지난 해 우리 단체에 새로운 선교사들이 300명 이상 모인 일에 대해 주님께 감사하고 있습니다.

지금 우리는 79개국에서 사역을 감당하고 있습니다. 주님께서 그 사역에 복을 주고 계십니다. 그리고 전에 없는 호응을 얻고 있습니다."

세 번째 연사는 캘리포니아에 있는 소속 단체의 새로운 본부 건물에 대해 설명했다. "300만 달러 이상의 예산을 우리는 불과 6개월 만에 모금했습니다. 돈이 이처럼 모금된 적이 없었습니다. 우리는 지금 하나님을 찬양하고 있습니다."

다음 연사는 사도 바울이었다. 다른 사람들은 기대에 차서 그를 바라보았다. "사도 바울 선생님, 선생님은 어떻습니까? 오늘 우리에게 하실 말씀이 없습니까?"

바울은 턱을 만지면서 묵묵히 있다가 말했다. "내가 무슨 말을 해야 할지 잘 모르겠군요. 사실 간증이 있긴 하지만, 그 간증을 나눌 수 없을 것 같습니다. 나는 내가 가지고 있는 한 가지 문제를 놓고 기도해오고 있습니다. 그런데 주님께서는 내가 바라는 대로 응답해주지 않으시는군요. 솔직히 말해서 최근 나는 사역을 하면서 깊은 수렁에 빠져있는 것 같은 느낌을 받고 있습니다. 이 모든 것이 내 능력 밖이라고 느끼고 있지요."

대회장은 쥐 죽은 듯 고요해졌다. 아무도 무슨 말을 해야 할지 몰랐다. 그리고 그 가운데 있던 어떤 사람들은 과연 바울이 예전에 생각했듯이, 그렇게 신령한 사람인지 의심하기 시작했다.

만일 당신이 위대한 사도가 그런 말을 한다고 상상할 수 없다면, 고린도후서 12장을 읽어보기 바란다. 바울은 그가 '지극히 큰 사도들'이라고 일컫고 있는 어떤 사람들에게 맹렬한 비판을 받았다(고후 11:5). 이들은 바울이 약하다고 생각했으며, 자기들이 바울이 알고 있는 어떤 것보다 더 신령한 영성을 알고 있다고 주장했다. 그 '지극히 큰 사도들'은 바울이 고린도에서 세운 교회에서 스스로를 높이고 자기들의 가르침을 퍼뜨렸다. 그들의 대단한 주장은 교회에 혼란을 가져왔다. 그래서 바울이 고린도교회의 성도들에게 참된 영성이란 어떤 것인지 일깨워주는 편지를 썼던 것이다.

많은 사람이 생각하기를, 참으로 신령한 사람들은 자기들의 생활 속에서 하나님께서 행하고 계신 일을 항상 분별할 수 있고, 기도에 응답받으며, 그들이 직면하고 있는 도전들에 대해 언제나 승리하는 것처럼 보인다는 생각을 가지고 있다. 그러나 우리가 살펴볼 것처럼, 바울은 매우 다른 모습을 제시하고 있다. 그의 솔직함은 흔히 우리가 거둔 승리에 대해서는 신속하게 보고하면서도, 갈등에 대해서는 좀처럼 인정하지 않는 우리 문화 속에서 신선한 바람과 같다.

결코 말하지 않았던 체험

> 무익하나마 내가 부득불 자랑하노니 주의 환상과 계시를 말하리라 내가 그리스도 안에 있는 한 사람을 아노니 그는 십사 년 전에 셋째 하늘에 이끌려 간 자라…그가 낙원으로 이끌려 가서 말로 표현할 수 없는 말을 들었으니 사람이 가히 이르지 못할 말이로다(고후 12:1, 2, 4).

바울이 제삼자의 입장에서 말하고 있는 것처럼 보이지만, 여기에서 그는 자신에 대해 이야기하고 있는 것이다. 그가 자신의 '육체의 가시'에 대해 우리에게 말하면서 이 가시가 "여러 계시를 받은 것이 지극히 크므로 너무 자만하지 않게 하시려고"(고후 12:7) 그에게 주어졌다고 설명한다.

하나님께서는 바울에게 천국에 대한 놀라운 비전을 주셨다. 이것은 바울 자신이 그 일을 몸 안에서 경험한 것인지, 아니면 몸 밖에서 경험한 것인지 몰랐을 정도로 신비한 것이었다(고후 12:2). 그는 하나님의 임재 가운데 있었으며, 모든 그리스도인이 앞으로 어느 날엔가는 경험하게 될 일의 일면을 보았다.

바울은 자신의 신령한 경험을 영적인 권위를 확립하는 한 방법으로 쉽게 써먹을 수 있었을 것이다. 예를 들어 그는 이렇게 말할 수도 있었을 것이다. "내가 보고 경험한 것이 당신들이 경험한 것보다 훨씬 더 대단한 것이기 때문에, 당신들은 내 말을 더 잘 들어야 합니다." 그러나 그는 그렇게 하지 않았다. "내가 만일 자랑하고자 하여도 어리석은 자가 되지 아니할 것은 내가 참말을 함이라 그러나 누가 나를 보는 바와 내게 듣는 바에 지나치게 생각할까 두려워하여 그만두노라"(고후 12:6).

예수 그리스도께서는 제자들에게 양의 옷을 입고 있는 늑대들과 같은 영적인 지도자들을 주의하라고 경고하셨다(마 7:15-23). 그런 지도자들은 인상적인 주장을 펼칠 것이며, 그들의 활동과 사역들이 눈에 띄는 결과들을 보여줄 것이다. 그러나 예수님께서 말씀하시기를, 어떤 지도자에 대한 검증은 그가 펼치는 주장들이나 결과에 있는 것이 아니라 진리와 실천에 있다고 하셨다. "좋은 나무가 나쁜 열매를 맺을 수 없고 못된 나무가 아름다운 열매를 맺을 수 없느니라…이러므로 그들의 열매로 그들을 알리라"(마 7:18, 20).

항상 자기들의 놀라운 영적 경험들을 내세우는 사람들에 대해서는 주의하는 것이 현명하다. 그 '지극히 큰 사도들'은 깊은 인상을 주기 위해 자신들을 스스로 높힌 것이다. 바울은 그와 반대로 했다. 그는 자신의 영적인 경험을 자세하게 나누지 않았다. 사람들이 자신에 대해 생각할 때, 마땅히 생각해야 할 것보다 더 대단하게 생각하는 것을 원치 않았기 때문이었다. 그것은 흔치 않은 관점이다. 그러나 그것이 온전한 그리스도인의 관점이다.

육체의 가시

> 여러 계시를 받은 것이 지극히 크므로 너무 자만하지 않게 하시려고 내 육체에 가시 곧 사탄의 사자를 주셨으니 이는 나를 쳐서 너무 자만하지 않게 하려 하심이라 이것이 내게서 떠나가게 하기 위하여 내가 세 번 주께 간구하였더니 나에게 이르시기를 내 은혜가 네게 족하도다 이는 내 능력이 약한 데서 온전하여짐이라 하신지라 그러므로 도리어 크게 기뻐함으로 나의 여러 약한 것들에 대하여 자랑하리니 이는 그리스도의 능력이 내게 머물게 하려 함이라(고후 12:7-9).

바울의 육체의 가시가 무엇이었는지에 대해 추측하는 많은 글이 있다. 말라리아, 우울증, 간질, 특별한 유혹, 심지어 실명이라는 추측들이 있었다. 그러나 우리는 그 육체의 가시가 무엇이었는지 알 수 없다.

바울은 자신이 경험한 놀라운 계시를 '육체의 가시'와 연결시켰다. 그래서 우리는 14년 동안 그가 고난을 당했다고 단정할 수 있다. 그리고 그것이 심각한 괴로움이었다고 확신할 수 있다. 바울은 고난에 대해 전혀 몰랐던 사람이 아니다. 그는 다섯 차례나 39번의 채찍질을 당했다. 세 차례 매를 맞았으며, 한 차례 돌로 맞았다(고후 11:24-25). 39번의 채찍질을 당할 일을 생각하면, 어떤 사람들은 사역을 그만두었을 것이다. 그러나 바울은 비상한 용기를 가진 사람이었다. 그는 육체의 가시를 마치 사소한 성가심이라는 듯, 그저 그렇게 취급했다.

만일 당신에게 육체의 가시가 있었다면, 움직일 때마다 그 가시를 의식했을 것이다. 그 가시가 몸에 더 깊이 박힐까 봐 몸을 잔뜩 사리며 아무것도 할 수 없었을 것이다. 아마도 그것이 당신의 삶에서 느끼는 고통의 핵심이었을 것이다. 당신은 그 핵심을 피할 수 없다. 무엇을 하고 있든지 간에 그 고통을 의식할 것이며, 몇 년 동안 그런 상태가 지속될 것이다.

바울은 이러한 상황을 기도로 대처했다.

승리에 대한 주장

하나님께서 바울의 간구에 긍정적으로 응답해주실 것이라고 기대할 만한 이유가 있었다. 바울은 자신에게 있는 '육체의 가시'를 '사탄의 사자'라고 묘사했다. 만일 사탄이 이 일에 개입되어있었다면, 하나님께서 확실하게 대적을 결박하고 그 가시로부터 사도 바울을 건져주실 것이었다.

그러나 그것이 그렇게 간단해보이지 않는다. 바울이 그 가시를 '사탄의 사자'라고 묘사할 때, 그 가시가 자신에게 '주어진' 것이라고 말하고 있기 때문이다. 그 말은 분명 그것이 하나님에 의해 주어진 것이었다는 뜻이다.

몇 년 전 내가 런던에서 시무했던 교회는 빌리 그레이엄 목사의 런던 선교 집회에 참여했다. 그 집회가 열린 경기장은 사람들로 꽉 들어찼다. 그날 저녁은 이루 말할 수 없이 멋졌으나 날씨가 몹시 사나웠다. 빌리 그레이엄 목사가 설교하기 직전에 심한 천둥과 번개가 쳤다. 성가대원들은 빗물에 젖었다. 그래서 행사가 잠시 지체된 후에 설교를 시작할 수 있었다.

출입구 한 군데에서 안내를 맡았던 내 친구는 그날 행사를 마치고 사람들이 대회장을 떠나면서 했던 몇 마디 말을 나에게 전해 주었다. "처음에는 사람들이 나오면서 '저런, 사탄이 오늘 외출을 나왔군. 목사님이 설교하려던 때에 쳤던 그 천둥과 번개를 봐'라고 말하더라고. 그런 다음에 다른 사람들이 나오면서 '그때 참 멋지지 않았어요? 복음의 선포가 시작되기 직전에 하나님께서 천둥과 번개로 권능을 드러내고 계셨잖아요!'라고 말했어."

몇 년 전에, 어머니가 차 사고를 당하셔서 잠깐 병원 신세를 진 일이 있었다. 하루는 두 명의 성도가 병문안을 왔다.

첫 번째 사람은 이렇게 말했다. "이것은 당신의 사역에 대한 사탄의 공격입니다." 그리고 후에 다른 성도가 똑같이 침대 곁에 앉아서 이렇게 말했다. "주님께서 당신이 사역의 부담에서 잠시 휴식을 취해야 할 필요가 있음을 아셔서 이 일이 일어나도록 허락하셨군요." 그날 오후는 정말 혼란스러웠다.

이처럼 어떤 사건들에 대해 단순하게 설명할 때마다, 우리는 의심스런 해석들로 끝맺게 된다.

사탄은 욥의 삶 속에 커다란 고난과 손실을 가져왔다. 그러나 사탄의 활동 배후에는 하나님의 주권적인 손길이 있었다. 하나님께서는 욥이 창조주와 구속자에 대한 새로운 이해를 할 수 있도록 고난을 사용하셨다.

우리는 요셉의 이야기에서 동일한 원리를 발견한다. 그의 형제들은 요셉을 노예로 팔아넘길 때 비열하게 처신했다. 그러나 하나님께서는 그 일에 대해 전부 알고 계셨으며, 그들의 악한 행동을 통해 요셉을 애굽으로 데리고 가셔서, 그의 온 가족이 장기간의 기근을 무사히 통과할 수 있게 하셨다. 요셉이 몇 년 후에 형제들을 만났을 때, 그는 이렇게 말할 수 있었다. "당신들은 나를 해하려 하였으나, 하나님은 그것을 선으로 바꾸사"(창 50:20).

고난과 약속

십자가를 생각해보라. 악한 사람들이 예수님을 한 나무 기둥에 못 박았다. 예수님께서는 "…이제는 너희의 때요 어두움의 권세로다"(눅 22:53)라고 말씀하셨다. 그런 다음에 베드로는 이 일이 "하나님께서 정하신 뜻과 미리 아신 대로"(행 2:23) 일어났다고 우리에게 전하고 있다. 아무도 예수님의 목숨을 빼앗아갈 힘을 가지고 있지 않다. 예수님은 스스로 자신의 생명을 내려놓기로 선택하셨다(요 10:18). 바로 이 때문에 예수 그리스도께서 세상에 오신 것이다.

우리는 사고나 질병 그리고 선교 지역에서 복음에 대한 적대 세력이 일어날 때 이 사실들을 명심할 필요가 있다. 하나님께서 미스터리로 남겨두신 일들에 대해 단순한 설명을 붙이는 어리석은 사람이 되지 말자.

바울은 육체의 가시로부터 건져달라고 하나님께 간구했다. 그러나 하나님께서는 바울이 간구하는 것에 응답하지 않으셨다. 하나님께서는 우리에게 "네게 그 가시가 없는 것보다는 있는 것이 더 쓸모가 있다"고 말씀하실 때가 있을 수 있다.

나는 바울이 자기의 몸에서 가시를 빼내주시기를 하나님께 세 번 기도한 일에 대해 읽으면서 예수님께서 겟세마네 동산에서 세 번 기도하셨던 일을 생각했다. "아버지여, 하실 수 있다면, 이 잔을 내게서 떠나게 하여주옵소서." 하나님께서는 예수님에게서 그 잔을 치워버리지 않으셨다. 그리고 우리의 구원은 예수님께서 아버지의 잔을 받아들였다는 사실에 달려있다.

예수님께서 겟세마네 동산에서 기도하셨을 때, 한 천사가 와서 예수님께 힘을 주었다(눅 22:43). 그리고 바울이 기도했을 때, 하나님께서는 그에게 특별한 약속을 하나 주셨다. "내 은혜가 네게 족하다." 하나님과 동행하는 사람들은 종종 그 약속에서 힘을 얻는다는 것이 무엇인지를 알며, 인생에서 가장 힘든 것들에도 어떤 목적을 가지고 계심을 알고 있다.

하나님께서 당신이 기도하며 간구하는 것들에 대한 응답을 주시지 않을 때가 있을 것이다. 그러나 기도로 주님을 찾을 때, 주님께서 언제나 당신에게 필요한 힘을 공급해주실 것을 확신할 수 있다. 참된 영성의 표시는 하나님께서 당신이 구하는 대로 모든 것을 주시는 것이 아니라, 주시지 않을 때에도 하나님과 동행하는 것이다.

안전지대 밖에서 살아가기

그러므로 도리어 크게 기뻐함으로 나의 여러 약한 것들에 대하여 자랑하리니…이는 내가 약한 그 때에 곧 강함이라(고후 12:9, 10).

나는 많은 그리스도인이, 자신이 과거에는 약하다고 느꼈지만 이제는 강하다고 간증하는 것을 몇 년에 걸쳐 들어왔다. 그러나 그것은 여기에서 바울이 하고 있는 말이 아니다. 연약함에 대한 그의 경험은 현재 진행형이다.

우리가 성도 안에 함께 계시는 성령의 압도적인 힘에 대해 배운 지금, 이 사실은 충격이 아닐 수 없다. 왜 바울은 자기가 연약함을 느꼈다고 말했던 것인가? 그에게 믿음이 결여되어있었는가? 하나님께서 자기와 함께 계신다는 사실을 잊어버렸는가?

바울이 삶의 도전들을 해결할 수 없을 만큼 무력한 인물이 아닌 것만은 확실하다. 나는 이미 그의 비상한 용기를 언급했다. 어떠한 기준으로 봐도, 바울은 이제껏 존재했던 매우 뛰어난 인물들 중 한 사람이었다.

바울은 단 한 가지 이유로 연약함을 경험했다. 하나님께서 그에게 불가항력의 과업을 주셨던 것이다. 바울은 이렇게 말했다. "이 외의 일은 고사하고 아직도 날마다 내 속에 눌리는 일이 있으니 곧 모든 교회를 위하여 염려하는 것이라"(고후 11:28-29). 하나님께서는 사도 바울을 안전지대 밖으로 내모셨다. 바울은 철저하게 감당할 수 없이 짓눌려서, '살 소망까지 끊어질' 지경에 이른다는 것이 무엇인지 잘 알고 있었다(고후 1:8).

만일 하나님께서 당신에게 감당하기 어려운 임무를 주신다면, 당신은 바울처럼 그 임무에 짓눌린다고 느끼면서, 바울이 말하는 '약함'을 경험하게 될 것이다.

나는 22살에 런던에 있는 엔필드 복음주의자유교회Enfield Evangelical Free Church의 담임 목사로 시무하기 시작했다. 목회 사역의 책임이 나를 압도하는 느낌이었다. 그 책임은 여전히 나를 짓누른다.

나는 현명한 친구들과 멘토들의 충고를 구했으며, 특히 신학교에서 나를 지도하신 선생님 한 분으로부터 받은 편지에서 큰 격려를 받았다. 그 편지의 내용 중 기억에 남는 부분이 있다.

"만일 자네가 그 임무를 맡는다면, 자네의 힘으로는 그 일을 감당할 수 없다는 사실을 알게 될 것이고, 그다음에는 자네가 결코 생각할 수 없었던 면들에서 하나님을 입증하고 있음을 발견하게 될 것이네."

그것이 나의 경험이었다. 그리고 나는 바울이 여기에서 말하고 있는 것이 그것이라고 생각한다. 연약함을 느낄 때는 당신이 자신의 힘으로는 감당할 수 없음을 아는 때이다. 그리고 정확히 그 자리에서 우리는 하나님의 힘이 우리를 지탱하게 하시는 것을 발견하게 된다.

목회 사역을 감당하면서 교회를 섬기기 시작한 직후에, 나는 바울의 연약함에 대한 리차드 보컴Richard Bauckham 교수의 글을 하나 발견했다.

그 글은 내게 지속적인 도움을 주고 있다. 보컴은 그 글을 통해 우리 문화에 대한 강력한 발언을 하고 있다.

> 바울이 경험한 육체의 고난들까지는 아니라도, 바울이 바친 헌신의 절반 정도를 가지고 사역을 감당하는 사람은 누구라도 바울이 말하고 있는 연약함을 경험하게 될 것이다. 문제를 해결할 수 없을 것 같을 때, 과로로 피곤에 찌들었을 때, 전혀 해결점이 보이지 않을 것 같은 우울증에 빠졌을 때, 목회 사역에 열심을 다할 동기를 잃었을 때…간단히 말해서 기독교 사역자나 목회자가 코앞에 있는 임무를 감당힘에 있어서 능력의 한계에 다다를 때가 있을 것이다.
>
> 그러나 하나님의 은혜로 그 사람은 그렇게 지치지 않는다. 자기의 연약함은 모르고 강함만을 알고 있는 사람들은 자기의 모든 헌신을 요구하고 있는 임무에 자신을 다 투자하지 않은 것이다. 이 연약함을 피할 길은 없다. 우리는 이 연약함을 피하려고 하는 인생들을 수상쩍게 생각해야 한다. 우리는 성령을 초인적인 힘의 지속적인 원천으로 삼는 초인들의 이상에 사로잡혀서는 안 된다.
>
> 또한 현대의 세속적인 초인들의 이상에 빠져서도 안 된다. 그러한 현대적 초인들은 자기의 신체적인 건강과 영적인 건강을 유지한다는 목적으로 생활 전체를 조직하고, 자기가 대처할 수 있는 한계 안에서만 삶을 잘 유지하고 있기 때문에 강하다는 인상을 계속 줄 수 있다. 그러한 사람은 안전지대 너머에 있는 일에 영향을 받거나 관심을 갖거나 개입하거나 헌신하는 일이 없기 때문에, 결코 연약할 수가 없다. 이러한 삶은 예수님의 이상도 아니고 바울의 이상도 아니다. 예수 그리스도의 사랑에 의해 지배받는 삶은 불가피하게 능력의 한계에 도달하여 연약함을 경험하는 삶이다.[1]

조심스럽게 안전선 안에서 사는 삶을 선택하고 있는 사람들은 바울이 여기에서 말하고 있는 연약함 속에서의 강함을 발견할 수 없다. 자신의 능력을 확신하고 자신하는 사람들도 그럴 수가 없다. 어떤 순간에 하나님께서는 당신을 안락한 안전지대 밖으로 데리고 나오실 것이다. 그렇게 되면 당신은 바울이 말하는 '연약함'을 느끼기 시작할 것이다.

그러므로 이 연약함은 우려할 것도 부끄러워할 것도 아니다. 연약함은 그리스도인으로서의 여정에 있어서 매우 의미심장한 기회들 가운데 하나이다. 바울은 자신이 그것을 "기뻐한다"고 말하고 있다. 이 연약함은 바로 예수 그리스도의 능력이 그 위에 머물렀던 곳이기 때문이다. 당신에게도 마찬가지일 것이다. 예수님께서는 조심스럽게 안전선 안에서 살지 않으셨다. 예수님께서는 연약함 가운데 우셨으며, 십자가에 달리셨다. 만일 당신이 예수님을 따른다면, 예수님께서는 당신을 안전지대 밖으로 인도해가실 것이다. 당신은 연약함을 경험하게 될 것이며, 예수 그리스도의 권능이 당신 위에 머물게 될 것이다.

참된 영성

하나님께서 자신의 삶 가운데 무엇을 하고 계시는지 쉽게 설명하지 못하겠다고 말하는 성도, 큰 문제를 놓고서 오랫동안 기도하고 있는데 하나님께서 그가 바라던 대로 응답하지 않으셨다고 말하는 성도, 사역을 감당하기에 어쩔 줄 몰라 연약함을 경험하고 있다고 말하는 성도, 당신은 그러한 성도들을 어떻게 생각하겠는가?

그 사람에게 특별한 상담을 받아야 되겠다고 말할 것인가? 아니면 그가 참된 영성을 표현하고 있으며, 예수님과 동행하는 것이 때론 그와 같다고 말하겠는가?

바울은 이렇게 말한다. "그 '지극히 큰 사도들'은 커다란 비전들에 대해 말하고 있습니다. 그 말은 대단하게 들립니다. 그러나 나는 내 자신의 것을 나누는 것을 삼가겠습니다. 왜냐하면 여러분이 나에 대해 마땅히 생각할 것 이상으로 생각하는 것을 원치 않기 때문입니다. 그들은 자기들이 모든 기도에 응답 받았다고 주장하지만, 나는 내가 하나님께서 응답해주지 않으신 것들 가운데서 하나님의 은혜를 발견했다고 여러분에게 말하고 싶습니다. 그들은 자기들의 대단한 능력에 대해 상당히 많은 말을 하고 있습니다. 그러나 나는 내가 연약함을 느끼고 있다고 말하고 싶습니다."

당신이 자신의 연약함을 느끼고 있다는 사실을 하나님의 뜻에서 벗어나 있는 것이라고 생각하지 않기를 바란다. 만일 하나님께 부름 받은 당신이 소명을 향해 나아가기 전에 자신감을 느낄 때까지 기다린다면, 당신은 결코 그 소명을 감당하지 못할 수 있다. 예수님께서 "나를 따르라"고 말씀하실 때, 우리 자신을 넘어서라고 하시며, 우리를 안전지대 너머로 인도해가신다. 오직 자기의 강함만을 알고, 자기의 연약함에 대해 알지 못하는 사람은 멀리까지 예수님을 따르지 않은 것이다.

구덩이의 비유

연약한 상황들 속에서만 발견할 수 있는 하나님의 은혜가 있다. 다음의 간단한 비유는 그 점을 잘 지적해준다.

당신은 1주일 동안 어떤 구덩이 속에 들어가서 지내게 될 텐데, 구덩이에서 나온 후에는 결코 그곳에 다시 갈 수 없을 것이라는 지시를 받았다. 그 구덩이 속에 있는 동안 당신은 돈을 벌어서 미래를 준비하는데 사용해야 했다.

구덩이는 어둡고 습했으며, 쾌쾌한 냄새가 났다. 당신은 주변을 더듬어보았다. 벽은 유리처럼 미끄러우면서도 예리했다. 그때 손가락을 베었다. 당신은 생각했다. 내가 도대체 여기에서 무엇을 해서 돈을 벌어 미래를 준비한단 말인가?

당신은 어두움 속에서 안정을 찾았지만 곧 우울증세가 덮쳐왔다. 당신이 품을 수 있는 유일한 소망은 1주일 동안만 그 구덩이 속에 있을 것이며, 다시 그곳에 오지 않을 것이라는 사실이었다.

당신은 시간을 세고, 날짜를 계산했다. 마침내 구덩이에서 나오게 될 날이 이르렀다. 시련은 끝났다. 당신은 그 구덩이 속으로 다시는 들어가지 않을 것이다. 드디어 구덩이에서 나와 달리는데, 발 옆에 샘이 하나 있었다. 되돌아서서 표지판을 바라보았다. 거기에 쓰인 내용은 충격적이었다. 당신은 다이아몬드 광산에서 1주일을 보냈던 것이다.

흑암 속에서만 캘 수 있는 은혜의 보석들이 있다. 하나님께서는 우리가 잘 가지 않을 장소에 그 보석들을 숨겨놓으셨다. 만일 당신이 이 연약함의 경험을 통과하게 된다면, 빈손으로 나오지 않겠다고 결심하기 바란다.

비밀이 없는 사람

그러므로 도리어 크게 기뻐함으로 나의 여러 약한 것들에 대하여 자랑하리니 이는 그리스도의 능력이 내게 머물게 하려 함이라(고후 12:9).

당신이 연약함을 느낄 때, 하나님께서 다른 때는 하시지 않았던 일들을 당신을 통해 하실 가능성이 크다. 그렇게 하시는 이유는, 그때가 바로 하나님께서 주관하시는 때이며, 그렇게 이루어진 일로 하나님께서 영광을 받으시기 때문일 것이다. 바울은 하나님의 임재와 권능이 자신이 연약할 때 임하셨음을 발견했다. 사도 바울이 그처럼 자주 자신의 사역에 압도되고 자신은 부족하다고 느꼈었음에도 불구하고, 그 사역을 통해 이루어진 일에 대해 달리 설명할 길이 없었다.

내가 처음 인도를 방문했을 때, 가장 기억에 남는 기쁨 중 하나는 70대 후반의 요셉이라는 목사를 만난 일이었다. 그는 강한 인상을 주는 사람은 아니었다. 그는 시력이 대단히 나빴으며, 오직 그의 부인으로부터 교육을 받았다. 그의 부인은 그가 그리스도인이 되었을 때 성경 읽는 법을 가르쳐주었다.

요셉 목사는 이전에 어떠한 기독교 전도자도 없었던 정령 숭배 마을에서 10개의 교회를 세웠다. 내가 방문했을 때 이 교회들에는 각각 100여 명씩의 성도들이 있었다.

나는 그의 사역에 경탄을 금치 못했다. 그러나 그의 비밀이 무엇이냐고 물어볼 필요가 없었다. 그에게 비밀이 없다는 것은 너무도 뻔한 사실이었기 때문이다. 하나님의 권능이 그의 약함 가운데 머물러있었다. 그 결과 놀라운 일이 일어났던 것이다.

기독교 사역에서 힘이란, 사실은 연약함이다. 그리고 연약함은 하나님의 손 안에 있는 강함이다.

하나님께서는 우리가 하나님을 의지하는 법을 배우도록 하시기 위해 깊은 구렁에 빠졌다고 느낄만한 상황들 속으로 우리를 인도하신다. 당신이 연약함을 경험할 때, 하나님의 힘이 당신 위에 머물 것이다. 그리하여 당신이 성취하는 일이 하나님에 의해 이루어졌음이 명백해질 것이다.

드러난 사실 UNLOCKED

참된 영성의 특징은 겸손이다. 하나님과 매우 친밀하게 동행하는 사람들은 자기들의 영성으로 다른 사람들에게 강한 인상을 남기려고 시도하지 않을 것이다. 그들은 자신이 부족한 사람이기 때문이 아니라, 자신의 안전지대 너머로 예수 그리스도를 따라 나왔기 때문에 자신의 연약함을 느끼게 될 것이다. 그들은 하나님께서 자신을 받쳐주시고, 하나님의 영광을 위해 자신의 연약함을 사용하신다는 사실을 발견하게 될 것이다.

기도 PAUSE FOR PRAYER

은혜로우신 하나님 아버지!

제가 연약함 속에서 주님의 계획을 발견하고 주님께 나아오길 원합니다. 주님의 성령이 항상 충만하게 하여주시옵소서. 제가 연약함 가운데 서게 되는 일을 두려워하지 않도록 저를 인도해주시고, 제가 어두움의 구렁텅이에 빠져있을 때, 주님께서 저를 통해 이루실 계획과 시간표를 발견하게 하시고, 주님의 사역을 감당할 수 있도록 담대함과 능력을 주시옵소서. 제가 고난 속에서 주님의 일꾼으로 준비되는 가운데, 안일하고 나태하게 살지 않도록 항상 깨어있게 하시고, 주님 영광을 위해 모든 삶을 바칠 수 있도록 저를 사용해주시옵소서. 예수 그리스도의 이름으로 기도드립니다. 아멘.

Note

1. Richard Bauckham, "Weakness-Paul's and Ours," *Themelios* 7 (April 1982): 4-6.

30

교회

Church

에베소서 3장

교회의 목적은 무엇인가?

묵상의 길잡이

☑ **발견하라**
교회를 통해 하나님께서 천사들에게 무엇을 가르치실 것인지 발견하라.

☑ **배우라**
하나님께서 어떻게 장벽들을 허무시는지 배우라.

☑ **경배하라**
자신의 교회를 빛나게 하실 예수 그리스도께 경배하라.

'교회' 하면 맨 처음 떠오르는 생각은 무엇인가? 색유리 창문? 오르간 음악? 정장 차림? 성직자의 제복? 촛불? 결혼식? 장례식? 헌금하라는 호소? 지루하게 긴 설교? 땀에 흠뻑 젖은 설교자들?

나는 예수 그리스도께는 끌리지만, 교회에 대해서는 그리 생각해보지 않았다는 많은 사람과 이야기를 나눠보았다. C. S. 루이스C.S. Lewis는 그의 저서 『스크루테이프의 편지』*The Screwtape Letters*에서 그 문제를 탁월하게 설명했다. 그 책은 고참 마귀가 신참 견습 마귀에게 기독교 신앙을 무너뜨리는 잠재적인 전략들을 설명해주는 일련의 상상 편지들로 구성되어있다.

현재 우리의 최대 연합국 중 하나는 교회 그 자체이다. 내 말을 오해하지 않기 바란다. 내 말의 뜻은, 우리가 보고 있는 대로 교회가 시공간에 뻗어나가 영생에 뿌리박고 있으며 깃발을 날리고 있는 군대처럼 끔찍한 존재가 아니라는 것이다. 내가 고백하건대, 교회가 우리 중 가장 대담한 유혹의 용사들의 심기를 불편하게 만들었을 때도 있었다. 그러나 다행스럽게도 그 점은 교회에 있는 사람들에게 잘 드러나지 않았다. 너의 희생자들이 보고 있는 것은 모두 새로운 건물 부지에 절반만 완성된 채 서 있는 고딕 건물이다. 그 희생자들이 건물의 내부에 들어가게 되면, 얼굴에 기름기가 철철 흐르는 그 지역의 잡상인이 자기뿐만 아니라 고객도 이해하지 못하는 예배 의식을 담고 있는 광채 나는 자그마한 책과 별로 좋지도 않은 수많은 종교적 음악을, 그것도 매우 작은 글씨체로 인쇄되어있고 와전된 본문들로 이뤄진 누추한 책을 하나 제공하고자 야단법석을 떠는 모습을 보게 될 것이다.
너의 희생자들은 성도 좌석에 앉아 자기 주변을 둘러볼 때, 자신이 이제까지 피해왔던 이웃들만 골라 모인 사실을 알게 될 것이다. 너는 그 이웃들에게 상당히 의지하고 싶은 마음이 들 것이다. 너의 희생자들의 마음을 '그리스도의 몸'과 같은 표현과, 옆자리에 앉아있는 사람들의 실제 모습들 사이를 이리저리 신속하게 오갈 수 있게 만들라…만일 그 이웃들 가운데 어느 한 사람이라도 음정이 틀리게 찬송을 부르거나, 신발을 끌거나, 이중 턱이나 이상한 옷차림을 한 것을 보게 된다면, 그 희생자는 이웃들의 종교가 상당히 괴상하다고 쉽게 믿게 될 것이 틀림없다.[1]

어떤 이에게 교회가 필요한가?

우리의 대적은 이러한 전술들을 아주 성공적으로 사용해왔다. 우리는 지금 대단히 개인주의적인 사회에서 살아가고 있다. 그래서 교회가 들어갈 수 있는 적합한 자리를 찾는다는 것은 쉬운 일이 아니다. 교회가 존재하는 이유가 무엇이란 말인가? 어떤 사람들은 교회가 예배를 위해 존재한다고 말한다. 그러나 나는 혼자나 극소수의 친구들과도 예배를 드릴 수 있다. 학생들은 예배하기 위해 캠퍼스에서 모일 수 있다. 그렇다면 왜 우리에게 교회가 필요하단 말인가?

다른 사람들은 교회는 전도를 위해 존재한다고 말한다. 그러나 최선의 전도는 개인적인 수준에서 이루어진다. 전도는 관계에서 이뤄지는 것이기 때문이다. 만일 내가 예수 그리스도께서 나를 두신 자리에서 그리스도를 증거한다면, 왜 나에게 교회가 필요하단 말인가? 그 외에도 전도를 목적으로 세워진, 매우 효과적이며 때때로 교회보다 훨씬 더 훌륭한 기독교 단체들이 많이 있다.

어떤 이는 교제를 위해 우리에게 교회가 필요하다고 말한다. 그러나 만일 당신이 그리스도인들로 이루어진 소그룹에서 상당히 깊은 관계를 형성하게 된다면, 당신은 더 거대한 군중 속에서는 결코 알 수 없는 수준의 개인적인 사귐과 기도의 도움을 발견할 수 있을 것이다. 그렇다면 도대체 왜 우리에게 교회가 필요한 것인가?

십자가 위에 달렸던 강도는 예수님을 믿음으로써 낙원에 들어갔다. 그러나 그 강도가 복음보다 먼저 교회에 대해 알았던 것은 아니었다. 그렇다면 왜 우리는 그와 같을 수 없단 말인가?

장애인가, 축복인가?

그 문제는 적절성의 문제보다 훨씬 더 중요한 것이다. 자기의 믿음이 교회 때문에 상처를 입었다고 말하는 사람들이 있다. 목회자가 실망을 안겨주었으며, 교회가 갈라졌으며, 교회가 싸움터가 되었으며, 누군가가 거칠게 말하거나 행동했다는 것이다. 그래서 교회는 언제나 일종의 장애가 되어왔다.

그래서 오늘날에는 교회에 대한 헌신보다 예수 그리스도에 대한 헌신을 설명하는 것이 훨씬 더 쉽다. 예수 그리스도는 멋있고, 장엄하고, 설득력 있다. 그러나 교회는 너무도 인간적이며, 평범하며, 때때로 약간 지루해 보인다. 예수 그리스도는 순결하다. 그러나 교회는 때때로 깊은 비극으로 더럽혀져 있다.

이러한 문제들에 대해 정직하게 대면하는 것이 중요하다. 신약성경은 그렇게 하고 있다. 사도들은 결코 초대 교회들이 땅 위에 세워진 작은 천국이라는 식의 암시를 주지 않았다. 신약성경은 성적인 비행, 법적 분쟁, 교리적인 오류, 인물 중심의 분파, 영적인 경험에 대한 과장된 주장, 이기심, 동정심의 결핍, 율법주의, 권위주의, 자만, 능력 없는 지도자, 권력 남용, 헌금 유용 등에 대해 말하고 있다. 이 사실들은 낙심을 안겨주지만, 모두 사실이다.

성도와 죄인

교회는 회복되는 과정 가운데 있는 죄인들로 이루어진 사회다. 교회에는 신앙 고백은 하고 있지만, 최후의 날에 천국에 들어가지 못할 사람들도 포함되어있다. 가룟 유다는 예수님과 더불어 교제의 식탁에 앉았다. 그리스도를 따른다는 주장을 자기들의 방탕을 감추려는 외투로 사용하는 사람들의 공허한 신앙 고백으로는 예수님을 그들 가운데 들어오시게 할 수 없다. 예수님이 자기들의 주님이시라고 주장하는 모든 사람이 천국에 들어가게 되지는 않을 것이다. 마지막 날에, 일부 설교자들과 평신도 지도자들과 성도들은 하나님 나라에 들어가지 못하게 될 것이다. 그리스도께서 그들에게, "내가 너희를 도무지 알지 못하니"(마 7:23)라고 말씀하실 것이다.

만일 사도들의 예를 따른다면, 우리는 교회에 대해 말할 때 그에 타당한 겸손을 지녀야 할 것이다. 하나님께서는 교회의 잘못들을 다 알고 계신다. 세상도 알고 있다. 그러므로 그러한 잘못이 없다는 듯 행동하는 것은 조금도 우리에게 도움이 되지 못한다. 불신자들에게 뻔히 보이는 사실들을 우리가 보지 못한다면, 불신자들이 우리를 진지하게 대하기 어려울 것이다.

그러나 교회의 죄악들을 엄격하고 정직하게 고백하고 언급하는 것과 더불어, 성경은 우리가 절실하게 회복할 필요가 있는 교회에 대한 비전을 제공해주고 있다. 당신이 그 비전을 보면, 그리스도의 몸에 소속되어 있다는 기쁨과 특권에 대한 새로운 인식을 발견하게 될 것이다.

하나님의 영원한 목적

> 이는 이제 교회로 말미암아 하늘에 있는 통치자들과 권세들에게 하나님의 각종 지혜를 알게 하려 하심이니 곧 영원부터 우리 주 그리스도 예수 안에서 예정하신 뜻대로 하신 것이라(엡 3:10-11).

이 말씀은 성경 전체에서 매우 놀라운 말씀 중 하나다. 사도 바울은 하나님의 목적은 언제나 하늘에 있는 엄청난 군중에게 하나님의 지혜를 드러내는 것이며, 교회를 통해 그렇게 하신다고 말하고 있다.

교회는 성경 이야기의 대단원을 향한 하나님의 계획에서 때늦은 생각으로 덧붙여진 것이 아니라는 사실에 주목하라. 교회는 언제나 하나님의 생각과 마음의 중심에 있었다. 만일 우리가 그 까닭을 이해하고자 한다면, 에덴동산으로 다시 돌아가서 살펴보아야 한다.

깨어진 가족들, 분열된 사회

하나님께서 아담을 동산 가운데 두셨을 때, 단 한 가지를 제외하고는 모든 것이 좋았다. 하나님께서는 "사람이 혼자 사는 것이 좋지 아니하니"(창 2:18)라고 말씀하셨다. 하나님께서 하와를 창조하시고 그녀를 아담에게로 데리고 오셨을 때, 결혼생활만이 아니라 공동체 사회가 시작되었다.

그들이 죄악을 선택했을 때, 하나님과 서로에게 소외되었다. 아담은 잘못에 대해 아내를 탓하였다. 죄악이 세상에 들어온 순간부터 첫 인간관계 가운데 거리와 긴장, 자기방어, 심지어 의구심이 생겨난 것이다.

첫 부부로부터 첫 가정으로 전개되는 이야기를 따라가면서, 우리는 분노와 앙심이 사람들을 분열시키고 있음을 발견하게 된다. 하나님을 향한 가인의 분노는 동생을 향한 증오의 분출로 반영되고 있다. 그 증오는 세상을 첫 살인으로 몰고 갔다. 가인은 가족으로부터 떨어져 나와 한 도성을 건설했다. 아벨을 살해한 후에, 심각한 분열이 있었기 때문에 가인은 아벨의 후손이 복수할까 두려워서 가족 주변에 벽을 쌓았다.

여러 세대가 지나가면서, 깨어진 가족은 분열된 여러 사회들을 낳게 되었다. 그리고 그다지 오래 지나지 않아서 온 땅은 폭력으로 가득 차게 되었다. 그리하여 하나님께서는 홍수를 일으키셔서 폭력적인 사회를 멸망시키셨다. 홍수에서 살아남은 노아와 그의 가족은 방주에서 나와 완전히 새로운 사회를 시작할 수 있는 기회를 부여받았다. 그러나 노아는 죄의 씨앗들을 지니고 있었기 때문에 그리 오래 지나지 않아, 죄가 다시 자라나기 시작했다.

혼란과 분리

사회가 출현하고 원한들이 다시 증폭되면서, 사람들은 어떤 식으로든지 집단 안전의 필요성을 절감하게 되었다. 그들은 동편으로 가 바벨이라 불리는 곳에 정착했으며, 거기에서 탑을 중심으로 한 도성을 건설했다(창 11:3-4).

그들이 세운 계획의 핵심에는 하나님에 대한 깊은 반항심이 깔려있었다. 그들은 자기들의 이름을 드러내기 원했다. 그래서 하나님께서는 그들의 언어를 혼잡하게 하셨다. 사람들은 서로 소외되었고, 공통의 언어를 공유하고 있는 사람들의 작은 무리들이 땅의 표면에 퍼져나가면서 다른 문화들을 발전시켰으며, 점차적으로 서로에게 소외되었다.

죄는 우리를 하나님으로부터 그리고 서로로부터 소외시켰다. 죄는 사회의 모든 부분에 갈등과 분열을 불러일으켰다. 두 사람 사이의 첫 관계에서부터 첫 가정을 통해 각 지역 사회의 분열과 민족들의 적대감에 이르기까지 모든 부분에 분열과 갈등이 일었다. 역사는 하나님을 떠난 인간과 서로에게 소외된 인간의 이야기이다.

화해의 장소

역사 속에서 내내 하나님께서는 많은 사람을 하나님과 화합하도록 하시며, 동시에 서로서로 화합하게 하실 한 가지 계획을 진행하셨다.

하나님께서는 아브라함에게 "내가…네게 복을 주어…땅의 모든 족속이 너로 말미암아 복을 얻을 것이라…"(창 12:2, 3)고 말씀하셨다. 구약성경에는 계속 아브라함의 자손들에 대한 이야기가 등장한다. 그 이야기를 따라가 보아도 그들에 대한 하나님의 축복이 만방에 주시는 하나님의 축복의 수단이 되는지는 명확하지 않았다. 이 일에는 어떤 비밀이 있었다. 그 비밀은 하나님께서 자기 아들 예수 그리스도를 보내실 때에야 비로소 알려질 것이었다(엡 3:4-6).

예수 그리스도는 아브라함의 계보에서 태어나셨다. 그분은 먼저 유대인에게 오셨다. 그러나 하나님의 은혜에 대한 복된 소식을 이방인들에게도 전해주셨다. 예수님의 죽음과 부활, 승천 이후에 성령께서 오순절에 임하셨다. 그리고 교회가 설립되었다.

오순절 그날, 하나님께서는 예루살렘에 '천하 각국'(행 2:5)에서 온 유대인들과 개종자들의 대표자격인 군중을 소집하셨다. 이 일은 매우 의미심장한 일로, 누가는 그 출신 민족들을 일일이 열거했다. 그 사람들 중에는 아프리카 민족들을 대표해서 애굽과 리비아에서 온 사람들이 포함되어있었다. 또한 아시아인들과 아랍인들도 있었으며, 유럽을 대표해서 로마에서 온 사람들도 있었다.

바벨에서 흩어졌던 민족 집단들이 예루살렘에 모여있었다. 하나님께서 성령을 부으사, 그날 3,000명이 예수 그리스도를 영접하게 하셨다(행 2:41).

하나님께서는 새로운 창조를 시작하고 계셨다. 예수 그리스도를 믿도록 세계 전역에서 사람들을 이끌어내셨으며, 그들을 모아 그날로부터 인종과 언어와 문화의 장벽들을 넘어 교회라 일컫는 새로운 공동체를 만들고 계셨다.

세계의 역사 속에서 인간은 이러한 종류의 연합을 달성하려고 계속 노력해왔다. 인간은 지금도 항상 노력하고 있다. 그러나 결코 성공하지 못할 것이다. 하나님께서는 모든 문화, 모든 세대로부터 사람들을 모아 예수 그리스도 안에서 그들을 하나로 만들고 계신다. 유대인과 아랍인, 흑인과 백인, 젊은이와 노인, 부자와 가난한 자, 그들이 모두 오순절 그날에 함께 모여있었다. 그리고 그들이 예수 그리스도를 믿게 되었을 때, 하나님께서는 그들을 하나로 만들어 새로운 공동체를 만드셨다.

모든 배경 출신의 남녀노소가 주 예수 그리스도의 흘리신 피를 통해 하나님을 만나는 길이 열리게 된다는 사실을 알게 될 때, 인종과 민족과 성별과 교육과 경제적 지위의 구별들은 아무것도 아닌 것이 된다. 주 예수 그리스도 앞에서 무릎을 굽혀 절하면서, 우리는 서로 등 돌리게 만들고 있는 모든 것을 넘어서는 심원한 연합을 발견한다.

벽을 허물라!

하나님의 새로운 공동체 안에서는 "유대인이나 헬라인이나 종이나 자유인이나 남자나 여자나 다 그리스도 예수 안에서 하나"(갈 3:28; 골 3:11)이다. 성령께서는 믿는 모든 사람을 한 몸이 되게 세례를 주신다(고전 12:13). 하나님께서는 예수님 안에서 우리를 하나로 만드신다.

좀 더 구체적으로 말해보자.

- 나는 스코틀랜드 출신으로서 그 점을 자랑스럽게 여기고 있다. 그러나 나는 예수 그리스도를 사랑하지 않는 어떤 스코틀랜드 사람보다, 예수 그리스도를 사랑하는 유목민 여인과 훨씬 더 많은 공통점을 가지고 있다.
- 천체 물리학을 전공한 한 그리스도인 교수는 예수 그리스도를 알지 못하는 학문 세계의 동료보다, 글을 읽을 줄 모르는 성도와 더 많은 공통점을 가지고 있다.
- 예수 그리스도를 알고 있는 백만장자는 예수 그리스도에 대해 전혀 모르는 요트 클럽의 친구들보다, 가장 가난한 성도와 더 많은 공통점을 가지고 있다.
- 미션 스쿨에 다니는 학생들은 예수 그리스도를 사랑하지 않는 그들의 친구들보다, 브람스와 모차르트를 들으며 예수 그리스도를

> 알고 있는 어떤 노인과 훨씬 더 많은 공통점을 가지고 있다. 그리고 브람스와 모차르트를 듣는 그 노인은 구원자에 대한 필요성을 알지 못하는 오케스트라 단원 친구들보다, 예수 그리스도를 사랑하면서 헤비메탈 음악을 듣는 젊은 그리스도인들과 더 많은 공통점을 가지고 있다.

문화, 인종, 교육, 사회적 지위, 수입, 성별, 세대의 구별들은 한때만 존재할 뿐이다. 하나님 백성의 연합은 영원한 것이다. 그 연합은 천사들로 하여금 감탄을 자아내게 만든다. 그리고 그것이 바로 하나님께서 교회를 통해 하늘에 있는 엄청난 군중에게 하나님의 지혜를 드러내고 계시다고 말한 바울의 뜻이다. 우리가 문화와 세대를 넘어 예수 그리스도 안에서 하나로 모이고, 다양한 하나님 백성의 모든 범위를 보게 될 때 그리고 그 연합이 천국에서 완성될 때, 우리도 하나님의 지혜에 탄성을 지를 것이다.

주일 아침의 연합과 다양성

이 사실을 주일 아침 예배를 위해 성도들이 모인 지역 교회의 수준에서 살펴보도록 하자. 만일 하나님께서 다양한 배경 출신의 사람들을 모으시는 방식에 대해 천사들이 놀라 입을 다물지 못한다면, 이 일은 지역 교회의 수준에서도 하나님께 영광을 돌리는 일이 아니겠는가?

나는 언제나 명확하게 규정된 성도들을 사역의 대상으로 여기는 교회를 이해하는 데 어려움을 느낀다. 물론 나는 각 교회마다 그 자체의 문화를 가지고 있으며, 그 사실이 사람들을 모으기도 하고 밀어내기도 한다는 사실을 알고 있다. 그러나 그것은 우리의 성공보다는 우리의 한계에 대한 반영이다.

'비슷한 것이 비슷한 것을 끌어 모은다'는 사실에 조금도 의심은 없다. 그리고 큰 교회로 성장시킬 수 있는 가장 쉬운 방법은 '우리가 손을 내밀어 전도하고자 하는 사람의 유형'에 대한 목록을 만드는 것이다. 이 접근 방법이 가지고 있는 문제점은, 이 방법이 많은 사람을 이끌어 모으는 데는 성공할지 모르겠지만, 교회에 대한 하나님의 여러 가지 위대한 목적들 가운데 하나를 흐리게 만든다는 데 있다. 그 목적은 전혀 다른 배경 출신의 사람들을 한데 모아서 그들이 서로의 차이점들에도 불구하고 그리스도 예수 안에서 참으로 하나임을 발견하고 모일 수 있도록 하려는 것이다.

하나님께서는 다양성을 넘어서는 연합을 통해 영광을 받으신다. 같은 종류의 음악을 좋아해서 함께 모이는 사람들에 대해서나, 사회적으로 서로 편하기 때문에 함께 모이는 집단에 대해서는 세상이나 천사들이 놀랄만한 하등의 이유가 없다.

그러나 사람들이 세대와 인종과 계급과 교육의 커다란 격차들을 극복하고서 함께 모여 예배하고 예수 그리스도를 섬길 때, 천사들은 탄성을 자아낼 것이다. 세상도 등을 곧추세우고 주목할 것이다. 그것은 하나님만이 하실 수 있는 일이기 때문이다.

신데렐라는 무도회에 가게 될 것이다

…그리스도께서 교회를 사랑하시고 그 교회를 위하여 자신을 주심 같이 하라 이는 곧 물로 씻어 말씀으로 깨끗하게 하사 거룩하게 하시고 자기 앞에 영광스러운 교회로 세우사 티나 주름 잡힌 것이나 이런 것

들이 없이 거룩하고 흠이 없게 하려 하심이라(엡 5:25-27).

신데렐라 이야기를 생각해보자.[2]

무도회장을 뛰쳐나와 집에 홀로 앉아있는 신데렐라는 누더기를 걸치고 있다. 그리고 못생긴 언니들의 멸시를 받으며, 못된 계모에게 미움을 받고 있다. 그러나 그녀의 운명은 왕궁에서 즐거운 삶을 보내도록 되어있다.

이것이 바로 교회의 놀라운 모습이다. 교회의 모습은 때때로 누더기처럼 보인다. 교회를 경멸하며, 교회를 전혀 가치 없는 것으로 취급하는 형제자매들도 있다. 세상의 일부에서는 교회를 핍박하고 교회의 지도자들을 감옥에 집어넣기도 한다. 그러나 예수 그리스도께서는 교회를 사랑하신다. 그래서 교회를 자신의 왕궁으로 데리고 가실 것이다.

이것이 교회의 특별한 권리이다. 나는 하나님께서 일으켜 세우신 많은 기독교 단체들과 사역 단체들에 대해 하나님께 감사드린다. 그러나 그러한 단체들은 교회를 세워주기 위해서만 존재한다. 천국에는 성경대학이나 라디오 선교 방송국이나 각종 선교 단체들이 없을 것이다. 오직 교회만이 있을 것이다.

예수 그리스도께서 교회를 사랑하시다

…그리스도께서 교회를 사랑하시고 그 교회를 위하여 자신을 주심 같이…(엡 5:25).

당신이 누군가로부터 사랑받고 있는 사람에 대해 다른 어떤 사람에게 말할 때, 그에게 어떻게 말할 것인지 신중하게 생각하는 것은 참으로 지혜로운 일이다. 교회에 대해서도 마찬가지이다.

교회에 대해 어떻게 말할 것인지 주의 깊게 생각하라. 왜냐하면 예수 그리스도께서 교회를 사랑하시고, 교회를 위해 자신을 주셨기 때문이다. 교회를 비판하는 사람들이 예수님 앞에 섰을 때, 예수님께서 교회를 얼마나 사랑하시는지 알게 된다면 당황하지 않을 수 없을 것이다.

예수 그리스도께서 교회를 사랑하신다는 사실을 알게 될 때, 당신은 흠과 주름이 있다 할지라도 교회를 사랑하게 될 것이다. 그리고 예수 그리스도께서 교회를 위해 자신을 주셨음을 알게 될 때, 당신도 교회를 위해 자신을 내어줄 수 있는 여러 방법을 찾아보게 될 것이다.

당신은 다음과 같은 질문을 함으로써 그 일을 시작할 수 있다. "어떻게 하면 내가 예수 그리스도의 교회를 세우는 일에 쓸모 있는 일꾼이 될 것인가? 어떻게 내가 예수 그리스도를 통해 모든 배경 출신의 사람을 서로 화합하게 하는 하나님 사업에 기여할 수 있을 것인가?"

드러난 사실 UNLOCKED

죄악으로부터의 구원은 하나님과 화목하고, 사람들이 서로 화합하게 되는 일을 포함한다. 하나님께서는 모든 배경 출신의 사람들을 하나님의 교회 안으로 불러 모으시면서, 우리를 그리스도 안에서 자신과 화목하게 하신다. 이 일이 천사들을 감탄하게 하는 특별한 일이다. 이 일로 하나님의 지혜와 영광이 드러난다. 교회는 많은 책임을 지고 있으며, 이것이 교회의 궁극적인 목적이다.

우리가 보고 있는 교회는 흔히 영광과 거리가 멀며, 때때로 매력적으로 보이지도 않고 효율적이지도 못하다. 그러나 교회는 그리스도의 신부이다. 그리스도께서 교회를 사랑하신다. 그리스도께서 교회를 위해 자신을 주셨으며, 그리스도의 삶을 영원무궁토록 공유하도록 교회를 그분의 집으로 데리고 가실 것이다. 그리스도의 몸에 속한다는 것은 놀라운 특권이다.

기도 PAUSE FOR PRAYER

사도 바울은 교회에 대한 하나님의 목적을 설명하면서, 그리스도의 몸을 위한 자신의 기도를 써놓았다. 이 기도를 당신의 기도로 삼기 바란다.

> 이러므로 내가 하늘과 땅에 있는 각 족속에게 이름을 주신 아버지 앞에 무릎을 꿇고 비노니 그의 영광의 풍성함을 따라 그의 성령으로 말미암아 너희 속사람을 능력으로 강건하게 하시오며 믿음으로 말미암아 그리스도께서 너희 마음에 계시게 하시옵고 너희가 사랑 가운데서 뿌리가 박히고 터가 굳어져서 능히 모든 성도와 함께 지식에 넘치는 그리스도의 사랑을 알고 그 너비와 길이와 높이와 깊이가 어떠함을 깨달아 하나님의 모든 충만하신 것으로 너희에게 충만하게 하시기를 구하노라(엡 3:14-19).

Notes

1. C. S. Lewis, *The Screwtape Letters* (New York:Macmillan, 1961), 16.
2. 마이클 그리피스Michael Griffiths는 자신의 저서에서 신데렐라 이야기를 교회에 대한 일종의 비유로 사용했다. *Cinderella with Amnesia* (Downers Grove, Ⅲ.:InterVarsity, 1975).

31

빛

Light

에베소서 4-5장

세상의 빛은 누구인가?

묵상의 길잡이

☑ **발견하라**
어떻게 하나님께서 당신을 어두움 가운데 빛이 되라고 부르시는지 발견하라.

☑ **배우라**
하나님 임재의 빛 가운데 살아가는 일이 어떻게 가능한지 배우라.

☑ **경배하라**
하나님의 눈부신 영광의 광채를 생각하면서 주님께 경배하라.

《내셔널 지오그래픽》National Geographic에서 '빛'이라는 주제로 지면을 꾸민 적이 있다. 언제나 그렇듯이 사진들은 모두 멋있었고, 설명 또한 매력적이었다. 글쓴이는 이렇게 말했다. "과학자들은 빛이 무엇인지 혹은 빛이 무엇을 할 수 있는지 완전히 이해하지 못하고 있다…현대 물리학은 자연에 속한 대상을 훨씬 더 작고 색다른 구성 요소들로 분할했다. 그렇지만 빛은 더 줄일 수 없다. 빛은 빛이다. 빛은 단일한 것이지만 단순하지 않다. 아무도 빛을 어떻게 기술해야 할지 정확히 확신하지 못하고 있다."[1]

빛은 수많은 형태를 취할 수 있다. 촛불의 부드러운 타오름에서부터 레이저의 파괴적인 힘에 이르기까지 다양하다. 빛은 부드러우며 치료의 효능을 지니고 있다. 그러나 빛은 파괴적이며 무엇이든 초토화시킬 수도 있다. 우리는 황달에 걸린 아기를 등불 아래 둔다. 그리고 강력한 빛의 기능을 이용해 위험한 무기들을 개발한다.

많은 고대 문명이 태양신을 숭배했다는 사실은 널리 알려진 바다. 그들은 하나님을 알지 못했다. 그러나 최소한 그들은 자신들이 빛에 의존해 살아가고 있음을 인식했으며, 삶의 원천에 대한 적절한 반응을 그에 대한 숭배라고 생각했다.

살아계신 하나님께서 성경을 통해 자신을 우리에게 소개하실 때, "빛이 있으라"(창 1:3)고 말씀하셨다. 성경은 "… 하나님은 빛이시라 그에게는 어둠이 조금도 없으시다는 것이니라"(요일 1:5)고 말한다. 그리고 하나님이 가까이 가지 못할 빛에 거하시는 분이라고 말하고 있다(딤전 6:16). 지금까지 우리가 성경 이야기를 따라오면서 이 사실을 살펴봤다. 하나님께서 자신의 현존을 사람들에게 직접 계시하셨을 때, 사람들은 자신들을 에워싸는 광채와 빛의 강렬함에 압도되었다.

모세가 하나님을 보았을 때, 그는 하나님의 광채를 직접 바라볼 수 없었다. 그는 단지 하나님의 발아래 반짝거리는 바닥만을 볼 수 있었다. 하나님의 임재가 이사야에게 계시되었을 때, 그는 성전을 가득 채우고 있는 하나님의 끌리는 옷자락만을 묘사할 수 있었다. 하나님의 영광에 대한 에스겔의 환상도 마찬가지였다. 에스겔은 하나님의 보좌가 놓여있었던 반짝거리는 단을 올려다보았지만, 그 너머는 빛이 너무도 강렬해서 바라볼 수 없었으며, 그 영광은 너무도 찬란해서 이루 헤아릴 수가 없었다.[2]

빛으로부터 숨다

아담과 하와가 이 빛 가운데 안락하게 지냈던 때가 있었다. 그들은 에덴동산에서 하나님과 함께 거닐었으며, 하나님의 광채 가운데서도 평안했다. 그러나 그들이 죄를 저질렀을 때, 몸을 가릴 것을 찾아서 도망쳤다. 그들은 수풀 사이에 자신들을 숨겼다(창 3:8). 어두움을 선택했으며, 빛에 들어오기를 원하지 않았다. 그들은 계속 숨어있었다. 죄는 이처럼 우리가 하나님께 가까이 나아가기를 꺼리게 만들며, 하나님의 임재 가운데 서 있을 수 없게 만든다.

대부분의 부모들은 해가 뜨기 전 캄캄한 겨울 아침에 아이들을 깨우는 것이 얼마나 힘든 일인지 잘 알고 있다. 우리 아이들이 어렸을 때, 나는 우렁찬 소리로 "아침이다! 일어나서 하루를 빛내라!"고 소리치면서 아이들을 깨우곤 했다. 그러나 아이들은 내가 방 불을 켜는 것을 좋아하지 않았다. 내가 불을 켜면, 아이들은 이불 속으로 더 파고들었다.

전날 밤에는 그들에게 아주 편안했던 빛이 이제는 어두움에 익숙해진 그들에게 괴로운 것이 된 것이다. 아담도 그랬다. 과거 한때 하나님 임재의 빛 가운데 평안했던 사람이 이제는 그 빛을 피할 수 있다면, 무슨 일이라도 할 수 있겠다는 심정을 갖게 되었다. 그는 덮을 것을 찾아 피했으며, 하나님께서 자기를 찾지 못하시길 바라면서 나무숲 사이에 숨었다.

예수님께서 이렇게 말씀하셨다. "그 정죄는 이것이니 곧 빛이 세상에 왔으되 사람들이 자기 행위가 악하므로 빛보다 어둠을 더 사랑한 것이니라 악을 행하는 자마다 빛을 미워하여 빛으로 오지 아니하나니 이는 그 행위가 드러날까 함이요"(요 3:19-20). 죄가 우리를 이끌고 가는 자리가 바로 그러한 곳이다.

모든 사람이 진실하게 하나님을 찾는다는 생각은 완전히 잘못된 생각이다. 인간의 첫 번째 본능은 아담의 본능과 동일하다. 즉, 흑암 가운데 있는 사람들은 빛으로 나아오기를 꺼린다.

더 어두운 세상 속에서의 삶

우리의 첫 조상들이 에덴동산에서 쫓겨났을 때, 그들은 하나님의 임재의 빛이 미치지 않는 더 어두운 세상 속으로 들어갔다. 그렇기 때문에 하나님께서 영광의 광채를 드러내시고자 했을 때, 사람들은 그 강렬한 빛에 압도되었다. 이불 속으로 들어간 어린 아이들처럼, 그 사람들은 하나님의 영광스러운 광채를 견디기 힘들었다.

지금으로부터 200년 전, 토마스 비니Thomas Binney는 「영원한 빛」Eternal Light이라는 찬송시를 작사했다. 그 찬송시는 이 문제의 중대함을 전달해준다. 그 찬송은 어린 시절에 교회에서 종종 부르던 찬송이었다. 비록 가사는 주의 깊게 생각해야 이해할 수 있지만, 그것이 주는 풍성한 메시지를 보면, 깊이 음미해볼만한 가치가 있다.

영원한 빛! 영원한 빛!
주님의 살피시는 눈앞에 놓일 때
영혼은 얼마나 순결해야 하겠습니까?
그런 영혼은 움츠러들지 않고 은은한 기쁨으로
활기차게 주님을 바라볼 수 있습니다.
주님의 보좌를 둘러싸고 있는 영혼들은
타오르는 천국의 기쁨을 견딜 수 있을 것입니다.
그러나 오직 그 영혼들만이 그렇게 할 수 있습니다.
그 영혼들은 이처럼 타락한 세상을

결코 알지 못하기 때문입니다.

어두움으로부터 태어나고
생각마저 흐린 내가
형언할 수 없는 신성함 앞에
어찌 나타날 수 있겠습니까?
나의 벌거벗은 영혼이
스스로 존재하는 그 광채를 어떻게 견딜 수 있겠습니까?

토마스 비니는 레이저 광선이 발명되기 훨씬 전에 살던 사람이지만, 벌거벗은 영혼이 하나님의 빛, 즉 스스로 존재하는 영광의 광채에 노출될 때의 공포를 알고 있었다. 그는 죄인이 하나님의 빛 가운데서 떨 수밖에 없음을 알고 있었다. 비니가 던진 질문은 해답을 구하고 있다. 그리고 그 해답은 성경 이야기의 핵심으로 우리를 이끌어준다.

감추어진 영광

접근할 수 없는 빛 가운데 거하시는 하나님께서 자신의 영광을 벗으시고 사람의 몸을 취하시어 갓난아기로 세상에 태어나셨다. 복음서 기자들이 세상에 예수님의 오심을 선언했을 때, 그들은 빛의 맥락에서 예수 그리스도의 오심을 거듭 설명했다.

요한은 이렇게 말했다. "참 빛 곧 세상에 와서 각 사람에게 비추는 빛이 있었나니"(요 1:9). 마태는 이렇게 설명했다. "흑암에 앉은 백성이 큰 빛을 보았고 사망의 땅과 그늘에 앉은 자들에게 빛이 비치었도다"(마 4:16).

영광의 일면

예수님께서는 예루살렘 성전에 가셔서 이렇게 말씀하셨다. "나는 세상의 빛이니 나를 따르는 자는 어두움에 다니지 아니하고 생명의 빛을 얻으리라"(요 8:12).

그리고 얼마 후에 예수님께서는 베드로와 야고보와 요한을 데리고 산꼭대기에 오르셨다. 하나님의 임재가 있었으며, 예수님께서는 변용되셨다. 그 가려졌던 베일이 벗겨졌으므로 제자들은 예수님 영광의 일면을 포착할 수 있었다.

예수님으로부터 눈부신 빛이 발산되는 것처럼 보였다. 복음서들은 예수님의 옷이 "세상에서 빨래하는 자가 그렇게 희게 할 수 없을 만큼 매우 희어졌더라"(막 9:3)고 기록하고 있다. 요한은 "우리가 그의 영광을 보니 아버지의 독생자의 영광이요 은혜와 진리가 충만하더라"(요 1:14)고 말함으로써 그 장면을 회상했다. 요한은 자신이 예수 그리스도의 얼굴에서 하나님의 영광을 보았음을 깨달았다.

몇 년 후에, 사울이라는 사람이 똑같은 영광을 보고, 부활하신 주 예수 그리스도의 임재의 강렬한 빛에 눈이 멀게 되었다. 그는 땅에 넘어졌으며 그때 "나는 예수라"(행 9:5)는 하나님 아들의 음성을 들었다. 예수님의 영광은 더 이상 베일에 가려져있지 않았다. 예수님은 성부 하나님과 영광을 공유하고 계신다. 그래서 사울은 구약성경에서 모세와 이사야와 에스겔이 하나님의 눈부신 영광에 압도되었듯이, 부활하신 주 예수 그리스도의 눈부신 광채에 압도되었다.

신약성경 마지막 부분에서 사도 요한은 부활하신 그리스도의 영광의 일면을 보게 되었다. 그는 "그 얼굴은 해가 힘있게 비치는 것 같더라"(계 1:16)고 우리에게 전한다. 빛나는 광채가 너무도 강렬한 나머지, 요한은 마치 죽은 사람처럼 예수 그리스도 앞에 고꾸라졌다.

가려진 영광

하나님의 아들은 아버지의 영광을 공유하고 있다(요 17:5). 그러나 그 아들은 하나님의 눈부신 영광을 베일로 가려 우리가 그분께 나아올 수 있도록 하셨다. "육체 가운데 가려져있는 신성을 보라. 성육하신 신을 맞이하라!"[3]

하나님의 강렬한 빛이 예수 그리스도 안에서 우리 가운데 임하셨다. 예수 그리스도께서 우리에게 임하셨을 때, 그분은 어두움 속에 갇혀있던 사람들이 빛 가운데 살아갈 수 있는 길을 열어놓으셨다.

토마스 비니는 그의 위대한 찬송시에서 어두움 속에서 살았던 사람이 하나님 영광의 강렬한 빛을 어떻게 견딜 수 있겠는지를 물었다. 또한 그는 이 가사 속에서 그에 대한 해답을 주었다.

사람이 그 숭고한 자리에 이를 수 있는
길이 하나 있습니다.
그것은 십자가에 못 박히신 예수 그리스도의 희생
성령의 권능
하나님과 더불어 계신 보혜사입니다.

예수 그리스도는 하나님의 영광스러운 빛 가운데서 사람이 살 수 있는 유일한 길이다. 우리는 예수 그리스도의 십자가 희생과 성령의 권능으로 하나님께 나아갈 수 있다. 성령은 예수님을 믿는 모든 사람에게 주어지는 하나님의 선물이다.

갈보리의 어둠

십자가 이야기는 빛과 어두움의 선택을 우리에게 일깨워준다. 가롯 유다가 마지막 만찬에 나왔을 때, 성경은 우리에게 "곧 나가니 밤이러라"(요 13:30)고 전한다. 이것은 대단히 의미심장한 말이다. 그 후에 유다는 칼과 몽둥이로 무장한 무리와 함께 겟세마네 동산으로 갔다. 예수님께서는 그들에게 이렇게 말씀하셨다. "그러나 이제는 너희 때요 어둠의 권세로다"(눅 22:53).

예수님께서는 그들이 '세상의 빛'(요 8:12; 9:5)을 곧 십자가에 못 박을 것이기 때문에 그렇게 말씀하셨다. 만일 당신이 빛을 꺼버린다면, 당신은 흑암 가운데 있게 될 것이다. 바로 그러한 이유로 예수님께서 십자가에 달려 계셨을 때, 세 시간 동안 온 땅에 어두움이 머물러 있었던 것이다. 하나님께서 빛을 꺼버리셨다. 하나님께서는 사람들이 어두움을 선택한 동안 어떠한 빛도 발하지 않도록 하셨다.

그러나 어두움은 세상을 영원히 지배하지 않았다. 사흘 째 되는 날, 예수 그리스도께서는 죽은 자들로부터 부활하셔서 하늘로 올라가셨다. 어두움에 익숙해 있었던 사람들은 예수 그리스도에 대한 믿음을 통해서 하나님의 임재의 빛 가운데 들어갈 수 있게 될 것이다.

하나님의 본성을 비추다

너희가 전에는 어둠이더니 이제는 주 안에서 빛이라 빛의 자녀들처럼 행하라(엡 5:8).

우리가 하나님 영광의 놀라운 빛이 나타나셨다는 사실을 파악하게 될 때, 바울이 말한 "예수 그리스도를 믿는 자들이 주 안에서 빛"이라는 진술의 중요한 의미를 깨달을 수 있을 것이다.

바울은 에베소에 있는 교회로 보내는 편지에 이렇게 썼다. "여러분이 전에는 어둠이더니, 이제는 주 안에서 빛입니다."

믿는 자들이 그저 어둠 가운데 있었다는 것이 아니라, 어둠이 그들 속에 들어가 있었다는 점에 주목하기 바란다. 문제는 우리의 환경이 아니라, 우리의 본성에 있다. "너희가 어둠이었다." 죄는 우리의 생각을 어둡게 하며, 우리의 감지 능력을 훼손시키며, 우리의 의지를 무너뜨려 우리가 선택을 해야 할 때에 죄악으로부터 우리를 자유롭지 못하게 만든다(엡 4:18-19). 죄는 우리 안에서 빛을 소멸시킨다. 우리의 가장 큰 문제점은 우리 주변에 있는 어둠이 아니라 우리 속에 있는 어둠이다.

그러나 이제 복음을 통해 예수 그리스도를 믿는 사람들 가운데 큰 변화가 일어났다. 바울은 "이제 너희가 주 안에서 빛이라"고 말하고 있다. 하나님께서 그저 우리를 빛 가운데로 데리고 들어가신 것이 아니라 우리 속에 빛을 가져다주신 것이다.

믿는 자들에게 일어났던 이 일은 주변 환경의 변화 이상의 것이었다. 그것은 본성의 변화였다. 그 변화는 우리에게 가장 절실한 것이다. 우리의 가장 큰 문제점이 거기에 있기 때문이다.

자, 이제 하나님의 영광스러운 빛이 우리 안에 들어왔다. 하나님께서 영광의 빛을 자기 백성 안에 넣어주셔서 우리가 어두운 세상 가운데서 빛을 발할 수 있도록 하신다. 그래서 바울이 에베소에 있는 교회에 편지를 쓰면서, "여러분은 주 안에서 빛입니다"라고 말한 것이다. 예수님께서 제자들에게 동일한 진리를 가르치셨다. "너희는 세상의 빛이라"(마 5:14). 제자들이 단순히 빛을 목격했다는 것이 아니다. 예수 그리스도께서 그들 속에 그리스도의 빛을 넣어주셔서 그들이 어두운 세상에서 빛이 되도록 하셨다는 것이다.

연결에 달려있는 빛

얼마 전에 절친한 몇몇 사람이 내 사무실 분위기를 새롭게 꾸며 주기로 했다. 그들은 나에게 제안할 것이 있는지 물었다. 나는 서재의 조명을 좀 더 환하게 해달라고 요청했다. 나의 요구는 차고 넘치도록 수용되었다. 그래서 내 사무실에는 리글리 필드(시카고 컵스의 야구장)에서 야간 경기를 할 수 있을 만큼 충분한 할로겐 전등이 설치되었다.

그런데 이것이 여름 내내 문제를 일으켰다. 그 전등에서 나오는 열기가 사무실의 온도를 올려버린 것이다. 나는 천장에 선풍기를 달기로 했다. 그러나 천장에 선풍기가 설치되자, 또 다른 문제점이 발생했다. 선풍기 날개들이 광선을 순간순간 차단하면서 사무실을 디스코텍 분위기로 만들어버린 것이다.

이 광경은 사무실 직원들에게는 대단한 볼거리가 되었지만, 그런 조명은 내 서재에 그다지 잘 어울리는 것 같지 않았다. 그래서 우리는 그에 대한 해결책을 찾았다. 간단하게 선풍기 가까이에 있는 전구들을 절반 정도 돌려서, 그 전구들이 빛을 발하지 못하게 만들었다. 연결이 끊어지자, 그 전구들은 빛을 내지 못했다. 이처럼 모든 것은 연결에 달려있다.

예수 그리스도는 세상의 빛이시다. 그래서 우리가 믿음으로 그분께 연결될 때, 그분의 생명이 우리에게 흘러 들어와서 우리가 빛을 발하게 되는 것이다. 예수님께서는 "너희에게 아직 빛이 있을 동안에 빛을 믿으라 그리하면 빛의 아들이 되리라"(요 12:36)고 말씀하셨다. 만일 예수 그리스도의 생명이 당신 안에 있다면, 당신은 빛을 발할 것이다.

왜 빛을 발해야 하는가?

빛의 자녀로서 살아간다는 것은 우리를 둘러싸고 있는 어둠과 구별된다는 의미이다. 그래서 바울은 그렇게 구별된다는 것이 어떤 모습인지에 대한 구체적인 예들을 우리에게 제공해주었다.

> 그런즉 거짓을 버리고 각각 그 이웃과 더불어 참된 것을 말하라 이는 우리가 서로 지체가 됨이라 분을 내어도 죄를 짓지 말며 해가 지도록 분을 품지 말고(엡 4:25-26).

속임수와 과장과 어이없는 주장들이 난무하는 세상 속에서 당신은 "그렇다"를 "그렇다"가 되게 하고, "아니다"를 "아니다"가 되게 하라(마 5:37). 그렇게 할 때, 당신은 세상의 빛이 될 것이다. 사람들이 곧 당신이 하는 말을 신뢰하게 될 것이다. 때문에 우리의 약속을 그대로 지키는 일이 대단히 중요한 것이다. 그것은 빛이 되는 일의 일부이다. 바로 그 일을 당신이 해야 한다.

> 도둑질하는 자는 다시 도둑질하지 말고 돌이켜 가난한 자에게 구제할 수 있도록 자기 손으로 수고하여 선한 일을 하라(엡 4:28).

"내가 최소한 어느 정도까지 일을 해야 합니까"라는 자세로 사는 사람이 있다. 그것은 어둠의 한 부분이다. 하나님께서는 자기 백성에게 그와는 다르게 살라고 명령하신다. 무엇인가 유용한 일을 하라. 당신의 회사나, 가정이나, 가족들에게 최대로 기여할 수 있는 방법이 무엇인지 부지런히 찾으라. 그러면 당신이 빛이 될 것이다.

무릇 더러운 말은 너희 입 밖에도 내지 말고 오직 덕을 세우는 데 소용되는 대로 선한 말을 하여 듣는 자들에게 은혜를 끼치게 하라(엡 4:29).

말은 세상을 세우거나 허물어뜨릴 수 있는 커다란 힘을 가지고 있다. 우리 인간은 비판, 냉소, 교만 혹은 두려움의 어두운 말들을 피할 수 없다. 그러나 하나님께서는 우리에게 그러한 말들의 근원이 되지 말라고 명령하신다. 만일 우리의 말이 다른 사람들을 세워주는 효과를 지닌다면, 우리는 수많은 말이 다른 사람들을 넘어뜨리려고 노리고 있는 문화 속에서 빛이 될 것이다.

세상이 당신을 위해 빛을 발할 것이라고 기대하지 말라. 하나님께서는 당신이 세상을 향해 빛을 발하라고 명령하신다. 세상은 어두운 곳이다. 그래서 하나님께서는 빛이 되어야 할 자리에 우리를 두셨다. 그 일이 바로 온 교회가 감당해야 할 사명이다. 만일 바울이 당신의 교회를 방문한다면, 이렇게 말했을 것이다. "여러분은 빛입니다! 여러분은 영생이 보장되어있다고 주장하는 사람들입니다. 여러분 속에는 하나님의 성령이 내주하고 계십니다. 그런데 여러분은 어두운 곳에서 살고 있습니다. 자, 이제부터 빛의 자녀로 살아가십시오!"

어두움 속의 촛불

만일 당신이 어느 여름날 대낮에 촛불을 밖에 켜놓는다면, 그 촛불은 전혀 시선을 끌지 못할 것이다. 그러나 동굴 속에서 촛불을 밝힌다면, 그 불꽃은 당신의 주변 전체를 바꾸어놓을 것이다. 어두울수록 빛은 더욱 큰 효과를 발휘한다.

하나님께서 당신을 어두운 곳에 두셨을 수 있다. 만일 당신이 가족

중에서 유일하게 예수 그리스도를 믿고 있다면, 혹은 당신의 직장 동료들이 당신의 믿음에 대해 냉담하다면, 당신은 쉽게 낙심할 것이다.

어쩌면 당신은 총명이 어두워지고, 무지함과 마음이 굳어짐으로 말미암아 하나님의 생명에서 떠나 모든 감수성을 상실하고 방탕하게 살고 있는(엡 4:18-19) 사람들과 일하고 있을지 모르겠다. 하나님께서 이 어둠 속으로 뚫고 들어가시기 위해 선택하신 방법은 하나님의 영광스러운 빛을 그곳에 두시는 것이다. 당신이 바로 그 빛이다.

나의 부모님은 2차 세계대전 동안 에든버러에서 어린 시절을 보냈다. 어머니는 리스Leith에서 살았는데, 그곳에는 아직도 하역하는 선창들이 남아있다. 그래서 그 지역은 자연스럽게 야간 폭격의 목표물이 되었다.

그 도시의 불빛이 전투기에 의해 발각되지 않게 하는 것이 지극히 중요했다. 그래서 각 가정은 창문마다 불빛이 새어나가지 못하게 막아놓아야 했다. 군인들이 거리를 순찰했을 것이며, 어떤 집 창문에서 약간의 빛이라도 새어나오는 것을 보았다면 "불을 끄시오!"라고 외쳤을 것이다.

어두운 곳에서 발하는 빛의 중요성을 결코 무시하지 말라. 세상 모든 것이 어두울 때는 아무리 작은 빛이라도 수마일 떨어진 곳에서 볼 수 있다.

내가 좋아하는 영화 가운데 하나는 '아폴로 13호'이다. 심하게 손상된 우주선을 안전하게 귀환시킨 나사NASA의 위업에 대한 이야기이다. 그 영화의 한 장면에서 아폴로가 발사되기 전, 한 뉴스 프로그램에서 톰 행크스Tom Hanks가 연기한 짐 로벨Jim Lovell의 인터뷰 녹화분이 나온다. 로벨은 비상사태 중에서 기억나는 것이 있느냐는 질문을 받았다. 그에 대해 로벨은 이렇게 대답했다.

"야간 공습 때 생각이 납니다. 그때 항공모함에는 전혀 불빛이 없었습니다. 레이더는 고장났고, 자동 유도 장치의 시그널도 누군가가 동일한 주파수를 사용하고 있었기 때문에 사용할 수 없었으며, 점점 내가 가야 할 곳으로부터 벗어나게 만들고 있었습니다. 그래서 나는 망망한 검은 바다를 내려다보고 있었습니다.

나는 지도를 보려고 조명을 켰지만, 그 빛은 순식간에 사라져버렸습니다. 조종실 안에 있는 모든 것이 바닥나고 있었습니다. 기계 장치들은 못쓰게 되어버렸고, 전등불도 마찬가지였기 때문에 나는 비행하는 고도가 얼마나 되는지도 알 수 없었습니다. 연료도 떨어져가고 있었습니다. 그래서 나는 곧 바닷속에 처박힐 것이라고 생각하고 있었습니다.

나는 바다를 내려다보았습니다. 그런데 어둠 속에 마치 바로 내 밑에 방금 깔려진 긴 카펫과 같은 녹색 띠가 있는 것이 보였습니다. 그것은 해조였습니다. 큰 배가 지나가면서 휘저어놓아 올라온 발광성 해조였습니다. 그 해조가 나를 귀환할 수 있게 인도해주었습니다. 만일 조종실의 등불들이 나가지 않았다면, 나는 결코 그것을 볼 수 없었을 것입니다. 여러분은 무엇이 여러분을 무사히 귀환시켜주는 일을 도와주게 될지 결코 알 수 없습니다."[4]

하나님께서는 어둠 속에 있는 누군가를 집으로 돌아오게 하는 수단으로 당신의 불빛을 사용하시기 위해 당신을 어둠 속에 두셨을 수 있다.

빛 가운데 살기

만일 당신이 예수 그리스도께 속해있다면, 당신 안에는 빛이 있다. 그리고 당신이 빛 가운데 있게 될 날이 이르고 있다. 요한계시록에서 요한은 빛 가운데 잠겨있는 아름다운 도성을 보았다. 거기에는 어둠이 없다. 그리고 그 도성에는 등불이나 태양 빛이 필요하지 않다. 하나님께서 그 성읍의 빛이시기 때문이다(계 22:5).

놀라운 일은 예수 그리스도를 믿는 성도는 그 빛 가운데서 평안하게 될 것이라는 사실이다. C. S. 루이스C. S. Lewis의 『스크루테이프의 편지』 마지막 부분에 사탄의 관점에서 본 한 그리스도인의 죽음에 대한 아주 멋진 묘사가 나온다. 스크루테이프는 한 그리스도인이 죽어서 하나님의 임재 속으로 들어가게 되자 후배 유혹자의 실패를 개탄한다. "너의 눈을 멀게 만들고, 너를 질식하게 만드는 불과 같은 것이 이제 그에게는 시원한 빛과 같다."[5]

하나님의 영광스러운 광채는 지구상에 살았던 모든 사람에게 질식시키는 불 혹은 시원한 빛 둘 중 하나가 될 것이다. 예수 그리스도를 통해 하나님의 빛 가운데 들어가게 된 사람들은 하나님의 임재 속에서 영원한 평안을 누릴 것이다. 그러나 어두움 가운데 하나님으로부터 숨었던 사람들은 하나님의 임재의 빛을 견딜 수 없게 되고, 그 빛으로부터 피하게 될 것이다. 하나님의 임재는 당신에게 시원한 빛이 되겠는가 아니면 질식시키는 불이 되겠는가.

드러난 사실 UNLOCKED

예수 그리스도는 세상의 빛이시다. 그 안에서 하나님의 영광스러운 빛이 우리 가운데 임하게 되었다. 하나님께서는 우리가 접근할 수 없는 빛 가운데 거하고 계신다. 그래서 예수님께서 인간의 몸을 취하시고 세상에 태어나셨을 때, 예수님의 영광은 가려지게 되었다.

갈보리에서의 희생을 통해 예수 그리스도께서는 어둠에 익숙해졌던 사람들을 빛 가운데로 들어올 수 있게 만드셨다. 예수님께서는 우리가 하나님의 임재의 빛 가운데 살아갈 수 있도록 만들어주신다.

그러나 당신의 구원은 당신이 빛 가운데 들어오는 것 이상이다. 구원은 그 빛이 당신 속으로 들어오는 것이다. 예수 그리스도께서는 우리 안에 그분의 빛을 두셨다. 그러므로 교회가 세상의 빛이 될 것이다.

기도 PAUSE FOR PRAYER

전능하신 하나님 아버지!

하나님께 경배와 찬양을 드립니다. 제가 차마 눈 뜨고 볼 수 없는 찬란한 영광의 광채 속에 거하시는 하나님, 주님의 거룩하심 앞에 머리를 숙입니다. 거룩하신 주님 앞에 나아갈 수 있도록 예수 그리스도께서 저를 위해 죽으시고, 십자가의 보혈로 죄를 깨끗게 하사, 구원의 길로 인도하심을 감사드립니다. 예수 그리스도께서 세상에 오심으로, 죄 많은 저희가 하나님 자녀가 되게 하여주심을 진심으로 감사드립니다.

예수 그리스도의 빛이 제 안에서 비추어질 수 있도록, 성령을 선물로 주셔서 항상 성령으로 충만하게 하시고, 어두운 세상 속에서 빛의 자녀로 살아갈 수 있도록 도와주시옵소서. 어두운 세상 속에서 살고 있는 사람들에게 주 예수 그리스도의 복음의 빛을 전할 수 있도록 도와주시옵소서. 저를 사랑하시는 예수 그리스도의 이름으로 기도드립니다. 아멘.

Notes

1. Joel Achenbach, "The Power of Light," *National Geography*, October 2001, 5, 8.
2. 모세, 이사야, 에스겔이 하나님의 임재를 겪은 사건들은 각각 출 24:9, 10; 사 6:1; 겔 1:22, 26에 나와 있다.
3. Charles Wesley, "Hark! the Herald Angels Sing," 3절.
4. Jim Lovell and Jeffrey Kluger, *Lost Moon* (New York:Houghton Mifflin, 1994), 대사는 영화 아폴로 13호에 인용된 대로임. 대본은 William Boyles, Jr. 와 Al Reinert (Universal Pictures), 1995.
5. C. S. Lewis, *The Screwtape Letters* (New York:Macmillan, 1961), 159.

32

전투

Battle

에베소서 6장

그리스도인으로서의 삶은 왜 전투의 연속인가?

묵상의 길잡이

☑ **발견하라**

예수 그리스도를 믿는 성도들을 무너뜨리기 위한 사탄의 일차적인 전략들을 발견하라.

☑ **배우라**

하나님의 갑옷의 의의와 능력을 배우라.

☑ **경배하라**

대적에게 승리하신 예수 그리스도께 경배하라.

나의 장남인 앤드류는 고등학교에서 크로스컨트리를 하고 있다. 앤드류는 매일 두 시간씩 훈련하며 1주일에 두 번씩 레이스를 한다. 주자들이 해야 하는 일 가운데 하나는, 레이스를 펼친 후에 남은 대표팀을 응원하고 격려해주는 일이다. 서로 격려하는 일이 크로스컨트리 선수로서 해야 할 일의 일부이다.

그들은 경기에서 이기겠다는 의욕이 대단하다.

다른 학교의 다른 팀들 역시 훈련을 하고 있다. 그들 또한 이기기를 원하고 있으므로 만일 성공하고자 한다면, 최선을 다해야 할 필요가 있다.

만일 적수가 될만한 상대가 전혀 없다면, 상황은 전적으로 달라졌을 것이다. 나는 어릴 때 친구들과 종종 공차기를 하러 나갔다. 공차기는, 경기를 하기에는 선수가 모자라기 때문에 단지 축구공을 차고 패스하는 연습을 하는 것이다. 공차기에는 목표나 점수가 없다.

공차기에는 몇 가지 뚜렷한 이점이 있다. 꼭 잘 차야 할 필요가 없다는 점이다. 그리고 열심히 맹공을 펼치고 방어해야 하는 의무도 없다. 골을 넣었다는 상상을 하면서 즐거워할 수도 있고, 찰 만큼 찼으면 공을 챙겨서 집으로 돌아오면 된다.

당신은 그리스도인으로서 자신의 생활을 어떻게 설명하겠는가. 열심히 훈련에 임하는 선수의 자세인가, 아니면 동네 아이들의 공차기에 더 가까운가. 그 차이점은 결국 한 가지로 요약된다. 그리스도인으로서 살아가면서 강력한 대적을 맞이하고 있음을 깨달았는가 하는 것이다.

대적

> 우리의 씨름은…통치자들과 권세들과 이 어둠의 세상 주관자들과 하늘에 있는 악의 영들을 상대함이라(엡 6:12).

당신이 회개와 예수 그리스도에 대한 믿음으로 그리스도인이 되었을 때, 네 가지 일이 발생한다. 첫째, 당신이 하나님과 새로운 관계를 맺게 되면서, 죄를 사함 받고 심판이 당신으로부터 옮겨진다. 둘째, 하나님의 성령이 당신의 삶에 들어오면서 당신은 새로운 피조물이 된다. 셋째, 하나님의 자녀로서 당신은 하나님의 교회가 된다. 넷째, 당신은 하나님의 역사를 반대하고 파괴하는 한 대적의 주목을 받게 된다.

우리는 성경 이야기의 첫 부분에서 이 대적을 만났다. 그때 이 대적은 뱀의 모습으로 하와에게 다가왔다. 하나님의 권위에 반항하고 있는 그의 가장 큰 목적은 하나님의 역사를 파괴하는 것이다. 그래서 하나님께서 당신의 삶을 통해 새로운 역사를 시작하셨을 때, 당신은 이 대적에게 새로운 표적이 된 것이다.

바울은 이미 이 대적에 대해 언급했다. "그는 허물과 죄로 죽었던 너희를 살리셨도다 그 때에 너희는 그 가운데서 행하여 이 세상 풍조를 따르고 공중의 권세 잡은 자를 따랐으니 곧 지금 불순종의 아들들 가운데서 역사하는 영이라"(엡 2:1-2). 사탄은 당신의 주인이었다. 사탄이 당신을 자기가 원하는 자리에 두었다. 즉, 하나님께 반응하지 않고 세상이 움직이는 대로 살아가도록 만든 것이다. 그러다가 하나님께서 당신을 예수 그리스도와 더불어 살리셨다. 그 일이 일어나자, 당신의 옛 주인은 당신의 새로운 대적이 되었다.

당신을 잃고 난 뒤, 사탄이 취하는 즉각적인 목표는 더 이상의 피해를 줄이는 것이다. 사탄은 당신이 그의 왕국에 더 이상 위협을 가하지 못하도록 하겠다고 결심했다. 그러므로 사탄은 당신이 그리스도인으로 살아가면서 비효율적이고 비생산적이게 만들고자 총력을 다할 것이다. 그리스도인이 되는 것으로 당신의 싸움들이 끝나는 것이 아니다. 그것은 새로운 전쟁의 시작이다.

사람들이 문제가 아니다

우리의 씨름은 혈과 육을 상대하는 것이 아니요(엡 6:12).

당신의 주요 문제는 사람에게 있지 않다. 물론 분명히 사람들은 우리의 삶 속에서 문제를 불러일으킨다. 그래서 만일 우리가 그 사람에게서 벗어날 수 있다면, 우리의 싸움은 끝날 것이라고 단정을 내리는 경향이 있다. 그러나 결코 그렇지가 않다.

우리의 결혼생활에서 가장 큰 문제점은 남편도, 아내도 아니다. 교회에서 분열을 일으키는 사람은 교인 명부에 있는 성도가 아니다. 그리스도인으로 살아감에 있어서 당신이 성장하는 데 최대의 장애는 당신이 당했던 상처들도, 당신이 당해야 했던 패배들도 아니다. 이러한 상처들과 패배들은 회복할 수 있다. 당신의 가장 큰 문제점은 많은 그리스도인이 거의 주의를 기울이지 않는 존재이다. 그것은 당신의 보이지 않는 대적이다.

우리는 복음을 선포함에 있어서 교회가 직면하고 있는 싸움에 대해 생각할 때, 우리의 싸움이 어떤 집단에 속한 사람들에 대항하는 것이라고 생각하는 함정에 빠지기 쉽다. 그러나 그들은 대적의 희생물이다. 대적은 많은 사람을 인질로 삼고 있다. 대적은 그들의 눈을 멀게 만들고, 그들을 계속 묶어놓고 있다. 우리의 목적은 그 인질들과 싸우는 것이 아니라 그들을 구출해내는 것이다.

거룩한 전쟁

예수 그리스도의 왕국은 이 세상에 속하지 않았다. 우리의 싸움은 혈과 육에 대한 것이 아니기에 그 왕국은 결코 강제나 정복을 통해 전진해나갈 수 없다.

신약성경은 교회와 국가 사이를 명확하고 중요하게 구별하고 있다. 하나님께서는 정의를 시행하고 악을 억제하는 책임들을 국가에 위임하셨다. 통치자들이 아무런 이유 없이 칼을 지니고 있는 것이 아니다. 그들은 하나님의 종이다. 그들은 "악을 행하는 자에게 진노하심을 따라 보응하는 자"이다(롬 13:4).

이러한 이유로 그리스도인들은 전쟁을 치르는 국가의 권리를 지지해 왔다. 그리고 그렇게 전쟁을 치르는 것이 정당한 대의명분을 추구하기 위한 것이라고 판단했을 때, 그리스도인들은 성원을 보내고 무기를 휘두를 태세를 갖추었다.

구약성경에서, 하나님께서는 한 국가를 통해 자신의 목적을 성취하고 계셨다. 그리고 국가의 지도자들은 오늘날 우리의 국가가 그렇듯 악을 억제하고 정의를 추구하는 똑같은 책임을 지고 있었다. 그러므로 구약성경에서 수많은 전쟁을 치렀다고 해서 놀랄 필요가 없다. 하나님께서는 이스라엘이라는 한 국가로 하여금 악을 억제하고 정의를 추구하도록 명령하셨다.

그러나 신약성경에서는 다르다. 그리스도인들은 결코 예수 그리스도의 이름을 위해 무기를 들라는 명령을 받지 않았다. 그리스도의 나라는 군사력이나 정치 세력에 의해서는 결코 전진할 수 없다.

전쟁터

그 대적을 확인했으므로, 이제 전쟁터로 방향을 돌려보자. 전쟁터는 많은 사람이 생각하고 있는 것보다 훨씬 더 가까이에 있다. 당신의 삶에서의 일차적인 전투들은 네 가지 영역에서 벌어질 것이다. 그것은 당신의 생각(엡 4:22 이하), 당신의 가정(5:22-6:4), 당신의 직장(6:5-9), 당신의 교회(4:1-16)이다.

이 영역들은 당신의 대적이 주요 공격을 감행할 곳들이다. 그러므로 당신이 가장 주의를 기울여 방어해야 할 영역들이다. 바로 이곳에서 우리는 주 안에서 강해질 필요가 있다. 신령한 영적 갑옷은 우리가 순결한 마음과 강한 가정과 하나님을 향한 직업 소명과 건강한 교회를 유지하는 데 필요한 장비이다. 바로 여기에서 진짜 싸움이 벌어진다.

전쟁

> 마귀의 간계를 능히 대적하기 위하여 하나님의 전신 갑주를 입으라… 그러므로 하나님의 전신 갑주를 취하라 이는 악한 날에 너희가 능히 대적하고 모든 일을 행한 후에 서기 위함이라 그런즉 서서 진리로 너희 허리띠를 띠고 의의 호심경을 붙이고(엡 6:11, 13-14).

당신이 처한 전투의 첫 번째 목표는 '서는' 것이다. 이것은 아주 중요하다. 대적은 당신을 공격하여 당신의 삶이 그리스도의 왕국이 전진하는 데 도움을 주지 못하도록 되돌려놓으려고 시도할 것이다. 그 일을 위해 사탄은 일차적인 방법으로 간계를 사용한다.

2차 세계대전 동안에 영국 북부에서 군복을 만들었던 여인이라면, 히틀러를 직접 보지 못했다 할지라도 히틀러와 싸우고 있다고 말했을 것이다.

우리의 대적은 사탄이다. 그리고 사탄은 피조물이다. 사탄은 도처에 존재하고 있지 않다. 사탄은 모든 것을 다 알고 있지 않다. 그리고 사탄은 전능하지도 않다. 이러한 것들은 오직 하나님께만 속하는 것이다. 그래서 그 대적은 보통 두 가지 토대를 통해 활동한다. 성경은 그것을 '세상'과 '육신'이라고 말하고 있다. 우리가 사탄에게 대항해 큰 싸움을 벌이고 있다고 말하는 것이 맞을 수도 있지만, 실상 우리는 대개 바울이 말하는 사탄의 간계와 싸움을 벌이고 있는 것이다. 그러므로 이 간계들이 무엇인지 아는 것이 중요하다(고후 2:11).

전신 갑주

사탄의 간계들을 익히는 최선의 방법은 그 간계들로부터 우리를 방어하기 위해 하나님께서 주신 전신 갑주를 살펴보는 것이다. 우리는 하나님께서 우리에게 주시는 전신 갑주가 우리가 공격당할 수 있는 모든 영역을 덮어줄 것이라고 확신할 수 있다. 그 전신 갑주는 마귀의 간계들을 확인할 수 있도록 도움을 줄 것이며, 그 간계들에 대항해 어떻게 설 수 있는지 우리에게 가르쳐줄 것이다.

속임수를 폭로하라: 진리의 허리띠

그런즉 서서 진리로 너희 허리 띠를 띠고…(엡 6:14).

이미 우리는 에덴동산에서 사탄의 첫 간계가 속임수였음을 살펴보았다. 사탄은 하와가 실제로 하나님의 말씀을 어기고 있었음에도 불구하고 자신이 선을 행하고 있다고 착각할 지경으로 하와를 혼란에 빠뜨렸다. 이것이 사탄의 가장 성공적인 간계이다.

한 여자가 집에서 성경 공부를 한다. 그러나 남편이 집에 들어오자 그녀는 남편에게 차갑고 도도하게 대한다. 그녀는 자기가 성경 공부를 하고 있기 때문에 하나님을 기쁘시게 하고 있다고 생각한다. 그러나 그녀는 자신의 결혼생활이 빙점으로 치닫고 있다는 사실은 깨닫지 못하고 있다.

한 남자가 교회에서는 열심히 봉사하면서도, 직장에서는 교만하고, 위압적이고, 자기 아래에 있는 사람들에게 불쾌하게 대한다. 그는 자기가 귀한 직분을 감당하고 있기 때문에 하나님을 기쁘시게 하고 있다고 생각하고 있지만, 직장에서의 그는 하나님 자녀로서의 증거를 나타내지 못하고 있다.

대적은 성경의 주요 사안들로부터 우리의 눈을 돌리도록 만드는 수천 가지의 수법을 가지고 있다. 대적은 우리가 실제로 성경에 부응하여 살아가는 방법을 발견하지 못하는 한, 우리가 기도하고 공부하고 주님을 섬기는 것에 대해 상당히 만족할 것이다. 우리의 대적은 안개 속에 자기의 활동을 감춤으로써, 우리가 실제로 대적과의 싸움에서 패배하면서 살아가고 있음에도 불구하고, 자신이 영적으로 신령하다고 착각하게 만든다. 그것이 속임수의 핵심이다.

이 속임수에 대해 맞설 수 있는 유일한 방법이 있다. 그것은 '진리의 허리띠'를 둘러매는 것이다(엡 6:14). 바울은 여기에서 성경의 진리에 대해 말하고 있는 것이 아니다. 성경의 진리는 나중에 바울이 "성령의 검, 곧 하나님의 말씀"에 대해 말할 때(엡 6:17) 등장한다. 진리의 허리띠는 다윗이 "주께서는 중심이 진실함을 원하시오니"(시 51:6)라고 말했을 때의 그 진실함이다.

진리의 허리띠를 띤다는 것은 의식적인 행위이다. 당신이 만일 속임수를 피하고자 한다면, 당신의 영적인 삶에 구체적인 훈련을 도입해야 한다. 즉, 자신을 되돌아보고, 하나님께 당신 자신의 마음을 보여달라고 간구하라. 성경을 거울로 사용하라. 자신에게 거짓말을 하지 말라. 당신에게 진실을 말해주고 당신의 책임을 알려줄 친한 친구들과 지혜로운 충고자들의 말을 경청하는 법을 배우라.

정기적으로 자신이 하는 생각의 추이를 점검하라. 당신의 생각들은 주로 부정적이거나 비판적이거나 자기중심적인가? 당신의 마음속에서 정욕이나 탐욕이나 시기심을 볼 수 있는가? 당신은 하나님에 대한 믿음을 반영하고 있는가? 아니면 절망에 빠지고 있는가?

당신의 가정생활을 점검하라. 당신은 지난주에 당신의 배우자에게 사랑을 보여주었는가? 당신은 배우자 이외의 다른 사람에게 이끌렸는가? 당신은 어떻게 대처했는가? 당신이 독신이라면, 하나님께서 당신 주위에 두신 가족과 친구들의 삶에 어떻게 기여하고 있는가?

직장에서 당신의 평판을 점검하라. 사람들이 당신을 어떻게 생각하고 있는가? 당신에 대한 인상을 어떻게 떠올리고 있는가? 교회생활에서 당신의 영향력을 점검하라. 성도들이 당신을 어떻게 생각하고 있는가? 당신은 그들을 일으켜주고 있는가? 누군가에게 화를 내고 있는가?

이러한 물음들은 속임수를 피하고 진실에 맞닿을 수 있도록 도와줄 것이다.

허리띠는 다른 갑옷들을 입기 전에, 튜닉(군인이나 경찰관이 입는 몸에 붙는 짧은 상의—역자 주)을 묶는 데 사용했다. 허리띠가 없으면 자기 옷자락에 걸려버리기 때문에, 공격을 당하지 않고서도 쉽게 넘어져 나머지 갑옷들이 무용지물이 되고 만다. 비록 그렇게 비극적이지는 않다 할지라도, 자기 옷에 걸려 넘어지는 장면은 우스울 것이다.

타협을 물리치라: 의의 호심경

…의의 호심경을 붙이고(엡 6:14).

사탄이 우리와 타협하기 위해 애용하는 방법들 중 하나는 하나님의 기준들이 단지 이상에 불과할 뿐이라고 말하는 것이다.

하나님께서는 "해가 지도록 분을 품지 말라"고 말씀하신다.

우리는 "그렇습니다. 이상적인 세계에서는 그래야 한다는 것을 잘 알고 있습니다"라고 대답한다.

하나님께서는 "무릇 더러운 말은 너희 입 밖에도 내지 말라"고 말씀하신다.

우리는 "그렇습니다. 그것이 우리가 노력해 나가야 할 목표입니다"라고 대답한다.

하나님께서는 "모든 악의를 내어 버리라"고 말씀하신다.

우리는 "예, 그렇지만 나는 화를 낼만한 충분한 이유가 있습니다"라고 응답한다.

만일 우리가 하나님의 명령을 순종해야 할 사항들이 아니라, 노력해 나가야 할 이상들로 간주한다면, 우리의 대적은 행복에 겨워할 것이다. 거기에 큰 차이점이 있다.

하나님의 기준을 '이상'이라고 일컫는 사람은 타협하는 생활에 문을 열어놓은 사람이다. 그것이 바로 대적의 간계이다. 그 간계를 방어할 수 있는 유일한 방법은 의의 호심경을 붙이는 것이다. 당신은 의식적으로 그 호심경을 붙일 필요가 있다.

의의 호심경은 우리가 예수 그리스도를 믿게 될 때, 우리의 것이 되는 예수 그리스도의 의를 가리키는 것이 아니라, 우리가 옳은 것을 행하기 위해 매일 해야 하는 개인적인 선택들을 가리킨다.

당신이 원한에 가득 찬 세상 속에서 빛이 되기 위해 쓰라린 원한을 버리는 것이 그 선택이다. 혹은 손실이 크더라도 금전적인 빚을 갚는 것이 그 선택이다. 혹은 불편하게 될지라도 참된 것을 말하는 것이 바로 그 선택이다.

의에 대한 의식적인 선택 없이, 당신의 증거는 신뢰받을 수 없을 것이다. 이것이 바로 그 전쟁이 벌어지고 있는 삶의 터전이다. 그 전쟁은 아주 치열하다. 바울이 "주 안에서 강건하라!"고 말하는 것은 당연한 것이다. 타협에 대한 전쟁에서 이길 수 있는 유일한 방법은 하나님 앞에서 옳은 것이 무엇인지 결정하고, 치르게 될 희생이 크더라도 옳은 것을 선택하는 것이다.

안락함을 버리라: 복음의 신발

평안의 복음이 준비한 것으로 신을 신고(엡 6:15).

대적의 목표는 매우 간단하다. 편안한 것을 좋아하는 우리의 본성을 이용해 우리가 그 대적의 왕국에 중대한 피해를 끼치지 못하도록 막는 것이다.

대적이 당신의 삶에서 이 전략을 사용하고 있다는 징후들을 보고 있는가? 당신의 개인적인 안락이 하나님의 부르심보다 더 중요하다고 느낀 적이 있는가?

이 간계에 대항해 설 수 있는 유일한 방법은 복음의 신발을 신는 것이다. 신발은 운동을 위해 신어야 한다. 바울은 이 운동을 복음과 연결시킨다. 신발을 신는 것은 내가 의식적으로 "이 세상에서 복음이 전진하도록 하기 위해 내가 어떻게 기여할 수 있는가"라고 묻는 것이다.

만일 그 물음이 당신에게 멀게만 느껴진다면, 그것은 대적이 이미 당신의 삶 속에서 이 전략으로 괄목할만한 성공을 거두었다는 증거일 수 있다. 대적은 교회가 실내화를 신고 있는 것을 좋아한다. 실내화는 밖에 나갈 뜻이 없는 사람에게 편안한 신발이다. 하나님께서는 우리에게 편안한 실내화를 벗어버리고 든든한 부츠를 신으라고 명령하신다. 왜냐하면 우리의 소명은 화롯불 곁에서 노래하는 것이 아니라 모든 민족에게 복음을 전하는 것이기 때문이다.

고립을 피하라: 믿음의 방패

> 모든 것 위에 믿음의 방패를 가지고 이로써 능히 악한 자의 모든 불화살을 소멸하고(엡 6:16).

로마 군인들은 두 가지 종류의 방패를 가지고 자신을 보호했다. 그들은 팔뚝에 작고 둥근 방패를 부착했다. 그 방패는 1:1 전투에서 필요했다. 그러나 불화살들이 마구 쏟아져 내릴 때에는 그다지 큰 보호막이 되지 못했다. 바울이 여기서 말하는 것은 더 큰 사각형 방패이다. 그 방패는 높이가 약 120센티미터에 너비가 약 60센티미터 되는 것으로, 오늘날 경찰의 폭동 진압용 방패와 비슷하나, 가죽으로 덮여있기 때문에 역청이 발라진 적군의 불화살을 끌 수 있게 되어있었다.

로마 군대는 사각형 모양으로 된 방진을 고안했는데, 방진이란 여러 소대의 군인들이 함께 모여 방패를 정렬하고, 마치 거북이 등껍질처럼 그 부대 전체를 보호하는 방어막을 치는 것이다.

바울이 여기에서 교회에게 말하는 것을 기억하라. "여러분들은 믿음의 방패를 취해야 합니다." 이것은 매우 중요한 말이다. 악한 때가 임하여 당신이 심한 공격을 받게 되었을 때, 믿음의 보호막 아래서 당신 주변에 있는 다른 성도들과 함께 뭉쳐야 한다.

복음서들은 예수님께 자기 친구를 데리고 왔던 네 명의 사람들에 대한 멋진 이야기를 기록하고 있다. 그 사람들은 예수님께서 설교하고 계셨던 집의 지붕으로 올라가 그 지붕에 구멍을 내고 예수님의 발 앞에 친구를 내려놓았다. 누가는 이렇게 기록하고 있다. "예수께서 그들의 믿음을 보시고 이르시되 이 사람아 네 죄 사함을 받았느니라 하시니"(눅 5:20). 당신을 아끼는 다른 사람들의 믿음을 통해 하나님께서 당신에게 복 주실 수 있는 그 수준을 결코 무시하지 말라.

사탄은 당신이 전투에서 고립되기를 원한다. 우리의 대적은 다른 사람들이 아무도 모르고 있는 우리의 마음속에서, 또는 우리의 가정에서 우리가 공격을 받고 이 전쟁에서 우리가 패배하기를 원한다.

하나님께서는 결코 당신이 혼자 싸우도록 내버려두지 않으신다. 믿음의 방패를 취하라. 당신과 함께 설 수 있는, 당신이 신뢰하는 사람과 함께 그 전쟁에 임하라.

낙심을 극복하라: 구원의 투구

구원의 투구와 성령의 검 곧 하나님의 말씀을 가지라(엡 6:17).

시작하는 것은 끝마치는 것과는 별개의 일이다. 대적은 시간을 자기 편에 두고 있다. 만일 당신이 예수 그리스도께 계속해서 귀중한 봉사의 시간을 드리고 싶다면, 낙심을 극복할 필요가 있다. 당신은 일의 결과들 앞에서 실망스러울 때가 있을 것이다. 기도는 당신이 바라는 대로 응답되지 않는 것 같고, 피곤이 당신의 판단력을 가리면 절망하기 시작할 수 있다. 바울은 그러한 경험을 했다(고후 1:8-9).

바울이 편지를 쓰고 있는 대상은 성도들이었다. 그러므로 바울이 말하고 있는 투구는 구원을 받기 위해 예수 그리스도께로 나아오라는 초청의 말이 아니었다. 그들은 이미 예수 그리스도께 나아온 사람들이었다. 신약성경은 구원에 대해 현재 시제와 미래 시제로 말하고 있다. 바울은 구원에 대한 소망을 투구로써 말하고 있었던 것이다(살전 5:8). 그가 여기에서 말하고 있는 것은 최후의 승리에 대한 확실한 기대다. 당장 눈앞의 미래가 흐리게 보일 때, 시간을 투자해 최종적인 결과에 대해 묵상할 시간을 가지라.

시험 공부를 하느라 애쓰고 있는 학생이 졸업할 날을 생각하는 것은 바람직한 일이다. 그것이 바울이 규칙적으로 행하던 일이었다. 바울은 자신에게 닥친 현재의 고난을 나중에 나타나게 될 영광과 나란히 두었다. 그리고 그는 그 영광이 매번 닥치는 전쟁을 견딜만한 가치가 있다고 결론을 내렸다. “우리가 잠시 받는 환난의 경한 것이 지극히 크고 영원한 영광의 중한 것을 우리에게 이루게 함이니 우리가 주목하는 것은 보이는 것이 아니요 보이지 않는 것이니 보이는 것은 잠깐이요 보이지 않는 것은 영원함이라”(고후 4:17-18; 롬 8:18).

그렇게 해서 당신이 ‘서는’ 것이다. 즉, 엄격한 정직성과 타협하지 않는 고결함 그리고 모든 상황 속에서 복음의 전파를 위해 전적으로 헌신하며, 다른 성도들과 교제 가운데 서로 단합하고, 전쟁의 최종적인 결과에 대해 확신함으로써 서는 것이다. 전신 갑주가 제 자리에 다 갖추어질 때, 당신은 서게 될 것이다. 그리고 만일 당신이 서 있다면, 당신은 “성령의 검 곧 하나님의 말씀”(엡 6:17)을 사용하여 대적을 향해 공격할 수 있는 자리에 서게 될 것이다.

삼진 아웃

우리의 대적은 연속으로 세 개의 스트라이크를 당함으로써 패배하게 된다. 첫 번째 스트라이크는 갈보리에서 일어났다. 갈보리에서 예수 그리스도는 사탄의 군대들을 무장해제 시켰다(골 2:15). 예수 그리스도께서는 어둠의 왕국을 깨뜨려, 예수 그리스도를 믿는 모든 사람이 하나님께 나아올 수 있는 길을 열어주셨다. 포로들을 붙잡고 있는 사탄의 권세는 십자가에서 무너졌다. 이 말은 사탄이 패배를 인정했다거나 사탄의 활동이 종식되었다는 뜻은 아니다. 그러나 예수 그리스도께서는 대적에게 치명적인 상처를 입히셨다.

두 번째 스트라이크는 교회의 사역을 통해 일어난다. 예수님께서는 "내가 이 반석 위에 내 교회를 세우리니 음부의 권세가 이기지 못하리라"(마 16:18)고 말씀하셨다. 예수님의 말씀은 지옥의 문이 교회를 향해 전진해 들어올 것이라는 뜻이 아니라, 교회가 지옥의 문을 향해 진군해 나갈 것이라는 뜻이며, 복음의 빛이 전 세계에 퍼져나감에 따라서 사람들이 구원을 받고 지옥 자체가 퇴각하게 될 것이라는 뜻이다.

그것이 지난 2,000년 동안의 교회의 이야기이다. 교회가 세대에서 세대로 그리고 문화에서 문화로 복음의 빛을 전달함에 따라서, 사람들은 사탄의 왕국에서 나와 우리 주 예수 그리스도의 나라로 들어가게 된다(골 1:13). 그렇기 때문에 우리가 계속 서서 전투에 임할 필요가 있는 것이다. 오직 마귀의 간계들에 맞설 때에만 성도들은 하나님의 말씀인 성령의 검을 사용할 수 있으며, 성령 안에서 기도를 그치지 않음으로써 사탄의 왕국을 향해 진군해나갈 수 있는 자리에 서게 될 것이다.

스트라이크 1: 대적의 권세가 무너진다. 스트라이크 2: 대적의 영토가 침공을 당한다. 스트라이크 3: 예수 그리스도께서 영광중에 재림하실 때가 될 것이다. 예수 그리스도께서는 입의 기운으로 대적을 제압하실 것이다(살후 2:8). 사도 요한은 무슨 일이 벌어질 것인지에 대해 다음과 같이 묘사하고 있다. "또 그들을 미혹하는 마귀가 불과 유황 못에 던져지니 거기는 그 짐승과 거짓 선지자도 있어 세세토록 밤낮 괴로움을 받으리라"(계 20:10). 이것이 바로 삼진 아웃이다.

드러난 사실 UNLOCKED

그리스도인의 삶은 하나의 전쟁이다. 왜냐하면 당신에게는 '세상'과 '육체'라는 토대를 통해 그리스도인을 쥐고 흔들어 그를 무능하게 만들려고 노력하는 대적이 있기 때문이다. 그 대적에게 맞서기 위해, 우리는 하나님의 전신 갑주를 입고 무장을 할 필요가 있다. 우리의 목적은, 우리가 하나님의 말씀과 기도라는 공격 무기들을 가지고 대적의 왕국을 향해 돌진해나갈 수 있는 입지에 서게 될 것임을 인식하면서 그 대적에 맞서 싸우는 것이다.

기도 PAUSE FOR PRAYER

전능하신 하나님 아버지!

복음을 전해야 할 사람들과 싸우고 다투었던 저의 죄를 고백합니다. 저의 가장 큰 싸움이 보이지 않는 사탄의 세력에 대항하여 싸우는 것임을 깨닫게 하여주심을 감사드립니다. 사탄의 유혹과 시험에 대항하여 승리할 수 있도록 제게 주님의 힘과 권능을 더하여주시옵소서. 저의 영안을 열어주시고, 제가 자신과 세상의 죄를 명확하게 볼 수 있도록 하시며, 진리의 허리띠를 띨 수 있도록 도와주시옵소서. 제가 삶을 살아가면서 편하고 쉬운 것보다는 의의 진리를 선택할 수 있도록 도와주시옵소서. 제가 온갖 필요에 둘러 싸여있을 때, 제 자신의 안락만을 추구하지 않도록 일으켜주시옵소서. 저를 비롯해 주변의 형제자매들과 더불어 설 수 있게 도와주시고, 하나님 아버지에 대한 저희의 믿음이 날로 강해지도록 하여주시옵소서.

주의 일을 행함에 있어서 낙심치 않게 지켜주시고, 예수 그리스도를 향한 믿음으로 승리의 날에 주님께 감사하고 기뻐 즐거워할 수 있도록 도와주시옵소서. 예수 그리스도의 이름으로 기도드립니다. 아멘.

33

이윤

Profit

빌립보서 3장

어떻게 하면 나의 삶을 지혜롭게 투자할 수 있는가?

묵상의 길잡이

☑ **발견하라**
최대의 투자 기회를 발견하라.

☑ **배우라**
어떻게 하나님께서 당신으로 하여금 얻고자 하는 욕구를 갖게 하시고 사용하시는지 배우라.

☑ **경배하라**
예수 그리스도 안에서 부요케 하신 하나님께 경배하라.

주식 시장에는 매력적인 무엇인가가 있다. 거래소나 컴퓨터 앞에서 열띤 거래자들이 불과 몇 초 만에 수천만 달러를 움직여 이윤을 얻거나 손해를 본다. 매일 굉장한 재산을 쌓기도 하고, 잃기도 한다.

대부분의 사람들에게 있어서 이익과 손해는 그렇게 극적이지 않다. 만약 당신이 신문을 통해 주식이나 펀드의 시세를 유심히 관찰한다면, 오르는 주식에 돈을 더 투자하고 싶을 것이다. 반대로 시세가 떨어지면 왜 계속 투자를 했는지 후회할 것이다.

전 세계를 대규모 주식 거래 시장이라고 상상해보자. 당신은 매일 투자할 기회를 찾아 세계 속으로 들어간다. 당신은 '인생'이라고 하는 소중한 자금을 위탁받았다. 그리고 당신은 매일 그 삶에 투자할 기회를 얻고 있다. 당신은 이 기회에 어떻게 투자할 것인가? 자신의 인생 파일에 무엇을 더해야 하겠는가?

당신 앞에 놓인 끊임없는 선택 사항들 때문에 당신은 어찌할 바를 모르고 배회한다. 어떤 투자가 가치를 높이고, 떨어트릴지 예측하기가 어렵기 때문이다.

우리는 수많은 선택 사항과 마주치면서 살아간다. 경력, 스포츠, 주택 수리, 인간관계, 여가, 교회, 휴가 그리고 투자 등 선택해야 할 사항들이 수없이 쌓여있다. 선택 가능한 옵션들도 끝이 없는 것 같다. 그래서 우리가 어떻게 삶에 투자해야 하는지 알기란 쉽지 않다.

벌어들이고자 하는 욕구

우리 모두는 삶을 지혜롭게 투자하고자 하는 강한 욕구를 가지고 있다. 아무도 자기 인생을 쓰레기처럼 허비하고 싶어 하지 않는다. 우리는 인생을 가장 잘 활용하고, 우리가 투자한 것이 지속적인 가치를 가지고 있다고 생각하고 싶어 한다. 우리가 이렇게 느끼는 이유는 하나님께서 우리를 이익을 얻는 일에 대한 욕구를 갖도록 창조하셨기 때문이다.

나의 가족이 일리노이주의 알링톤 하이츠에 자리를 잡게 되었을 때, 여러 친구들이 그 지역에서 살아가는 데 도움이 되는 몇 가지 충고를 해주었다. 우리 교회 성도 가운데 한 사람은 옷을 싸게 살 수 있는 곳을 가르쳐주겠다고 했다. 그런데 그는 그 제의를 하면서 이렇게 말했다. "목사님 가정이 바겐세일을 좋아하시는지는 모르겠습니다만…"

당신은 바겐세일을 좋아하지 않는 사람을 만나본 적이 있는가? 아마도 그 성도는 목사들은 희생하기를 좋아해서 가능한 한 최고의 가격을 지불하는 쪽을 선택할 것이라고 생각했던 것 같다.

그러나 이익을 얻고자 하는 욕구는 우리 모두에게 깊숙이 박혀있다. 하나님께서 그 욕구를 주셨다.

예수님께서는 전혀 부끄러워하지 않으면서 공개적으로 이익을 얻고자 하는 우리의 욕심에 호소하셨다. "오직 너희를 위하여 보물을 하늘에 쌓아 두라 거기는 좀이나 동록이 해하지 못하며 도둑이 구멍을 뚫지도 못하고 도둑질도 못하느니라"(마 6:20). 예수님께서는 자신의 삶을 투자해서 최대의 이윤을 얻고 싶어 하는 사람들에게 호소하셨다. 그리고 예수님께서는 "어떻게 하면 그렇게 할 수 있는지 내가 너희에게 가르쳐주겠다"고 말씀하셨다.

예수님께서는 또한 용납할 수 없는 손해를 보지 않도록 인생을 지키라고 강력하게 말씀하셨다. "사람이 만일 온 천하를 얻고도 제 목숨을 잃으면 무엇이 유익하리요"(마 16:26). 세상에는 당신이 만회할 수 없는 손실도 있다.

예수님께서는 또한 우리가 인생을 어떻게 투자해야 하는지에 대한 비유를 드셨다. 세 명의 종이 주인으로부터 재산을 관리하도록 위탁받았다. 주인이 돌아왔을 때, 지혜로운 투자를 했던 종들은 벌어들인 소득을 주인에게 보여주고 칭찬을 받았다. 그러나 투자할 기회를 허비했던 종은 벌을 받았다(마 25:14-30).

당신은 이익이나 소득을 얻는 것에 대한 이 모든 이야기가 예수 그리스도를 따르는 일의 대가를 치르는 것이라는 예수님의 말씀에 어떻게 부합되는지 의아해할지도 모른다. 성경은 결코 예수님을 따르는 일의 대가를 감추지 않는다. 예수님께서는 이렇게 말씀하셨다. "누구든지 나를 따라오려거든 자기를 부인하고 자기 십자가를 지고 나를 따를 것이니라"(마 16:24). 디트리히 본회퍼Dietrich Bonhoeffer는 "그리스도께서 한 사람을 부르실 때, 그에게 와서 죽으라고 말씀하신다"라는 말로 그 대가에 대해 요약했다.

그러나 우리는 예수님 말씀의 절반만을 인용해왔다. 그 대가에 대해 말씀하신 직후 곧바로 예수님은 "누구든지 제 목숨을 구원하고자 하면 잃을 것이요 누구든지 나를 위하여 제 목숨을 잃으면 찾으리라"(마 16:25)고 말씀하셨다. 십자가를 짊어지는 그 손실조차도 궁극적인 소득을 바라보고 임하는 희생이다. 예수님께서는 당신이 어떻게 하면 인생의 여정을 투자하여 최대의 이익을 회수할 수 있는지 당신에게 보여주기를 원하신다. 예수님께서는 당신의 이익을 위해 호소하시는 것이다.

C. S. 루이스C. S. Lewis는 이 점에 대해 다음과 같이 강력하게 말했다.

> 만일 대부분 현대인들의 마음속에 우리 자신의 유익을 추구하고 그 유익을 누리겠다는 진지한 바람이 옳지 않은 것이라는 생각이 있다면, 나는 이러한 생각이 칸트와 스토아주의자들에게서 나온 것이지 절대 기독교 신앙의 일부가 아니라고 말하고자 한다. 실로, 우리가 복음서들에 약속되어있는 부끄럽지 않은 보상에 대한 약속들과 그 보상의 성격을 생각해볼 때, 우리 주님께서는 우리의 욕구가 지나치게 강하다고 보는 것이 아니라, 지나치게 약하다고 보고 계시는 것 같다. 우리는 휴일을 맞아 바닷가로 놀러가자는 제안이 무엇인지 상상할 수가 없어서, 빈민촌에서 계속 진흙으로 파이를 만들고 싶어 하는 무지한 어린아이처럼, 우리에게 무한한 즐거움이 제공되어있는데도 술과 섹스와 야망으로 시간을 낭비하고 있는 무지한 피조물들이다. 우리는 너무도 쉽게 만족하고 있다.[1]

역사상 최대의 폭락

성경 전체 이야기는 믿기 어려울 정도의 엄청난 손실을 만회하는 일에 대한 이야기이다. 하나님께서는 우리의 첫 조상들이 누릴 수 있는 좋은 선물들로 세상을 가득 채워주셨다. 그때 한 대적이 침입해 들어왔다. 그리고 어느 날 첫 조상들은 낙원에서 쫓겨났다. 그것은 인류 역사상 최대의 폭락이었다. 이 세상이라는 주식 시장은 그 이래로 심한 공황 가운데 놓이게 되었다. 이 세상에 있는 어떠한 것도 예전 그대로가 아니며, 원래 그래야 하는 대로 존재하지도 않는다.

성경 이야기는 낙원이 어떻게 회복될 것인지에 대한 이야기이며, 우리의 삶이 어떻게 회복될 것인지에 대한 이야기이다. 예수 그리스도께서는 우리가 충만한 생명을 누릴 수 있도록 하시기 위해 이 세상에 오셨다(요 10:10). 사탄은 훔치고, 죽이고, 파괴하도록 하기 위해 세상에 왔다. 그러나 예수 그리스도께서는 우리의 손해를 만회하시고, 하나님께서 주신 값을 헤아릴 수 없는 소중한 선물들을 회복하시기 위해 이 땅에 오셨다.

바울이 했던 초기의 투자들

사도 바울은 자신의 경험으로부터 나온 이익과 손해에 대해 할 말이 많았다. 빌립보서 3장에서 그는 자신의 삶의 수첩을 다음과 같이 펼쳐 놓고 있다.

경력 쌓기

그러나 나도 육체를 신뢰할 만하며 만일 누구든지 다른 이가 육체를 신뢰할 것이 있는 줄로 생각하면 나는 더욱 그러하리니 나는 팔일 만에 할례를 받고 이스라엘 족속이요 베냐민 지파요 히브리인 중의 히브리인이요 율법으로는 바리새인이요(빌 3:4-5).

바울은 상당한 특권과 지위를 지니고 태어났다. 그는 영국 사람들 말처럼 "그 입에 은수저를 물고 태어났다."

바울은 자기에게 있는 기회들을 잘 활용하여, 훌륭한 바리새인이 되기 위해 가말리엘 문하에서 훈련을 받았다(행 22:3). 그것은 대단한 기회였다. 그래서 그는 그가 택한 수련의 과정을 통해 신속하게 성공할 수 있는 자리에 들어가게 되었다. 그것은 하버드대학교에 입학하는 것과 마찬가지였다.

바울 시대에 바리새인은 그 땅에서 가장 존경받았던 사람들이었다. 그들은 지성인이었으며, 문화의 발전에 막대한 영향을 끼쳤다. 그들은 오늘날 우리가 스포츠 스타들을 바라보는 것과 마찬가지로 당시 사람들에게 동경의 대상이었다.

열심으로는 교회를 박해하고…(빌 3:6).

바울은 모범적인 삶을 살기 위해 자신의 온 열정을 쏟아부었으며, 그 일을 지극히 중요하게 여겼다. 그는 차츰 경력을 쌓았다. 그의 헌신과 열정은 눈에 띄게 뜨거웠다. 게다가 그는 그 시대에 가장 정치적으로 예민한 쟁점 중 하나였던 기독교 교회의 성장을 억누르는 일을 맡게 되었다.

그는 그 일을 처리할 수 있는 중대한 권위를 부여받았다. 그래서 그가 자신의 열심 때문에 교회를 핍박했다고 말하고 있는 것이다. 그는 처리하기 매우 곤란한 일들을 맡길 수 있을 정도로 신임 받고 있는 사람이었다.

세상이 그를 중심으로 돌아가고 있었다. 그는 성실하며, 열정적이며, 헌신적이었다. 그는 지위와 업적과 권력을 가지고 있었으므로 그의 인생 파일은 성공으로 가득 차 있었다.

도덕적 차원

…율법의 의로는 흠이 없는 자라(빌 3:6).

바울은 성공적인 출세 이상의 것에 관심이 있었다. 그는 대단히 도덕적인 사람이었으며, 자신의 도덕적인 선택들에 대해 매우 신중을 기했다. 그는 자신이 율법을 따르는 의의 사람으로서 흠이 없다고 말하고 있는데, 이 말은 그가 완전하다는 뜻이 아니라 그가 항상 바리새인의 규율에 맞게 살았다는 말이다. 그는 이렇게 도덕적 규범에 맞게 살기 위해 온갖 노력을 기울였다. 그래서 그는 이렇게 말할 수 있었다. "그러나 나도 육체를 신뢰할 만하며 만일 누구든지 다른 이가 육체를 신뢰할 것이 있는 줄로 생각하면 나는 더욱 그러하리니"(빌 3:4).

때때로 우리는 '육체'라는 말을 인간의 행위 중에서 최악의 행위에 연결해 생각하는 경향이 있다. 하지만 성경에서 '육체'라는 말은 인간의 최선의 노력을 묘사하기 위해 사용되기도 한다. 여기에서 '육체'라는 단어가 바로 그런 의미를 지니고 있다.

지극히 철저한 도덕적인 생활에 혼신의 힘을 쏟아부으면서, 바울은 자신의 노력들에 대해 하나님께서 적절한 보답을 해주실 것이라고 기대하고 있었다.

많은 사람이 만일 자신이 성공적이고 도덕적인 삶을 산다면, 마지막 날에 가서 하나님의 '수상자 명단'에 들어가고, 영원한 상을 받기에 합당할 것이라고 믿고 있다. 그것이 바로 바울이 생각하고 있던 것이었다. 그의 지위, 업적, 권력과 더불어 상당히 철저한 도덕적이며 모범적인 생활이 그의 인생 파일에 들어있었다. 많은 사람이 그러한 이력을 모으기 위해 노력하면서 살아가고 있다.

정말 유익한 것을 발견하라

그러다가 이 사람의 인생을 완전히 바꾸어놓는 특별한 사건이 일어났다. 어느 날, 그가 다메섹으로 가는 도중에 부활하신 주 예수 그리스도께서 그의 앞에 나타나셨다. 하늘에서 빛이 내려와 그의 주변을 비추었다. 그는 땅바닥에 넘어졌으며, 그의 이름을 부르면서 말씀하시는 예수 그리스도의 음성을 들었다. 그는 권능과 영광으로 자신을 압도해오는 존재가 그 자리에 있음을 느꼈다. 그리고 자신에게 말씀하고 계시는 그분이 일순간에 자기를 멸하실 수도 있음을 깨달았다.

> 사울아 사울아 네가 어찌하여 나를 박해하느냐
> 주여 누구시니이까
> 나는 네가 박해하는 예수라(행 9:4, 5).

무서운 순간이었다. 바울은 부활하신 주 예수 그리스도의 충격적인 거룩하심에 압도되어 모래 바닥에 엎드렸다.

모범적인 삶을 사는 데 혼신의 힘을 기울이고, 자신을 큰 상을 받을 후보자로 생각했던 그가 부활하신 주님의 놀라운 거룩하심 앞에 그저 땅바닥에 엎드려있을 따름이었다. 그는 예수 그리스도의 주장과 명분을 모조리 멸해버리겠다고 맹세했던 사람이었다. 그러나 그는 예수 그리스도의 얼굴에서 의로움을 보았으며, 만일 그것이 의로움이라면 자신은 결코 그 의를 이룰 수 없을 것이라고 생각했다.

그 순간에 그의 인간관 전체가 완전히 바뀌었다. 그는 마지막 날에 하나님 앞에 서는 것이 어떨지 그 일면을 파악하고, 자신이 채운 인생의 업적들이 잘못된 것으로 가득 차 있음을 깨달았다. 그의 지위와 업적과 권한은 다메섹으로 가는 길 위에서 그에게 아무런 소용이 없게 되었다. 그리고 그러한 것들은 그가 죽음의 장막 속으로 빨려 들어가 전능하신 하나님 앞에 서게 되었을 때에도 아무런 소용이 없을 것이었다. 다메섹으로 가는 길 위에서 그는, 결국 우리에게 가장 중요한 것은 우리가 어떻게 도덕적 규범들을 잘 지키느냐가 아니라, 예수 그리스도와 어떤 관계를 맺고 있느냐는 것임을 발견했다.

처참한 손실

> 또한 모든 것을 해로 여김은 내 주 그리스도 예수를 아는 지식이 가장 고상하기 때문이라 내가 그를 위하여 모든 것을 잃어버리고 배설물로 여김은 그리스도를 얻고(빌 3:8).

그로부터 약 30년 후에 바울은 빌립보서를 썼다. 그는 다메섹으로 가는 길 위에서 겪었던 그 놀라운 날 이래로 여러 해를 뒤돌아보면서 자신이 얻은 것과 잃은 것들을 생각해보았다.

분명히 그는 통렬한 비판을 받았다. 특권을 누리던 지위에 있었던 그는 자기 백성에 의해 그 특권을 박탈당했다. 탁월한 지성의 은사를 받았던 그가 지난 30년을 천막을 지으면서 보냈다. 다른 사람들을 투옥시킬 수 있는 권한을 부여받았던 그가 도리어 투옥되었으며, 그가 편지를 쓰고 있을 때에도 쇠사슬에 매여 간수에게 감시를 받고 있었다.

30년 후 그의 삶은 처참하기 그지없었다. 그가 지니고 있던 모든 특권은 사라져버렸다. 그는 "내가 그리스도를 위해 모든 것을 잃어버렸다"고 말했다. 바울의 말은 만일 당신이 그리스도인이 된다면, 당신의 경력과 당신의 영향력이 사라지게 될 것이라는 말이 아니다. 그의 말은 "내게 일어났던 일은 이것입니다. 과거에 내가 나의 인생 경력을 위해 간직했던 모든 것을 주 예수 그리스도를 위해 포기했습니다. 그러나 나는 그 점에 신경을 쓰지 않습니다. 나는 내가 잃게 된 것을 중요하게 생각하지 않습니다. 그것은 내게 문제가 되지 않습니다. 나는 우리 주 예수 그리스도를 위해 나의 모든 것을 잃었습니다. 우리 주 예수 그리스도를 아는 지식의 위대함과 비교해서 나는 내가 잃은 모든 것을 해악으로 여기고 있습니다"라는 말이었다.

"그렇다면 지금 당신의 인생 파일에는 무엇이 들어있습니까?"라는 우리의 질문에 바울은 "지난 30년 동안, 나는 새로운 종류의 주식에 큰 투자를 해왔습니다. 그 주식에 대해 말씀드리도록 하겠습니다"라고 대답한다.

새로운 종류의 투자

또한 모든 것을 해로 여김은 내 주 그리스도 예수를 아는 지식이 가장 고상하기 때문이라 내가 그를 위하여 모든 것을 잃어버리고 배설물로 여김은 그리스도를 얻고 내가 그리스도와 그 부활의 권능과 그 고난에 참여함을 알고자 하여 그의 죽으심을 본받아(빌 3:8, 10).

실제로 바울의 말은 이러했다. "내 인생에서 최대의 열정과 투자는 예수 그리스도에 대해 더 얻고자 하는 것이었습니다. 나는 그리스도를 얻기 원합니다(빌 3:8). 그리고 그리스도를 알기 원합니다(빌 3:10). 그것이 바로 내가 지난 30년 동안 투자해온 것입니다.

나는 또한 그리스도의 의의 가치를 깨닫게 되었습니다. 나는 율법에서 나오는 내 자신의 의를 갖기보다는 예수 그리스도를 믿음으로 말미암는 의(빌 3:9)를 예수 그리스도 안에서 발견하기를 원합니다. 그 의는 하나님과 믿음으로부터 나옵니다.

나는 또한 부활의 날에 엄청난 투자를 했습니다(빌 3:11). 나는 다메섹 도상에서 미래의 일면을 파악했습니다. 나는 내가 곧 예수 그리스도의 두려운 임재 앞에 서게 될 것임을 알고 있습니다. 그래서 미래에 놓인 그 실상에 비추어 나의 삶 전체를 운영하려고 노력하고 있습니다. 바로 그러한 이유로 예수 그리스도와 그분의 부활의 권능에 대해 알기 원합니다. 그리고 예수 그리스도를 따르는 일에 있어서 나에게 어떤 고난이 닥칠지라도 어떻게 해서든지 죽은 자들 가운데서 부활을 얻기 위해 그 고난을 기쁘게 받아들일 것입니다."

바울이 "어떻게 해서든지"라는 말을 쓰고 있는 것은, 자신이 과연 부활에 참여하게 될 것인지에 대한 의심을 품고 있다는 표현이 아니라, 자신에게 어떤 식으로 그러한 부활이 임할지 모르고 있다는 뜻이다. 그는 자신이 죽음을 맞이한 다음에 예수 그리스도의 임재 안으로 들어가게 될 것인지, 아니면 자신이 살아있는 동안 예수 그리스도께서 재림하셔서 그 임재 안에 자신이 서게 될 것인지 모르고 있었다. 그러나 어떤 식으로든지, 바울은 최종적인 부활에 비추어 자신의 삶을 투자했던 것이다.

사도 바울의 말은 이러했다. "내가 잃은 것 때문에 나를 안쓰럽게 여기지 마십시오. 나의 지위, 업적, 권력은 최후의 날에 내게 아무런 가치가 없을 것입니다. 나의 인생은 이제 예수 그리스도와 그분의 의로 가득 차 있습니다. 그리고 부활을 향해 나아가고 있습니다. 나는 이 삶을 무엇과도 바꾸지 않을 것입니다."

바울의 인생에 있어서 이 새로운 투자의 배후에는 하나의 야망이 움직이고 있었다. 그것은 얻고자 하는 것이었다. 그는 감옥에서 돈 한 푼 없이 편지를 쓰고 있었다. 그곳에서 그는 자신이 잃었던 모든 것보다 훨씬 더 가치 있는 것을 예수 그리스도 안에서 소유하게 되었다고 확신하고 있었다.

내부에서 흘러나온 정보

잠시 당신이 앞으로 5년 동안의 주식 시장 판세를 알게 되었다고 상상해보자. 당신이 가지고 있는 정보는 정확하다. 당신은 어떻게 하겠는가?

당신의 노후 연금이 포함되어있는 주식의 가치가 5년 안에 절반으로 줄어드는 것을 보았다면 어떻게 하겠는가? 현재는 전혀 가망 없는 주식이 다음 5년 동안 가치가 치솟는다는 것을 알게 되었다면 어떻게 하겠는가?

당신은 하락하고 있는 주식을 가능한 많이 처분하고, 그것을 다시 상승하고 있는 주식에 투자할 것이다. 그리고 당신이 미래에 대해 본 일면을 평생에 단 한 번 있을 기회로 여길 것이다.

바울은 미래를 보았다. 부활하신 예수 그리스도께서 다메섹 도상에서 그에게 나타나셨다. 그래서 그는 마지막 날에 일어날 일을 파악하게 되었다. 그런 다음에 그는 자신이 그동안 쌓아온 것들이 전혀 쓸데없는 것임을 깨닫게 되었다. 그에게는 예수 그리스도와 그의 의가 필요했다. 그리고 어떤 대가를 치른다 할지라도 그에게는 예수 그리스도의 부활이 필요했다. 그는 다른 모든 것이 추락하는 것을 보았기 때문에 그에 따라 삶을 조정했다.

그래서 바울이 "내게 사는 것이 그리스도니 죽는 것도 유익함이라"(빌 1:21)고 말할 수 있었던 것이다. 사도 바울은 예수 그리스도와 그의 의와 그의 부활을 아는 것이 현재에도 가치가 있지만, 죽는 날에는 그 가치가 더욱 치솟을 것임을 깨달았다.

얼마 전, 내 친구는 영국의 한 병원에서 대수술을 받았다. 그가 입원했던 병실에는 12명의 환자가 있었다. 침대들은 양쪽으로 나란히 정렬되어있었다. 어느 날 밤 친구가 자고 있을 때, 그의 옆 침대에 있던 사람이 죽었다. 그 시신은 실려 나갔다. 다음 날 아침 친구가 깨어났을 때, 그 죽은 사람이 사용했던 침대 주변으로 커튼이 쳐져있었다. 두 명의 간호사가 유족들에게 유품을 돌려주기 위해 커튼 뒤에서 그 사람이 사용했던 물건들을 챙기고 있었다.

친구가 깨어나서 처음으로 들었던 말은 "금시계 하나, 라디오 하나, 책 두 권, 실버 펜 하나…"라는 한 간호사의 말이었다.

만일 당신이 죽는다면, 그런 물건들이 당신에게 무슨 가치가 있겠는가?

우리 주변에는 죽는 것을 두려워하는 사람이 많다. 그 사람들이 죽음을 두려워하는 이유는, 죽는 순간에 그들이 가지고 있던 모든 것을 잃게 된다는 것을 알고 있기 때문이다. 바울은 자신이 죽는 그날이 엄청난 것을 얻게 되는 날이 되도록 자신의 삶을 투자했다.

앞으로 언젠가 주식 시장은 문을 닫게 될 것이며, 당신의 삶을 투자할 기회들은 끝나게 될 것이다. 하나님께서 '종료'를 선언하실 것이며, 그때가 되면 우리는 살아오면서 인생에 투자한 것을 현금으로 받게 될 것이다.

예수님께서는 그날 하나님의 임재 안으로 들어오지 못하게 된 사람들 중 울며 이를 가는 사람이 있을 것이라고 말씀하셨다. 그들이 자신의 인생 파일을 펼쳤을 때, 그들이 지니고 있던 지위와 업적과 권력은 휴지 조각이 된 주식처럼 아무런 가치가 없을 것이다. 심판을 받게 된 사람들은 울며 이를 갈면서 "내가 오직 그리스도를 소유할 수 있다면, 내가 오직 그리스도의 의를 소유할 수 있다면, 내가 부활에 들어갈 수 있다면, 그 주식을 사기 위해 무엇이든지 내줄 수 있을 텐데"라고 말할 것이다.

모든 사람이 그리스도인이 가지고 있는 것을 원하게 될 때가 올 것이다. 성경은 신앙 때문에 감옥에 갇히고 고문을 당했던 사람들에 대해 말하고 있다. 예수 그리스도와 그의 의를 소유하고 부활을 향해 나아가는 것이 이생에서 누릴 수 있는 어떠한 축복보다도 훨씬 더 가치가 있기 때문이다.

인생의 투자를 평가하라

당신의 인생 파일에는 무엇이 담겨있는가? 당신이 예수 그리스도 앞에 섰을 때 가치 있는 것이 무엇이겠는가?

예수님께서는 진주 상인에 대한 중요한 이야기를 해주셨다. 평생 동안 진주를 사고팔았던 한 사람이 있었다. 그러던 어느 날 자신이 이전에 보지 못했던 진주 하나를 발견했다. 그것은 대단한 가치를 가진 진주였다. 그는 거래에 능숙했으며, 그 진주의 가치를 잘 알고 있었다. 그래서 그는 그 진주를 얻기 위해 자신이 가지고 있던 모든 것을 팔았다(마 13:45-46).

나는 치러야 할 비용을 걱정한 나머지 예수를 따르지 않고 뒤로 물러서는 많은 사람을 만나보았다. 그들은 치러야 할 대가만을 바라보았을 뿐 그 가치를 발견하지 못했다. 예수 그리스도를 알고, 그분의 의를 소유하고, 그분의 부활에 동참하려면 당신의 교만과 죄를 대가로 지불해야 할 것이다. 나는 그 이상 당신이 무엇을 지불해야 할지 잘 모르겠다. 실로 하나님께서 하나님의 나라와 하나님의 영광을 위해 당신에게 놀라운 경력과 큰 부를 주시고, 당신의 손에 맡겨진 모든 것을 사용할 수 있는 기회를 주실 수도 있다. 혹은 '예수'라는 이름 때문에 당신에게 모든 문이 닫히고 모든 기회가 차단될 수도 있다.

사도 바울은 그 가치에 비추어 치러야 할 비용을 측정하라고 당신에게 권고하고 있다. "나는 예수 그리스도를 아는 지식의 뛰어난 가치에 비교해볼 때, 모든 것은 그저 작은 손실이라고 여깁니다. 나는 예수 그리스도를 위해 모든 것을 잃어버렸습니다." 예수 그리스도 안에서 모든 것을 발견한다는 것은 무한한 가치를 지닌다. 그리고 예수 그리스도 없이 죽는 것은 최대의 손실이다.

오늘 주식 시장은 열려있다. 그리고 당신은 예수 그리스도께 당신의 삶을 크게 투자하라는 권유를 받고 있다. 그 기회를 잡을지 선택하라.

드러난 사실 UNLOCKED

성경은 우리 모두가 예수 그리스도의 심판대 앞에 서게 될 것이라고 못 박고 있다(고후 5:10). 바울은 하나님 앞에 선다는 것이 무슨 뜻인지 경험했다. 그 이후부터 바울은 그에게 가장 필요한 것이 예수 그리스도와 그의 의이며, 그에게 주어진 최고의 기회가 주님의 영광을 위해 그의 삶을 투자하는 것임을 알게 되었다.

하나님께서는 그에 비추어 우리가 자신의 삶을 지혜롭게 투자할 수 있도록 하시기 위해 우리에게 미래를 알 수 있는 놀라운 기회를 제공해 주신다. 성경은 구체적으로 다음과 같은 사항들에 예수 그리스도께서 보상하실 것이라고 말하고 있다. 다음은 그 사항들의 일부이다.

- 기도와 금식(마 6:6, 18)
- 약자들에 대해 동정심을 갖는 일(마 25:34-40)
- 모욕을 당하고 버림받는 일(눅 6:22-23)
- 원수를 사랑하는 일(눅 6:35)
- 아낌없이 주는 일(눅 6:38)
- 가진 것 없는 자들에게 극진한 환대를 베푸는 일(눅 14:12-14)
- 사역하는 중에 가해지는 압력들을 감당하는 일(고후 4:17-18)
- 맡은 일에 최선을 다하는 일(골 3:23-24)
- 시련을 겪으면서 믿음을 지키는 일(벧전 1:6-7)
- 신실하게 진리를 지키는 일(요이 1:7-8)

이러한 것들이 바로 커다란 투자 기회들이다. 하나님께서는 당신에게 상을 받을 수 있는 일들이 무엇인지 말씀해주셔서 당신이 삶을 어떻게 투자해야 하는지 알게 하신다.

누구라도 겪을 수 있는 최대의 손실은 예수 그리스도 없이 그리고 그분의 의 없이 하나님 앞에 서는 일일 것이다. 그리고 영생에 이르는 부활에 동참하지 못하게 되는 일일 것이다. 예수 그리스도를 당신의 구주로 알고 주인으로 섬기는 일은 어떠한 희생이라도 치를만한 가치가 있다. 그보다 더 가치 있는 일은 없다.

기도 PAUSE FOR PRAYER

은혜로우신 하나님 아버지!

하나님의 아들 예수 그리스도를 통해 하나님 자녀 되게 하시고, 하나님의 축복을 누릴 수 있는 특권을 주셔서 감사드립니다. 제가 예수 그리스도를 본받아 남은 인생을 살아갈 수 있도록 항상 깨어 기도하게 해주시고, 주님 앞에 서는 날 승리의 찬양을 부를 수 있도록 도와주시옵소서.

제가 고난에 처하게 될지라도, 예수 그리스도의 이름을 높이는 일이 참된 기쁨이라는 사실을 깨닫게 하시고, 예수 그리스도를 아는 것이 최고의 지식이며, 최고의 가치라는 사실을 깨닫게 해주시옵소서. 궁극적인 손실이 될 눈앞의 이익을 좇지 않도록 저를 항상 인도해주시옵소서. 영원한 이익이 될 단기적인 손실들을 기꺼이 받아들일 수 있도록 도와주시옵소서. 제가 즐거운 마음으로 주님을 위해 희생하는 삶을 살 수 있도록 도와주시옵소서. 살아계신 주 예수 그리스도의 이름으로 기도드립니다. 아멘.

Note

1. C. S. Lewis, *The Weight of Glory and Other Addressesn* (New York: Simon & Schuster, 1996), 26.

34

평안

Peace

빌립보서 4장

온갖 고난에 둘러싸여 있을 때 나는

어떻게 평안을 누릴 수 있는가?

묵상의 길잡이

☑ **발견하라**

어떻게 기도를 시작하는지 발견하라.

☑ **배우라**

어떻게 하나님의 평강을 찾는지 배우라.

☑ **경배하라**

하나님 안에서 기뻐하며 경배하라.

우리에게는 맞추어야 할 마감시간이 있고, 이겨야 할 가격경쟁이 있다.

사업은 힘들다. 거칠어져야 한다. 여기에서 살아남기 위해서는 싸움꾼이 되어야 한다.

우리에게는 싸워야 할 싸움이 있고, 보내야 할 이메일이 있으며, 멈추지 않고 울려대는 전화들이 있다.

집도 손봐야 하고, 자동차도 수리해야 하며, 아이들은 언제나 손길을 필요로 하고 있다.

우리에게는 내야 할 청구서들과 처리해야 할 계획서들 그리고 세금이 붙는 일거리들이 있다.

우리에게는 먹여야 할 자식들과 손봐야 할 정원이 있다. 느긋하게 쉴 시간은 거의 없다.

미래는 불명확하고 끝은 다가오고 있다. 우리가 직면하고 있는 이러한 압력들은 결코 멈추지 않는다. 우리는 맞서야 할 경쟁과 더불어 속도를 유지하면서 살아간다. 그러니 어찌 우리가 평안할 수 있겠는가!

평안이라는 말은 매력적으로 보이지만, 나와는 거리가 멀게만 느껴진다. 호숫가 벤치에서 재미있는 소설을 읽으며 방해받지 않고 누워있을 수 있는 하루처럼, 우리는 이따금씩 평안을 맛보기를 소망하지만, 현실은 그다지 평안하지 않다.

지금 당신이 이 책을 읽고 있으면서도, 인간관계의 갈등을 겪고 있을 수 있다. 당신은 그렇게 되기를 원하지 않았지만 그렇게 되었으며, 이러한 상황에서 평안을 누릴 수 있는 방법을 안다는 것이 말처럼 쉽지 않다. 직장과 가정에서의 갈등에 덧붙여, 우리는 이미 모든 그리스도인이 하나님의 전신 갑주를 입고 치러야 할 영적 전쟁에 개입되어있음을 살펴보았다. 죄와 맞서는 우리의 싸움은 결코 끝나지 않을 것이다. 그러니 어떻게 평안을 누릴 수 있겠는가.

예수님께서는 이 문제에 대해 제자들에게 이렇게 말씀하셨다. "이것을 너희에게 이르는 것은 너희로 내 안에서 평안을 누리게 하려 함이라 세상에서는 너희가 환난을 당하나 담대하라 내가 세상을 이기었노라"(요 16:33). 여기에서 예수님께서 말씀하시는 평안은 갈등이나 고난이 없는 상태를 말하는 것이 아니다. 예수 그리스도께서는 제자들이 평안과 환난을 동시에 가질 수 있음을 밝히셨다.

어떻게 당신이 어려움을 겪고 있으면서 동시에 평안을 누릴 수 있는가? 경쟁적인 우리의 생활과 힘든 세상 속에서 이보다 더 적절한 질문은 없을 것이다. 바울이 평안에 대해 말하고 있는 내용을 살펴보기에 앞서, 바울이 이 편지를 썼을 때 그가 겪고 있었던 고난들을 이해하는 것이 중요하다.

해소되지 않는 갈등과 더불어 살아가다

그리하면 모든 지각에 뛰어난 하나님의 평강이 그리스도 예수 안에서 너희 마음과 생각을 지키시리라(빌 4:7).

바울이 말하고 있는 평안은 갈등이 없는 상태가 아니다. 그는 사이가 나빠져 서로 어울릴 수 없는 두 여인에게 호소하면서 빌립보서 4장을 시작한다. 그 여성들의 이름은 '유오디아'와 '순두게'였다.

바울이 "내가 유오디아를 권하고 순두게를 권하노니 주 안에서 같은 마음을 품으라"(빌 4:2)라고 한 말에 화를 내는듯한 암시가 들어있는 것으로 보아, 이 두 여인은 한동안 서로 심하게 싸운 것 같다. 사도 바울은 이 두 여인이 서로의 차이점을 해결하기를 원했다. 그러나 바울이 편지를 쓴 당시에도 여전히 해결의 기미가 전혀 보이지 않았다. 그래서 바울은 평안에 대해 쓰면서, 성도들끼리의 오랜 갈등을 해결하기 위해 노력하고 있었다.

상처받은 마음의 고통

내가 여러 번 너희에게 말하였거니와 이제도 눈물을 흘리며 말하노니 여러 사람들이 그리스도의 십자가의 원수로 행하느니라(빌 3:18).

바울은 교회를 개척하고 세우는 일에 삶을 바쳤다. 복음이 전파되지 않은 도시들에 들어가서 복음을 제시하고, 믿는 사람들을 모아서 교회를 세우는 일이 바울의 일상적인 생활이었다. 바울이 도시를 떠난 후에 다른 교사들이 그 도시로 들어와서, 자기들의 개인적인 목표를 성취하고자 교회를 해칠 때도 있었다.

이러한 일은 사도 바울에게 고통을 가져다주었다. 그러한 고통은 바울이 거짓 교사들의 활동에 대해 글을 쓰고, 그들이 교회에게 입혔던 피해에 대해 생각할 때 눈물을 흘렸다는 사실에서 분명하게 드러난다. 바울은 아픈 마음으로 편지를 썼다.

끔찍한 죽음에 대한 예감

바울은 감옥에서 빌립보 교인들에게 편지를 썼다. 그때 바울은 사슬에 매여 간수에게 감시를 받고 있었다(빌 1:13-14). 그리고 그는 로마에서 처형당하게 될 것을 예상하고 있었다.

그러므로 이것은 이상적인 세계에서의 평안에 대한 이론적인 사상들을 쓰고 있는 신학 논문이 아니었다. 바울은 감옥에 갇혀있는 목사로서 끔찍한 죽음을 예상하면서, 사람과 사람 사이의 갈등을 겪고 있었던 평범한 사람들에게 아픈 마음으로 편지를 쓰고 있었다. 이 편지에서 바울이 말하고 있는 평안은 환난과 고난이 없는 상태가 아니다. 그는 치열한 비즈니스의 세계에서, 어린 자녀들이 있는 가정에서, 상당한 불안 속에서, 심지어 죽음을 눈앞에 두고서도 당신이 알 수 있는 평안을 발견했다.

상실된 평안

'평안'을 의미하는 히브리어는 '샬롬'이라는 아름다운 말이다. 그 말은 히브리어에서 가장 많이 쓰이는 인사말이다. '샬롬'은 '모든 일이 본래대로 당연히 이루어지기를 바랍니다'라는 뜻이다.

바울은 하나님을 "평강의 하나님"(빌 4:9)이라고 묘사했다. 그 말은 '하나님 안에 있는 모든 것은 본래대로 정확히 그대로이다'라는 뜻이다. 하나님 안에는 무질서한 것이나, 어긋난 것이나, 통제를 벗어난 것이나, 성격에서 벗어나있는 것이 전혀 없다.

하나님께서 세상을 창조하셨을 때, 그 세계는 '샬롬'의 특징을 지니고 있었다. 하나님께서는 만물이 본래 그대로 존재하는 것이 좋음을 보셨다. 첫 남자와 여자는 하나님과 함께 거닐었다. 그들은 서로 조화를 이루었으며, 그대로 큰 기쁨과 만족을 누렸다.

그러나 죄가 세상에 들어왔을 때, 창조 세계의 '샬롬'은 세 가지 면에서 깨졌다. 하나님의 목적은 '샬롬'이 상실된 바로 그 자리에서 '샬롬'을 회복시키고자 하는 것이다. 첫째, 하나님과 우리의 관계에서, 둘째, 우리 서로의 관계에서, 셋째, 우리 자신의 마음속에서 '샬롬'이 상실되었다.

평안의 세 기둥

세 가지 기둥으로 지탱되고 있는 하나님의 평안에 대해 생각하는 것이 도움이 될 것이다. (1) 하나님과 올바른 관계를 맺는 일, (2) 다른 사람에게 관용을 베푸는 일, (3) 기도하는 방법을 배우는 일. 이 세 가지 기둥이 당신의 생활 속에 세워질 때, 당신은 "모든 지각에 뛰어난 하나님의 평강이 그리스도 예수 안에서 너희 마음과 생각을 지키시는" 것을 경험하게 될 것이다. 그리고 당신은 환난 가운데서라도 이 평안을 경험하게 될 것이다.

1. 하나님과 올바른 관계 맺기

주 안에서 항상 기뻐하라 내가 다시 말하노니 기뻐하라(빌 4:4).

평안은 하나님과 올바른 관계를 형성함으로 시작된다. 이 토대가 없다면 당신의 삶에서 '샬롬'을 소유한다는 것은 불가능한 일이다. 그것이 바로 아담이 에덴동산에서 하나님의 명령에 불순종한 후 숨었을 때, 아담이 가지고 있었던 문제점이었다.

만일 당신이 어린 시절에 숨바꼭질 놀이를 해보았다면, 당신을 찾는 술래가 당신이 숨어있는 곳 가까이에 다가왔을 때, 가슴이 얼마나 뛰었는지 기억할 것이다. 하나님께서 숨어있었던 아담을 찾아오셨을 때, 아담이 어땠을지 상상할 수 있겠는가? 아마도 그것은 아담이 처음으로 경험한 두려움이었을 것이다. '샬롬'은 깨져버렸다. 그리고 아담은 하나님께서 그를 찾아내실까 봐 두려워했다. 그것은 모든 것이 본래대로 존재하는 원래의 상태가 아니다.

프랜시스 톰슨Francis Thompson은 자신의 「하늘의 사냥개」라는 시에서 하나님으로부터 피해 숨은 자신의 경험을 서술하고 있다.

밤으로 낮으로 나는 그를 피했네,
해를 넘기고 또 넘기면서 나는 그를 피했네,
미로 속으로 미로 속으로 나는 그를 피했네,
내 자신의 마음에서 그리고 눈물을 흘리면서,
나는 그로부터 숨었네.[1]

그렇게 피해 다니기 위해서는 상당한 에너지가 필요하다. 하나님을 피하는 사람은 평안을 누릴 수 없다. 그래서 하나님께서는 "악인은 평온함을 얻지 못하고 그 물이 진흙과 더러운 것을 늘 솟구쳐 내는 요동하는 바다와 같으니라 내 하나님의 말씀에 악인에게는 평강이 없다 하셨느니라"(사 57:20-21)고 말씀하시는 것이다.

복음은 숨은 곳으로부터 나와 하나님의 사랑의 품에 안기라는 대단한 초대이다. 예수 그리스도께서는 하나님과 당신 사이의 관계를 본래대로 만들기 위해 세상에 오셨다. 당신은 예수 그리스도를 통해 하나님과 '샬롬'을 누릴 수 있으므로 하나님께 불순종하는 승산 없는 싸움을 계속 할 필요가 없다.

바울은 예수 그리스도로 인해 자신과 하나님 사이의 관계가 원래대로 회복되었음을 알고 있었다. 그는 그리스도의 피를 통해 하나님과 더불어 평화를 누렸다. 지난 장에서 살펴보았듯이, 바울은 이 선물이 세상에 있는 다른 어떤 것보다도 훨씬 더 큰 가치가 있음을 발견했다. 그래서 비록 그가 아픈 마음으로 편지를 쓰고 있으며, 끔찍한 죽음을 예상하고 있었지만, 주 안에서 기뻐할 수 있었던 것이다. '샬롬'의 출발점은 당신과 하나님 사이의 관계가 원래대로 돌아가는 것이다. 당신이 도피처에서 나와 하나님께 반항하기를 그치고, 예수 그리스도께 전적으로 의지하고 순종할 때 '샬롬'은 회복된다.

2. 다른 사람들에게 관용 베풀기

너희 관용을 모든 사람에게 알게 하라(빌 4:5).

타락한 세상에서 모든 관계가 제대로 돌아간다는 것은 불가능한 일이다. 예수 그리스도께서 재림하실 때에야 비로소 갈등은 끝날 것이다. 그러나 그날은 아직 오지 않았다. 예수님께서 "원수를 사랑하라"고 말씀하셨을 때, 예수님의 말씀 안에 명확하게 들어있던 의미는, 우리에게는 사랑해야 할 원수가 존재한다는 사실이다. 우리는 이 세상에서 알고 있는 모든 사람과 관계된 일들이 본래대로 회복되기를 바라겠지만, 그렇게 되지 않을 것이다. 우리에게는 그 관계들을 변화시킬 힘이 없다. 갈등은 쌍방적인 것이다. 그리고 때때로 길의 반대편에는 미친 운전자들이 있게 마련이다.

성경은 이 사실을 인정하고 있다. 성경은 결코 당신이 하나님의 평안을 경험하기에 앞서, 먼저 당신의 삶에 있는 모든 갈등을 해결할 필요가 있다고 말하지 않는다. 그러나 하나님께서는 당신에게 화평케 하는 자가 되라고 명령하고 계신다. 하나님께서는 이렇게 말씀하신다. "할 수 있거든 너희로서는 모든 사람과 더불어 화목하라"(롬 12:18).

사도 바울은 "너희 관용을 모든 사람에게 알게 하라"고 쓰면서, 난감한 관계들 속에서 어떻게 평화를 추구할 수 있는지에 대한 놀라운 통찰을 우리에게 제공한다.

바울이 우리 마음속에서 평안을 찾는 일에 앞서, 우리의 인간관계들 속에서 평안을 찾는 일을 다루고 있다는 사실에 주목하기 바란다. 이것은 많은 토크쇼에서 제공되는 대중 심리학이나 대중적인 영성과는 정반대이다. 세상적인 접근 방식은 언제나 '나'로부터 시작한다. 그 중심 생각은 내가 먼저 내 자신과 평화를 누릴 필요가 있다는 것이다. 그리고 내가 내 자신의 평화를 발견했을 때, 그다음에 인간관계를 다룰 수 있으며, 그다음에 아마도 하나님에 대해 생각할 수 있을 것이라는 것이다.

그러한 접근 방식은 성경과 완전히 반대이다. 성경은 그 순서를 제대로 세우고 있다. 성경은 언제나 하나님과 먼저 시작한다. 참된 평화는 예수 그리스도에 대한 믿음을 통해 하나님과의 관계가 올바르게 회복되는 일에서부터 시작된다. 하나님으로부터 숨어있는 인간에게 평화는 절대 있을 수 없다. 하나님과 관계 회복이라는 토대를 세운 후 다른 사람들과 맺고 있는 인간관계 속에서 평화를 찾는 것이 순서이다. 다른 사람들에게 계속 고통을 주고 있다면, 어떻게 우리 마음속에서 평안을 찾을 수 있겠는가?

예수님께서는, 당신이 기도하고 예배하러 교회에 나올 때, 당신의 형제가 당신에게 어떤 나쁜 감정을 가지고 있다면, 당신의 헌물을 제단 앞에 그대로 놓아두고 가서 너희 형제와 더불어 화목하라고 분명하게 말씀하셨다(마 5:23-24). 다른 사람들과의 관계를 바로잡는 일은 예배나 기도와 같은 영적인 실천보다 우선한다.

사도 베드로는 똑같은 점을 결혼의 맥락에서 지적했다. 그는 남편들의 기도가 막히는 일이 없도록 하기 위해 남편들이 아내를 대할 때 매우 신중을 기하라고 말했다(벧전 3:7). 만일 한 남자가 자기 아내에 대해 전혀 배려하지 않으면서 기도 모임에 나간다면, 그 사람은 시간을 허비하고 있는 것이다. 왜냐하면 그의 기도는 효과가 없을 것이기 때문이다. 그의 기도는 '막힐' 것이다. 영성은 결코 다른 사람들을 향한 거친 태도를 감추는 겉옷으로 사용되어서는 안 된다.

만일 당신이 마음속에서 평안을 누리고 싶다면, 그 평안에 대해 간접적으로 접근해야 한다. 그 평안은 하나님과 올바른 관계를 맺는 기둥과, 다른 사람들과 평화를 추구하는 기둥에 의존하고 있다. 그렇기 때문에 사도 바울이 우리의 기도와 우리 마음속에 하나님의 평강을 소유하는 일에 앞서, 다른 사람들에 대한 우리의 관계와 태도의 문제를 다루었던 것이다.

영국에서 20년 동안 운전을 하고, 처음 미국에 와서 타게 된 미국산 자동차들의 놀라운 특징들 가운데 하나는 충격 이완 성능이었다. 처음 올즈모빌 밴Oldsmobile van을 운전했을 때, 나는 마치 공중에 떠 있는 것 같은 느낌이 들었다. 그러나 6년이 지나고 시카고의 울퉁불퉁한 아스팔트 길을 수없이 다니다보니, 지금 내 자동차의 충격 이완 성능은 그다지 좋지 않다.

최근에 그 밴을 정비하면서 담당 정비사에게 내년에는 어디를 손봐야 될 것 같은지 물었다. 그는 "충격 흡수 장치를 교체하는 것이 좋겠습니다. 그렇게 하면 좀 더 부드럽게 굴러갈 것입니다"라고 말했다.

충격 흡수 장치는 도로와 차량 사이에 탄력을 제공해준다. 그 장치는 거친 여행길에서 차에 가해지는 충격을 완화시켜주며, 울퉁불퉁한 길을 부드럽게 지나가게 해주는 중요한 역할을 한다.

관용이 바로 성령의 충격 흡수 장치이다. 우리는 거친 세상 속에서 살아가고 있다. 이 세상에는 수많은 갈등과 싸움이 존재한다. 그래서 사도 바울은 이렇게 말한다. "너희 관용을 모든 사람에게 알게 하라."

문제는 우리가 인생의 거친 길들을 여행할 때, 오래된 충격 흡수 장치처럼 경직되고, 닳고, 아무런 탄력을 발휘하지 못하게 되면, 이 세상을 살아가면서 우리가 겪는 고난을 다른 사람들에게 전달하게 된다는 것이다.

사도 바울은 "그렇게 하지 마십시오. 모든 사람을 향해 관용을 베푸십시오. '탄력'을 발휘하십시오. 인생을 살아가면서 충격 흡수 장치가 되십시오. 여러분이 얻어맞았을 때 그 충격을 다른 사람에게 전달하지 않겠다고 다짐하십시오. 비록 여러분이 고통을 흡수한다 할지라도 다른 사람들을 고통으로부터 보호해주는 일을 즐겁게 여기십시오."

갈등하고 싸우는 상황 속에서 관용을 베풀 수 있는 한 가지 방법은, 다른 사람들의 행동에 대해 당신이 최대한 합리적으로 변호해주는 것이다. 당신이 그들의 입장을 변호하는 모습을 상상해보라. 그 사람들의 행동이나 동기들 가운데 좋은 점을 찾으려고 최선을 다하라. 그렇게 하면 스스로 놀랄만큼 기분이 좋아질 것이다.

몇 년 전에, 나는 한 목회자로부터 자신이 담임하고 있는 교회에 아주 대하기 힘든 성도가 한 명 있다는 이야기를 들었다. 그 성도는 목회자에게 고통이 되었다. 그 성도의 친구들조차 왜 그 사람이 그토록 어리석게 행동을 하게 되었는지 이해할 수가 없었다.

얼마 후에 그 사람이 죽었고, 그가 머릿속에 있는 종양 때문에 고통을 받았다는 사실이 밝혀졌다. 그 크기로 미루어보건대, 종양은 그 사람의 행동이 바뀌기 시작했을 때 생긴 것 같았다. 나는 그 목회자가 이렇게 말했던 것으로 기억한다. “만일 내가 그 한 가지 사실을 더 알았다면, 그 성도에 대한 나의 태도는 바뀌었을 것입니다.”

모든 사람이 당신의 관용과 친절을 알게 하라. 평화를 이루는 사람이 되어 일을 하라. 당신이 해결할 수 없는 갈등들이 있는 곳에서는 정직하게 “주님, 아시다시피 저는 평화를 이루기 위해 내가 생각할 수 있는 모든 일을 다 했습니다”라고 말할 수 있는 자리에 이르도록 하라.

몇 주 전, 생방송으로 방영되었던 텔레비전 토론회에서 극도로 자유주의적이며 반기독교적인 입장을 가지고 있는 어떤 사람과 토론했던 한 기독교 지도자와 이야기를 나눌 기회가 있었다. 첨예한 의견차 가운데 상호 공방이 이루어진 열띤 토론이었다. 그 지도자는 말했다. “나는 그 토론에서 확실하게 이겼습니다. 나는 그 여성이 제기했던 주장들을 모두 논파했습니다.”

얼마 뒤, 그는 그 토론을 시청하지 못한 아들에게 토론이 녹화된 영상을 보여주었다. 그리고 어떻게 생각하는지 아들에게 물었다. 오랜 침묵이 흘렀다.

"너의 생각을 말해다오. 나는 네 생각이 알고 싶다." 아버지가 말했다.

"아빠는 논쟁에서 이겼지만, 그 여자 분에게 예수님을 보여주지는 못했습니다."

당신의 대의명분이 옳다고 해서 결코 당신 마음속에 있는 분노가 정당화되지는 않는다. 우리 마음의 태도가 완고해지면 우리는 평안을 잃어버리게 된다. 왜냐하면 이해와 배려를 전해주는 하나님의 평강은 "너희 관용을 모든 사람에게 알게 하라"는 바로 이 토대 위에 세워져있기 때문이다.

3. 기도하는 법 배우기

아무것도 염려하지 말고 다만 모든 일에 기도와 간구로, 너희 구할 것을 감사함으로 하나님께 아뢰라(빌 4:6).

기도는 당신의 근심과 염려를 내어놓는 열쇠이다. 그리고 기도는 하나님의 평강이 근거해있는 세 번째 기둥이다. 염려는 강한 권력이다. 그것은 마음과 상상과 생각을 사로잡는다. 염려는 특히 밤중에 활발하게 활동한다. 그리고 과도한 상상력을 가지고 있는 사람의 영혼 속에서 번성한다. 만일 당신이 염려에 대항해서 싸우지 않는다면, 염려와 근심은 당신을 포로로 사로잡고 두려움의 노예로 만들어버릴 것이다.

당신이 결코 해서는 안 될 것이 한 가지 있는데, 그것은 염려하고 있는 사람에게 염려하지 말라고 말하는 것이다. 그런 말은 결코 도움이 되지 않는다. 사도 바울은 근심과 염려의 권세에 대항해서 싸울 수 있는 실천적인 전략을 우리에게 제공한다. 근심과 걱정의 힘이 당신의 마음의 성을 공격해올 때, 싸울 수 있는 방법은 기도하는 것이다.

기도하라는 이 말 한 마디에 어떤 독자들은 흥미를 잃을 것이다. 그렇게 해보았지만 소용이 없었다고 확신하고 있기 때문이다. 이런 사람들을 보면 학교에 처음 등교한 날은 좋지만 다시 학교에 갈만한 가치는 못 느낀다고 말하는 초등학생이 떠오른다.

사도 바울의 가르침을 살펴보면서, 과연 당신이 사도가 여기에서 설명하고 있는 대로, 염려하고 있는 것들에 대해 진실로 기도했는지 물어보라. 기도는 우리의 무릎을 꿇고 염려하는 연습을 하는 것이 아니다. 우리가 처음에 "아버지여"라는 말로 시작하고 끝에 "아멘"이라는 말도 덧붙이지만, 실상은 두려움에 사로잡혀있으면서 '기도'했다고 생각할 수도 있는 것이다.

염려에 대항하여 싸울 때 필요한 세 가지 무기

바울은 염려에 대항하여 싸울 때 우리가 어떻게 해야 하는지에 대해 설명하면서 세 가지 단어를 사용하고 있다. 그것은 기도와 간구와 감사이다.

1. 기도

기도는 하나님 앞에 나아가고, 당신의 생각을 하나님에 대한 지식으로 채우는 일을 가리키는 일반적인 말이다. 당신은 여기에서부터 시작해야 한다. 하나님께 당신의 모든 염려를 말하는 것으로 시작하지 말라. 하나님에 대한 사실들, 하나님에 대한 진리로 당신의 생각을 채우라. 하나님의 위대하심과 영광에 초점을 맞추라. 하나님이 어떤 분이신지에 대한 생각으로 당신의 영혼을 채우라.

만일 당신이 오리 고기 요리를 한다면, 그 고기를 오렌지 주스에 오랫동안 담가둘 것이다. 절이는 과정이 있어야 주스의 향취가 고기 속으로 스며든다.

그것이 바로 바울이 말하고 있는 것이다. 하나님에 대한 진리가 당신의 생각에 스며들도록 하나님에 대한 진리로 당신의 생각을 채우라. 하나님은 주인이시다. 하나님은 선하시다. 하나님은 당신을 위해 그 자리에 계신다. 하나님의 목적은 결코 실패하지 않는다. 참된 기도는 이러한 진리들을 당신이 자신의 마음속에 스며들게 하면서 시작된다. 당신이 하나님의 진리를 받아들일 때, 효과적으로 기도할 수 있을 것이다.

2. 간구

간구는 우리가 하나님 앞으로 가져가는 구체적인 요구 사항이다.

근심과 염려를 생각할 때, 마치 당신이 어깨 위에 커다란 자루를 하나 짊어지고 있는 것처럼 생각하는 것이 좋을 것이다. 우리로 하여금 염려하게 만드는 그 무엇이란 언제나 확실한 것이 아니다. 우리는 그 자루 속을 들여다보고 그 안에 무엇이 들어있는지 확인해보기를 주저한다. 근심과 염려에 맞서 싸울 수 있는 유일한 방법은 그 자루를 열어보는 것이다.

등에 짊어지고 있는 그 커다란 짐을 내려서 그 안에 무엇이 들어있는지 확인하라. 당신이 두려워하는 실체들에 직면하라. 그 두려움이 번성하고 있는 어두움 속에서 그것들을 꺼내라. 그리고 그 두려움들을 말로 옮겨서 하나님 앞으로 가지고 가라. 그것이 간구이다.

당신이 가지고 있는 여러 가지 염려들을 하나님께 토해놓으라. 당신의 염려들을 말로 표현할 때, 그 염려들이 아무리 낯설고 이상하게 들린다 할지라도, 그 정체를 명확하게 파악하라. 염려의 보따리를 열면서 하나님의 위대하심을 마음속에 명심하라. 당신은 하나님께서 당신의 염려 보따리 구석에 자리 잡고 있는 아무리 깊은 두려움이라도 충분히 해결하실 수 있을 만큼, 크신 분이라는 사실을 알 필요가 있다.

3. 감사

감사는 하나님께 대한 확신의 표현이다. 감사는 하나님께 "나는 주님이 나와 함께 계심을 알고 있습니다. 그리고 나는 주님이 나를 위하고 계심을 알고 있습니다. 그러므로 무슨 일이 일어나든지 나는 주님을 신뢰합니다. 그리고 나는 나의 삶이 주님의 손 안에 있다는 사실에 감사드립니다"라고 말하는 것이다. 감사는 기도를 위한 균형 잡힌 시각을 가져다주며, 우리에게 하나님의 풍성한 선하심을 일깨워준다.

감사가 없다면, 기도는 우리가 하나님 앞에 요구하는 필요사항들의 쇼핑 목록으로 변하기 쉽다. 하나님께서는 우리의 요구들을 듣기 원하시지만, 또한 우리가 받은 복들을 세어보라고 말씀하신다. 다윗은 이렇게 기록했다. "내 영혼아 여호와를 송축하며 그 모든 은택을 잊지 말지어다"(시 103:2).

하나님께서 주시는 복들은 바닷가의 모래보다 더 많기 때문에 그 복들을 다 기억할 수는 없다. 그러나 그렇다고 해서 하나님이 주신 복들을 몽땅 잊어버릴 수는 없는 것이다. 하나님께서 당신에게 주신 큰 복들을 의도적으로 마음속에 떠올리는 연습을 하라. 감사는 당신의 영혼을 새롭게 해줄 것이며 하나님의 마음에 기쁨을 드릴 것이다.

성탑의 붕괴

하나님의 평화는 세 개의 기둥 위에 놓여있다. 그것은 회개와 예수 그리스도에 대한 믿음을 통해 우리가 하나님과 평화를 누리는 일과, 우리의 관용이 모든 사람에게 확실하게 드러나도록 다른 사람들과의 평화를 추구하는 일과, 우리의 근심과 걱정들을 하나님 앞에 내어놓는 기도이다.

이 세 개의 기둥이 제자리를 잡을 때 모든 지각에 뛰어난 하나님의 평강이 그리스도 예수 안에서 우리의 마음과 생각을 지키실 것이다(빌 4:7). 이것이 하나님의 약속이다.

나는 이 메시지를 우리 교회 성도들에게 전할 때, 그들에게 밝은 색깔의 벽돌들을 보여주고 그 벽돌들을 가지고 하나의 탑을 세웠다. 그다음에 탑 위에 선물을 하나 올려놓았다. 그런 다음에 벽돌 몇 개를 빼냈다. 당연히 탑은 무너졌고, 선물은 더 이상 탑 위에 있을 수 없었다.

많은 사람이 하나님의 평강을 경험하지 못하는 이유는, 그들이 하나님의 선물이 놓일 수 있는 토대들을 소홀히 하고 있기 때문이다. 만일 우리가 그늘 속에 들어가 하나님을 피하고 있다면, 혹은 다른 사람들을 가혹하게 대하고 있다면, 혹은 우리의 삶에서 진실한 기도의 훈련을 무시하고 있다면, 탑은 무너지고 하나님의 평강은 우리의 삶에서 머물 곳이 없어질 것이다.

염려와 근심과 걱정에 사로잡혀있는 세상 속에서 많은 사람이 평안을 찾고 있다. 그들은 즉시 평안을 갖기를 원한다. 그렇지만 평안이 놓인 토대들에 대해서는 관심이 없다. 평안은 성령의 열매이다. 평안은 하나님 앞에서 살아간 삶의 결과이다. 그 삶은 다른 사람들에게 관용을 베푸는 삶이며, 당신의 염려와 근심들을 기도로 하나님께 아뢰는 삶이다. 당신이 이러한 점을 깨닫고 실천하게 될 때, 혹독한 고난 속에서도 하나님의 평안을 누리게 될 것이다. 그것이 하나님의 약속이다.

바울은 손이 사슬에 묶인 채로 마음에 무거운 짐들을 가지고 이 편지를 썼다. 그러나 그는 자신이 직접 겪은 경험을 토대로 "모든 지각에 뛰어난 하나님의 평강이 그리스도 예수 안에서 너희 마음과 생각을 지키실 것"이라고 말할 수 있었다.

드러난 사실 UNLOCKED

하나님의 평안은 예수 그리스도에 대한 믿음을 통해 하나님과 올바른 관계를 회복하게 된 사람들, 다른 사람들을 향해 관용을 베푸는 사람들 그리고 기도로써 하나님께 근심과 염려를 아뢰는 사람들이 누릴 수 있는 선물이다. 이 평안은 지각을 뛰어넘는다. 이 평안이 바로 하나님의 선물이기 때문이다.

평안을 직접적으로 구하는 사람들은 평안을 거의 발견하지 못한다. 평안을 추구하는 사람들은 평안이 자리 잡을 수 있는 토대들을 세움으로써, 놀랍게도 이 선물이 점점 더 자신의 삶 속에서 확실해지는 것을 스스로 발견하게 될 것이다.

기도 PAUSE FOR PRAYER

은혜로우신 하나님 아버지!

하나님 만나는 길을 열어주시고, 하나님 자녀가 되게 하시며, 하나님과 관계를 회복할 수 있도록 예수 그리스도를 보내주심에 감사드립니다. 모든 것을 정확하게 알고 계시는 하나님을 찬양합니다.

제가 예수 그리스도를 믿고 구주로 영접함으로써 하나님을 만나고, 예수 그리스도 안에서 기쁨을 누릴 수 있도록 도와주시옵소서. 특히 어려운 고난 속에서도 기쁨을 찾을 수 있는 믿음을 주시고, 다른 사람들에게 관용과 이해와 용서를 베풀 수 있도록 도와주시며, 감사함으로 기도할 수 있도록 항상 함께하여주시옵소서. 저의 모든 걱정과 근심과 염려를 하나님 앞에 내려놓습니다(그 염려들을 일일이 아뢰는 시간을 갖길 바란다).

지각에 뛰어난 평강을 주시겠다는 하나님의 약속을 의지합니다. 저의 마음과 생각과 사상을 지켜주시옵소서. 나의 주 예수 그리스도의 이름으로 기도드립니다. 아멘.

Note

1. Francis Thompson, "The Hound of Heaven," The Everyman Book of Victorian Verse, Donald Thomas, ed. (London:Everyman, 1993), 149.

35

죽음

Death

히브리서 2장

내가 죽으면 무슨 일이 일어나는가?

묵상의 길잡이

☑ **발견하라**
왜 사탄은 당신이 계속 살아있기를 필사적으로 원하는지 발견하라.

☑ **배우라**
예수님의 죽음이 우리의 죽음을 어떻게 변화시켰는지 배우라.

☑ **경배하라**
삶과 죽음을 주관하시는 하나님께 경배하라.

몇 해 전에 나는 영국에서 남아프리카 공화국으로 이민 간 어떤 사람을 알게 되었다. 그 사람은 런던의 한 양로원에 있는 노모를 찾아왔다가 내가 목회하고 있던 교회에 들른 것이었다. 그의 노모는 기억을 거의 상실하여, 자기 자식조차 알아보지 못했다. 그가 교회에 나왔을 때, 성도 중 한 사람이 그에게 환대를 베풀어주고, 그의 노모를 방문하기 시작했다.

어느 날, 그 사람에게서 전화가 걸려왔다. "제 어머니가 돌아가셨습니다." 그가 말했다. "목사님이 장례식을 집례해주실 수 있으십니까? 사실 저는 형편이 어려워 영국에 다시 갈 수가 없습니다. 만약 목사님께서 저를 위해 이 일을 해주신다면, 정말 감사하겠습니다. 아마 양로원 직원들과 교회 성도님들이 참석해주실 것입니다. 부탁드리겠습니다. 그런데 제게 딸이 하나 있는데요. 그 딸이 지금 세계 일주를 하고 있는 중입니다. 제가 딸로부터 마지막으로 소식을 들은 것은, 그 아이가 유럽에 있을 때였습니다. 혹시라도 제 딸에게 연락이 닿는다면, 아마도 딸이 갈 수 있을 것입니다. 그 애는 좀 다릅니다. 보시면 아시게 될 겁니다."

짐작했던 대로, 내가 장례식에 도착했을 때, 몇몇 성도들과 양로원 직원들이 함께 있었다. 그 사람의 딸도 거기에 있었다. 찢어진 청바지 차림에 부스스한 머릿결 그리고 얼굴 이곳저곳에 피어싱을 하고 있었다. 검은색 정장을 입은 내가 그 소녀와 함께 무덤을 향해 걷고 있는 모습은 상당히 어색하고 이상했을 것이다.

"네가 오늘 이 자리에 참석할 수 있어서 다행이라고 생각해." 나는 대화를 시도했다.

"그래요, 달리 선택할 수가 없었지요!"

"전에 할머니를 만나 뵌 적이 있니?"

"아니요!"

가족에 대한 대화는 더 이상 진전이 없을 것 같았다. 그래서 나는 그 소녀가 하고 있는 여행에 대해 묻기로 했다.

"세계 일주를 하고 있다고 들었네. 어떤가?" 내가 말했다.

갑자기 소녀의 두 눈에 생기가 돌았다. 그녀는 그레이트 베리어 리프Great Barrier Reef(오스트레일리아 북동부의 퀸즈랜드 해안을 따라 나란히 세워져 있는 거대한 산호초군), 히말라야에 힘들게 오른 일, 카이버 패스Khyber Pass(파키스탄과 아프가니스탄을 잇는 산길)에 올랐던 여행에 대해 열정적으로 이야기하기 시작했다. 그녀는 대단히 위험한 곳들을 찾아다니며 혼자 그 곳들을 탐험했으며, 거친 환경 속에서 잠을 자고 다음 여비를 마련하기 위해 오랫동안 일거리들을 찾아다녔다.

"언제 집으로 돌아가니?" 내가 물었다.

"모르지요." 그녀가 말했다. "아마도 내년 언제쯤이 될 거예요."

"무슨 동기에서 이 여행을 하게 되었지?"

"나는 삶을 알고 싶어요!" 그녀는 확신을 가지고 말했다.

"그렇다면, 어떤 면에서 너는 오늘 삶의 일부를 보고 있는 것이겠구나." 내가 말했다.

우리가 무덤에 가까이 갔을 때, 그녀는 마치 나를 의지하는 듯이, 내 팔을 꼭 움켜쥐었다.

"목사님에게 할 말이 있어요." 그녀가 말했다. "진짜로 무서워요. 나는 이렇게 무서워해본 적이 없어요!"

카이버 패스를 혼자 여행하는 담력을 가지고 있는 소녀가 자신이 만나본 적도 없는 한 할머니의 장례식에서 그처럼 불안해했다는 사실이 내게는 놀라움으로 다가왔다. 그렇다. 죽음은 어느 면에서 우리의 용기를 앗아간다.

부정, 공포 그리고 현실

통계에 따르면, 미국에서는 매일 약 5,000명 정도의 사람들이 죽는다. 어떤 사람들은 병원에서 죽고, 어떤 사람들은 노환으로 죽고, 어떤 사람들은 자동차 사고로 죽는다. 오늘이 다 가기 전에 또 다시 5,000명이 죽을 것이며, 내일도 마찬가지일 것이다. 인생은 나약하다. 그리고 우리 중 어느 누구도 결코 죽음을 피해갈 수 없다.

많은 사람이 죽음이라는 주제가 거북하기 때문에 그에 대해 생각하거나 말하는 것을 꺼린다. 이전의 세대에서는 어린 자녀들이 가족의 죽음을 목격하는 일은 그다지 특별한 일이 아니었다. 죽음은 그들이 할 수 있는 경험의 한 부분이었다. 죽음은 유쾌하지는 않지만, 생소하지도 않았다.

그런데 오늘날의 죽음은 많은 사람들에게서 멀리 떨어져있는 것 같다. 만일 우리가 매일 비타민을 복용하고, 매일 운동하고, 식이 요법을 병행하면, 평생 건강하고 부자로 살 수 있는 미래가 올 것이라고 믿는 세계 속에서 살아가고 있다.

심지어 친절한 생명 보험 설계사조차도 우리에게 현실을 일깨워주지 않으면서 보험을 팔기 위해 슬며시 그러한 꿈의 주변을 서성인다. 보험 설계사는 마치 죽음이라는 것이 가장 일어날 가능성이 없는 일인 것처럼 "당신에게 무슨 일인가 일어난다면…"이라고 말한다.

어떤 사람들은 죽음에 대한 공포를 부인하는 반면에, 어떤 사람들은 자신의 건강과 안전을 추구하기 위한 활동을 하기에 여념이 없다. 지혜로운 사람들은 위험에 대해 미리 예방 조치를 한다. 그러나 나는 사람들이 예방 조치를 취하면 취할수록, 더 두려워하게 된다는 흥미로운 사실을 알게 되었다.

죽음의 공포라는 문제는, 그것이 절대적으로 확실한 일에 대한 두려움이라는 것이다. 그것은 마치 정원에 앉아서 나무에서 잎사귀들이 떨어질 것을 걱정하는 것과 같다. 잎사귀들은 떨어질 것이다. 그보다 더 확실한 것은 없다. 두려움에서 벗어날 수 있는 유일한 방법이 있다. 그것은 두려움을 공개적으로 대면하는 것이다. 그것이 바로 이 장의 목적이다.

평등을 이루는 자

20년 전 나는 런던 웨스트민스터 대성당에서 위대한 설교자였던 마틴 로이드 존스 목사 추모 예배를 위해 모인 엄청난 군중의 일원이 되는 영광을 누렸다. 추모 예배 순서지 뒷면에는 그가 1952년, 조지 6세가 죽은 그 주일 예배에서 설교한 내용을 발췌한 짧은 글이 있었다.

> 죽음은 평등을 이루는 위대한 자입니다. 우리는 모두 죽음에 직면해야 합니다. 아무도 죽음을 면제받지 못합니다. 지난 수요일에 여러분이 신문의 헤드라인에서 본 내용이 곧 여러분에 대한 것이 될 것입니다. 그 제목은 '국왕 서거'였습니다. 누군가가 여러분을 향해 그 말을 하는 날이 오고 있습니다.

죽음은 우리 모두를 똑같은 자리에 두며 평등을 이루는 위대한 자다. 우리는 모두 죽음을 맞이한다는 점에서 평등하다. 왕과 최고 권력자도 여기에서는 다른 모든 사람과 자리를 함께 한다. 우리는 '만왕의 왕이시며, 만주의 주이신' 하나님을 1:1로 대면하게 된다. 문제는 우리가 이 삶과 세상을 어떻게 대면해야 하는가가 아니라 죽음을 어떻게 대면해야 하는가, 영생을 어떻게 대면해야 하는가, 거룩하신 하나님의 임재 가운데 우리가 어떻게 설 수 있는가 하는 것이다.

당신이 이 물음에 대답할 수 있을 때, 당신은 두려움의 노예가 된 자신으로부터 해방될 것이다. 진실로 이것이 예수님께서 세상에 오신 이유이다. 히브리서 기자는 우리에게 이렇게 말한다. "자녀들은 혈과 육에 속하였으매 그도 또한 같은 모양으로 혈과 육을 함께 지니심은 죽음을 통하여 죽음의 세력을 잡은 자 곧 마귀를 멸하시며 또 죽기를 무서워하므로 한평생 매여 종 노릇 하는 모든 자들을 놓아 주려 하심이니"(히 2:14-15).

예수님께서 죽으셨을 때, 그분은 하나님의 모든 백성을 위해 죽음의 본질을 바꾸어놓으셨다. 먼저 예수님께서 죽으셨을 때 무슨 일이 일어났는지 살펴보고, 그다음에 한 사람의 그리스도인이 죽을 때 무슨 일이 일어나는지 살펴보도록 하자.

예수님이 죽으셨을 때 무슨 일이 일어났는가

> … 죽음의 고난 받으심으로 말미암아 영광과 존귀로 관을 쓰신 예수를 보니 이를 행하심은 하나님의 은혜로 말미암아 모든 사람을 위하여 죽음을 맛보려 하심이라(히 2:9).

겟세마네 동산에서의 장면을 생각해보자. 예수님은 커다란 영혼의 번민에 사로잡혀있었다. 예수님께서는 "내 마음이 매우 고민하여 죽게 되었으니"(마 26:38)라고 말씀하셨다. 그야말로 죽을 지경이었다. 이때를 제외하고는 예수님께서 이렇게 말씀하신 적이 없었다. 세상 무엇도 예수님을 그런 지경으로 몰고 가지 못했다. 그러나 자신의 죽음을 바라보면서 예수님께서는 "내 아버지여 만일 할 만하시거든 이 잔을 내게서 지나가게 하옵소서"(마 26:39)라고 말씀하셨다. 예수님께서는 그 '잔'을 바라보고는, 자신이 겪게 될 일에 대해 생각하면서 간담이 서늘해지셨을 것이다. 예수님은 곧 '모든 사람을 위하여 죽음을 맛보게' 될 것이었다(히 2:9).

그 이래로 기독교 순교자들의 긴 행렬이 따르고 있다. 그들은 예수 그리스도에 대한 자신의 믿음 때문에 죽은 것이다. 당신이 그들의 이야기들을 읽을 때 아주 특별한 점을 발견할 수 있을 것이다.

1555년 영국 옥스퍼드에서 있었던 일이다. 두 남자가 예수 그리스도에 대한 믿음 때문에 고소를 당해 법정에 섰다. 그들의 이름은 니콜라스 리들리Nicholas Ridley와 휴 라티머Hugh Latimer였다. 그들은 자신의 신앙 고백을 철회하기를 거부하고 기둥에 묶여 화형을 선고받았다.

그들이 끌려 나왔을 때, 라티머가 리들리에게 말했다. "리들리 선생, 마음을 편히 갖고 용감하게 행동합시다. 우리는 오늘 하나님의 은혜로 결코 꺼지지 않을 촛불로 영국을 밝히게 될 것이라고 믿습니다."[1] 리들리와 라티머가 예수님보다 더 용감했던 것인가? 아니면 예수님의 잔은 리들리와 라티머가 결코 알지 못했던 더 큰 고난으로 가득 차 있었는가?

두 차원의 죽음을 맛보다

성경은 죽음에 대해 두 차원에서 말하고 있다. 첫 번째 육체적인 죽음은 미국에서 매일 5,000명의 사람들이 맞이하고 있는 익숙한 사건이다. 그러나 성경은 또한 '두 번째 죽음'(계 2:11; 20:6, 14; 21:8)에 대해 말하고 있다. 이 죽음은 마지막 날에 임하실 하나님의 심판이다.

예수님께서는 다음과 같이 죽음의 두 차원들에 대해 말씀하셨다. "몸은 죽여도 영혼은 능히 죽이지 못하는 자들을 두려워하지 말고 오직 몸과 영혼을 능히 지옥에 멸하실 수 있는 이를 두려워하라"(마 10:28).

예수님께서는 첫 번째 죽음과 두 번째 죽음을 동시에 겪으셨다. 예수님이 십자가 위에서 죽으셨을 때, 두 가지 일이 동시에 일어나고 있었다. 첫째, 악인들이 하나님의 아들에 대해 증오심을 쏟아내고 있었다. 그들은 십자가를 예수님에 대한 고문의 도구로 사용했다. 그들은 하나님의 아들을 빨리 처형해버리는 것을 원하지 않았다. 그들은 예수님이 고통 받는 것을 보고 싶어 했다.

동시에 예수 그리스도께서는 하나님의 진노까지 감당하셨다. 하나님께서는 우리의 죄악들을 예수님께 지우시고, 우리의 죄악으로 인한 심판을 예수님께 퍼부으셨다. '하나님의 은혜로 그가 모든 사람을 위하여 죽음을 맛보셨다'는 말씀은 예수 그리스도께서 죽음의 두 차원을 함께 맛보셨다는 뜻이다.

그분은 죄 가운데 죽으셨다. 예수 그리스도 자신의 죄악이 아니라, 그분의 것으로 간주된 세상 죄악들 때문에 죽으셨다. 그분은 하나님의 진노를 마주 대하셨으며, 고난 속에서 하나님으로부터 소외되셨다. 그렇기 때문에 "나의 하나님이여, 나의 하나님이여, 어찌하여 나를 버리시나이까"라고 외치셨던 것이다. 어둠에 둘러싸여 예수님께서는 죽음의 모든 차원들 가운데 들어가셨으며, 그렇게 해서 죽음의 가시를 빼내셨다.

그리스도인은 결코 두 번째 죽음을 맛보지 않을 것이다. 예수 그리스도께서는 당신이 두 번째 죽음을 경험하지 않도록 하시기 위해 그 죽음을 감당하셨다. 리들리와 라티머는 죽음을 당할 때 너무도 괴로운 육체적인 고난을 견뎠다. 그러나 그들은 예수님을 그토록 힘들게 했던 잔에 대해서는 아무것도 알지 못했다.

우리 구주는 아무도 대면하지 못했던 방식으로 죽음을 맞이하셨다. 그분은 동시에 두 가지 차원의 죽음을 감당하신 것이다.

찔리는 고통이 없는 죽음

죽음은 여전히 어두운 골짜기와 같다. 그러나 예수 그리스도께서 그곳에서 대적들을 물리쳐버리셨다. 그러므로 그리스도인에게 있어서 죽음은 더 이상 하나님의 심판 속으로 들어가는 입구가 아니라, 하나님의 임재 안으로 들어가는 통로이다. 그래서 리들리와 라티머가 그와 같은 용기를 가지고 죽음을 대할 수 있었던 것이다. 그들은 자신들이 찔리는 고통이 없는 죽음을 맞이한다는 것을 알고 있었다.

존 칼빈은 이렇게 말했다. "이처럼 사탄의 권세, 죽음의 공포, 지옥의 고통들과 싸움을 벌이심으로써 그분이 승리를 쟁취하셨기 때문에, 이제 우리가 죽음 가운데 우리의 왕이 멸해버리신 것들을 두려워하지 않게 되었다."[2]

죽음은 여전히 어두운 골짜기와 같다. 그러나 그리스도인에게 있어서 죽음의 본질은 변화되었다. 당신은 결코 예수 그리스도께서 맛보신 그 죽음을 맛보지 않을 것이다. "진실로 진실로 너희에게 이르노니 사람이 내 말을 지키면 영원히 죽음을 보지 아니하리라"(요 8:51).

또 다른 경우에서 예수님은 "나는 부활이요 생명이니 나를 믿는 자는 죽어도 살겠고 무릇 살아서 나를 믿는 자는 영원히 죽지 아니하리니"(요 11:25, 26)라고 말씀하셨다.

죽음은 당신이 "나의 하나님이여, 나의 하나님이여, 어찌하여 나를 버리시나이까"라고 하나님께 묻도록 하지 않을 것이다. 죽음은 당신이 얼굴과 얼굴을 마주하고 하나님을 뵙게 될 때 "나의 하나님, 주님은 얼마나 놀라우신 분이신지요"라고 말하도록 이끌어줄 것이다.

그리스도인이 죽을 때 무슨 일이 일어나는가

나는 가끔 자신이 시한부 인생을 살아가고 있음을 알고 있는 그리스도인을 심방하여, 그 사람 앞에 놓인 여정에 대해 이야기를 나눌 수 있는 특권을 누리고 있다. 나는 그들이 "나는 죽음을 두려워하지 않습니다. 죽어가는 과정을 두려워하고 있습니다"라고 말하는 것을 여러 번 들었다.

많은 사람이 평화롭게 죽어가지만, 어떤 사람들은 큰 고난을 견디면서 죽음을 맞이하고 있다. 그 과정은 영생이 보장되어있음을 알고 있는 사람에게조차도 매우 두려울 수 있다. 당신이 생을 마감하는 순간이 올 때 무슨 일이 일어날지에 대해 생각하는 것은 유익한 일이다.

그들은 자신이 유령을 보았다고 생각했다

내가 이 장의 바탕을 이루고 있는 메시지를 준비하기 위해 공부를 하고 있었던 금요일 아침에 전화 벨이 요란하게 울렸다. 교회 직원 중 한 사람이 우리 교회에 출석하고 있는 젊은 의사 마크 로벳Mark Lovett이 폐암 수술을 받으면서 죽었다고 알려주었다. 그는 겨우 28살이었다. 나중에 나는 마크의 아내 알리사Alyssa와 그의 아버지 로드Rod와 이야기할 기회가 있었다.

"내 아들 마크는 의사였지요." 그의 아버지가 말했다. "그리고 나는 외과 의사입니다. 그래서 우리 둘은 이번 수술에서 그가 깨어나지 못할 수도 있음을 알고 있었습니다. 그래서 그에게 '마크야, 우리가 좋아하는 성경 구절을 기억하자'고 했습니다."

로드는 마크에게 예수님의 제자들이 호수 위에 떠 있는 배에서 겪었던 일을 되새겨주었다. 예수님께서는 제자들과 함께 계시지 않고 혼자 기도하러 가셨다. 바람은 강하게 불었고 제자들은 배가 뒤집히지 않도록 하기 위해 노를 저으면서 애를 쓰고 있었다. 그런데 한밤중에 예수님께서 물 위를 걸어서 그들을 만나러 오셨다.

당신이 제자들과 함께 그 배 안에 있다고 상상해보라. 당신은 어두움 속에서 물 위를 바라보고 있다. 그러다가 당신을 향해 어떤 형상이 물 위로 걸어오는 것을 보게 된다. 당신은 무슨 생각을 하겠는가?

복음서들은 우리에게 "제자들이 그가 바다 위로 걸어 오심을 보고 유령인가 하여 소리 지르니 그들이 다 예수를 보고 놀람이라 이에 예수께서 곧 그들에게 말씀하여 이르시되 안심하라 내니 두려워하지 말라"(막 6:45-50)고 말씀하셨다고 전한다. 예수님께서 배에 올라 그들과 함께하시자, 바람이 잦아들었다. 그들은 놀라지 않을 수 없었다.

우리를 안식처로 데리고 가심

그것은 죽음의 순간을 맞이한 그리스도인에게 무슨 일이 일어나는지 아주 잘 보여주는 사건이다. 예수님께서 당신을 집으로 데려가기 위해 오고 계신다. 그 경험 자체는 무서운 일일 수 있다. 어떤 그리스도인들은 평안하게 죽으며, 하늘 문이 열려있다는 강한 느낌을 갖는 것 같다. 어떤 그리스도인들은 심한 고투 속에서 죽음을 맞이한다. 그리고 제자들처럼 예수님이 가까이 계셔도 큰 두려움을 느낀다.

만일 당신에게, 그리스도인이면서도 심한 고통 속에서 죽어간 사랑하는 사람이 있었다면, 당신은 모든 것이 잘 된다는 것에 의문을 품지 않을 수 없을 것이다. 제자들이 노를 젓느라고 애를 썼다는 사실을 기억하기 바란다. 그리고 그 제자들이 자기들에게 일어나고 있는 일 때문에 무서워 공포에 질려있었음을 기억하기 바란다. 중요한 것은 공포의 순간에 예수님께서 그들을 집으로 데려가기 위해 오고 계셨다는 것이다.

나는 예수님께서 그를 안식처로 데리고 가기 위해 오셨을 때, 그 일이 28살의 마크에게 어떠했을지 상상해보려고 노력했다. 그리고 그 일이 나에게는 어떨지 상상해보았다. 나는 내게 죽음의 순간이 임할 때, 예수님께서 나를 안식처로 데려가실 것임을 알고 있으므로 기쁘다. 나는 그때가 올 때, 로드와 마크에게 힘을 가져다주었던 예수님의 그 말씀을 기억할 것이다. "안심하라. 내니, 두려워 말라!"

마귀의 재난

나는 그리스도인이 죽는 순간에 무슨 일이 일어나는지에 대해 C. S. 루이스C. S. Lewis가 그의 책 『스크루테이프의 편지』 끝부분에서 기술하고 있는 것보다 더 정확하게 표현한 책은 없다고 생각한다. 그 책은 그리스도인의 삶을 마귀의 관점에서 기술한 책이다. 그래서 모든 것이 거꾸로다. 루이스가 지적하고 있듯이, 그리스도인 한 사람의 죽음은 마귀에게 있어서는 재난이다. 죽음을 맞이한 그리스도인이 즉시 예수 그리스도의 임재 안으로 들어가게 되고, 대적 마귀가 그 그리스도인을 뒤엎어버릴 수 있는 가능성이 영원히 사라져버리기 때문이다.

『스크루테이프의 편지』는 2차 세계대전을 배경으로 하고 있다. 마지막 장에 이르면, 유혹자들이 작업을 했지만 성공을 거두지 못한 대상인 한 그리스도인이 폭탄에 맞아 죽는다. 유혹자들의 좌절은 그 그리스도인의 기쁨을 비추어주는 거울과 같다.

> 그 그리스도인이 그 순간에 느꼈을 느낌을 생각해보라. 마치 옛 상처로부터 딱지가 떨어져 나간 것처럼, 마치 자신이 지독한 습진에서 벗어나는 것처럼, 마치 더럽고 젖어서 치렁거리는 옷을 영원히 벗어젖히는 것처럼 느꼈을 것이다.
>
> 그들이 인간 세상에서 살아가는 동안 더럽혀진 불편한 옷들을 벗어 뜨거운 물속에 첨벙 던져넣고, 가뿐하게 팔다리를 뻗어 기지개를 펴면서 즐거운 콧노래를 부르는 것을 보는 것도 상당히 비참한 일인데, 마지막으로 굴레를 다 벗어젖히고, 이렇게 깨끗하게 씻어버리는 일이 얼마나 우리에게 비참한 일이겠는가?
>
> 그 일에 대해 생각하면 생각할수록, 더 기분이 참담해진다. 그 사람이 그렇게 쉽게 벗어나다니! 불안감도 없이, 의사의 선고도 없이, 양로원에 들

> 어가는 일도 없이, 수술하는 장면도 없이, 인생에 대한 거짓된 희망도 없이 바로 해방되어버린 것이다. 한순간은 모든 것이 우리 세상인 것 같았다. 폭탄들이 터지는 소리, 무너져 내리는 집들, 입과 허파 속에 스며드는 고성능 폭탄의 냄새와 맛, 피로에 찌든 몸, 공포로 굳은 마음, 어지러운 머릿속, 아픈 두 다리 등등. 그다음 순간 이 모든 것이 사라져버렸다. 마치 결코 중요하게 여길 필요가 없는 나쁜 꿈처럼 사라져버렸다.[3]

그런 다음에 루이스는 그 그리스도인이 어떻게 천사들을 보고 있는지 다음과 같이 묘사하고 있다.

> 그는 천사들을 보았을 뿐만 아니라, 그분도 보았다. 이 짐승같이 하찮은 존재가 감히 그분을 볼 수 있었다. 너희들에게는 눈을 멀게 하고 숨이 막히게 만드는 불과 같은 것이 이제 그에게는 아주 시원한 빛이며, 밝음 그 자체이며, 그 빛은 한 사람의 형상을 입고 있다.
> 한때 너희가 그를 유혹하는 데 사용했던 감각이나 마음이나 지식의 모든 즐거움들, 심지어 완벽 그 자체에 대한 기쁨조차도, 이제 그에게는, 평생 사랑했던 참 사랑, 죽었다고 믿었던 참 사랑이 살아 돌아와 이제 문 앞에서 자신을 부르는 소리를 듣고 있는 한 남자에게 화장을 짙게 한 창녀가 다가오는 듯한 구역질나는 유혹들과 같은 것처럼 여겨질 것이다.[4]

도착의 순간

그러므로 형제라 부르시기를 부끄러워하지 아니하시고…볼지어다 나와 및 하나님께서 내게 주신 자녀라…(히 2:11-13).

성경은 성도에게 있어서 죽음이 어떤 것인지에 대한 또 다른 놀라운 장면을 우리에게 보여준다. 우리 편에서 보았을 때 그것은 예수 그리스도께서 우리에게 오셔서 우리를 안식처로 데리고 가시는 것이지만, 천국의 관점에서 볼 때, 그것은 우리가 천국에 도착하는 순간이다.

당신이 천국에 도착할 때, 하나님 앞에 홀로 서 있지 않을 것이다. 예수 그리스도께서 당신 곁에 서서 당신을 아버지 하나님께 보이실 것이다. 만일 당신이 사람들 앞에서 예수 그리스도를 시인하면, 예수 그리스도께서 하나님 아버지 앞에서 당신을 시인하실 것이라고 약속하셨다 (마 10:32).

당신이 하나님 앞에 서게 될 때 예수님께서 당신을 위해 말씀하실 것을 확신할 수 있다. 예수님은 우리를 자신의 형제라고 부르시기를 부끄러워하지 않으실 것이다. 예수님은 흔쾌히 자신을 그분의 모든 백성과 동일시하실 것이다. 예수님은 성부 하나님 앞에서 우리와 더불어 서서 "나와 하나님께서 내게 주신 자녀들이 여기 있습니다"라고 말씀하실 것이다.

그날, 예수님의 모든 말씀이 성취될 것이다. 당신이 영생의 문으로 들어갈 때, 그 기준은 당신이 이 세상을 사는 동안 모든 일을 도덕적으로 바르게 처신했는지에 의존하지 않을 것이다. 우리는 아무도 그렇게 살지 못했다. 예수 그리스도께서 아버지 앞에서 당신을 인정하실 것이며, 그분이 당신을 영생의 기쁨으로 인도해주실 것이다. 그것이 그분의 약속이다. 그러므로 아무것도 두려워할 것이 없다. 당신이 죽는 날은 당신의 끝이 아니라, 하나님께서 예비해놓으신 모든 것의 시작일 뿐이다.

드러난 사실 UNLOCKED

성도에게 있어서, 죽음은 예수 그리스도의 임재 안으로 옮겨지는 순간이다. 죽음은 예수 그리스도께서 당신을 하나님 앞에 데리고 가시는 순간이다. 그런 다음에 예수 그리스도께서는 당신을 성부 하나님 앞에 소개하신다. 당신은 예수 그리스도께서 재림하시기 전에는 부활의 몸이라는 선물을 받지 못할 것이다. 예수님께서 재림하신 후에 모든 성도가 함께 그 선물을 받게 될 것이다. 그러면 당신은 즉시 승리의 찬송을 부르며 말할 수 없는 기쁨으로 그리스도의 임재 가운데 들어가게 될 것이다.

이 모든 일은 예수 그리스도께서 두 번째 죽음을 견디셨기 때문에 우리에게 가능하게 되었다. 예수 그리스도께서는 폐부를 찌르는 죽음의 가시를 빼버리셨다. 그리고 그분의 모든 백성을 위해 본질을 바꾸어놓으셨다. 죽는 경험은 무서울 수 있으나 당신이 그 죽음을 통과하도록 예수 그리스도께서 당신과 동행하실 것이다. 그리고 당신을 안식처로 데리고 가실 것이다. 그리스도인은 확신을 가지고 이렇게 말할 수 있다. "내가 사망의 음침한 골짜기로 다닐지라도 해를 두려워하지 않을 것은 주께서 나와 함께 하심이라 주의 지팡이와 막대기가 나를 안위하시나이다"(시 23:4).

기도 PAUSE FOR PRAYER

전능하신 하나님 아버지!

십자가에서 죽으신 예수 그리스도를 통해 우리를 죽음으로부터 완벽하게 승리하게 하신 하나님 아버지께 감사를 드립니다. 예수 그리스도의 죽음이 하나님의 모든 백성에게 죽음의 본질을 바꾸어놓으셨다는 사실에 감사를 드립니다. 제가 생을 마감하는 순간에 주님께서 천국 마중을 나오시며, 저를 본향으로 인도하실 것을 믿습니다. 제가 주님 앞에 서는 날 하나님 영광을 바라보면서 기뻐 찬송할 날을 고대합니다. 예수 그리스도 앞에 서는 날까지 제가 이 세상에서 담대하게 주님을 증거할 수 있도록 성령 충만하게 하시고 주님의 권능을 주시옵소서. 예수 그리스도의 이름으로 기도드립니다. 아멘.

Notes

1. John Foxe, Foxe's Book of Martyrs (Springfield, Pa.: Whitaker, 1981), 309.
2. John Calvin, Institutes of the Christian Religion, trans. Henry Berveridge (Grand Rapids:Eerdmans, 1958), 2.16.11.
3. C. S. Lewis, *The Screwtape Letters* (New York:Macmillan, 1961), 156, 157.
4. 앞의 책, 159, 160.

36

간구

Intercession

히브리서 7장

예수 그리스도께서는 지금 무엇을 하고 계시는가?

묵상의 길잡이

☑ **발견하라**
예수 그리스도께서 우리를 위해 어떻게 기도하시는지 발견하라.

☑ **배우라**
예수 그리스도께서 당신의 기도가 어떻게 효력을 갖게 하시는지 배우라.

☑ **경배하라**
당신의 기도를 받으시고 응답하시는 예수 그리스도께 경배하라.

어머니가 되는 데에는 두 가지 과정이 있다. 아기를 낳는 것과, 그 여자가 아기를 돌보는 지속적인 양육 과정이다. 만일 당신이 한 생명의 어머니라면, 새로운 생명이 세상에 나오도록 하기 위해 진통을 겪을 것이다. 그리고 얼마 지나지 않아 간호사가 당신의 가슴에 자그마한 생명을 안겨주면서 "자, 이제는 아기에게 젖을 먹여야 합니다!"라고 말한다. 이제는 좀 다른 사람이 맡아주면 안 된단 말인가?

출산하는 고통과 아기를 돌보는 지속적인 양육의 과정은 한 어머니의 경험에 함께 얽혀들어 간다.

예수님께서 우리의 구주가 되시는 것에도 두 가지 사역이 맞물려있다. 예수님께서 구주가 되신다는 것은 완성된 행위와 지속적인 사역,

이 두 가지가 포함되어있다는 뜻이다. 완성된 행위란, 갈보리에서 단번에 일어난 끔찍하게 고통스런 사건이었다. 지속적인 사역이란, 돌보시고, 보호해주시고, 양육해주시는 사역이다. 우리는 이 사역을 '그리스도의 간구'라고 부른다.

히브리서는 그리스도인으로서 살아가는 삶이 자신들이 예상했던 것보다 훨씬 더 힘들다는 사실을 알게 된 한 무리의 성도들을 위해 쓰였다. 그들은 예수 그리스도를 믿게 된 이래로, 고된 박해를 받았다. 어떤 사람들은 감옥에 갇혔으며, 또 어떤 사람들은 습격을 당하고, 재산을 압수당했다. 그들은 낙심에 빠졌다. 어떤 사람들은 더 이상 그러한 일을 감당할 수 없다고 생각했다.

이 성도들을 격려하기 위해 쓰인 히브리서는 예수 그리스도께서 십자가에서 완성하신 사역과 하늘에서 지속적으로 이루시는 사역을 설명해준다. 그리하여 예수님께서 우리를 위해 무슨 일을 하셨으며, 동시에 지금은 우리를 위해 무슨 일을 하고 계시는지 이해할 수 있도록 도와주고 있다. 그리고 히브리서는 어려움 속에서 믿음을 지켜내는 열쇠는 예수님께 우리의 눈을 고정시키는 것임을 우리에게 일깨워준다(히 12:2).

제사장의 예복을 벗어버릴 시간

제사장 된 그들의 수효가 많은 것은 죽음으로 말미암아 항상 있지 못함이로되(히 7:23).

구약성경에서 대제사장은 그 땅에서 가장 중요한 지위 중 하나였다. 성경에 대해 아무것도 모르는, 다른 혹성에서 온 외계인일지라도 대제사장이 입고 있는 예복을 보면, 그 직분의 중요성을 즉시 이해할 수 있었을 것이다. 이스라엘 지파들의 이름이 새겨진 보석들로 장식하고, 머리에 두건을 두르고 있는 대제사장은 국가 행사에서 왕실의 위용을 보여주었다.

물론 구약 시대에는 많은 대제사장이 있었다. 그런데 히브리서 7장 23절에서 지적하고 있듯이, 죽음이 대제사장들로 하여금 직무를 계속 수행하지 못하도록 방해했다.

구약성경은 첫 번째 대제사장이었던 아론으로부터 그의 아들 엘르아살에게로 그 역할이 어떻게 전달되었는지에 대한 감동적인 이야기를 기록하고 있다(민 20:22-29). 하나님께서는 모세와 아론에게 말씀하시면서, 아론이 곧 죽을 것이며 그가 약속의 땅에 들어가지 못할 것임을 말씀해주셨다. 그런 다음에 하나님께서는 그들에게 어떻게 아론의 아들 엘르아살이 대제사장의 역할을 맡아야 할 것인지에 대한 지침을 주셨다.

모세와 아론과 엘르아살은 하나님의 백성이 다 보이는 호르산으로 올라갔다. 아론은 대제사장의 예복을 입고 있었다. 아마도 산을 오르기에는 너무나 거추장스러운 차림이었을 것이다. 한 노인이 자기 동생과 그의 아들과 함께 산에 올라가는 광경도 상당한 볼거리였을 것이다.

사람들이 볼 수 없는 곳에 위치한 산 정상에서, 모세는 아론의 예복들을 벗겨서 그의 아들 엘르아살에게 입혀주었다. 그런 다음에 아론은 산꼭대기에서 죽었다.

당신이 그 군중 속에서 그들이 다시 내려오기를 기다리고 있다고 상상해보라. 어떤 사람이 "그들이 다시 내려오고 있다!"고 외친다. 그 산을 바라보자, 두 사람만이 돌아오고 있었다. 당신은 대제사장의 예복을 식별할 수 있기 때문에 그 두 사람 가운데 한 사람은 아론이라고 단정한다. 그러나 두 사람이 점점 더 가까이 다가오자, 당신은 예복을 입은 사람이 엘르아살이라는 사실을 깨닫는다. 거기에 새로운 대제사장이 있는 것이다. 아들이 아버지의 역할을 대신 맡게 된 것이다.

아론은 중요한 사역을 수행했다. 그러나 죽음 때문에 그는 계속해서 자신의 사역을 다 할 수 없었다. 그의 직분을 나타내는 의복들을 벗겨서 다음 계승자에게 전해주어야 할 때가 왔다. 많은 대제사장이 존재했던 이유는, 한 사람이 죽음을 맞이하여 계속 자신의 사역을 감당할 수 없었으므로 대체할 사람이 필요했기 때문이었다.

대제사장의 사역은 끝나지 않았다

그는 저 대제사장들이 먼저 자기 죄를 위하고 다음에 백성의 죄를 위하여 날마다 제사 드리는 것과 같이 할 필요가 없으니 이는 그가 단번에 자기를 드려 이루셨음이라(히 7:27).

대제사장은 상당히 힘든 직분이었다. 구약성경의 희생제사는 특정한 죄악들을 위해 드려졌다. 그리고 언제나 새로 지은 죄악들이 있었기 때문에, 끊임없이 희생제사를 지내야 했다. 희생제사는 결코 끝을 볼 수 없었다.

구약성경의 율법은 만일 한 사람이 무심코 죄를 지었다면, 속죄하는 제사를 드리기 위해 염소를 한 마리 끌고 제사장에게 찾아갈 것을 요구했다(레 4:27-31). 그러면 대제사장은 그 짐승의 피를 번제단 바닥 주위에 뿌리고, 그 짐승의 기름을 제거하고 제단 위에서 사체를 불태웠다. 그것은 상당한 일거리였다.

제사장의 일은 끊임없이 반복되었다. 기도를 드리고 희생제사를 바치며 고된 하루를 끝낸 한 제사장을 상상해보자. 5시 3분 전이다. 이제 막 집으로 돌아가려는 순간에, 어떤 사람이 앙상한 염소 한 마리를 끌고 나타나 자기가 무심결에 죄를 지었다고 알린다. 또 죄를 범하다니!

제사장은 그 사람에게 이번에는 무슨 일을 저질렀냐고 묻는다. 그것은 으레 거치는 절차이다. 제사장은 희생제물을 바친다. 그리고 그 사람은 자기 집으로 돌아간다. 그러나 제사장은 머지않아 그 사람이 다른 염소를 끌고 다시 나타날 것임을 알고 있다.

구약성경에서 대제사장의 일이 끊임이 없었다는 사실은 성막의 설계 방식에 잘 나타나 있다. 중심부는 제사장이 일을 하는 곳이었다. 거기에 등불이 있었고, 떡을 놓는 상이 있었지만, 의자는 없었다. 제사장은 성막 안에서 앉을 수 없었다.

많은 제사장이 존재했고, 많은 희생제사가 드려졌다. 희생제사를 드리는 일은 날이면 날마다, 세대를 넘어 계속되었다. 그 일은 결코 끝이 없었다.

돌들과 자루

그러나 이제 하나님께서 예수 그리스도를 통해 놀라운 일을 행하셨다. 하나님께서 우리에게 영원히 살아계신 한 대제사장을 보내주신 것이다. "예수는 영원히 계시므로 그 제사장 직분도 갈리지 아니하느니라"(히 7:24). 예수 그리스도의 제사장 예복을 벗길 수 있는 날은 오지 않을 것이다. 그분은 죽음을 이기셨다. 그분은 죽음의 문을 부셔버리셨다. 그분은 죽음의 권세를 정복하셨다. 그리고 그분은 영원한 생명의 힘 가운데 살아계신다. 이 대제사장의 사역은 영원히 계속된다.

그리고 이 대제사장은 자기 백성의 죄악을 위해 단번에 희생제사를 드리셨다(히 7:27). 구약성경에서 제사장들은 한 가지 죄에 대해 하나의 희생제물을 바쳤다. 그러나 예수님은 모든 죄를 위해 단 한 번의 희생 제물을 드리셨다. 그리고 그분의 죽음과 부활과 승천 후에, 높은 곳에 계신 지극히 크신 이의 우편에 앉으셨다(히 1:3). 죄를 사하시기 위한 희생제사를 끝마쳤기 때문에 하나님 우편에 앉으셨다. 죄를 위한 다른 어떤 희생제물도 다시는 필요하지 않게 되었다.

당신의 죄악을, 당신이 등 뒤에 지고 다니는 커다란 자루 속의 돌들이라고 생각해보라. 구약성경에서는 당신이 그 자루 속에 있는 어떤 돌의 무게가 무겁다고 느껴질 때마다 제사장을 찾아갔을 것이다. 그러면 제사장이 그 특정한 죄를 위해 희생제사를 드렸다. 당신이 죄를 범할 때마다, 매번 다시 제사장에게 가서 다른 희생제사를 드려야 했다.

구약성경의 제사장들은 자루에서 돌들을 하나씩 꺼냈다. 그러나 예수님께서는 당신의 등에서 그 자루를 내려놓게 하셨다! 예수님은 우리로부터 그 자루를 떼어놓으시고, 우리의 모든 죄를 처리하셨다. 자신을 드린 단 한 번의 희생제사는 그리스도의 모든 백성의 죄악을 한 번에 처리하셨다. 그분은 우리의 과거와 현재와 미래의 모든 죄악을 한꺼번에 모아 십자가에 못 박음으로써 죄라는 문제 전체를 완벽하게 끝맺으셨다(골 2:14). 그래서 예수 그리스께서 죽으실 때 "다 이루었다"라고 외치산 것이다(요 19:30; 마 27:50).

예수 그리스도 안에서 나에게 결코 정죄함이 없는 이유는, 내가 지고 있는 자루 안에 돌들이 전혀 없기 때문이 아니라, 그 자루 자체가 내 등에서 치워졌기 때문이다. 예수님께서 그 자루를 가져가 갈보리에서 완전히 처리하셨다.

교회에 다니는 많은 사람은 자신이 여전히 구약 시대에 존재하는 것처럼 살아가고 있다. 그래서 죄를 지으면 마치 정죄 아래 놓인 것처럼 느낀다. 그래서 그들은 성직자를 찾아가며, 자기를 위한 새로운 희생제사가 필요하다고 느낀다.

성경은, 만일 우리가 죄가 없다고 주장한다면 스스로를 속이고 있는 것이라고 분명히 밝히고 있다(요일 1:8). 당신의 자루에는 항상 돌들이 들어있다. 당신이 전혀 의식하지 못하는 죄악의 돌들이 있을 수도 있다. 죄악의 돌들은 여전히 존재하고 있다. 그리스도인은 인간 세상에서 죄로부터 결코 자유롭지는 못하다. 우리가 아무리 자루 속 깊이 손을 집어넣는다 할지라도, 절대로 그 자루를 다 비울 수 없다. 거기에는 항상 다른 죄악의 돌들이 있게 마련이다.

예수 그리스도께서는 우리의 등에서 그 짐을 제거해주심으로써 우리를 자유롭게 하셨다. 이것은 우리가 죄악의 돌들에 대해 마음을 편하게 가지게 되었다는 뜻이 아니다. 하나님께서는 우리의 삶에서 죄를 처리하라고 명령하신다. 그러나 당신의 구원은 당신이 그 자루를 비우는 데 달려있지 않다. 구원은 예수 그리스도께서 그 자루 자체를 당신의 등에서 제거해버리시는 데 달려있다. 거기에 큰 차이가 있다.

예수 그리스도의 지속적인 사역

그러므로 자기를 힘입어 하나님께 나아가는 자들을 온전히 구원하실 수 있으니 이는 그가 항상 살아 계셔서 그들을 위하여 간구하심이라 (히 7:25).

히브리서 기자는 이제 우리의 초점을, 십자가 위에서 완성하신 예수 그리스도의 사역으로부터 하늘에 계시면서 우리를 위해 역사하고 계시는 예수 그리스도의 지속적인 사역으로 옮겨놓는다.

많은 그리스도인은 십자가에서 죽으신 예수 그리스도께서 과거에 우리를 위해 무엇을 하셨는지 그리고 그분이 영광과 권능 가운데서 다시 오실 때 장차 우리를 위해 무엇을 해주실지 잘 이해하고 있다. 그들은 예수 그리스도께서 어제 우리를 위해 행하신 일이 무엇인지 명확히 알고 있으며, 내일 우리를 위해 무엇을 해주실 것인지 확신하고 있으나, 오늘 예수 그리스도께서 우리를 위해 무엇을 하고 계신지에 대해서는 혼동하고 있다.

예수 그리스도께서는 당신을 구원하시기 위해 죽으셨다. 그러나 또한 당신을 지켜주시기 위해 지금도 살아계신다. 우리가 모든 압력을 받으면서도 살아있고, 모든 유혹에서 보호 받고, 마침내 승리하여 하나님의 영광 속으로 인도함을 받게 되는 것은 예수 그리스도의 지속적인 간구를 통한 것이다.

1. 우리를 위해 기도하시다

예수님께서 항상 살아서 우리를 위하여 간구하고 계신다는 말은 첫째, 예수 그리스도께서 아버지께 우리를 대신해서 말씀해주신다는 뜻이다. 예수님께서는 당신을 대변하고 계시며, 당신이 가지고 있는 구체적인 필요들과 당신이 직면한 특정한 상황들을 아버지 앞에 아뢰신다.

이 점에 대해서는 복음서에 아름다운 예화가 있다. 예수님께서는 자신이 체포된 후, 베드로가 커다란 압력을 받게 될 것이라는 사실을 알고 계셨다. 예수님께서는 베드로에게 "네가 닭이 울기 전에 나를 세 번 부인할 것이다"라고 말씀하셨다. 베드로는 예수님을 따르는 일에서 오는 도전을 능히 감당할 수 있을 것이라고 자신하고 있었다. 하지만 예수님께서는 그 제자가 심하게 넘어질 것을 알고 계셨다. 예수님께서는 베드로에게 이렇게 말씀하셨다. "시몬아, 시몬아, 보라 사탄이 너희를 밀 까부르듯 하려고 요구하였으나 그러나 내가 너를 위하여 네 믿음이 떨어지지 않기를 기도하였노니"(눅 22:31, 32).

예수님의 말씀에 주목하기 바란다. 예수님께서는 베드로가 넘어지지 않기를 기도하지 않으시고, 베드로의 믿음이 떨어지지 않기를 기도하셨다. 하나님께서는 우리의 승리를 사용하실 수 있듯이, 우리의 실패도 사용하실 수 있다. 예수님의 말씀은 이러했다. "베드로야, 네가 커다란 압력을 받게 될 것이라는 사실은 나쁜 소식이다. 원수가 너를 공격할 것이다. 원수는 너를 밀 까부르듯 할 것이다. 그러나 좋은 소식이 있다. 내가 너의 믿음이 떨어지지 않도록 너를 위해 기도했다는 것이다."

물론 예수님께서 말씀하신 대로 일이 벌어졌다. 베드로는 예수님이 체포되신 뒤에 겁을 먹고 당황했다. 사탄이 그를 맹렬히 공격했고 베드로는 크게 넘어졌다. 그것이 베드로 이야기의 끝이었을까? 아니다. 예수 그리스도께서 베드로를 위해 기도하셨던 것이다. 그래서 베드로가 가장 비참한 지경에 떨어졌을 때, 그의 실패가 베드로의 사역을 중단시키지 않고, 하나님의 은혜를 발견하는 계기가 되었던 것이다. 사흘 후에 베드로는 무덤을 찾아가 부활하신 예수님을 발견한 사람들 가운데 서 있었으며, 믿음을 회복했다. 며칠 후에 예수님께서는 베드로를 회복시키시고, 그에게 사역을 맡기셨다.

예수님께서 베드로를 위해 하셨던 간구는 예수님께서 당신을 위해 계속 역사하신다는 것을 보여주는 놀라운 장면이다. 예수 그리스도께서는 당신을 위해 기도하신다. 이 점에 대해 우리가 어떤 식으로 생각할 것인지 주의해야 한다. 우리는 예수님께서 겟세마네 동산에서 하셨듯이, 하늘에서 번민으로 가득 차 무릎을 꿇고 기도하고 계신다고 상상해서는 안 된다. 예수님께서는 하나님 우편 보좌에 앉아계신다. 따라서 천사들은 예수님의 명령에 따라야 한다.

예수님께서 제자들에게 이르시기를, 그들이 지방 공회에 넘겨지고 총독들 앞에서 재판을 받게 될 날들이 올 것이라고 말씀하셨다. 그리고 예수님께서는 제자들에게 무슨 말을 해야 할지 염려하지 말라고 말씀하셨다. 왜냐하면 “그 때에…말하는 이는 너희가 아니라 너희 속에서 말씀하시는 이 곧 너희 아버지의 성령”이시기 때문이다(마 10:19, 20).

예수 그리스도께서는 백성에게 꼭 필요한 말씀을 주셨을 것이다. 그리고 성자 하나님께서 하늘에서 분부하신 것을 성령께서 우리에게 전달해주셨을 것이다. 이것은 당신이 무엇을 해야 할지 모르는 상황에 직면할 때 놀라운 위로를 준다. 예수 그리스도께서 당신을 위해 간구하고 계신다.

한번은 예수님께서 손 마른 사람에게 그의 손을 뻗으라고 말씀하셨다. 당연히 손 마른 사람은 그렇게 할 수 없었다. 그러나 예수님께서는 그 사람이 손을 내밀도록 권능을 발휘하셨다(마 12:13). 예수님의 간구는 세상과의 차이를 만들어낸다. 이것이 바로 그리스도인으로서의 삶이 가능할 수 있도록 해주는 것이다.

당신의 위대한 대제사장이신 예수 그리스도께서는 당신의 삶에 대한 모든 상황을 인식하고 계신다. 무슨 수를 써도 그분의 눈을 피할 수 없다. 예수 그리스도께서는 성부 하나님 앞에서 권위를 가지고 말씀하시며, 그분의 말씀은 오늘 당신이 직면하고 있는 압력과 시험들에 대해 하늘의 자원을 공급해주신다.

예수 그리스도께서 당신의 믿음이 떨어지지 않도록, 당신이 커다란 짐을 지고서도 견뎌낼 수 있도록, 당신이 죄악과 대결하고 그 문제를 처리하도록 당신을 위해 간구하고 계신다는 사실을 아는 것은 놀라운 일이다. 예수 그리스도께서는 인생의 모든 상황을 통해 당신을 천국으로 인도하실 것이다.

2. 우리의 기도가 효력을 갖게 하시다

기도를 하면서 겪는 나의 가장 힘든 싸움 가운데 하나는, 때때로 내 기도들이 서투르고 효과가 없는 것처럼 여겨진다는 것이다. 나는 때때로 무엇을 간구해야 할지 잘 모르는 때가 있다. 무엇이 최선인지 이해하는 통찰력이 나에게 결여되어있다고 느낀다. 그리고 나는 과연 내 연약한 기도들이 정말로 어떤 차이를 만들어낼 수 있을까 때때로 의구심을 갖는다. 아마 당신도 똑같이 느꼈을 것이다.

그렇기 때문에 예수님께서 우리에게 예수 그리스도의 이름으로 기도하라고 말씀하셨던 것이다. 그 말은 우리의 기도가 끝난다는 일종의 선언으로서 "예수 그리스도의 이름으로 기도드립니다"라는 말을 붙이는 것 이상을 의미한다.

매년 크리스마스와 부활절에 우리 교회 성가대와 오케스트라는 콘서트를 개최한다. 그때는 친구들과 이웃들을 교회에 초대할 수 있는 좋은 기회이다. 콘서트 티켓들은 항상 순식간에 없어진다. 올해 부활절 콘서트 직전에 아내와 나는 레스토랑에서 식사를 하면서 그곳에서 일하고 있던 한 종업원과 대화를 하는 중에 그녀가 오케스트라 음악을 좋아한다는 사실을 알고 그녀를 콘서트에 초대했다.

내게는 티켓이 한 장도 없었다. 그래서 나는 명함을 그녀에게 주고, 그날 와서 안내자에게 내가 그녀를 초청했다고 말하라고 일러주었다. 내 이름은 그다지 대단하지 않지만, 당신을 우리 교회 콘서트에 들여보내줄 수 있을 정도는 된다.

예수님의 이름은 천국에서 상당한 영향력이 있기 때문에, 우리가 예수 그리스도의 이름으로 기도할 때, 우리의 기도는 하나님께 상달될 것이다.

나의 고국 스코틀랜드는 몇 가지로 잘 알려져있는데, 불행스럽게도 그 가운데 하나가 위스키다. 나처럼 입에 술을 대지 않는 사람에게도 이 독한 술이 어떻게 만들어지는지 지켜보는 일은 아주 흥미롭다. 위스키는 증류 과정을 거쳐서 만들어진다. 증류 과정에서 용액이 끓다가 다른 온도에서 응축되면서 분리된다. 여기서 증류되어 나오는 물질은 상당히 독하다.

이제 그 장면을 당신의 기도와 연결시켜서 생각해보자. 그 기도들은 매우 약하게 보일 수 있다. 그러나 예수님께서는 그 기도들을 증류시키시고, 그러면 그 기도는 이 땅에서 당신이 상상할 수 있는 것과는 다르게 하늘에서 힘과 효능을 갖게 된다.

사도 요한은 이러한 사실에 대한 환상을 보았다. 그는 하나님의 백성이 드린 기도들이 하늘로 올라갔을 때, 그 기도들에 특별한 일이 일어나는 것을 보았다. 환상 속에서 기도들은 하늘의 향과 혼합되었다. 그러자 불이 땅으로 떨어졌다(계 8:3-5). 그것은 예수 그리스도의 이름으로 당신이 기도할 때 무슨 일이 일어나는지에 대한 놀라운 장면이다. 예수 그리스도께서는 당신의 연약한 기도들을 받아 증류시키고, 그 기도들이 그리스도의 이름으로 천국에서 영향력을 갖게 만드시며, 땅에서 효력을 발휘하게 만드신다.

우리의 기도에는 많은 것들이 혼합되어있기 때문에, 우리에게는 예수님의 바로 이 같은 사역이 필요하다. 당신이 기도할 때마다 성령께서 개입하신다. 성령께서는 그리스도인의 내면에서 기도문을 작성하신다. 당신의 기도는 하나님의 영광을 위하는 순전한 소원에서 비롯될 수 있으며, 하나님의 목적들에 대한 어떤 심오한 통찰들을 포함할 수 있다.

그러나 그 기도들은 상당히 많은 혼동과 이기심과 오해를 포함하고 있을 수도 있으므로 우리의 기도는 언제나 기이한 혼합물이다.

그러나 우리의 기도들이 하늘로 올라갈 때, 예수 그리스도께서 그 기도들을 증류하시고, 순수하게 만드셔서 천국에서는 그 기도들이 이 땅에서 당신이 상상했던 것보다 훨씬 더 큰 영향력을 갖게 된다. 그 점은 어린 그리스도인의 가장 단순한 기도에도 해당되며, 자기의 말이 제대로 된 말인지조차 확신할 수 없는 어떤 사람의 앞뒤가 잘 맞지 않는 기도에도 해당된다.

이번 주 초에, 한 여성이 기도에 대한 자신의 좌절감을 내게 토로했다. "제가 과연 기도를 제대로 하고 있는 것인지 모르겠어요." 그녀가 말했다. 나는 그녀에게 그 점에 대해 염려하지 말라고 말했다. 왜냐하면 예수 그리스도께서 서투르고 혼란스런 기도들을 증류시켜주시기 때문이다.

중요한 것은 당신이 예수 그리스도를 통해 성부 하나님께 나아가는 것이다. 하나님의 성령이 당신을 도울 것이다. 그러므로 당신이 기도를 제대로 하고 있는지 염려할 필요가 없다. 당신의 기도들은 예수님 때문에 하나님의 귀에 상달될 것이기 때문이다.

3. 천국에서 우리를 대변해주시다

천국에서 우리의 대제사장으로서 일하시는 예수 그리스도의 지속적인 사역은 단순히 우리를 위해 기도하시고, 우리의 기도들을 효과적으로 만들어주시는 것이 아니라, 그분이 또한 성부 하나님 앞에서 우리를 대변해주신다는 뜻이기도 하다.

구약성경에서 대제사장은 금색, 청색, 자주색, 주홍색으로 수놓아진 '에봇'이라는 소매 없는 린넨 의복을 입었다. 그 의복 위에는 흉배를 입었는데, 흉배에는 이스라엘 각 지파들의 이름들이 새겨진 보석들이 장식되어있었다. 대제사장이 하나님의 백성을 위해 기도를 드리려고 성막에 걸어 들어갔을 때, '에봇'은 대제사장에게 있어서 가장 소중한 사람들의 이름을 달고 그 이름대로 그들을 하나님의 임재 안으로 데리고 들어가는 아름다운 상징이었다.

예수님께서는 대제사장이 단지 예시할 수만 있었던 것을 실제로 행하신다. 예수님께서는 당신의 이름을 알고 계시며—그 이름은 그리스도의 마음에 새겨져있다—성부 하나님께 당신을 대변해주신다.

당신의 대제사장은 결코 당신의 이름을 잊지 않으실 것이다. 그분은 당신을 알고 계시며, 당신을 위해 간구하시려고 지금도 살아계신다. 당신의 이름은 천국에 알려져있다. 그래서 그리스도의 사람들은 그곳에서 열렬한 환영을 받게 될 것이다. 당신은 낯선 사람이 아닐 것이다. 당신의 천국행 예약은 완료되어있다. 그래서 천국은 당신이 도착하기를 기다리고 있다.

하나님께서는 이 사실을 우리의 마음에 새겨주시기 위해 또 다른 그림을 사용하신다.

> 여인이 어찌 그 젖 먹는 자식을 잊겠으며 자기 태에서 난 아들을 긍휼히 여기지 않겠느냐 그들은 혹시 잊을지라도 나는 너를 잊지 아니할 것이라 내가 너를 내 손바닥에 새겼고…(사 49:15, 16).

이 말씀은 예수님께서 죽으시기 수백 년 전에 쓰인 말씀이다. 그러나 예수님의 십자가 사건은 그 말씀의 의미를 충분히 설명해주고 있다. 예수 그리스도께서 당신을 구원하시기 위해 죽으셨을 때 못이 그분의 손바닥을 뚫었다. 그런 그분이 어떻게 당신을 잊을 수 있겠는가?

어머니는 자기 배 속의 자식과 믿을 수 없을 정도로 강한 유대를 가진다. 자식을 낳는 고통은 어머니가 자식을 보살피는 생활의 바탕을 이루게 된다. 어떻게 한 어미가 자기 배 속에 품고 있었던 자식을 잊을 수 있겠는가?

어떤 어미는 자식을 소홀히 하고 돌보지 않을 수도 있다. 그러나 예수 그리스도께서는 자신이 십자가의 죽음을 통해 영적으로 출산한 자녀들을 결코 잊지 않으신다. 예수 그리스도께서는 언제나 그 자녀들을 위해 간구하시려고 지금도 살아계신다. 예수 그리스도의 완성된 사역과 지속적으로 이루어지고 있는 사역은 우리의 평안과 확신의 기반이다. 예수 그리스도께서는 우리를 구원하시기 위해 죽으셨으며, 우리를 지켜주시기 위해 살아계신다.

드러난 사실 UNLOCKED

예수 그리스도께서는 우리의 죄악들을 위한 희생제물로 자신을 드리는 일을 완수하셨다. 그리고 그분은 이제 하늘에서 우리의 중보자로서 계속해서 그분의 일을 감당하고 계신다. 이 사실은 그분이 성부 하나님 앞에서 우리 대신 말씀하신다는 뜻이다. 예수 그리스도께서는 당신을 위해 기도하신다. 그리고 그리스도의 기도들은 응답된다. 그렇기 때문에 당신은 인생에서 직면하게 되는 어떠한 상황에서도 당신에게 필요한 모든 것을 받게 될 것이라고 확신할 수 있다. 예수 그리스도께서는 당신을 알고 계시며 결코 잊지 않으실 것이다. 당신의 삶 속에서 그 어떤 것도 그리스도의 눈길을 벗어나지 못한다. 예수 그리스도께서 지속적으로 당신에게 초점을 맞추어 당신을 살펴주시는 일은 궁극적으로 당신에게 유익하다.

또한 예수 그리스도께서는 당신의 기도들을 받으신다. 그리고 그 기도들을 증류하시고 순수하게 순화시켜, 이 땅에서 당신이 생각했던 것보다 훨씬 더 효력 있게 만들어주신다. 하늘에 그와 같은 위대한 대제사장이 계시기 때문에, 우리는 기도로써 하나님께 나아가는 일을 주저하지 말아야 한다. 우리가 하나님께 나아갈 때, 우리의 부족을 은혜로 채워주시는 하나님의 사랑을 발견하게 될 것이다.

기도 PAUSE FOR PRAYER

전능하신 하나님 아버지!

하나님의 아들이시며, 나의 구세주 되시며, 지금 하나님 우편에 앉아 계신 주 예수 그리스도께 감사와 찬양을 올립니다. 저의 기도와 간구를 하나님께 아뢰고, 저의 죄를 위해 십자가에서 죽으신 예수 그리스도께서 지금도 살아계셔서, 하나님 보좌 우편에 앉아계심을 믿습니다. 저로 하여금 항상 성령으로 충만케 하시고, 저의 일거수일투족을 눈동자처럼 지켜주셔서, 하나님 자녀로서, 주의 일꾼으로서 주님 주신 사명을 잘 감당할 수 있도록 도와주시옵소서.

저의 이름을 두 손 위에 새겨두시고, 항상 저를 위해 간구하시는 예수님, 주님을 통해 언제나 하나님의 크신 사랑과 은혜를 누릴 수 있도록 도와주시옵소서. 하나님께서 제게 명령하신 모든 일들에 순종할 수 있도록 항상 함께하여주시고, 기도하는 가운데 주님과 대화할 수 있도록 하여주시옵소서. 세상을 이기는 담대함을 주시옵소서. 지금도 살아계신 예수 그리스도의 이름으로 기도드립니다. 아멘.

37

행함

Works

야고보서 2장

하나의 신앙 체계가 나를 구원할 수 있는가?

묵상의 길잡이

☑ **발견하라**

당신의 삶에 대한 하나님의 궁극적인 목적을 발견하라.

☑ **배우라**

참된 믿음이 어떻게 변화를 가져오는지 배우라.

☑ **경배하라**

당신이 예수 그리스도를 볼 때, 그리스도와 같이 될 것을 감사하며 주님께 경배하라.

몇 년 전 내가 런던에서 시무할 때 함께 사역했던 목회자 중 한 사람의 딸이 끔찍한 사고를 당했다. 당시 조이는 20대 중반이었으며, 유럽 남부에 있는 트레일러 공원에서 야영을 즐기며 휴가를 보내고 있었다. 그런데 가스통 하나가 폭발했고, 그녀는 캠핑카 안에 갇히게 되었다.

그녀는 기적적으로 문을 열고 그 지옥 같은 곳에서 가까스로 빠져나올 수 있었다. 그러나 화상이 너무 심해서 간신히 생명을 유지하고 있었다.

그녀는 그 지방 병원으로 실려 갔으나 그곳 의료 시설은 형편없었으며 그녀의 상태는 그 지역 의료진의 능력으로는 손조차 댈 수 없을 정도로 심각했다. 그래서 그녀를 빨리 영국으로 데려오기 위한 조처를 취했다. 조이는 이스트 그린스태드East Grinstead에 있는 한 병원에 입원했다. 그 병원은 최상의 시설을 갖추고 있으며, 화상 치료에 있어서 최고의 명성을 누리고 있었다.

나는 그 병원 중환자실에 있는 조이를 심방했던 순간을 잊을 수가 없다. 조이는 중환자실에 몇 주간을 누워있었지만, 얼굴이 완전히 망가져서 전혀 알아볼 수가 없었다.

조이가 회복되는 데는 여러 달이 걸렸다. 조이는 얼굴을 다시 찾기 위해 여러 차례 수술을 받아야 했다. 그 수술에는 고통스런 피부 이식 수술이 포함되어있었다. 조이는 다시 걷기를 배워야 했고, 오랫동안 두 손을 사용할 수 없었다. 그러나 그녀는 모든 어려움을 이겨냈다. 나는 조이가 성도들 앞에 서서 자신의 이야기를 하던 그날 저녁을 영원히 기억할 것이다.

조이의 이야기는 복음의 핵심을 파악하는 데 도움을 주었다. 조이가 사고를 당한 후에, 그녀에게는 그녀를 도와줄 수 있는 의사와 얼굴을 되찾기 위한 긴 수술 과정이 필요했다.

성경은 우리가 하나님의 형상으로 지음 받았다고 말해준다(창 1:26). 만일 당신이 첫 남자와 첫 여자를 보았다면, 당신은 그들 안에 반영된 하나님의 모습을 보았을 것이다. 물론 아담과 하와는 모든 면에서 하나님과 같지는 않았다. 그들은 모든 것을 알지 못했으며, 동시에 한 장소 외에 다른 곳에 머물 수 없었으며, 전지전능하지도 않았다. 그들은 하나님처럼 말 한마디로 우주를 창조할 수 없었다.

그러나 하나님께서는 자신의 형상과 모양대로 그들을 만드셨다. 그래서 그들이 진정으로 하나님의 형상과 성품을 반영할 수 있었던 것이다. 동물들의 이름을 지어준 그들의 창의성에서, 동산을 가꾸는 그들의 노동에서, 하나님에 대한 사랑과 서로에 대한 사랑에서 당신은 그 점을 확인할 수 있을 것이다. 그들의 생각을 혼란시키는 거짓말도 없었으며, 그들의 마음을 더럽히는 미움도 없었으며, 그들의 의지를 굽히는 탐욕도 없었다. 그들은 하나님의 뜻을 행하는 데서 기쁨을 찾았다.

마귀조차도 하나님의 형상과 영광이 그들 속에 명확하게 반영되어있었음을 인정하지 않을 수 없었을 것이다. 그것은 마귀가 죽도록 증오하여 파괴시키고자 결심했던 형상이었다.

영적 수술의 필요성

그 뒤에 이어진 일은 커다란 재난이었다. 죄가 첫 남자와 첫 여자 안에 있었던 하나님의 형상을 일그러뜨려서 거의 알아볼 수 없게 되었다.

아담과 하와가 하나님의 형상과 모양을 반영했던 사실을 기뻐했던 천사들은 인간의 역사가 전개되는 것을 바라보면서, 어떻게 그러한 아름다움이 끔찍하게 난도질당할 수 있었는지 의아해했을 것이다.

성경 이야기는 하나님의 형상과 모양이 사람들 속에서 어떻게 회복될 수 있는지에 대한 것이다. 재난을 당한 후에 조이가 그랬듯이, 우리가 하나님의 모양과 형상을 회복해야 한다면, 우리의 영혼을 회복시켜 줄 수 있는 의사를 찾아가 마음과 생각과 의지가 새롭게 다시 태어나는 긴 영적 수술 과정을 거쳐야 한다.

그 과정은 때때로 고통스러울 것이다. 그러나 하나님의 형상과 모양은 우리 속에서 회복될 것이다. 이 때문에 예수 그리스도께서 세상에 오신 것이다. 그분은 자기 백성을 죄의 파괴적인 영향으로부터 구원하시기 위해, 잃어버리고 파괴된 것을 회복시키기 위해 오셨다.

일곱 가지 죄악

야고보서는 기독교 신앙에 대한 가장 흔한 오해들 가운데 하나를 다루고 있다. 초대 교회 때부터 어떤 사람들은 기독교 신앙을 그저 하나의 신앙 체계로 간주해왔다. 그들은 하나님을 믿고, 예수를 믿으며, 성령을 믿는다. 그리고 그들은 천국을 믿는다. 그러나 이러한 믿음의 내용들을 떠나서, 그들은 세상과 뚜렷이 구별되는 그리스도인으로서의 삶을 살고 있지 않았다. 그들 속에서 하나님의 형상이 회복되고 있음을 보여주는 증거는 아무것도 없었던 것이다.

야고보서는 이러한 성도들 중 몇몇을 관찰하고 있었다. 분명 그는 우리 주님의 형제였기 때문에, 여러 교회들을 다녀보았을 것이다. 그러면서 몇 가지 걱정스러운 행위들을 보았던 것 같다. 그는 그의 편지에서 일곱 가지 행위를 열거한다.

1. 어떤 사람들은 돈이 있는 사람들과 돈이 없는 사람들을 매우 다른 방식으로 대접했다(약 2:1-13). 그들은 자신이 덕을 볼 수 있는 사람들만 사귀었으며, 자기에게 줄 것이 아무것도 없는 사람들에게는 거의 관심을 보이지 않았다. 야고보는 그것이 예수님께서 보이신 모범과 얼마나 차이가 나는지 분명히 생각했을 것이다.
2. 아주 경박스러운 어떤 사람들은 자기 혀를 자제하지 못했다(약 3:9-10). 야고보는 그런 사람들이 욕하는 소리를 들었다. 그리고 그들이 다른 사람에 대해 말하는 방식이 사람들을 심히 당황하게 만든다는 사실을 발견했다.
3. 여러 교회에서 많은 사람이 싸움을 벌이고 있었다(약 4:1-3). 이렇게 싸우는 1차적인 이유는 너무도 많은 사람이 자기 방식대로 하기를 원하기 때문이었다. 그들은 작심하고 자신들의 목표를 추구했

기 때문에 결국에는 서로 부딪쳤다.

4. 어떤 사람들은 몹시 교만하게 보였다. 그들은 거드름의 극치를 보여주었다(약 4:6-10). 그 사람들은 예수 그리스도 앞에 기도할 것이 아무것도 없다고 생각했으며, 영접은커녕 회개에 대한 어떠한 증거도 없었다.
5. 어떤 성도들은 그리스도 안에서 그들의 형제 · 자매들에 대해 몰인정하게 말했다(약 4:11-12). 아마도 야고보가 교회들을 방문했을 때, 야고보에게 다른 성도들의 결점들을 상세하게 말했던 사람들을 만났던 것으로 보인다.
6. 미래에 대한 계획과 전략에 대해 자신감이 넘쳐서 매일 하나님을 의지하고 있다는 증거를 거의 보여주지 못했던 몽상가들이 있었다(약 4:13-16).
7. 소수의 몇몇 사람들은 자기들이 진 빚을 잘 갚지 않고 있었다(약 5:4). 그들은 자기 사업체에서 일하는 일꾼들에게 지불해야 할 임금을 주지 않고 있었다. 그들은 예배에 참석했지만, 물질적인 면에서 깨끗하지 못했다.

야고보는 그가 방문했던 교회들에서 이 모든 것을 목도했다. 이러한 행위들은 오늘날 우리에게도 여전히 존재하고 있다. 야고보는 기독교 신앙의 가르침을 믿었던 사람들을 관찰하고, 그들 삶의 기본적인 방향이 세상의 방향과 기본적으로 똑같다는 사실을 발견했다. 그들 삶의 방향은 '내가', '나를', '나의'라는 이 세 가지 단어에 집중되어있었다.

행함이 없는 믿음은 죽은 것이라

당신이 상당 기간 동안 기독교 신앙을 가지고 살아왔다면, 자신이 그리스도인이라고 주장하는 어떤 사람의 품행 때문에 기독교 신앙을 멀리하고 있다는 사람을 만나보았을 것이다.

야고보는 믿음을 고백하면서도 변화된 삶의 증거를 전혀 보여주지 못했던 사람들 때문에 가슴이 너무 아팠다. 그런 사람들은 하나님의 형상과 모양을 우리에게 회복시켜주시려는 하나님의 목적을 이해하지 못하고, 기독교 신앙을 하나의 신앙 체계로 축소시킴으로써 기독교 신앙을 진부한 것으로 만들어버렸다.

그 사람들은 "천지를 지으신 하나님 아버지를 믿사오며, 그의 외아들 예수 그리스도를 믿사오며…몸이 다시 사는 것과 영원히 사는 것을 믿사옵나이다"라고 말할 수 있었을 것이다.[1] 그러나 그들이 믿었던 것은 그들이 살아가는 데 있어서 눈에 띌만한 차이를 전혀 만들어내지 못했다. 그 결과 그들은 자신이 예수님을 믿기 전에 가지고 있었던 모습에 종교적인 껍질을 씌운 모양이 되고 말았다.

야고보는, 한 사람의 목회자로서 자기가 영적으로 건강하다고 자신하고 있지만, 영적인 생명에 대해서는 조금도 증거를 보여주지 못했던 사람들에 대해 깊은 우려를 가지고 편지를 썼다. 그는 우리가 모두 알아야 할, 다음과 같은 단순 명료한 메시지를 전해주었다.

> 행함이 없는 믿음은 그 자체가 죽은 것이라(약 2:17).
> 행함이 없는 믿음이 헛것인 줄을 알고자 하느냐(약 2:20).
> 행함이 없는 믿음은 죽은 것이니라(약 2:26).

당신에게 종교적인 껍데기는 씌워주지만, 당신의 이전 모습을 그대로 간직하게 만드는 신앙 체계는 당신에게 아무런 도움이 되지 않으며, 다른 모든 사람에게도 위험한 것이다. 변화된 삶으로 이끌어주지 못하는 믿음에는 구원의 능력이 전혀 존재하지 않는다(약 2:14).

참 믿음은 당신을 그리스도께로 이끌어준다

세상은 사람들이 우연히 옳은 것을 믿게 되었기 때문에 구원받을 것이라는 생각에 이의를 제기한다. 결국 모슬렘들도 어떤 신앙 내용들을 가지고 있고, 힌두교도들도 나름대로 신앙 내용들을 가지고 있으며, 불교도들도 자기들의 신앙 내용들을 가지고 있다. 그 외에도 수많은 종교인이 있다. 때문에 그리스도인은 "생각이 제대로 박힌 사람이라면, 어떻게 어떤 한 집단의 사람들만 '바른' 신앙을 갖게 되었다고 해서 그 이유만으로 그들이 구원을 받을 것이라고 믿을 수 있겠습니까"라는 질문을 종종 받는다.

우리는 신앙 자체에 사람을 구할 수 있는 어떤 마술이나 신비한 힘이 있다고 믿지 않는다. 우리는 어떤 신앙 내용들 때문에 우리가 천국에 들어가게 된다고 믿지 않는다.

당신은 아마도 이렇게 생각하고 있을 것이다. 잠깐, 성경에서 이르기를, 우리가 믿음으로 의롭다 함을 받는다고 말하고 있지 않은가? 성경은 "누구든지 예수를 믿는 자는 멸망치 않고 영생을 얻을 것이다"라고 말하고 있지 않은가? 맞는 말이다. 그러나 우리를 구원하는 것은 신앙심이 아니라, 예수 그리스도이시다.

믿음은 단지 우리가 그리스도께로 나아가는 방법이다. 또한 믿음은 그리스도께서 제공해주시는 것을 우리가 받는 방법이며 주는 것을 받기 위해 벌린 손과 같은 것이다. 바울은 "그러므로 우리가 믿음으로 의롭다 하심을 받았으니 우리 주 예수 그리스도로 말미암아 하나님과 화평을 누리자"라고 썼다(롬 5:1). 의롭게 하는 것은 우리의 믿음이 아니라, 예수 그리스도시다. 우리는 우리의 믿음을 그분께 둘뿐이다. 즉, 믿음은 예수 그리스도께서 제공해주시는 것을 우리가 받는 방법이다.

한번은 소문이 좋지 않은 한 여인이 예수님께 와서, 예수님 발에 향유를 붓고 자신의 머릿결로 두 발을 씻겨 드렸다. 예수님께서 그 여인에게 "네 믿음이 너를 구원하였느라"고 말씀하셨다(눅 7:50). 그녀의 믿음이 그녀를 구하게 되었던 까닭은, 그녀의 믿음이 그녀를 그리스도께로 이끌어주었기 때문이다.

불구의 친구를 예수님께로 데리고 가서 지붕을 뚫고 예수님 앞에 내려주었던 사람들도 마찬가지였다. 그들의 믿음이 그들을 움직였기 때문에, 예수님께서 자기 친구를 치료해주실 수 있도록 그를 예수님의 발 앞에 데리고 갔던 것이다. 이처럼 참된 기독교 신앙은 한 사람을 예수 그리스도께로 이끌고 간다.

믿음은 그 자체 안에 본래적인 구원의 능력을 가지고 있지 않다. 믿음은 단지 우리를 구원해주실 수 있는 분에게로 우리를 데리고 가는 것뿐이다. 말하자면, 믿음은 우리를 치료해줄 수 있는 의사의 손길에 우리를 두는 것이다.

긴 고국행 비행

사고를 당한 후 남부 유럽에 있는 작은 시골 병원에서 괴로워하고 있는 조이에 대해 생각해보자. 그곳에서 조이는 회복될 기미가 보이지 않았다. 따라서 살 수 있는 가망도 없었다. 그때 조이는 비행기에 실려 영국으로 수송되었다. 그 비행이 그녀의 생명을 구했다. 우리는 이 말을 비행기가 그녀의 상태를 치료할 수 있었던 이스트 그린스태드 병원 의사에게 그녀를 데려다주었기 때문에 그녀가 살 수 있었다는 의미로 이해한다. 그 비행은 그녀를 의사에게 데려다주었다는 의미에서만 그녀를 구한 것이다.

믿음은 우리를 예수 그리스도께로 데려다주는 비행과 같다. 그러나 내가 마지막 날에 천국에 들어가게 될 이유는 내 믿음에 있지 않다. 믿음은 단지 내가 예수 그리스도께로 가는 방법이다. 예수 그리스도께서 나를 구원하신다.

기독교 신앙의 핵심은 우리에게 더 나은 신앙 체계가 있다는 것이 아니다. 핵심은 바로 예수 그리스도께서 어느 누구도 할 수 없는 일을 하실 수 있다는 것이다. 예수 그리스도께서는 당신 안에 하나님의 형상을 회복시키실 수 있다. 당신의 생활 속에서 죄가 황폐하게 만들어버린 것을 재건시키실 수 있다. 예수 그리스도께서는 당신의 삶을 다시 세워주실 수 있다. 그분 외에 어느 누구도 그렇게 할 수 없다.

이스트 그린스태드 병원에 있는 그 의사는 남부 유럽의 시골 병원에서는 불가능했던 일을 할 수 있었다. 환자를 시골 병원에서 영국으로 보낸 일을 두고 시골 병원에 대한 모욕이라고 말하는 사람이 있을지도 모르겠다. 그러나 당신이라면 주저했겠는가? 만일 당신에게 큰 수술이 필요하다고 한다면, 당신은 여러 명의 의사에 대해 온갖 조사를 할 것이다. 그런 다음에 당신의 생명을 맡길 수 있는 의사에게 자신을 맡길 것이다.

당신이 예수를 믿는다고 말하는 것과 철저한 영적 수술을 위해 당신을 그분께 맡기는 것 사이에는 어마어마한 차이가 있다. 야고보가 말하는 요점은, 단순히 하나님에 관한 어떤 신앙 내용들을 붙잡는 것에는 우리를 구원시켜줄만한 가치가 없다는 사실이다. 귀신들 역시 하나님께서 존재하고 계시다는 사실과, 그분의 아들 예수 그리스도가 동정녀에게서 태어났다는 사실과, 그 아들이 십자가에 달려 죽으시고 사흘 만에 부활하셨다는 사실과, 성령을 보내셨다는 사실과, 산 자와 죽은 자를 심판하러 다시 오실 것이라는 사실을 너무도 잘 알고 있다. 뿐만 아니라 그러한 사실을 생각할 때 떨기까지 한다(약 2:19).

그러나 귀신들이 결코 하지 않을 일 한 가지는 예수 그리스도께 와서 "주 예수여, 나를 수술해주십시오. 당신의 형상대로 나의 삶을 재건해주십시오. 내 이기심과 자만심을 처리해주시고 내 삶을 당신의 형상대로 복원시켜주십시오"라고 말하는 일일 것이다. 믿음은 그리스도께서 당신 안에 하나님의 형상과 모양을 회복시키기 위해 무슨 일이든지 하시도록 예수 그리스도의 손에 당신을 맡겨두는 것이다.

당신은 그런 식으로 예수 그리스도께 나아왔는가, 아니면 기독교를 하나의 신앙 체계로 격하시키고, 큰 회복 수술이 필요한 자신을 위대한 의사이신 예수 그리스도의 손에 맡긴 적이 없는 자들 가운데 있는가? 하나의 신앙 체계는 결코 당신을 구원할 수 없을 것이다. 참된 믿음만이 당신을 예수 그리스도께로 데리고 간다.

그리스도께 나아오는 모든 사람을 변화시키시다

당신은 치료를 위해 의사에게 몸을 맡길 때, 수술동의서에 서명을 하고 당신의 치료를 위해 필요한 일은 무엇이든지 할 수 있는 권한을 그 의사에게 부여한다. 그렇듯이 믿음도 그리스도께 아무런 제약을 가하지 않는다. 믿음은 "내 속에서 하나님의 형상과 모양이 회복되도록 하기 위해 주님께서 해야 할 모든 조치를 취하십시오"라고 말한다.

예수 그리스도께서는 당신께 나아오는 모든 사람을 위해 두 손에 놀라운 두 가지 선물을 가지고 계신다. 한 손에는 십자가의 죽음을 통해 사신 용서의 선물을, 다른 손에는 성령의 권능 가운데 있는 새로운 생명이라는 선물을 가지고 계신다. 결코 그 둘 가운데 한 가지만 주지 않으신다.

예수 그리스도께서는 반드시 당신을 변화시키시고 용서를 베푸실 것이다. 만일 당신이 용서받기를 원한다면, 예수 그리스도를 받아들여야 한다. 만일 예수 그리스도를 받아들이고자 한다면, 전면적인 수술을 위해 자신을 그분 손에 맡겨야 한다.

조이는 여러 달을 병원에서 생활했다. 그녀를 위한 의사의 치료는 끝이 없는 것처럼 보였다. 치료 과정 대부분이 매우 고통스러웠다. 그러나 점차 시간이 흘러가면서 그녀의 얼굴은 회복되었다. 그녀에게서 점점 아름다움이 빛을 발하고 있었다.

당신이 자신의 삶을 위대한 의사의 손에 둘 때, 그 의사는 당신을 창조주의 형상으로 다시금 새롭게 만들어주실 것이다(골 3:10). 그 과정은 평생이 걸린다. 그리고 심한 고통이 따른다. 그러나 예수 그리스도께서는 당신 속에 하나님의 형상과 모양을 회복시키실 것이다. 그리고 당신이 그분을 볼 때, 당신은 그분과 같게 될 것이다(요일 3:2).

예수님께서는 한 사람의 삶 가운데 반영된 하나님의 형상이 어떤 모습인지 한 마디로 묘사하셨다. 그것은 '사랑'이다. "네 마음을 다하고 목숨을 다하고 뜻을 다하고 힘을 다하여 주 너의 하나님을 사랑하라…네 이웃을 네 자신과 같이 사랑하라"(막 12:30, 31).

믿음을 가진 사람은 아무런 제약을 두지 않고 자신을 예수 그리스도의 손에 맡긴다. 그때 예수 그리스도께서 당신을 위한 사역을 시작하실 것이다. 그 과정은 길고, 느리고, 때때로 고통스러울 것이다. 그러나 그 과정은 반드시 당신을 변화시킬 것이다. 그리고 시간이 흘러가면서 하나님의 형상과 모양이 점차적으로 당신 속에서 나타날 것이다.

영적인 건강 검진을 받으라

성경은 우리의 영적인 건강에 대해 짐작하는 것은 위험하다고 경고한다. 우리가 믿음 가운데 있는지 알기 위해서는 우리 자신을 확실히 살펴야 한다(고후 13:5). 만일 어떠한 사람이 하나님을 사랑하고 있지만 자기 형제를 미워하면 그 사람은 거짓말하는 자(요일 4:20)라는 사실을 기억해야 한다. "그를 아노라 하고 그의 계명을 지키지 아니하는 자는 거짓말하는 자요 진리가 그 속에 있지 아니하되"(요일 2:4).

영적인 삶에 대한 증거는 전혀 보여주지 못하면서, 자신의 구원에 대해서는 확신하고 있는 사람의 맹목적이며 공허한 자신감보다 더 비극적인 것은 없다. 대부분의 현명한 사람들은 정기적으로 건강 검진을 받기 위해 병원을 찾는다. 신체 모든 부분이 건강한지 확인하고, 어딘가 잘못된 부분이 있다면, 심각해지기 전에 어떤 조치를 취할 수 있기를 원하는 것이다.

자신의 몸에 대해서는 그렇게 대비하면서 왜 영혼에 대해서는 그렇게 하려하지 않는가?

야고보서에 있는 일곱 가지 죄악들에 비추어 자신을 살피라. 그리고 당신의 영혼에 있는 질병을 찾아낸 그 자리에서 자신을 예수 그리스도의 손에 맡기라. 주님께서 당신 속에 그리스도의 아름다움을 회복시켜 주시기를 간구하라. 그런 다음에 당신 주변의 흉악한 세상 속에서 예수 그리스도의 형상을 반영할 수 있는 길들을 모색하기 시작하라.

하나님의 궁극적인 목적

예수 그리스도의 형상과 모양을 회복하는 일은 평생토록 진행되어야 하는 과정이다. 핵심은 점차 향상되는 것이다. 만일 자신에게서 아무런 부족함을 느끼지 못한다면, 그것은 아마도 영적으로 눈이 멀었다는 증거일 것이다.

우리가 전에 보지 못했던 숨겨진 죄악들을 발견하게 되면, 충격을 받을 수 있다. 그러나 그것은 그리스도인의 신앙 여정에서 지극히 정상적인 모습이다. 당신은 결코 그 모습에서 벗어나지 못할 것이다. 그러므로 인내심을 가지라. 그리고 낙심하지 말라. 하나님께서는 우리를 부드럽게 다루시면서 우리의 죄악들을 점차적으로 보여주신다. 우리가 죄악에 대해 점점 민감해지는 것은 우리가 영적으로 성장하고 있다는 일종의 증거이다.

내가 조이를 심방했던 어느 날, 그녀는 나에게 매일 거울을 들여다본다고 말했다. 자기의 얼굴이 얼마나 회복되어가고 있는지 보기 위해 얼굴을 매일 유심히 본다는 것이다. 치료는 아주 서서히 이루어졌기 때문에 매일매일 회복되는 것을 식별한다는 것은 거의 불가능했다. 그래서 그녀는 자주 낙심했다.

나는 정기적으로 심방했기 때문에, 그녀보다는 얼굴의 변화를 훨씬 더 뚜렷하게 확인할 수 있었다. 그녀는 확신할 수 없었던 것을 나는 매번 확실하게 보았다.

예수 그리스도의 형상으로 회복되는 과정은 평생이 걸리는 일이다. 우리가 병원에서 퇴원하는 그날이 우리가 천국에 계신 예수 그리스도 앞에 서는 날이 될 것이다. "우리가 다 수건을 벗은 얼굴로 거울을 보는 것 같이 주의 영광을 보매 그와 같은 형상으로 변화하여 영광에서 영광에 이르니 곧 주의 영으로 말미암음이니라"(고후 3:18).

하나님의 궁극적인 목적은 당신 안에서 하나님의 영광이 반영되는 것이다. 그 과정은 이미 예수 그리스도 안에서 시작되었다. 그리고 예수 그리스도께서 재림하실 때, 그 과정은 완성될 것이다. 우리가 그분을 볼 때, 우리는 그분의 모습처럼 될 것이다. 천국에서의 큰 기쁨 가운데 하나는 하나님의 영광이 서로에게서 나타나는 것을 보는 일이 될 것이다.

당신은 자신 속에서 하나님의 형상이 회복되는 데 필요한 일이 아무리 고통스럽다 할지라도, 예수 그리스도의 손에 아무런 조건 없이 자신을 맡길 준비가 되어있는가?

드러난 사실 UNLOCKED

기독교 신앙을, 지옥으로부터 빠져나와 천국에 들어갈 수 있는 여권을 발행해주는 일단의 신앙 체계로 받아들이는 사람들은 성경의 메시지를 전적으로 오해한 것이다. 하나님의 궁극적인 목적은 당신이 하나님의 영광을 반영하는 것이다. 그리고 하나님께서는 예수 그리스도 안에서 이 일을 행하고 계신다.

믿음이란, 예수 그리스도께서 우리 안에 하나님의 형상을 회복시키실 수 있도록 그분의 손에 우리를 맡기는 것이다. 이 일은 평생이 걸리며 종종 고통스러운 변화 과정이 뒤따른다.

참된 믿음의 증거는 행동의 변화에서 나타난다. 야고보서에 나오는 예를 몇 가지 들자면, 이러한 변화들은 가난한 자들에 대한 동정심, 혀를 통제하는 일, 갈등을 해소하는 일, 제때에 돈을 갚는 일 등을 포함한다. 참된 믿음이 있을 때 성령의 열매가 서서히 성장하기 시작할 것이다.

참된 믿음은 언제나 행함 가운데서 결실을 맺는다. 믿음이 우리를 예수 그리스도께로 데려다주기 때문이다. 예수 그리스도께서는 우리를 있는 그대로 받아주시지만, 우리를 결코 과거의 모습 그대로 내버려두지 않으신다. 일단의 신앙 체계들은 아무도 구원하지 못한다. 예수 그리스도께서 당신을 구원하실 것이다. 예수 그리스도께서는 당신 속에서 하나님의 형상과 모양을 회복시키실 것이다.

기도 PAUSE FOR PRAYER

전능하신 하나님 아버지!

저의 삶을 예수 그리스도께서 주관하여주시고, 저의 모든 형상을 하나님 아버지께서 처음 창조하셨던 대로 회복해주실 것을 믿습니다. 죄로 인해 파괴되었던 하나님과의 관계를 회복시켜주시고, 하나님 자녀된 제가 하나님의 모든 영광을 나타내게 하여주시옵소서.

항상 기도하고 말씀을 묵상하는 가운데 영안을 열어주시고, 죄 가운데 있는 저의 삶을 되돌아볼 수 있도록 도와주시옵소서. 죄악으로 더러워지고 상처받은 저의 영혼이 치유 받는 역사가 일어나게 하여주시고, 세상의 온갖 유혹과 갈등과 죄악을 이기고 제가 점점 주님을 닮아가는 가운데 주님의 형상을 회복할 수 있도록 항상 지켜주시옵소서. 주님 만나는 날까지 모든 어려움과 고난의 과정을 인내하며, 주님 앞에 서는 날 기쁨의 찬양을 부를 수 있도록 주님께서 항상 인도하여주시옵소서. 전적으로 주님만을 바라보고 의지하며 기뻐할 수 있도록 도와주시옵소서. 나의 주님이신 예수 그리스도의 이름으로 기도드립니다. 아멘.

Note

1. 사도신경에서 발췌.

38

사귐

Fellowship

요한일서 1장

하나님과의 사귐은 어떤 모습인가?

묵상의 길잡이

☑ **발견하라**
그리스도인의 삶에서 신앙 고백의 중요성을 발견하라.

☑ **배우라**
하나님과 동행하고 있는 명백한 증거를 배우라.

☑ **경배하라**
당신과 교제하고 있는 하나님 아버지와 그분의 아들 예수 그리스도께 경배하라.

성경 이야기를 통과하여 절정을 향하는 우리의 여정은 마치 히말라야 산맥을 등반하는 것과 같다. 당신은 눈 덮인 봉우리들에 둘러싸여 탄성을 지르고 있다. 눈앞의 산봉우리를 바라보면서 감탄한다. 그다음에는 더 높은 봉우리가 우리 앞을 가로막고 있다. 좀 더 전진하면 이전보다 더 높은 봉우리가 또 하나 등장한다.

우리는 지금까지 성경 이야기에서 숨 막힐듯한 많은 봉우리를 보아 왔다. 그러나 이번 장에서 우리는 그 모든 봉우리들 가운데 가장 높은 봉우리에 이르게 된다. 요한은 그리스도인으로서 경험할 수 있는 에베레스트산 정상을 우리에게 보여줄 것이다. "우리의 사귐은 아버지와 그의 아들 예수 그리스도와 더불어 누림이라”(요일 1:3). 성경 이야기 전체에서 이보다 더 높거나 더 큰 봉우리는 없다. 하나님과의 사귐은 이 땅에서 우리가 누릴 수 있는 가장 큰 특권이다. 그리고 하늘에서는 최고의 기쁨이 될 것이다.

이것이 애초부터 성경 이야기의 주제였다. 하나님께서 아담에게 숨을 불어넣어 주셨다. 그렇게 아담이 처음으로 영혼을 갖게 된 순간, 아담은 하나님의 얼굴을 바라보고 있었다. 하나님께서는 아담과 하와를 에덴동산에 두시고 함께 거니셨다. 하나님께서는 그들과의 관계를 발전시켜나가고 계셨다. 그리고 그들에게도 그 관계를 발전시켜나갈 기회를 주셨다.

교제는 공동의 삶과 공동의 목적을 함께 나누는 것이며, ‘함께 생활을 하는 것’이다. 아담과 하와는 에덴동산에서 하나님과 더불어 생활했다.

지금까지 우리는 죄가 이 교제를 어떻게 깨뜨렸는지 그 이야기를 따라왔다. 하나님과 동행할 때는 죄악이 머무를 곳이 전혀 없었으나, 우리의 첫 조상들은 죄악을 선택했다. 따라서 그들은 하나님으로부터 멀어지게 되었다. 에덴동산 밖으로 쫓겨난 그들은 더 이상 하나님의 얼굴을 뵐 수 없었다. 하나님께서는 그들을 찾아오시거나 그들과 더불어 말씀을 나누지 않으셨다.

그러나 단절된 관계가 이야기의 끝은 아니었다. 죄악이 세상에 들어온 그날부터 하나님께서는 사람들이 하나님과의 사귐을 회복할 수 있도록 역사하셨다.

하나님께서는 이 일을 이루시기 위해 하나님의 백성에게 두 가지 놀라운 선물을 주셨다. 첫째, 희생제물을 주셨다. 하나님께서는 거룩하시다. 만일 죄악 된 사람들이 하나님과 교제하고자 한다면, 자신의 죄를 처리해야 했다. 희생제물은 우리를 죄의 심판으로부터 건져내시기 위해 자기 아들을 보내심으로써 하나님께서 행하실 일을 미리 가르쳐주고 있었다. 이것이 우리의 구원에 대한 소극적인 측면이다. 즉, 우리가 죄에 대한 심판으로부터 구원을 받는 것이다.

그런 다음에 하나님께서는 백성에게 계명들을 주셨다. 그 계명들은 우리의 구원에 대한 적극적인 측면을 나타낸다. 하나님께서는 우리가 하나님을 사랑하는 삶을 살아가도록 이끄시기 위해 우리를 죄로부터 구원해주신다. 우리는 부모님을 존경하고, 신실한 결혼생활을 하며, 진실하게 말하고, 지불할 돈을 즉시 갚고, 하나님께서 우리에게 주신 것에 만족하고 하나님께 순종함으로써 그 사랑을 반영한다. 우리는 하나님과 교제하는 삶을 위해 죄악으로부터 구원을 받았다.

하나님과의 교제 맛보기

하나님께서 시내산 정상에서 모세에게 계명을 주고 계셨을 때, 하나님의 백성은 하나님의 뜻을 거역하고 금송아지를 만들었다. 그 일로 하나님과 백성과의 관계는 깨지고 말았다. 하나님께서는 그들이 가나안에는 들어갈 수 있겠지만, 하나님의 임재는 그들과 함께하지 않을 것이라고 말씀하셨다.

하나님께서는 그들에게 풍요한 땅에서 번영하고 자유를 누릴 수 있는 삶을 주시겠다고 약속하셨다. 그러나 다만 한 가지, 그들과 함께하시는 하나님의 임재는 없을 것이었다. 이 말을 들은 하나님의 백성은 통곡하기 시작했다. 그들은 마음이 찢어졌다. 하나님의 영광을 조금이라도 경험했던 그들은 하나님 없는 삶을 상상조차 할 수 없었기 때문이다(출 33:3-4).

그들은 가나안 땅에서 자유와 풍족한 삶을 누릴 수 있을지라도, 만일 하나님께서 그들과 더불어 계시지 않는다면 굶주린 그들의 영혼은 영영 채워지지 못할 것임을 알고 있었다.

그래서 모세가 산에 올라가 하나님께 이렇게 말씀드렸다. "주께서 친히 가지 아니하시려거든 우리를 이곳에서 올려 보내지 마옵소서"(출 33:15). 선택해야 할 때가 왔을 때, 그들은 하나님 없는 가나안보다는 가나안 없이 하나님과 동행하기를 원했다.

당신이라면 그러한 선택을 했겠는가?

구약성경에서조차도 하나님의 백성은 이 세상에서든지 내세에서든지, 사람이 누릴 수 있는 가장 위대한 특권은 하나님과 교제하는 것임을 알고 있었다. 이스라엘 백성은 그들과 함께하시는 하나님의 임재를 경험했다. 그래서 그들은 하나님과의 교제 없이는 결코 만족할 수 없다는 사실을 알게 되었다.

하나님과 교제하는 맛을 재발견하는 것이 우리 시대의 필수 과제 중 하나이다.

종종 예수 그리스도에 대한 신앙을 고백하는 사람들의 간증을 들어보면, 예수 그리스도를 영접하겠다고 결심하는 이유가 지옥만은 피해보겠다는 욕망에 그치기도 한다. 토저A. W. Tozer는 우리의 상황을 다음과 같이 정확하게 기술했다.

> 성경적 진리인 '믿음으로써 의롭다 칭함을 받는다'는 교리는…타락한 우리 시대에 악한 벗들이 사람들로 하여금 아예 하나님을 알지 못하도록 방해한다는 의미로 해석되고 있다. 회개라는 것이 활기 없는 기계적인 절차가 되어버렸다. 이제 믿음은 도덕적인 생활에의 갈등 없이 그리고 아담이 가졌던 자아에 대한 당혹감 없이 행해지고 있다. 영접하는 자의 영혼 가운데 솟구치는 예수 그리스도에 대한 특별한 사랑이 없이 그저 '예수 그

리스도를 영접하고' 있다. 그 사람은 구원은 받게 되지만, 하나님을 향한 주림이나 목마름이 없다.[1]

예수님께서는 영생을 하나님과의 어떤 한 관계로 정의하셨다. 만일 우리가 수백 명의 사람에게 "영생이 무엇이냐"고 묻는다면, 많은 사람은 "천국에 들어가는 것" 혹은 "결코 죽지 않는 것"이라고 대답할 것이다. 그러나 예수님께서는 이렇게 말씀하셨다. "영생은 곧 유일하신 참 하나님과 그가 보내신 자 예수 그리스도를 아는 것이니이다"(요 17:3).

복음의 전체적인 목적은 우리를 심판으로부터 건져내어 하나님과 교제하도록 인도하는 것이다. 이것이 언제나 하나님의 목적이었다. 만일 당신이 하나님과 교제하고 있지 못하다면, 당신은 성경이 말하고 있는 전체적인 내용을 놓치고 있는 것이다.

속는 위험

요한의 편지를 보면, 초대 교회에서 어떤 사람들이 이 전체적인 문제에 대해 속고 있었음이 분명해진다. 그들은 어두움 속에 거하고 있으면서도 하나님과 교제하고 있다고 주장했다(요일 1:6). 그들은 이중적인 생활을 했으며, 그들의 주장은 공허했다. 요한은 이런 사람들이 스스로를 속이고 있으며 진리가 그들 속에 있지 않다고 우리에게 전해주고 있다(요일 1:8).

누가는 마리아와 요셉이 예루살렘에 있는 성전에 방문했던 일을 기록해놓았다. 마리아와 요셉은 그들의 고향 나사렛으로부터 예루살렘으로 매년 그 여행을 떠났다. 그리고 예수님께서 그들과 함께하셨다.

마리아와 요셉은 수많은 가족을 이끌고 여행을 했다. 예루살렘 여행을 마치고 집으로 돌아가면서 그들은 예수님께서 당연히 자기들 일행 중에 함께 계실 것이라고 생각했다. 그러나 얼마쯤 길을 가다가 그들은 예수님께서 일행 중에 계시지 않다는 사실을 깨달았다. 예수님께서는 성전에 남아서 질문을 하고, 또는 질문에 대답하고 계셨다.

평생 예수님께서 당신과 함께 계신다고 생각하며 살았는데, 마지막 날에 예수님께서 함께 계시지 않았음을 발견하는 것은 끔찍한 일일 것이다. 요한은 어떤 사람들이 이 점에서 속고 있는지 명확히 밝히고 있다. 예수님께서도 산상수훈에서 이 점에 대해 말씀하셨다. "그 날에 많은 사람이 나더러 이르되 주여 주여 우리가 주의 이름으로 선지자 노릇하며 주의 이름으로 귀신을 쫓아 내며 주의 이름으로 많은 권능을 행하지 아니하였나이까 하리니 그때에 내가 그들에게 밝히 말하되 내가 너희를 도무지 알지 못하니 불법을 행하는 자들아 내게서 떠나가라 하리라"(마 7:22-23). 이 말씀을 보면, 권능을 행사하는 사람들은 분명히 그들의 사역을 통해 많은 사람에게 깊은 인상을 주었지만, 하나님과의 사귐에 대해서는 전혀 몰랐던 사람들이다. 예수님께서는 그들을 모른다고 말씀하신다.

자신의 영적 상태에 대해 속고 있는 것보다 더 불행한 일은 없을 것이다. 그런 의미에서 요한의 편지는 매우 중요하다. 요한은 당신이 하나님과 교제하고 있다는 사실을 어떻게 알 수 있는지 설명해주고 있다.

시골에 있는 한 정원

몇 년 전, 나의 부모님은 은퇴 후 여생을 위해 스코틀랜드 시골에 있는 집 한 채를 구입하셨다. 그 집 주변에는 200평 정도의 땅이 딸려있다. 부모님은 요즘 정원 가꾸는 재미에 푹 빠져있다.

부모님이 집을 구입하셨을 때, 그 땅은 황무지나 마찬가지였다. 집 앞에는 도저히 접근할 수 없는 늪이 자리 잡고 있었으며, 뒤편에는 끊어진 길이 잡초가 무성한 채로 방치되어있었다. 땅 주위에는 울타리도 없었다. 그래서 짐승들이 이리저리 헤집고 다니면서 화초들을 망가뜨렸다. 그곳을 가꾼 흔적이라고는 어디에서도 찾을 수 없었다. 그야말로 엉망진창이었다. 그러나 부모님은 그곳을 너무도 좋아하셨다. 부모님은 마음속으로 그곳이 어떻게 변할 것인지 상상해보았고, 그래서 들뜬 마음으로 그 집을 사신 것이다.

지난 10년 동안 부모님은 그 정원을 아름답고 보기 좋게 바꾸겠다는 목표를 세우고 즐겁게 일하셨다. 그들의 놀라운 솜씨는 정원의 모습을 탈바꿈시키기에 충분했다. 늪은 커다란 연못으로 변신했다. 끊어졌던 길은 잘 다져 푹신한 잔디밭을 만들었다. 토끼나 여러 짐승들이 들어와 채소를 망가뜨리지 못하도록 온 정원을 빙 둘러싸는 울타리를 세웠다. 수고한 정원사(부모님)들의 노고가 확실하게 드러났다.

잡초로 무성하고 황폐했던 한 뙈기의 땅이 아름다운 정원으로 탈바꿈하기 위해서는 그 땅을 구입하는 일과 가꾸는 과정이 모두 필요했다. 부모님은 그 땅을 아름답게 가꾸고 싶어서 집과 함께 땅을 구입했다. 부모님은 그 땅이 어떻게 변화될 수 있는지 알았기 때문에 그 땅에 대한 값을 지불하신 것이다. 매년 우리는 그곳을 방문할 때마다 부모님의 비전이 실현된 증거를 보고 있다.

지난여름에 그 정원을 바라보면서 나는 이렇게 말했다. “이곳은 정말 멋져요. 두 분이 해놓으신 일은 정말 믿을 수 없을 지경입니다.”

당신의 삶을 하나의 정원으로 생각해보라. 그 정원에는 가꾸어야 할 화초들이 있고, 뽑혀야 할 잡초들이 있다. 그 정원은 살아있어 꽃들과 각종 식물들이 언제나 자라나고 있다. 그 정원을 아름답게 가꾸기 위해서는 끊임없는 작업이 진행되어야 한다. 위안이 되는 것은, 정원사가 일을 하고 있으면, 그 증거도 함께 나타난다는 사실이다. 요한은 가꾸어야 할 화초들과 뽑혀야 할 잡초들에 대해 우리에게 말하고 있다.

가꾸어야 할 화초들

"하나님은 빛이시라 그에게는 어두움이 조금도 없으시니라"(요일 1:5). 만일 우리가 하나님과 교제하고자 한다면, 우리가 빛 가운데 살아야 한다는 조건이 뒤따른다. 요한은 이것이 하나님께 순종하고, 사랑 안에서 성장하며 진리를 굳게 붙잡는 것을 의미한다고 설명한다.

만일 당신이 하나님과 교제하고 있는 사람의 삶을 관찰한다면, 그 사람의 삶 속에서 자라나고 있는 세 가지 꽃을 보게 될 것이다. 그 꽃들은 당신이 어디에서나 볼 수 있는 것이 아니다. 하지만 어딘가에 분명히 그 씨가 뿌려질 것이며, 자라고 있을 것이다.

순종

우리가 그의 계명을 지키면 이로써 우리가 저를 아는 줄로 알 것이요 (요일 2:3).

하나님과의 진정한 관계에 대한 첫 번째 표시는 그분의 계명에 대한 순종이다. 예수님께서는 "너희가 나를 사랑하면 나의 계명을 지키리라"(요 14:15)고 말씀하셨다. 요한은 그 말씀을 부정문의 형태로 표현하면서 훨씬 더 분명하게 지적하고 있다.

"그를 아노라 하고 그의 계명을 지키지 아니하는 자는 거짓말하는 자요 진리가 그 속에 있지 아니하되"(요일 2:4). 만일 순종이 자라고 있다면, 그것은 우리를 가꾸어주시는 정원사가 일하고 있다는 확실한 증거이다. 왜냐하면 정원사가 소유하고 있는 생명들의 삶 속에서 그가 가꾸고 있는 것이 바로 순종이기 때문이다. 그러나 만일 순종이 자라고 있지 않다면, 그 정원은 하나님께 속해있다고 할 수 없다.

사랑

> 그의 형제를 사랑하는 자는 빛 가운데 거하여 자기 속에 거리낌이 없으나(요일 2:10).

당신의 형제를 사랑하는 것이 하나님과 교제하고 있다는 두 번째 증거이다. 다시 요한은 그 점을 부정문의 형태로 훨씬 더 명확하게 지적하고 있다. "빛 가운데 있다 하면서 그 형제를 미워하는 자는 지금까지 어둠에 있는 자요"(요일 2:9).

만일 사랑이 자라고 있지 않다면, 그 정원이 하나님께 속해있다고 생각할 하등의 이유가 없다. 요한은 하나님과 교제하고 있다고 주장하지만 사랑이 없는 사람들에 대해 그 주장은 공허한 것이라고 말한다. "이 정원은 하나님께 속해있습니다"라고 밝은 네온사인을 켜놓을 수는 있지만, 그 정원에서 사랑이 성장하고 있는 것을 볼 수 없다면, 정원의 주인인 하나님께서 그 정원을 가꾸고 있지 않다고 확실하게 말할 수 있다.

진리

누구든지 예수를 하나님의 아들이라 시인하면 하나님이 그의 안에 거하시고 저도 하나님 안에 거하느니라…예수께서 그리스도이심을 믿는 자마다 하나님께로부터 난 자니(요일 4:15; 5:1).
거짓말하는 자가 누구냐 예수께서 그리스도이심을 부인하는 자가 아니냐 아버지와 아들을 부인하는 그가 적그리스도니 아들을 부인하는 자에게는 또한 아버지가 없으되 아들을 시인하는 자에게는 아버지도 있느니라(요일 2:22-23).

하나님과 교제하는 것에 대한 가장 명확하고 객관적인 기준은 예수 그리스도에 대한 한 사람의 대답이다. 진리는 하나님께서 관리하시는 정원에서 깊이 뿌리를 내린다. 그리고 한 사람의 삶 속에서 하나님께서 역사하고 계시다는 사실을 알 수 있는 확실한 증거 한 가지는 예수님께서 하나님의 아들이시라는 명확한 고백일 것이다. 요한은 이 진리를 거부하는 사람은 하나님과 교제하고 있지 않다고 명확하게 밝힌다. 자기가 하나님과 교제하고 있다고 생각하지만, 사실은 그렇지 못한 것이다. 하나님의 소유권 가운데 속하는 삶의 특징적인 표시는 하나님의 아들 예수 그리스도에 대한 믿음을 분명하게 고백하는 것이다.

하나님께서 한 사람의 삶 속에서 역사하시면, 그 자리에서 순종과 사랑과 진리의 꽃들을 언제나 그리고 분명하게 볼 수 있을 것이다. 하나님께서는 이러한 꽃들이 자라지 않는 정원은 소유하지 않으신다. 이 세 가지 꽃들은 하나님께서 일하고 계신다는 확실한 증거들이다.

그 꽃들이 정원의 모든 곳에서 자라고 있지 않을 수 있다. 그리고 그 꽃들은 당신이 기대하는 것처럼 그리스도인의 삶에서 처음부터 만발하지는 않을 것이다. 그러나 정원사이신 하나님께서 일하시는 곳이라면 어디에나 그 꽃들이 심겨져있고, 자라고 있는 것을 발견하게 될 것이다. 그 꽃들은 하나님께서 소유하고 계시는 모든 정원에 친히 심어놓으시는 씨앗들이다.

뽑아야 할 잡초들

우리는 사도 요한이 빛 가운데 행하는 일에 대해 언급한 다음 바로 "만일 우리가 죄가 없다고 말하면 스스로 속이고 또 진리가 우리 속에 있지 아니할 것이요"(요일 1:8)라고 말하고 있다는 사실에 주목해야 한다. 하나님의 정원에는 잡초도 있다. 어떤 그리스도인이라 할지라도 이 세상을 살아갈 때 죄로부터 완전히 자유롭지 못하다. 그래서 요한은 자신의 삶이 잡초가 전혀 없는 정원과 같다고 생각하는 사람은 속고 있는 것임을 분명히 밝히고 있다.

사도 요한은 육신의 정욕과 안목의 정욕과 이생의 자랑에 대해 쓰면서, 뽑아내야 할 잡초 몇 가지를 확인하고 있다(요일 2:16). 이 잡초들은 빨리 퍼질 수 있다. 그리고 그 뿌리들은 깊이 박힐 수 있다. 만일 그 잡초들이 계속 자라나게 둔다면, 그것들은 당신의 삶이라는 정원을 망치게 될 것이다.

한 사람이 빛 가운데 들어왔다는 사실에 대한 명확한 증거들 중 하나는, 자신의 죄악들에 대해 분명하게 확인하고, 그 죄악들을 뽑아내겠다는 의지를 갖게 되는 것이다.

나의 부모님은 몇 년 동안 정원을 가꾸는 일을 하면서, 여전히 잡초들을 뽑아내고 있다. 잡초를 뽑는 일에는 끝이 없다. 어떤 잡초들은 그 뿌리가 아직 땅 속에 남아 계속 자라난다. 또 다른 잡초들은 들판에서 씨앗이 날아 들어와 자라난다. 잡초들은 계속 도전해온다. 따라서 잡초들이 완전히 뿌리 뽑히지 않고 남아있으면, 그것들은 신속하게 자라 정원을 뒤덮고 화초들을 질식시킬 것이다.

하나님과의 사귐 가운데 있다는 것은 당신이 자신의 삶 속에 있는 죄악들을 확인하고 그것들을 뽑아내겠다는 의지를 갖고 행한다는 뜻이다. 우리가 빛 가운데로 걸어갈 때, 전에는 어둠 속에 감추어져있던 죄악들이 보이기 시작한다. 그 죄악들을 보게 될 때, 비로소 그것을 하나님께 고백할 수 있게 된다.

하나님과 동행하고 있는 사람들의 증거는 그들이 죄가 없다는 것이 아니라, 죄를 고백하는 일을 자신의 일로 삼고 있다는 것이다. 만일 당신에게 고백할 죄악이 전혀 없다고 느낀다면, 그것은 아마도 당신이 어두움 속에 거하고 있으며, 당신의 영적인 상태에 대해 속고 있다는 증거일 것이다. 잡초들을 확인할 수 없는 사람은 그다지 정원사를 활용하려고 하지 않을 것이다. 당신이 자신의 삶 속에 자리 잡고 있는 잡초들을 보게 될 때, 자신에게 훌륭한 정원사가 필요하다는 사실을 깨닫게 될 것이다.

그것이 레이Ray의 이야기였다. 레이는 몇 년 전에 그의 자녀들이 우리 교회 학생부에 다니게 되면서 우리 교회에 출석하게 되었다. 그는 소그룹에서 성경을 공부하기 시작했다. 그런데 그가 이해할 수 없는 것이 한 가지 있었다. 그는 자신이 죄인이라는 사실을 인정할 수 없었다. 레이는 도덕적인 사람이었기 때문에 왜 자신이 죄인인지 이해하기가 어려웠다.

그러던 어느 날, 출근하는 전철 안에서 레이는 하나님께 이렇게 말씀드렸다. "좋습니다, 하나님. 만일 하나님께서 제가 죄인이라고 말씀하신다면, 저는 죄인입니다. 때문에 저는 예수 그리스도를 나의 구주로 영접합니다." 그렇게 말하자마자 그의 마음이 열렸다. 하나님께서 말씀하셨던 바를 믿자, 하나님께서는 레이에게 그가 죄인임을 보여주셨다. 그는 자신의 죄를 보았다. 오래 전에 잊혔던 일들이 그의 기억 속에서 되살아났다. 그는 질투와 시기와 교만을 있는 그대로 보기 시작했다. 그것이 레이의 전환점이었다. 일단 자신을 구원하실 구원자의 필요성을 깨닫게 되자, 자신의 삶을 예수 그리스도께 드리는 일은 아주 쉬워졌다.

죄 고백에 대한 영적 훈련

하나님께서는 우리에게 단 한 번 회개하라고 하시지 않고, 평생 회개하라고 명령하신다. 성경은 우리에게 죄악을 고백하라고 현재 시제로 말하고 있다. 사도 요한은 20년 전에 벌어졌던 일을 언급하듯이 '만일 우리가 우리의 죄를 자백했다면'이라고 말하지 않고, '만일 우리가 우리 죄를 자백하면'이라고 현재 시제로 말하고 있다.

우리의 죄악들을 확인하고 하나님께 고백하는 것은 정상적인 그리스도인의 삶이다. 하나님과 교제하고 있는 사람의 확실한 증거는, 그 사람의 삶 속에서 순종과 사랑과 진리가 가꾸어지고 있다는 사실과, 죄악의 잡초들이 하나님께 고백되면서 규칙적으로 뽑혀나가고 있다는 사실이다.

우리의 죄악들을 확인하고 하나님께 고백하는 능력은, 하나님과 교제하며 신앙을 성장시키는 데 있어서 가장 중요한 열쇠들 중 하나이다. 나의 어머니는 그 정원에서 자라나고 있는 잡초들을 발견하는 예리한 눈을 가지고 계신다. 어머니는 어떤 풀을 보더라도 그것이 잡초인지 아닌지 바로 아시며, 화초들 속에서 자라나고 있는 잡초들을 재빨리 골라내신다. 종종 어머니는 정원 사이에 난 길을 걷다가 멈추어 서서 "저것은 잡초야"라고 말씀하시고 그것을 뽑아내신다.

이것이 바로 우리가 그리스도인으로 살아가면서 개발할 필요가 있는 기술이다. 우리는 우리의 죄악들이 뽑혀나갈 수 있도록 죄를 식별해낼 줄을 알아야 한다. 하나님께서 당신을 보고 계시는 그대로 자신을 볼 수 있도록 당신의 삶에 하나님의 빛을 비추어달라고 간구하라. 마치 정원사가 잡초들을 식별해내듯이, 우리 각자는 자신의 삶을 살피고 점검하면서 죄악들을 골라내는 기술을 발전시켜야 한다. "그것은 교만이야, 그것은 탐욕이야, 그것은 이기심이야, 그것은 뻔뻔한 마음이야, 그것은 불충성이야, 그것은 거짓말이야, 그것은 도둑질이야."

요한이 그저 일반적인 의미에서 죄에 대한 고백을 말하고 있는 것은 아니다. 그가 말하고 있는 것은 구체적인 죄악들을 식별해내는 일에 대한 것이다. 당신과 나는 오늘 잡초들이 어디에 자리 잡고 있는지 살펴야 하며, 그 잡초들을 확인하고 뽑아내 버릴 수 있어야 한다.

우리의 죄악들을 고백하는 일에 대해 겁먹을 필요가 없다. 왜냐하면 하나님께서는 "미쁘시고 의로우사 우리 죄를 사하시며 우리를 모든 불의에서 깨끗하게 하실 것"이기 때문이다(요일 1:9). '미쁘시다'는 말은 당신이 하나님께 고백하는 죄를 하나님께서 용서하시지 않는 일이 결코 없을 것임을 우리에게 되새겨주며, '의로우사'라는 말은 하나님의 용서가 임의적이지 않음을 우리에게 일깨워준다. 하나님께서는 갈보리 십자가에서 죽으신 예수 그리스도를 통해 용서하신다. 그분의 희생제사는 죄악들을 용서하시는 일이 하나님께서 행하시기에 옳은 일이라는 의미이다.

요한은 하나님께서 개별적으로 고백하는 죄악들에 대해서만 용서하신다는 뜻으로 말하지 않았다. 우리 중 어느 누구도 자신의 모든 죄악을 일일이 기록하는 일은 꿈도 꾸지 못할 것이다. 요한이 하는 말의 요점은, 하나님과 교제하는 삶을 살고 있는 사람이 보여주는 증거는 자신의 죄를 부인하는 것이 아니라 자신의 죄악들을 보고 하나님께 고백하는 것이라는 말이다.

놀랍게도, 교회에 출석하는 어떤 사람들은 자기들이 얼마나 선한지 설명하려고 대단히 노력한다. 최근에 나와 대화를 나누었던 한 여성은 자신이 얼마나 착한 사람인지 20분 동안 설명했다. 그 여성이 왜 그렇게 하고 싶어 했는지 잘 모르겠으나 아마도 자신의 죄를 부인할 가능성에 대해 몹시 두려워하는 상태에 있지는 않았는지 생각해본다.

많은 사람이 만일 하나님께서 자기들의 실상이 어떤지 아신다면, 하나님께서 자기들을 심판하시어, 그 존재가 사라지게 만들 것이라는 생각을 마음속 깊이 간직하고 있다. 그러나 하나님께서는 이미 당신에 대해 모든 것을 알고 계신다. 그리고 하나님께서는 당신을 지금 있는 그대로 사랑하신다. 그렇기 때문에 아들을 세상에 보내셨다. 십자가 사건은, 사람들로 하여금 자신의 죄를 부인하는 상태로부터 벗어나 하나님 앞에 솔직하게 "하나님께서는 저를 너무도 잘 알고 계십니다. 하나님께서 원하시는 대로 저를 만들어주시옵소서"라고 고백할 수 있도록 만들어준다. 그것은 세상에서 가장 즐거운 해방의 경험이다.

완벽주의의 문제

완벽주의자들은 대개 이 놀라운 진리를 파악하는 데 어려움을 느낀다. 최근에 내 친구 중 한 명이 리모델링이 필요한 집으로 이사를 했다. 그 집은 그들이 살던 이전 집보다 훨씬 더 컸기 때문에 나는 그들이 새로 이사한 집에서 손님들을 맞을 수 있겠다고 말했다. 그런데 뜻밖의 대답이 돌아왔다. "아직 아니네. 우리가 손님들을 맞을 수 있는 상황이 되려면 몇 년 더 있어야 한다네. 그 친구는 새로 이사한 집이 자기가 원하는 대로 리모델링되지 않는 한, 어느 누구도 초대하지 않겠다고 결정을 내린 것이다.

그것이 바로 일부 그리스도인들이 하나님과의 사귐에 대해 품고 있는 마음 자세이다. 그들은 자신의 삶 속에서 모든 것이 자신이 원하는 대로 이루어지지 않는 한, 하나님과 교제할 수 없다고 생각하고 있다. 그들은 하나님께 자신의 아주 인상적인 모습을 보일 준비를 하고 있다. 그러나 그들은 결코 그렇게 할 수 없다.

당신이 하나님과 교제하기 전에 완벽해야 할 필요가 없다. 이 사실은 성경에서 우리의 마음을 가장 편하게 해주는 해방의 진리들 중 하나이다. 그리고 이 진리는 복음의 핵심에 자리 잡고 있다. 하나님께서는 "먼저 너의 삶의 정원을 아름답게 만들어라. 그런 다음에 내가 그 정원을 나의 소유로 삼겠다"라고 말씀하지 않으신다. 하나님께서는 "내가 먼저 너의 삶이라는 정원을 나의 것으로 삼겠다. 그렇게 해서 내가 그 정원을 아름답게 만들겠다"라고 말씀하신다. 하나님께서는 불완전한 삶들 가운데 역사하신다. 하나님께서는 잡초가 무성하고, 볼품없는 들판과 같은 삶을 받아들이시고 그 삶을 아름답게 가꾸신다.

드러난 사실 UNLOCKED

하나님께서는 당신의 현재 상태와 상관없이 당신의 삶에 들어오실 준비가 되어있으시다. 그러나 하나님께서 어떤 한 사람의 삶을 소유하실 때, 언제나 두 가지 역사를 행하신다. 먼저 하나님께서는 순종과 사랑과 진리의 화초들을 심으신다. 그리고 죄악의 잡초들을 뽑아내는 일을 시작하신다. 이러한 일들은 하나님과 교제하는 삶을 살고 있다는 증거들이다.

하나님께서 당신의 삶의 정원사라는 증거는, 화초가 가꾸어지고 잡초가 끊임없이 뽑혀나가고 있다는 사실에서 찾을 수 있다. 이 점에서 당신은 그 정원이 하나님께 속해있음을 알 수 있다.

기도 PAUSE FOR PRAYER

은혜로우신 하나님 아버지!

제 삶의 주인이 되시어, 저의 삶 속에서 죄악의 씨앗을 뿌리 뽑아주시고, 복음과 전도의 열매를 맺는 그리스도의 삶을 살 수 있도록 도와주시옵소서. 제가 순종과 사랑과 진리의 꽃들을 가꿀 수 있도록 도와주시고, 저의 영안을 열어주셔서, 저로 하여금 죄악의 잡초들을 바로 뽑아버릴 수 있도록 능력을 더하여주시옵소서. 주님께서 제 삶 속에서 역사하실 때, 제가 항상 성령으로 충만하게 하여주시고, 예수 그리스도를 본받는 삶을 살 수 있도록 항상 지켜주시고 도와주시옵소서. 이 모든 것을 예수 그리스도의 이름으로 기도드립니다. 아멘.

Note

1. A. W. Tozer, *The Pursuit of God* (Camp Hill, Pa.:Christian Publications, 1948), 12, 13.

39

어린양

Lamb

요한계시록 4-5장

누가 하나님의 목적을 비전에서 현실로 옮길 수 있는가?

묵상의 길잡이

☑ **발견하라**
이미지 속에서 복음을 발견하라.

☑ **배우라**
예수 그리스도께서 왜 하늘 예배의 중심인지 배우라.

☑ **경배하라**
하나님 어린양의 보좌를 둘러싸고 있는 천군 천사들과 함께 하나님을 경배하라.

당신이 헬기를 타고 멀리 있는 외딴 부족 사람들에게 날아갔다고 상상해보라. 당신의 임무는 그들에게 전기에 대해 설명해주는 것이다. 그러나 문제는 그 사람들이 석기시대 문화 속에서 살고 있다는 것이다.[1] 그 사람들은 가전제품은 고사하고 전깃줄도 본 적이 없다. 그래서 당신은 그 사람들이 경험했거나 상상할 수 있는 것의 범위를 넘어서는 것을 설명해줄 어떤 방법을 찾아야 한다. 어디에서부터 어떻게 설명을 시작하겠는가?

당신은 그 사람들의 세계 속에서 전기에 대해 설명할 수 있는 연결점들을 찾아보고, 그림을 이용하여 그 사람들의 이해 범위를 넘어서는 내용을 전달하려고 시도한다.

그들은 전깃줄에 대해서는 전혀 아는 것이 없지만, 덩굴들은 잘 알고 있으므로 덩굴들이 서로 얽혀 당신의 집까지 닿는 것으로 전깃줄을 설명한다. 그리고 전류의 힘을 이해할 수는 없지만, 귀신들의 힘에 대해서는 친숙한 그들에게 전류의 힘은 그 덩굴들을 따라 흘러들어오는 일종의 귀신의 힘과 같다고 말함으로써 전류를 설명한다. 마지막으로 전구를 설명하면서, 집에 닿은 덩굴들이 작은 별과 같은 빛에 연결되어 밖이 어두울 때라도 당신의 집이 밝아질 수 있다고 말함으로써 전구를 설명한다.

물론 전류가 귀신의 힘 같은 것은 아니며, 전깃줄이 덩굴로 이루어지지 않았으며, 전구는 별이 아니다. 그러나 이 같은 이미지와 비유들을 사용하는 것은 사람들의 이해의 폭을 넘어서는 어떤 것을 전달할 수 있는 유일한 방법이다.

하나님께서는 요한계시록에서 많은 이미지를 이용해 우리에게 의사를 전달하고 계신다. 그 이미지들이 하늘 영광에 대한 어떤 감각을 최소한이라도 우리가 파악할 수 있도록 해주는 유일한 방법이기 때문이다.

요한계시록은 시각에 의한 정보를 능숙하게 받아들이는 사람들에게 놀라운 책이다. 그 책은 이미지를 통해 우리에게 복음을 전해주고 있으며, 진리를 전달하기 위해 다양한 이미지를 사용하고 있다. 종종 하나의 이미지가 또 다른 이미지 위에 얹혀있기도 하다. 예를 들어, 요한계시록에는 온통 눈目으로 덮여있는 짐승들에 대한 이야기가 나온다(계 4:6). 그리고 이 짐승들 중 하나가 마치 사자와 같은 모습을 하고 있다는 이야기가 나온다. 당신은 몸이 온통 눈으로 덮여있는 사자를 본 적이 있는가?

언젠가 나는 이 사자를 그리려고 시도한 사람의 작품을 본 적이 있다. 그 그림은 기괴했으며, 핵심을 완전히 벗어나 있었다. 아마도 요한이 보았던 것은, 하나의 이미지 위에 또 하나의 다른 이미지가 겹쳐 보이는, 쉽게 말해 오늘날의 비디오 트릭에 훨씬 더 가까웠을 것이다. 어떠한 이미지로도 하늘의 영광을 전달할 수 없기 때문에 그 이미지들이 서로 겹쳐져 층을 이루고 있는 것이다.

세 곳에서 진행되는 하나의 드라마

요한계시록은 마치 세 곳, 즉 교회와 세상과 하늘에서 펼쳐지고 있는 한 편의 웅장한 드라마와 같다. 앞부분의 몇 장들은 교회에 대한 권고를 담고 있는 7편의 편지를 포함하고 있다. 그 편지들은 그다지 고무적이지 않다. 교회들은 완벽함과는 거리가 멀다. 그리고 커다란 압력을 받으면서 분투하고 있었다.

8장부터 18장까지는 지상에서 일어날 사건들을 기술하고 있다. 이 장들은 세상에 임할 끔찍한 환난들과 최후에 예수 그리스도께서 승리하시기 전, 악의 권세가 세상에 점차로 풀려나는 것을 묘사하고 있다. 그래서 요한계시록의 대부분은 교회의 고통과 세상의 곤경을 알리는 데 지면을 할애하고있다. 종종 악의 물결은 매우 강해보이며, 교회는 매우 연약해보인다.

사도 요한은 이 점을 잘 의식하고 있었다. 그는 소아시아의 일곱 교회에 리더십을 제공했으며, 이제 그는 자신의 믿음 때문에 밧모섬에 갇혀있었다. 예수 그리스도께서 요한이 인도했던 교회들에 대해 말씀하시는 것을 요한 자신이 듣고 있는 일은 그리 마음 편한 일은 아니었을 것이다. 당신이 평생 동안 일곱 교회를 섬겼는데, 한 교회는 첫 사랑을 버렸고, 어떤 교회는 잠자고 있으며, 또 어떤 교회는 뜨겁지도 차지도 않으며, 심지어 그 교회를 자기 입에서 뱉어내버리겠다고 말씀하시는 예수 그리스도를 상상해보라!(계 2:4; 3:2, 3, 15, 16)

요한은 세상에 임할 환난들에 대해 듣는 것이 그리 편치 않았을 것이다. 그는 밧모섬에 있는 감옥에서 이미 환난이 진행되고 있음을 분명히 느꼈을 것이다.

많은 그리스도인은 교회에서 무슨 일이 일어나고 있는지, 혹은 일어나고 있지 않은지 그리고 세상에서 무슨 일이 진행되고 있는지 보면서 낙심했다. 그러나 그들은 하늘에서 벌어지고 있는 일은 보지 못한다. 그렇기 때문에 이 책의 마지막 두 장의 초점은 요한계시록에 기록되어 있는 천국에 대한 면면들에 맞추어질 것이다. 우리가 하늘에서 벌어지고 있는 일을 보게 될 때, 이 땅 위에서와 교회 안에서 벌어지고 있는 일에 대한 당신의 시각이 바뀔 것이다.

하늘의 일면

보좌

이 일 후에 내가 보니 하늘에 열린 문이 있는데 내가 들은 바 처음에 내게 말하던 나팔 소리 같은 그 음성이 이르되 이리로 올라오라 이 후에 마땅히 일어날 일들을 내가 네게 보이리라 하시더라 내가 곧 성령에 감동되었더니 보라 하늘에 보좌를 베풀었고 그 보좌 위에 앉으신 이가 있는데(계 4:1-2).

하나님의 보좌에 대해서는 참조할만한 부분이 없다. 하나님의 보좌는 어떤 나무 아래 있지도 않으며, 어떤 수풀 옆에 있지도 않다. 높이도, 깊이도, 넓이도 없으며, 시작도 끝도 없다.

요한이 하늘이 열린 것을 보았을 때, 그는 고급 저택들이나 황금이 깔린 거리를 보지 않고, 하나의 보좌를 보았다. 하늘에 있는 다른 모든 것은 이 보좌와 관련해서 언급된다. 우리는 그 보좌 주변에, 그 보좌 앞에 그리고 그 보좌를 둘러싸고 있는 것들에 대해 듣게 된다. 하늘에 있는 모든 것은 하나님과 보좌와 관련해서 제 위치를 찾는다.

요한은 그 보좌 위에 누군가가 앉아있는 것을 보았다. 우리는 성경 이야기를 여행하면서 하나님에 대한 환상을 본 여러 사람이 오직 하나님의 영광의 광채만을 보았다고 묘사한 사실을 알 수 있었다. 그것은 사도 요한의 경우도 마찬가지였다. 그는 "앉으신 이의 모양이 벽옥과 홍보석 같고…"(계 4:3)라고 말한다. 벽옥은 투명한 보석이다. 그래서 우리는 그가 보았던 것을 다이아몬드라고 이해할 수 있다. 홍보석은 색깔이 붉었는데, 그것은 루비라고 생각할 수 있다.

보석들은 형형색색의 분광을 반사하고 있다. 요한은 보석에서 빛이 찬란하게 반짝거리는 것 같은, 현란하게 빛나는 광채를 보았다. 그는 찬란한 빛이 뿜어 나오는 만화경을 보았다. 마치 레이저쇼를 보는듯했을 것이다.

그 보좌 주변에는 무지개가 하나 있었다. 우리에게 익숙한 반원형 무지개가 아니라, 훨씬 더 많은 찬란한 빛의 광채 속에 보좌를 에워싸고 있는 원형 무지개를 말한다. 하나님의 보좌는 숨 막히도록 아름다우며, 그 권능은 장엄함 그 자체였다.

사도 바울은 하나님께서 "가까이 가지 못할 빛에 거하고 계신다"고 말했으며, 아무도 그를 본 자도 없고, 그를 볼 수도 없다고 말했다(딤전 6:16). 하나님께서는 옷을 입음같이 빛을 입으셨다(시 104:2). 요한이 하늘의 보좌 위에 앉아계신 분을 보았을 때, 그가 어렴풋이 볼 수 있었던 것은 접근할 수 없을 정도로 찬란한 빛의 번득이는 광채였다.

그 보좌를 둘러싸고 이십사 장로들이 흰 옷을 입고 머리에 금 면류관을 쓰고 앉아있었다(계 4:4). '장로들'이라는 명칭은 그들이 사람들일 것이라는 추측을 하도록 하지만, 그들은 천사들이었을 가능성이 훨씬 더 높다. 나중에 우리는 그 장로들이 어떻게 어린양이 하나님으로부터 사람들을 사셨는지에 대해 말하는 것을 보게 된다. 그 장로들은 천사 세계에서 가장 높은 지위에 있는 존재들로 보는 것이 가장 타당할 것이다.

24명의 장로는, 그룹들이 에덴동산에 들어가는 입구를 지켰듯이, 하나님의 보좌를 지키고 있다. 그들은 왕을 수행하는 수행원과 같다. 성경은 하나님의 보좌를 둘러싸고 있으며, 하나님의 분부를 이행하는 한 무리의 수행원들에 대해 말하고 있다(시 89:6-7; 왕상 22:19). 그래서 환상 속에서 요한이 머리에 면류관을 쓰고 흰 옷을 입고 있는 최고위층 수행원들을 보았던 것이다. 그 장로들이 보좌 앞에 그들의 면류관을 던지고 있는 것은 권위의 분리를 의미하는 것이 아니다. 그 면류관들은 모든 권위와 권력의 원천이 오직 하나님으로부터만 나온다는 사실을 시사하는 것이다.

천둥과 번개

보좌로부터 번개와 음성과 우렛소리가 나고…(계 4:5).

갑자기 이 영광스러운 장면이 무서운 장면으로 바뀌었다. 하나님의 보좌로부터 발산되는 아름답고 장엄한 빛은 무서운 천둥과 번개의 원천이었다.

하나님께서 시내산으로 내려오셨을 때, 그 산은 불타고 있었다. 모세조차 두려움으로 몸을 떨었다(히 12:21). 요한도 여기에서 비슷한 광경을 보았다. 하나님의 보좌에서 발산되는 레이저 광선들은 그의 눈을 현란하게 하였다. 그리고 천둥과 번개는 그를 두려움에 사로잡히도록 만들었다.

또한 요한과 장엄한 보좌 사이에는 '수정과 같은 유리 바다'가 있었다(계 4:6). 아마도 요한은 이 장면을 보고 애굽을 탈출한 후에 홍해 앞에 서 있었던 하나님의 백성이 떠올랐을 것이다. 하나님의 백성이 서 있는 곳에서 그들의 목적지로 가기 위해서는 기적이 필요했다. 하나님께서 홍해의 물을 가르셨고, 그리하여 백성이 마른 땅 위를 걸어서 홍해를 통과할 수 있었다.

이제 요한은 사람들이 하나님의 임재 안으로 들어가고자 한다면, 홍해가 갈라졌던 일보다 훨씬 더 큰 기적이 필요하다는 사실을 깨달았다. 죄인들이 하나님의 임재 안에 다시 설 수 있으려면 물을 가르는 또 한 번의 새로운 출애굽이 있어야 했다.

그런 다음에 요한은 네 종류의 살아있는 생물을 보았다. 그것들은 24명의 장로보다도 하나님의 보좌에 더 가까이 있는 것처럼 보였다. 이사야의 환상에서 나타났던 스랍들처럼(사 6:1-3), 그 생물들은 눈으로 가득 덮여있는 여섯 개의 날개를 가지고 있었으며 "거룩하다 거룩하다 거룩하다 주 하나님 곧 전능하신 이여 전에도 계셨고 이제도 계시고 장차 오실 이시라"(계 4:6-8)며 밤낮 쉬지 않고 외쳤다.

이것이 요한이 보았던 하늘의 첫 번째 모습이었다. 그는 하늘에 있는 보좌를 보았으며, 형언할 수 없이 장엄한 분의 임재에서 나오는 찬란한 빛을 잠깐 보았다.

두루마리 책

내가 보매 보좌에 앉으신 이의 오른손에 두루마리가 있으니 안팎으로 썼고 일곱 인으로 봉하였더라(계 5:1).

두루마리 책은 파피루스 껍질을 수평으로 길고 가지런히 놓아 붙여 만들었다. 그 껍질들 뒤쪽에 다시 다른 껍질들을 수직으로 붙였다. 그리고 전체를 서로 풀로 붙이면 파피루스 한 장이 만들어진다. 이렇게 만들어진 여러 장의 파피루스가 다시 연결되어 하나의 두루마리가 만들어진다. 그 두루마리의 양 끝에 두 개의 막대기를 부착하고, 그 두루마리를 양쪽 끝에서부터 말아 중간에 촛농을 떨어뜨려 봉인했다.

대개는 파피루스 껍질 조각들이 수평으로 나란히 붙은 두루마리의 안쪽에만 글을 썼다. 바깥 면의 수직으로 붙은 껍질 조각들 위에 글을 쓰기란 쉽지 않았을 것이다. 그러나 만일 법적인 거래와 관련된 모든 정보를 한 곳에 기록해놓아야 한다면, 양쪽 면을 다 쓸 수 있었을 것이다.

양쪽 면에 기록되어있는 두루마리 책은 하나님께서 세상을 위해 계획해놓으신 모든 것에 대한 일종의 청사진이다. 하나님께서는 한 개의 두루마리 책을 들고 계신다. 이외에 기록되어있는 다른 책은 없다. 하나님의 목적 전체가 여기에 다 들어있는 것이다.

성경 이야기 내내 하나님께서는 악을 멸하고 사람들을 하나님의 임재 안으로 다시 들어올 수 있도록 하겠다고 약속하셨다. 이것이 하나님의 목적이다. 그러나 하나님의 이 목적이 봉인되어있음에 주목하라. 고대 세계에서 유언은 그 유언을 작성한 자가 죽을 때까지 밀랍으로 봉인했다. 유언자가 죽고 나면 봉인을 연 사람이 그 유언을 집행했다.

요한은 창조 세계에 대한 하나님의 계획서가 있음을 보았지만, 그 책은 일곱 개의 인장으로 봉인되어있었다. 하나님의 뜻은 선언되었지만, 아직 집행되지 않고 있었다.

한 강한 천사가 요한과 온 우주를 향해 도전하는 말을 던졌다. "누가 그 두루마리를 펴며 그 인을 떼기에 합당하냐"(계 5:2).

두루마리 책을 열기 위해서는 누군가 유리 바다를 건너가야 할 것이다. 그 사람은 하나님의 보좌에서 발산되는 천둥과 번개를 이겨내고 눈을 멀게 만드는 그 보좌의 찬란한 광채에 다가가야 할 것이다. 그리고 하나님의 손에서 그 두루마리 책을 받은 다음에는, 하나님께서 계획하신 모든 것을 실행에 옮길 수 있는 권한이 그 사람에게 필요할 것이다.

> 하늘 위에나 땅 위에나 땅 아래에 능히 그 두루마리를 펴거나 보거나 할 자가 없더라(계 5:3).

누가 하나님의 뜻을 집행하고 그 목적을 실천에 옮길 수 있는가? 요한은 우리에게 "하늘에서 아무도 그렇게 할 자가 없었다"고 말한다. 그 일은 그룹들이나 스랍들이 할 수 있는 일이 아니었다. 땅 위에서도 아무도 그 일을 할 수 있는 자가 없었다. 요한은 자기가 다가갈 수 있는 길이 전혀 없음을 알고 있었다. 땅 아래에서도 그 일을 할 수 있는 자가 아무도 없었다. '땅 아래'라는 말은 죽은 자들을 일컫는 옛날 표현이다. 즉, 아브라함도 그 일을 할 수 없었고, 모세나 다윗도 그 일을 할 수 없었다. 어떤 선지자도, 인간 역사상 어떤 종교 지도자도 그 일을 할 수 없었다.

하늘에서나 땅에서나 땅 아래에서나, 악을 멸하고 사람들을 하나님의 임재 안으로 회복시키겠다는 하나님의 목적을 실행에 옮길 수 있는 자가 아무도 없었다.

요한은 하나님의 목적을 실행에 옮길 수 있는 자가 아무도 없음을 보고 울었다(계 5:4). 당신도 이 세상에 대해 똑같은 슬픔을 느꼈을 수 있다. 이 세계가 하나님께서 원래 목적하신 상태와는 아주 거리가 멀기 때문이다. 또한 우리가 각자 살아가면서 똑같은 고통을 느끼는 때가 여러 번 있을 수 있다. 육체의 연약함, 개인적인 손실, 혹은 계속되는 유혹들 때문에 우리는 하나님의 최종적인 목적들이 성취되고, 하나님의 뜻이 실행되는 것을 보고 싶은 열망을 갖게 될 수 있다. 그 천사의 질문은 인간 역사상 가장 위대한 질문이다. 그리고 그 질문은 우리를 성경 이야기의 중심으로 인도해준다.

어린양

장로 중의 한 사람이 내게 말하되 울지 말라 유대 지파의 사자 다윗의 뿌리가 이겼으니 그 두루마리와 그 일곱 인을 떼시리라 하더라 내가 또 보니 보좌와 네 생물과 장로들 사이에 한 어린양이 서 있는데 일찍이 죽임을 당한 것 같더라…(계 5:5-6).

이제, 장로들 중 하나가 하나님의 목적을 세상에서 실행할 수 있는 자를 소개한다. 그 자는 먼저 사자로 묘사되고 그다음에는 어린양으로 묘사되어있다. 이것을 이해할 수 있는 최선의 방법은 홀로그램을 쳐다보는 것이다. 어쩌면 당신이 가지고 있는 신용카드에 홀로그램 처리가 되어있을지 모르겠다. 만일 있다면, 그 카드를 빛에 비추어보기 바란다. 그러면 세 가지 차원의 이미지들이 나타나는 것을 볼 수 있을 것이다. 어느 한 가지 이미지를 가지고 하나님의 보좌에서 등장하고 있는 자의 영광을 묘사한다는 것은 불가능하다.

그 인물은 환상 전체의 초점이 되면서 보좌로부터 부상한다. 그는 현란한 광채로부터 나온다. 그의 기원은 유리 바다의 이쪽 편에 있는 우리와 같지 않다. 그는 그 보좌의 불가사의한 빛으로부터 나온다.

그는 '유다 지파의 사자'라고 묘사된다. 비록 그가 하나님의 보좌로부터 등장하지만, 그는 한 인간 지파를 통해 신분이 확인된다. 그런 다음에 그 장로는 요한에게 "그가 이기었다"고 말한다. 그가 어떤 식의 싸움에 개입했던 것으로 보인다. 그 싸움의 성격은 그가 목이 잘려진 어린양으로 묘사되었다는 사실에 반영되어있다.

죽임을 당한 어린양이란, 희생제사에 대해 말하는 것이다. 그러므로 그 장로는 이 합성 사진을 통해 하나님의 보좌에 등장했으며, 한 사람의 유대인으로 인간 역사에 개입하셨던 그분이 자기의 목숨을 희생제물로 내려놓았던 어떤 싸움에 개입하였음을 요한에게 보여준 것이다.

그 어린양은 죽음의 표시들을 지니고 있다. 그러나 그는 살아계시며, 승리를 기뻐하며 하나님 앞에 서 있다. 그 어린양은 완전한 권력의 상징인 일곱 개의 뿔을 가지고 있으며, 완벽한 지식의 상징인 일곱 개의 눈을 가지고 있다. 요한은 그가 하나님의 보좌에 다가가는 것을 목격했다.

하늘의 예배

하늘이 경배하며 소리를 발할 때

어린양이 나아와서 보좌에 앉으신 이의 오른손에서 두루마리를 취하시니라(계 5:7).

이 인물은 하나님의 보좌로부터 등장했다. 그는 유리 바다를 건너와 유다 지파의 사자로서 사람들 사이에 자리를 잡았다. 그는 자신의 목숨을 내어놓는 큰 싸움을 치렀으나, 그 싸움에서 승리를 거두었다. 그리하여 이제 그가 하늘에서나 땅에서나 땅 아래에서나 다른 어느 누구도 할 수 없었던 일을 하신다. 즉, 그가 유리 바다를 건너가, 자신이 나왔던 하나님의 보좌로 다가가 전능하신 분의 손에서 그 두루마리 책을 취한다.

그가 그렇게 할 때, 하늘 전체가 경배하면서 탄성을 지른다.

> 그 두루마리를 취하시매 네 생물과 이십사 장로들이 그 어린양 앞에 엎드려…새 노래를 불러 이르되 두루마리를 가지시고 그 인봉을 떼기에 합당하시도다 일찍이 죽임을 당하사 각 족속과 방언과 백성과 나라 가운데에서 사람들을 피로 사서 하나님께 드리시고 그들로 우리 하나님 앞에서 나라와 제사장들을 삼으셨으니 그들이 땅에서 왕 노릇 하리로다(계 5:8-10).

예배의 옛 노래(계 4:11에 기록되어있는 노래)는 창조 때에 행하신 하나님의 능력과 영광에 집중되어있었다. 그러나 새 노래는 전부 예수 그리스도의 구속 사역에 대한 것이다. 예수 그리스도의 죽음과 부활 때문에 그리스도께서 그 봉인들을 떼고 하나님의 뜻을 집행할 수 있다. 그분의 희생과 승리를 통해 하나님의 모든 목적들이 성취될 것이다.

예수 그리스도께서 모든 지파와 언어와 민족과 나라에서 사람들을 이끌어내고 계시기 때문에 이 일은 이미 일어나고 있다. 예수 그리스도께서는 그분의 나라에서 사람들을 하나로 만드시고, 그들을 이끌어 유리 바다를 건너게 하시며, 무서운 천둥과 번개를 지나 하나님의 보좌로 다가가 하나님의 임재 안에서 살 수 있도록 하신다.

그렇기 때문에 우리는 요한계시록에서 더 이상 바다가 존재하지 않는다는 말씀을 읽게 된다(계 21:1). 예수 그리스도의 피로 산 사람들에게 있어서 하나님의 보좌로부터 나오는 천둥과 번개는 더 이상 없으며, 그들을 하나님의 임재로부터 분리시킬 수 있는 것은 없다.

천사들과 모든 피조물의 찬양

그 찬송은 생물과 장로들에게서 끝나지 않고 엄청난 무리의 천사들에게 이어진다. 요한은 이렇게 썼다. "내가 또 보고 들으매 보좌와 생물들과 장로들을 둘러 선 많은 천사의 음성이 있으니 그 수가 만만이요 천천이라"(계 5:11). 그 수는 수억을 넘는다. 이 말의 핵심은 어느 누구도 그 수를 셀 수 없다는 것이다.

큰 소리로 천사들이 외친다. "죽임을 당하신 어린양은 능력과 부와 지혜와 힘과 존귀와 영광과 찬송을 받으시기에 합당하도다"(계 5:12).

예수 그리스도께서 사람의 몸을 취하시고 세상에 태어나셨을 때에도 천사들은 경배하면서 하늘을 가득 채웠다. 이제 천사들은 예수 그리스도께서 그분의 죽음과 부활을 통해 이루신 일을 보면서 찬양한다. 그 찬송은 천사들을 넘어 확대된다. 요한은 새롭게 된 창조 세계가 더 이상 이빨과 발톱을 피로 물들지 않고 어울림과 경배 가운데 하나가 될 날을 보았다.

> 내가 또 들으니 하늘 위에와 땅 위에와 땅 아래와 바다 위에와 또 그 가운데 모든 피조물이 이르되 보좌에 앉으신 이와 어린양에게 찬송과 존귀와 영광과 권능을 세세토록 돌릴지어다(계 5:13).

옛 질서는 사라져버렸다. 이제 모든 것이 새롭게 되었다. 그토록 오랫동안 저주 아래 있었던 이 세계는 마침내 풀려났다. 저주가 제거됨으로 인해 온 창조 세계가 기뻐한다.

요한은 예수님에 대한 자신의 증언 때문에 밧모섬에 있는 감옥에 갇혔다. 그러나 모든 사람이 예수 그리스도의 통치를 거부하지 않게 될 날이 다가올 것이다. 그토록 오래 예수 그리스도를 거부했던 세상의 옛 질서는 사라질 것이다. 그리고 하나님께서 모든 것을 새롭게 만드실 것이다.

그 봉인들은 아직 떼어지지 않았다. 예수 그리스도께서 대적들을 멸하고 세상을 다스릴 권세와 영광 가운데 아직 임하지 않으셨다. 그러나 그 두루마리 책은 그분의 손에 있다. 그러므로 미래는 안전하다. 하나님의 목적들은 예수 그리스도를 통해 모두 성취될 것이다.

드러난 사실 UNLOCKED

우리가 살아가고 있는 세상이 하나님께서 과거에 만드셨던 세계로부터 그리고 하나님께서 목적하고 계신 상태로부터 동떨어져있다는 사실은 쉽게 알 수 있다. 성경은 더 나은 세상에 대한 약속들로 가득 차 있다. 그리고 역사의 핵심적인 질문은 "누가 그 약속들을 실현시킬 수 있는가" 하는 것이다. 역사는 세상에서 수많은 몽상가를 배출했다. 그들은 더 나은 세상을 꿈꾸거나 약속했지만, 그 약속은 여전히 성취되지 않고 있다.

예수 그리스도만이 하나님의 목적들을 기록해놓은 두루마리 책을 가지고, 그 목적들을 실행할 자격을 가지고 계신다. 그분은 자신의 죽음과 부활로 이 일을 성취하실 수 있다. 그분은 세계만방 출신의 사람들로 이루어진 나라를 모으시면서 자신의 일을 이미 진행하고 계신다.

모든 인간 역사는 그분이 영광과 권능 가운데 재림하여 자신의 백성을 하나님의 임재 안으로 인도하실 그날을 향해 나아가고 있다. 그때, 예수 그리스도께서는 모든 죄악을 처리하실 것이며, 마침내 새 하늘과 새 땅을 세우실 것이다. 그 새 하늘과 새 땅에서 하나님의 백성은 영원히 하나님을 기뻐할 것이며, 하나님께서는 그 영광을 받으실 것이다.

기도 PAUSE FOR PRAYER

전능하신 하나님 아버지!

저의 구주 되시는 예수 그리스도를 믿고 영접하고 기도하는 가운데 유리 바다를 건너 하나님의 임재 안으로 들어갈 수 있도록 길을 열어주신 예수님께 감사드립니다. 경배와 찬양으로 제가 하나님 보좌 앞에 절하며, 예수 그리스도의 이름을 높이면서 하나님께 영광을 돌립니다. 하나님께서는 세상의 모든 영광과 존귀와 찬송을 받으시기에 합당하십니다.

죄악 된 세상을 구원하시고, 하나님을 떠난 사람들이 하나님의 자녀 되게 하시고, 모든 세상에 예수 그리스도의 복음이 전파되는 하나님의 계획이 예수 그리스도를 통해 이루어지게 됨을 믿습니다. 항상 성령으로 함께하셔서 제가 그 영광 가운데 살 수 있도록 도와주시고, 예수님이 다시 오시는 날, 제가 하나님의 모든 자녀와 함께 기뻐 승리의 개가를 부르며 하나님 앞에 나아갈 수 있도록 도와주시옵소서. 그날에 대한 믿음과 확신을 가지고 하루하루 살아갈 수 있도록 도와주시옵소서. 모든 말씀 예수 그리스도의 이름으로 기도드립니다. 아멘.

Note

1. 이 비유는 도널드 카슨에게서 얻은 것이다. 그의 책, *From Triumphalism to Maturity* (Grand Rapids:Baker, 1984), 139.

40

도성

City

요한계시록 21-22장

어디에서 영원을 보낼 것인가?

묵상의 길잡이

☑ **발견하라**
새 하늘과 새 땅의 기쁨을 발견하라.

☑ **배우라**
어떻게 당신이 하나님의 궁극적 목적의 일부가 될 수 있는지 배우라.

☑ **경배하라**
만물을 새롭게 하실 하나님께 경배하라.

한 여인의 목에 걸려있는 진주목걸이를 생각해보자. 목걸이는 아래로 흘러 내려왔다가 다시 올라간다. 첫 번째 진주와 마지막 진주가 끝 부분의 연결 고리에 의해 분리된 채, 서로 나란히 연결된다. 그 고리를 풀면 목걸이는 한 줄이 되어 첫 번째 진주와 마지막 진주가 멀리 떨어져 있는 것처럼 보인다. 그러나 고리에 의해 다시 연결되면, 서로 밀접하게 연결된다.

성경 이야기는 한 동산에서 시작하여 한 도성에서 끝난다. 그 중간의 모든 길은 예수 그리스도를 가리킨다. 그 동산과 도성은 멀리 떨어져있는 것처럼 여겨질 수 있다. 그러나 진주목걸이를 이루고 있는 진주들처럼 하나님께서는 그 둘을 놀랍게도 서로 밀접하게 연결해놓으셨다.

성경은 하나님께서 하늘과 땅을 창조하시는 것으로 시작한다. 그리고 하나님께서 새 하늘과 새 땅을 창조하시는 것으로 끝을 맺는다. 하나님의 백성은 언제나 꿈꿔왔던 삶을 그곳에서 누리게 될 것이다. 이것이 성경 이야기의 장대한 범위이다.

새 하늘과 새 땅

> 또 내가 새 하늘과 새 땅을 보니 처음 하늘과 처음 땅이 없어졌고 바다도 다시 있지 않더라(계 21:1).

하나님께서 왜 새 땅을 만드시는지는 우리가 쉽게 이해할 수 있지만, 새 하늘에 대해서는 의문이 생긴다.

땅 위에서 반역이 있기 전에 하늘에서 먼저 반역이 있었다. 사탄은 하나님의 보좌에 오르고 싶어 했다. 그래서 사탄은 하늘에서 쫓겨났다. 욥 이야기에서 사탄은 하나님께서 주신 좋은 선물들 때문에 인간이 하나님을 사랑한다고 말했다. 그렇게 사탄이 하나님의 이름을 모욕했을 때, 천사들도 그 말을 들었다. 그러므로 악의 가능성은 지상에서만이 아니라 하늘에서도 존재하는 것이 분명하다.

그러나 이제 요한은 죄악이 영원한 멸망으로 떨어지는 것을 보았으며, 하나님께서 악의 존재뿐만 아니라 그 가능성으로부터도 자유로운 새 하늘과 새 땅을 만드셨음을 보았다.

요한은 첫 하늘과 첫 땅이 사라져버린 것을 보았다. 우리가 알고 있는 인간 역사는 끝을 맺게 되었다. 그리고 하나님께서 모든 세대, 모든 문화로부터 구속하신 사람들은 하나님께서 그들을 위해 예비해놓으신 것을 보게 되기를 기다리고 있었다.

요한은 "바다도 다시 있지 않더라"(계 21:1)고 말했다. 우리는 지난 장에서 바다는 하나님으로부터 사람을 분리키는 모든 것을 말한다는 점을 살펴보았다. 그 바다가 사라져버렸다. 또한 요한계시록에서 바다는 인간의 역사를 따라다녔던 악한 괴물들을 탄생시킨다. 그 괴물들도 모두 사라졌다.

그런 다음에 요한은 '새 땅'을 보았다고 말한다. 이 두 단어는 매우 중요하다. '새'라는 말은 완전히 다른 것을 의미한다. '땅'은 그 땅이 신기하리만큼 친숙하다는 것을 뜻한다. 그리스도인의 운명은 상상의 세계를 살아가는 꿈과 같은 것이 아니다. 하나님께서는 온 땅을 다시 다듬으시고, 재창조하시고, 다시 채워 넣으시고, 다시금 새롭게 하실 것이다. 사도 바울은 이렇게 말했다. "그 바라는 것은 피조물도 썩어짐의 종노릇 한 데서 해방되어 하나님의 자녀들의 영광의 자유에 이르는 것이니라"(롬 8:21).

부활은 우리 자신에 대해서도 똑같은 진리를 가르쳐준다. 우리는 새로운 몸을 입게 될 것이다. 부활의 몸은 늙음과 병듦, 혹은 죽음에 종속되지 않는다는 점에서 다를 것이다. 그 몸은 앞으로 의의 처소가 될 새 땅에서 우리가 입게 될 몸이다.

새 하늘과 새 땅의 기쁨은 우리가 상상할 수 있는 범위를 넘어선다. 그러나 하나님께서는 자기 백성 앞에 놓인 것이 무엇인지에 대해 최소한의 암시를 주시려고 우리에게 세 가지 놀라운 이미지를 사용신다. 그것들은 도성과 신부와 동산이다.

예루살렘, 예루살렘

> 또 내가 보매 거룩한 성 새 예루살렘이 하나님께로부터 하늘에서 내려오니…(계 21:2).

성경 이야기 가운데 바로 이 순간, 세상 역사에 속했던 모든 도시는 하나님 심판의 맹렬한 불에 모두 그대로 드러나게 된다. 서울, 런던, 시카고, 예루살렘, 카이로, 북경, 모스크바, 바그다드, 방콕, 캘커타 등 모든 도시는 소멸된다! 땅은 벌거벗은 채 놓여있다(히 1:10-12; 벧후 3:10).

이제 요한은 하늘로부터 한 도성이 내려오는 것을 보았다. 그가 그 도시의 광채와 밝음을 보았을 때, 그는 마치 당신이 사진으로 시카고나 뉴욕의 모습을 알아볼 수 있듯이, 그 도성의 윤곽들을 확인하게 되었다. 예루살렘이로구나! 그것은 틀림없이 그에게 아주 친숙한 도성이었다.

요한은 예루살렘 성읍을 잘 알고 있었다. 그는 여러 차례 감람산에서 그 도성을 내려다보았다. 예수 그리스도께서 그 도시를 위해 눈물을 흘리셨을 때 그리고 예수 그리스도께서 그 성벽 밖으로 내몰려 십자가에 달리시게 되었을 때 그리고 성령이 첫 성도들 위에 임하셨을 때 그는 거기에 있었다. 이제 그는 그 성읍을 다시 보았다. 그 성읍은 친숙하면서도 이상하게도 새로웠다.

예루살렘은 성경 이야기에서 중요한 의미를 지니고 있다. 하나님께서는 자기 백성이 아무 데서나 예배해서는 안 된다고 말씀하셨다. 하나님께서 그 장소를 선택하실 것이며, 그의 이름을 그곳에 두시겠다고 말씀하셨다(신 12:5-7). 그리고 하나님께서 이곳에 오셔서 자기 백성을 만나실 것이라고 말씀하셨다.

시간이 흘러, 다윗 왕은 예루살렘이 그 장소임을 알았고, 그래서 언약궤를 그곳으로 가지고 왔다. 그곳은 광야에서 그 성읍으로 찾아온 사람들과 하나님이 만나는 장소가 되었다. 나중에 다윗의 아들 솔로몬은 그 성읍에 성전을 하나 세웠다. 언약궤는 그 성전의 한가운데 있는 지성소로 옮겨졌다. 하나님의 영광의 구름이 내려와 그 성전을 가득 채웠다. 예루살렘은 하나님께서 내려오셔서 자기 백성과 만나는 곳이었다. 그러나 그곳에 접근할 수 있는 권한은 대제사장에게만 국한되어있었다. 대제사장은 1년에 한 차례 백성의 대표로서 지성소 안으로 들어갈 수 있었다.

측량을 실시하다

내게 말하는 자가 그 성과 그 문들과 성곽을 측량하려고 금 갈대 자를 가졌더라 그 성은 네모가 반듯하여 길이와 너비가 같은지라 그 갈대 자로 그 성을 측량하니 만 이천 스다디온이요 길이와 너비와 높이가 같더라(계 21:15-16).

새 예루살렘 성은 엄청나게 컸다. 1만 2,000스타이온이었다. 그것은 대략 2,240킬로미터로, 대략 뉴욕에서 휴스턴까지의 거리이다. 그 정도 거리로 된 정사각형 땅 안에 포함되는 지경은 대략 미국의 4분의 3이나, 영국의 5배 정도의 크기가 될 것이다.

요한은 구속받은 하나님 백성의 수를 헤아릴 수 없다는 사실을 이미 알고 있었다. 그러나 하나님께서는 자기 백성 각 사람을 위해 한 장소를 예비하고 계신다.

하나님의 거룩한 땅

새 예루살렘 성 측량에 길이와 너비뿐만 아니라 높이도 포함되어있음에 주목하라. 이것은 3차원으로 되어있는 도시이다. 그 도시는 넓고 긴만큼 높다. 다시 말해서 완전한 정육면체이다.

요한은 이 점의 중요성을 즉시 알았을 것이다. 솔로몬이 성전을 세웠을 때, 언약궤가 지성소로 옮겨졌는데, 그 지성소에는 하나님의 임재의 구름이 내려와 임하셨다. 지성소는 길이, 너비, 높이가 9미터인 정육면체로 세워졌다(왕상 6:20). 옛 예루살렘은 한 군데 거룩한 곳을 가지고 있었으며, 그곳에 하나님의 임재가 내려왔다. 새 예루살렘은 그 전체가 거룩한 곳이며, 거기에 하나님의 임재가 거하실 것이다.

옛 예루살렘에서는 방 하나에 하나님의 영광이 가득 차 있었다. 새 예루살렘에서는 그 도성 전체가 하나님의 영광으로 가득 차게 될 것이다. 그런 까닭에 그곳에는 성전이 없다(계 21:22). 그 장소 전체가 하나님의 영광이 가득 차게 되는 하나의 거대한 성전이다. 그곳 전체가 거룩하게 되었다. 그리고 헤아릴 수 없이 많은 사람이 하나님의 영광의 빛 가운데 살 수 있을 것이다. "보라 하나님의 장막이 사람들과 함께 있으매"(계 21:3).

요한은 보좌 위에 계신 보이지 않는 하나님의 휘황찬란한 빛을 보았다. 그러나 이제 그 보좌가 이 성읍 안으로 내려왔다. 하나님의 모든 백성은 하나님께 다가간다. 그리고 그들은 하나님의 영광의 빛 가운데 살아간다. 그렇기 때문에 해가 필요 없는 것이며, 밤이 없는 것이다(계 21:23-25).

구약성경은 하나의 저주로 끝을 맺는다. 그러나 신약성경의 끝에서 그 저주가 풀린다. 다시 저주가 없을 것이다(계 22:3). 옛 질서는 사라져 버렸다. 그리고 하나님께서 만물을 새롭게 하셨다.

신부와 창녀

또 내가 보매 거룩한 성 새 예루살렘이 하나님께로부터 하늘에서 내려오니 그 준비한 것이 신부가 남편을 위하여 단장한 것 같더라(계 21:2).

하나님께서 자기 백성을 위해 마련해놓으신 영광을 단 하나의 이미지로 전달하기에는 불충분하다. 요한이 보았던 것은 한 가지 이미지가 다른 이미지로 바뀌는 홀로그램과 같은 것이었을 것이다.

그 도성은 하나님의 임재 안에 있는 엄청난 사람들의 사회에 대해 말하고 있다. 그러나 당신은 도성 안에서 길을 잃을 수 있다. 그래서 하나님께서는 신부라는 좀 더 친밀하고 개인적인 이미지를 우리에게 제공해주신다. 당신은 새 예루살렘의 군중 속에서 결코 길을 잃지 않을 것이다. 당신은 예수 그리스도를 알게 될 것이며, 예수 그리스도와 함께하게 될 것이다.

요한계시록은 마치 두 도시 이야기와 같다. 그 두 도시는 요한이 본 환상 속에 있는 여인들로 대표되어있다. 앞서 요한은 옛 바벨탑의 또 다른 출현인 바벨론 성읍을 보았다. 그 성읍은 인류 역사 처음부터 끝까지 인간이 계속해서 하나님께 반항했다는 사실을 우리에게 일깨워주고 있다. 그 성읍은 한 창녀의 이미지로 대표되었다. 이제 요한은 한 신부의 이미지로 대표되고 있는 새 예루살렘을 보았다.

거기에는 어마어마한 차이가 있다. 창녀는 자기를 팔지만, 신부는 자기를 준다. 창녀는 탐욕이 동기가 되지만, 신부는 사랑이 동기가 된다.

두 성읍은 이 세상이, 세상 것들을 위해 자기 생명을 파는 자들과, 그들을 사랑하시는 주님께 자기를 자유롭게 내주는 사람들로 양분되어

있음을 우리에게 일깨워준다. 화면이 둘로 나뉘어 동시에 등장한 이 두 여인들 사이의 극명한 대조를 마음속으로 그려보라. 창녀는 쓰레기 더미 위에 앉아있으며, 형편없고, 더럽다. 불결한 새들이 창녀의 머리 위를 맴돌면서 날고 있다. 그녀의 영혼은 악한 귀신들의 출입처가 되었다(계 18:2-3). 그녀는 부유하고 유명한 남자들의 욕망의 대상이 되었던 기분 좋은 날들에 대한 기억들을 간직하고 있지만, 지금은 아무도 그녀를 원하지 않는다.

그 순간에 또 다른 한 여인이 입장한다. 그녀는 흰 옷을 입고 있으며, 얼굴은 환하게 빛을 발한다. 그녀의 앞쪽에는 말로 형언할 수 없이 그녀를 사랑하고 있는 이가 기다리고 있다. 예수 그리스도의 신부는 이제 나팔 소리에 맞추어 발걸음을 내딛는다. 그녀는 이것이 운명의 순간임을 안다.

신부와 창녀는 이제껏 살아온 모든 사람의 영원한 운명의 모습을 보여준다. 당신의 영원한 운명은 기쁨의 운명이든지, 버림받는 운명이든지 둘 중 하나가 될 것이다. 그 운명은 영원한 사랑이든지, 아니면 영원한 상실이든지 둘 중 하나일 것이다. 그 중간은 없다.

회복된 낙원

또 그가 수정 같이 맑은 생명수의 강을 내게 보이니 하나님과 및 어린 양의 보좌로부터 나와서 길 가운데로 흐르더라 강 좌우에 생명나무가 있어 열두 가지 열매를 맺되 달마다 그 열매를 맺고 그 나무 잎사귀들은 만국을 치료하기 위하여 있더라(계 22:1-2).

지금까지 요한이 환상으로 본 새 예루살렘은 바깥쪽에서 본 장면이었다. 그러나 이제는 안으로 들어오라는 초대를 받고 있다. 요한이 안으로 들어가면서 장면은 다시 바뀐다. 그리고 요한은 동산을 하나 보고 깜짝 놀랐다. 요한은 자기가 보고 있던 것의 중대성을 깨닫고는 분명히 숨이 턱 막혔을 것이다.

성경 이야기는 한 동산에서 시작됐다. 그 동산에는 강이 흐르고 있었고 나무들이 있었다. 그 나무들 중 하나가 생명나무였다. 요한이 환상 가운데 그 성에 들어갔을 때, 그것이 무엇인지 즉시 깨달았을 것이다. 바로 낙원이 회복되었던 것이다.

이 새로운 낙원은 아담이 잃어버렸던 낙원보다 훨씬 더 영광스럽다. 성경 이야기의 시작에서 우리는 에덴동산의 첫 조상들에게 풍성한 삶을 선사해준 네 가지 선물을 발견했다. 이제 그 이야기의 끝에 이르자, 하나님의 새로운 동산, 새로운 성읍에서 바로 그 선물들이 회복되고, 모든 것이 차고 넘쳤다. 하나님의 백성은 (1) 하나님께서 그들을 위해 창조하신 낙원에 들어가 그곳에서 새 삶을 시작하고, (2) 그 생명 속에서 그들이 지음을 받은 목적을 성취하며, (3) 하나님께서 허락하신 관계들을 누리며, (4) 주님의 영광스런 임재 안에서 살아간다.

이 새로운 낙원의 기쁨에 대해 간략하게 살펴보자.

1. 더 나은 생명을 맛봄

새 동산을 옛 에덴과 비교해볼 때, 가장 중대한 차이점은 선악을 알게 하는 나무가 없어졌다는 것이다. 하나님의 새 동산, 새 도성에는 그 나무가 없다. 악은 더 이상 그곳에서 존재할 수 없다. 이 동산은 악의 존재로부터 자유로울 뿐만 아니라 악의 가능성으로부터도 자유롭다.

옛 동산에서 아담과 하와는 생명나무의 실과를 먹어서는 안 되었다.

그러나 새 동산에서는 생명나무의 실과에 자유롭게 접근할 수 있다. 생명나무는 열두 가지 다른 과실들을 맺는데, 매달 그 과실을 딸 수 있었다. 겨울은 오지 않는다. 다양한 과실은 하나님의 임재 안에서 계속 다시 채워지는 생명의 풍성함을 말해준다. 그곳에서는 영원토록 지루하지 않을 것이다.

하나님의 새로운 낙원에서 누리는 즐거움은 아담이 옛 에덴동산에서 알고 있었던 즐거움을 능가할 것이다. 당신은 아담이 결코 맛보지 못했던 열매들을 맛보게 될 것이며, 아담이 결코 알지 못했던 즐거움을 누리게 될 것이다.

2. 하나님의 본래 명령을 성취함

그의 종들이 그를 섬기며…그들이 세세토록 왕 노릇 하리로다(계 22:3, 5).

첫 동산에서는 아담이 동물의 왕국을 다스림으로써 하나님을 섬겼다. 아담은 동물들에 대해 권위를 가지고 있었다. 그러나 뱀이 왔을 때, 그는 자신의 권위를 주장하지 않았다. 아내와 더불어 아담은 뱀의 거짓말에 굴복했다. 그리고 그것이 그 이후로 이어진 인류의 이야기였다.

그러나 이제 하나님의 백성은 섬기고 다스리는 지위를 다시 회복한다. 감사하게도, 이 말은 우리가 모두 행정부의 일을 감당하게 될 것이라는 뜻이 아니다.

요한이, 우리가 왕 노릇을 '세세토록' 할 것이라고 묘사하면서 말하고자 했던 것은, 우리의 삶이 질서를 잡게 되고, 그 삶은 당신의 통제를 받게 될 것이라는 뜻이다. 당신은 더 이상 시간의 횡포와 산더미 같은 서류 작업과 그에 따르는 모든 일에 굴복되지 않을 것이다. 당신은 예상할 수 없는 감정의 물결이나 의지의 충동이나 생각의 속임수에 더 이상 휩쓸리지 않을 것이다. 당신은 문제가 있는 관계를 더 이상 견딜 필요가 없을 것이다. 모든 관계는 최상의 상태가 될 것이며, 당신은 위험이나 죽음에 더 이상 종속되지 않을 것이다.

당신의 삶은 질서를 잡게 될 것이며, 당신의 일들은 성취될 것이며, 당신의 관계들은 온전해질 것이다. 삶 자체가 당신의 통제 아래 놓이게 될 것이다. 그리하여 당신은 하나님의 모든 목적을 자유롭게 이루게 될 것이다.

3. 화목해진 사회에서 살아감

> 크고 높은 성곽이 있고 열두 문이 있는데 문에 열두 천사가 있고 그 문들 위에 이름을 썼으니 이스라엘 자손 열두 지파의 이름들이라 동쪽에 세 문, 북쪽에 세 문, 남쪽에 세 문, 서쪽에 세 문이니…낮에 성문들을 도무지 닫지 아니하리니 거기에는 밤이 없음이라 사람들이 만국의 영광과 존귀를 가지고 그리로 들어가겠고(계 21:12, 13, 25, 26).

요한은 새 도성으로 들어가는 열두 개의 성문들을 보았다. 그 문들은 똑같은 수로 동서남북을 향해있었다. 사람들이 모든 방향에서 그 성 안으로 들어오고 있었다. 동쪽에서는 중국으로부터, 북쪽에서는 러시아로부터, 남쪽에서는 아프리카로부터, 서쪽에서는 유럽과 아메리카로부터 사람들이 들어올 것이다.

옛 에덴은 한 남자와 한 여자만이 누렸지만, 이제 헤아릴 수 없는 거대한 군중이 동서남북 사방의 문들을 통해 하나님의 새로운 낙원으로 물밀듯이 들어올 것이다. 하나님께서는 이 사람들을 인간 역사의 비극과 고뇌 속에서 구속하셔서, 그들을 이루 말할 수 없는 큰 기쁨 속으로 인도해주신다.

4. 여호와 하나님의 임재를 누림

> 다시 저주가 없으며 하나님과 그 어린양의 보좌가 그 가운데에 있으리니 그의 종들이 그를 섬기며 그의 얼굴을 볼 터이요 그의 이름도 그들의 이마에 있으리라(계 22:3-4).

모세조차도 하나님의 얼굴을 보는 특권을 얻지 못했다. 그가 보았던 것은 하나님의 영광이 지나갔을 때 남은 잔광이었다. 그는 하나님 영광의 흔적을 잠깐 보았을 뿐이다(출 33:18-23). 여호와 하나님을 보고서도 살아있다는 것은 불가능했다. 사도 요한도 하나님 보좌의 찬란한 광채가 무시무시하다는 사실을 알았다. 그러나 이제 하나님의 백성이 하나님의 임재 안에서 살 수 있는 곳으로 인도를 받고 있다. 그들은 하나님의 얼굴을 보게 될 것이다.

하나님의 임재는 그 도성의 가장 큰 복이다. 하나님께서는 에덴동산으로 내려오셨을 때, 일정 시간 동안만 자신을 드러내셨을 것이다. 그분은 일종의 방문객으로서 그 동산에 들어오셔서 낮의 서늘한 때 첫 남자와 첫 여자와 함께 거니셨다. 그리고 첫 남자와 첫 여자에게 자신을 강요하기를 원치 않으셔서 그들에게 하나님에 대한 믿음과 순종의 관계를 선택할 수 있는 기회를 제공하셨다.

그러나 이제 하나님께서는 그 생각이 하나님의 진리로 빛을 발하고 예수님의 십자가로 그 마음이 녹은 사람들로 이루어진 거대한 공동체를 모으셨다. 그 사람들의 의지는 성령의 권능에 의해 지시를 받는다. 그리하여 그들은 자유롭게 하나님을 사랑하게 되었다. 그러므로 하나님께서는 더 이상 방문객이 아니시다. 하나님의 백성이 그분의 임재 안에 거하며 하나님을 영원히 즐거워하도록 하기 위해 하나님의 보좌가 내려와 그 도성 안으로 들어온다. 여호와께서는 승리의 외침으로 이 사실을 선언하신다. "보라 하나님의 장막이 사람들과 함께 있으매"(계 21:3).

하나님의 복

자기 두루마기를 빠는 자들은 복이 있으니 이는 그들이 생명나무에 나아가며 문들을 통하여 성에 들어갈 권세를 받으려 함이로다(계 22:14).

요한이 이 말을 들었을 때, 그는 감옥에서 기진해있었다. 그는 외로운 노인이었다. 그의 눈은 침침했다. 이 세상은 그에게 줄 것이 아무것도 없었다.

그때 하나님께서 하늘의 놀라운 면모를 열어 보여주셨다. 그리고 그 끝에 가서 하나님께서는 요한이 참으로 복을 받았음을 일깨워주셨다. 하나님께서는 그 사도와 우리에게 이렇게 말씀하고 계셨다. "너희들은 예수 그리스도의 피로 씻음을 받았기 때문에 복이 있도다. 너희들은 생명나무에 나아갈 권리를 갖고 있기 때문에 복이 있도다. 너희가 지금 당하고 있는 고통이 너희 뒤로 물러나고, 천성 문들을 통해 너희가 더 이상 죽음도 통곡도 울음도 고통도 없을 도성 안으로 들어가고, 하나님께서 너희의 눈에서 모든 눈물을 씻겨주실 것이기 때문에 너희에게는 복이 있도다." 만일 당신이 예수 그리스도께 속했다면, 이것이 당신의 최종적인 운명이다. 당신은 복을 받았다. 바로 이것이 당신이 살아가면서 가장 어려운 때 기억해야 할 사실이다.

드러난 사실 UNLOCKED

"당신이 어디에서 영원을 보내게 될 것인가" 하는 물음은 다른 문제들과는 비교할 수 없을 만큼 중요하다. 성경 이야기 전체는 하나님께서 회개와 믿음으로 하나님께 나아오게 될 모든 사람을 위해 예수 그리스도를 통해 영생에 이르는 길을 어떻게 열어놓으셨는지에 대한 이야기이다. 성경 이야기는 당신이 받게 될 초대 가운데 가장 위대한 초대로 끝을 맺는다.

> 성령과 신부가 말씀하시기를 오라 하시는도다 듣는 자도 오라 할 것이요 목마른 자도 올 것이요 또 원하는 자는 값없이 생명수를 받으라 하시더라(계 22:17).

그 도성에 대한 요한의 환상에 있어서 참으로 감사한 점은, 그 성의 모든 문이 열려있다는 것이다. 요한은 각 성문마다 천사가 하나씩 있다는 사실을 알았다(계 21:12). 그것은 성경 이야기의 시작 부분에서 그룹들과 화염검이 생명나무로 들어가는 출입구를 지키고 있었던 것을 연상시킨다. 그때는 하나님의 임재 안으로 다시 들어올 수 있는 길이 전혀 없었다.

그러나 이제는 예수 그리스도께서 오셨다. 하나님의 심판의 검은 예수 그리스도 위에서 깨어졌다. 이제 그 천사들은 성문 곁에 서서 사람들이 들어오는 것을 막는 것이 아니라, 앞으로 올 모든 사람을 환영하기 위해 그곳에 서 있는 것이다.

성령과 신부가 당신을 초대한다. 신부는 교회이다. 만일 당신이 아직 예수 그리스도를 믿지 않고 있다면, 어딘가에서 누군가가 당신이 예수 그리스도를 믿도록 기도하며 바라고 있을 가능성이 아주 크다. 그 신부를 대신해서 말한다는 것은 나의 큰 특권이다. 내가 당신을 초대한다.

주 예수 그리스도는 당신을 위해 세상에 오셨다. 그분은 십자가를 지셔서 영원한 생명에 이를 수 있는 길을 열어놓으셨다. 그분은 이 모든 것을 당신에게 제공하신다. 그러나 당신이 와야 한다. 당신이 이 좋은 것을 마다하고 삶 속에서 계속 움켜쥐고 있고 싶은 것이 도대체 무엇이란 말인가.

회개와 믿음으로, 예수님께서 당신을 위해 열어놓으신 복 가운데 들어오라. 와서 예수 그리스도께서 당신에게 주시는 생명을 받으라. 예수 그리스도께 나아오라. 그분의 백성은 이 놀라운 성읍으로 들어갈 것이기 때문이다.

신부의 초대에 따라 성령 또한 "오라"고 말씀하신다. 하나님께서는 당신이 하나님께 나아오기를 원하고 계신다. 예수 그리스도께서는 당신을 위해 이 성문들을 열어놓으시려고 십자가에서 죽으셨다. 하나님께서는 그분의 임재 안에서 당신이 영원을 누리도록 강요하지는 않으실 것이다. 그러나 하나님께서는 당신이 하나님께서 주시는 복과 임재를 영원히 누리기를 원하고 계신다. 그렇기 때문에 당신을 초대하시는 것이다. 하나님께서 당신에게 주시는, 값을 헤아릴 수 없는 위대한 선물을 멀리하지 말고, 지금 나아오라!

기도 PAUSE FOR PRAYER

은혜로우신 하나님 아버지!

제가 예수 그리스도를 믿는 믿음 안에서 주님께서 주신 위대한 선물을 받기 위해 하나님께 나아옵니다. 저를 하나님 자녀 되게 하시고, 하나님 나라의 시민으로 삼아주시옵소서. 앞으로 저의 삶을 예수 그리스도께서 인도하셔서, 하나님께서 백성을 위해 예비하신 곳으로 들어갈 수 있게 하여주시옵소서.

하나님께서 예수 그리스도를 믿는 모든 사람에게 하신 약속 안에 제가 들어갈 수 있게 해주셔서 진심으로 감사드립니다. 그날이 밝아오기까지 하나님의 영광을 위해 살 수 있도록 도와주시옵소서. 예수 그리스도의 이름으로 기도드립니다. 아멘.

U N L O C K I N G   T H E

B I B L E   S T O R Y

국제제자훈련원은 건강한 교회를 꿈꾸는 목회의 동반자로서 제자 삼는 사역을 중심으로 성경적 목회 모델을 제시함으로 세계 교회를 섬기는 전문 사역 기관입니다.

손에 잡히는 성경 이야기_ 신약

초판 1쇄 발행 2004년 7월 29일
개정판 1쇄 인쇄 2018년 4월 2일
개정판 1쇄 발행 2018년 4월 9일

지은이 콜린 스미스
옮긴이 김재영

펴낸이 오정현
펴낸곳 국제제자훈련원
등록번호 제2013-000170호(2013년 9월 25일)
주소 서울시 서초구 효령로68길 98(서초동)
전화 02)3489-4300 **팩스** 02)3489-4329
이메일 dmipress@sarang.org

ISBN 978-89-5731-741-9 04230
ISBN 978-89-5731-738-9(세트)